J. Krause   K.-H. Krause

ADHS im Erwachsenenalter

3. Auflage

Johanna Krause
Klaus-Henning Krause

ADHS im Erwachsenenalter

Die Aufmerksamkeitsdefizit-/
Hyperaktivitätsstörung bei Erwachsenen

3. vollständig aktualisierte
und erweiterte Auflage

Mit einem Geleitwort von
Wolfgang Tress

Mit 31 Abbildungen
und 19 Tabellen

Schattauer Stuttgart
New York

Dr. med. Johanna Krause und
Professor Dr. Klaus-Henning Krause
Klinikum der Universität München
Friedrich-Baur-Institut
Ziemssenstraße 1a
80336 München
khkrause@yahoo.com

Bibliografische Information der Deutschen Nationalbibliothek
Die Deutsche Nationalbibliothek verzeichnet diese Publikation in der Deutschen National-
bibliografie; detaillierte bibliografische Daten sind im Internet über http://dnb.d-nb.de abrufbar.

Besonderer Hinweis:
Die Medizin unterliegt einem fortwährenden Entwicklungsprozess, sodass alle Angaben, insbesondere zu diagnostischen und therapeutischen Verfahren, immer nur dem Wissensstand zum
Zeitpunkt der Drucklegung des Buches entsprechen können. Hinsichtlich der angegebenen
Empfehlungen zur Therapie und der Auswahl sowie Dosierung von Medikamenten wurde die
größtmögliche Sorgfalt beachtet. Gleichwohl werden die Benutzer aufgefordert, die Beipack-
zettel und Fachinformationen der Hersteller zur Kontrolle heranzuziehen und im Zweifelsfall
einen Spezialisten zu konsultieren. Fragliche Unstimmigkeiten sollten bitte im allgemeinen
Interesse dem Verlag mitgeteilt werden. Der Benutzer selbst bleibt verantwortlich für jede
diagnostische oder therapeutische Applikation, Medikation und Dosierung.
In diesem Buch sind eingetragene Warenzeichen (geschützte Warennamen) nicht besonders
kenntlich gemacht. Es kann also aus dem Fehlen eines entsprechenden Hinweises nicht geschlossen werden, dass es sich um einen freien Warennamen handelt.

© 2003, 2005, 2009 by Schattauer GmbH, Hölderlinstraße 3, 70174 Stuttgart, Germany
E-Mail: info@schattauer.de
Internet: http://www.schattauer.de
Printed in Germany

Lektorat: Ruth Becker
Umschlagabbildung: „Zuviel" von R. Fancher Brinkmann
Satz: Satzpunkt Ursula Ewert GmbH, Oswald-Merz-Straße 3, 95444 Bayreuth 7
Druck und Einband: Mayr Miesbach GmbH, Druck · Medien · Verlag,
Am Windfeld 15, 83714 Miesbach

ISBN 978-3-7945-2533-1

Geleitwort

Es ist selten, dass ein psychiatrisches Krankheitsbild zunächst bei Kindern beschrieben und erst viel später auch für die Erwachsenenpsychiatrie relevant wird. Dies trifft auf die häufigste kinder- und jugendpsychiatrische Erkrankung, die Aufmerksamkeitsdefizit-/Hyperaktivitätsstörung (ADHS) zu. In den USA war es vor allem Paul H. Wender, der schon in den 70er Jahren darauf hinwies, dass Eltern von Kindern mit ADHS häufig selbst Symptome dieser Störung zeigten; 1995 erschien seine Monographie „Attention deficit disorder in adults". Einer breiten Öffentlichkeit in den USA wurde 1994 das Problem zudem mit dem Erscheinen des Bestsellers „Driven to distraction" von Hallowell und Ratey bekannt. In Deutschland wurde bei betroffenen Laien mit der Übersetzung dieses Ratgebers bei Rowohlt 1998 unter dem Titel „Zwanghaft zerstreut" ein Bewusstsein für die Existenz eines Störungsbildes, das ihre Schwierigkeiten beschrieb, geschaffen. Immer mehr Erwachsene erkannten nach der Lektüre dieses Buches entsprechende Symptome bei sich und suchten mit dem Wunsch nach Behandlung Psychiater bzw. Psychotherapeuten auf. Es ist das große und bleibende Verdienst der Psychiaterin und Psychotherapeutin Johanna Krause und ihres Mannes, des Neurologen Klaus-Henning Krause, gemeinsam mit dem Kinder- und Jugendpsychiater Götz-Erik Trott 1998–1999 das Bild der ADHS bei Erwachsenen in grundlegenden Artikeln dem deutschen Fachpublikum erstmals bekannt gemacht zu haben. Inzwischen liegt eine Vielzahl von Forschungsergebnissen bezüglich Ätiologie, Diagnostik, Komorbidität und Therapie vor, die die Existenz der adulten ADHS belegen. Die Autoren der vorliegenden Einführung in dieses Krankheitsbild konnten hierbei zum ersten Mal zeigen, dass bei betroffenen Erwachsenen bereits mit niedrigen Dosen an Stimulanzien eine deutliche Reduktion der initial erhöhten striatären Dopamintransporter gelingt – Untersuchungen, die auch international große Anerkennung fanden. In das nun vorliegende Buch gehen die Erfahrungen aus einer nunmehr über siebenjährigen Beschäftigung mit Diagnostik und Therapie erwachsener ADHS-Patienten ein, die Frau Dr. Johanna Krause in ihrer Praxis sammeln konnte. Der psychotherapeutische Schwerpunkt ihrer psychiatrischen Arbeit bestimmt ihren multimodalen Therapieansatz. Wesentlich war auch ihre Tätigkeit in der Elternarbeit des Bundesverbandes Aufmerksamkeitsstörung/Hyperaktivität e.V. (BV-AH), deren Ausdruck u. a. ihr 1995 bei Piper erschienener Elternratgeber „Leben mit hyperaktiven Kindern" ist, der 2002 in aktualisierter Form unter dem Titel „Überleben mit hyperaktiven Kindern" vom BV-AH neu herausgegeben wurde. Wegen der Häufigkeit der ADHS auch bei Erwachsenen und der mit dieser Störung verbundenen, zum Teil massiven Lebensbeeinträchtigung, die sich mit spezifischen Therapien nachhaltig bessern lässt, ist dem Buch eine weite Verbreitung bei Psychiatern und Psychotherapeuten sowie auch in der interessierten und betroffenen Öffentlichkeit zu wünschen.

Prof. Dr. med. Dr. phil. Wolfgang Tress
Ärztlicher Direktor der Klinik für
Psychosomatische Medizin und Psychotherapie
der Heinrich-Heine-Universität Düsseldorf

Vorwort zur dritten Auflage

Der anhaltende Zuspruch und die vielen persönlichen anerkennenden Kommentare von Fachleuten und Betroffenen freuen uns sehr. Exakt zehn Jahre nach unserer Erstpublikation über die ADHS im Erwachsenenalter 1998 im „Nervenarzt" erschien nun ein Schwerpunktheft der gleichen Zeitschrift zu diesem Thema; dies ist sicher ein Indiz dafür, dass die Störung inzwischen im Bewusstsein der Psychiatrie angekommen ist und nicht mehr verdrängt wird. Ergänzend zum Buch gibt es seit 2005 eine sechsstündige interaktive multimediale Fortbildungs-DVD für Fachleute mit dem Titel „ADHS bei Erwachsenen", in der Patienten und behandelnde Ärzte ausführlich zu Wort kommen (www.fma-psychiatrie.de).

Mit der Herausgabe der 3. Auflage dieses Buches wollten wir eigentlich warten, bis das leidige Kapitel „Off-Label-Use im Erwachsenenalter" überflüssig geworden wäre. Leider ist in Deutschland immer noch keine uneingeschränkte Zulassung eines Medikaments mit der Indikation „ADHS im Erwachsenenalter" erfolgt, sodass die notwendige medikamentöse Versorgung in unserem Land einem Personenkreis vorbehalten ist, der sich dies finanziell leisten kann. Sieht man sich die Verschreibungszahlen für Erwachsene mit ADHS in den USA an, wird der hiesige Versorgungsmangel erst recht evident. Dabei wäre eine adäquate Therapie betroffener Erwachsener gerade auch unter sozioökonomischen Gesichtspunkten essentiell – ließen sich doch hohe Kosten für Rehabilitation, Arbeitslosigkeit, Suchtbehandlung und Folgen impulsiver Handlungen einsparen (s. Kapitel 1). Mit der verbesserten Situation bei der Behandlung von Kindern und Jugendlichen mit ADHS kommt es zu einer deutlichen Zunahme von Patienten, die nach der bisherigen adäquaten Behandlung gerade in einer bezüglich Ausbildung und Eintritt ins Berufsleben entscheidenden Lebensphase dringend auf weitere therapeutische Hilfe angewiesen sind.

Neu aufgenommen wurden in die 3. Auflage Abschnitte zu unkontrollierter Gewalt in der Familie im Kapitel „Symptome und Diagnostik" sowie zu Autismus und ADHS im Kapitel „Komorbiditäten und Differenzialdiagnose". Im Anhang findet sich ein semistrukturiertes Interview zur Erfassung der ADHS-Symptome, das in der täglichen Praxis von Nutzen sein dürfte. Die einzelnen Kapitel wurden aktualisiert, das Literaturverzeichnis um über 300 neue Arbeiten erweitert. Wir hoffen, hiermit weiterhin eine brauchbare Hilfe im täglichen Umgang mit ADHS-Erwachsenen zur Verfügung stellen zu können.

Unseren Patienten danken wir für vielfältige Anregungen und Einsichten (siehe hierzu auch die neu aufgenommenen eindrucksvollen Krankengeschichten und persönlichen Aussagen von Patienten). Dem Schattauer Verlag, insbesondere Frau Dr. Mülker, Frau Dr. Hardt und Herrn Luscher, danken wir für die nach wie vor optimale Zusammenarbeit, Frau Becker speziell für die hervorragende Lektorierung.

Ottobrunn, im Mai 2009   **Johanna und Klaus-Henning Krause**

Vorwort zur ersten Auflage

Es mag manchen Leser erstaunen, dass ein Buch zu einem noch wenig bekannten Krankheitsbild wie der Aufmerksamkeitsdefizit-/Hyperaktivitätsstörung (ADHS) nicht von einem Klinikteam verfasst worden ist, sondern aus dem Erfahrungsschatz einer psychiatrisch-psychotherapeutischen Praxis entstanden ist. Durch unsere mehr als zehn Jahre während Aktivität im Bereich der von W. Eichlseder mitgegründeten „Elterninitiative zur Förderung hyperaktiver Kinder" wurden wir relativ früh damit konfrontiert, dass offensichtlich ein großer Teil der anwesenden Eltern ebenfalls unter Symptomen wie impulsives Redebedürfnis, Konzentrationsstörungen und Ablenkbarkeit litt. So begannen wir schon 1994 damit, die „Wender Utah Rating Scale" (WURS; vgl. Ward et al. 1993) zu benutzen, um zu sehen, bei welchen Eltern der Verdacht naheliegend war, dass sie schon in der Kindheit unter Symptomen der ADHS gelitten hatten. Damals erschien in den USA das Buch „Driven to Distraction" von Hallowell und Ratey (1994), das 1998 unter dem Titel „Zwanghaft zerstreut" auf deutsch erschien. Weitere Fachbücher zu diesem Thema von Wender (1995) und Nadeau (1995) gaben uns für unsere Tätigkeit die Gewissheit, uns mit einem eigenständigen Krankheitsbild zu befassen. Auch wenn sich die Vorstellungen vom Umgang mit Medikamenten und Psychotherapie von denen in Deutschland unterschieden, konnte man dennoch ab diesem Zeitpunkt auf die Erfahrungen der amerikanischen Kollegen zurückgreifen.

Noch immer gibt es viel zu wenig Kollegen, die sich mit diesem Krankheitsbild auseinandersetzen – dies mag auch daran liegen, dass diese Patienten infolge ihrer schlechten Selbsteinschätzung dazu neigen, sehr diffuse Beschwerden vorzutragen. Meist wird eine Diagnose aus dem Bereich der Persönlichkeitsstörungen gewählt; erst eine Kenntnis der vielfältigen Erscheinungsbilder der ADHS in Verbindung mit der Konstanz der Beschwerden ermöglicht es dem Untersucher, die Diagnose zu stellen. Die meisten Patienten haben keine so starken Einschränkungen, dass sie einer stationären Behandlung bedürfen. Dies erklärt, warum an den meisten psychiatrischen Kliniken bisher keine Patienten mit dieser Diagnose behandelt werden und somit ADHS bei Erwachsenen im Bereich der Psychiatrie noch keine hinreichende Beachtung gefunden hat.

Die Diagnostik stützt sich weitestgehend auf klinische Angaben: Selbstbefragungen setzen eine gute Selbsteinschätzung voraus, die gerade bei diesen Patienten oftmals nicht gegeben ist; andere diagnostische Verfahren befinden sich noch in der Entwicklung. Unter psychologischen Aspekten scheinen Reizfilterung und Reizverarbeitung eine wichtige Rolle zu spielen. Dies ist sicher darauf zurückzuführen, dass dem Dopamin bei dieser Störung offensichtlich wie bei anderen psychiatrischen Krankheitsbildern eine zentrale Bedeutung zukommt.

Das vorliegende Buch soll Antworten auf die Fragen geben, was die ADHS beim Erwachsenen ist, wie diese Störung von anderen psychiatrischen Erkrankungen abzugrenzen ist, wie man sie behandelt und – gerade angesichts der öffentlich geführten Diskussionen zur Stimulanzientherapie – was die ADHS nicht ist.

Bedanken möchten wir uns bei unseren Patienten, die es uns ermöglicht haben, die Erfahrungen zu gewinnen, die Grundlage unserer Forschungsarbeit und dieses Buches sind. Wir durften viele fruchtbare Diskussionen mit Kollegen zum Thema ADHS führen, ganz besonders möchten wir Herrn Prof. G. E. Trott sowie Frau Dr. Doris Ryffel-Rawak und ihrem Mann Herrn Dr. M. Ryffel für die vielen wissenschaftlichen und therapeutischen Anregungen unseren Dank aussprechen. Nur die Kooperationsbereitschaft von Frau K. Brinkbäumer, Priv.-Doz. Dr. Stefan Dresel und Prof. Dr. Klaus Tatsch hat die Untersuchung der Dopamintransporter und die daraus resultierenden Ergebnisse ermöglicht. Ohne die Eltern der Selbsthilfegruppe München des Bundesverbandes Aufmerksamkeitsstörung/Hyperaktivität e.V. (BV-AH) mit schon diagnostizierten Kindern wäre es sicher nicht möglich gewesen, in so kurzer Zeit eine größere Stichprobe von betroffenen Erwachsenen zu untersuchen – auch ihnen möchten wir unseren Dank für ihre Hilfsbereitschaft und ihre Geduld aussprechen. Herrn Dr. W. Bertram vom Schattauer Verlag gilt unser besonderer Dank für seine mutige Bereitschaft, mit diesem Buch psychiatrisches Neuland zu betreten.

Unsere Söhne Alexander und Martin mussten als Folge unserer Hyperfokussierung auf das Thema ADHS häufig mehr Geduld mit ihren Eltern haben, als es gerade in Familien mit ADHS erwartet werden kann. Der Ältere machte via Internet (www.hyperaktiv.de) unser Wissen einem breiten Publikum verfügbar, der Jüngere gab den Anstoß zu unserem Engagement in diesem Bereich, beiden sei herzlich gedankt für die vielfältigen Anregungen.

Ottobrunn, im Herbst 2002   **Johanna und Klaus-Henning Krause**

Inhalt

1 Einleitung

In Deutschland galt die Aufmerksamkeitsdefizit-/Hyperaktivitätsstörung (ADHS) bis Ende der 1990er Jahre ausschließlich als eine kinder- und jugendpsychiatrische Erkrankung. Mit einer in internationalen Studien ermittelten Prävalenzrate von 5–9 % stellt sie – bei Verwendung der Kriterien des Diagnostischen und Statistischen Manuals Psychischer Störungen (DSM) der American Psychiatric Association (1996) – die häufigste kinderpsychiatrische Störung dar (Cantwell 1996; Goldman et al. 1998; Swanson et al. 1998b).

Obwohl Schmidt et al. bereits 1988 in einer Fallstudie den positiven Effekt der Behandlung mit Psychostimulanzien bei einem Erwachsenen mit Aufmerksamkeitsdefizit beschrieben, ist die Indikation für die medikamentöse Therapie der ersten Wahl mit Methylphenidat in Deutschland nach wie vor offiziell auf das Kindes- und Jugendalter begrenzt. Im amerikanischen Sprachraum beschäftigt man sich dagegen seit Jahren intensiv mit Diagnostik, Symptomatik und Therapie der adulten Form der ADHS, wobei geschätzt wird, dass ein bis zwei Drittel der betroffenen Kinder auch als Erwachsene noch erhebliche beeinträchtigende Störungen aufweisen. Die Prävalenz bei Erwachsenen wird mit 1–6 % veranschlagt (Wender et al. 2001). Das Magazin „Time" widmete 1994 dieser Störung eine Titelgeschichte und stellte als wahrscheinlich betroffene Erwachsene unter anderem Benjamin Franklin, Winston Churchill, Albert Einstein und Bill Clinton heraus. Wender publizierte 1995 die erste Monographie über die ADHS im Erwachsenenalter; im gleichen Jahr veröffentlichte Nadeau eine ausführliche Darstellung des Krankheitsbildes. In verschiedenen amerikanischen Lehrbüchern setzt man sich seitdem eingehend mit der ADHS auch im Erwachsenenalter auseinander (z.B. Accardo et al. 2000; Barkley 1998; Brown 2000; Goldstein 1997; Goldstein u. Teeter Ellison 2002; Triolo 1999; Weiss et al. 1999).

Die erste ausführliche Darstellung des Krankheitsbildes im deutschsprachigen Raum erfolgte durch Krause et al. (1998b). Im gleichen Jahr wurde die ADHS mit dem Erscheinen des amerikanischen Bestsellers „Driven to Distraction" von Hallowell und Ratey in deutscher Übersetzung unter dem Titel „Zwanghaft zerstreut" einem breiten Kreis von Laien in Deutschland bekannt, so dass seither Ärzte zunehmend häufiger mit einer entsprechenden Selbstdiagnose konfrontiert werden. Bei Kenntnis der für dieses Krankheitsbild typischen Symptomkombinationen müsste in der täglichen Praxis des Nervenarztes sicherlich bei einer Reihe von Patienten, deren Auffälligkeiten ausschließlich als emotional instabile, dissoziale, histrionische oder ängstliche Persönlichkeitsstörungen eingeordnet werden, zumindest zusätzlich die Diagnose einer bis ins Erwachsenenalter persistierenden ADHS gestellt werden. Diese Diagnosestellung ist deshalb so eminent wichtig, weil es effiziente medikamentöse Behandlungsmöglichkeiten gibt, die den Betroffenen erstmals eine befriedigende Lebensführung ermöglichen.

Wie bereits im Vorwort zur zweiten Auflage ausgeführt, ist die ADHS im Erwachsenenalter inzwischen als wichtige Entität von den psychiatrischen Fachgesellschaften anerkannt. Die mit Unterstützung der DGPPN 2003 auf der Basis eines Expertenkonsensus publizierten Leitlinien zur ADHS im Erwachsenenalter (Ebert et al. 2003) finden sich im Anhang. 2007 wurden Leitlinien der „British Association for Psychopharmacology" veröffentlicht (Nutt et al. 2007), die den deutschen weitgehend entsprechen.

In einer Zeit knapperer Ressourcen im Gesundheitswesen werden sozioökonomische Aspekte bei der Beurteilung des Behandlungskonzeptes einzelner Krankheitsbilder durch Politik und Versicherungsträger immer wichtiger. Die mit der Behandlung der ADHS bei Kindern verbundenen jährlichen Kosten wurden für die USA auf 800 Milllionen US-Dollar für Mädchen und auf 2 Milliarden US-Dollar für Jungen geschätzt (Birnbaum et al. 2005), die Behandlung mit Methylphenidat erwies sich hinsichtlich des Kosten-Nutzen-Verhältnisses bei Kindern, Jugendlichen und Erwachsenen als effektiv (Matza et al. 2005). Neben den direkten medizinischen Kosten sind weitere ökonomische Einbußen aufgrund vermehrter Komorbidität, Kriminalität, Abwesenheit vom Arbeitsplatz, Arbeitsplatzverlust und gehäuften Unfällen zu berücksichtigen. Laut einer amerikanischen Studie fehlten 19,5 % der erwachsenen Berufstätigen mit ADHS an mindestens einem Tag pro Monat am Arbeitsplatz im Vergleich zu 10,1 % der Beschäftigten ohne ADHS (Kessler et al. 2005a). In einer weiteren Studie bei Beschäftigten einer großen Firma in den USA wurden für die unter einer ADHS Leidenden ausschließlich durch die Erkrankung bedingte Kosten (verursacht durch schlechtere Arbeitsleistung, häufigere Ausfallszeiten, vermehrte Arbeitsunfälle) von 4 336 US-Dollar pro Person und Jahr errechnet (Kessler et al. 2009). Die effektive Behandlung betroffener Jugendlicher und Erwachsener ist somit also auch unter ökonomischen Gesichtspunkten dringend geboten.

Eine deutlich erhöhte Häufigkeit von ADHS bei jungen erwachsenen Gefängnisinsassen wurde in der Ottweiler-Studie gefunden (Rösler et al. 2004c); die Prävalenz entsprechend den Kriterien des DSM IV lag für dieses Kollektiv bei 45 %, wobei psychiatrische Begleiterkrankungen eine wichtige Rolle spielten. Eine konsequente entsprechende medikamentöse Behandlung betroffener Straffälliger wäre sicher auch unter ökonomischen Gesichtspunkten äußerst sinnvoll. Wahrscheinlich könnte so auch, vor allem im Hinblick auf die Symptome der Impulsivität, das Risiko einer erneuten Straffälligkeit vermindert werden.

2 Nomenklatur

Während früher eine Gleichsetzung der ADHS mit minimaler zerebraler Dysfunktion (MCD) erfolgte – in der Schweiz ist heute noch der Begriff Psychoorganisches Syndrom (POS) für diese Diagnose gebräuchlich –, wurde in der ICD-9 (World Health Organization 1978) bzw. in dem DSM-III (American Psychiatric Association 1980) die ADHS als eigenständiges Krankheitsbild abgegrenzt:

- In der ICD-9 wird der Begriff des hyperkinetischen Syndroms des Kindesalters mit Störung von Aufmerksamkeit und Konzentration (314.0) eingeführt, das möglicherweise verbunden ist mit Entwicklungsrückstand (314.1) oder einer Störung des Sozialverhaltens (314.2).
- Das DSM-III benutzt den Begriff „Attention Deficit Disorder" (ADD), wobei eine häufige Kombination mit Hyperaktivität vorliegt (ADD-H), die aber nicht obligat für die Diagnose ist.

Mit der Frage, ob es sich beim Vorliegen einer entsprechenden Symptomkonstellation um ein Syndrom oder um eine eigenständige Störung handelt, haben sich Rothenberger und Neumärker (2005) auseinandergesetzt; sie kommen zu dem Schluss, dass nach dem heutigen Stand der Wissenschaft überzeugende evidenzbasierte Hinweise bestehen, wonach alle Kriterien für eine valide psychiatrische Störung erfüllt sind.

Während in der ICD-9 das hyperkinetische Syndrom noch als reine Erkrankung des Kindesalters beschrieben wurde, führte das DSM-III ein Persistieren von Symptomen bis ins Erwachsenenalter als spezielle Kategorie auf und bezeichnete dies als „ADD Residual Type". In der revidierten Version (DSM-III-R) wurde die Unterscheidung in ADD und ADD-H mit der Begründung fallen gelassen, dass Aufmerksamkeitsstörungen in der Regel mit Hyperaktivität vergesellschaftet seien, und es wurde der Begriff „Attention Deficit/Hyperactivity Disorder" (ADHD) eingeführt (American Psychiatric Association 1987). Bezüglich der Manifestation bei Erwachsenen wird im DSM-III-R wie im DSM-III festgehalten, dass die Diagnose einer ADHS im Erwachsenenalter dann zu stellen ist, wenn Symptome nach Kindheit und Adoleszenz persistieren – ohne dass auf spezifische Symptome im Erwachsenenalter eingegangen wird. Das DSM-IV (American Psychiatric Association 1994, deutsche Version 1996) übernimmt nicht mehr dieses Konzept mit obligater Hyperaktivität bei Aufmerksamkeitsstörungen, sondern differenziert drei Untergruppen:

1. Aufmerksamkeitsdefizit-/Hyperaktivitätsstörung, Mischtypus: Dieser Typ liegt
   vor, wenn jeweils mindestens sechs von neun Symptomen der Aufmerksamkeitsstörung und der Hyperaktivität/Impulsivität (s. Tab. 5-1a u. 5-1b, S. 48 ff.) über
   mindestens sechs Monate persistieren. Ausdrücklich wird im DSM-IV vermerkt,
   dass nicht bekannt ist, ob diese Kriterien auch im Erwachsenenalter gelten.
2. Aufmerksamkeitsdefizit-/Hyperaktivitätsstörung, vorwiegend unaufmerksamer
   Typus: Mindestens sechs Symptome des Aufmerksamkeitsdefizits, aber weniger
   als sechs Symptome der Hyperaktivität/Impulsivität haben mindestens sechs Monate bestanden.
3. Aufmerksamkeitsdefizit-/Hyperaktivitätsstörung, vorwiegend hyperaktiv-impulsiver Typus: In den letzten sechs Monaten traten mindestens sechs Symptome von
   Hyperaktivität und Impulsivität, aber weniger als sechs Symptome von Unaufmerksamkeit auf.

Spezielle Ausführungen bezüglich des Vorliegens im Erwachsenenalter werden im
Vergleich zum DSM-III-R nicht gemacht. Es wird jedoch ein spezieller Kodierhin-
weis eingeführt: „Bei Personen (besonders Jugendlichen und Erwachsenen), die zum
gegenwärtigen Zeitpunkt Symptome zeigen, aber nicht mehr alle Kriterien erfüllen,
wird *teilremittiert* spezifiziert." (American Psychiatric Association 1996, S. 123)

Entsprechend dem DSM-III und DSM-IV rückt die ICD-10 (World Health Organization 1990) von der Eingrenzung der Diagnose auf das Kindesalter ab und beschreibt unter F 90 Hyperkinetische Störungen mit in Bezug auf das Alter und den
Entwicklungsstand nachweisbarer Abnormität von Aufmerksamkeit und Aktivität
(F 90.0), eventuell mit Störung des Sozialverhaltens (F 91) kombiniert (F 90.1). Ein
Aufmerksamkeitsdefizitsyndrom ohne Hyperaktivität wird separat unter der Kodie-
rung F 98.8 aufgeführt. Eine vergleichende Darstellung der Diagnosen nach DSM-IV
und ICD-10 erfolgt in Tabelle 2-1.

In der deutschen Ausgabe der ICD-10 werden im systematischen Verzeichnis der
Krankheiten die Störungen von F 90 bis F 98 betitelt mit „Verhaltens- und emotionale Störungen mit Beginn in der Kindheit und Jugend" (Deutsches Institut für medizinische Dokumentation und Information 1994). Dies weist darauf hin, dass auch
hier zumindest indirekt eine Persistenz im Erwachsenenalter zugelassen wird.

Tab. 2-1 Gegenüberstellung der Bezeichnungen für die ADHS in DSM-IV und ICD-10.

DSM-IV	ICD-10
Aufmerksamkeitsdefizit-/Hyperaktivitätsstörung, Mischtypus (314.01)	Einfache Aktivitäts- und Aufmerksamkeitsstö- rung (F 90.0)
Aufmerksamkeitsdefizit-/Hyperaktivitätsstörung, vorwiegend unaufmerksamer Typus (314.00)	Aufmerksamkeitsstörung ohne Hyperaktivität (F 98.8)
Aufmerksamkeitsdefizit-/Hyperaktivitätsstörung, vorwiegend hyperaktiv-impulsiver Typus (314.01)	Hyperkinetische Störung des Sozialverhaltens (F 90.1)

In der revidierten Fassung des DSM-IV (DSM-IV-TR; American Psychiatric Association 2000) finden sich keine Änderungen bezüglich der ADHS, in dem für 2010 erwarteten DSM-V wird es wahrscheinlich erstmals eine Unterscheidung der Kriterien nach geschlechtsspezifischen Aspekten geben. Die diagnostischen Anforderungen werden dann besonders im Hinblick auf den unaufmerksamen Typ verändert werden müssen, da die inzwischen bei betroffenen Frauen retrospektiv erfasste Symptomatik in der Kindheit häufig nicht vor der Pubertät evident war und somit nicht den heute noch gültigen diagnostischen Kriterien entspricht (K. Nadeau, persönliche Mitteilung).

3 Prävalenz

Exakte epidemiologische Untersuchungen über die Prävalenz der ADHS im Erwachsenenalter an großen Stichproben finden sich in der Literatur noch nicht (Trott et al. 2000). Eine Erstmanifestation der Störung im Erwachsenenalter ist nicht plausibel, somit kann die Häufigkeit der ADHS aus der Zahl der betroffenen Kinder und Jugendlichen, bei denen Symptome über die Pubertät hinaus persistieren, geschätzt werden.

Die prinzipielle Problematik bei der Diagnostik der ADHS im Kindesalter ist bekannt (Swanson et al. 1998b; Trott 1993); Differenzen in der Häufigkeit der ADHS zwischen verschiedenen Ländern sind wohl eher durch unterschiedliche Kriterien bei der Diagnostik als durch geographische Besonderheiten bedingt (Swanson et al. 1998b). Klar ist auch, dass bei Zugrundelegung der Kriterien des DSM-IV eine größere Zahl von Betroffenen erfasst wird als bei Anwendung der ICD-10, die die Subgruppe der rein aufmerksamkeitsgestörten Patienten *nicht* berücksichtigt (Taylor et al. 1998; Tripp et al. 1999; vgl. Kap. 5, S. 51). So verdoppelte sich im Kollektiv von Tripp et al. (1999) die Zahl der nach den ICD-10-Kriterien als hyperkinetisch diagnostizierten Kinder, wenn die Kriterien des DSM-IV angewendet wurden. Studien, die zum Teil deutlich höhere Werte als 10 % für die Häufigkeit der ADHS im Kindesalter zeigten, wurde „overdiagnosis" vorgeworfen (Wender 1995). Besonders problematisch ist die Einschätzung der Prävalenzraten von Studien, die *vor* Erstellung der DSM-III-Kriterien durchgeführt wurden, da hier recht unterschiedliche Ansätze zur Diagnosestellung benutzt wurden. Es wurde vermutet, dass die hohen Prävalenzraten der ADHS im Kindesalter, die zunächst in den USA beschrieben wurden, eine für diese Region aufgrund spezieller soziokultureller Gegebenheiten spezifisches Phänomen sein könnten. In einer großen Metaanalyse, in der Studien zur Prävalenz der ADHS im Kindesalter in den USA und in anderen Ländern verglichen wurden, fanden Faraone et al. (2003) jedoch, dass in den meisten Ländern ähnlich hohe Prävalenzraten wie in den USA beschrieben wurden (s. Tab. 3-1). Auffällig niedrig lagen die Werte lediglich in jeweils einer Studie in Schweden und Australien. In einer aktuellen großen epidemiologischen Untersuchung zur Prävalenz der ADHS bei Kindern und Jugendlichen in Deutschland (n = 14 836) fand sich eine Häufigkeit von 4,8 % für eine von einem Arzt oder Psychologen diagnostizierte ADHS, bei weiteren 4,9 % bestand der Verdacht auf das Vorliegen einer entsprechenden Störung (Schlack et al. 2007).

Tab. 3-1 Prävalenzraten für die ADHS im Kindesalter gemäß den DSM-Kriterien in Populationen aus den USA und anderen Ländern (in Anlehnung an Faraone et al. 2003).

Verwendete DSM-Fassung	Herkunft des unter-suchten Kollektivs	Zahl der Studien	Alters-bereich	Prävalenz (%)
DSM-III	USA	3	9–11	9,1–12
	Andere Länder	6	7–11	5,8–11,2
DSM-III-R	USA	4	8–12	7,1–12,8
	Andere Länder	7	6–11	3,9–10,9
DSM-IV	USA	4	8–10	11,1–16,4
	Andere Länder	9	7,5–11	16–19,8 (5 Studien)
				2,4–7,5 (4 Studien)

Bemerkenswert ist, dass in neueren Studien mit besser definierten und rigoro-seren Kriterien eine höhere Persistenz der Symptome im Erwachsenenalter gefun-den wurde als in früheren Untersuchungen (Barkley 1998). In seiner sehr differen-zierten Beurteilung von 21 epidemiologischen Studien zur ADHS im Kindesalter, die zwischen 1958 und 1992 publiziert wurden, kommt Wender (1995) zu dem Schluss, dass die Häufigkeit der ADHS bei Kindern zwischen 6 % und 10 % anzuset-zen ist, mit deutlicher Bevorzugung des männlichen Geschlechts (3:1 bis 4:1). Diese Resultate decken sich weitgehend mit den Angaben von Trott (1993), der eine noch ausgeprägtere Androtropie, also ein gehäuftes Vorkommen der ADHS beim männ-lichen Geschlecht, fand. Berücksichtigt man den überwiegend unaufmerksamen Typ der ADHS gemäß DSM-IV, relativiert sich die Androtropie allerdings (Bieder-man et al. 2002b; Solden 1995; Wender et al. 2001). Zu beachten ist weiterhin, dass bei Mädchen geringere Komorbiditätsraten bezüglich Verhaltensstörungen, Teilleis-tungsstörungen und sozialer Dysfunktion beobachtet wurden (Biederman et al. 2002a; Biederman et al. 2002b).

Ein Grund für die Dominanz des männlichen Geschlechts bei diesem Krank-heitsbild ist möglicherweise die aus Versuchen an Ratten bekannte sehr unterschied-liche Dopaminrezeptoren-Dichte zwischen den Geschlechtern: Männliche Tiere wiesen zu Beginn der Pubertät im Vergleich zu weiblichen Tieren einen mehr als vierfach höheren Anstieg der Dopamin-D2-Rezeptoren-Dichte auf und zeigten dementsprechend eine drastische Reduktion im frühen Erwachsenenalter, in dem sich die Rezeptorendichte zwischen männlichen und weiblichen Tieren wieder an-gleicht (Andersen u. Teicher 2000). Ein ähnliches Verhalten wie bei der Dopamin-D2-Rezeptoren-Dichte war auch bei den Dopamin-D1-Rezeptoren zu beobachten.

Bei Autopsien an Menschen wurde zwar eine vermehrte Bildung von Dopamin-rezeptoren zu Beginn der Pubertät mit einem späteren Abfall beschrieben, es wurde aber nicht auf mögliche Geschlechtsunterschiede geachtet (Seeman et al. 1987). Mit-tels Positronenemissionstomographie (PET; vgl. Kap. 4.4.3, S. 28 ff.) fanden Wong et al. (1988), dass bei weiblichen Jugendlichen die Dopaminrezeptoren-Dichte lang-samer absank als bei männlichen, was für die Hypothese von Andersen und Teicher (2000) sprechen würde.

Ein weiterer Grund für die Androtropie könnte sein, dass auf dem X-Chromosom lokalisierte Gene eine ätiologische Funktion bei der ADHS zu haben scheinen (s. Kap. 4.5, S. 39 f.); weibliche Merkmalsträger wären in diesem Fall im Gegensatz zu männlichen in der Lage, die Störung durch ihr zweites – nicht betroffenes – X-Chromosom zu kompensieren.

Problematisch ist die in vielen Studien fehlende Trennung zwischen ADHS und Verhaltensstörungen sowie der dissozialen Persönlichkeitsentwicklung, mit denen andererseits Kombinationen im Sinne einer Komorbidität möglich sind. Zur Beurteilung der Häufigkeit der ADHS bei Erwachsenen sind longitudinale Studien heranzuziehen, in denen die Wege der von ADHS betroffenen Kinder bis ins Erwachsenenalter sorgfältig verfolgt werden. Ihnen zufolge ist davon auszugehen, dass mindestens ein bis zwei Drittel der betroffenen Kinder auch im Erwachsenenalter Symptome der ADHS aufweisen (Borland u. Heckman 1976; Gittelman et al. 1985; Hechtman et al. 1984; Weiss u. Hechtman 1993; Wender 1995; Wender et al. 2001). Wender (1995) schätzt die Prävalenz der ADHS im Erwachsenenalter auf 2–6 %. Tabelle 3-2 gibt einen Überblick über einige bei ADHS durchgeführte Verlaufsstudien, die sehr unterschiedliche Persistenzraten im Erwachsenenalter zeigten.

So fanden Wenwei (1996) und Yan (1996), die 197 als hyperaktiv diagnostizierte Kinder 15 Jahre später nachuntersuchten, eine hohe Rate von 70 % für die Persistenz im Erwachsenenalter. Mannuzza et al. (1993) diagnostizierten dagegen eine ins Erwachsenenalter persistierende ADHS-Symptomatik nur bei 11 % ihrer Patienten, aber einen Anteil von 29 % für die Entwicklung einer antisozialen Persönlichkeitsstörung und/oder von Alkohol- bzw. Drogenabusus. Ausgehend von diesen Daten schätzt Shaffer (1994) die Prävalenz der ADHS im Erwachsenenalter auf nur 0,3 %, bemerkt dazu aber, dass die von Mannuzza et al. (1993) angewandten Kriterien möglicherweise zu restriktiv waren. Er betont die Notwendigkeit groß angelegter epidemiologischer Studien zur Prävalenz der ADHS bei Erwachsenen in einer unselektierten Stichprobe.

In einer späteren Verlaufsstudie fanden Mannuzza et al. (1998) eine noch geringere Persistenzrate von 4 % im Erwachsenenalter. Hierzu ist anzumerken, dass von den Autoren für die Diagnose bei Erwachsenen ein vollständiges Symptomspektrum gemäß DSM-III gefordert wurde und Symptome im Erwachsenenalter, die in der Kindheit nicht belegt waren, nicht gewertet wurden. Dies führt bei der bekannten Wandlung der Symptome in Adoleszenz und Erwachsenenalter (s. Kap. 5, S. 47 ff.) natürlich zu einer massiven Unterschätzung der Persistenz. Das wesentliche Problem bei Längsschnittstudien ist also, welche Kriterien für die Annahme einer Persistenz zugrunde gelegt werden. Barkley et al. (2002a) schlagen in diesem Zusammenhang vor, die mögliche ADHS bei Erwachsenen ausgehend vom Verhalten Gleichaltriger zu beurteilen. Beim Konstrukt der „Intelligenz" etwa käme niemand auf die Idee, einen für Kinder entwickelten Intelligenztest beim gleichen Probanden später im Erwachsenenalter nochmals anzuwenden und aus dem verbesserten Wert zu schließen, dass die Intelligenz dramatisch zugenommen hat. Entsprechend kann bei der ADHS im Erwachsenenalter eben nicht aus dem Fehlen etwa einer offenkundigen motorischen Unruhe mit ständigem Herumlaufen geschlossen werden, dass sich die Störung „ausgewachsen" hat. Bei Zugrundelegung entsprechender Kriterien – von Barkley als DRC (Developmentally Referenced Criterion) bezeichnet –

Tab. 3-2 Persistenzraten der ADHS in Longitudinalstudien (in chronologischer Reihenfolge).

Autoren	N	Durchschnitts-alter in Jahren bei Studien-beginn	Durchschnitts-alter in Jahren bei Follow up	Persistenz von ADHS-Symptomen in %	Bemerkungen
Borland u. Heckman (1976)	20	7,5	30	50	Im Vergleich zu nicht betroffenen Brüdern niedrigerer sozioöko-nomischer Status
Weiss et al. (1985)	63	6–12	25	66	Antisoziale Persön-lichkeitsstörung bei 23 % der hyperak-tiven Erwachsenen
Gittelman et al. (1985)	101	6–12	16–23	31	Volles Symptom-spektrum bei Follow up
Mannuzza et al. (1991)	94	7	18	43	Hoher Anteil von anti-sozialer Persönlich-keitsstörung (32 %)
Schmidt et al. (1991)	17	8	18	40	ICD-10-Kriterien (HKS), Teil einer Feld-studie mit 399 Kin-dern
Mannuzza et al. (1993)	91	9	26	11	s. Text (S. 9)
Yan (1996) und Wenwei (1996)	197	10	25	70	Deutlich niedriger sozioökonomischer Status als Vergleichs-kollektiv
Mannuzza et al. (1998)	85	7	24	4	s. Text (S. 9)
Rasmussen u. Gilberg (2000)	50	7	22	56	11 Pat. mit „reiner" ADHS, 39 mit zusätz-licher „Developmen-tal Coordination Disorder"
Barkley et al. (2002a)	147	4–12	21	66	s. Text (S. 9)

kommen Barkley et al. auf eine Persistenzrate von 66 % (s. Tab. 3-2). Neuere Untersuchungen an größeren Stichproben von Erwachsenen zeigten demgemäß auch Raten, die den von Wender (1995) angenommenen entsprechen: 720 Führerschein-
bewerber (Murphy u. Barkley 1996) und 700 bzw. 468 College-Studenten in den
USA boten Prävalenzraten zwischen 4 % und 4,7 % bei Anwendung der DSM-IV-
Kriterien (DuPaul et al. 1997, zitiert nach Barkley 1998 resp. Heiligenstein et al.
1998). Die Prävalenz für den überwiegend unaufmerksamen Typ betrug für diese
Stichproben 1,3–2,2 %, für den Mischtyp 0,6–0,9 % und 0,9–2,6 % für den überwiegend hyperaktiv-impulsiven Typ. In einer großen Felduntersuchung bei 1 019 Erwachsenen mittels eines 25-minütigen Telefoninterviews, in dem entsprechend den
18 DSM-IV-Kriterien nach den Symptomen der ADHS gefragt wurde, fanden Faraone u. Biederman (2004) die folgenden Prävalenzen: je 1,1 % für den kombinierten
und den hyperaktiv-impulsiven Typ und 0,7 % für den unaufmerksamen. Wurde
nicht nur die Angabe „häufig“, sondern auch die Angabe „manchmal“ bei den Symptomen gewertet, erhöhten sich die Prävalenzraten deutlich: 6,9 % für den kombinierten, 5,8 % für den unaufmerksamen und 3,7 % für den hyperaktiv-impulsiven
Typ.

In einer neuen großen epidemiologischen Studie aus den USA fand sich bei 3 199
Erwachsenen im Alter zwischen 18 und 44 Jahren, die mit Hilfe eines semistruktu-
rierten Interviews gemäß den Kriterien des DSM-IV telefonisch befragt wurden,
eine Prävalenz von 4,4 % für eine aktuell bestehende ADHS (Kessler et al. 2006). Bei
den Frauen betrug der Anteil 3,2 %, bei den Männern 5,4 %. Eine Abnahme der
Prävalenz mit zunehmendem Alter bestätigte sich nicht: Die Häufigkeit in der Altersgruppe 18–24 Jahre lag bei 4,5 %, in der Gruppe von 25–34 bei 3,8 % und in der
Gruppe von 35–44 bei 4,6 %. Eine Besonderheit dieser Erhebung war, dass auch die
psychiatrischen Komorbiditäten genau erfasst wurden; hierauf soll in Kapitel 6 näher eingegangen werden. Eine retrospektive, anhand von Daten der gesetzlichen
Krankenversicherungen erhobene epidemiologische Untersuchung in Nordbaden
(n = 2,238 Millionen) zeigte, dass die höchste Prävalenz für eine ADHS gemäß den
Kriterien der ICD-10 bei Kindern im Alter von 7 bis 12 Jahren vorlag (Jungen 7,2 %,
Mädchen 2,7 %) (Schlander et al. 2007). Bei Erwachsenen über 19 Jahre fanden sich
nur noch minimale Prävalenzraten von 0,04 % bei den Männern und 0,03 % bei den
Frauen. Dies war aufgrund der angewandten Methodik zu erwarten, da die gesetzlichen Krankenkassen in Deutschland zum Zeitpunkt der Untersuchung nicht zur
Kostenübernahme der medikamentösen Behandlung von Erwachsenen mit ADHS
verpflichtet waren (s. Kap. 7.2.1, Off-Label-Use, S. 192 f.) und somit diese Diagnose
bei den gesetzlich versicherten Erwachsenen extrem selten angegeben wurde. Eine
multinationale Studie der WHO bei 7 075 Beschäftigten in 10 verschiedenen Staaten
zeigte eine Prävalenzrate für die ADHS gemäß den DSM-IV-Kriterien von 3,5 %
(4,2 % bei Männern, 2,5 % bei Frauen); die Prävalenz in der Altersgruppe von 18 bis
29 Jahren lag bei 3,8 %, die in der Gruppe von 30 bis 44 Jahren bei 3,2 % (Unterschied nicht signifikant) (de Graaf et al. 2008).

Bei Verlaufsstudien ist zu beachten, dass junge Erwachsene bei Selbsteinschätzung eine deutlich geringere Häufigkeit der Persistenz von Symptomen angeben; so
schätzten sich in der Milwaukee-Studie nur noch 5 % der 147 jungen Erwachsenen,

die als Kinder unter ADHS gelitten hatten, als betroffen ein, während die Eltern eine Rate von 46 % schätzten (Barkley et al. 2002a). Die Autoren folgern hieraus, dass Follow-up-Studien, die sich auf Selbstbefragungsskalen stützen, die Prävalenz der ADHS im Erwachsenenalter deutlich unterschätzen.

4 Neurobiologie

Wie bei vielen psychiatrischen Erkrankungen kontrastiert bislang auch bei der ADHS die potenziell sehr starke subjektive und objektive Beeinträchtigung mit dem Fehlen spezifischer biologischer Marker, die die Diagnose zusätzlich sichern würden. Eine organische Basis der Symptome wurde gleichwohl bereits von Still, der 1902 die Kombination von Überaktivität, Aufmerksamkeitsstörung und Verhaltensauffälligkeiten bei Kindern beschrieb, vermutet (Still 1902). Später wiesen Begriffe wie MCD (minimale zerebrale Dysfunktion) oder das in der Schweiz noch gebräuchliche POS (Psychoorganisches Syndrom) auf den vermuteten organischen Ursprung hin. Inwieweit Schwangerschafts- oder Geburtskomplikationen zur Entwicklung oder Ausprägung einer ADHS beitragen, ist unklar (Faraone u. Biederman 1998). In einer epidemiologischen Studie an 5 701 Kindern, von denen 305 unter ADHS litten, konnten St. Sauver et al. (2004) keinen Einfluss eines niedrigen Geburtsgewichts auf die Entwicklung einer ADHS nachweisen. Die Gruppe um Biederman und Faraone fand dagegen, dass Kinder mit ADHS dreimal häufiger diesen Risikofaktor aufwiesen als Kinder aus der Kontrollgruppe (Mick et al. 2002b). Es könnte argumentiert werden, dass Hyperaktivität der Mutter, Zigarettenrauchen, Alkohol, soziales Umfeld und komorbide Persönlichkeitsstörungen bei den Eltern zu dem niedrigen Geburtsgewicht geführt hätten – diese Faktoren wurden aber von den Autoren bereits berücksichtigt. Ein niedriges Geburtsgewicht wurde allerdings nur bei einem kleinen Teil der Betroffenen als unabhängiger Risikofaktor für die Entwicklung einer ADHS angesehen. Die Frage ist aber, ob auch in diesen Fällen nicht Ursache und Wirkung verwechselt werden: Ein hyperaktives Kind könnte allein aufgrund seiner vermehrten intrauterinen Aktivität ein niedrigeres Geburtsgewicht aufweisen. Ähnliches gilt für die immer wieder vorgetragene Ansicht, dass Nikotinabusus der Mutter zu ADHS beim Kind führt (Linnet et al. 2003). Hier dürfte in vielen Fällen der Nikotinabusus der Mutter bereits auf deren genetische Veranlagung zur ADHS zurückzuführen sein. Ein Argument für diese Interpretation ist auch, dass das Ausmaß des Nikotinabusus der Mutter offenbar keine Rolle spielt, sondern nur die Tatsache des Rauchens an sich (Huss, persönliche Mitteilung). Andererseits ist unbestritten, dass Nikotinabusus in der Schwangerschaft zu organischen Schäden beim Fetus führen kann, die sich möglicherweise später in ADHS-Symptomen äußern.

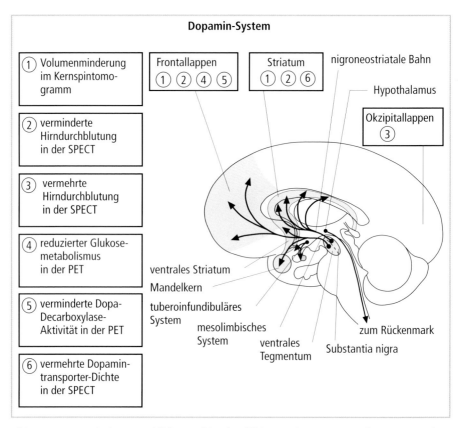

Abb. 4-1 Dopamin im menschlichen Gehirn (modifiziert nach Heimer 1988) mit in einzelnen Hirnarealen bei ADHS beschriebenen Auffälligkeiten.

Eine interessante Untersuchung zur Bedeutung exogener Faktoren bei der Manifestation von Symptomen einer ADHS führten Lehn et al. (2007) durch: Sie verglichen Gruppen von monozygoten Zwillingen mit und ohne Diskordanz hinsichtlich ADHS bzw. Symptomen von Unaufmerksamkeit. Dabei konnten sie feststellen, dass in der Gruppe der eineiigen Zwillinge, von denen einer betroffen war und einer nicht, die Kinder mit ADHS-Symptomen ein signifikant niedrigeres Geburtsgewicht und eine verzögerte motorische Entwicklung aufwiesen – wiederum ein Hinweis auf mögliche organische Faktoren bei der Manifestation einer ADHS. Aufschlussreich war hinsichtlich des Rauchverhaltens der Mütter, dass die Mütter von Zwillingen, die beide unter einer ausgeprägten Symptomatik litten, während der Schwangerschaft häufiger rauchten als Mütter von Zwillingen mit leichten Störungen oder Diskordanz bezüglich der ADHS-Symptomatik. Angaben zum Vorliegen einer ADHS bei den Müttern wurden in dieser Studie nicht gemacht.

Klinisch evident ist, dass Patienten mit einer Schädigung im Bereich des Frontalhirns häufig ähnliche Symptome wie die der ADHS aufweisen. Symptome einer

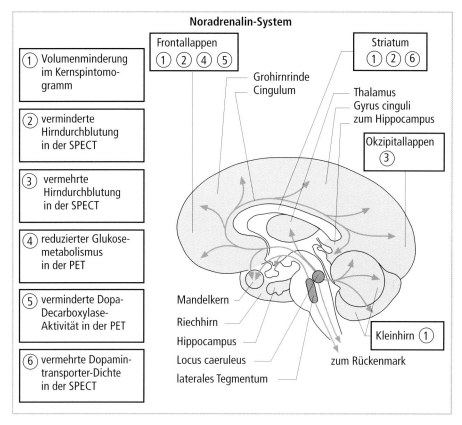

Abb. 4-2 Noradrenalin im menschlichen Gehirn (modifiziert nach Heimer 1988) mit in einzelnen Hirnarealen bei ADHS beschriebenen Auffälligkeiten.

ADHS mit Betonung der Unaufmerksamkeit und sehr früher Manifestation wurden bei Kindern mit fetalen Alkoholspektrum-Störungen beschrieben (O'Malley 2002), wobei das Ansprechen auf Stimulanzien nicht so gut zu sein scheint wie bei der „normalen" ADHS. Die Bedeutung eines erhöhten Alkoholkonsums während der Schwangerschaft für die spätere Ausprägung einer ADHS bestätigte sich in einer großen retrospektiven Studie (Mick et al. 2002a). Hohe Raten von Symptomen einer ADHS wurden bei Kindern mit Neurofibromatose vom Typ I (46 von 93 untersuchten Kindern) beschrieben, mit gutem Ansprechen der Symptome auf Methylphenidat (Mautner et al. 2002). Ebenso finden sich beim Syndrom des fragilen X-Chromosoms (Martin-Bell-Syndrom) gehäuft ADHS-Symptome, insbesondere Hyperaktivität (Einfeld et al. 1991). Eine familiäre Gen-Deletion am kurzen Arm des X-Chromosoms (Xp22.33) führte bei zwei Brüdern zu schweren Teilleistungsstörungen sowie ADHS-Symptomen (Boycott et al. 2003). Ein anderer Junge mit einer Deletion am langen Arm und einer Duplikation des kurzen Arms des Y-Chromosoms wies ebenfalls Symptome einer ADHS auf (Mulligan et al. 2008). Eine Veränderung am Thyroid-Gen wurde als Ursache der ADHS postuliert (Hauser et al. 1993). Dieser Zusammenhang bestätigte sich in späteren Untersuchungen nicht (Pearl et al. 2001); es könnte sich ohnehin nur um eine kleine genetische Subpopulation handeln, da die Prävalenz der ADHS wesentlich höher ist als die einer entsprechenden Störung im Schilddrüsenstoffwechsel (Elia et al. 1994). Interessant ist die Beobachtung höherer Antistreptokokken-Antikörper-Titer bei Patienten mit ADHS im Vergleich zu Normalpersonen (Peterson et al. 2000).

Früher wurden häufig Umweltfaktoren als Ursache der ADHS angeschuldigt. So kann zwar ein ungünstiges soziales Milieu – wie generell bei psychischen Erkrankungen – bei entsprechender Disposition auch Auswirkung und Ausprägung der Symptome einer ADHS modifizieren (Schulte-Markwort u. Düsterhus 2003), es ist aber keinesfalls als entscheidende Ursache anzusehen (Faraone u. Biederman 1998). In der Vergangenheit favorisierte Konzepte einer Verursachung der ADHS durch Zucker, Milch, Eier, Phosphat oder Nahrungsmittelzusätze (Feingold 1975; Goyette et al. 1978; Levin 1978) bestätigten sich in kontrollierten Studien nicht (Faraone u. Biederman 1998; Tourchette 1994; Wolraich et al. 1996). Im Einzelfall können aber Überempfindlichkeiten auf Nahrungsstoffe bei Kindern zu Symptomen wie Hyperaktivität und Aufmerksamkeitsstörung führen, die dann einer entsprechenden Diät bzw. Desensibilisierung zugänglich sind (Egger et al. 1985; Egger et al. 1992). Bateman et al. (2004) untersuchten bei dreijährigen Kindern in einer placebokontrollierten Doppelblindstudie den Einfluss von künstlichen Farbstoffen und Benzoat auf das Verhalten der Kinder. Während bei der klinischen Prüfung keine Unterschiede zu Placebo feststellbar waren, gaben die Eltern eine Zunahme hyperaktiven Verhaltens unter Gabe von Farbstoff und Konservierungsmittel an; dieser Effekt war unabhängig davon, ob es sich um primär hyperaktive Kinder handelte oder nicht. Vermehrte Hyperaktivität durch künstliche Farbzusätze und/oder das Konservierungsmittel Natriumbenzoat fanden sich in der Allgemeinbevölkerung sowohl bei drei- als auch bei acht- bis neunjährigen Kindern (McCann et al. 2007).

Die eigentliche Beschäftigung mit den neurobiologischen Grundlagen der ADHS begann erst in den 1970er Jahren. Es fanden sich neurochemische, neurophysiologische und radiologische Auffälligkeiten, die vor allem auf Anomalien im dopaminergen und noradrenergen System hinweisen (vgl. Abb. 4-1 u. 4-2). Genetische Untersuchungen belegen immer klarer, dass bei der ADHS in den meisten Fällen eine eindeutige genetische Komponente besteht. So fanden Hudziak et al. (2005) in einer epidemiologischen Zwillingsstichprobe aus den Niederlanden einen Einfluss besonderer Umweltfaktoren von lediglich 22 %, bei den restlichen 78 % wurde eine genetische Ursache festgestellt. In ihrer Analyse zur ADHS in verschiedenen Kulturkreisen kamen Rohde et al. (2005) zu dem Schluss, dass diese Störung kein milieu- und umweltbedingtes Konstrukt ist, sondern in vergleichbarer Ausprägung und Häufigkeit quer durch alle Kulturen angetroffen wird.

4.1 Neurochemische, neuroanatomische und neuropsychologische Grundlagen

Aufgrund der erstmals 1937 von Bradley beschriebenen guten Wirksamkeit von Stimulanzien auf Symptome der ADHS wurde vermutet, dass entsprechend dem Wirkmechanismus dieser Substanzen der ADHS eine Störung im Bereich der biogenen Amine Dopamin und Noradrenalin zugrunde liegt (**„Katecholaminhypothese"**; Faraone u. Biederman 1998; Prince 2008; Solanto 2002; Trott 1993).

Noradrenalin ist im Gehirn weit verbreitet, am dichtesten in den primären visuellen, auditiven, somatosensorischen und motorischen Regionen. Produktionsort sind Neurone im Locus caeruleus und im lateralen Tegmentum (s. Abb. 4-2). Wichtige noradrenalinabhängige Wechselbeziehungen bestehen zwischen Locus caeruleus und präfrontalem Kortex (Arnsten et al. 1996). Die noradrenalinabhängigen Neurone sind im normalen Wachzustand aktiv und zeigen während des Schlafs und Zuständen mit beeinträchtigter Aufmerksamkeit verminderte Entladungen. Es wird vermutet, dass Noradrenalin seine positiven kognitiven Effekte an alpha$_{2A}$-adrenergen Rezeptoren im Kortex entfaltet.

Dopamin ist im Gegensatz zu Noradrenalin in den primären sensomotorischen kortikalen Hirnregionen nur gering vertreten, dafür dicht im präfrontalen Kortex, im Striatum sowie den Assoziationsbahnen zu den temporalen und parietalen Lappen (s. Abb. 4-1). Produktionsort sind Kerngebiete im Mittelhirn (ventrales Tegmentum und Pars compacta der Substantia nigra). Vom ventralen Tegmentum aus laufen Projektionsbahnen zum Nucleus accumbens, dem mit dem limbischen System eng verknüpften Anteil des Striatums (*mesokortikolimbisches System*), von der Substantia nigra aus zum Körper des Striatums (*mesostriatales System*; Afifi 1994). Das mesostriatale System wird als wesentlich für stereotype Verhaltensweisen, Zuwendung und Aufrechterhaltung von Aufmerksamkeit angesehen, das mesokortikolimbische System dagegen für motorische Aktivität, Neugierverhalten und Entwicklung von Handlungsstrategien (Clark et al. 1987). Der Nucleus accumbens erscheint besonders wichtig für Motivation und Belohnungssystem und weist enge Verbindungen zu anderen Strukturen des limbischen Systems auf. Diese Dopamineffekte werden möglicherweise durch postsynaptische Dopamin-Typ-1-Rezeptoren (D1-Rezeptoren) vermittelt (Williams u. Goldman-Rakic 1995). Von Interesse ist, dass Hyperaktivität im Tierversuch sowohl bei hyper- als auch bei hypodopaminergen Tieren beschrieben wird; offenbar können beide Extreme zu einem entsprechenden Verhalten führen (Castellanos u. Tannock 2002).

Anatomisch werden beim „Aufmerksamkeitssystem" ein vorderes und ein hinteres System unterschieden (Posner u. Dehaene 1994). Das *hintere System* beinhaltet den rechten Parietallappen, die Colliculi superiores und das Pulvinar (hinterer Thalamusanteil). Diese Strukturen sind wichtig für die Erkennung von neuen Stimuli. Das *vordere System* – Cingulum und präfrontaler Kortex – ist für das Arbeitsgedächtnis, die nicht fokussierte Aufmerksamkeit, Reizhemmungsmechanismen und die so genannten exekutiven Funktionen wie Organisation, Setzen von Prioritäten und Selbstkontrolle verantwortlich. Kordon u. Kahl (2004) definieren die exekutiven Funktionen als „zentrales Managementsystem im Gehirn" und veranschaulichen dies am Bild des Dirigenten, der organisiert, aktiviert, fokussiert integriert, anweist und kreative Spielräume lässt. Die Modulation und Steuerung all dieser Funktionen findet in subkortikalen Strukturen – im Wesentlichen im Striatum und Thalamus – statt. Eine Lateralisierung dieser Funktionen im Großhirn wurde in der Form beschrieben, dass die Aufrechterhaltung der Aufmerksamkeit und die Zuwendung zu neuen Reizen hauptsächlich in der rechten Hirnhälfte, fokussierte selektive Aufmerksamkeitsleistungen dagegen mehr in der linken Hirnhälfte lokalisiert sind (Castellanos 1997).

Die hauptsächlichen **Defizite bei der ADHS** liegen im Bereich der Aufnahme und Verarbeitung von Informationen (Armstrong et al. 2001). Bei Tests zur Erfassung der kontinuierlichen Aufmerksamkeitsleistung (Continuous Performance Tests = CPT) zeigen ADHS-Betroffene häufig mehr impulsiv bedingte Fehler („commission") als Auslassungsfehler („omission") und haben längere Reaktionszeiten bei Entscheidungsprozessen sowie generell eine höhere Variabilität bei den Reaktionszeiten. Dies sind Defizite

- der Intention,
- der Vorbereitungsphasen,
- der Perzeption,
- der Verschlüsselung eines Reizes und
- der Reaktion hierauf.

Diese Störungen sind abhängig vom Arbeitsgedächtnis und von „exekutiven" Funktionen des präfrontalen Kortex (Denckla 1996). Andere Tests der Funktionen des Frontallappens wie Go-/NoGo-Aufgaben sowie adäquate Aufrechterhaltung und Schaltung spezieller Strategien zur Aufgabenbewältigung sind gleichfalls bei ADHS gestört (Casey et al. 1997). Mehrere Untersucher haben Störungen der optischen räumlich-konstruktiven und perzeptiven Leistungen sowie der Orientierung auf bestimmte Reize im linken visuellen Feld bei ADHS gefunden, die die rechte Hemisphäre und speziell die rechtsseitigen frontostriatalen Bahnen betreffen (Carter et al. 1995; Garcia-Sanchez et al. 1997).

Generell sind somit neurobiologische Auffälligkeiten bei der ADHS in erster Linie im frontostriatalen System zu erwarten; hier wäre vor allem nach Störungen im Dopaminstoffwechsel zu fahnden.

Die der ADHS zugrunde liegenden neuropsychologischen Befunde sind entsprechend der unterschiedlichen Ausprägung der einzelnen Typen gemäß DSM-IV inkonsistent. Immer wieder werden Befunde und Gegenbefunde veröffentlicht, die bestimmte neuropsychologische Veränderungen für die ADHS verantwortlich machen, wobei häufig nur ein geringer statistisch zu sichernder Effekt besteht (Sonuga-Barke 2002). Sonuga-Barke (2002) untersuchte Kinder mit der kombinierten Form der ADHS, die somit auch den Kriterien der ICD-10 entsprechen, mit neuropsychologischen Methoden und fand zwei unterschiedliche neuropsychologische Mechanismen, was ihn dazu veranlasste, sein „dual pathway"-Modell zu postulieren.

Es besteht Übereinstimmung zwischen allen Untersuchern, dass die ADHS häufig mit Störungen im Bereich der exekutiven Funktionen einschließlich Defiziten bei übergreifenden Kontrollfunktionen und Selbstregulationsprozessen einhergeht. Patienten mit ADHS haben Probleme, ihre Aufmerksamkeits- und Reaktionsbereitschaft flexibel und strategisch sinnvoll zu handhaben, zeigen weiterhin Defizite in der Planung und dem Arbeitsgedächtnis, verbunden mit mangelhafter Einschätzung des eigenen Verhaltens. Entsprechende Störungen werden auch bei anderen psychischen Erkrankungen beschrieben (Bradshaw u. Sheppard 2000). Die dominierende Rolle der mangelhaften inhibitorischen Kontrollmechanismen scheint aber für die ADHS besonders typisch zu sein (Barkley 1997; Bayliss u. Roodenrys 2000; Ross et al. 2000). Ein geeignetes Untersuchungsverfahren ist der Stopp-Signal-Test (Schachar et al. 2000). Hierbei wird die Fähigkeit getestet, eine erwartete Go-Reaktion auf einen typischerweise visuellen Reiz durch ein Stoppsignal (meist auditorisch), das in unterschiedlichen Intervallen vor der Go-Antwort gegeben wird, zu unterbrechen. Die Zeit, in der eine bereits initiierte Antwort noch unterbrochen werden kann, ist bei vielen Kindern mit ADHS verlängert (Nigg 1999; Oosterlan et al. 1998; Schachar et al. 2000).

Das andere von Sonuga-Barke (2002; 2005) beschriebene Erklärungsmodell zeigt die ADHS als eine Störung der Motivation. In diesem Fall ist der zugrunde liegende Defekt also nicht in einer Störung inhibitorischer Mechanismen, sondern vielmehr in einer Vermeidungshaltung gegenüber aversiv erlebten Verzögerungen („delay aversion") zu sehen. Dieses Modell besagt, dass Patienten mit ADHS bei der Wahl zwischen unmittelbaren und verzögerten Belohnungen bzw. Aufgaben jeweils die sofortige vorziehen (Sonuga-Barke et al. 1992). Wenn keine Wahlmöglichkeit besteht, werden die Betroffenen die Wahrnehmung ihrer Umgebung so gestalten, dass die als lästig empfundene Verzögerung möglichst durch andere Reize ausgefüllt wird, klinisch resultierend in einem Aufmerksamkeitsdefizit mit vermehrter Ablenkbarkeit bzw. motorischer Unruhe (Antrop et al. 2000). Die Defekte bei der Bewältigung von Aufgaben resultieren hierbei also primär aus motivationalen Problemen (Sonuga-Barke et al. 1996) und zeigen sich erst sekundär als Dysregulation bei der Kognition.

Um zu klären, ob es sich bei der Störung der Hemmfunktion und der Motivation tatsächlich um zwei verschiedene neuropsychologische Prozesse handelt, die Patienten mit ADHS unabhängig voneinander aufweisen können, unterzog man im Rahmen der NIMH-Multimodal-Treatment-Studie Kinder mit der kombinierten Form der ADHS je einem für die jeweilige Modalität spezifischen Test. Resultat war, dass die ADHS zwar jeweils einen eindeutigen Effekt auf die Testergebnisse im Vergleich zu einem gesunden Kontrollkollektiv hatte (nahezu 90 % konnten mit Hilfe der beiden Tests korrekt diagnostiziert werden), dass aber die Ergebnisse der beiden Tests nicht miteinander korrelierten (Solanto et al. 2001). Daraus kann geschlossen werden, dass es sich tatsächlich um zwei verschiedene neuropsychologische Prozesse handelt, die bei der ADHS eine Rolle spielen. Während die Störungen der Hemmprozesse sich direkt auf Ausmaß und Qualität der Aufgabenbewältigung auswirken, sind die entsprechenden Funktionen bei zugrunde liegender Störung der Motivation im Modell von Sonuga-Barke sekundäre Manifestationen von Hyperaktivität, Impulsivität und Aufmerksamkeitsdefizit (s. Abb. 4-3), die ja unausweichlich die Zeit reduzieren, die für die Bearbeitung eines Problems vorhanden ist; auf die Dauer

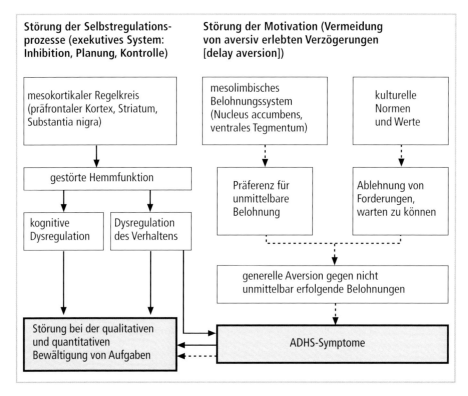

Abb. 4-3 Neuropsychologisches Modell der ADHS von Sonuga-Barke (2002).

leidet dann auch die Fähigkeit zu qualitativer Bewältigung von Aufgaben (Sonuga-Barke 2002). Wesentlich ist, dass bei Vorliegen einer Motivationsstörung die Ausprägung der ADHS deutlich mehr Umgebungseinflüssen unterliegt als bei einer primär gestörten Hemmfunktion. Sonuga-Barke postuliert, dass Betroffene mit einer Störung der Selbstregulationsprozesse eher den Begriff einer Krankheitskategorie erfüllen, während er die Störung der Motivation als extreme Ausprägung einer prinzipiell bei allen Menschen vorhandenen Disposition ansieht. Die Streitfrage, ob es sich bei der ADHS um eine kategoriale Diagnose oder um ein Kontinuum handelt, wäre möglicherweise also in Abhängigkeit davon zu beantworten, welcher der beiden Subtypen des Modells von Sonuga-Barke im Einzelfall vorliegt. Für künftige Forschungen wird wichtig sein, ob sich hinsichtlich der vermuteten Störungsorte im Dopaminsystem – dem mesokortikalen Regelkreis auf der einen und dem mesolimbischen Belohnungssystem auf der anderen Seite – mit Methoden der Bildgebung bei betroffenen Patienten Unterschiede aufdecken lassen; für die gestörte Hemmfunktion könnten die Dopamin-D1-Rezeptoren, die eine zentrale Rolle bei der Regulation der präfrontalen Aktivität spielen (Arnsten 1997; Robbins 2000), besonders wichtig sein, für die Störung im Belohnungssystem die D2-Rezeptoren (Blum et al. 1995b).

Eine nicht unbedeutende Rolle könnte das Kleinhirnsystem bei der ADHS spielen. Hier fanden sich bei kernspintomographischen Untersuchungen wiederholt Auffälligkeiten (s. Kap. 4.4.1, S. 24 f.). Schon länger ist bekannt, dass das Kleinhirn eine Rolle bei kognitiven Prozessen spielt (Fiez 1996). So weisen Patienten mit zerebellärer Schädigung Defizite bei visuellen räumlichen und konstruktiven Aufgaben auf (Giedd et al. 1994), weiterhin wurden bei Kleinhirnschäden Aufmerksamkeitsstörungen und Probleme bei der Planung von Aktivitäten beschrieben (Courchesne et al. 1994; Grafman et al. 1992). Sonuga-Barke hat entsprechend auf einem Symposium in Berlin im Mai 2007 die „triple pathway hypothesis" vorgestellt, die sein „dual pathway model" um zerebelläre Funktionsstörungen erweitert.

4.2 Messung von Katecholaminen und ihren Metaboliten bei ADHS

Neurochemische Studien bei Patienten mit ADHS sind notwendigerweise indirekt. Es wurden zwar viele Studien mit dem Ziel durchgeführt, neurochemische Auffälligkeiten in Blut, Urin oder Liquor nachzuweisen, es resultierten aber letztlich uneinheitliche Ergebnisse (Krause et al. 2000a; Mercugliano 2000). Die Befunde sind limitiert durch das Vorhandensein der gleichen neurochemischen Marker aus peripheren Quellen sowie der Unmöglichkeit, Prozesse in bestimmten Hirnanteilen zu identifizieren. Bei Liquorstudien sind generell die niedrige Zahl und die fraglich validen Kontrollen zu bedenken, außerdem ist unklar, inwieweit Spiegel von Neurotransmittern und ihren Metaboliten überhaupt mit der neuronalen Aktivität korrelieren (Commissiong 1985; Oades 1987; Zametkin et al. 1993). Erste Ergebnisse zur Erniedrigung der Homovanillinsäure (HVA), einem wesentlichen zentralen Metaboliten des Dopamins, im Liquor wurden nicht bestätigt (Castellanos et al. 1994; Mercugliano 2000; Zametkin et al. 1993). Am konsistentesten erschien eine Erniedrigung von 3-Methoxy-4-hydroxyphenylglycol (MHPG), dem dominierenden Metaboliten von Noradrenalin im Urin (Oades 1987; Zametkin et al. 1993), aber auch dies wurde nicht von allen Autoren bestätigt (Castellanos et al. 1994). Möglicherweise ist der Anstieg der Katecholamine durch Stress bei Kindern mit ADHS nicht so ausgeprägt wie bei Normalpersonen (Pliszka et al. 1996). Eventuell spielt hierbei auch eine Störung im Adrenalinhaushalt eine Rolle (Girardi et al. 1995; Hanna et al. 1996), was unter dem Aspekt interessant ist, dass Adrenalin wesentlich zur Regulation der Entladungsrate des Locus caeruleus beiträgt (Pliszka et al. 1996). Kopeckova et al. (2006) fanden in Serum und Urin von Patienten mit ADHS erniedrigte Konzentrationen der Dopamin-beta-Hydroxylase, eines Enzyms, das für die Konversion von Dopamin in Noradrenalin verantwortlich ist. Eine Korrelation zwischen den Ergebnissen in einem visuellen Aufmerksamkeitstest (TOVA) und der Ausscheidung von Noradrenalinmetaboliten im Urin beschrieben Llorente et al. (2006) bei Kindern mit ADHS; für Dopaminmetaboliten fand sich kein entsprechender Befund.

Bisher ging man davon aus, dass Fehlfunktionen von Serotonin keine wesentliche Rolle bei der ADHS spielen, was sich aus dem weitgehenden Fehlen einer Wirksamkeit der ausschließlich serotonerg wirkenden Pharmaka auf die Kernsymptome der ADHS ergibt. Neue tierexperimentelle Untersuchungen könnten aber dafür sprechen, dass auch Störungen im Serotoninhaushalt bei der ADHS vorliegen (Gainetdinov et al. 1999). Beim Vergleich der Plasmaspiegel von Serotonin, Noradrenalin, Dopa und Lipiden zwischen Kindern mit schwer und leicht ausgeprägter ADHS wurde lediglich für Serotonin eine Tendenz zu niedrigeren Werten bei Kindern mit schwer ausgeprägter ADHS beschrieben, bei den übrigen wurden keine Unterschiede gefunden (Spivak et al. 1999). In diesem Zusammenhang erscheint wesentlich, dass Serotonin bekanntermaßen eine wichtige Rolle bei häufig mit der ADHS gemeinsam auftretenden Störungen wie Depression, Angststörungen, Zwangserkrankungen und aggressivem Verhalten spielt (McKay u. Halperin 2001). Studien zeigten, dass niedrige Werte des Serotoninmetaboliten 5-Hydroxyindolessigsäure im Liquor mit impulsiven und aggressiven Verhaltensstörungen korrelierten (Kruesi et al. 1992; Trott 1993). Entsprechend fanden Oades et al. (2002) Korrelationen zwischen der Affinität der Serotonintransporter-Bindungsstellen an Thrombozyten und aggressivem Verhalten bei Kindern mit ADHS. Liu und Reichelt (2001) beschrieben ein die Serotoninaufnahme in die Thrombozyten stimulierendes Peptid im Urin von Kindern mit ADHS, das bei Kontrollpersonen nicht nachweisbar war.

4.3 Neurophysiologische Messungen

Bei quantitativen EEG-Analysen wurden Unterschiede zwischen Kontrollpersonen und Patienten mit ADHS gefunden, insbesondere eine Verlangsamung über den frontalen Hirnregionen (Chabot et al. 1996; Clarke et al. 2002; Kuperman et al. 1996; Mann et al. 1992; Matsuura et al. 1993; Tourchette 1994). In ihrer eingehenden Übersicht über bisher durchgeführte quantitative EEG-Untersuchungen resümiert Tannock (1998), dass mit den bisherigen Untersuchungstechniken das quantitative EEG als diagnostisches Verfahren noch nicht valide genug erscheint. In neueren Untersuchungen an einem großen ADHS-Patientenkollektiv (482 Patienten) im Alter zwischen 6 und 30 Jahren fanden sich erstaunlich hohe Werte für Sensitivität (86 %) und Spezifität (98 %) bei Voraussage der Diagnose aufgrund einer erhöhten Theta-Beta-Ratio (Monastra et al. 1999); insgesamt lag nur bei 1 % der Probanden, die nach den angewandten EEG-Kriterien als ADHS-positiv eingestuft wurden, keine ADHS vor. Entsprechende Untersuchungen könnten also in Zukunft bei der Diagnostik der ADHS hilfreich sein. Clarke et al. (2001) fanden bei männlichen Kindern mit ADHS deutlichere EEG-Abweichungen als bei weiblichen, sahen aber auch bei Mädchen eine erhöhte Theta-Aktivität mit Betonung frontal; im Gegensatz zu anderen Studien war die Delta-Aktivität in dieser Untersuchung reduziert (Clarke et al. 2003). Hermens et al. (2004) fanden bei quantitativen EEG-Untersuchungen mit simultaner Ableitung der elektrodermalen Aktivität an der Hand eine vermehrte

Theta-Aktivität nur bei Männern, nicht bei Frauen mit ADHS; dagegen war das elektrische Hautleitfähigkeitsniveau (skin conductance level, SCL) nur bei Frauen, nicht bei Männern im Vergleich zum Kontrollkollektiv reduziert.

Mehrere Untersucher beschrieben niedrige Amplituden von ereigniskorrelierten Potenzialen (P 300; Brandeis et al. 1998; Jonkman et al. 1997; Keage et al. 2006; Klorman 1991; Satterfield et al. 1994; Strandburg et al. 1996), was für Probleme bei der Signalerkennung und -verarbeitung spricht. Dabei war P 300 kleiner sowohl bei akustischen als auch bei visuellen Reizen. Keinen Unterschied bei der Messung von P 300 zwischen mit Methylphenidat behandelten und unbehandelten erwachsenen Patienten mit ADHS fanden Ohlmeier et al. (2007). Interessant sind Befunde, die bei Bestimmung der frühen akustisch evozierten Hirnstammpotenziale Auffälligkeiten bei Patienten mit ADHS zeigten, was für eine zusätzliche Störung bereits bei der frühen Wahrnehmung auditorischer Reize spricht (Lahat et al. 1995). In einer Untersuchung an 13 Kindern mit ADHS und 13 Kontrollpersonen fanden Dimoska et al. (2003) eine Reduktion einer frontalen N2-Komponente als Hinweis auf eine gestörte Inhibition in der Reaktion auf auditorische Stoppsignale bei den ADHS-Betroffenen. Zu einer ähnlichen Schlussfolgerung kam eine weitere Untersuchung ereigniskorrelierter Potenziale, bei der niedrigere Amplituden im Bereich zwischen 100 und 400 ms bei Patienten mit ADHS gefunden wurden (Overtoom et al. 2002). Mittels transkranieller Magnetstimulation fanden sich bei Kindern mit ADHS Defizite der intrakortikalen Hemmung, die sich nach Gabe von Methylphenidat besserten (Moll et al. 2000). Bei erwachsenen Normalpersonen konnten Kirschner et al. (2003) mit Hilfe der transkraniellen Magnetstimulation eine Verbesserung der intrakortikalen Hemmung durch Methylphenidat nachweisen. Moll et al. (2003) fanden dies allerdings in ihrem Kollektiv erwachsener Normalpersonen nicht bestätigt.

4.4 Bildgebende Verfahren

Eine Fülle von Informationen hinsichtlich neurobiologischer Grundlagen der ADHS erbrachte die Anwendung bildgebender Verfahren, wobei zunächst mittels Computertomographie und Kernspintomographie versucht wurde, strukturelle Anomalien zu erfassen. Tiefere Einblicke in Störungen der Hirndurchblutung und des Hirnstoffwechsels ermöglichen funktionelle Kernspintomographie, SPECT- und PET-Untersuchungen.

4.4.1 Computertomographie und Kernspintomographie

Bei computertomographischen Untersuchungen fanden sich inkonsistente Befunde, die überzeugende strukturelle Veränderungen nicht erkennen ließen (Sieg et al.

1995). Dagegen wurden in ersten kernspintomographischen Untersuchungen eine Größenabnahme
- des Frontallappens (Hynd et al. 1991),
- des Corpus callosum (Baumgardner et al. 1996; Filipek et al. 1997; Giedd et al. 1994; Hynd et al. 1993; Semrud-Clikeman et al. 1994),
- des Kleinhirns (Berquin et al. 1998; Castellanos et al. 1996) sowie
- der Basalganglien (Castellanos et al. 1996; Hynd et al. 1990)

nachgewiesen, allerdings mit teilweise widersprüchlichen Resultaten (Sieg et al. 1995). In einer umfangreichen kernspintomographischen Studie fand sich eine signifikante Größenabnahme von rechtem Frontalhirn, rechtem Nucleus caudatus, rechtem Globus pallidus und Kleinhirn (Castellanos 1997), in einer Untersuchung an Mädchen speziell des Kleinhirnwurms (Castellanos et al. 2001). Die Befunde bezüglich rechtem Frontalhirn und Nucleus caudatus wurden in einer weiteren Studie bestätigt (Casey et al. 1997), während in einer anderen Untersuchung eine Vergrößerung des Nucleus caudatus vor allem rechts gefunden wurde (Mataro et al. 1997). In einer neueren, sehr exakten Studie mit hochauflösenden Kernspintomogrammen fanden Sowell et al. (2003) bei 27 Kindern und Jugendlichen mit ADHS im Vergleich zu 46 Kontrollpersonen bilateral eine Reduktion des Hirnvolumens frontal, vor allem in den unteren Abschnitten des dorsalen präfrontalen Kortex, außerdem im vorderen Schläfenrindenbereich, während eine Volumenzunahme der grauen Substanz im Bereich der hinteren Temporal- und der unteren Parietalrinde beobachtet wurde. Castellanos et al. (2002) beschrieben in einer großen kernspintomographischen Studie bei 152 Kindern und Jugendlichen mit ADHS im Vergleich zu 139 in Alter und Geschlecht entsprechenden Kontrollpersonen eine globale Minderung des Hirnvolumens, betont in der weißen Substanz frontotemporoparietal sowie im Nucleus caudatus und Globus pallidus, außerdem im Corpus callosum und im Kleinhirn. Besonders betroffen war die weiße Substanz bei Kindern, die keine Medikamente bekommen hatten. Interessant ist, dass Kinder unter Medikation hierbei den Kontrollen glichen. Fazit auch dieser Studie war, dass NMR-Untersuchungen für die Diagnostik ungeeignet und nur für wissenschaftliche Fragestellungen verwendbar sind.

In den letzten Jahren erfolgten weitere kernspintomographische Untersuchungen bei Kindern mit ADHS (s. Tab. 4-1; Überblick in Seidman et al. 2005 und Swanson et al. 2007b). In einer kürzlich publizierten Metaanalyse wurden signifikante Größenabnahmen für den rechten Nucleus caudatus, den Kleinhirnwurm sowie das Splenium des Corpus callosum bestätigt (Valera et al. 2007). Eine im Mittel um drei Jahre verzögerte Reifung vor allem im Bereich der präfrontalen Hirnrinde fanden Shaw et al. (2007) bei Kindern mit ADHS im Vergleich zu einer Kontrollgruppe. In den wenigen bisher durchgeführten kernspintomographischen Studien bei Erwachsenen mit ADHS zeigten sich Reduktionen frontoorbital (Heßlinger et al. 2002b) sowie präfrontal und im vorderen Cingulum (Seidman et al. 2006). Generell fanden sich strukturelle Auffälligkeiten somit im fronto-striatal-zerebellären System, passend zur Annahme von Funktionsstörungen in diesen Regelkreisen bei der ADHS.

Von besonderem Interesse ist der Befund von Plessen et al. (2006), die speziell den Hippocampus untersuchten und dabei eine Größenzunahme fanden. Der Hippo-

Tab. 4-1 Kernspintomographische Studien zu strukturellen Auffälligkeiten bei ADHS in chronologischer Reihenfolge (K = Kontrollpersonen, li. = links, m = männlich, re. = rechts, red. = reduziert, Vol. = Volumen, w = weiblich).

Autoren	Zahl der Probanden	Alter in Jahren	Resultate
Filipek et al. (1997)	15 ADHS (m), 15 K (m)	9–16 K: 11–18	Vol. frontal red., re. > li.; Mark global red. bei Non-Respondern
Overmeyer et al. (2001)	18 ADHS (3 w), 16 K (1 w)	8–13	Vol. generell red., bes. Mark li. u. Rinde re.
Mostofsky et al. (2002)	12 ADHS (m), 12 K (m)	8–14	Vol. generell red., bes. Mark li. u. Rinde re., vor allem frontal
Castellanos et al. (2002)	152 ADHS (63 w), 139 K (56 w)	5–18	Vol. red. frontal, temporal, parietal, okzipital, Basalganglien, Kleinhirn
Kates et al. (2002)	13 ADHS (m), 13 Tourette (m), 13 K (m)	7–13	Nur Frontallappen untersucht ADHS: Vol. red. graue u. weiße Substanz, präfrontaler Kortex
Bussing et al. (2002)	12 ADHS (3 w), 19 K (5 w)	8–12	Vol. red. Kleinhirnwurm li.
Heßlinger et al. (2002b)	8 ADHS (m), 17 K (m)	19–40	Vol. red. orbitofrontaler Kortex li.
Sowell et al. (2003)	27 ADHS (11 w), 46 K (17 w)	8–18	Vol. red. Rinde präfrontal und temporal vorne, vermehrt temporal hinten und parietal unten
Hill et al. (2003)	23 ADHS (6w), 24 K (8 w)	7–13	Vol. generell red., bes. präfrontal sup., zerebellär (Lob. I–V u. VIII–X), Corpus callosum, Splenium
Durston et al. (2004)	30 ADHS (m), 30 nicht ADHS-betroffene Geschwister (m), 30 K (m)	7–19	Vol. red. bei ADHS und Brüdern: graue Substanz re. präfrontal und li. okzipital, weiße Substanz li. okzipital, Vol. red. nur bei ADHS: Kleinhirn re.
Carmona et al. (2005)	25 ADHS (4 w), 25 K (4 w)	6–16	Vol. red. graue Substanz frontal beidseits, cingulärer Kortex li., parietal, temporal re., Hippocampus li., Kleinhirn
Seidman et al. (2006)	24 ADHS (12 w), 18 K (9 w)	18–59	Vol. red. gesamte graue Substanz, Frontallappen und vorderes Cingulum
Wellington et al. (2006)	12 ADHS (m), 12 K (m)	13–17	Putamen li.< re. bei ADHS, Putamen re. < li. bei K
McAlonan et al. (2007)	28 ADHS (m), 31 K	6–13	Vol. red. graue Substanz: frontal, Basalganglien, parietookzipital, Kleinhirn Vol. red. weiße Substanz: frontal, parietal, temporal

Tab. 4-1 Kernspintomographische Studien zu strukturellen Auffälligkeiten bei ADHS in chronologischer Reihenfolge (K = Kontrollpersonen, li. = links, m = männlich, re. = rechts, red. = reduziert, Vol. = Volumen, w = weiblich). *(Fortsetzung)*

Autoren	Zahl der Probanden	Alter in Jahren	Resultate
van't Ent et al. (2007)	eineiige Zwillingspaare, 3 konkordante mit starkem ADHS-Risiko (w), 17 konkordante mit niedrigem ADHS-Risiko (10 w) und 5 diskordante bezgl. ADHS-Risiko (3 w)	12–18	Vol. red. orbitofrontal und Corpus callosum nur bei konkordanten Hochrisiko-Paaren, Vol. red. im re. präfrontalen Kortex dorsolateral bei diskordanten Paaren bei Betroffenen mit hohem Risiko

campus – Teil des limbischen Systems – ist wesentlich für die Lern- und Gedächtnisfunktion: Beidseitige Zerstörung führt zum Verlust der Möglichkeit, Neues zu lernen und sich an Ereignisse zu erinnern, die nach oder relativ kurz vor der Zerstörung stattgefunden haben. Die Vergrößerung des Hippocampus bei der ADHS könnte als möglicher Hinweis auf eine Kompensation bei Problemen mit der Erfassung zeitlicher Abläufe, bei Vermeidung aversiv erlebter Verzögerungen (delay aversion) und bei vermehrtem Bedürfnis nach Stimuli gedeutet werden. Neuere Untersuchungen mit Diffusions-Tensor-Imaging, einer Technik, die eine genauere kernspintomographische Erfassung speziell der Diffusion von Wasser, somit der weißen Substanz und der Faserverbindungen innerhalb des Gehirns ermöglicht (Stegemann et al. 2006), zeigten bei Kindern mit ADHS eine Abnahme der weißen Substanz in der prämotorischen Region rechts, dem Striatum rechts, dem rechten Pedunculus cerebri, dem linken mittleren zerebellären Pedunculus, dem linken Kleinhirn und der linken parietookzipitalen Region (Ashtari et al. 2005).

Mit Magnetresonanzspektroskopie wurde in zwei Studien eine erniedrigte N-Acetylaspartat-Konzentration präfrontal und im Striatum als Hinweis auf eine Dysfunktion des ZNS in diesen Bereichen gefunden (Heßlinger et al. 2001; Jin et al. 2001); besonders interessant erscheint, dass in der Studie von Heßlinger et al. (2001) Patienten mit dem unaufmerksamen Typ im Gegensatz zu denen mit dem kombinierten Typ keine Unterschiede zu den Kontrollpersonen aufwiesen. Sun et al. (2005) fanden bei entsprechenden Messungen in den Basalganglien (Nucleus lentiformis) links gleichfalls eindeutig niedrigere Werte für den kombinierten Typ im Vergleich zum unaufmerksamen, wobei in dieser Studie die Werte für beide ADHS-Gruppen signifikant unter denen der Kontrollpersonen lagen.

4.4.2 Funktionelle Kernspintomographie

In den letzten Jahren kam zunehmend die funktionelle Kernspintomographie (fMRI) zum Einsatz, mit deren Hilfe die Aktivierung bestimmter Hirnregionen bei der Durchführung von Testaufgaben bei Patienten mit ADHS im Vergleich zu Normalpersonen untersucht werden kann (Bush et al. 2005). Bezüglich der exekutiven Funktionen fanden Bush et al. (1999) bei Prüfung des Arbeitsgedächtnisses mittels des Farbe-Interferenz-Tests nach Stroop eine reduzierte Aktivierung im vorderen Cingulum. Die meisten fMRI-Untersuchungen erfolgten zur Impulskontrolle. Rubia et al. (1999) beschrieben bei einem Stopp-Task eine niedrigere Aktivität im vorderen Cingulum und eine erhöhte im supplementär-motorischen Areal. Hochinteressante Resultate wurden von Vaidya et al. (1998) mit fMRI bei zehn Jungen mit ADHS im Vergleich zu sechs nicht Betroffenen gewonnen, die Go-/NoGo-Aufgaben jeweils vor und nach Einnahme von Methylphenidat durchführten:

- Die Jungen mit ADHS schnitten hierbei generell schlechter ab; vor Methylphenidat-Einnahme zeigten sie vermehrte frontale und verminderte striatale Aktivierung.
- Methylphenidat besserte bei einem Test die Leistung in beiden Gruppen, beim anderen nur die der von ADHS Betroffenen.

Dabei fand sich eine vermehrte frontale Aktivierung durch Methylphenidat bei beiden Gruppen, im Gegensatz hierzu sank die striatale Aktivierung bei fünf der sechs gesunden Kontrollen, während sie bei acht der zehn Kinder mit ADHS stieg (Vaidya et al. 1998). Dies legt den Verdacht nahe, dass Methylphenidat die striatalen Funktionen möglicherweise bei Gesunden anders beeinflusst als bei Patienten mit ADHS. Dass Unterschiede in der Wirkung von Methylphenidat aber auch zwischen Jungen mit verschiedenen Formen der ADHS bestehen, zeigten die fMRI-Untersuchungen von Teicher et al. (2000), die nach Gabe von Methylphenidat bei Vorliegen erheblicher motorischer Hyperaktivität einen Anstieg der vor Medikation erniedrigten Durchblutung im Putamen feststellten, während sie bei ADHS-Kindern mit normaler motorischer Aktivität eine Abnahme der Durchblutung fanden. In einer weiteren Untersuchung mit der gleichen Methodik, bei der speziell die Durchblutung im Kleinhirnwurm gemessen wurde, fand sich wieder ein Unterschied zwischen ADHS-Betroffenen mit Hyperaktivität (Anstieg unter Methylphenidat) und denen ohne Hyperaktivität (Abfall unter Medikation) (Anderson et al. 2002).

Durston et al. (2002) bestätigten eine vermehrte Aktivierung präfrontaler Regionen bei ADHS. Schulz et al. (2004) beschrieben bei einem Go-/NoGo-Test erhöhte Aktivität im anterioren Cingulum, im ventrolateralen präfrontalen Kortex sowie im medialen frontalen Kortex beidseits. Dagegen fanden Tamm et al. (2004) bei entsprechenden Tests eine Hypoaktivierung im anterioren Cingulum und im supplementär-motorischen Areal sowie eine vermehrte Aktivierung im linken temporalen Gyrus. Eine mangelhafte Aktivierung im anterioren Cingulum und im linken ventrolateralen präfrontalen Kortex wiesen sowohl mit Stimulanzien behandelte als auch unbehandelte Kinder mit ADHS im Vergleich zu Kontrollpersonen nach erfolgloser

Hemmung im Go-/NoGo-Test auf (Pliszka et al. 2006). In einer placebokontrollierten Studie bei 21 Erwachsenen mit ADHS zeigte sich, dass unter OROS-Methylphe-
nidat eine Zunahme der Aktivität bei der Bearbeitung des „Multi-Source-Interfe-
renztests" im hinteren Bereich des anterioren Cingulums sowie im präfrontalen und
parietalen Kortex erfolgte (Bush et al. 2008), woraus die Autoren schlossen, dass
entsprechende Unterfunktionen durch die Gabe von Stimulanzien korrigiert werden könnten. Rubia et al. (2007) beschrieben bei einem visuellen Oddball-Test bei
von ADHS Betroffenen reduzierte Aktivitäten im oberen Temporallappen beidseits,
den Basalganglien und dem hinteren Cingulum im Vergleich zu Kontrollpersonen;
ein Hinweis darauf, dass auch temporal gesteuerte Prozesse bei der ADHS beeinträchtigt sein können. Zuvor hatten Smith et al. (2006) bereits Auffälligkeiten bei
Jungen mit ADHS im funktionellen Kernspintomogramm auch in den Temporallappen gesehen. Vance et al. (2007) fanden bei einer Prüfung des räumlichen Arbeitsgedächtnisses eine geringere Aktivierung in der rechten parietookzipitalen Region, im rechten unteren Parietallappen und im rechten Nucleus caudatus; demnach
besteht also nicht nur eine fronto-striatale Dysfunktion bei ADHS, sondern auch
eine striato-parietale. Den Einfluss der emotionalen Bedeutung auf das Kurzzeitge-
dächtnis untersuchten Krauel et al. (2007); Resultat war, dass bei Jugendlichen mit
ADHS das Erinnern nicht emotional besetzter Bilder mit einer Aktivierung des oberen Parietallappens und des Präcuneus verbunden war, während die Kontrollpersonen den anterioren cingulären Kortex aktivierten. Bei emotional besetzten Bildern
aktivierten beide Gruppen dagegen übereinstimmend den präfrontalen und den unteren temporalen Kortex, die Kontrollgruppe bot zusätzlich eine Deaktivierung im
unteren Parietallappen. In ihrem Überblick zum funktionellen Neuroimaging bei
ADHS betonen Fassbender und Schweitzer (2006), dass die Störung nicht nur durch
verminderte Aktivitäten in bestimmten Hirnarealen charakterisiert ist, sondern
auch durch kompensatorische Hyperaktivitäten in anderen Arealen. Weitere detaillierte Übersichten zur funktionellen Bildgebung bei ADHS finden sich bei Casey
und Durston (2006) und Wolf et al. (2005).

4.4.3 Positronenemissionstomographie (PET)

In PET-Untersuchungen mit [F-18]Fluorodesoxyglukose (FDG) wurde ein um
8,1 % verminderter Glukoseumsatz bei Erwachsenen mit ADHS während eines au-
ditorischen CPT (s. Kap. 4.1, S. 18) im Frontallappen links beschrieben (Zametkin et
al. 1990). Keine signifikanten Störungen fanden sich mit der gleichen Untersu-
chungstechnik bei Jugendlichen mit ADHS (Ernst et al. 1997; Zametkin u. Rapoport
1987).
   Interessant sind Resultate von PET-Untersuchungen bezüglich des akuten Effektes von D-Amphetamin und Methylphenidat auf den Glukosemetabolismus im
Gehirn:

- Unter D-Amphetamin war ein erhöhter Metabolismus im rechten Nucleus caudatus, ein erniedrigter in der rechten Rolandi-Region und rechts in den anterioren inferioren frontalen Regionen nachzuweisen.
- Unter Methylphenidat stieg der Metabolismus links frontal posterior sowie links parietal superior an, links parietal und links parieto-okzipital sowie frontal anterior medial sank er ab, was eine unterschiedliche Wirkungsweise der Stimulanzien nahelegt (Matochik et al. 1994).

Dagegen beschrieben die gleichen Autoren bei Langzeitgabe von Stimulanzien bei Erwachsenen mit ADHS bei guter klinischer Besserung sowohl unter D-Amphetamin als auch unter Methylphenidat keine signifikante Änderung des Glukosemetabolismus im PET (Matochik et al. 1993). Aus den Resultaten wurde geschlossen, dass PET-Untersuchungen mit FDG aufgrund der schlechten zeitlichen Auflösung nicht sensitiv genug sind, um Medikamenteneffekte zu erfassen.

Es wurden daher andere Radiopharmaka wie [O-15]H_2O und [F-18]Dopa eingesetzt. Studien mit [F-18]Dopa zeigten eine deutliche Abnahme der Dopa-Decarboxylase-Aktivität im präfrontalen Kortex bei ADHS im Vergleich zu Gesunden mit Betonung im Bereich der medialen und linksseitigen präfrontalen Regionen. Diese verminderte Dopa-Decarboxylase-Aktivität frontal wurde als ein sekundärer Effekt eines primären subkortikalen dopaminergen Defizits interpretiert (Ernst et al. 1998). Andere Autoren zeigten in einer Studie mit [O-15]H_2O, dass Kontrollpersonen eine signifikante Aktivierung des primären visuellen Kortex und des visuellen Assoziationskortex nach intellektueller Stimulation aufwiesen, wobei sich über die Zeit die Leistung verbesserte und eine Verminderung der Aktivierung im linken Temporallappen sowie im Zerebellum nachweisbar wurde (Schweitzer et al. 1995). Patienten mit ADHS verbesserten ihre Leistung nicht und wiesen eine zunehmende Aktivierung des oberen linken Temporallappens auf, ohne dass sich die Aktivierung in anderen Regionen verminderte (Schweitzer et al. 1995). Diese Ergebnisse weisen auf eine Störung exekutiver Funktionen hin. In einer Studie von Mattay et al. (1996) mit [O-15]H_2O erhielten acht gesunde Versuchspersonen D-Amphetamin und Placebo vor Durchführung einer mit präfrontaler und hippokampaler Aktivierung assoziierten Testaufgabe: D-Amphetamin erhöhte den Blutfluss zur entsprechenden Region bei gleichzeitiger Erniedrigung in den nicht betroffenen Regionen. In einer weiteren PET-Studie mit [O-15]H_2O bei 10 Erwachsenen mit ADHS und 12 gesunden Kontrollpersonen, die jeweils einem Test unterzogen wurden, in dem die Fähigkeit überprüft wurde, kurzzeitigen Gewinn gegen langzeitigen Verlust abzuwägen, fanden Ernst et al. (2003) Unterschiede zwischen den beiden Gruppen: Die Patienten mit ADHS aktivierten bei Durchführung der Testaufgabe im Gegensatz zu den Kontrollpersonen nicht den Hippocampus und das vordere Cingulum. Diese beiden limbischen Strukturen spielen eine wichtige Rolle bei komplexen kognitiv-emotionalen Prozessen, vor allem bei der Entscheidungsfindung und der Verarbeitung neuer Stimuli, Situationen und Zeitabläufe, weiterhin bei der Aktivierung früherer Erfahrungen, die in Bezug auf die aktuelle Leistungsanforderung von Bedeutung sein könnten. Die Autoren erklären hiermit die bei Patienten mit ADHS zu beobachtende verminderte Wirksamkeit von Belohnungen, andererseits interpretieren sie die gefundenen Abweichungen im PET als mögliche Hinweise auf Störungen der Erinnerung an früher erlebte positive Motivation bei Bearbeitung bestimmter Reize. Schweitzer et al. (2003) beschrieben in einer weiteren [O-15]H$_2$O-PET-Studie bei 10 Erwachsenen mit ADHS vor und nach dreiwöchiger Einstellung auf eine optimale Methylphenidat-Dosis eine Abnahme der Durchblutung im präzentralen Gyrus und in Teilen des Striatums beidseits unter der Behandlung, während die Durchblutung im Kleinhirnwurm zunahm; die Patienten mit der deutlichsten Symptombesserung wiesen vor der Behandlung eine niedrigere Durchblutung in Mittelhirn, Kleinhirnwurm und mediofrontalem Kortex auf als die weniger gut gebesserten.

In einer PET-Studie mit [^{11}C]PE2I fanden Jucaite et al. (2005) bei 12 Jungen zwischen 12 und 15 Jahren mit ADHS im Vergleich zu gesunden jungen Erwachsenen keinen Unterschied der Dopamintransporterdichte (DAT-Dichte) im Striatum, wohl aber eine signifikante Minderung um durchschnittlich 16 % im Mittelhirn; sie interpretierten dies als möglichen Ausdruck reduzierter endogener Dopaminspiegel. Von Interesse ist ein weiteres Resultat dieser Studie, wonach im [^{11}C]Raclopride-PET die Dopamin-D2-Rezeptor-Dichte im rechten Nucleus caudatus signifikant mit vermehrter motorischer Aktivität korrelierte. In einer PET-Untersuchung mit einem anderen Tracer – ^{11}C-Kokain – fanden Volkow et al. (2007a) eine positive Korrelation der DAT-Dichte mit dem Aufmerksamkeitsdefizit, wobei für einen bestimmten Dichtewert die Scores für die Unaufmerksamkeit bei den Patienten mit ADHS fünffach höher waren als bei Kontrollpersonen. Andererseits wurde mit diesem Untersuchungsverfahren eine Erniedrigung der DAT im linken Nucleus caudatus und im linken Nucleus accumbens bei Patienten mit ADHS im Vergleich zu Kontrollpersonen gesehen. Dieser der Mehrzahl der bisher zur DAT-Messung durchgeführten Untersuchungen widersprechende Befund ist möglicherweise auf ein, im Vergleich zu den sonstigen bisher benutzten radioaktiven Markern wie Altropan, TRODAT-1 und FP-CIT (s. Kap. 4.4.4, S. 31), anderes Bindungsverhalten von ^{11}C-Kokain zurückzuführen. So fanden Spencer et al. (2007b) in einer ersten PET-Untersuchung mit Altropan bei Patienten mit ADHS eine Erhöhung der DAT im Striatum und bestätigten somit die in einer früheren SPECT-Untersuchung mit diesem Tracer erhobenen Befunde (Dougherty et al. 1999).

Passend zur Dopaminmangelhypothese zeigten Volkow et al. (2007b) in einer PET-Untersuchung mit Darstellung des D2/D3-Rezeptors durch 11C-Raclopride, dass die Dopaminaktivität in Nucleus caudatus, Hippocampus und Amygdala bei Erwachsenen mit ADHS geringer ist als bei Kontrollpersonen. Da Methylphenidat sowohl bei Kontrollpersonen als auch bei ADHS-Betroffenen spezifisch den Dopamintransport blockiert und kaum eine direkte Wirkung auf die Dopaminrezeptoren hat, gingen die Autoren davon aus, dass bei einer gleichen Blockierung der DAT die Höhe des Methylphenidat-induzierten Dopaminanstiegs ein Maß für die spontane Produktion im präsynaptischen Neuron ist. Die Patienten mit ADHS wiesen unter Methylphenidat eine signifikant niedrigere Belegung der Dopaminrezeptoren mit Dopamin im Nucleus caudatus im Vergleich zu den Kontrollpersonen auf. Dieser Befund zeigt also, dass bei ADHS mit hoher Wahrscheinlichkeit ein Dopaminmangel in den Basalganglien besteht, der durch Blockierung der DAT mit Stimulanzien gebessert wird.

4.4.4 Single-Photon-Emissions-Computertomographie (SPECT)

Mittels **Xenon-133-Inhalations-SPECT** wurde bereits in den 1980er Jahren eine verminderte Durchblutung im Frontallappenbereich und im Striatum, vor allem rechts, mit einer Tendenz zur Normalisierung nach Gabe von Methylphenidat sowie eine erhöhte Durchblutung im Okzipitallappen nachgewiesen (Lou et al. 1984; 1989; 1990).

Im **[Tc-99m]HMPAO-SPECT** wurde eine reduzierte präfrontale Aktivität während der Durchführung von Rechenaufgaben beschrieben (Amen et al. 1993). Im **[I-123]IMP-SPECT** zeigte sich eine Abnahme der rechtsseitigen striatalen sowie der linksseitigen frontalen und parietalen Aktivität (Sieg 2000; Sieg et al. 1995).

Möglicherweise wegweisend für die Diagnostik der ADHS könnten 1999/2000 unabhängig voneinander mit zwei unterschiedlichen SPECT-Verfahren durchgeführte spezifische Untersuchungen der **Dopamintransporter** (DAT) im Gehirn von erwachsenen Patienten mit ADHS sein. Nachdem viele der oben erwähnten bildgebenden Untersuchungen Hinweise auf eine striatäre Störung bei der ADHS erbracht hatten und die Wirkung von Methylphenidat auf die vor allem in diesem Bereich des Gehirns lokalisierten DAT aus Tierversuchen bekannt ist, lag es nahe, die DAT bei Patienten mit ADHS zu untersuchen. Diese Möglichkeit eröffnete sich durch Benutzung von radioaktiv markierten Liganden, die speziell an das DAT-System binden. Eine Arbeitsgruppe in Boston verwendete hierbei mit Jod-123 markiertes Altropan (Dougherty et al. 1999), die Gruppe aus München und Philadelphia den mit Technetium-99m markierten Kokain-Abkömmling TRODAT-1 (Dresel et al. 1998). Beide Studien belegten eine deutlich höhere Konzentration der DAT im Striatum von erwachsenen Patienten mit ADHS im Vergleich zu normalen gleichaltrigen Kontrollpersonen (Dougherty et al. 1999; Dresel et al. 2000; Krause et al. 2000b). Während die DAT bei der Untersuchung mit TRODAT-1 gegenüber dem Kontrollkollektiv um 17 % erhöht waren (vgl. Abb. 4-4), fand sich mit Altropan eine Erhöhung um 70 % bei allerdings nur sechs Patienten; dieser Prozentsatz reduzierte sich bei Fortführung der Altropan-Studie mit 19 Patienten auf etwa 30 % (ADHD-Report 9, 2001, S. 10). In einer Studie mit 123-Jod-FP-CIT fand sich bei neun Erwachsenen mit ADHS eine etwa 20 %ige Erhöhung der DAT-Dichte mit negativer Korrelation zwischen DAT-Dichte und Gedächtnistests (Sitte, persönliche Mitteilung). Nach Vergrößerung dieses Kollektivs auf 20 Patienten bestätigte sich die Erhöhung der DAT-Verfügbarkeit bei ADHS, wobei die Erhöhung im Mittel aber nur bei 5 % lag (Larisch et al. 2006). Mittels [123J]IPT-SPECT wurde auch bei Kindern mit ADHS eine Erhöhung der DAT-Dichte in den Basalganglien gefunden (Cheon et al. 2003), nachdem erste Resultate mit FP-CIT bereits in diese Richtung gewiesen hatten (Al Younis 2002). Interessanterweise ließ sich in einer ersten SPECT-Untersuchung mit Beta-CIT die Erhöhung der DAT nicht nachweisen (van Dyck et al. 2002); dies könnte bedingt sein durch die sehr langsame Kinetik von Beta-CIT (Messung erst einen Tag nach Applikation) oder eine geringere Spezifität dieses Radiotracers, der

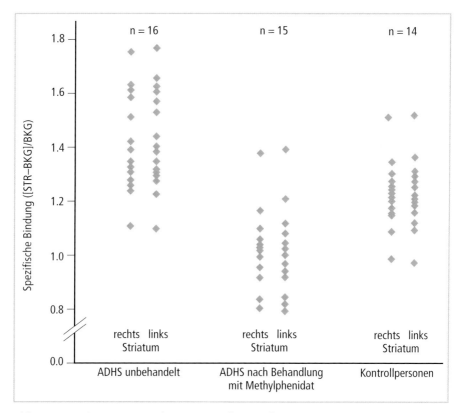

Abb. 4-4 Dopamintransporter-Dichte im Striatum bei erwachsenen Patienten mit ADHS vor Einleitung einer Therapie mit Methylphenidat und nach Einnahme von dreimal 5 mg Methylphenidat pro Tag im Vergleich zu gleichaltrigen Kontrollen. STR = Dichte im Striatum, BKG = Dichte im Background (Zerebellum).

auch an Serotonintransporter bindet und möglicherweise andere Substrukturen der DAT besetzt als Altropan, FP-CIT, TRODAT-1 und IPT. Untersuchungen an größeren Kollektiven werden zeigen, ob die Spezifität der Methode bei Einsatz dieser vier Tracer ausreichend hoch ist, um sie als diagnostisches Mittel einzusetzen, und ob möglicherweise mit dieser Methodik zwischen den verschiedenen Typen der ADHS differenziert werden kann (Krause 2008a). Erste eigene Resultate zeigten, dass die DAT nicht nur beim hyperaktiv-impulsiven bzw. gemischten Typus, sondern auch beim unaufmerksamen Typus der ADHS erhöht sind (vgl. Abb. 4-5). Beachtet werden muss bei möglichem diagnostischen Einsatz das Absinken der DAT-Konzentration mit zunehmendem Alter und die Beeinflussung durch Nikotin (s. Kap. 6.10, Abb. 6-4 u. 6-5, S. 159) (Krause et al. 2003). Praktisch wichtig ist die Klärung der Frage, ob aus der Höhe der DAT-Konzentration im Striatum von unbehandelten ADHS-Betroffenen auf das mögliche Ansprechen auf eine Therapie mit Stimulanzien, die ja in erster Linie die DAT beeinflussen, geschlossen werden kann. Erste eigene

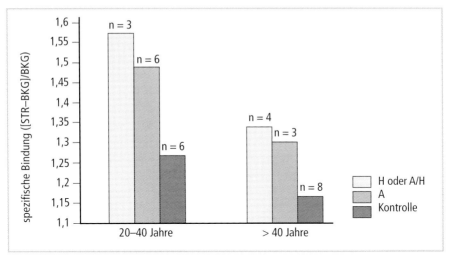

Abb. 4-5 Spezifische Bindung der striatären Dopamintransporter im TRODAT-1-SPECT bei Patienten mit Hyperaktivität (H) oder Mischtyp (A/H) im Vergleich zu Patienten mit reinem Aufmerksamkeitsdefizit (A) und Kontrollpersonen, differenziert nach Lebensalter und nach Ausschluss von Rauchern. STR = Dichte im Striatum, BKG = Dichte im Background (Zerebellum).

Erfahrungen deuten auf diese Möglichkeit hin (Krause et al. 2005; s. Kap. 7.2.1, S. 204 f. u. Abb. 7-10, S. 203).

Neurochemisch ist davon auszugehen, dass bei einer Erhöhung der DAT, die ja Dopamin aus dem synaptischen Spalt zurücktransportieren (Krause u. Krause 2006a), weniger Dopamin für die dopaminabhängigen Neurone zur Verfügung steht. Die Vermehrung der DAT könnte die von Ernst et al. (1998) beschriebene verminderte Dopa-Decarboxylase-Aktivität frontal erklären. Die Resultate der Münchener Gruppe zeigten aber nicht nur die Störung der DAT, sondern belegten erstmals in vivo und intraindividuell bei Patienten mit ADHS, dass der gestörte Stoffwechsel durch Methylphenidat korrigiert wird: Unter Gabe von dreimal 5 mg täglich fand sich nach vier Wochen bei allen Patienten eine deutliche Reduktion der DAT-Konzentrationen (Dresel et al. 2000; Krause et al. 2000b; vgl. Abb. 4-4), die bereits unter dieser geringen Dosis im Mittel sogar niedriger lagen als beim Kontrollkollektiv. In einer Studie bei sechs Kindern mit ADHS wurde mittels IPT-SPECT eine deutliche Reduktion der DAT-Dichte durch Methylphenidat bestätigt (Vles et al. 2003). Eine neue Studie aus Brasilien bei 17 Jugendlichen mit ADHS und komorbidem Substanzmissbrauch (Cannabis und Kokain) zeigte einen Abfall der striatären DAT-Verfügbarkeit im TRODAT-1-SPECT um ca. 50 % nach dreiwöchiger Gabe von Methylphenidat (Szobot et al. 2008). Bereits früher war bei Normalpersonen in einer PET-Untersuchung mit [C-11]Cocain eine Abnahme der DAT unter Methylphenidat nachgewiesen worden (Volkow et al. 1998).

Zusammenfassend bestätigen die SPECT-Untersuchungen der DAT die Vermutung, dass bei der ADHS eine Störung des Dopaminsystems im Striatum vorliegt, die sich durch Einnahme von Stimulanzien korrigieren lässt (Krause 2008a; Spencer et al. 2005a). Sehr interessant sind in diesem Zusammenhang Untersuchungsergebnisse bei Ratten, die nach Gabe von Methylphenidat *vor* der Pubertät sogar eine persistierende Erniedrigung der DAT aufwiesen, allerdings nicht mehr bei Gabe *nach* der Pubertät (Moll et al. 2001). In einer Studie verabreichten Gray et al. (2007) Ratten ab dem 5. Tag postnatal bis zum 35. Tag Methylphenidat in einer Dosierung von 5 mg/kg/d. Am Tag 35 fand sich eine deutliche Erniedrigung des Katecholamin-Markers Tyrosin-Hydroxylase sowie des Noradrenalintransporters; diese Verminderungen ließen sich an Tag 135 nicht mehr sichern. Strukturelle Veränderungen des Hirngewebes wurden weder an Tag 35 noch an Tag 135 beobachtet – insgesamt also ein Beleg, dass durch die Medikation mit Methylphenidat auch vor der Pubertät keine bleibenden strukturellen oder neurochemischen Veränderungen im Gehirn resultieren. Eine wichtige erste klinische Studie zu dieser Thematik führten Feron et al. (2005) durch; sie bestimmten bei fünf Jungen im Alter von 7 bis 10 Jahren mittels FP-CIT-SPECT die DAT-Verfügbarkeit vor Beginn einer Therapie mit Methylphenidat, drei Monate später unter Einnahme des Medikaments (0,25–0,6 mg/kg/d) und während einer Medikationspause von mindestens vier Wochen 9 bis 20 Monate nach der ersten Messung. Dabei zeigte sich, dass die DAT-Verfügbarkeit zunächst erwartungsgemäß unter Methylphenidat-Einnahme deutlich abfiel (minus 28 bis 76 %); während der Medikationspause lag die DAT-Dichte dann im Mittel sogar wieder über dem Ausgangswerten (im Mittel plus 17 %). Dieser Befund spricht also dafür, dass eine Medikation mit Stimulanzien bei Kindern keine bleibende Erniedrigung der DAT bedingt. In ihrer TRODAT-1-SPECT-Studie bei Erwachsenen mit Methamphetamin-Abusus fanden Chou et al. (2007) zunächst eine signifikante Verminderung der striatalen DAT-Verfügbarkeit im Vergleich zu einem Kontrollkollektiv; bereits nach zweiwöchiger Methamphetamin-Abstinenz waren bei Kontrollmessungen keine Unterschiede zwischen den beiden Kollektiven mehr zu sichern – auch dies ein Beleg, dass die DAT-Blockierung durch Stimulanzien innerhalb kurzer Zeit reversibel ist.

4.5 Genetik

Zwillingsstudien (Coolidge et al. 2000; Eaves et al. 1997; Edelbrock et al. 1995; Gilger et al. 1992; Gillis et al. 1992; Gjone et al. 1996; Goodman u. Stevenson 1989a; Goodman u. Stevenson 1989b; Hewitt et al. 1997; Hudziak et al. 1998; Levy et al. 1997; Martin et al. 2002; Nadder et al. 1998; Neuman et al. 1999; Sherman et al. 1997a; Sherman et al. 1997b; Silberg et al. 1996; Stevenson 1992; Swanson et al. 1998c; Thapar et al. 2000; Thapar et al. 2001; Todd et al. 2001; Todd et al. 2002; Willcutt et al. 2000; Willerman 1973) belegen eine eindeutig höhere Konkordanzrate für ADHS bei eineiigen im Vergleich zu zweieiigen Zwillingspaaren. Die Raten liegen bei monozygoten Paaren bei 50–80 %, bei dizygoten durchschnittlich bei 35 %; es ist danach eine Erblichkeit von 0,6 bis 0,8 anzunehmen (Smidt et al. 2003). Dies bestätigte sich in Familienuntersuchungen (Biederman et al. 1992; Biederman et al. 1995; Epstein et al. 2000; Faraone et al. 1997a; Faraone et al. 2000; Frick et al. 1991; Schachar u. Wachsmuth 1990; Smalley et al. 2000, Smalley et al. 2001). Alle Studien zeigen, dass bei Eltern bzw. Geschwistern eines betroffenen Kindes ADHS häufiger vorkommt als bei Verwandten von Kontrollpersonen; die Rate bei Angehörigen ersten Grades ist etwa um das Fünffache erhöht. Interessant ist, dass aus dem bei einem Patienten vorliegenden Typ der ADHS nicht darauf geschlossen werden kann, unter welchem Typ Angehörige leiden; familiäre Risikofaktoren können also zur Manifestation ganz unterschiedlicher ADHS-Typen führen (Smidt et al. 2003). Adoptionsstudien (Alberts-Corush et al. 1986; Cadoret u. Stewart 1991; Deutsch et al. 1982; Sprich et al. 2000) belegen gleichfalls eine genetische Ursache der ADHS. Zusammenfassend schätzen Hawi et al. (2001) die Heritabilität auf 50–98 %, Swanson et al. (2000) auf einen Wert um 80 und Castellanos u. Tannock (2002) auf einen Wert über 70.

Aufgrund der hohen Heritabilität der ADHS erfolgte eine Vielzahl von Untersuchungen mit dem Ziel, charakteristische DNA-Polymorphismen in einzelnen Genen aufzudecken. Während man zunächst noch eine autosomal-dominante Vererbung der ADHS vermutete (Faraone et al. 1993; Lopera et al. 1999), kann man aufgrund der inzwischen vorliegenden Daten davon ausgehen, dass bei einer so häufigen psychiatrischen Erkrankung wie der ADHS ein Zusammenspiel multipler Gene anzunehmen ist (Comings 2001; Faraone et al. 2005). Prinzipiell meint man heute, dass psychiatrische Erkrankungen nicht von einigen wenigen Genen verursacht werden, sondern dass im Krankheitsfall eine Vielzahl von Genen die Neurophysiologie und -chemie in spezifischen Regelkreisen des Gehirns negativ beeinflusst. Solche neurophysiologischen Anomalien können aber auch bei Personen vorkommen, die nicht manifest erkrankt sind – es gibt also zusätzliche Faktoren, wie weitere Gen-Anomalien oder Umwelteinflüsse, die das klinische Bild modifizieren (Stahl 2003a). Im Fall der ADHS wurde geschätzt, dass mindestens 14–15 Gene ätiologisch eine Rolle spielen könnten (Comings 2001). Zunächst beschäftigte man sich intensiv mit Genen, die für das Dopaminsystem von Bedeutung sind (Kirley et al. 2002; Swanson et al. 2000; Vandenbergh et al. 2000). Die Suche in diesem System war naheliegend, nachdem das Dopaminsystem – wie oben ausgeführt – ja ganz speziell bei Aufmerksamkeitsstörungen und Hyperaktivität betroffen ist und die Stimulanzien als Mittel der ersten Wahl bei der ADHS besonders in dieses System eingreifen (Krause et al. 2000b; Swanson et al. 1998c; Volkow et al. 1998). In gezielten Assoziationsstudien werden in bestimmten Genen Mutationsanalysen durchgeführt, wobei nach Austausch von einzelnen Nukleotiden (single nucleotid polymorphisms, SNPs) oder nach Varianten bezüglich der „variable number of tandem repeats" (VNTRs) gesucht wurde. Man unterscheidet Studien, in denen Merkmalsträger mit Kontrollpersonen verglichen werden, und Kopplungsstudien, bei denen die Weitergabe von Eltern an das betroffene Kind untersucht wird. Bisherige Untersuchungen weisen auf mögliche Assoziationen mit Genen, die das dopaminerge System betreffen, hin, aber auch im Serotonin- und Noradrenalinsystem sowie im synaptosomal-assoziierten Protein 25-Gen (SNAP-Gen) wurden Auffälligkeiten beschrieben (Albayrak et al. 2008; Faraone u. Khan 2006; Li et al. 2006; Schimmelmann et al. 2006; Waldman u. Gizer 2006).

Polymorphismen in diesen Genen bestehen unter anderem aus kurzen repetitiven
DNA-Sequenzen unterschiedlicher Länge (variable number tandem repeats, VNTR);
als mögliche prädisponierende genetische Faktoren für die ADHS wurden ein 40-
bp-Repeat im DAT1-Gen sowie ein 48-bp-Repeat im DRD4-Gen beschrieben
(Swanson et al. 2000). Die häufigsten Varianten des DAT1-Gens sind neun oder zehn
Repeats der 40-bp-Sequenz, beim DRD4-Gen finden sich am häufigsten zwei, vier
oder sieben Kopien der 48-bp-Sequenz. Die meisten Studien waren familienbasiert,
d. h. Betroffene und deren Eltern wurden untersucht (Barr et al. 2001; Cook et al.
1995; Curran et al. 2001; Daly et al. 1999; Faraone et al. 1999; Gill et al. 1997; Holmes
et al. 2000; Palmer et al. 1999; Payton et al. 2001; Rowe et al. 2001; Smalley et al. 1998;
Swanson et al. 1998c; Swanson et al. 2000; Waldman et al. 1998), einige Studien ba-
sierten auf Stichproben, verglichen also ADHS-Patienten mit normalen Kontrollpersonen (Chen et al. 2003; Cook et al. 1995; LaHoste et al. 1996).

Die Mehrzahl der Studien zum DAT1-Gen zeigte eine Assoziation des 10-Repeat-
Allels mit ADHS, die meisten der Studien zum DRD4-Gen eine Assoziation des 7-
Repeat-Allels mit ADHS. Dabei ist aber zu bedenken, dass das 10-Repeat-Allel beim
DAT1-Gen auch in der Normalbevölkerung mit dem höchsten Prozentsatz vertreten
ist, das 7-Repeat-Allel des DRD4-Gens liegt dagegen generell in allen Gruppen nur
mit relativ niedrigen Werten vor (bei den Kontrollpersonen 11,5–23,6 %, bei ADHS-
Patienten 22–35 %). Beim 7-Repeat-Allel des DRD4-Gens handelt es sich nach den
Untersuchungen von Ding et al. (2002) um ein entwicklungsgeschichtlich mindestens 5- bis 10-fach „jüngeres" Allel als das häufigere 4-Repeat-Allel. Die Autoren
folgerten hieraus, dass das 7-Repeat-Allel als zunächst sehr seltene Mutation durch
positive Selektion eine relativ hohe Häufigkeit erreicht haben müsse. Nach den Resultaten einer Sequenzuntersuchung des DRD4-Gens bei 107 Personen, die hinsichtlich der 2R-, 4R- oder 7R-Variante jeweils homozygot waren, wurde geschätzt,
dass das 7R-Allel vor etwa 40 000 bis 50 000 Jahren entstand (Wang et al. 2004). Die
Beziehungen zwischen den Auffälligkeiten an den beiden untersuchten Allelen und
der Manifestation einer ADHS sind nicht streng. So hatten in der Studie von LaHoste et al. (1996) die Hälfte der diagnostizierten Patienten mit ADHS nicht das 7-Re-
peat-Allel und etwa 20 % der Kontrollgruppe wiesen mindestens ein 7-Repeat-Allel
auf; Curran et al. (2001) fanden eine Assoziation zum DAT1-Gen bei einer Gruppe
von britischen, nicht dagegen bei türkischen Kindern. In Metaanalysen bestätigten
sich aber Beziehungen zwischen diesen Dopamin-Genen und der ADHS (Faraone et
al. 2001; Maher et al. 2002). Interessant ist, dass die Häufigkeit des 10-Repeat-Allels
des DAT1-Gens in unterschiedlichen ethnischen Gruppen differiert: Die Häufigkeit
bei europäischen Einwanderern in die USA beträgt 0,7, bei Schwarzafrikanern 0,54
und bei Asiaten 0,9 (Doucette-Stamm et al. 1995; Leighton et al. 1997; Nakatome et
al. 1996; Vandenbergh et al. 1992). Ausgehend von diesen Daten könnte man durchaus über unterschiedliche Häufigkeiten und Ausprägungen der ADHS bei diesen
ethnischen Gruppen spekulieren; die sehr hohe Persistenz der ADHS in einer chinesischen Population wurde bereits erwähnt (S. 9 f.).

Brookes et al. (2006) fanden in einem Genom-Scan von 51 Kandidatengenen Assoziationen mit dem DRD4- und dem DAT-Gen sowie Evidenz für Assoziationen mit weiteren 16 dieser Kandidatengene. Bezüglich des DAT-Gens wurde aktuell bei einer Analyse von 30 SNPs (single nucleotid polymorphisms) in dieser Region bei 329 Familien mit 523 betroffenen Kindern nachgewiesen, dass ein bestimmter SNP (rs463379) signifikant mit der ADHS korreliert (Friedel et al. 2007). Eine andere Gruppe beschrieb eine Assoziation zwischen ADHS und spezifischem Haplotyp mit einer Kombination zwischen zwei VNTR-Polymorphismen in der 3'-untranslatierten Region (10-Repeat-Allel) und im Intron 8 (6-Repeat-Allel) des DAT-Gens (Asherson et al. 2007). Diese Befunde unterstreichen die mögliche Bedeutung der DAT für die ADHS.

Es ist nach Swanson et al. (2000) durchaus möglich, dass die beobachteten genetischen Auffälligkeiten bei der ADHS zu dem postulierten Dopamindefizit führen. So könnte das 7-Repeat-Allel des DRD4-Gens einen „subsensitiven" Dopaminrezeptor – vor allem das Frontalhirn weist viele Dopamin-D4-Rezeptoren auf – produzieren, das 10-Repeat-Allel des DAT1-Gens einen abnorm effizienten DAT. Erste eigene Untersuchungen der Beziehung zwischen mittels SPECT gemessener Dopamintransporter-Dichte im Striatum und den Allelen des DAT1-Gens zeigten eine Tendenz zu niedrigeren Dichtewerten bei Vorliegen einer Homozygotie für das 10-Repeat-Allel (Krause et al. 2006a); allerdings ist die Zahl der untersuchten Patienten zu gering, um eine definitive Aussage treffen zu können. Im Hinblick auf das DAT1-Gen sind weiterhin die Beobachtungen von Oh et al. (2003) interessant, wonach koreanische Jungen mit ADHS beim Vorliegen eines homozygoten Status bezüglich des 10-Repeat-Allels weniger Auslassungsfehler beim TOVA (Test of Variable Attention) machten als die Patienten mit dem 10/*-Genotyp. Dagegen beschrieben Bellgrove et al. (2005) schlechtere Testergebnisse bei der Gruppe mit dem 10/10-Genotyp. Unklar ist bisher die Bedeutung der in drei Studien gefundenen geringeren Responderrate hinsichtlich Methylphenidat, wenn eine homozygote Konstellation des 10-Repeat-Allels beim DAT1-Gen vorliegt (Cheon et al. 2005; Roman et al. 2002b; Winsberg u. Comings 1999). In einer Studie von Kirley et al. (2003) fand sich der umgekehrte Befund: Kinder mit dem 10-Repeat-Allel reagierten hier besser auf Methylphenidat. In ihrer Zwillingsstudie konnten van der Meulen et al. (2005) keinen Zusammenhang zwischen dem Ansprechen auf Methylphenidat und einer DAT10-Homozygotie belegen, wohl aber einen positiven Trend bei Vorliegen eines oder zweier DRD4-7R-Allele. In einer Untersuchung an Freiwilligen ohne ADHS fanden Lott et al. (2005), dass Probanden mit den Genotypen 9/10 und 10/10 nach Gabe von Amphetamin im Vergleich zu Placebo eindeutig die erwarteten Effekte zeigten, während die Probanden mit dem 9/9-Genotyp keinen Unterschied zwischen der Gabe von Amphetamin und Placebo angaben. Sehr interessant ist das Resultat einer doppelblind durchgeführten Untersuchung von Loo et al. (2003), die bei Kindern mit ADHS den Allelstatus des DAT1-Gens in Beziehung setzten zu EEG-Befunden während eines CPT-Testes vor und nach Gabe von Methylphenidat bzw. Placebo. Die Kinder mit 10/10-Genotyp zeigten hierbei eine Abnahme der Theta-Beta-Ratio unter Methylphenidat im Vergleich zu Placebo, die Kinder mit 9/9- oder 9/10-Genotyp einen Anstieg. Die Medikation hatte also in Abhängigkeit vom genetischen Befund einen ganz unterschiedlichen Einfluss auf das EEG.

Dopaminrezeptor-D5-Gen (Chromosom 4p16.1–p15.3)

Als weiteres Dopamin-Gen wurde das Dopaminrezeptor-D5(DRD5)-Gen untersucht. Daly et al. (1999) fanden eine signifikante Assoziation zwischen ADHS und dem 148bp-Allel eines Mikrosatellitenmarkers (DRD5-PCR1) in 18,5 kb Entfernung von der Transskriptionsstelle des DRD5-Gens auf Chromosom 4. Spätere Studien (Barr et al. 2000b; Manor et al. 2004; Payton et al. 2001; Tahir et al. 2000) konnten diese Assoziation nur teilweise bestätigen. In einer großen Multicenter-Analyse fand sich schließlich eine eindeutige Beziehung zur ADHS, interessanterweise aber nur zum kombinierten oder unaufmerksamen Subtyp, nicht zum hyperaktiv-impulsiven (Lowe et al. 2004). Die funktionelle Rolle dieses Mikrosatellitenmarkers ist bislang unklar. Lasky-Su et al. (2007) fanden ein besonders frühes Manifestationsalter der ADHS bei Vorliegen eines bestimmten Risikotyps im DRD5-Gen, der sechs signifikante Single-Nukleotid-Polymorphismen umfasste.

Dopaminrezeptor-D2-Gen (Chromosom 11q23.1)

Beim Dopaminrezeptor-D2-Gen hatte sich eine Häufung eines bestimmten Allels vor allem bei Impulskontrollstörung und Abhängigkeitsverhalten gezeigt (Blum et al. 1995b), was sich aber in neueren Untersuchungen bei ADHS-Familien nicht bestätigte (Todd u. Lobos 2002). Wenn man den Effekt von Methylphenidat auf die Hirndurchblutung in Abhängigkeit von den Dopamin-D2-Rezeptoren misst, findet sich eine Korrelation zwischen Dichte dieser Rezeptoren und Durchblutungssteigerung (Volkow et al. 1997). Widersprüchliche Resultate liegen bezüglich eines Zusammenhanges zwischen ADHS und einem TaqI-A-Polymorphismus des Dopaminrezeptor-D2-Gens vor (Ballon et al. 2007; Huang et al. 2003; Sery et al. 2006).

Dopaminrezeptor-D1-Gen (Chromosom 5q35.2)

Polymorphismen des auf Chromosom 5q35.2 gelegenen Dopaminrezeptor-D1(DRD1)-Gens wurden bei ADHS und Abhängigkeitsverhalten gefunden (Daly et al. 1999; Wu et al. 1997). Misener et al. (2004) bestätigten in einer Familienstudie eine Verbindung zwischen ADHS und DRD1-Gen (Haplotyp 3); die Autoren fanden dabei Beziehungen zu den Symptomen der Unaufmerksamkeit, nicht dagegen zu denen der Hyperaktivität und Impulsivität. Einen eindeutigen Zusammenhang zwischen Polymorphismen im DRD1-Gen und ADHS bestätigten Bobb et al. (2005).

Dopamin-beta-Hydroxylase-Gen (Chromosom 9q34.2)

Das Dopamin-beta-Hydroxylase(DBH)-Gen ist verantwortlich für die Konversion von Dopamin zu Noradrenalin und spielt somit eine äußerst wichtige Rolle im Katecholaminstoffwechsel (Comings 2001). Polymorphismen des Taq1A-Allels des DBH-Gens bei der ADHS wurden von Barkley et al. (2006), Hawi et al. (2003), Smith et al. (2003) und Roman et al. (2002) beschrieben.

Dopa-Decarboxylase-Gen (Chromosom 7p12.2–3)

Nachdem in einer PET-Untersuchung (Ernst et al. 1998) Veränderungen der Dopa-Decarboxylase-Aktivität gefunden worden waren, erschienen Polymorphismen auch beim Dopa-Decarboxylase-Gen möglich (Comings 2001). Die Dopa-Decarboxylase spielt eine wichtige Rolle bei der Synthese von Dopamin, Noradrenalin und Serotonin. Hawi et al. (2001) beschrieben nur fragliche Beziehungen zwischen Polymorphismen in diesem Gen und ADHS. Fisher et al. (2002) fanden in ihrer Genom-Scan-Untersuchung keinen beweisenden Zusammenhang zwischen diesem Gen und ADHS.

Adrenerges Alpha$_{2A}$- und Alpha$_{2C}$-Rezeptor-Gen (Chromosom 10q24–q26 und 4p16) und Noradrenalintransporter-Gen (Chromosom 16q12.2)

Für die Annahme einer möglichen Noradrenalinbeteiligung bei ADHS war die gute Wirksamkeit von Clonidin, einem alpha$_2$-noradrenergen Rezeptoragonisten, ein erster Hinweis, später der positive Effekt von selektiven Noradrenalin-Reuptake-Hemmern. Entsprechend fanden sich Polymorphismen beim adrenergen Alpha$_{2A}$- und Alpha$_{2C}$-Rezeptor-Gen (Comings et al. 1999; Comings et al. 2000; Roman et al. 2003), wobei sich in einer späteren Studie kein signifikanter Effekt von Markern des adrenergen Alpha$_{2C}$-Rezeptor-Gens für das Risiko einer ADHS zeigte (De Luca et al. 2004a). Polanczyk et al. (2007b) beschrieben für den G/G-Genotyp des adrenergen Alpha$_{2A}$-Rezeptor-Gens ein schlechteres Ansprechen auf Methylphenidat hinsichtlich der Symptome der Aufmerksamkeitsstörung bei 106 brasilianischen Kindern und Jugendlichen mit ADHS; dieser Befund bestätigte sich bei einem Kollektiv von Kindern und Jugendlichen mit einer ADHS vom unaufmerksamen Typ (da Silva et al. 2008). Während McEvoy et al. (2002) in einer irischen sowie De Luca et al. (2004b) in einer amerikanischen Population zunächst keine Beziehung zwischen ADHS und Polymorphismen des Noradrenalintransporter-Gens nachweisen konnten, deuten neuere Resultate von Kim et al. (2006) auf eine mögliche Störung im Noradrenalintransporter-Gen bei ADHS hin. Yang et al. (2004) fanden bei Vorliegen des A/A-Genotyps des Noradrenalintransporter-Gens bei chinesischen Jugendlichen mit ADHS ein schlechteres Ansprechen auf Methylphenidat bezüglich Hyperaktivität und Impulsivität als beim G/G- und G/A-Genotyp.

Monoaminooxidase-A-Gen (Chromosom Xp11.3) und Monoaminooxidase-B-Gen (Chromosom Xp11.4–p11.3)

Assoziationen wurden postuliert für das Monoaminooxidase(MAO)-A-Gen (Comings 2001). Dieses Gen wird X-chromosomal übertragen, d.h., dass beim männlichen Geschlecht ein entsprechender Defekt nicht durch ein zweites, normales Gen kompensiert werden kann – ein möglicher Grund für das Überwiegen des männlichen Geschlechts bei der ADHS. In einer Studie an 171 britischen Kindern mit ADHS fanden Lawson et al. (2003) ein 30-bp-VNTR in der Promotor-Region bei einer Subgruppe mit impulsiv-aggressivem Verhalten, was interessant ist unter dem Aspekt, dass MAO-A nicht nur Bedeutung für Dopamin und Noradrenalin, sondern auch für Serotonin hat. Ein Zusammenhang zwischen ADHS und Polymorphismen in der Promoterregion des MAO-A-Gens bestätigte sich bei Untersuchungen an indischen, israelischen, irischen und taiwanesischen Kollektiven (Das et al. 2006; Domschke et al. 2005; Manor et al. 2002; Xu et al. 2007). Nach neueren Untersuchungen erscheint es möglich, dass bestimmte Polymorphismen im MAO-A-Gen eine prognostische Aussage über den Verlauf der ADHS in der Adoleszenz erlauben (Li et al. 2007a). Während sich zunächst kein Zusammenhang zwischen ADHS und MAO-B-Gen gefunden hatte (Domschke et al. 2005), zeigte sich in späteren Untersuchungen bei chinesischen und spanischen Kollektiven eine signifikante Assoziation bestimmter Polymorphismen dieses Gens mit der ADHS (Li et al. 2007b; Ribases et al. 2009).

Androgenrezeptor-Gen (Chromosom Xq11–q12)

Für das gleichfalls X-chromosomal übertragene Androgenrezeptor-Gen wurden Beziehungen zur ADHS und zum oppositionellen Trotzverhalten gefunden (Comings 2001). In einer chinesischen Population fand sich eine Assoziation zwischen dem DXS7-Marker und ADHS (Jiang et al. 2000), ein Befund, der sich in einer irischen Population nicht bestätigt fand (Lowe et al. 2001). Yan et al. (2004) sahen in ihrer Untersuchung keinen Zusammenhang zwischen ADHS und Androgenrezeptor-Gen.

Katechol-O-Methyltransferase-Gen (Chromosom 22q11.21)

Die Katechol-O-Methyltransferase (COMT) ist ein wichtiges Enzym für den Abbau von Dopamin und Noradrenalin. Für das COMT-Gen wurden gleichfalls Beziehungen zur ADHS aufgedeckt (Qian et al. 2003); dabei fanden sich für den COMT-Val-158-Met-Polymorphismus vorzugsweise Met bei männlichen und Val bei weiblichen Betroffenen. In einer ersten Metaanalyse konnten Cheuk und Wong (2006) diesen Zusammenhang allerdings nicht bestätigen. Auch Retz et al. (2008) fanden keinen sicheren Effekt von Varianten des COMT-Gens – wie auch des Noradrenalintransporter-Gens – auf die Ausprägung der ADHS. In einer Untersuchung zur Neurokognition bei Erwachsenen mit ADHS fanden Boonstra et al. (2008) einen Einfluss des COMT-Val-158-Met-Polymorphismus auf IQ und Reaktionszeit.

Tryptophan-2,3-Dioxygenase-Gen (Chromosom 4q32.1) und Tryptophanhydroxylase-2-Gen (Chromosom 12q21.1)

Die mögliche Rolle des Serotonins wurde bereits erwähnt; Polymorphismen wurden bei ADHS und Tourette-Syndrom für das Tryptophan-2,3-Dioxygenase-Gen (TDO2-Gen) beschrieben (Comings 2001). Dieses Enzym ist wichtig für den Abbau von Tryptophan und senkt somit auch den Serotoninspiegel. Walitza et al. (2005) fanden bei Probanden mit familiär gehäuft auftretender ADHS Varianten in der regulatorischen Region des Tryptophanhydroxylase-2-Gens (TPH2-Gen), das die Geschwindigkeit der Serotoninsynthese im Gehirn steuert.

Serotonintransporter-Gen (Chromosom 17q11.2) und Serotoninrezeptor-1B-Gen (Chromosom 6q14.1)

Ein möglicher Einfluss des Serotonintransporter-Gens (5-HTT-Gen) auf die ADHS ist beschrieben (Kent et al. 2002; Retz et al. 2002; Seeger et al. 2001a; Seeger et al. 2001b), ebenso des Serotoninrezeptor-1B-Gens (HTR1B-Gen) (Hawi et al. 2002). Seeger et al. (2001a) fanden, dass bei Vorliegen eines Genotyps mit Kombination von 5-HTT-LL und DRD4*7 mit einem schlechteren Ansprechen auf Methylphenidat zu rechnen ist. Es gibt also in der Literatur durchaus Hinweise auf eine mögliche Beteiligung des Serotoninsystems bei der ADHS (Sinzig et al. 2007a); andererseits konnten in einer kürzlich veröffentlichten multizentrischen familienbasierten Assoziationsstudie aus Deutschland zu serotenergen Kandidatengenen keine signifikanten Beziehungen zur ADHS gefunden werden (Heiser et al. 2007).

GABA-Rezeptor-alpha-3-Gen (Chromosom Xq28) und GABA-Rezeptor-beta-3-Gen (Chromosom 15q11.2–q12)

Gammaaminobuttersäure (GABA) könnte als inhibitorischer Neurotransmitter bei der ADHS, bei der wir ja von einer Störung von Hemmungsmechanismen ausgehen, durchaus betroffen sein. Hier fanden sich Polymorphismen bei ADHS und Tourette-Syndrom für das X-chromosomal vererbte GABA-Rezeptor-alpha-3-Gen (GABRA3-Gen) und das GABA-Rezeptor-beta-3-Gen (GABRB3-Gen) (Comings 2001; Hicks et al. 1991; Mutirangura et al. 1992).

25-kD-synaptosomal assoziiertes Protein-Gen (Chromosom 20p12.3)

Das auf der präsynaptischen Membran lokalisierte Protein von 25 kDa (SNAP-25) hat wichtige Funktionen für die Vesikelverschmelzung und die Neurotransmitterausschüttung. Studien von Barr et al. (2000a) und Brophy et al. (2002) zeigten Assoziationen zwischen ADHS und verschiedenen Allelen des SNAP-25-Gens. Dies bestätigte sich in späteren Untersuchungen (Choi et al. 2007; Feng et al. 2005; Kustanovich 2003; Mill et al. 2005).

CLOCK-Gen (Chromosom 4q12)

Neue Untersuchungen zeigten einen Zusammenhang zwischen einem 3-VTR-Polymorphismus (rs 1801260) auf dem CLOCK (Circadian Locomotor Output Cycles Protein Kaput)-Gen und ADHS (Kissling et al. 2008). Dies erscheint besonders interessant unter dem Aspekt, dass bei Patienten mit ADHS Störungen im Schlaf-Wach-Rhythmus durchaus bekannt sind; für den bei ADHS gehäuft gefundenen Polymorphismus wurde eine Bevorzugung abendlicher Aktivität beim Menschen beschrieben (Katzenberg et al. 1998), außerdem fand man Beziehungen zu Schlafstörungen bei psychischen Erkrankungen (Serretti et al. 2003).

Mittlerweile besteht die Möglichkeit, mittels Genom-Scans und Kopplungsanalyse bei von der Störung betroffenen Geschwistern überzufällig häufige chromosomale Übereinstimmungen festzustellen (Schimmelmann et al. 2006). In der ersten entsprechenden Zwillingsuntersuchung an 126 Paaren fanden Fisher et al. (2002) wie erwartet kein „major gene" als Ursache der ADHS; am auffälligsten waren in dieser Studie bei Kopplungsanalysen die Chromosomenregionen 5p12, 10p26, 12q23 und 16p13 mit Werten für die LOD-Scores > 1,5, bei quantitativer Analyse bezüglich der Ausprägung der ADHS war die Region 12p13 (maximum LOD 2,6) auffällig, die bei qualitativer Analyse einen Wert von immerhin > 1 erreichte. Von der Vielzahl der untersuchten Kandidaten-Gene fanden sich für das DRD5-Gen, das Serotonintransporter(5-HTT)-Gen und das Calcyon-Gen auf Chromosom 10q26, das ein mit dem Dopaminrezeptor D1 interagierendes Protein enkodiert, Hinweise auf eine Beziehung zur ADHS. Beim gleichen Kollektiv setzte man die Lese-Rechtschreib-Störung mit der ADHS in Beziehung und fand sowohl gemeinsame Regionen für beide Störungen (16p, 17q und eventuell 10q) als auch exklusive für die Lese-Rechtschreib-Störung (2p, 8p und 15q) (Loo et al. 2004). Überraschenderweise fand sich keine Beziehung zu Chromosom 6p, für das früher Auffälligkeiten bei beiden Krankheitsbildern beschrieben worden waren (Willcutt et al. 2002). Inzwischen liegen bereits vier Assoziationsstudien bei ADHS vor (Arcos-Burgos et al. 2004; Bakker et al. 2003; Hebebrand et al. 2006; Ogdie et al. 2004). Hierbei wurden die höchsten Übereinstimmungen in Regionen auf den Chromosomen 5p, 11q, 16p und 15q gefunden. Bemerkenswert ist, dass drei Studien übereinstimmend Kopplung zu einem Bereich des Chromosoms 5p zeigten, in dem das DAT-Gen lokalisiert ist (s. Abb. 4-6).

Prinzipiell sind sich alle Autoren darin einig, dass zur Manifestation einer ADHS multiple Gen-Anomalien erforderlich sind, somit Auffälligkeiten an einzelnen Genen jeweils nur eine kleine Facette im klinischen Bild bedingen und additive Effekte für die Ausprägung des Phänotyps verantwortlich sind. Dieses polygene Modell erklärt zwanglos eine ganze Reihe spezieller Probleme im Zusammenhang mit der ADHS:

1. Unterschiede innerhalb der Familien: Wenn z. B. zehn Gene für die Manifestation einer ADHS nötig wären, würden hierzu in der Regel beide Eltern beitragen. Mehr Gen-Anomalien sind dabei von einem klinisch gleichfalls betroffenen Elternteil zu erwarten. Es besteht natürlich auch die Möglichkeit, dass beide Elternteile klinisch nicht betroffen sind, weil sie knapp unterhalb der Schwelle liegen und jeweils z. B. nur acht oder neun der betreffenden Gen-Anomalien aufweisen, aber die „Summe" beim Kind dann gerade zur Manifestation der ADHS ausreicht. Es wird dann auch offensichtlich, dass sich Geschwister in der Art der Symptomatik sehr stark unterscheiden können (s. Abb. 4-7, S. 44). Hochwahrscheinlich wird eine ADHS beim Kind dann, wenn beide Eltern deutlich betroffen sind.
2. Es wird klar, dass es aus genetischen Gründen ein breites Spektrum an Komorbiditäten geben muss, die innerhalb einer Familie variieren (s. Abb. 4-8, S. 45). Überlappungen bestehen nach den bisherigen Untersuchungen besonders mit Tourette-Syndrom, aggressivem Verhalten, Depression, Manie, Phobien, Panik-

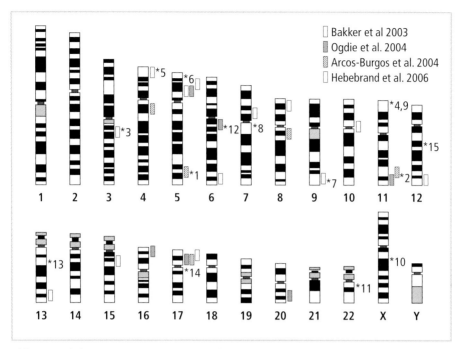

Abb. 4-6 Lokalisation von Kandidatengenen für ADHS in vier Genomscan-Untersuchungen (Arcos-Burgos et al. 2004; Bakker et al. 2003; Hebebrand et al. 2006; Ogdie et al. 2004) (∗1 = Dopaminrezeptor-D1-Gen, ∗2 = Dopaminrezeptor-D2-Gen, ∗3 = Dopaminrezeptor-D3-Gen, ∗4 = Dopaminrezeptor-D4-Gen, ∗5 = Dopaminrezeptor-D5-Gen, ∗6 = Dopamintransporter-Gen, ∗7 = Dopamin-beta-Hydroxylase-Gen, ∗8 = DOPA-Decarboxylase-Gen, ∗9 = Tyrosinhydroxylase-Gen, ∗10 = Monoaminooxidase-A-Gen, ∗11 = Katechol-O-Methyltransferase-Gen, ∗12 = Serotoninrezeptor-1B-Gen, ∗13 = Serotoninrezeptor-2A-Gen, ∗14 = Serotonintransporter-Gen, ∗15 = Tryptophanhydroxylase-Gen) aus Schimmelmann et al. (2006).

attacken, Schlafstörungen, irritablem Kolon, Alkoholismus, Abhängigkeitsverhalten, Teilleistungsstörungen, Verhaltensstörungen und oppositionellem Trotzverhalten.

3. Wenn man sich die Vielzahl möglicher betroffener Gene ansieht, wird auch evident, warum häufig eine medikamentöse Kombinationsbehandlung erforderlich ist, die eben nicht nur auf das Dopamin-, sondern auch auf das Noradrenalin- und/oder das Serotoninsystem einwirkt. Klar wird auch, dass es Nonresponder bei einer Therapie mit Stimulanzien geben muss, etwa wenn die betroffen Gene, wie z. B. das DAT1-Gen, die für den Wirkmechanismus der Stimulanzien wesentlich sind, im vorliegenden Fall gar nicht betroffen sind. Das Modell erklärt auch, warum wir nicht bei jedem Patienten mit ADHS bei der Darstellung der Dopamintransporter eine Erhöhung fanden.

4. Das polygene Modell verdeutlicht, warum Untersuchungskollektive mit der gleichen Diagnose deutlich differieren können und daher auch bei der Suche nach

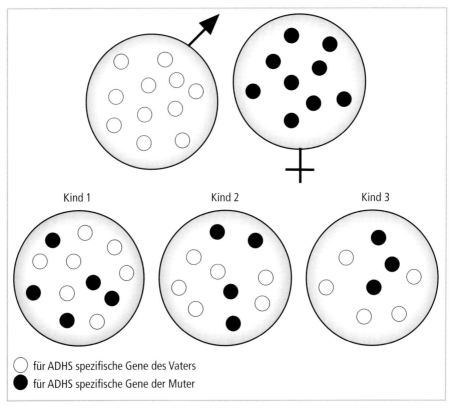

Kind 1 · Kind 2 · Kind 3

○ für ADHS spezifische Gene des Vaters
● für ADHS spezifische Gene der Muter

Abb. 4-7 Beispiel für mögliche Vererbungsmechanismen in einer Familie mit ADHS-Genen (siehe Text S. 42 ff.).

ursächlichen Faktoren divergente Resultate liefern. Dies gilt naturgemäß besonders für genetische Untersuchungen, die sich zunächst oft widersprechen, aber dann bei Metaanalysen mit einer sehr großen Zahl von Probanden doch ein klareres Bild zulassen.

Zusammenfassend haben wir es bei der ADHS mit hoher Wahrscheinlichkeit mit einer sehr komplexen, überwiegend genetisch bedingten Störung zu tun (Biederman 2005). Eine endgültige Identifizierung aller für das Krankheitsbild wesentlichen Gene wird trotz der rasanten Entwicklungen auf genetischem Gebiet sicher noch eine Weile dauern (Renner et al. 2008; Thapar et al. 2007). Wenn dann aber eine solche Charakterisierung gelungen ist, könnte aus der Kombination bestimmter Gen-Auffälligkeiten möglicherweise recht exakt auf das klinisch zu erwartende Bild geschlossen und gegebenenfalls eine wirklich spezifische medikamentöse Behandlung eingeleitet werden (Krause u. Krause 2007). Nicht vernachlässigt werden darf dabei die Erfassung von Umwelteinflüssen, die – zum Teil wieder auf genetischer Basis („Genexpression") – die Ausprägung eines Störungsbildes modifizieren kön-

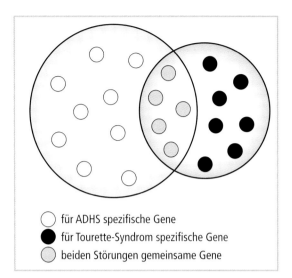

Abb. 4-8 Beispiel für mögliche genetische Bedingungen bei Komorbidität von ADHS und Tourette-Syndrom.

○ für ADHS spezifische Gene
● für Tourette-Syndrom spezifische Gene
◔ beiden Störungen gemeinsame Gene

nen. So fanden sich z. B. Hinweise, dass Gen-Transkripte, nikotinerge Acetylcholin-Rezeptor-Proteine und Hirnzellen möglicherweise schon sehr früh durch Nikotin im Gehirn moduliert werden können (Lim et al. 2001; Roy et al. 2002). Castellanos und Tannock (2002) postulieren daher, dass spezifische Genotypen eine vermehrte Vulnerabilität gegenüber Umwelteinflüssen bedingen könnten. Ziel der neurobiologischen Forschung wird sein, Modelle solcher „Endophänotypen" zu entwickeln, um die quantitativen Risiken, an einer Störung zu erkranken, und mittelbar damit die Therapieoptionen festlegen zu können. Für die ADHS schlagen Castellanos und Tannock (2002) aus neurobiologischer Sicht drei Endophänotypen vor – Anomalien im Belohnungssystem, Defizite bei der zeitlichen Verarbeitung sowie Störungen des Arbeitsgedächtnisses; es finden sich also hier ganz ähnliche Ansätze wie im neuropsychologischen Modell von Sonuga-Barke (2002). Es gibt inzwischen erste Entwürfe von Computermodellen, die zeigen, wie die Lösung spezifischer Aufgaben durch Störungen im Neurotransmittersystem bei Patienten mit ADHS beeinträchtigt sein könnte. In diesen Modellen zur Dysfunktion von Dopamin und Noradrenalin kommen Frank et al. (2007) zu dem Schluss, dass das Defizit bei Go-Aufgaben besser durch Stimulanzien gebessert wird als das bei NoGo-Aufgaben. Dieser positive Effekt wird durch die Erhöhung der striatalen Dopaminkonzentration erreicht; gebessert durch die Stimulanzien war in diesen Untersuchungen auch das Arbeitsgedächtnis unter Ablenkung mit entsprechenden Reizen. Als Ursache für starke Schwankungen der Resultate von Untersuchung zu Untersuchung sowie erhöhte Variabilität der Reaktionszeiten postulieren die Autoren eher noradrenerge Defizite.

5   Symptome und Diagnostik

Als Erstdiagnose im Erwachsenenalter wird bisher immer noch selten die Diagnose ADHS in Erwägung gezogen, es sei denn, Angehörige schildern typische Symptome und frühere Schulzeugnisse enthalten Hinweise auf diese Störung. Üblicherweise stellt sich ein Patient wegen depressiver Verstimmung, Angstproblemen oder auch der Sorge, den Überblick über das Leben verloren zu haben, beim Psychiater oder Psychotherapeuten vor. Nur in Familien, in denen schon ein Kind wegen einer ADHS behandelt wird, setzt sich nach Beschäftigung mit dem Thema die Erkenntnis durch, dass in der eigenen Kindheit ähnliche Probleme bestanden, die jetzt jedoch ein anderes Gesicht bekommen haben. Eine motorische Unruhe als möglicher Hinweis auf eine noch vorhandene ADHS steht bei Erwachsenen eher selten im Vordergrund.

Bei den meisten Ärzten erweckt die Diagnose „hyperkinetische Störung", wie die ADHS in der ICD-10 genannt wird, die Assoziation, der Betroffene müsse ein motorisch unruhiger Mensch sein. Die Diskrepanz zwischen innerlicher Aufregung und äußerlicher Ruhe kann in der Untersuchungssituation oft schwer vermittelt werden. Meist hat sich eine ausgeprägte Selbstwertproblematik mit Depressionen und psychosomatischen Symptomen eingestellt, die mit einer Fülle von Diagnosen aus dem Bereich der Persönlichkeitsstörungen oder anderer psychiatrischer Erkrankungen etikettiert wird. Eine spezifische Behandlung, die vor allem Stimulanzien einschließt, bleibt dann aus.

In einer Reihe von Publikationen wurde die Frage der Eigenständigkeit der Diagnose ADHS und der Komorbidität mit anderen psychiatrischen Störungen (s. Kap. 6, S. 113 ff.) untersucht. Die Autoren kommen übereinstimmend zu dem Schluss, dass die Diagnose einer ADHS aufrechterhalten werden muss, wenn auch ohne Berücksichtigung sich überlappender Symptome zweier diagnostisch möglicher Krankheitsbilder genügend Kernsymptome der ADHS übrig bleiben.

Die Symptome der ADHS des Kindes erfahren naturgemäß Modifikationen, wenn sie im Erwachsenenalter persistieren. So wird die Beschreibung der Hyperaktivität eines kleinen Jungen, der ständig auf allen Gegenständen herumklettert, auf den erwachsenen Mann so nicht mehr zutreffen. Die Symptomatik bei Erwachsenen – vor allem Frauen – ohne Hyperaktivität wird auch für den erfahrenen Diagnostiker immer eine Herausforderung sein.

Tab. 5-1a Kriterien des Aufmerksamkeitsdefizits im DSM-IV (sechs oder mehr der neun Symptome von Unaufmerksamkeit müssen während der letzten sechs Monate ständig in einem nicht mit dem Entwicklungsstand zu vereinbarenden Ausmaß vorhanden gewesen sein) mit Beispielen für die bei Erwachsenen zu erwartenden Symptome.

Symptome des Aufmerksamkeits-defizits nach DSM-IV	Symptomwandel im Erwachsenenalter
Beachtet häufig Einzelheiten nicht oder macht Flüchtigkeitsfehler bei den Schularbeiten, bei der Arbeit oder bei anderen Tätigkeiten	Mangelnde Konzentration beim Durchlesen schriftlich fixierter Aufgaben und Arbeitsanweisungen; bei mündlicher Auftragserteilung Unfähigkeit, so lange konzentriert zu bleiben, bis die Handlungsanweisung verinnerlicht ist
Hat oft Schwierigkeiten, längere Zeit die Aufmerksamkeit bei Aufgaben oder beim Spielen aufrechtzuerhalten	Subjektiv langweilige Aufgaben wie Routinearbeiten am Arbeitsplatz, regelmäßige Arbeitsabläufe oder uninteressant erscheinende Aufträge lösen eine erhöhte Ablenkbarkeit aus und führen damit zum Wechsel der Tätigkeit; wichtige und unwichtige Dinge sind gleichrangig.
Scheint häufig nicht zuzuhören, wenn Andere ihn/sie ansprechen	Erwachsene sind häufig mit eigenen Gedanken beschäftigt, oft noch von Vorkommnissen beeindruckt, bei denen scheinbar etwas schlecht gelungen ist, und haben deshalb kein Ohr für die Umgebung.
Führt häufig Anweisungen anderer nicht vollständig durch und kann Schularbeiten, andere Arbeiten oder Pflichten am Arbeitsplatz nicht zu Ende bringen	Erwachsene erfassen die Aufgabenstellung nur unvollständig und fühlen sich schnell von zu erledigender Arbeit überfordert; weil keine Gliederung der Arbeit vorgenommen werden kann, wechseln sie zu anderer „interessant" erscheinender Tätigkeit.
Hat häufig Schwierigkeiten, Aufgaben und Aktivitäten zu organisieren	Mangelhafter Überblick bei der Organisation von Arbeiten, Wichtig und Unwichtig werden bei der Planung von Arbeitsabläufen nicht beachtet.
Vermeidet häufig, hat eine Abneigung gegen oder beschäftigt sich häufig nur widerwillig mit Aufgaben, die länger andauernde geistige Anstrengungen erfordern	Mangelnde Fähigkeit zur Gliederung von Arbeitsabläufen führt zu schnell eintretenden Überforderungsgefühlen, häufiger Stimmungswechsel verhindert konstante Arbeitsleistung, dies bedingt eine oft zu beobachtende Selbstentwertung.
Verliert häufig Gegenstände, die er/sie für Aufgaben oder Aktivitäten benötigt	Unfähigkeit, sich an Handlungen zurückzuerinnern (z. B.: Wo habe ich meinen Schlüssel abgelegt?) bei starker Reizoffenheit; Verlust der Fähigkeit geplant vorzugehen, keine Erinnerung an Ausgangssituationen, damit verbunden der Eindruck, sich ständig in einer unvorhergesehenen Situation zu befinden
Lässt sich öfter durch äußere Reize leicht ablenken	Hohe Ablenkbarkeit bei großer Reizoffenheit durch schlecht steuerbare Konzentration und Fokussierung auf die Gesprächs- oder Arbeitssituation
Ist bei Alltagstätigkeiten häufig vergesslich	Häufig vorhandenes Gefühl, an vorzeitigem „Alzheimer" zu leiden, weil der Tagesablauf als eine Aneinanderreihung von unvorhersehbaren Ereignissen wahrgenommen wird und damit die eigentlich geplanten Vorhaben in Vergessenheit geraten

Tab. 5-1b Kriterien der Hyperaktivität und Impulsivität im DSM-IV (sechs oder mehr der neun Symptome müssen während der letzten sechs Monate ständig in einem nicht mit dem Entwicklungsstand zu vereinbarenden Ausmaß vorhanden gewesen sein) mit Beispielen für die bei Erwachsenen zu erwartenden Symptome.

Symptome der Hyperaktivität und Impulsivität nach DSM-IV	Symptomwandel im Erwachsenenalter
Zappelt häufig mit Händen oder Füßen oder rutscht auf dem Stuhl herum	Erwachsene wippen mit den Füßen, lassen häufig das ganze Bein zittern, trommeln mit den Fingern auf Tischplatten oder Armlehnen von Stühlen, gelegentlich verknoten sie ihre Beine oder schlingen sie um Stuhlbeine, um die motorische Unruhe zu kontrollieren, sie schlagen beim Sitzen ein Bein unter und haben oft Probleme mit Nägelkauen.
Steht in der Klasse oder in anderen Situationen, in denen Sitzenbleiben erwartet wird, häufig auf	Erwachsene vermeiden Langstreckenflüge, weil sie die erzwungene körperliche Ruhe nicht ertragen; Restaurant-, Theater- und Kinobesuche führen zu großer innerer Anspannung, weil wenig Gelegenheit zu Bewegung existiert.
Läuft häufig herum oder klettert exzessiv in Situationen, in denen dies unpassend ist (bei Jugendlichen oder Erwachsenen kann dies auf ein subjektives Unruhegefühl beschränkt bleiben)	Erwachsene lieben Berufe mit der Möglichkeit sich zu bewegen; sie sind häufig in Außendienstpositionen mit wechselnden Gesprächspartnern oder Orten zu finden, sie verzichten ungern auf ihr Handy, sie brauchen viele Reizquellen, sie möchten sich durch Außenreize stimulieren.
Hat häufig Schwierigkeiten, ruhig zu spielen oder sich mit Freizeitaktivitäten ruhig zu beschäftigen	Erwachsene treiben gerne Sportarten, die mit Risiko verbunden sind, wie Drachenfliegen, Bungee-Jumping oder Motorradfahren; die extreme Reizsituation führt zu einer intensiven Konzentrationsleistung, was von den Betroffenen als angenehm erlebt wird.
Ist häufig „auf Achse" oder handelt oftmals, als wäre er/sie „getrieben"	Hektisches Rennen vermittelt ein Gefühl von Lebendigkeit, deshalb auch der Versuch, ständig mehrere Arbeiten gleichzeitig zu bewältigen; das Hasten von Arbeit zu Arbeit entlastet von starker innerer Unruhe.
Redet häufig übermäßig viel	Die Sprechweise ist oft schnell und undeutlich, wird von der Umgebung häufiger als aggressiv erlebt, Gesprächspartner kommen kaum zu Wort, da der Betroffene schnell auf ein Thema hyperfokussiert ist, „Smalltalk" wird als langweilig empfunden.
Platzt häufig mit den Antworten heraus, bevor die Frage zu Ende gestellt ist	Die überbordenden Ideen müssen schnell formuliert werden, bevor sie vergessen sind, es fehlt wie bei Kindern das „Stop – Listen – Go".
Kann nur schwer warten, bis er/sie an der Reihe ist	Die andauernde innere Spannung äußert sich in Ungeduld gegenüber der Langsamkeit Anderer. Betroffene Mütter leiden unter der langsamen Auffassungsgabe ihrer Kinder bei den Hausaufgaben; Schlangestehen oder Stau beim Autofahren führen zu aggressiven Verhaltensweisen.

Tab. 5-1b Kriterien der Hyperaktivität und Impulsivität im DSM-IV (sechs oder mehr der neun Symptome müssen während der letzten sechs Monate ständig in einem nicht mit dem Entwicklungsstand zu vereinbarenden Ausmaß vorhanden gewesen sein) mit Beispielen für die bei Erwachsenen zu erwartenden Symptome. *(Fortsetzung)*

Symptome der Hyperaktivität und Impulsivität nach DSM IV	Symptomwandel im Erwachsenenalter
Unterbricht und stört Andere häufig (platzt z. B. in Gespräche oder in Spiele Anderer hinein)	Mischt sich ungefragt in Gespräche ein. Wenn ein Betroffener selbst nicht handeln soll, kommt in ihm schnell eine innere Unruhe auf, die dazu verleitet, die Arbeit selbst zu übernehmen. Beispiel: die tüchtige Mutter, deren Tochter keine Chance erhält, eigene Fertigkeiten zu entwickeln.

Generell sind aber die wesentlichen Symptome wie

- Aufmerksamkeitsstörungen (Störung der willentlichen Fokussierung der Aufmerksamkeit),
- motorische Störungen,
- mangelhafte Impulskontrolle,
- Reizoffenheit,
- Desorganisation,
- Probleme im sozialen Umfeld,
- Schwierigkeiten in persönlichen Beziehungen,
- emotionale Störungen und
- Stressintoleranz

auch bei den betroffenen Erwachsenen in irgendeiner Form wiederzufinden. In den Tabellen 5-1a und 5-1b sind in Anlehnung an Weiss et al. (1999) neben den Kriterien des DSM-IV, die ja zunächst für die ADHS im Kindes- und Jugendalter geschaffen wurden, jeweils Beispiele für mögliche Symptome im Erwachsenenalter aufgeführt. Dabei sollen für die Diagnose einer ADHS prinzipiell jeweils sechs von neun Symptomen der Aufmerksamkeitsstörung und/oder der Hyperaktivität/Impulsivität vor-

Tab. 5-1c Weitere diagnostische Kriterien gemäß DSM-IV, die außer der typischen Symptomatik (Kriterium A, s. Tab. 5-1a und 5-1b) bei der Diagnosestellung der ADHS erfüllt sein müssen.

B.	Einige Symptome der Hyperaktivität-Impulsivität oder Unaufmerksamkeit, die Beeinträchtigungen verursachen, treten bereits vor dem Alter von sieben Jahren auf.
C.	Beeinträchtigungen durch diese Symptome zeigen sich in zwei oder mehr Bereichen (z. B. in der Schule bzw. am Arbeitsplatz und zu Hause).
D.	Es müssen deutliche Hinweise auf klinisch bedeutsame Beeinträchtigungen der sozialen, schulischen oder beruflichen Funktionsfähigkeit vorhanden sein.
E.	Die Symptome treten nicht ausschließlich im Verlauf einer tief greifenden Entwicklungsstörung, Schizophrenie oder einer anderen psychotischen Störung auf und können auch nicht durch eine andere psychische Störung besser erklärt werden.

handen sein (American Psychiatric Association 1996), die im Rahmen einer strukturierten psychiatrischen Anamneseerhebung abzufragen sind. Die weiteren diagnostischen Kriterien gemäß DSM-IV finden sich in Tabelle 5-1c. Problematisch ist hierbei Punkt B, wonach Symptome bereits vor dem siebten Lebensjahr aufgetreten sein
müssen. Faraone et al. (2006) verglichen 127 Erwachsene mit ADHS, bei denen dies
zutraf, mit 79 Personen, die zwar aktuell die Symptome der ADHS aufwiesen, für die
sich aber anamnestisch kein Beginn vor dem siebten Lebensjahr belegen ließ („late
onset ADHD"), und mit Kollektiven von 123 Normalpersonen sowie 41 Erwachsenen mit leichten ADHS-Symptomen („subthreshold ADHD"). Sie untersuchten in
ihrer Studie speziell psychiatrische Komorbiditäten, funktionelle Beeinträchtigungen und ADHS-Symptomatik bei Angehörigen. Ergebnis war, dass sich die beiden ersten Gruppen in diesen Punkten sehr ähnlich waren und deutlich von den beiden letztgenannten unterschieden. Die Autoren folgern hieraus, dass das Kriterium
eines Auftretens vor dem siebten Lebensjahr im DSM-IV zu strikt ist und revidiert
werden sollte. 83 % der Erwachsenen mit „late onset ADHD" wiesen einen Beginn der
Symptomatik zwischen dem 7. und 12. Lebensjahr auf, so dass die Autoren einen entsprechenden Grenzwert von mindestens 12 Jahren in einer Neufassung des DSM empfehlen. Auch McGough und McCracken (2006) fordern in ihrem Editorial im „American Journal of Psychiatry", dass das verlangte Erstmanifestationsalter mindestens auf
12 Jahre hinaufgesetzt, eventuell sogar ganz gestrichen werden sollte. Bereits 2000 waren Rohde et al. in einer Untersuchung an brasilianischen Jugendlichen zu dem Schluss
gekommen, dass sich die klinische Symptomatik zwischen Patienten mit ADHS-
Symptomen vor dem siebten Lebensjahr und denen mit späterer Erstmanifestation
nicht unterschied; auch hinsichtlich der Behandlung mit Stimulanzien fand diese
Gruppe keine schlechteren Resultate bei den ADHS-Patienten mit später Manifestation (Reinhardt et al. 2007). Barkley hat außerdem wiederholt darauf hingewiesen, dass
die Forderung, sechs von neun Symptomen müssten für die Diagnosestellung vorhanden sein, im höheren Lebensalter aufgrund entsprechender Coping-Strategien nicht
mehr erfüllt wird. Die dringende Notwendigkeit einer Korrektur des geforderten Ma-
nifestationsalters für DSM-V und ICD-11 betonen auch Todd et al. (2008), in deren
Untersuchung 10 % der Patienten zwischen dem 7. und 16. Lebensjahr erkrankten.

Nicht berücksichtigt wird im DSM-IV die Affektlabilität, die Wender (1995) zusammen mit sechs weiteren Kriterien zu Recht als besonderes Problem bei der ADHS
im Erwachsenenalter sieht. Bei den Wender-Utah-Kriterien der ADHS im Erwachsenenalter sind

- Aufmerksamkeitsschwäche und
- Hyperaktivität

obligat (somit werden die Erwachsenen ohne Hyperaktivität [Typ 2 der ADHS nach
DSM-IV] nicht erfasst). Daneben müssen zwei der folgenden Punkte vorhanden
sein:

- Affektlabilität
- desorganisiertes Verhalten
- Störung der Affektkontrolle
- Impulsivität
- emotionale Überreagibilität

Zur Störung der Affektlabilität führt Wender im Einzelnen aus: „Diese charakteristische Stimmungsstörung wird nicht im DSM-IV beschrieben. Sie bestand gewöhnlicherweise schon vor der Adoleszenz. Gekennzeichnet ist sie durch den Wechsel zwischen normaler und niedergeschlagener Stimmung sowie leichtgradiger Erregung. Die niedergeschlagene Stimmungslage wird vom Patienten häufig als Unzufriedenheit oder Langeweile beschrieben. Im Gegensatz zur „major depression" (endogene Depression) finden sich kein ausgeprägter Interessenverlust oder somatische Begleiterscheinungen. Die Stimmungswechsel sind häufig reaktiver Art; gelegentlich treten sie aber auch spontan auf." (Wender 2000, S. 192).

Bei der Erfassung der Symptomatik bleibt das klinische Interview die wichtigste Informationsquelle, die zur Diagnose ADHS führen kann. Da die meisten erwachsenen Patienten zunächst wegen Symptomen wie Depression, Angst und innerer Unruhe Hilfe suchen, ist die Einordnung und Abgrenzung von einer Reihe von Differenzialdiagnosen nicht immer einfach. Hyperaktivität bedeutet noch keine Diagnose, wird jedoch häufig in diesem Sinn missverstanden und als Kernsymptom gefordert. Dies führt zu dem stets wiederholten Irrtum, dass Erwachsene von dieser Störung nicht betroffen sind, da nach der Pubertät ein Symptomwandel der Hyperaktivität eintritt: Der kleine Junge, der stets in Bewegung ist, wird zum jungen Erwachsenen, der unter innerer Unruhe leidet und lediglich rhythmisch Hände und Füße bewegt. Weil gerade bei männlichen jungen Erwachsenen der äußere Wandel sehr auffällig ist, wird eine nicht selten in diesem Alter auftretende Depression nicht mehr in Zusammenhang mit der zuvor schon vorhandenen ADHS gesehen. Es werden beispielsweise Symptome wie Konzentrations- und Antriebsmangel fälschlicherweise als Ausdruck der Depression interpretiert. Selbst als vollremittiert bezeichnete Erwachsene mit einer ADHS in der Kindheit hatten in einer Untersuchung aus England eindeutige residuale neuropsychologische Probleme im Vergleich zu Kontrollpersonen (Young u. Gudjonsson 2008).

5.1 Symptomatologie

Eine 37-jährige Kollegin suchte mich auf, nachdem sie zufällig auf die Erstauflage des vorliegenden Buches gestoßen war und die Verdachtsdiagnose ADHS bei sich selbst gestellt hatte. Das erste Gespräch verlief sehr wechselvoll, da sie einerseits von der Hoffnung auf Änderung ihres Chaos erfüllt war, anderseits zeitweise durch die Erinnerung an die vielfältigen Probleme in eine regelrecht verzweifelte Verfassung geriet. In den Wochen nach diesem Gespräch notierte sie ihre Gedanken, eigentlich nur, um sie nicht wieder zu vergessen und mir davon berichten zu können. Wegen der Fülle an hervorragend beschriebenen typischen Problemen, von denen sich viele Kollegen im diagnostischen Gespräch überfordert fühlen und häufig eine oder mehrere Diagnosen aus dem Bereich der Persönlichkeitsstörungen wählen, danken wir ihr für ihre Erlaubnis, diesen Text veröffentlichen zu dürfen.

ADHS

Studienplatzmitteilung zur Immatrikulation verloren, im Schmutzwäschesack im Auto gefunden. Rückmeldung jedes Semester eine dramatische Überlebensangelegenheit

Das quälende, vernichtende Gefühl, dass ich viel zuviel Zeit mit „Kram" vertue und das Leben immer aufschiebe und mir irgendwann entweder die Zeit oder die Kraft ausgehen wird. Früher war das Leben voller Verheißungen, jetzt wird es immer enger. Dabei habe ich so viele Wünsche und Impulse und Ideen!

Zwei Pole meiner Persönlichkeit: die Vitale, Ungebärdige, Phantasievolle, Spontane, die Unmögliches fertig bringt – und die Depressive, die sich von allem überfordert fühlt, sehr bescheiden ist, auf expansive Wünsche ganz verzichtet hat, dauernd nur die Liste unerledigter Pflichten im Kopf

Sex: Wenn's nicht grad in ungewöhnlicher Situation oder sehr spontan ist: den Kopf voller störender Gedanken

Tagesrhythmus – überhaupt Rhythmus! Es gibt nie, nie, nie irgendeinen Takt. Eine Regelmäßigkeit, nichts geht automatisch, routinemäßig, es gelingt mir bei allem verzweifelten Bemühen nicht, GEWOHNHEITEN zu entwickeln. Alles muss aktiv und oft mit großer Konzentrationsanstrengung begonnen werden und gerade bei den für andere vielleicht selbstverständlichsten Routinehandlungen wie Anziehen oder Zähneputzen verliere ich x-mal den Faden oder „komme nicht dazu". Oft stelle ich erst in der Praxis fest, dass meine Nägel ungepflegt und schwarzrandig sind – überhaupt bin ich meistens ein bisschen zerzaust, normale Frauen kommen mir immer so ordentlich und makellos in ihrer Erscheinung vor. Fast mein größter Wunsch ist Kontakt zu Menschen, denen es ähnlich geht. Verständnis und gegenseitige Hilfe, ohne dass man sich schämen muss – und/oder Hilfe für Organisationsdinge, ein fähiger ads-freier freundlicher Coach, der mit mir einmal durch den Alltag geht. Ich fühle mich verzweifelt allein mit meinem Kampf. SHG und Coaching ?!!!!!

Zu viel Gäste

Anamnese

Basteln: sehr geduldig – Warten: null Geduld

Unbeliebt im Semester, weil dauernd im Spontandialog mit dem Dozenten

Paul schämt sich für mich in Fortbildungen und Konzerten

Silvester soziale Katastrophe

Hyperfokussierung

Nicht integriert in Schulklasse

Völlige Unfähigkeit zu Regelmäßigkeit, obwohl dringender Wunsch und tausend Anläufe!

Dinge, die systematischer Übung bedürften, wie Musikinstrument lernen: immer gescheitert (Klavier, Flöte, Cello, Gitarre, Klavier, später nochmal Klavier)

Italienisch gelernt im Gewaltmarsch

Häuptling der Neurologen ausreden lassen

Anders als andere, Außenseiter

Risikolust, mit Buben raufen „Kick", über die Dächer

Zeugnisse Grundschule: Kind hat es mit den Nerven

Chaos, Unordnung, Mutterkämpfe. Einmal durch die Wohnung, sofort „Spuren"

Morgens Zähneputzen: „Keine Zeit, vergesse was Wichtiges." Leistungsfähig nur unter Zeitdruck

„Unmögliches" ist viel leichter zu erledigen als banales länger Liegengebliebenes

Notizen auf die Hand und aufs Uhrenarmband

Lesen eher kein Problem, jedenfalls bis Jugendalter

Schulbücher vollgekritzelt, Medbücher sehr systematisch buntgemalt; „tragisch, Begabungen nicht genutzt"

Orientierung: verirren in Neurostation, in eigenem Viertel dauernd Gefühl von Verwirrung und Verlorenheit. Gedankensprudeln – oft quälend, manchmal wie ein Rausch (Psion) alles festhalten wollen – aber Nachteil: Vermüllung mit Material und Informationen und Vorhaben und Selbsteinschätzung, begabt und leicht irr, irgendwie behindert. Rolle in der Familie: „Irgendwie fast genial, aber man kann sie nicht alleine über die Straße gehen lassen."

Unzuverlässig im Kleinen, zuverlässig in Wichtigem

Spontanes Engagement

Nachts die beste Zeit: Studium, Facharbeit nachts ... zeichnen, kreativ sein ... jetzt abends oft müde, erschöpft, Angst vor dem Morgen, Vorlesungen gemieden

Höre alle Gespräche im ganzen Lokal

Kann nicht gut schlafen, wenn nicht allein

Goethe: schon die Anwesenheit der nächsten Menschen lenkt zu sehr ab – erstes Zusammenwohnen mit Axel

Erblichkeit? Julia?

Im Kindesalter: Einschlafstörung, Hausaufgaben, stört den Unterricht, Verweise, Schulausschluss, wildes Kind, Stimmungseinbrüche. Emotional – konnte weinen, wenn ich mir selbst was vorsang, nur weil's so schön war

Jedoch Geduld und Durchhaltevermögen, z. B. beim Silberschmieden

Paul nicht ausreden lassen, unterbrechen, Sätze für andere beenden – Konflikt. Blechschäden, v. a. in Schritttempo, z. B. in Schlange (10 x?). Ungeduld, wenn Paul am PC, Pauls Langsamkeit kann mich wahnsinnig machen, bin immer ansprechbar – auf Pauls Abgrenzungsfähigkeit neidisch

Andere Kinder am Chiemsee überfordert und zu gefährlichen Aktivitäten verführt, Tag nicht planbar trotz oder wegen Listen und Plänen, tausend Notizen und Alarme, ja nichts vergessen

Bei einer Handlung entstehen 5 neue Ideen

Ungeduldige Handschrift – unter Zeitdruck entgleist die Feinmotorik irgendwie, kann dann, auch wenn ich mir Mühe gebe, nicht normal schreiben, Probleme mit Datum schreiben

Aus einer kleinen banalen eine große Aufgabe machen, wenigstens etwas dazukombinieren (Paul sagt, du machst immer alles kompliziert). Packen für ein Wochenende – völlig übertrieben (mehrere Disziplinen), gnadenloses Versagen bei der Einschätzung von Zeitbedarf, Wichtiges und weniger Wichtiges durchmischt sich, ohne dass ich es willentlich kontrollieren kann – vor allem wenn ich für eine Aufgabe viel gliedern will, Gliedern von Aufgabenberg unmöglich

Für Aufgaben wie Post aufmachen, Schreibtisch aufräumen entweder echt keine Zeit oder wenn ich allein bin und genug Zeit hätte (auch schon bevor Julia da war), dann lenke ich mich selber ab, versinke in tausend Ideen und beginne 10 neue Projekte, oder 2. Variante, fühle mich einfach zu erschöpft für so grausbesetzte Pflichten

Listen, Listen

Gegensätze – systematisch + chaotisch, ungeduldig + beharrlich, gründlich + schlampig, perfektionistisch-zwanghaft + destruktiv-chaotisch, depressiv + hypoman, andere niederreden, aber auch sehr einfühlsam sein und gut zuhören können ... spontan-impulsiv + zwanghaft-programmatisch ... Selbsteinschätzung unfähig-fähig ...

Noch so ein Gegensatz: Ich wünsche mir geradezu verzweifelt Übersichtlichkeit, eine reizarme aufgeräumte Umgebung – und schaffe mir mit gnadenloser Konsequenz dauernd das Gegenteil! Eine Pinnwand, an der alles aufgehängt wird, was ich sonst zu vergessen fürchte – Gedichte, Teile zum Basteln, Zeichnungen, Zitate, Ersatzteile für überfällige Reparaturen, Postkarten, alle möglichen Ideen und Anregungen ... und warum mache ich das? Weil ich auf diese Überfülle von Optionen und Ideen auch nicht verzichten mag, weil Anregungen mich unmittelbar stimulieren, Freude und Begeisterung und Schwung erzeugen, Lebendigkeit – und außerdem, weil ich solche Angst habe, etwas könnte verloren gehen (geht ja auch dauernd was verloren!), morgens Zähneputzen

ADHS II

Nicht nur schlechte Eigenheiten: eine brennende, leidenschaftliche Begeisterungsfähigkeit, die Begeisterung auch durchaus nicht immer kurzlebig. Extrem anregbar und offen

Wieso konnte ich als Kind und Jugendliche lesen? Habe Bücher gefressen! Heute fange ich oft eins an und komme nicht weiter. Lese Bücher, die mir gefallen, mehrmals. Vergesse den Plot und die Lösung bei Krimis so vollständig, dass ich sie später nochmal lesen kann.

23h20. Den ganzen Tag hätte ich heulen können vor Müdigkeit, jetzt bin ich lustig und soll schlafen.

Morgen-Abend-Problem schon im Grundschulalter

Schule: z. B. im ersten halben Jahr Latein die Klassenbeste, voll Begeisterung, mein humanistisch-schwärmerischer Lehrer begeistert von mir. Später irgendwie den Anschluss oder das Interesse verloren oder einfach nicht konstant genug zu Hause gelernt: Absturz.

Schule: Über viele Jahre Nachhilfe in Mathe und Physik, aber auch in Latein (ein „Pauker"). Sonst hätt' ich wahrscheinlich das Gymnasium nicht geschafft.

Kollegstufe: Starke Fächer gewählt, im zufälligen Abifach Wirtschaft und Recht im Sprint gelernt: 15 Punkte. 1,5 Abi trotz Komplettverweigerung in einigen Fächern

Kindheit: Ich soll extrem viel umgestoßen und runtergeschmissen haben, war gleichzeitig geschickt und geduldig und kreativ beim Werken und Basteln.

Paul kann mein impulsives Los-schnell-Reden (und ihn unterbrechen oder ihm das Wort aus dem Mund nehmen) oft nicht ertragen, wird oft sehr sauer.

Auch ein Beziehungsproblem: dass ich nicht einfach mal bei ihm sitzen oder liegen kann, ohne was zu tun. Auch wenn wir beide lesen, fällt es mir wahnsinnig schwer, ihn länger als 10 Minuten nicht anzusprechen Mit Jungen und Männern immer wohler gefühlt als mit Mädchen – fühlte mich als Exot, als anders, teils überlegen, dynamischer, mutiger, aber auch beschämend anders, unsicher – völlig andere Rasse Mensch

Stimulanzien und Sexualität?

Risiko für Julia?

Widerspruch Nicht- und Hyperfokussierung?

Coach?

Stichwort: Optimierungsneurose

In „Chaosprinzessin" über Coaching gelesen und angefangen zu weinen. Genauso wie Putzfrau mir wie ein mütterlicher Engel erscheint

Tag ohne Praxis: Unmöglich zu entscheiden, was von dem vielen heute zu tun ist und was zuerst und was wann!

Irrsinnige Zettelflut – aber wenn man mir verbieten würde, Notizen zu machen (ja wenn ich ein paar Stunden ohne Papier und Bleistift sein muss), gerate ich in äußerste Unruhe, habe ernsthaft das Gefühl, den Überblick zu verlieren und im Chaos zu versinken und ganz Wichtiges zu vergessen. In der Familie galt ich als extrem chaotisch, sehr begabt, schusselig, gemeingefährlich im Verkehr („Man kann sie nicht allein über die Straße gehen lassen"), notorisch unzuverlässig in alltäglichen Dingen (unpünktlich, vergesse Dinge), jedoch auch völlig zuverlässig und extrem belastbar für Katastrophen und „große Aufgaben" wie Krankheit der Mutter, des Bruders. Ich habe ganze Generationen von Organisationssystemen erfunden, jedes neue gibt mir euphorische Hoffnung, aber alle kranken immer wieder an Übersystematik oder Überfüllung oder dass die Kalender z. B. einfach verloren gehen

Aufgabe: Küche aufräumen. Ich verliere über 10-mal den Faden, werde abgelenkt von Gegenständen, Ideen und von Julia, ich biete alle Kraft der Konzentration auf, um einigermaßen weiterzukommen, bin nach 1 Stunde schließlich fertig, aber nicht zufrieden, sondern fix und fertig und weine vor Erschöpfung und vor Verzweiflung über mich selber. Wie machen das denn andere Leute????? Und so was hat zwei Fachärzte und eine eigene Praxis! Normal ist das nicht.

Einziger Plan fürs Wochenende: aufräumen – Beziehungskonflikt, Aufschieben von Pflichten, aber noch mehr von wichtigen Wünschen (Freunde, Kunst, Musik, Sport, Lesen), „das darf ich erst, wenn alles aufgeräumt ist" dazwischen aber spontane Durchbrüche von „Unvernunft" (Rucola anpflanzen, nur weil ich Saatguttüten beim OBI gesehen habe). Aber die Dinge, die ich am meisten möchte, finden nie statt.

5.1.1 Aufmerksamkeits- und Konzentrationsstörungen

Die bei Kindern mit ADHS beschriebene kurze Aufmerksamkeitsspanne – die sich besonders in der Schule äußerst negativ bemerkbar macht – wird von betroffenen Erwachsenen oftmals nicht spontan angegeben, da viele von ihnen Berufe wählen, die eine über längere Zeit erforderliche Aufmerksamkeit nicht zwingend verlangen. Erwachsene, die sich noch in Ausbildung befinden, haben dagegen erhebliche Probleme. So tendieren sie etwa als Studenten dazu, nach kurzer Zeit intensiven Lernens aufzustehen und einige Minuten herumzulaufen, das Anhören längerer Vorträge ist quälend, häufig werden die nicht gleich am Anfang vermittelten Inhalte nur unvollständig erfasst. Betroffene Studenten suchen bei Vorlesungen oder Arbeiten in der Bibliothek aus Eigenschutz besonders ruhige, von optischen und akustischen Reizen weitgehend abgeschirmte Ecken auf.

Fallbeispiel

Ein 30-jähriger Patient kam mit der von der Mutter vermuteten Diagnose ADHS in die Sprechstunde. In einem Telefonat berichtete die Mutter, dass in der Kindheit beim Sohn vom Kinderarzt die Diagnose „Hyperkinetisches Syndrom" geäußert worden war, dass sie aber weitere Konsultationen vermieden habe, da beim Sohn keine medikamentöse Behandlung durchgeführt werden sollte, bei der sie negative Auswirkungen der Medikamente auf das Kind befürchtete. Nun sei sie sehr besorgt um seine Zukunft, er stehe jetzt in der letzten Examensphase nach einer langen und vielfältigen Ausbildung im Bereich der Naturwissenschaften. Die Diplomarbeit habe er schon mit einer Eins abgeschlossen, er sei aber nicht in der Lage, sich auf die mündlichen Prüfungen vorzubereiten.

Der Patient berichtete von einer ausgeprägten inneren Unruhe, die ihn daran hindere, längere Zeit einen Text durchzuarbeiten. Wissensinhalte, die er in den mündlichen Prüfungen unbedingt brauche, könne er sich einfach nicht aneignen. Bei der Abfassung der schriftlichen Arbeit habe er sich deutlich besser konzentrieren können, er habe damals beim Gestalten der Texte keine so großen Probleme gehabt, während er sich jetzt in der Rolle des Perzipierenden so unruhig fühle, dass er oft schon nach einer Viertelstunde seinen Arbeitsplatz verlassen müsse, um das unerträgliche Gefühl durch Bewegung oder Ausführen anderer Tätigkeiten abzumildern. Bei der Erstvorstellung litt der Patient auch an einer deutlichen depressiven Verstimmung, die sicher aus seiner Angst, im Examen zu versagen, resultierte. Wegen der positiven Kindheitsanamnese und der immer noch stark ausgeprägten Aufmerksamkeitsstörung bei erheblicher Antriebsminderung wurde ihm Methylphenidat in einer Dosierung von dreimal 5 mg verordnet. Sein Lernvermögen und -tempo steigerten sich schnell, er konnte schon nach 14 Tagen täglich mehrere Stunden Vorbereitung auf das Examen durchhalten. Inzwischen hat er sein Diplom mit Auszeichnung bestanden. Die Rücksprache mit der Mutter ergab, dass die Familie nun überglücklich ist, weil die – wie sie extra anführte – niedrig dosierte Behandlung einen solchen Erfolg hatte.

▼

Dabei spielen sicher auch Schuldgefühle, sich zuvor nicht sachlich mit der Möglichkeit einer medikamentösen Behandlung auseinandergesetzt zu haben, eine große Rolle, da der Sohn schließlich erst im Alter von 30 Jahren sein Studium erfolgreich abschließen konnte.

Die Lesefaulheit von Erwachsenen mit überdurchschnittlicher Intelligenz und Bildung kann Ausdruck einer persistierenden Teilleistungsstörung in Form einer Legasthenie sein (vgl. Kap. 6.12, S. 168 f.) oder lässt auf so starke Konzentrationsstörungen infolge einer ADHS schließen, dass selbst das Lesen der Tageszeitung nur in Form von Erfassen der Schlagzeilen erfolgt. Viele, auch sehr gebildete Menschen berichten, dass sie nie fähig waren, eine der anspruchsvolleren Tageszeitungen regelmäßig zu lesen.

Die Beeinträchtigung der Aufmerksamkeit kann zu erheblichen Spannungen innerhalb der persönlichen Beziehungen führen, da es den Betroffenen oftmals nicht möglich ist, ihren Partnern über längere Zeit konzentriert und ruhig zuzuhören, wenn diese über ihre Probleme sprechen möchten. Es liegt nahe, dass ein solches Verhalten dann als „Kommunikationsstörung" psychotherapeutisch angegangen, die effiziente medikamentöse Behandlung aber wegen fehlenden Wissens des Therapeuten um dieses Krankheitsbild versäumt wird. Bei Personen, von denen gesagt wird, sie seien ständig mit ihren Gedanken woanders, besteht prinzipiell der Verdacht auf das Vorliegen einer ADHS. Anekdotisch wurde der Fall einer jungen Mutter mitgeteilt, bei der eine bis dahin nicht diagnostizierte ADHS eine Unfähigkeit zum Stillen ihres Säuglings bedingte (Daly u. Fritsch 1995).

Ein erhebliches Problem stellt die leichte Ablenkbarkeit dar, weil sie oft Anlass tief greifender Arbeitsstörungen ist. Schon normale Geräusche aus der Arbeitsumgebung unterbrechen die Fokussierung auf den Arbeitsprozess. Manche Patienten fühlen sich nahezu arbeitsunfähig, weil sie durch das kleinste Geräusch in ihrer Umgebung gestört werden. Dies sind die Menschen, die bevorzugt nachts arbeiten, wenn keine Störungen aus der Umwelt zu erwarten sind. Sie träumen davon, nach Beendigung ihres Arbeitsalltags in ein Haus auf dem Land zu fahren, wo es außer Natur nichts gibt, was sie beeinflussen könnte. Der Vater einer sehr reizoffenen Patientin fühlt sich selbst zu Hause von den Alltagsgeräuschen so beeinflusst, dass er grundsätzlich Ohrstöpsel trägt, um sich auf seine Arbeiten konzentrieren zu können.

Eine aufschlussreiche Beschreibung einer solchen Arbeitsstörung durch Ablenkbarkeit enthält Sigrid Damms Buch „Christiane und Goethe" (1998, S. 256), in dem aus Briefen Goethes an Schiller zitiert wird:

„... ich habe die Erfahrung wieder erneuert, daß ich nur in einer absoluten Einsamkeit arbeiten kann und daß nicht etwa nur das Gespräch, sondern sogar schon die häusliche Gegenwart geliebter und geschätzter Personen meine poetische Quellen gänzlich ableitet (1797)."

„(…) Da ich nicht nach Jena entweichen konnte, so mußten die Meinigen weichen, denn dabei bleibt es nun einmal: daß ich ohne absolute Einsamkeit nicht das mindeste hervorbringen kann; … denn in einer so absoluten Einsamkeit, und wo man durch nichts zerstreut und auf sich selbst gestellt ist, fühlt man erst recht und lernt begreifen, wie lang ein Tag sei (1799)."

Ein an uns gerichteter Brief, ein Hilferuf einer offensichtlich inzwischen gut informierten Patientin, dokumentiert sehr anschaulich die auch schon von Goethe beklagte Unfähigkeit, die Konzentration auf eine Aufgabe bei Störung durch Außenreize aufzubauen und aufrechtzuerhalten.

„Als ich das Coverbild Ihres Buches ‚ADHS im Erwachsenenalter' gesehen habe, war mein erster Gedanke: ‚Das bin ich!'. Der zweite Gedanke war, dass es ja möglicherweise doch Linderung geben könnte für ein Problem, das mich schon seit meiner Jugendzeit beeinträchtigt und über dem ich eigentlich schon resigniert habe.

Ich bin 41 Jahre alt, bei meinem vierzehnjährigen Sohn wurde im Alter von neun Jahren durch einen Kinder- und Jugendpsychiater ein hochgradiges ADHS diagnostiziert, nachdem unsere Kinderärztin ihn wegen Depressionen und Ängsten dorthin überwiesen hatte. Sie hatte ihn zuvor auch bezüglich eines ADHS abgetestet, war aber zu dem Ergebnis gekommen, dass seine Probleme rein psychischer Art seien. Der Kinderpsychiater mit viel Erfahrung mit ADHS-Patienten stellte nach ausgiebiger Testung aber fest, dass er auf jeden Fall auch ein ADHS hat, und behandelte ihn zunächst mit Fluoxetin, nach abgeschlossener Diagnostik dann stattdessen mit großem Erfolg mit Ritalin.

Ich selbst brachte meine eigene Problematik nicht im Geringsten mit ADHS in Verbindung, da ich als Kind weder Schulprobleme hatte noch hyperaktiv war. Seit November 2001 werde ich wegen einer Depression medikamentös behandelt und habe eine Psychotherapie begonnen, inzwischen kann ich mir aber vorstellen, nicht nur eine Depression, sondern auch ein ADHS zu haben. Das Problem, das mich nämlich schon seit meiner Jugendzeit begleitet, ist eine enorme Lärmempfindlichkeit und dass mir im Zusammenhang mit vielen optischen und akustischen Reizen und mit viel Arbeit schnell alles zuviel wird und ich mich schnell absolut gestresst und am Ende fühle.

Mit dem Gedanken, dass die Unfähigkeit, unwichtige optische und akustische Reize auszublenden, auch ein Symptom eines ADS sein könnte, suchte ich die ADS-Sprechstunde einer Uniklinik auf. Dort kam man nach einem Gespräch und verschiedenen Tests zu dem Ergebnis, dass es keine Anhaltspunkte für ein ADS gebe. Für den Psychiater schien – ähnlich wie bei der Kinderärztin bezüglich meines Sohnes – meine Depression im Vordergrund zu stehen und mein Stressempfinden zu erklären. Diese Depression, unter der ich seit Herbst 2001 leide, ist allerdings meine erste Depression und die Lärmempfindlichkeit und das übermäßige Stressempfinden habe ich schon immer gehabt.

Im Folgenden möchte ich Ihnen meine Beschwerden kurz etwas näher erläutern. Ich habe, seit ich etwa 11 Jahre alt war (Eintritt ins Gymnasium), häufig das Gefühl, alles nur gerade eben, mit großer Kraftanstrengung zu schaffen, ständig am Limit zu leben und deutlich mehr Ruhephasen zu brauchen als die meisten anderen Menschen.

Schon als Kind strukturierte ich mir meinen Tag mit Arbeitsplänen, schrieb mir genau auf, was zu tun war und wie lange das ungefähr dauern würde, weil ich sonst das Gefühl hatte, vor einem unübersichtlichen Wust zu stehen. Wenn es besondere Ereignisse gab, wie z. B. einen Zahnarztbesuch oder den Einkauf von Kleidung in der nächsten größeren Stadt, fühlte ich mich immer sehr schnell genervt und völlig erschöpft. Schon als Kind und später als Jugendliche ging ich täglich mit unserem Hund stundenlang im Wald spazieren, ich genoss die Stille und die Natur ohne schnelle Bewegungen sehr. Eine gute Freundin habe ich immer gehabt; in der Klasse und in anderen Gruppen fühlte ich mich aber immer als Außenseiterin, als nicht dazugehörend, ohne das allerdings zu bedauern, ich hatte einfach nur das Gefühl, anders zu sein als andere, nicht richtig hineinzupassen. In den Pausen bevorzugte ich eine entlegene Ecke des Schulhofes, um dem Lärm und Trubel nach Möglichkeit zu entgehen. Jahrelang benutzte ich abends zum Schlafengehen Oropax (als junge Erwachsene), da das kleinste Geräusch mich aufregte und vom Schlafen abhielt.

Heute sehen meine Beeinträchtigungen (die mich schon immer begleitet haben, nicht erst seit der diagnostizierten Depression, wenn sich in der unbehandelten Depression die Lärmempfindlichkeit auch ins Unerträgliche steigerte) folgendermaßen aus:

Wir wohnen etwa 1,5 km von einer Autobahn entfernt. Das Autobahngeräusch ist mir gewöhnlich irritierend und nervend bewusst, auch dann, wenn andere (Besucher, mein Mann, Nachbarn) das überhaupt nicht wahrnehmen und mein Unbehagen nicht nachvollziehen können. Wir haben inzwischen in den Wohnräumen nachträglich Lärmschutzfenster einbauen lassen. Damit geht es besser, aber an gewissen Tagen, je nachdem wie der Wind steht, leide ich noch immer unter den unentrinnbaren Geräuschen. Auch im Sommer ziehe ich es wegen der mich störenden Geräusche häufig vor, im Haus zu bleiben, statt mich im Garten aufzuhalten. Als wir noch ganz ruhig und abgeschieden gewohnt haben, war es der Stromzähler in der Wohnung, der mich zur Verzweiflung gebrummt hat.

Finden in einem Raum mehrere Gespräche gleichzeitig statt, kriege ich alles mit, was mich sehr stresst und es mir fast unmöglich macht, mich auf meinen Gesprächspartner zu konzentrieren. Aber auch ohne dass ich selbst versuche, mich zu unterhalten oder einem Gespräch zu folgen, nerven mich solche Situationen sehr. Deshalb meide ich nach Möglichkeit Veranstaltungen mit vielen Gesprächen in einem Raum oder hohem Lärmpegel (große Geburtstagsfeiern, Restaurant, Hallenbad, Freizeitparks) oder bleibe nur kurz; z. B. habe ich mit dem Sohn vereinbart, dass ich zwar mit ihm ins Hallenbad gehe, aber wir nur eine Stunde bleiben, weil ich es nicht länger ertragen kann, und bei Feiern sind mein Mann und ich meist die ersten, die sich verabschieden.

Wenn ich telefoniere und beim Gesprächspartner sind Hintergrundgeräusche zu hören, irritiert mich das so sehr, dass ich den Faden verliere und erst weiter reden kann, wenn die störenden Geräusche beendet sind. Beim Autofahren kann ich mich nicht vorne mit meinem Mann unterhalten, wenn auf den Rücksitzen die Kinder miteinander reden. Autobahnfahrten sind für mich auch als Beifahrer sehr stressig, vor allem auf der mittleren Spur, wenn rechts und links Autos an uns vorbeiziehen.

In der Stadt beim Einkaufen und in Kaufhäusern fühle ich mich ebenfalls schnell gestresst und benommen, komme oft mit leeren Händen nach Hause, weil mich die Vielzahl der Angebote und der Bewegungen durch andere Menschen regelrecht erschlägt. Deshalb bestelle ich den größten Teil unserer Kleidung inzwischen aus Katalogen.

Ich habe mir meinen Alltag so eingerichtet, dass ich klarkomme, auch den Haushalt und die Kindererziehung bewältige ich, ohne dass wir im Chaos versinken. Was mir aber fehlt, ist der Flow, nichts geht mit Leichtigkeit, alles kostet mich viel Kraft, alles geht nur mit bewusster Anstrengung und Planung.

Öfter habe ich auch den Eindruck, den Überblick über Termine und anstehende Arbeit zu verlieren, das Gefühl, vor einem riesigen Berg zu stehen, der nicht zu bewältigen ist. Ich schaffe gewöhnlich alles, aber eben mit dem Gefühl, es nur gerade eben mit letzter Kraft geschafft zu haben."

Bei der Patientin erfolgt offensichtlich eine Hyperfokussierung auf die Störquellen, die verhindert, dass sie beispielsweise Gesprächen konzentriert folgen kann. Dies bedingt eine Vermeidung von Reizüberflutung in fast allen Lebenssituationen und führt zu einer sozialen Isolierung, die auch fälschlicherweise als soziale Phobie diagnostiziert werden könnte. Seit dem Eintritt ins Gymnasium ist sie zu äußerster Disziplin bereit, um den Anforderungen gerecht zu werden, sie scheitert deshalb im Schulalltag nicht. Erst mit zunehmender Vielfalt ihrer Aufgaben als Ehefrau, Hausfrau und Mutter dekompensiert sie und zeigt Symptome einer behandlungsbedürftigen Depression. Die ADHS als Auslöser der Überforderung wird nicht erkannt, weil sowohl der Sohn als auch diese Frau nicht an Hyperaktivität leiden und damit nicht dem erwarteten Klischee des Zappelphilipps entsprechen.

Die Reizoffenheit beschränkt sich bei ADHS-Betroffenen keineswegs nur auf optische und akustische Reize; sämtliche sensorischen Qualitäten können betroffen sein, also auch eine vermehrte Wahrnehmung von Gerüchen oder von taktilen Reizen („Prinzessin auf der Erbse"). Der Struwwelpeter von Heinrich Hoffmann will sich nicht anfassen lassen und kann deshalb nicht die Haare und Nägel geschnitten bekommen; viele Eltern kennen dieses Problem mit der Körperpflege bei ihren von ADHS betroffenen Kindern.

Auffallend ist die Neigung Betroffener, auch bei Vorhandensein guter Nahverkehrsstrukturen auf jeden Fall ein eigenes Auto zu benutzen. Als Argument für dieses Verhalten wird meist angegeben, dass die vielfältigen Reize und die große Enge in öffentlichen Verkehrsmitteln ein solches Ausmaß an Reizüberflutung darstellen, dass die Betroffenen sich vollkommen erschöpft fühlen. Einige dieser Menschen lieben deshalb lange Anfahrtswege zum Arbeitsplatz, um sich in dieser Zeit entweder auf die anstehenden beruflichen Aufgaben oder nach Beendigung des Berufsalltags wieder auf die Bedürfnisse der Familie einstellen zu können. Die Zeit der Konzentration während des Autofahrens wird genutzt, um Gedanken zu sammeln und Entscheidungen zu treffen.

Das Aufmerksamkeitsdefizit kann Probleme bedingen, die als Kurzzeitgedächtnisstörungen interpretiert werden, so dass etwa komplexere Anweisungen schriftlich fixiert werden müssen. Typisch für Betroffene ist zudem häufiges Liegenlassen von Gegenständen wie Schlüsseln, Taschen oder Kleidungsstücken sowie das Vergessen der Ausführung von Aufträgen.

Bei der Vielzahl der von Freud beschriebenen psychischen Auffälligkeiten überrascht es nicht, dass er als einer der wichtigsten Erforscher psychischer Vorgänge um die Problematik des Aufmerksamkeitsdefizits wusste, wobei er sich selbst nicht als betroffen ansah. Er sagt dies in seiner Schrift „Zur Psychopathologie des Alltagslebens" (Freud 1978b, S. 173):

„Es gibt Menschen, die man als allgemein vergeßlich bezeichnet und darum in ähnlicher Weise als entschuldigt gelten läßt wie etwa den Kurzsichtigen, wenn er auf der Straße nicht grüßt. Diese Personen vergessen alle kleine Versprechungen, die sie gegeben, lassen alle Aufträge unausgeführt, die sie empfangen haben, erweisen sich also in kleinen Dingen als unverläßlich und erheben dabei die Forderung, daß man ihnen diese kleineren Verstöße nicht übel nehmen, d. h. nicht durch ihren Charakter erklären, sondern auf organische Eigentümlichkeit zurück führen solle. Ich gehöre selbst nicht zu diesen Leuten und habe keine Gelegenheit gehabt, die Handlungen einer solchen Person zu analysieren, um durch die Auswahl des Vergessens die Motivierung desselben aufzudecken."

An dieser Textstelle ist besonders bemerkenswert, dass Freud nicht nur perfekt eine wesentliche Facette der ADHS schildert, sondern dass er zudem in geradezu seherischer Weise die Erkenntnisse der letzten Jahre als Argument der Betroffenen vorwegnimmt, wonach es sich nicht um eine Charakterschwäche sondern um eine „organische Eigentümlichkeit" handelt. Andererseits ist Freud sicher beizupflichten, dass im Einzelfall – und hiervon sind natürlich auch und gerade unter ADHS Leidende nicht ausgenommen – bei der Vergesslichkeit unbewusste Motive eine Rolle spielen können. Er selbst nimmt sich hiervon nicht aus (Freud 1978b, S. 174):

„So merkte ich in früheren Jahren, daß ich bei einer größeren Anzahl von Krankenbesuchen nie einen anderen Besuch vergesse, als den bei einem Gratispatienten oder bei einem Kollegen. Aus Beschämung hierüber hatte ich mir angewöhnt, die Besuche des Tages schon am Morgen als Vorsatz zu notieren. Ich weiß nicht, ob andere Ärzte auf dem nämlichen Wege zur gleichen Übung gekommen sind."

In seinen berühmten Kapiteln über die Fehlleistungen aus den „Vorlesungen zur Einführung in die Psychoanalyse" analysiert Freud das Phänomen der Unaufmerksamkeit und Ablenkbarkeit (Freud 1978a, S. 21f.):

„Auch in der Aufregung verwechselt man oft die Worte, aber auch die Dinge, man ‚vergreift sich‘, und das Vergessen von Vorsätzen, sowie eine Menge von anderen unbeabsichtigten Handlungen wird auffällig, wenn man zerstreut, d. h. eigentlich auf etwas anderes konzentriert ist. Ein bekanntes Beispiel solcher Zerstreutheit ist der Professor der ‚fliegenden Blätter‘, der seinen Schirm stehen läßt und seinen Hut verwechselt, weil er an die Probleme denkt, die er in seinem nächsten Buch behandeln wird. Beispiele dafür, wie man Vorsätze, die man gefaßt, Versprechungen, die man gemacht hat, vergessen kann, weil man inzwischen etwas erlebt hat, wovon man stark in Anspruch genommen wurde, kennt jeder von uns aus eigener Erfahrung. Das klingt so ganz verständig und scheint auch gegen Widerspruch gefeit zu sein. Es ist vielleicht nicht sehr interessant, nicht so, wie wir es erwartet haben. Fassen wir diese Erklärungen der Fehlleistungen näher ins Auge. Die Bedingungen, die für das Zustandekommen dieser Phänomene angegeben werden, sind unter sich nicht gleichartig. Unwohlsein und Zirkulationsstörung geben eine physiologische Begründung für die Beeinträchtigung der normalen Funktionen; Erregung, Ermüdung, Ablenkung sind Momente anderer Art, die man psychophysiologische nennen könnte. Diese letzteren lassen sich leicht in Theorie übersetzen. Sowohl durch die Ermüdung wie durch die Ablenkung, vielleicht auch durch die allgemeine Erregung, wird eine Verteilung der Aufmerksamkeit hervorgerufen, die zur Folge haben kann, daß man der betreffenden Leistung zu wenig Aufmerksamkeit zuwendet. Diese Leistung kann dann besonders leicht gestört, ungenau ausgeführt werden. Leichtes Kranksein, Abänderungen der Blutversorgung im nervösen Zentralorgan können dieselbe Wirkung haben, indem sie das maßgebende Moment, die Verteilung der Aufmerksamkeit in ähnlicher Weise beeinflussen. Es würde sich also in allen Fällen um die Effekte einer Aufmerksamkeitsstörung handeln, entweder aus organischen oder aus psychischen Ursachen. Dabei scheint nicht viel für unser psychoanalytisches Interesse herauszuschauen.“

Ganz in Übereinstimmung mit den heute bekannten Fakten über die ADHS stellt Freud hier als eine der möglichen wesentlichen Ursachen auffälliger Zerstreutheit und Vergesslichkeit „Abänderungen der Blutversorgung im nervösen Zentralorgan“ heraus und er weiß wohl, dass bei einer solchen Störung eine psychoanalytische Bearbeitung im Sinne der klassischen Analyse der damaligen Zeit wenig sinnvoll ist.

Entsprechend den Bemerkungen von Freud zur Aufmerksamkeitsstörung belegen Selbstbeschreibungen von Patienten, wie sie ihre Defizite erlebt haben.

Fallbeispiel

Eine 38-jährige Patientin schreibt: „Stellen Sie sich vor, wie Sie sich fühlen, wenn Sie bei brütender Hitze auf einer Sonnenterrasse einen halben Liter Rotwein getrunken haben! So fühle ich mich meistens den ganzen Tag lang. Meine Probleme beginnen bereits morgens, wenn ich kaum aufstehen kann vor lauter Müdigkeit, und enden abends, wenn ich nicht einschlafe (...) an manchen Tagen strömen nur negative Gedanken und Stimmungen auf mich ein, an anderen Tagen habe ich nur Hochgefühle und kann mich kaum auf mein eigentliches Leben konzentrieren. Ständig vergesse ich die elementarsten Dinge (Schließen von Türen und Fenstern etc.), verliere Sachen (Schlüssel, Geld etc.), vergesse die Zeit, klinke mich geistig aus und träume, ohne dass ich etwas dagegen tun kann. Wenn ich mit Menschen zusammen bin, ist es für mich das normalste Gefühl, ‚geistig daneben' zu stehen, als wäre ich von einem anderen Stern. Die meisten Gesprächsnuancen bekomme ich nicht mit. Dass ich diverse Schulabschlüsse und Ausbildungen schaffte, grenzt für mich an ein wirkliches Wunder! (Wenn ich mich z. B. an meine Grundschulzeit zurückerinnere, sehe ich nur düstere bis dunkle Klassenräume vor mir, während ich inmitten von unzähligen Kindern saß und meine Lehrer gar nicht wahrnahm)."

Grützmacher (2001) und Klein (2006) beschrieben eine deutlich erhöhte Unfallhäufigkeit bei Kindern mit ADHS aufgrund beeinträchtigter Aufmerksamkeitsleistung und -steuerung; dies gilt auch für Erwachsene (Swensen et al. 2004). Bei der Betreuung erwachsener Betroffener muss dieser Aspekt bei der Berufsberatung besondere Beachtung finden, z. B. bei Patienten, die eine monotone Tätigkeit an potenziell gefährlichen Arbeitsplätzen ausüben.

Hyperfokussierung

Vermehrte Reizoffenheit, hohe Kreativität mit der Fähigkeit zu assoziativem Denken außerhalb eingefahrener Gleise und Eloquenz können durchaus Qualitäten darstellen, die in bestimmten Berufen wie Manager, Vertreter, Verkäufer, Politiker, Moderator, Entertainer, Künstler, Wissenschaftler und Erfinder zu großen Leistungen befähigen. Als Beispiele werden von Hallowell und Ratey (1998) Wolfgang Amadeus Mozart, Albert Einstein, Edgar Allan Poe, George Bernhard Shaw, Salvador Dalí, Thomas Edison und Abraham Lincoln angeführt. Bemerkenswert ist in diesem Zusammenhang die bei Betroffenen häufig zu beobachtende Fähigkeit, sich besonders interessierenden Problemstellungen äußerst intensiv und anhaltend widmen zu können („Hyperfokussierung"). Die erfolgreichen unter den aufmerksamkeitsgestörten Erwachsenen können ein so gutes Durchhaltevermögen beim Erforschen einer Sache, die sie interessiert, entwickeln, dass sie in kurzer Zeit zu Spezialisten werden. Oft gehen sie mit der Intensität ihrer Wissbegierde anderen auf die Nerven, die schon längst das Problem für ausreichend bearbeitet halten. Im Kollegenkreis werden sie so zu Nervensägen, die kein Ende finden können; für Selbstständige ergibt sich das Problem, zu lange an einer Sache zu bleiben, so dass die Zeit dann für die Erledigung anderer wichtiger Arbeiten auf dem Terminkalender fehlt.

Fallbeispiel

Ein 50-jähriger Anwalt berichtete, dass Kollegen ihn häufiger darauf aufmerksam gemacht hätten, dass er bei der Bearbeitung bestimmter Fälle eine solche Ausdauer in der Ausarbeitung von Details zeige, dass sie selbst schon längst die Bearbeitung beendet hätten. Diese Detailbesessenheit war sicher Ausdruck einer Hyperfokussierung, die letztendlich seine Arbeitsfähigkeit behinderte, weil er innerhalb einer bestimmten Zeit zu wenige Fälle bearbeiten konnte. Er schied schließlich aus der Sozietät aus und arbeitete fortan in einer eigenen Kanzlei. Häufiger versuchte er durch Nachtschichten den Arbeitsrückstand wieder aufzuholen. Erst nach medikamentöser Einstellung gelang es ihm, seine Antriebsstörungen zu überwinden und die Hyperfokussierung gezielt zu nutzen. Bei der Neustrukturierung seines Arbeitsfeldes konnte er die Erkenntnisse aus der Psychotherapie in seine Arbeitsweise integrieren. Er beschreibt die Wirkung der Medikation folgendermaßen: „Der Meteoritenhagel aus dem Weltall hat stark abgenommen, nur noch die großen Brocken durchschlagen den Schutzschild."

5.1.2 Desorganisation

Unordnung und chaotische Organisation im beruflichen wie privaten Bereich sind typische Symptome der ADHS beim Erwachsenen. Aus dem unaufgeräumten Kinderzimmer des betroffenen Kindes und Jugendlichen wird die chaotische Wohnung, aus dem unordentlichen Schulpult der Schreibtisch mit mehreren Lagen aufeinander getürmter Papiere und Bücher. Begonnene Arbeiten werden nicht zu Ende gebracht, ständig neue in Angriff genommen. Für dieses Symptom des Aufschiebens von Arbeiten wird in der amerikanischen Literatur der Begriff der Prokrastination verwendet, der inzwischen in Deutschland in der Laienpresse mit großem Echo aufgegriffen wurde. Kommt ein Patient mit entsprechenden Beschwerden, sollte immer auch an das mögliche Vorliegen einer ADHS gedacht werden.

Die Selbststrukturierung gelingt Betroffenen deshalb nicht, weil aus einer verstärkten Reizoffenheit eine permanente Ablenkbarkeit resultiert und somit die Konzentration auf eigene Bedürfnisse und den notwendigen inneren Dialog nicht erfolgen kann. Eine eingehende Selbstkognition kommt nicht zustande, da laufend neue Impulse durch Reize von außen erfolgen, eben gewonnene Erkenntnisse können nicht längerfristig gespeichert werden, eine Erinnerung an vergleichbare Situationen steht somit nicht zur Verfügung. Die ständig wechselnden Inhalte der Aufmerksamkeitsfokussierung verhindern die Entstehung von Mustern, die der Selbststrukturierung dienlich sein könnten. Die Selbstkontrolle, die Voraussetzung einer Selbststrukturierung ist, wird durch die ständige Bereitschaft, impulsiv auf Außenreize zu reagieren, stark beeinträchtigt.

> **Fallbeispiel**
>
> Eine 40-jährige Patientin mit deutlichen Zeichen von Impulsivität und Hyperaktivität, die sich grundsätzlich mit zu vielen Aufgaben gleichzeitig beschäftigte und deshalb häufiger sowohl im Beruf als auch in der Familie den Überblick verlor, berichtete aus der Kindheit, dass das Familienleben durch große Unruhe gekennzeichnet gewesen sei. Es habe sich um einen großen Haushalt mit ständig wechselnden Untermietern, wechselnden Dienstmädchen und vielen Besuchern aus Verwandtschaft und Freundeskreis von Mutter und Großmutter gehandelt; sie und ihre Geschwister seien häufig bei anderen Familien einquartiert gewesen. Die Mutter sei durch Beruf und Familie immer überfordert gewesen, teilweise sei das Familienleben im Chaos versunken. In der Wahl der Pflegefamilien für ihre Kinder habe sie keine gute Hand gehabt und die notwendige Sorgfalt vermissen lassen, die Patientin sei dort sogar in der Form misshandelt worden, dass sie nicht ausreichend zu essen bekam.

Ohne Kenntnis des Störungsbildes der ADHS – die Patientin hatte eine stark betroffene Tochter – läge hier die Vermutung nahe, dass Unruhe und Impulsivität bei der Patientin Ausdruck der mangelhaften Bemutterung in der frühen Kindheit sind. Bei Erhebung einer genauen Familienanamnese ergibt sich jedoch, dass schon Großmutter und Mutter von dieser Störung betroffen waren, so dass es beiden nicht möglich war, ein für die Entwicklung von Kindern günstiges Umfeld zu schaffen.

> **Fallbeispiel**
>
> Eine andere Patientin berichtet spontan: „Ich habe immer Angst, dass einer erfährt, was ich mache; wenn ich das meinem Mann erzählen muss – ich klaue, ich baue ständig Unfälle, ich fahre über rote Ampeln; ich muss immer alles gleichzeitig machen, ich kann nichts fertig machen."

Der Haushalt einer Frau mit ADHS ist häufig chaotisch, im Kühlschrank stapeln sich in buntem Durcheinander Speisen, deren Haltbarkeitsdatum zum Teil längst abgelaufen ist. Die Erledigung der Wäsche stellt sie vor nahezu unlösbare Probleme, die Berge ungewaschener und noch zu bügelnder Wäsche verursachen wie auch das sonstige Chaos eine erhebliche Selbstwertproblematik (s. Kap. 5.1.3, S. 67 ff.). Die amerikanische Autorin Sari Solden verwendet in ihrem Buch „Women with ADD" (1995) – in der deutschen Übersetzung „Die Chaosprinzessin" (1999) – das Bild eines Lebens in der Rumpelkammer. Dies ist ein gelungenes Beispiel bildlicher Darstellung des Chaos, in dem betroffene Menschen viele Jahre leben und das oft Ursache eines sozialen Rückzuges ist, weil die Scham, keine Ordnung schaffen zu können, übergroß wird. In vielen Therapien mit Frauen spielt diese Thematik eine große Rolle, sie ist Teilursache erheblicher Selbstwertzweifel und führt zur sozialen Isolierung. Eine Patientin berichtet stellvertretend für viele, sie könne mit ihrem Hund das Haus nur dann verlassen, wenn sie zuvor sichergestellt habe, dass niemand in der Nähe ihres Hauses ist. Sie wolle keinen Kontakt zur Nachbarschaft, weil sie befürchte, dass irgendwann jemand den Wunsch äußern könne, sie ins Haus zu begleiten.

Bei Männern ist nur selten ein so ausgeprägtes Schamgefühl vorhanden; ihre Unfähigkeit, Ordnung zu schaffen, sehen sie nicht als Mangel ihrer Persönlichkeitsentwicklung an. Klein (1997) beschreibt die Beobachtungen, die ein Freund Jack Kennedys machte:

„Jack erhob sich aus der Badewanne, hängte sich einen Bademantel um und humpelte triefnass in sein Zimmer. In diesem Raum herrschte Chaos, Kleidungsstücke waren über Bett und Stühle verstreut, Schuhe und Socken lagen überall auf dem Fußboden herum, Unterwäsche und Hemden hingen aus offenen Schubladen. Jack war es gewöhnt, dass immer hinter ihm aufgeräumt wurde, und diese Aufgabe wurde in Georgetown von George Thomas erledigt, dem schwarzen Diener ... Heute jedoch war Sonntag, und George Thomas hatte frei."
Nach der Heirat übernahm seine Frau zumindest teilweise die Verantwortung: „Sie unterzog das äußere Erscheinungsbild Jacks einer grundlegenden Änderung. In seinen frühen Senatstagen war er oft ins Büro gekommen, als hätte er in seinen Sachen geschlafen."

5.1.3 Selbstwertproblematik

Sowohl bei hyper- als auch bei hypoaktiven Betroffenen ist die negative Selbsteinschätzung nahezu die Regel. Patienten berichten immer wieder, dass sie nicht glauben konnten, eine gute Leistung selbst vollbracht zu haben. Sie erleben sich grundsätzlich als Menschen, die nicht fähig sind, eine ihren Fähigkeiten entsprechende besondere Leistung zu erbringen. Die mit der Anstrengung einhergehende Erschöpfung bleibt als Verknüpfung in der Erinnerung erhalten, sie suggeriert eine verminderte Leistungsfähigkeit, die schließlich vom Patienten ausschließlich wahrgenommen wird. Aus dieser nicht vorhandenen Bereitschaft, eigene Leistungen positiv zu bewerten, resultiert eine tief greifende Labilisierung des Selbstwertgefühls.

Fallbeispiel

Eine Patientin berichtete, wie sie anlässlich einer Feierstunde, bei der ihr eine Urkunde wegen besonderer Leistungen überreicht werden sollte, von dem Gefühl gequält wurde, dass eigentlich nicht sie gemeint sein könne und dass alle Anwesenden schon noch bemerken könnten, welche Defizite sie habe.

Viele Patienten beschreiben, dass sie lebenslang darunter gelitten haben, die Erwartungen der Eltern enttäuscht zu haben. Sie berichten oft von langjährigen Selbstwertzweifeln, weil sie nicht die Ausbildung ergriffen haben, die die Eltern für sie geplant hatten. Gerade Patienten mit Teilleistungsstörungen, die in der Schule nicht die Leistung erbringen konnten, die ihrer eigentlichen Intelligenz entsprochen hätte und in handwerkliche Ausbildungen ausgewichen sind, fürchten ständig eine Abwertung durch die eigene Familie trotz ihrer durchaus vorhandenen Zufriedenheit mit der Berufswahl.

Fallbeispiel

Ein erfolgreicher Manager beschreibt sein Unvermögen, sich an beruflichen Erfolgen länger als einige Minuten zu erfreuen. Schon bald gewinnt bei ihm das Gefühl die Oberhand, viele unerledigte Aufgaben nicht ausreichend beachtet zu haben. Die Folge dieses schnellen Stimmungsumschwungs ist ein stets nagender Selbstzweifel, der gelegentlich in Angstanfällen endet, besonders dann, wenn der Patient das Gefühl besonderer Verantwortung in privaten und beruflichen Situationen verspürt.

Fallbeispiel

Eine 37-jährige Akademikern äußert den Wunsch, andere Menschen mit den gleichen Problemen kennen zu lernen. Dahinter steckt sicher das Bedürfnis, durch den Vergleich mit anderen das eigene Verhalten weniger kritisch beurteilen zu müssen. Ihre Selbstbeschreibung in Form von Gedankenfetzen ist nahezu unverändert zu Beginn des Kapitels wiedergegeben (s. S. 53 ff.).

Fallbeispiel

Eine andere Patientin, die eine sehr traumatische Kindheit hatte, bearbeitet in der Therapie eine ihr zunächst nicht bewusste Selbstverleugnung, unter der sie nahezu lebenslang gelitten hatte, um der Mutter, die lange lebensbedrohlich erkrankt war, ein möglichst angenehmes Kind zu sein. Diese verunsicherte sie ständig durch widersprüchliche Botschaften, beispielsweise „iss nicht soviel, du wirst zu dick", um anschließend den Versuch, weniger zu essen, mit Hinweisen auf eine drohende Magersucht zu begleiten. Von der Mutter bekam sie keine Anerkennung ihrer Begabungen, alles war selbstverständlich. Bei der Wahl des Ehemannes entschied sie sich für einen Partner, der selbst sein Leben nur „Höherem" widmet. Noch als Erwachsene ist sie innerlich stets angespannt und traut sich wenig zu, obwohl sie alle Examen hervorragend abgeschlossen hat. Sie beneidet ihre Kolleginnen, die sich bei Problemen mit Vorgesetzten in ihrem Selbstwert nicht beeinträchtigt fühlen. In diesem Zusammenhang äußert sie: „Ich bin nicht in der Lage, mich selbst anzulächeln." Noch immer wünscht sie sich den „Glanz im Auge der Mutter", ein Mangel, der sie ein Leben lang verunsichert hat.

Die oft bei Frauen besonders ausgeprägte Selbstwertproblematik wurde von Sari Solden (1995) eindrucksvoll dargestellt. Betroffene haben die Fähigkeit verloren, Wichtiges und Unwichtiges zu trennen, der Überblick geht verloren, die Befreiung durch Aussortieren von Unwichtigem in eine „Rumpelkammer" gelingt deshalb nicht mehr.

Gerade bei Frauen mit ADHS bedingt eine Essstörung in Form von „binge eating" (s. Kap. 5.1.5, S. 83 f.) mit der daraus resultierenden Adipositas zusätzliche erhebliche Selbstwertprobleme. Sie sind oft sehr stimmungslabil; fühlen sie sich jedoch in einer Gruppe angenommen, sind sie sehr unternehmungslustig und hilfsbereit; auch im Bereich der Selbsthilfegruppen findet sich eine große Anzahl solcher Frauen. Fehlt hingegen die Außenstimulierung, ziehen sie sich in eine depressiv gestimmte Traumwelt zurück, in der ihnen nahezu jede Aktivität zu viel ist.

5.1.4 Störungen der motorischen Aktivität

Motorische Hyperaktivität findet sich beim Mischtypus und beim hyperaktiv-impulsiven Typus der ADHS. Während die Hyperaktivität bei Kindern („Zappelphilipp") evident ist, äußert sie sich im Erwachsenenalter diskreter: Betroffene fühlen sich unwohl, wenn sie längere Zeit ruhig sitzen bleiben müssen – manche haben geradezu akathisieähnliche Symptome –, generell bestehen Probleme, sich zu entspannen. Eine extreme Qual stellt etwa eine durch Krankheit oder Verletzung erzwungene längere Bettlägerigkeit dar, als sehr unangenehm werden Langstreckenflüge empfunden.

Viele Betroffene fühlen sich nur dann wohl, wenn sie sich ständig körperlich betätigen, als Ausgleich zu sitzender beruflicher Tätigkeit wird häufig mehrfach pro Woche Jogging betrieben. Fitnessclubs werden wegen der vielen anwesenden anderen Menschen eher gemieden, gerade die seelische Beruhigung durch das Laufen in der Natur ist gewollt. Betroffene gehen nicht langsam spazieren, sondern sind stets schnellen Schrittes unterwegs.

In den folgenden Auszügen aus „jetzt", dem Jugendmagazin der Süddeutschen Zeitung (Ausgabe 49, 04.12.2000, „Schneller leben: Generation Acceleration" von Christoph Koch) finden sich typische Merkmale hyperaktiver Verhaltensweisen:

„While-U-Wait

Speed Freaks im Anfängerstadium mögen sich vielleicht über langsame Internetverbindungen aufregen oder über Menschen, die zu ausschweifend erzählen. Über diese Phase sind wir, die wahren Speed Freaks, längst hinweg. Uns setzen bereits flackernde Neonröhren zu, die das Betreten von Kellern oder fremden Badezimmern um wenige Sekunden verzögern ... eine Freundin erzählte uns, wenn es etwas gäbe, worüber sie sich ärgert, dann seien es die Ewigkeiten, die es dauert, bis der neue, angeblich ‚noch schneller' trocknende Nagellack tatsächlich fertig ist. Das beim Speed Freak sonst so beliebte Multitasking (essen, lesen, gleichzeitig tippen und telefonieren) wird ja doch von der Straßenverkehrsordnung nicht so recht gebilligt. Von Freunden hören wir manchmal, dass unsere Kurzanrufe von der roten Ampel (‚Hey, wo bist du gerade?‘; ‚Ich meld' mich später noch mal‘) angeblich unhöflich sind und nerven.

Instant Everything

Wenn der Speed Freak schon essen muss, dann nur vom Pizza-Blitz oder Drive-thru (der ja nicht einmal mehr ‚Drive-in‘ heißt), weil wie immer keine Zeit war beziehungsweise sein wird für Einkaufen oder Abspülen. Wenn schon kochen, dann allerhöchstens Sachen, die laut Packung in fünf Minuten fertig sind. Und die dann doch acht dauern. Ärgerlich. Dass statt der versprochenen drei Personen gerade mal eine satt wird, stört uns weniger. Selbstverständlich kauft kein ordentlicher Speed Freak seine Instantnahrung im Supermarkt, wo alte Männer stundenlang nach Kleingeld suchen und Mütter ihren Wocheneinkauf erledigen. Also setzen wir den Blinker links, treten kurz aufs Gas und legen einen Boxenstopp an der Tankstelle ein. Das ist zwar etwas teurer, dafür ist man unter sich. Und normalerweise in weniger als fünf Minuten wieder raus. Beim Essen selbst müssen sich schnelle Zubereitung und einfaches Handling die Waage halten. Denn was hilft es, wenn man das Essen zwar in wenigen Minuten auf dem Tisch stehen hat, dann aber eine geschlagene halbe Stunde mit nichts anderem beschäftigt ist? Vorteilhaft ist hier so genanntes Fingerfood, das es bequem erlaubt, nebenbei mit der anderen Hand E-Mails zu lesen, die Blumen zu gießen, ein paar Stücke im CD-Player zu programmieren und Ausgehtipps im Stadtmagazin anzukreuzen.

Fast Forward

Du kannst beruhigt sein. Wenn du an dieser Stelle immer noch nicht aufgehört hast zu lesen, bist du bestimmt keiner von uns. Denn dieser Text ist viel zu lang für die immer kürzer werdende Aufmerksamkeitspanne eines Speed Freaks.

Just Add Water

..., denn wir Speed Freaks werden ja nicht durch Eile krank, sondern nur ohne sie. Trotzdem würden wir manchmal gern runterkommen, ‚chillen‘ – ein Wort, das geheimnisvoll klingt und dessen Bedeutung wir gerne kennen würden. So wie andere Menschen ab und zu neue Drogen schlucken, haben wir schon öfter versucht, eine Weile ganz ruhig da zu sitzen, Zeit zu verschwenden – als Experiment. Der ‚Tür schließen‘-Knopf ist trotzdem – wie wir kürzlich erfahren haben – in den meisten Aufzügen eine nicht verkabelte Attrappe ohne jede Wirkung. Und der Gedanke macht uns wahnsinnig.“

Typisch für eine im Erwachsenenalter persistierende ADHS sind nach Wender (1995) sich ständig wiederholende Fußbewegungen in hoher Frequenz – entweder als Wippen mit dem Fuß bei übereinander geschlagenen Beinen oder als ständiges Klappen mit den Füßen auf dem Boden im Sitzen. Gehäuft finden sich auch entsprechende motorische Phänomene an den oberen Extremitäten in Form eines ständigen Trommelns mit den Fingern auf dem Tisch oder wiederholter Handbewegungen.

Während bei einem Teil der Kinder mit ADHS erhebliche Probleme der Feinmotorik und der Fähigkeit zur Koordination komplexerer Bewegungsabläufe bestehen (in skandinavischen Ländern „ADHD with Developmental Coordination Disorder", früher auch DAMP genannt [Rasmussen u. Gillberg 2000]), die sich im Kindergarten schon als auffällige Unfähigkeit zeigen, Bilder exakt ausmalen und/oder beim Ausschneiden glatte Linien erzeugen zu können, und die sich bei entsprechenden Testungen objektivieren lassen, sind bei Erwachsenen meist nur noch Probleme mit leichter Ungeschicklichkeit etwa in Form von häufigen „blauen Flecken" vorhanden. Gezielte Testserien zur Evaluierung möglicher Restdefizite wurden bisher nicht durchgeführt (Wender 1995) – die im Kindesalter anzuwendenden Tests lassen beim Erwachsenen in der Regel keine verwertbaren Aussagen zu. Ein oftmals bleibendes Phänomen ist eine schwer lesbare, unter Zeitdruck zunehmend undeutlicher werdende Schrift; diese Dysgraphie kann durch ein rasches Diktat auch in der Untersuchungssituation geprüft werden.

Vor allem bei Mädchen und später bei Frauen fehlt die Hypermotorik häufiger ganz – sie sind im Gegenteil oft ausgesprochen langsam und bewegungsfaul, so dass andere Symptome wesentlich zur Diagnosestellung beitragen müssen. Gleiches gilt für viele männliche Erwachsene, die nach der Pubertät ihre Hyperaktivität verlieren und einen Wandel zur „Schlaftablette" – wie es ein Patient formulierte – vollziehen. Eine selbst betroffene Mutter berichtet von ihrem inzwischen erwachsenen Sohn: „Ich war irritiert, als A. nach der Pubertät so ruhig geworden ist. Ich hatte Angst, ihn falsch behandelt zu haben, ich dachte, er sei sehr depressiv."

5.1.5 Störungen der Impulskontrolle

Bei Kindern mit ADHS ist häufig das entscheidende Symptom, das zur Diagnosestellung führt, die mangelhafte Selbstkontrolle innerhalb der Kindergartengruppe oder Schulklasse mit ständigen Störungen des Unterrichts bzw. der Aktivitäten anderer.

Bereits bei Kindern gibt die Logorrhö häufig Anlass zu Konflikten, dieses vermehrte Redebedürfnis persistiert häufig bis ins Erwachsenenalter. Ein schönes Beispiel dieser Redelust existiert in Form eines Gedichtes von Heinrich Hoffmann über seinen zweiten Sohn Eduard (Hoffmann 1985b):

„Wenn Eduard erzählen will,
dann steht sein Mundwerk nimmer still;
Das klappert, plappert, Wort für Wort,
Als wie ein Mühlrad fort und fort.
Er sprudelt, strudelt lange und hell,
Als wie im Park der lust'ge Quell.
Drum wird sein Bildnis auch zuletzt
auf einen Brunnen hin gesetzt.

Dann quillt's und schwillt's hervor mit Pracht,
Und quätscht's und trätscht's die ganze Nacht,
Dann kollert's, rollert's Tag und Nacht,
Dass ihm das Herz im Leibe lacht."

So berichtete ein Patient in der Therapiestunde ganz beeindruckt, dass er sich doch tatsächlich am Vortag mit einem anderen von ADHS betroffenen Mann unterhalten habe, der noch schneller gesprochen habe als Dieter Thomas Heck – Inbegriff eines Moderators, der mit doppelter Geschwindigkeit die Texte seiner Sendungen sprechen konnte.

Ein weiterer Ausdruck der Impulsivität sind motorische Aktivitäten ohne vorherige Risikoeinschätzung hinsichtlich möglicher Gefahren, etwa bei sportlichen Betätigungen oder im Straßenverkehr. Eine generell erhöhte Verkehrsunfallrate bei Patienten mit ADHS wurde von Barkley et al. (1993; 1996) und Thompson et al. (2007) gefunden, während Nada-Raja et al. (1997) bei reiner ADHS ohne komorbide Verhaltensstörungen ein erhöhtes Unfallrisiko nur bei weiblichen Patienten fanden. Erwachsene mit ADHS zeigen im Vergleich zu einem Normalkollektiv beim Autofahren ein aggressiveres und risikofreudigeres Verhalten (Richards et al. 2006). Auch im Erwachsenenalter werden Entscheidungen oft ohne vorherige differenzierte Überlegungen gefällt.

Ein typisches Beispiel für das Verhalten eines impulsiven Erwachsenen schildert die Mutter Katia Mann bei Michael, dem jüngsten Sohn von Thomas Mann – wie sich überhaupt in der Familie des Schriftstellers einige von ADHS betroffene Mitglieder finden (Mann 1976, S. 111; vgl. Krause et al. 2001):

„Michael sollte Musiker werden und ging aufs Zürcher Konservatorium, wo er als Geiger ausgebildet wurde. Erst hat er dort sein Lehrdiplom gemacht, dann sollte er noch sein Konzertdiplom absolvieren. Aber das scheiterte an einem Rencontre mit dem Direktor des Konservatoriums. Dieser Mann, ein unangenehmer Mensch, war bei allen Lehrern verhaßt und Michael, der sich manchmal während der Pause in ein Zimmer setzte und Klavier spielte, hatte ein ganz ekelhaftes Erlebnis mit ihm. Als Michael spielte, kam er eines Tages herein und fragte: „Was machen Sie denn hier?" „Ich dachte, in der Pause …" „Sie wissen doch, daß das verboten ist!" Sagte es und packte Michael an der Schulter, worauf der den Mann ohrfeigte und sofort relegiert wurde. Alle Professoren haben ihn dazu beglückwünscht, daß endlich jemand diesem Direktor zu Leibe gegangen war; aber die Gegenwehr endete halt mit schleunigem Abgang und ohne das zweite Diplom in der Tasche."

Bezeichnend als Ausdruck der Impulskontrollstörung ist das Stoßgebet eines Politikers, dessen Wutausbrüche gefürchtet sind und der lange Zeit massiven Nikotinabusus betrieb: „Herr, gib mir Geduld, aber sofort!"

Es ist erstaunlich, dass im DSM-IV die für eine ADHS durchaus typischen Ausbrüche von Wut und Zorn bei der Auflistung der Symptome der Impulsivität nicht genannt werden; offenbar wollten die Autoren hier unbedingt Überschneidungen zwischen ADHS und oppositionellen Verhaltensstörungen vermeiden.

Störungen der Impulskontrolle sind zwar ein Kernsymptom der ADHS, können aber auch bei anderen Erkrankungen wie Suchterkrankungen, Zwangsstörungen und affektiven Störungen, insbesondere auch bei der Borderline-Persönlichkeitsstörung (s. Kapitel 6.9, S. 148 ff.) beobachtet werden. Darüber hinaus sind in der ICD-10 als Impulskontrollstörungen pathologisches Spielen, Pyromanie, Kleptomanie, Trichotillomanie, pathologisches Kaufen und impulsive Selbstverletzungen aufgeführt, diskutiert wird die Einführung einer neuen Untergruppe „pathologischer Internetgebrauch". Es ist im Einzelfall jeweils zu prüfen, ob die beobachteten Impulskontrollstörungen in den Rahmen einer ADHS oder einer anderen psychischen Erkrankung einzuordnen sind (Ebert 2007).

Eine frühe Traumatisierung kann die Entwicklung einer zusätzlichen antisozialen Persönlichkeitsstörung begünstigen. In den nachfolgenden Fallgeschichten zeigen sich unterschiedliche Facetten der Impulsivität bei betroffenen Patienten bis hin zu deutlichen Störungen der sozialen Kompetenz.

Vier sehr unterschiedliche Menschen imponierten durch die Tatsache, dass sie ihre Umgebung mit massiven Wutausbrüchen dominierten. Glücklicherweise konnten sie beim Therapeuten keine Angstgefühle auslösen und hatten somit die Chance, eine längerfristige Psychotherapie zu erhalten.

Fallbeispiel

Die erste in diesem Zusammenhang zu erwähnende Patientin war die sozial am besten integrierte, die zeitweise mit ihrem Mann zu Paargesprächen gemeinsam die Praxis aufsuchte. Der Ehemann berichtete glaubhaft, dass er große Angst um seine Gesundheit verspüre, wenn seine Frau einen ihrer gefürchteten Wutausbrüche bekomme. Die Patientin hatte mich wegen einer schweren depressiven Verstimmung aufgesucht, in die sie geraten war, nachdem sie entdeckt hatte, dass ihr Ehemann wiederholt außereheliche Beziehungen gehabt hatte. Nur langsam erholte sie sich von der Depression, sie berichtete von einer Belebung ihres Sexuallebens, das nun auch von der Patientin als sehr befriedigend dargestellt wurde. Andererseits kehrten sich die Machtverhältnisse nach ihrer Erholung von der Depression um; von da an bestimmte sie, mit welchen Frauen ihr Mann Kontakt haben durfte und es war ihm verboten, ohne ihre Gegenwart mit Frauen zu sprechen oder auch nur an andere Frauen zu denken. Im Rahmen der psychotherapeutischen Bearbeitung dieser Situation, die vollkommen realitätsfremd und absurd anmutete, war sie zur Inkarnation einer Rachegöttin geworden. Die Patientin gehört sicher zum Typ 3 der ADHS, der hyperaktiv-impulsiven Untergruppe; da sie jedoch in der dimensionalen Betrachtung nur gering betroffen war, waren die sozialen Folgen außerhalb der Familie gering, sie hatte eher den Ruf einer kämpferischen, engagierten Frau, die sich sehr für die Belange anderer einsetzen konnte. Sie genoss es, den Ehemann als von ihr abhängig zu erleben, sie amüsierte sich über seine Angst und betrachtete ihre Wutausbrüche, bei denen auch das Mobiliar nicht verschont wurde, als nicht weiter dramatisch, da sie schließlich durch das Verhalten ihres Mannes in eine solche Wut versetzt worden sei. Zur Biografie ist zu berichten, dass die Patientin als kleines Mädchen vom Vater dazu bestimmt wurde, Besatzungstruppen durch

das Anwesen der Familie zu führen, weil er glaubte, dass sie einem Kind weniger Leid zu-
fügen würden als einem Erwachsenen. Erzählungen von der Brutalität der Besatzer waren
auch der Patientin als Kind schon bekannt, so dass sie sich besonders dessen bewusst war,
dass sie ihre eigene Angst überwinden musste, um eine Tragödie von der Familie abzuwen-
den. So war sie als Kind schon einmal diejenige gewesen, die als Einzige angesichts der
drohenden Gefahr handlungsfähig geblieben war. Die intensive und ungewohnte Beziehung zum Ehemann in sexueller Hinsicht stellte für sie unbewusst jetzt eine erneute Bedrohung ihrer Autonomie dar, der sie durch wiederholte massive Impulsdurchbrüche neue
Grenzen setzte.

Fallbeispiel

Ein weiterer Patient, der schon zuvor bei einer Therapeutin abgelehnt worden war und bei
einem weiteren Therapeuten einen Versuch einer Psychotherapie unternommen hatte, kam
mit der selbst gestellten Diagnose ADHS in meine Praxis. Er war so unruhig-gespannt, dass
er sich nicht an das übliche Setting halten konnte. In diktatorischem Stil legte er fest, wie
die Therapie seinen Erfahrungen nach zu gestalten sei und welche Themen psychotherapeutisch bearbeitet werden müssten. Die erste Therapeutin hatte sich in seiner Gegenwart
so bedroht gefühlt, dass sie ihm einen Therapieplatz verweigerte. Der zweite Therapeut
eröffnete ihm, dass er aufgrund der Schwere seiner Symptomatik als nicht behandelbar
eingestuft werden müsse, er wolle ihm jedoch eine Chance geben. Nach etwa einem Jahr
Psychotherapie gestand der Patient mir, dass er seine cholerische Art genieße, da er damit
Macht über Andere ausübe, indem er ihnen Angst mache. Glücklicherweise war ihm dies
bei mir nicht gelungen; ich konnte seinen liebenswürdigen und beziehungsfähigen Anteil
spüren, er war deshalb bereit, sich im Verlauf der Psychotherapie meinen Erwartungen an
ein geregeltes Setting unterzuordnen und begann sowohl medikamentös als auch psychotherapeutisch mein Angebot intensiv zu nutzen.

Fallbeispiel

Eine weitere weibliche Patientin imponiert durch zwei sehr verschiedene Wesensarten, die
sehr situationsabhängig auftreten. Einerseits kann sie sehr klug und charmant mit Menschen umgehen, denen sie sich überlegen fühlt und denen sie mit ihrem Rat helfen kann.
Gerät sie jedoch in eine Situation, in der sie Kritik an ihrem Verhalten vermutet, kommt sie
schnell in eine Verfassung, in der sie ihren ansteigenden Angstpegel kaum noch kontrollieren kann; sie beginnt dann blitzartig die Situation oder die Menschen um sich herum zu
analysieren, um die Schwächen, die sie konstatiert, aufzuzeigen. Sie wechselt aus der Position der vermeintlich Angegriffenen zur Angreiferin und versucht ihre Umgebung mit
einem wahren „Donnerwetter" zu beherrschen. Dieses Verhalten führt in ihrer beruflichen
Umgebung zu ständigen gravierenden Konflikten, weil eine konstruktive Kritik ihres Ar-

beitsverhaltens dadurch unmöglich, eine Hilfestellung somit ausgeschlossen ist. Da sie ihre Angriffe nicht ohne entsprechende Dramatik inszeniert, hinterlässt sie im Gegenüber eine große Hilflosigkeit, ein Gefühl, dem sie ansonsten selbst ständig ausgeliefert ist. In der Kindheit musste die Patientin zeitweise die Position der vollkommen überforderten Mutter einnehmen, sie wurde außerdem im Kindesalter von einem Freund der Familie missbraucht. Es fällt ihr schwer, diese Tatsachen zu offenbaren; sie überdeckt heute noch die eigene Hilfsbedürftigkeit, indem sie sich altruistisch opfert. Sie verbindet diese Einstellung mit einer übergroßen Erwartungshaltung an ihre Umwelt, die dem Nebeneinander von einfühlsamer Hilfe und impulsiv gefordertem Verständnis für eigene Unzulänglichkeiten nicht gewachsen ist.

Fallbeispiel

Auch der vierte in diesem Rahmen ausgewählte Patient zeichnet sich durch eine hohe und vielfältige Begabung aus. Er hat mehrere Ausbildungen – auch akademische – erfolgreich abgeschlossen. Er lebt stets mit dem Gefühl, nicht wirklich das zu tun, was seinen Begabungen am meisten entsprochen hätte. In seinem zuletzt ausgeübten Beruf war er erfolgreich und innovativ tätig, die Intensität seiner Arbeit war jedoch selbstdestruktiv. Die Situation am Arbeitsplatz entgleiste, als er einen neuen Vorgesetzten bekam, der ihm fachlich und menschlich nicht gewachsen war. Er war unfähig, mit den Dienstanweisungen sachlich und überlegt umzugehen, da sie seiner Auffassung von Menschlichkeit und Verhalten am Arbeitsplatz widersprachen. Als ein zu Unrecht in seine Schranken Verwiesener empörte er sich öffentlich mit gefürchteten Wutausbrüchen und begann auch am Arbeitsplatz die unerträglichen Spannungszustände mit Alkohol zu regulieren. Wegen angeblicher Unregelmäßigkeiten und seines Alkoholmissbrauchs wurde ihm gekündigt, seither ist er ohne regelmäßiges Arbeitsverhältnis.
Wegen dieser enormen Kränkung sucht er nun nach Erklärungsmodellen, die auch seine Kindheit mit einer unempathischen Mutter umfassen, die ihrem cholerischen, auch mit physischer Gewalt reagierenden Mann nicht gewachsen war. In der Familie wiederholt sich dieses Muster seiner Kindheit, in Zuständen größter Hilflosigkeit ängstigt er seine Familie mit Vernichtungsphantasien, die entweder nur ihn oder die ganze Familie betreffen.
In der Psychotherapie ist die lauernde Aggressionsbereitschaft schon bei kleinen Kränkungen spürbar, aber wie auch bei den schon zuvor beschriebenen Patienten hat der Patient ausreichende Anteile an Beziehungsfähigkeit, die es möglich machen, eine psychotherapeutische Behandlung zu versuchen; denn im Rahmen dieser Beziehung ist er fähig, seine Aggressionen weitgehend zu kontrollieren, was ihm im familiären Rahmen und der letzten beruflichen Situation nicht möglich war. Wie die eingangs beschriebene Patientin hat er sich ein Ideal gebildet, das ihm helfen soll, seine Kränkungen zu verarbeiten, ohne eine mörderische Wut zu entwickeln. Seine Aufforderung an alle Bezugspersonen lautet:

> „Ich brauche unbedingte Aufrichtigkeit, dann kann ich ruhig leben." In dem Moment, wo er sich hintergangen fühlt, kann er sein Ohnmachtsgefühl nur überleben, indem er mit dramatischen Wutausbrüchen im Gegenüber Angst erzeugt.

Überdurchschnittlich häufig kündigt der Hyperaktive seine Arbeitsstelle, wechselt die Partnerschaften. In ihrer Untersuchung an 500 Erwachsenen mit ADHS im Vergleich zu einem bezüglich Alter und Geschlecht identischen Kontrollkollektiv fanden Faraone und Biederman (2004a) entsprechend eine höhere Scheidungsrate (28 % vs. 15 %) bei ADHS sowie einen häufigeren Arbeitsstellenwechsel (5,4 vs. 3,4 verschiedene Beschäftigungsverhältnisse in einem Zeitraum von 10 Jahren); zum Zeitpunkt der Befragung waren 72 % der Kontrollpersonen in einem Beschäftigungsverhältnis, dagegen nur 52 % der Patienten mit ADHS. Viele Patienten mit ADHS stammen aus Scheidungsfamilien. Aufgrund der heutigen Kenntnisse ist anzunehmen, dass sich bei den ebenfalls betroffenen Eltern dieser Patienten aus der Störung ADHS unüberwindliche Konflikte in der Partnerschaft entwickelt hatten. Die heutigen Erwachsenen wurden teilweise schon in der Kindheit psychotherapeutisch behandelt, wobei das Störungsbild oft als Folge der Scheidung der Eltern eingeschätzt wurde; an eine ADHS wurde nicht gedacht.

Häufig besteht ein Nebeneinander von aggressiver Impulsivität in Stresssituationen und einfühlsamer Fürsorglichkeit in der Entspannung, was diesen Menschen trotz ihrer impulsiven Kontrollverluste das Wohlwollen ihrer Umgebung erhält. Es ist oft verwunderlich, wie viel die Angehörigen bereit sind zu tolerieren; offensichtlich gelingt es vielen Betroffenen, auch ihre positiven Eigenschaften intensiv zu vermitteln. Bei Schilderungen der Angehörigen aus solchen Familien ist gerade das Nebeneinander von Wut und Liebe ein für die Diagnose wichtiges Kriterium. Es ist, als ob diesen Menschen ständig Ausnahmeregeln für ihr Benehmen eingeräumt würden; sie können offenbar in unverhältnismäßig großem Ausmaß damit rechnen, dass man ihnen ihr oft unverschämtes Verhalten verzeiht. Angehörige sprechen die Verzweiflung an, dass sie nicht länger in der Lage sind, das extreme Verhalten zu ertragen. Meistens haben sie schon jahrelang versucht, eine Änderung der Situation herbeizuführen. In ihrer verzweifelten Situation gehen sie dann zu einem Psychiater oder Psychotherapeuten, der häufig mit dem Krankheitsbild ADHS nicht vertraut ist und deshalb die richtige Diagnose nicht stellen kann. Im Vordergrund der diagnostischen Fehleinschätzung steht der vermeintlich mangelhafte Wille des Betroffenen, sich besser zu kontrollieren. Zunächst sind es die Eltern dieser Menschen, später die Lebenspartner, die ohne Unterstützung bleiben und sich von den Betroffenen trennen, auch wenn sie dies zutiefst bedauern. Über diese Situation sind sie sehr verzweifelt, die Wunden, die ihnen durch impulsives Verhalten zugefügt werden, sind oft sehr tief, manche Partner sind auch ein Jahrzehnt später kaum in der Lage, über ihre Situation in einer längst abgeschlossenen Beziehung zu sprechen.

> **Fallbeispiel**
>
> Eine Patientin, die durch die jahrzehntelange Belastung durch einen betroffenen Ehemann und zwei betroffene Söhne in eine depressive Versagenshaltung geraten war, sah sich außerstande, sich als sehr intelligente und gebildete Frau mit dem Thema auseinanderzusetzen. Zunächst schien der Ehemann ihr als intelligenter und kreativer Partner ein abwechslungsreiches Leben zu bieten, dann zog er sich einerseits mit Zigaretten und Alkohol in eine eigene Welt zurück, andererseits konnte er ihr nur in impulsiven Auseinandersetzungen nahe sein. Ihre Verbitterung darüber, dass der gewählte Partner sie so tief enttäuscht hatte, war auch trotz einer neuen Partnerschaft noch sehr intensiv vorhanden. Sie entschloss sich nach kurzer Therapie und Besserung der Depression, ohne weitere Aufarbeitung ihren Weg allein zu gehen. Sie war sich sehr wohl der Tatsache bewusst, ihren gerade erwachsenen Söhnen aus dieser Enttäuschung heraus keine Unterstützung geben zu können.

Unkontrollierte Gewalt innerhalb der Familie

Dieses Kapitel soll vor allem den Blick dafür schärfen, dass die heute noch praktizierte Fokussierung auf Diagnostik und Behandlung der ADHS im Kindesalter häufig den Blick auf die Gefahr verstellt, wie sehr die ebenfalls betroffenen Eltern zu Peinigern ihrer Kinder werden können. Sie sind aufgrund der eigenen Symptomatik oft nicht in der Lage, ihren Kindern verlässliche Bezugspersonen und Versorger zu sein. Da gerade im Erwachsenenalter die Selbsttherapie in Form von Nikotinmissbrauch und Alkoholabusus häufig ist und komorbide Störungen wie Depressionen, Angststörungen sowie ausgeprägte Antriebsstörungen bei bis zu 80 % der Betroffenen im Laufe ihres Lebens auftreten, ist für solche Erwachsene Hilfe in Form einer Behandlung ihrer verdeckten ADHS-Symptomatik absolut notwendig. Oft ist die soziale Situation betroffener Familien schlecht, da schon die Eltern keine angemessene Ausbildung erhalten haben. Viele Eltern reagieren auf das impulsive Verhalten ihrer Kinder mit Aggressionen, da sie aufgrund ihres mangelnden Selbstwertgefühls fürchten, vom Kind nicht respektiert zu werden. Sie sind so sehr mit ihren eigenen Problemen beschäftigt, dass sie die Not der Kinder nicht sehen können und deren forderndes Verhalten als Angriff auf die eigene Autonomie erleben.

Beim Erheben der ausführlichen Anamnese, vor allem aber im Rahmen der Psychotherapie, berichten viele Betroffene von extremer Lieblosigkeit bis hin zu täglichen Misshandlungen durch die Eltern. Es ist oft kaum vorstellbar, welche Gewalt und Demütigungen eine nicht unerhebliche Zahl von ADHS-Patienten in ihrer Kindheit ertragen mussten.

> **Fallbeispiel**
>
> Eine schon im Rentenalter stehende Patientin berichtete von einer Angewohnheit, die sie lange nicht ablegen konnte: Sie musste jedes Mal, wenn in ihrer Umgebung jemand die Hand oder den Arm hob, ihren eigenen Arm schützend vor ihren Kopf halten, weil sie in ihrer Kindheit ohne Anlass von der Mutter geohrfeigt wurde. Erst im vierten Lebensjahrzehnt wurde ihr die Bedeutung dieses Verhaltens klar und sie konnte ihren Wunsch, den Arm schützend zu heben, willentlich unterdrücken.

> **Fallbeispiel**
>
> Eine andere Patientin, die in der Kindheit schon wegen ihres impulsiven Verhaltens aus dem Kindergarten ausgeschlossen worden war, wurde ab ihrem 12. Lebensjahr regelmäßig von der Mutter mit einem Ledergürtel geschlagen. Der Vater hatte sich kurz zuvor das Leben genommen. Offensichtlich fühlte sich die Mutter mit der Aufgabe überfordert, diesem sehr aufbegehrenden Mädchen ohne die Unterstützung des Mannes eine gute Mutter sein zu müssen. Der Schmerz über dieses plötzliche Verlassenwerden schlug um in Hass auf das gemeinsame Kind, von dem sie sich offensichtlich ständig an ihren Mann erinnert fühlte.

Bei der Art der Misshandlungen müssen sicher zwei wesentliche Tendenzen unterschieden werden. Einerseits handelt es sich um Väter und Mütter, die aus mangelnder Frustrationstoleranz heraus impulsiv reagieren und dann handgreiflich werden; diese Art von Reaktion ist für die Kinder zumindest noch in einem gewissen Rahmen nachvollziehbar und hat deshalb andere seelische Konsequenzen. Eine andere Form der Misshandlung von Kindern stellt die ständige Demütigung in Form von Herabsetzung, situationsunabhängiger Gewaltanwendung oder bei Mädchen sexuellem Missbrauch dar; die Selbstwertentwicklung ist dann schwer beeinträchtigt.

Betroffene Frauen, die schon vor der Familiengründung Probleme mit der eigenen Selbstwertentwicklung und Selbstzufriedenheit haben, stellen sich oft vor, wie wunderbar es doch sein müsse, ein Kind zu haben, dem sie dann ihre ganze Liebe und Aufmerksamkeit schenken können. Dies kann auch als Versuch verstanden werden, mit Hilfe der Erfahrungen mit dem eigenen Kind die in der eigenen Kindheit erlebten Verletzungen ungeschehen zu machen. Sie erwarten, für ihre Zuwendung vom Kind mit „einem wonnigen Lächeln" und Zufriedenheit belohnt zu werden. Leider sieht die Realität gerade in diesen Familien oft anders aus; die Säuglinge und Kleinkinder leiden unter Anpassungsschwierigkeiten, schreien häufig, schlafen nicht durch und beanspruchen die Geduld der Mütter über Gebühr. „Eltern können von einem langen Streit mit einem von einer ADHS betroffenen Kind so emotional überflutet werden, dass sich verbale oder physische Gewalt ereignet" (Dixon 1995, S. 245). Die schon vorhandene Aufmerksamkeitsstörung der Mütter, die oft nicht zum richtigen Zeitpunkt erkennen, was ihr Kind braucht, verstärkt die unzureichende Kommunikation zwischen Mutter und Säugling (Barkley et al. 1990a). Diese schlechte Einstimmung von Mutter und Kind aufeinander ist die Ursache von Schuldgefühlen bei vielen Frauen, sie haben das Gefühl, eine schlechte Mutter zu sein. Das zunächst so sehr ersehnte Kind wird zum Ballast, das Leben ist viel anstrengender geworden, als sie sich Mutterschaft je vorgestellt hätten. Sie haben den Eindruck, dass durch das Kind eine früher vorhandene Lebensqualität endgültig verloren gegangen ist. Aus diesen Empfindungen heraus entwickeln manche Mütter einen Hass auf ihre Kinder, der sie zu den oben beschriebenen schrecklichen Peinigern werden lässt. Die Kinder stehen diesen Phänomenen völlig hilflos gegenüber, sie begreifen nur, dass sie keine Chance haben, dem ständigen Schrecken zu entkommen.

Wenn diese Menschen als Erwachsene Hilfe suchen, kann die Vorgeschichte vor allem im Rahmen einer analytisch orientierten Psychotherapie falsch gedeutet werden. Die schreckliche Kindheit wird zum alleinigen Thema, eine weitere Diagnostik unterbleibt. Die Ursache der Gewalt in der Familie wird somit nicht erkannt und falsch gedeutet. Gerade solche Verläufe dienen als Beispiel für das häufige Vorurteil, die ADHS sei eine Erfindung der Pharmaindustrie, die nur am Verkauf ihrer Produkte interessiert sei; in Wirklichkeit sei aber die traumatische Kindheit Ursache der Symptomatik.

Mütter wagen oft erst nach längerer Zeit, im Rahmen der Psychotherapie von ihrer Scham und Verzweiflung darüber zu sprechen, wie sie zu Misshandlern wurden. Betroffene Mütter neigen dazu, in ihrer Impulsivität nicht zu erkennen, wie sehr sie ihre Kinder einschüchtern, unter Druck setzen und damit emotional misshandeln.

Fallbeispiel

Eine betroffene Mutter erzählt: „Ich habe dieses Kind, das keinerlei emotionale Regung gezeigt hat, wenn ich mich aufgeregt habe, solange beschimpft, bis es angefangen hat zu weinen. Heute weiß ich, wie sehr ich es damit gequält habe, weil es nicht in der Lage war, emotional zu reagieren. Ich brauchte einfach ein Zeichen von seiner Seite, dass meine Wut über sein Verhalten bei ihm angekommen ist." Das jüngere Kind in dieser Familie begann sofort zu weinen, wenn die Mutter die Stimme nur erhoben hat; dies war dann das Signal für die Mutter, mit ihren Beschimpfungen aufzuhören.

Die mangelnde Rückmeldung von Seiten des Kindes scheint bei impulsiven Betroffenen einen Reiz auszulösen, der zu einer Intensivierung der schon vorhandenen Wut führt. Im Sinne einer Hyperfokussierung werden die Betroffenen unsensibel für die Folgen ihres eigenen Verhaltens, sie sind dann emotional nicht mehr erreichbar. Auch Sätze wie: „Ich habe es vermieden, Hilfswerkzeuge in die Hand zu nehmen, damit es nicht noch schlimmer wird", signalisieren ein Schuldgefühl, mit dem Mütter auch nach Jahrzehnten noch hadern. Eine Patientin berichtete von einem Gespräch mit der Mutter, von der sie sich früher sehr ungerecht und zeitweise lieblos behandelt fühlte. Diese habe ihr unter Tränen gestanden, sie habe schon gewusst, dass etwas nicht gestimmt habe, aber sie habe sich die Situation nicht erklären können, da auch ihre Mutter in gleicher Weise mit ihr umgegangen sei.

Gerade bei Kindern, die sich einer emotionalen Beziehung entziehen, kann es bei den Müttern zu einer übermäßig kontrollierenden Haltung kommen, die wiederum dazu führen kann, dass die Mutter nur dann gewiss ist, ihr Kind erreicht zu haben, wenn Tränen fließen.

Hochimpulsive Mütter, die selbst unter dem kombinierten Typ der ADHS nach DSM-IV leiden, berichten in Selbsthilfegruppen, dass sie aus Angst, ihr zu diesem Zeitpunkt für sie unerträgliches Kind zu erschlagen, beim Kinderschutzbund angerufen hätten. Dort bekamen sie in dieser furchtbaren Situation jedoch lediglich den Rat, sich erst einmal zu entspannen, was bei dieser Konstellation eher wie „Öl ins Feuer gießen" wirkt. Die Eskalation ist mit hartnäckigem Verharren in der Situation gepaart, was sicher auch als Hyperfokussierung auf den angestauten Ärger gesehen werden kann. Eine solche Entwicklung von Auseinandersetzungen führt bei Eltern, die nicht diagnostiziert sind und nicht verstehen, woher diese Seite ihres Wesens gespeist wird, zu seelischen Ausnahmesituationen, die das schon vorher geringe Selbstwertgefühl zusätzlich enorm belasten. Mulsow et al. (2001) stellen diesbezüglich fest: „Viele Erwachsene mit ADHS sind Eltern von ADHS-Kindern. ADHS führt in den Familien zu erhöhtem Stress, weniger Ressourcen, begrenzten Coping-Strategien und vermehrten negativen Erfahrungen."

Rucklidge et al. (2006) konnten mit Hilfe des Childhood Trauma Questionaire (CTQ) zeigen, dass sich, bei einer allerdings kleinen Kohorte (n = 57), beispielsweise erwachsene Männer mit ADHS (n = 17) zu 75 % im Kindesalter ungeliebt gefühlt hatten, im Gegensatz zu nur 5 % der Männer (n = 40) ohne ADHS; gleiches gilt für den emotionalen Missbrauch, aber nicht für sexuellen Missbrauch bei Jungen. Dagegen fanden sich in dieser Studie Hinweise auf sexuellen Missbrauch im Kindesalter bei Frauen mit ADHS, während es keinen Fall in der Gruppe nicht betroffener Frauen gab. Daraus folgern die Autoren, dass bei Menschen mit ADHS im Erwachsenenalter auch nach Missbrauch in der Kindheit gefragt werden sollte. Aus den Untersuchungen konnte nicht eindeutig abgeleitet werden, dass die ADHS im Kindesalter selbst ein Risiko für Missbrauch darstellt, oder dass der Missbrauch in der Folge zu Symptomen einer ADHS führt. Als besonderen Aspekt führen die Autoren an, dass – in Anbetracht der Vererbung von ADHS – einer größeren Impulsivität gepaart mit weniger Geduld seitens der Eltern in einer schwierigen Erziehungssituation Rechnung getragen werden müsse.

Mulsow et al. (2001) heben ganz besonders den Aspekt hervor, dass die ADHS häufig begleitet wird von Substanzmissbrauch, Depressionen, Impulsivität, infantilem und antriebsarmem Verhalten, familiärer Isolation, Arbeitslosigkeit, geringem Ausbildungsniveau, früher und ungeplanter Schwangerschaft, Eheschwierigkeiten, nicht ausreichenden finanziellen und anderen Ressourcen, geringen Coping-Strategien, Stress mit der Elternschaft und negativen Erfahrungen. Schon vor der Existenz der Diagnose ADHS im Erwachsenenalter wurden Untersuchungen dazu durchgeführt, wie sich diese oben genannten einzelnen Faktoren auf die Entwicklung eines Kindes auswirken. Gerade weil die Behandlungsergebnisse auch bei Erwachsenen gut sind, plädieren sie ebenfalls wie Rucklidge et al. (2006) dafür, eine intensive, die Kindheit mitberücksichtigende Anamnese bei den oben genannten Problemen als wesentlichen komorbiden Faktor mitzuerfassen und entsprechend der diagnostischen Wertigkeit zu behandeln. Letzter wichtiger Punkt ihrer Aussagen ist jedoch, dass das Vorhandensein von ADHS in einer Familie nicht automatisch bedeutet, dass in der Familie Missbrauch oder Vernachlässigung vorkommen: „Eltern, die ihre Kinder vernachlässigen, machen dies, weil sie die entsprechenden Hinweise auf die Bedürfnisse des Kindes nicht wahrnehmen oder missverstehen und nicht in der Lage sind, auf diese Stimuli zu antworten oder mit angemessenen Verhaltensweisen zu reagieren" (Mulsow et al. 2001, S. 45). In laufenden Behandlungen konnte die Veränderung mütterlichen Verhaltens nach Behandlungsbeginn beobachtet werden (Evans et al. 1994). Viele Mütter aber auch Väter sind sehr dankbar, wenn sie durch die medikamentöse Therapie und im Elterntraining lernen können, wie sie angemessen mit dem Verhalten ihrer renitenten Kinder umgehen müssen, um erneute Eskalationen zu vermeiden. Dadurch gelingt es ihnen auch leichter, sich mit dem Kind zu identifizieren, das sie zuvor aufgrund ihrer Eigenproblematik stets abgelehnt haben.

ADHS und Sexualität

Da sich im Bewusstsein vieler Menschen das Bild des Zappelphilipps eingeprägt hat, erwarten auch die behandelnden Ärzte und Psychotherapeuten oft, dass diese Menschen von einer sexuellen Überaktivität betroffen sein müssen. Die Erfahrung zeigt jedoch, dass die Varianz des sexuellen Verhaltens – wie in der übrigen Bevölkerung – groß ist. Selbstverständlich gibt es sowohl Männer als auch Frauen, die ein großes Interesse an viel und gutem Sex haben. Bei der Partnerwahl ist es deshalb sehr wichtig, dass beide in dieser Hinsicht ähnliche Bedürfnisse haben. Gerade viele Frauen haben aufgrund ihrer Erziehung Probleme, sich selbst einzugestehen, dass sie einen Partner brauchen, der ein gleich starkes Sexualverlangen hat wie sie. So ist es nicht erstaunlich, dass nach einigen Jahren Partnerschaft häufiger außereheliche Beziehungen gesucht werden. Auch klagen manche Frauen über eine verminderte Libido im Rahmen einer medikamentösen Therapie; wenn sie mit einem Partner leben, der ebenfalls ein starkes Interesse an sexuellen Aktivitäten hat, kann dies zu Problemen in der Partnerschaft führen. Umgekehrt gibt es Situationen, in denen beispielsweise unter einer Behandlung mit lang wirksamen Stimulanzien die sexuelle Aktivität des männlichen Partners zurückgeht und dies von beiden Partnern als eine Entlastung angesehen wird. Kommentar eines Patienten im Beisein seiner Ehefrau: „Ja, das Bedürfnis an Sex zu denken hat nachgelassen; es ist gut, wenn ich nicht mehr den ganzen Tag daran denken muss." Antwort der Ehefrau: „Es ist schon eine Erleichterung, wenn der Sex nicht mehr so oft sein muss"; sie sind schon über zwei Jahrzehnte ein Paar. Andererseits berichtet eine Patientin im Rahmen eines Paarkonfliktes: „Er muss erst mal eine Frau finden, die den Sex genauso oft mit ihm haben möchte wie ich", und fügt dann hinzu, dass ihr der sexuelle Akt angenehm sei, dass sie jedoch an längeren Vorspielen nicht interessiert sei. Prinzipiell stellt das in allen Frauenzeitschriften propagierte ausgiebige Vorspiel für einige ADHS-Betroffene aufgrund ihrer übermäßigen Wahrnehmung von taktilen Reizen eine extreme Belastung dar; dies kann ein Grund für Missverständnisse und Probleme in sexuellen

Beziehungen sein. Es gibt darüber hinaus auch Frauen und Männer, die sich generell schwer auf sexuelle Aktivitäten einlassen können; sie leben diesbezüglich nach einer Art Wochenplan, um ihren Partner nicht zu verlieren. Dies sind meist Patienten mit einer komorbiden narzisstischen, emotional instabilen oder zwanghaften Persönlichkeitsstörung, deren Selbstgrenzen sehr durchlässig sind und die sich keine engen Beziehungen wünschen, weil sie in ständiger Angst leben, kontrolliert und beherrscht zu werden. Ein Beispiel für ein solches Abgrenzungsbedürfnis bei einer Patientin mit einer ADHS vom unaufmerksamen Typ, die sehr positiv auf die Behandlung mit dreimal 5 mg Methylphenidat reagierte, zeigt folgende Vignette:

Fallbeispiel

Diese Frau im Alter von 36 Jahren weist zusätzlich eine posttraumatische Belastungsstörung und eine erhebliche Beeinträchtigung des Selbstwertgefühls auf. Ihre Kindheit verbrachte sie zunächst allein mit einer alleinerziehenden Mutter, die sie zwang, das Haus außer für den Schulbesuch niemals zu verlassen, die sie auch körperlich misshandelte und dafür sorgte, dass Männer aus dem Bekanntenkreis Zutritt zur Tochter bekamen, wenn die Mutter sich wegen ihrer Berufstätigkeit außer Haus befand. Nur mit Hilfe einer viel später geborenen Schwester kann die Patientin Zugang zu dieser Missbrauchssituation finden, da sie ihrer eigenen Erinnerung oft keinen Glauben schenken mag. Sie kann ihre Symptomatik nur in Form von Beispielen aus dem Alltagsleben beschreiben, weil sie ansonsten ihre Probleme als etwas natürlich zu ihr Gehöriges betrachtet. Die Patientin berichtet, dass ihr kompliziertes Wesen die Beziehung zu Sohn und Ehemann erheblich belastet, sie wäre gern anders.

Sie beschreibt dann eine Situation am Morgen des vorhergehenden Tages, als ihr Mann sie nach dem Frühstück fragte, ob sie Lust habe, er habe Lust. Sie bejahte diese Frage und verknüpfte ihre Antwort mit der Aufforderung zum gemeinsamen Duschen. Sie las zu dem Zeitpunkt noch einen Artikel in der Zeitung und stand deshalb nicht gleich auf, um ihm ins Bad zu folgen. Nach Beendigung des Lesens folgte sie ihm und stellte erstaunt fest, dass er sich gerade seine Zähne intensiv putzte. Er bat sie, dass Bad zu verlassen, bis er mit dem Reinigen der Zähne fertig sei. In diesem Moment spürte die Patientin nicht, dass ihr Mann schon verärgert war, sie verließ mit fröhlichen Gedanken das Bad und hoffte, dass er sich bald zum Duschen meldete. Als sie nach etwa 10 Minuten realisierte, dass die Dusche schon lief, sagte sie ihm in fröhlichen Ton: „Du hast offenbar vergessen, dass wir zusammen duschen wollten." Der Ehemann schimpfte aus der Dusche heraus, es sei ihm zu kompliziert, er habe keine Lust mehr auf die Beziehung, wenn sie nicht besser auf seine Bedürfnisse eingehen könne. Er warf ihr vor, dass sie vielleicht doch nicht wirklich an Sex interessiert sei. Die Patientin war vollkommen erschrocken und verdutzt, weil sie selbst gern mit ihm Geschlechtsverkehr gehabt hätte. Wie sie glaubhaft versichert, ist ihr der Stimmungsumschwung des Ehemannes nicht bewusst geworden, sie war noch ganz in ihrer frohen Erwartungshaltung, die es ihr nicht erlaubte, die aggressiv getönte Unterstimmung bei ihm wahrzunehmen.

Bei der Analyse dieser Situation wirkt sie zunächst vollkommen verwirrt, sie erkennt anfangs nicht, dass sie sich in einer Ambivalenz befand; nicht nur ihr gesprochenes Wort hatte eine Wirkung, sondern auch die damit ausgelösten Phantasien. Sie hatte ausgeblendet, dass mit der Aufforderung zum Duschen selbstverständlich auch die Kritik an dem ihr unangenehmen, häufig stark ausgeprägten Körpergeruch unausgesprochen thematisiert wurde, eine Tatsache, die ihrem Mann sehr wohl bewusst war und die er wohl in dieser Situation als Zurückweisung erlebte.

Sie konnte nicht spüren, dass das spätere ausführliche Zähnereinigen schon als Ausdruck einer in ihm vorhandenen Aggression verstanden werden kann. Als sie die Deutung von „Zähnen als Beißwerkzeug" hört, schüttelt sie sich spontan vor Lachen und ist sehr erleichtert, weil sie über diese bildhafte Ausdrucksweise Zugang zu der aggressiven Stimmung im Bad findet .

Sie kann ebenfalls eingestehen, dass ihr ihre Selbstbestimmung noch wichtiger war als die Vorfreude auf den Sex, den sie sonst sehr wohl mit ihrem Mann genießen kann. Sie hatte durch das Weiterlesen ihres Zeitungsartikels versucht, ihm nicht spontan zur Verfügung zu stehen, wenn er Lust auf Sex mit ihr äußert. Sie hatte somit ihren Wunsch nach sexueller Betätigung ihrem unbewussten Wunsch nach Selbstbestimmung untergeordnet. Die Patientin kann nach dieser Deutung erst nachvollziehen, warum ihr Mann ihr im Streit vorgehalten hat, sie wolle im Prinzip keinen Sex mit ihm, was keineswegs ihren Gefühlen entspricht.

Wenden sich solche Patienten mit ihren Partnerproblemen an einen psychodynamisch orientierten Psychotherapeuten, wird der Aspekt der komorbiden ADHS sicher nicht gesehen und eine entsprechende Behandlung bleibt aus. Sehr reizoffene Patienten, die sich leicht ablenken lassen, profitieren von einer Stimulanzientherapie insofern, als sie während ihrer sexuellen Aktivitäten mehr auf den Partner konzentriert sind und damit eine bessere Orgasmusfähigkeit erreichen.

Wissenschaftliche Untersuchungen zum Thema ADHS und Sexualität fehlen bisher weitgehend. In Studien, bei denen das mögliche anamnestische Vorliegen einer ADHS im Kindesalter bei Männern mit sexuell abnormem Verhalten untersucht wurde, fand sich eine entsprechende Häufung; allerdings lagen meist Komorbiditäten mit antisozialer Persönlichkeitsstörung und Drogenabhängigkeit vor (Blocher et al. 2001; Kafka u. Prentky 1998).

ADHS und Essverhalten

Altfas (2002) beschrieb eine deutlich erhöhte Häufigkeit von ADHS bei 215 übergewichtigen Patienten, die ein verhaltenstherapeutisches Spezialzentrum aufgesucht hatten. Dabei nahm die Häufigkeit der ADHS bei extremer Adipositas (BMI > 40) noch weiter zu (s. auch Kap. 5.1.3, S. 69). In einem Kollektiv übergewichtiger Kinder von Agranat-Meged et al. (2005) wiesen 58 % eine komorbide ADHS auf. Dagegen beobachteten Rojo et al. (2006) in einer epidemiologischen Studie keine sichere Korrelation zwischen Übergewicht und ADHS. Biederman et al. (2007a) wiederum fanden ein im Vergleich zum Normalkollektiv 3,6-fach erhöhtes Risiko einer Essstörung bei Mädchen mit ADHS. Eine eingehende Literaturübersicht über mögliche Zusammenhänge zwischen ADHS und Adipositas geben Cortese et al. (2008).

5.1.6 Gestörtes Sozialverhalten

Bei manchen Betroffenen besteht bereits im Kindesalter eine Kombination aus ADHS mit einer Störung des Sozialverhaltens und oppositionellem Verhalten. Solche Kinder gelten als ausgesprochen widerspenstig und ungehorsam, sie werden häufig deswegen bestraft.

Fallbeispiel

Ein Patient in der zweiten Lebenshälfte hat nach intensiven Recherchen im Internet die Selbstdiagnose ADHS gestellt. Er berichtet, dass er auf dem Land aufgewachsen sei und sich dort auch im Familienleben kaum an Regeln halten musste. Erst beim Eintritt in die Grundschule habe die Mutter verlangt, dass er den Anordnungen des Lehrers Folge zu leisten habe, was für ihn einen großen Vertrauensbruch durch die Mutter dargestellt habe. Er habe gegen alle Lehrer rebelliert, die er auch damit geärgert habe, dass er gegen Ende des Schuljahres plötzlich gute Leistungen erbrachte. Wegen seines mangelhaften Durchhaltevermögens und seiner permanenten Konflikte mit Autoritäten habe er keine Berufsausbildung absolvieren können, die seiner Intelligenz angemessen gewesen wäre. Wegen seiner mangelhaften Fähigkeit, sich an Konventionen zu halten, sei seine Ehe zerbrochen und das Verhältnis zu seinen Kindern sehr gestört. Seine Beziehungsfähigkeit sei wegen einer ständigen inneren Anspannung deutlich reduziert; seine Frustrationsschwelle in Bezug auf Kritik sei gering – er lebe in der steten Erwartung, ungerecht behandelt und zurückgesetzt zu werden. Seine Grenzüberschreitungen sind auch Anlass eines Therapieabbruchs. Er erträgt nicht, dass sein Angebot an die Therapeutin, eine private Beziehung mit ihr aufzunehmen, kein Gehör findet.

Patienten mit einer niedrigen Frustrationstoleranz, mangelhaftem Gefühl für Konventionen und Grenzen sowie erheblicher Impulsivität können als Jugendliche und Erwachsene gehäuft straffällig werden (Ebert u. Hesslinger 2000; Rösler 2001). Faraone und Biederman (2004a) fanden eine Häufigkeit von 37 % für Inhaftierungen bei 500 Erwachsenen mit ADHS im Vergleich zu 18 % bei einem entsprechenden Kontrollkollektiv. Rösler et al. (2004) führen hierzu aus, dass eine „einfache" ADHS in forensischen Populationen selten ist und dass in den meisten Fällen eine Komorbidität mit einer Störung des Sozialverhaltens (hyperkinetische Störung des Sozialverhaltens gemäß der ICD-Klassifikation) vorliegt. Stovner et al. (1996) berichten über den positiven Effekt von Stimulanzien bei fünf Strafgefangenen; zwei von ihnen konnten erfolgreich rehabilitiert werden. Die geringe Zahl der Erwachsenen, die mit der Diagnose ADHS in dieser Personengruppe erfasst wird, ist aus dem mangelnden Bewusstsein für die häufige Komorbidität der Störung mit Substanzmissbrauch und schlechter Ausbildung mit entsprechenden sozialen Folgen erklärbar; hier gilt es, entsprechend die gezielte Aufklärung der damit befassten Gruppe der Sozialpädagogen zu intensivieren. Eine Rehabilitation ist bei ausreichend medikamentös therapierten Patienten sicher erfolgreicher durchzuführen und wird einen langfristigeren Erfolg haben, als dies mit ausschließlich sozialtherapeutischen Maßnahmen erreichbar ist. Dies gilt besonders für junge Erwachsene, deren negative soziale Karriere noch nicht allzu weit fortgeschritten ist.

Viele Kinder haben soziale Probleme aufgrund ihrer primären ADHS-Symptome, etwa wenn die ungenügende Erledigung von Hausaufgaben in der Familie und vom Lehrer als bewusst oppositionelles Verhalten gedeutet und bestraft wird. Erwachsenen ist es zwar eher möglich, besondere Konzentration erfordernde Aufgaben zu meiden, aber auch bei ihnen sind aus ihrem impulsiven Verhalten und ihrer Neigung zu Desorganisation resultierende soziale Konflikte oft unvermeidlich. In der prospektiven Studie von Mannuzza et al. (1993) fand sich bei 16 von 91 in der Kindheit von ADHS Betroffenen im Erwachsenenalter eine dissoziale Persönlichkeitsstörung, in den Studien der Arbeitsgruppe um Weiss bei 14 von 61 Untersuchten, wobei möglicherweise zumindest bei einem Teil schon primär die Kombination von ADHS und Störung des Sozialverhaltens mit oppositionellem Verhalten vorlag (Weiss u. Hechtman 1993; Weiss et al. 1985). Zur problematischen, immer nur im Einzelfall zu entscheidenden Frage einer möglichen Minderung der Schuldfähigkeit im Rahmen der ADHS-Symptomatik nehmen Häßler et al. (2008) Stellung.

5.1.7 Emotionale Labilität

Kinder mit ADHS fallen oft durch psychische Labilität, Dysphorie, Exzitationszustände („übermüdet") und rasche Kontrollverluste auf. Die auffällige Dysphorie, von Wender (1995) als „Hypohedonie" bezeichnet, weist bei den Kindern zum Teil durchaus endogen anmutende depressive Züge auf. Das geringe Selbstwertgefühl der Kinder ist wohl sicherlich zum Teil Reaktion auf das negative Feedback der Umgebung. Hierfür spricht, dass sich ihr Selbstwertgefühl durch eine Psychotherapie bessern lässt und eine begleitende Medikation eine geordnete Lebensweise ermöglicht, die zu einer besseren Bewältigung von Routineaufgaben führt. Kelly et al. (2004) berichten bei männlichen Jugendlichen mit ADHS über ein 2,8-fach erhöhtes Risiko eines Suizidversuches, während sie bei Mädchen mit ADHS keine höhere Risikorate im Vergleich zur Normalpopulation fanden. Dieser Unterschied ist möglicherweise durch die geringeren Symptome der Impulsivität bei den Mädchen bedingt. James et al. (2004) fanden in ihrer Metaanalyse eine erhöhte Suizidrate bei männlichen Betroffenen mit ADHS bestätigt, insbesondere bei Komorbidität mit Verhaltensstörungen und Depression.

Im Erwachsenenalter besteht eine ähnliche affektive Labilität wie im Kindesalter mit starken Stimmungsschwankungen, die zum Teil rasch innerhalb kurzer Zeit wechseln. Sehr schön veranschaulicht Heinrich Hoffmann, der Autor des „Struwwelpeters", dies in einer Serie von vier Bildern, die ihn als Geiger im Duett mit seiner Klavier spielenden Tochter zeigen (s. Abb. 6-3 auf Seite 157). Nach der ersten Bildunterschrift – Allegro passionato con commozione – lässt sich der weitere sehr wechselvolle Ablauf des Duos noch nicht vermuten. Im Bild zum zweiten Satz – Adagio con melancholia e desperazione – zeigt er in extremer, hysterisch anmutender Weise eine depressive Verzweiflung, im dritten Bild – Scherzo con umore traboccante – wechselt die Stimmung abrupt zu einer leichten Hochstimmung, die dann im vierten Bild – Presto rabbiato con fuoco volcanico – in einem exzessiven Agitationszustand endet – die Haare beider Akteuren stehen wie beim Struwwelpeter zu Berge, der Klavierstuhl ist umgefallen und das Piano bricht unter den Tritten des furiosen Geigers zusammen; das Ganze ist mit dem drohenden Hinweis „Da capo ad infinitum!" versehen. Es ist zu vermuten, dass diese emotionale Labilität mit raschen Stimmungswechseln gelegentlich zur diagnostischen Fehleinschätzung als bipolare Störung mit Rapid Cycling führt. In Zeiten mit guter seelischer Verfassung versuchen Betroffene besonders viel zu leisten, die Gefahr der Selbstüberforderung wird nicht gesehen und ist Anlass zu Erschöpfungsreaktionen mit Stimmungstiefs. Aber auch ohne erkennbare Ursache schwankt die Stimmung oft mehrmals täglich stark, dies wirkt sich auf die kontinuierliche Arbeitsleistung der Betroffenen aus. Die schwankende Arbeitsfähigkeit ist häufige Ursache einer stark ausgeprägten Selbstwertproblematik.

Fallbeispiel

Eine zu Beginn ihres Berufslebens zunächst erfolgreiche Juristin in der Lebensmitte hatte aufgehört, sich beruflich schwierige Aufgabenstellungen zu suchen – sie fürchtete, wegen ihrer schwankenden Stimmung und der daraus resultierenden eingeschränkten Leistungsfähigkeit komplizierten Fragestellungen nicht mehr gewachsen zu sein. Unter Medikation mit Stimulanzien und begleitender Psychotherapie änderte sich dies schnell; sie entwickelte wieder Freude an der täglichen Arbeit, nachdem sie zuvor mehrere Jahre in einer negativen Versagenshaltung verbracht hatte.

Öfters wird berichtet, dass mit zunehmendem Alter die Hochgefühle ab- und die Tiefpunkte zunehmen, wobei Patienten mit ADHS im Gegensatz zu denen mit alleiniger endogener Depression durchaus die Fähigkeit zu kurz dauernder Steigerung der Lebensfreude bei entsprechender Stimulierung von außen besitzen. Bei den Tiefpunkten handelt es sich in der Regel um einen Zustand von allgemeiner Unzufriedenheit, Lustlosigkeit und Langeweile. Als Mittel hiergegen suchen vor allem die jungen Erwachsenen mit ADHS Erregung durch gefährliche Betätigungen wie gewagtes Motorrad- und Autofahren, gefährliche Sportarten oder zum Teil auch Drogen- und Alkoholabusus. Die überdurchschnittliche Zahl von schweren Verkehrsunfällen mit ADHS-Patienten als Verursachern wird so verständlich (Barkley et al. 1993; Barkley et al. 1996; Wender 1995).

Fallbeispiel

Voller Scham berichtete ein junger Patient von seinen Versuchen, auf der täglichen Fahrt zur Arbeit eine bestimmte Kurve zunehmend riskanter zu schneiden, bis er schließlich mit dem Auto im Acker landete. Obwohl er die Folgen seines impulsiven Verhaltens kannte, konnte er sich nicht zu einer Stimulanzientherapie entschließen, weil er fürchtete, bei Polizeikontrollen wegen der Amphetamine im Blut seinen Führerschein zu verlieren. Die bisher unscharfen gesetzlichen Regelungen im Hinblick auf die Therapie mit Stimulanzien waren Anlass zu seiner Entscheidung.

Persistierende Stimmungsschwankungen und Impulsivität mit Kontrollverlust belasten oft erheblich die persönlichen Beziehungen. Der sporadisch auftretende intensive Ärger mit Wutausbrüchen unterscheidet sich von den konstant vorhandenen entsprechenden Symptomen bei Borderline-Patienten und Patienten mit endogenen Depressionen.

Bei Paarkonflikten muss beachtet werden, dass sich Erwachsene mit ADHS sehr häufig einen ebenfalls betroffenen Partner suchen. Aus unserer Erfahrung versuchen diese Menschen zunächst innerhalb der Beziehung einen Ausgleich der Temperamente zu schaffen, indem sich ein eher hyperaktiver Patient unbewusst einen hypoaktiven Partner sucht. Zu Beginn der Beziehung – vor allem im Zustand der Verliebtheit – funktioniert eine solche Verbindung erstaunlich gut.

Fallbeispiel

Eine hyperaktive Patientin berichtete, dass sie eigentlich immer mit dem gleichen Problem in ihrem Leben zu kämpfen habe – dass sie zunächst mit ihrer Lebhaftigkeit den Partner sehr beeindrucken könne, der jedoch nach einer gewissen Zeit des Zusammenlebens schließlich ihr Chaos und ihre Sprunghaftigkeit als für ihn nicht mehr so attraktive Kreativität bewerte. Dann begänne stets der Versuch der Umerziehung, dem sie sich nicht gewachsen fühle.

In der jetzigen Partnerschaft konnte durch Paargespräche mehr gegenseitiges Verständnis geschaffen werden; da beide zu impulsivem Verhalten neigen, ist die Beziehung aber auch weiterhin von heftigen Ausbrüchen begleitet. Der Ehemann dieser Patientin sucht immer wieder die Beratungssituation, weil er das Gefühl hat, dass die Freunde seine Klagen nicht mehr hören wollen – sie erwarten von ihm mehr Konsequenz. Sie sind nicht in der Lage seine Hoffnung zu teilen, dass durch entsprechende psychotherapeutische Maßnahmen und Medikamente ein weitgehend normales Zusammenleben möglich werden könnte. Die bisherigen Erfolge der Kombinationsbehandlung motivieren ihn, den Erhalt der Familienstruktur für sich und die Kinder als oberstes Ziel anzusehen. Eine Entlastung in schwierigen

Phasen ist für ihn jedoch nur noch im Kontakt zu Personen möglich, die sich mit dem Krankheitsbild der ADHS vertraut gemacht haben und deshalb die Schwankungen im Zusammenleben als nicht so ungewöhnlich erleben. Das Nachgeben erscheint den Freunden unangemessen – sie ziehen sich von ihm zurück, weil sie seine Haltung der Ehefrau gegenüber nicht akzeptieren.

Betroffene Familien geraten so in die Isolation: Nicht nur das unangepasste Verhalten der Kinder, sondern auch die gelegentlich problematischen Auseinandersetzungen der Erwachsenen widersprechen dem Stil unserer schnelllebigen Zeit, in der Patentrezepte als Allheilmittel angesehen werden und eine mangelnde Umsetzung derselben zur Versagung von Verständnis führt. So werden Eltern mit betroffenen Kindern oft aus dem Verband der Großfamilie ausgegrenzt.

Bei anderen Paaren führt das geringe Selbstwertgefühl zu großen Erwartungen in Bezug auf Unterstützung durch den Partner. Bleibt diese Zuwendung vermeintlich aus, kommt es zu heftigen Vorwürfen, bei entsprechender Impulsivität resultieren hieraus möglicherweise tätliche Auseinandersetzungen, die dann Anlass einer Trennung sind.

5.1.8 Stressintoleranz

Bei Kindern mit ADHS fällt eine ausgesprochene Frustrationsintoleranz auf, auch bei Erwachsenen besteht in Belastungssituationen eine schlechte Selbstkontrolle: Es kommt bei Stress immer wieder zu impulsiven Ausbrüchen mit den hieraus folgenden negativen Konsequenzen im sozialen Umfeld. Eine Minderung der inneren Anspannung verspüren Betroffene durch Nikotin, das ähnlich am Nucleus accumbens wirkt wie Stimulanzien (Pontieri et al. 1996) und bei Erwachsenen mit ADHS eine den Stimulanzien vergleichbare Wirkung auf die Dopamintransporter zu haben scheint (Krause et al. 2002b). Es überrascht daher nicht, dass das Rauchen bei Jugendlichen und Erwachsenen mit ADHS weit verbreitet ist (Downey et al. 1996; Pomerleau et al. 1995). Im Licht der heute bekannten Fakten bezüglich der Wirkungsweise von Nikotin gewinnt der alte Reklamespruch „Mein Freund, warum in die Luft gehen? Greife lieber ...“ eine ganz aktuelle Bedeutung (Krause u. Krause 1998a). Eine positive Wirkung von Nikotin auf die Symptome der ADHS wurde in einer Doppelblind-Crossover-Studie mit Applikation von Nikotinpflastern belegt (Conners et al. 1996). Weitere Substanzen, die zum Stressabbau benutzt werden, sind Alkohol, Koffein und Drogen. Jeder kennt Menschen, die morgens gleich nach dem Aufstehen rauchen müssen und ihren Kaffee brauchen, um sich mit dem neuen Tag arrangieren zu können. Diese „Therapie“ wird den ganzen Tag über wiederholt eingesetzt, um dann am Abend den überreizten Zustand mit einigen Drinks oder

Wein in erheblichen Mengen wieder herunterzuregeln und sich in eine Verfassung zu bringen, die Aussicht auf einen kurzen, wenig erholsamen Schlaf verspricht. Gerade unter jungen erfolgreichen Menschen gibt es diesen Typus häufig; erst wenn der erste Zusammenbruch (Burnout) wegen der selbstdestruktiven Lebensweise erfolgt ist, besteht Anlass, sich mit den Ursachen dieses Verhaltens auseinanderzusetzen.

Auszug aus einem Interview aus dem „Spiegel" (24.5.2004) mit Benjamin von Stuckrad-Barre: „Zuletzt waren Sie im Fernsehen bei der nationalen Vorauswahl zum Schlager-Grand-Prix zu sehen, wo Sie so aufgedreht wirkten, als wären Sie von allen guten Geistern verlassen. Waren Sie da nüchtern?"
Stuckrad-Barre: „Ja. Von Kindheit auf ist bei mir so eine natürliche Grundübersteigertheit angelegt. Ich konnte früher nicht mal ins Kino gehen, ohne dass meine Beine angefangen haben zu kitzeln, ich konnte nicht still sitzen. Ich habe oft nur getrunken, damit ich endlich ruhig wurde, und auch Drogen hatten bei mir diese beruhigende Wirkung, merkwürdigerweise. Wenn ich dann total breit war und eben Ruhe fand, dachten viele, sie träfen mich zum ersten Mal nüchtern."

Hier handelt es sich um die klare Beschreibung einer „Selbstmedikation" mit Stimulanzien und Alkohol; erst unter Kokain wirkte er „normal", weil er nicht mehr so hyperaktiv war.

In ihrer Begeisterung für Neues überhäufen sich diese Menschen mit vielen verschiedenartigen Aufgaben, die sie dann wegen fehlenden Überblicks nicht mehr koordinieren können. Sehr schnell geraten sie so in eine Überforderungssituation, der sie nicht mehr gewachsen sind. Häufig scheitern sie an ihrer mangelnden Frustrationstoleranz; sie können sich auf Dauer nicht angemessen mit diesen zunächst so attraktiv erscheinenden Aufgaben auseinandersetzen und blenden bewusst die anstehenden Arbeiten aus. Sie fühlen sich deshalb überfordert, weil sie sich unbewusst ohnmächtig fühlen, eine Lösung für die begonnenen Projekte zu finden.

Im Folgenden findet sich der Bericht einer Patientin, die erst nach der Diagnose ADHS bei ihrem Sohn anfing, sich mit ihren Symptomen in einer neuen Sichtweise auseinanderzusetzen. Zuvor war sie wegen einer agitierten Depression in stationärer Behandlung in einer psychiatrischen Klinik und hatte schon zwei Jahre Psychotherapie absolviert. Die behandelnde Psychotherapeutin lehnte die Diagnose einer ADHS im Erwachsenenalter schlicht ab. Das Selbstbewusstsein der Patientin war immerhin so gestärkt, dass sie sich zutraute, ihre Behandlung dort abzubrechen, um sich einer intensiven Diagnostik zu unterziehen. Dabei wurde auch eine Erhöhung der Dopamintransporterverfügbarkeit gefunden.

Hier steht ganz die Bedeutung der begleitenden medikamentösen Behandlung im Vordergrund, die die Lebenssituation der Patientin in beeindruckender Weise verändert hat. Sie hat in besonderer Weise versucht, dem Sohn gerecht zu werden und weniger impulsiv auf seine Fehler zu reagieren. Sie konnte im Rahmen der weiterführenden Psychotherapie das neue Verständnis ihrer Beeinträchtigungen verarbeiten und hat mir als Ergebnis diese Beschreibung ihres Lebens zur Verfügung gestellt. Das Erstaunliche ist, dass sie immer wieder unter ausgeprägten Minderwertigkeitsgefühlen leidet und deshalb zunächst Angst hatte, mich „dieses unverständliche Zeug" lesen zu lassen. Erst als ich nach einer Kostprobe darauf bestand, mehr davon zu lesen, hat sie sich ihren Frust von der Seele geschrieben und fühlt sich nun sehr erleichtert. Sie hat sich selbst nach weiterer mehr als einjähriger kombinierter Therapie bei mir das schönste Geschenk gemacht, indem sie ein großes Geburtstagsfest mit über 100 Personen allein geplant und organisiert hat, das zu einem wunderschönen Tag mit großer Anerkennung für sie geworden ist.

Ich rieche alles stärker oder anders.
Ich höre alles stärker.
Ich spüre alles stärker.
Ich sehe alles stärker.
Ich empfinde und schmecke alles stärker.
Ich weiß, dass ich alles stärker spüre als all die anderen, obwohl ich noch nie in einem anderen Körper gesteckt habe, aber ich bin nur noch schwach! Aber eigentlich bin ich gar nicht so schwach, weil sonst hätte ich all „das" ja gar nicht bis zum heutigen Tag geschafft, oder?

Und dann kommt mir doch tatsächlich jemand, der mir sagen will, dass es all „das" ja nur bei Kindern gibt, aber bei Erwachsenen hört sich dann das gefälligst auf! Doch ich kann nur eines sagen, nein und nochmals nein, es hört niemals auf. Man lernt damit zu leben. Was für ein Leben! Was für ein Überleben! Man lernt damit umzugehen. Man lernt bzw. versucht es irgendwie zu akzeptieren, doch tief im Inneren akzeptiert man es nie. Man lernt zu kompensieren. Man denkt manchmal man ist blöd, aber man ist nicht blöd, weil sonst könnte man ja gar nicht denken, man ist blöd, oder? Man lernt, sich immer wieder aufzubäumen gegen das, doch dann bricht man immer wieder zusammen ... Man wird zum Stehaufmännchen. Man versucht ständig, auch bei Anderen Fehler und Schwächen zu entdecken. Man versucht sich ständig irgendwie zu schützen. Man ist ständig voll innerer Unruhe, aber man kann diese Unruhe nicht in Kraft umwandeln, weil einem diese Unruhe alle Kraft raubt und einen zu einem kraftlosen und antriebslosen Menschen macht. Dieser Zustand macht einen manchmal mehr oder weniger zum Schauspieler, Träumer, Stehaufmännchen, HB-Männchen usw.
Wenn ich es manchmal schaffe, dass die Sachen, z. B. Wäsche und Kleidung für meine Familie oder speziell für mein Kind gewaschen, gebügelt und dann noch im Schrank eingeräumt sind, und ich sehe, wie sich mein Kind dies alles wieder aus dem Schrank nimmt, um sich dann anzuziehen, ohne sich vielleicht vorher eine ungewaschene Jeans aus der Schmutzwäsche suchen zu müssen, erfüllt mich dies mit einer Freude und einem Glücksgefühl und gleichzeitig auch mit einer Trauer und Wut, weil ich weiß, dass das nicht die Regel ist und nicht von Dauer, sondern sozusagen für mich ein wunderschöner Zustand ist, den ich leider nicht aufrechterhalten kann, so sehr ich mir das auch wünsche und mich bemühe.

Diese Frauen werden natürlich ständig (von ihren Partnern, Arbeitgebern, Chefs usw.) aufgefordert und ermahnt, endlich mal Ordnung in ihr Chaos zu bringen. Doch so sehr sie sich auch bemühen, ihnen fehlt die nötige Energie dazu. So sehr sie sich es auch wünschen, endlich Energie, Kraft und Auftrieb für diese, für Leute „ohne" oft so alltäglichen und normalen Routinearbeiten zu bekommen, sie können diese Kraft und Energie nur ganz selten aufbringen und das lässt sie immer mehr an sich zweifeln. Ja, sie glauben bald daran, dass sie selbst Schuld an ihrer Misere haben, weil all die anderen es schaffen. Sie müssten sich nur mal ganz fest zusammenreißen, dann würde es schon zu bewältigen sein. Doch all das Zusammenreißen und Zusammennehmen nützt nichts. Tief in ihrem Innersten ist eine andauernde Kraft- und Energielosigkeit, die sie schon ihr ganzes Leben begleitet und die sie sich nicht erklären können. Und sie fragen sich immer wieder Warum? Warum?, doch sie bekommen keine Antwort.

Und man kann sich ja ganz gut vorstellen, dass solche Leute, wenn sie dann doch irgendwann nach Hilfe suchen und diese dann auch bekommen, natürlich mit einer Psychotherapie behandelt werden – ist ja klar, denn diese Leute haben ja all die Jahre viele Tiefschläge und Niederlagen einstecken müssen und es ist dann nach Ansicht ihres Behandlers völlig klar, dass sie solche Symptome, die häufig unter Depressionen einzuordnen sind, aufweisen. Doch wenn man seinem Behandler dann erklärt, dass diese Symptome (innerliches Zittern, innerliche Angespanntheit, Gereiztheit, Lustlosigkeit, Ängstlichkeit, Antriebslosigkeit, Verträumtheit, Vergesslichkeit, sich fühlen, als stände man daneben, benebelt um den Kopf, unorganisiert, oft unbeherrscht usw., ich könnte noch einige aufzählen) schon vor den angeblich auslösenden Ereignissen bestanden haben, wird das nicht akzeptiert oder verstanden, weil es seiner Ansicht nach nicht möglich ist, solche Beschwerden zu haben, ohne vorher solche Ereignisse erlebt zu haben. Und das macht einen richtig wütend, weil das nicht anerkannt wird und man vertröstet wird. Wenn man sich intensiv einer Gesprächstherapie unterzieht, wird sich langsam eine Besserung einstellen, doch ich – und ich glaube auch andere Betroffene – habe dadurch keine dauerhafte Besserung bekommen. Das einzige was einem hilft, ist dabei der Gedanke und das Sicheingestehen, aktiv dagegen anzugehen und etwas zu unternehmen und vielleicht auch von seinem Behandler etwas mehr verstanden zu werden als z. B. von seinem Partner. Bloß an dem Urzustand der aufgezählten Symptome und Beschwerden wird sich meiner Meinung nach nichts ändern. Wenn ich dann von meiner Behandlerin hörte, das sind Episoden, die sich mit Depressionsepisoden und gesunden Zeiten abwechseln und sie es mir nicht abnimmt, dass es sich nicht um Episoden handelt, sondern um einen lebenslangen Zustand, wird für mich und hoffentlich auch für viele andere Betroffene klar, dass hier eine Gesprächstherapie das Grundübel nicht beheben kann.

Ich habe auch jahrelang eine Gesprächstherapie gemacht und bin einige tausend Kilometer mit unserem Auto gefahren und ich habe mir oft gedacht, ich kann doch nicht noch einige Jahre zu dieser Therapie fahren und einmal wurde mir richtig Angst und aber auch bewusst, dass man – und das glaube ich – vielleicht sogar eine richtige Abhängigkeit von seinem Betreuer entwickelt, weil das ja das einzig Wirksame bei psychischen Erkrankungen ist und man sich nichts sehnlicher wünscht, als dass sich dieser Lebenszustand, den man plötzlich nicht mehr gewillt ist, so hinzunehmen, etwas bessert oder – man traut sich ja nicht mal es auszusprechen – vielleicht ganz verschwindet. Und ich weiß noch, wie viel Kraft und Energie und Überwindung es mich gekostet hat, meiner Therapeutin zu sagen, dass ich von mir aus die Therapie abbrechen möchte, weil ich für mich kein Weiterkommen oder Besserung meiner lebenslangen Beschwerden erkennen kann.

Ich, die sich ihr Leben lang immer schwer mit Entscheidungen getan hat, war in der Lage, hier mich so klar abzugrenzen und für mich zu entscheiden: Nein, das mache ich jetzt nicht mehr weiter! Ich werde mir anderweitig Hilfe suchen bzw. das für mich herausbekommen und klären, was mit mir los ist.

Ich glaube, dass wenn immer von einer großen Gefahr der Abhängigkeit von Medikamenten gesprochen wird, manchmal eine viel größere Gefahr davon ausgeht, von seinem Betreuer abhängig zu werden. Doch ich glaube, das ist vielen gar nicht bewusst und deshalb habe ich mich dafür entschieden und stelle auch mit großer Erleichterung fest, dass ich das nicht bereut habe und nicht daran gezweifelt habe, das Richtige getan zu haben, wie ich das sonst von mir nur zu gut kenne: etwas entschieden zu haben und dann ständig daran gezweifelt zu haben, die richtige Entscheidung getroffen zu haben.

Und das sagt mir mein Gott sei Dank noch klarer Menschenverstand und mein Zurückdenken, diese Symptome immer schon zu haben und diese nicht aus irgendwelchen psychischen Verletzungen bekommen zu haben, die ich sicherlich habe und vielleicht noch mehr als Personen „ohne". Aber diese sind nicht Grund meiner Beschwerden, sondern eine genetisch bedingte Stoffwechselstörung, die ich auch bei meinen Familienangehörigen beobachte, die es bis heute nicht wissen und sich wahrscheinlich bis zum letzten Tag ihres Lebens oder wie so schön gesagt bis zum St. Nimmerleinstag dahinschleppen, so wie ich mich heute noch dahinschleppen würde, wenn ich nicht von mir aus gesagt hätte: Nein, nicht mit mir!!!

Und ich lasse mir auch nicht von keinem und niemandem einreden, dass ich das nicht mein ganzes Leben lang habe, denn niemand weiß das so gut wie ich, die schon 40 Jahre damit lebt und sich schon bald nachdem ich meinen Geist und Gehirn benutzen konnte, fragte: Was ist mit mir los? Wieso bin ich irgendwie anders? Wieso kann ich mich so schlecht konzentrieren? Wieso kann ich mich manchmal so schlecht motivieren? Wieso bin ich so leicht ablenkbar? Wieso bin ich manchmal im Kopf zu diffus? Wieso schaffe ich es so selten, mal eine Arbeit, die ich mir vorgenommen habe, fertig zu machen oder an der Arbeit dranzubleiben? Wieso bin ich innerlich so angespannt und ängstlich, selbst in Situationen, wo man eigentlich gar nicht angespannt und ängstlich sein müsste? Warum kann ich mich nicht richtig entspannen?

Manchmal spüre ich Wut, manchmal spüre ich nur tiefe Trauer, aber manchmal auch Erleichterung und sogar etwas Freude, dem Ganzen auf die Spur gekommen zu sein und ich fühle mich dem Ganzen nicht mehr so ausgeliefert, weil ich weiß, dass mir meine Botenstoffstörung oft hinderlich war, das zu leisten zu dem ich vielleicht in der Lage wäre, wenn ich diese nicht hätte. Und so kann ich mir etwas Mut zusprechen und ich hoffe und wünsche mir, dass das Leben für mich, die sich ein Leben lang im Halbdunkel ängstlich durch diese Welt getastet hat, nun doch noch eine Zeit im Licht bereit hält und – ich traue mich es gar nicht zu sagen – vielleicht auch mal etwas vom Sonnenschein beschert. Ich will hiermit nicht sagen, dass all die anderen ständig nur im Sonnenschein sind, aber auch nicht ständig im Halbdunkel, so wie ich es fast die meiste Zeit meines Lebens war und ständig irgendwo angeeckt bin oder nicht so sein konnte, wie ich es mir in meinem Innersten gewünscht hätte und dafür ständig beschuldigt wurde und mir Vorwürfe anhören musste. Zum Beispiel sagte der Mann: „Ich möchte eigentlich gern wissen, warum es dir nicht möglich ist, die Schmutzwäsche vom Badezimmer in die Waschküche zu bringen und diese zu waschen." Man wird dann aggressiv und denkt sich tausend Ausreden aus, warum und weshalb das so ist und ist dann durch die Vorwürfe des anderen noch mehr verletzt, weil man ja selbst nicht damit klarkommt, dass das alles so ist und man weiß doch nicht warum. Man möchte so gerne anders sein, damit man ein zufriedenes und ausgeglichenes Leben lebt, aber es geht einfach nicht. Warum? Warum?

Es sollte 40 Jahre dauern, bis ich darauf eine Antwort bekam, aber ich glaube, noch nicht zu spät; weil ein altes Sprichwort sagt, es ist nie zu spät! Ich wünsche mir für alle, die nach mir kommen und mit solchen Umständen und Problemen kämpfen, dass sie es früher für sich erkennen und behandeln lassen, wie auch immer, weil das Leben viel zu lang ist, um dies ein Leben lang durchzustehen. Und ich hoffe, dass das alles schnell geht und auch von Ärzten und Therapeuten akzeptiert wird, denn diese Leute wollen auch etwas vom Licht haben und sich nicht ein Leben lang im Halbdunkel aufhalten oder unter einer flackernden oft ganz dunklen Glühbirne. Das Schreiben hilft mir so sehr, mich mit all dem etwas zu versöhnen, denn meine Wut ist manchmal noch sehr groß auf all diejenigen, die sagen, so etwas gibt es nicht, das haben nur Kinder usw., usw.
Heute verstehe ich das und sehe dies alles aus einem anderen Blickwinkel und bin froh darüber. Und weil ich „es" weiß, wieso und warum, spüre ich manchmal die Ohnmacht gegenüber „dem" nicht mehr so stark.

5.2 Diagnostik

Im Erwachsenenalter ist es nahezu immer schwieriger, die Diagnose einer ADHS zu stellen, als im Kindesalter, da bei den Patienten ein jahrzehntelanger Anpassungsprozess an die Symptomatik stattgefunden hat. Der Untersucher muss unterscheiden zwischen Menschen, die mit der selbst gestellten Diagnose aufgrund ausführlicher Beschäftigung mit dem Krankheitsbild zu ihm kommen, und solchen, bei denen er an eine hinter emotionalen Problemen mit depressiver Grundstimmung, Impulsivität und Konzentrationsstörungen versteckte ADHS denken muss. Viel Erfahrung mit diesem Krankheitsbild ist erforderlich, wenn komorbide Störungen wie dissoziale Entwicklung, schwere Persönlichkeitsstörungen und Alkohol- und Drogenabusus im Vordergrund stehen. Anders als in den USA gibt es in Deutschland bisher nur wenige Erwachsene, die schon als Kinder diagnostiziert und behandelt wurden, so dass es zunächst wenige hilfreiche Informationen zu geben scheint.

Die Kernsymptome in Form von Aufmerksamkeits- und Konzentrationsstörungen sowie Impulsivität sind unspezifisch, häufig besteht wie eingangs erwähnt eine Komorbidität mit anderen psychischen Erkrankungen. Zur Erkennung einer ADHS ist also die Kenntnis des gesamten psychiatrischen Spektrums notwendig. Murphy und Gordon (1998) betonen, dass in den USA in einer Art Anfangseuphorie zu Beginn der 1990er Jahre bis zu 80 % der Patienten, die sich zur Diagnostik vorstellten, als Betroffene eingestuft wurden. Fünf Jahre später war das Störungsbild noch deutlich stärker in das Bewusstsein der Allgemeinbevölkerung eingegangen, die Nachfrage nach entsprechender Diagnostik und Therapie aufgrund von Selbstdiagnosen somit noch angestiegen. Der Anteil der bestätigten Diagnosen betrug jedoch nur noch 50 %. Ein Grund dürfte darin zu suchen sein, dass bei den Ärzten die Erfahrung im Umgang mit dieser Symptomatik zu einer kritischeren Selektion geführt hat.

Fallbeispiel

Eine 46-jährige Patientin stellt sich zur Abklärung der Diagnose ADHS vor, sie hat sich inzwischen sehr gut über das Krankheitsbild informiert.

Zum Zeitpunkt der Untersuchung steht eine deutliche depressive Verstimmung im Vordergrund, sie leidet außerdem unter häufigen Stimmungsschwankungen, im vergangenen Jahr waren zeitweise auch erhebliche Schlafstörungen vorhanden. In der frühen Kindheit und in der Grundschule gibt es keine Besonderheiten. Erst mit Eintritt in das Gymnasium hatte die Patientin Leistungsprobleme in Fremdsprachen. Das einschneidendste Erlebnis ihrer Jugend war der plötzliche Tod der Mutter, die verstarb, als die Patientin erst 14 Jahre alt war. Die wesentlich ältere Schwester war schon aus dem Haus gegangen, so dass sie für die anderthalb Jahre jüngere Schwester und den Vater den Haushalt versorgen und gleichzeitig auch für die Schule lernen musste. Weder über den Tod der Mutter noch über diese Form der Belastung und Überforderung einer Vierzehnjährigen wurde in der Familie ein Wort verloren, schließlich führte ein deutlicher Leistungsabfall bei den Schulnoten zu einem Wiederholungsjahr. Die Patientin kommentiert diesen Sachverhalt als ein unbewusstes „die Bremse anziehen", weil niemand ihre Not wahrnehmen wollte. Der Vater sei ein Choleriker gewesen, während der gesamten Jugendzeit sei das Verhältnis zu ihm schlecht gewesen. Der Vater habe auch nicht zulassen wollen, dass sie nach dem Abitur ein Studium beginnen konnte, sie habe sich deshalb ihren Unterhalt selbst verdienen müssen. Obwohl sie in der 12. Klasse nochmals ein Schuljahr wegen schlechter Leistungen wiederholen musste, habe sie im Studium keine Probleme gehabt, sie sei als gute Studentin in Seminaren aufgefallen, die Professoren hätten sie sogar namentlich gekannt. Nach dem Vordiplom habe sie ihr erstes Kind bekommen, anderthalb Jahre später sei die zweite Tochter geboren. Ab diesem Zeitpunkt habe sich die Beziehung zu ihrem Mann verändert, da sie feststellen musste, dass er sie über seine wirklichen Absichten und Vorstellungen von einem gemeinsamen Leben mit einer Familie immer im Ungewissen gelassen habe. Erst nach dem Auszug beider Töchter in weit entlegene Studienorte konnte sie ihre eigentlichen Lebensziele im Rahmen einer Therapie neu definieren; die finanzielle Abhängigkeit vom Ehemann, die sie lange in der Beziehung verharren ließ, schien nun für sie als freiberuflich tätige Akademikerin, die nicht mehr als Mutter gebraucht wurde und sich deshalb beruflich engagieren konnte, nicht mehr so im Vordergrund zu stehen, sie konnte sich nun auch ein Leben unabhängig von ihm vorstellen.

Aus der Anamnese ergeben sich keine Anhaltspunkte dafür, dass die Patientin an einer deutlichen ADHS-Symptomatik leidet. Lediglich die Tatsache, dass sie durch externe Stimuli leicht aus depressiven Verfassungen herausgeholt werden kann – was offensichtlich für die Psychotherapeutin Anlass zur Vorstellung unter der Verdachtsdiagnose ADHS war – lässt einen leichten Verdacht in dieser Hinsicht zu.

Bei Frauen ist die diagnostische Zuordnung schwieriger, weil die Probleme mit Unaufmerksamkeit und Konzentration nicht als schwere Beeinträchtigung geschildert werden, die Verträumtheit in Kindheit und Jugend mindern den Leidensdruck Betroffener deutlich. Der gesamte Lebenslauf und die selbstständige Leistung, neben den Aufgaben in der Familie das Studium zu beenden, sprechen nicht für die Diagnose ADHS. Die Patientin benutzt in ihrem Alltag keine Stimulanzien (Kaffee, Tee, Nikotin) im Sinne einer Selbstbehandlung, die eine Diagnose bei entsprechenden Symptomen unterstützen können. In den Selbstbefragungsinstrumenten Wender Utah Rating Scale (WURS) und Brown ADD Scales erreicht die Patientin mit 20 und 45 Punkten keine eindeutig pathologischen Werte.

Diagnostisch handelt es sich um eine neurotische Depression, vor dem Hintergrund einer bisher unzureichenden Trauerbewältigung des frühen, unerwarteten Todes der Mutter, die zu einer tief greifenden Verunsicherung der Patientin geführt hat. Es wurde ihr geraten neben der Psychotherapie auch in einem zeitlich begrenzten Rahmen eine antidepressive Pharmakotherapie durchzuführen.

Damit ist der Kernpunkt der Schwierigkeiten bei der Diagnosestellung angesprochen: Jeder Untersucher muss Erfahrung in der Beurteilung des Krankheitsbildes erwerben, um die durch ein semistrukturiertes Interview (s. Anhang 1, S. 257 ff.) erworbenen Daten richtig einordnen zu können. Dabei ist festzuhalten, dass bei der Erhebung der Anamnese im Erwachsenenalter oft keine Fremdanamnese zu erhalten ist. Die Rekonstruktion der Kindheit unterliegt Prozessen der Umwidmung im Rahmen der Erinnerung – unserer Erfahrung nach haben viele Patienten oft eine sehr undeutliche Erinnerung an ihre Kinderzeit, meistens sind genauere Angaben erst ab der Adoleszenz zu erhalten. In dieser Hinsicht sind die Kopfnoten alter Schulzeugnisse sehr aussagekräftig. Während in der Kindheit noch Eltern und Lehrer befragt werden können, ist im Erwachsenenalter eine Rückfrage bei Vorgesetzten eine diffizile Angelegenheit, weil sie zu noch mehr Problemen am Arbeitsplatz führen kann. Die fremdanamnestischen Angaben durch Lebenspartner unterliegen ebenfalls der subjektiven Bewertung, sie stellen somit auch keine objektiven Kriterien bei der Bewertung der Symptomatik dar.

Die Diagnose setzt sich demnach aus drei Komponenten zusammen:
- aktuelle Beschwerden des Patienten,
- retrospektiv zu diagnostizierende Symptome einer ADHS im Kindesalter und
- Angaben zur Familienanamnese.

5.2.1 Interview

Das klinische Interview soll einen Überblick über das Ausmaß der Beeinträchtigungen und den zeitlichen Verlauf der Beschwerden geben. Dabei muss im Erwachsenenalter berücksichtigt werden, dass nicht mehr die allen präsente Symptomkombination von Hyperaktivität, Impulsivität und Konzentrationsstörungen im Vordergrund steht, sondern dass diese Symptome im Verlauf des Lebens eine Veränderung erfahren. Einerseits, weil der Proband lernt, mit seinen Beschwerden umzugehen (Coping-Strategien); andererseits kann eine Hyperaktivität in eine Hypoaktivität umschlagen, die den Patienten in seinem Lebensgefühl nachhaltig beeinträchtigt und nicht selten der Beginn teilweise stark ausgeprägter Depressionen ist.

Eine weiterer Faktor kann ebenfalls für das Nichterkennen einer ADHS im Erwachsenenalter verantwortlich sein: Unbehandelte pubertäre Jugendliche kommen leicht mit Drogen, Nikotin und Alkohol in Berührung und können so die Erfahrung machen, dass sie damit eine Besserung ihrer Unruhe oder des reduzierten Lebensgefühls verspüren. Es ist aus Studien bekannt, dass ADHS-Patienten deutlich seltener mit dem Rauchen aufhören können als ein Normalkollektiv. Erfahrungen mit Cannabis sind nahezu die Regel und führen bei regelmäßigem Gebrauch zu erheblichen therapeutisch schwer beeinflussbaren Depressionen. Bei der Erhebung der Anamnese, die schon einen therapeutischen Effekt haben kann, ist also die vorsichtige Befragung hinsichtlich des Gebrauchs von Stimulanzien wie Koffein, Nikotin und Schokolade sowie dann in zweiter Linie von Cannabis und anderen illegalen Drogen ein wichtiger Hinweis auf eine Selbstmedikation bei Vorliegen der Diagnose.

Der zweite hilfreiche Ansatz sind Kopfnoten in alten Schulzeugnissen, in denen es häufiger Hinweise auf Unruhe, Impulsivität und Konzentrationsstörung gibt. Andererseits findet ein „nicht lärmendes" Krankheitsbild, wie es bei vielen Mädchen ohne ausgeprägte Hyperaktivität zu finden ist, oft keine Beachtung in Kopfnoten, so dass bei dieser Variante der ADHS häufig keine oder nur wenige Hinweise gegeben werden. Die Befragung der Eltern oder der Lehrer kommt nur bei jungen Erwachsenen mit guter Beziehung zu den Eltern in Frage, wobei diese oft schon selbst für die Vorstellung ihres Kindes beim Psychiater sorgen (s. Kap. 5.2.2, S. 101).

Ganz problematisch wird die Diagnose bei jungen Erwachsenen, die aus einem Elternhaus stammen, das in keiner Weise supportiv funktioniert, weil die Eltern in Folge ihrer eigenen Betroffenheit einen sozialen Abstieg hinter sich haben.In diesen Fällen ist durch eine Selbstmedikation mit Alkohol, Nikotin und Drogen die Diagnose ADHS nur noch schwer erkennbar. Gerade Jungen mit ausgeprägter Impulsivität und Hyperaktivität sind sehr gefährdet, unter der Diagnose hyperaktive Störung des Sozialverhaltens (F 90.1) eine Entwicklung zu durchlaufen, die mit der Diagnose einer antisozialen Persönlichkeitsstörung endet.

Viele halbwegs kompensierte Erwachsene haben gelernt, ihre Schwierigkeiten zu überspielen, d. h. sie erscheinen mit Beschwerden, die zunächst nicht in das Bild einer ADHS des Erwachsenenalters passen.

Fallbeispiel

Der Sohn einer Patientin war der Schrecken seiner Kindergärtnerin und hatte wegen seiner Hyperaktivität große Probleme in der Grundschule und den ersten Klassen des Gymnasiums. Er stellte sich bei mir vor, als er in der 12. Klasse zu scheitern drohte. Wenn er mir nicht aus den Schilderungen seiner Kindergärtnerin und seiner Mutter als typisches hyperaktives Kind vertraut gewesen wäre, wäre es mir sehr schwer gefallen, seine Konzentrationsstörungen als Symptom einer weiter bestehenden ADHS zu werten – vor mir saß ein sehr liebenswürdiger junger Mann mit viel Charme, er zappelte nicht und war auch ansonsten nicht auffällig. Er dissimulierte seine Probleme mit Leistungseinbußen in der Schule ganz erheblich, erst auf gezieltes Nachfragen kristallisierte sich die ADHS-Symptomatik in Form von Konzentrationsproblemen, Ablenkbarkeit und erheblichen Selbststrukturierungsproblemen heraus.

Große Unterschiede gibt es auch zwischen den Geschlechtern. Die geforderte Betroffenheit in der Kindheit ist bei Frauen oft schwer zu diagnostizieren, weil die derzeit verfügbaren diagnostischen Kriterien mehr an dem bei Jungen dominierenden kombinierten Typ mit Hyperaktivität orientiert sind und somit die im Kindesalter bei Mädchen vorhandenen Symptome schlechter erfassen. Frauen im fünften oder sechsten Lebensjahrzehnt berichten nur auf gezieltes Nachfragen, dass sie früher schon unter entsprechenden Symptomen gelitten hätten, dass sich diese aber inzwischen nicht mehr so auf ihr Leben auswirkten. Barkley fordert deshalb schon seit langem, dass bei der Veränderung der diagnostischen Kriterien im DMS-V auch die Anzahl der geforderten Symptome von sechs auf vier mit steigendem Alter reduziert wird.

Um zur Diagnose einer ADHS im Erwachsenenalter zu gelangen, verschafft man sich am besten einen Überblick über Kindheit, Schule, Berufsausbildung, Beziehungsfähigkeit, Ess- und Trinkgewohnheiten und Gebrauch legaler Stimulanzien. Die Familienanamnese ist auch deshalb sehr wichtig, weil bei der ADHS eine hohe Erblichkeit vorliegt; üblicherweise sollten also auch andere Betroffene im familiären

Umfeld zu finden sein. Häufig beginnen Erwachsene, sich mit der ADHS auseinanderzusetzen, wenn Kinder oder Enkelkinder diagnostiziert werden und Parallelen zur eigenen Biografie hergestellt werden.

Der erste diagnostische Schritt ist ein semistrukturiertes Interview (s. Anhang 1, S. 257 ff.) in Anlehnung an die Kriterien des DSM-IV. Unter Berücksichtigung dieser Kriterien (s. Tab. 5-1a bis c, S. 48 ff.) wird zunächst nach den **aktuellen Beschwerden** des Patienten gefragt. Dabei ist darauf zu achten, welche Qualität die angegebenen Symptome haben und wie lange sie existieren. Bei informierten Patienten hilft auch die Nachfrage, was sie veranlasst zu glauben, unter einer ADHS zu leiden.

Die Befragung muss insbesondere folgende Bereiche umfassen: Grad der Konzentrationsfähigkeit, Lenkung der Aufmerksamkeit, körperliche oder starke innere Unruhe, Stimmungsschwankungen, Arbeitsverhalten, intellektuelles Leistungsvermögen und erreichter Ausbildungsstand. Fragen nach Lese- und Rechenfähigkeiten sowie der Kompetenz zu lernen und Erlerntes wiederzugeben erfassen den Bereich der *Teilleistungsstörungen*.

Die *Motorik* ist häufiger in Form von Störungen der Grob- oder Feinmotorik beeinträchtigt, dies muss im Rahmen der Fragen nach Hyper- oder Hypomotorik beachtet werden.

Bei der Beurteilung der *Emotionalität* sind Fragen nach der Selbstkontrolle im Zusammenhang mit Frustrationserlebnissen sehr wichtig, eine vorhandene Impulsivität wird häufig spontan nicht berichtet. Daraus können Probleme im Bereich der *sozialen Fertigkeiten*, z.B. im Rahmen einer Partnerschaft, resultieren. Starke *Stimmungsschwankungen, Angststörungen* und erhebliche Einbußen im Bereich des *Selbstwertgefühls* werden wegen ausgeprägter Schamgefühle nicht spontan berichtet, diese Bereiche müssen deshalb durch sorgfältige Befragung abgeklärt werden. Besondere Beachtung muss auch die Frage nach *Substanzmissbrauch oder -abhängigkeit* finden; viele Patienten brauchen Zeit zur Vertrauensbildung, bevor sie bereit sind, auf diese Nachfrage wahrheitsgemäß zu antworten. Wir empfehlen deshalb, diesen Bereich nicht zu Beginn der Diagnostik abzufragen, sondern erst dann, wenn der Prozess der diagnostischen Abklärung schon weiter fortgeschritten ist. Der Aspekt des Versuchs einer Selbstbehandlung ist zu diesem Zeitpunkt besser zu vermitteln und hilft dem Patienten, sich realitätsnah mit dem Problem auseinanderzusetzen. Gefragt werden sollte auch nach Auffälligkeiten bei früheren *Narkosen*. Ein nicht seltenes Phänomen scheint bei Patienten mit ADHS eine Zunahme der Symptomatik in Form extremer motorischer Unruhe (Akathisie) nach Narkosen mit neuroleptisch wirksamen Substanzen zu sein. Eine neurochemische Erklärungsmöglichkeit hierfür wäre, dass diese in der Regel als Dopaminantagonisten wirken und somit den bei der ADHS initial bereits vorhandenen Dopaminmangel verstärken (Krause u. Krause 2006b). Als günstig hat sich nach eigenen Erfahrungen Propofol erwiesen.

Die **Kindheitsanamnese** muss Schwangerschaft, Geburt und frühkindliche Entwicklung umfassen; verzögerter Beginn von Laufen und Sprechen sind Hinweise auf Teilleistungsstörungen. Bei frühem Beginn in der Kindheit sind häufig schon Auffälligkeiten in Form von nächtlichem Schreien und Gedeihstörungen vorhanden, erste Anpassungsstörungen werden aus der Kindergartenzeit berichtet. Bei den meisten

Patienten sind *Anpassungs- und Lernschwierigkeiten* jedoch erst in der Grundschulzeit evident, eine diagnostische Einordnung der Symptome als Ausdruck einer ADHS hat meist nicht stattgefunden. Bei der Erhebung der Kindheitsanamnese kann die aus dieser Zeit berichtete *Hyperaktivität* den Untersucher verwirren, weil sie sich aktuell höchstens noch in Form von Unruhe der Hände und Füße äußert. In der Untersuchungssituation kann die Fokussierung eine Verminderung der im Alltagsleben zu beobachtenden motorischen Symptome verursachen, so dass eine Fehleinschätzung der motorischen Unruhe resultiert.

Schwieriger ist die Situation, wenn keine Hyperaktivität vorhanden war. Tagträumereien und Bewegungsfaulheit werden häufiger von Frauen berichtet – sie werden erst im Rahmen der pubertären Entwicklung wegen unerwarteter Impulsivität und ausgeprägter Verweigerungshaltung auffällig. Es muss danach gefragt werden, ob die Eltern wegen Schul- und/oder Erziehungsproblemen professionelle Hilfe gesucht haben; ein fehlender Hinweis auf Schwierigkeiten in der Schule und/oder bei der Bewältigung der Hausaufgaben ist schon nahezu ein Ausschlusskriterium für die Diagnose ADHS.

Die Angaben zur **Familienanamnese** sind deshalb besonders wichtig, weil nach dem derzeitigen Stand der Wissenschaft von einer *genetischen Disposition* ausgegangen werden muss. Die Befragung muss unbedingt die Entwicklung der eigenen Geschwister, aber auch die der gesamten Familien der Eltern in sozialer und beruflicher Hinsicht umfassen. Beruflich relativ erfolgreiche Patienten haben häufiger Geschwister, die eine dissoziale Entwicklung durchlaufen haben; spontan wird von „schwarzen Schafen" ungern berichtet, die Loyalität gegenüber der Familie ist auch im Erwachsenenalter oft noch stark ausgeprägt. Nach unserer Erfahrung sind diese Angaben für die Diagnose im Erwachsenenalter besonders hilfreich, da Hinweise auf das Vorliegen einer ADHS in vorhergehenden Generationen die Einordnung erleichtern. Aufgrund der bekannten genetischen Determination der Störung muss bei in dieser Hinsicht leerer Familienanamnese vor der Diagnosestellung eine besonders kritische Würdigung der Symptomatik erfolgen.

Zusammenfassend sollten im Interview folgende wichtige Aspekte enthalten sein:
* **Psychische Beschwerden** (Beginn und Ausmaß):
  – Konzentrationsfähigkeit (Aufmerksamkeitsmangel oder Hyperfokussierung)
  – Lenkung der Aufmerksamkeit
  – Reizoffenheit für optische, akustische und sonstige sensorische Stimuli
  – körperliche oder innere Unruhe
  – starke Stimmungsschwankungen
  – ausgeprägte Ängstlichkeit
* **Momentane Beschäftigung**:
  – Fähigkeit zur Koordinierung von Arbeitsabläufen
  – Missverhältnis zwischen erzielter und möglicher Arbeitsleistung
  – Unfähigkeit, Projekte nach Wichtigkeit zu ordnen und im vorgegebenem Zeitrahmen fertig zu stellen (Zeitmanagement)
  – Gefühl, zu wenig erledigt zu haben, nie fertig zu werden

- **Kindheit und Jugendzeit**:
  - bei Männern häufig körperliche Unruhe, die sich nach der Pubertät nicht mehr zeigen muss
  - schon früh empfundenes Gefühl des Andersseins (besonders von Frauen geschildert)
  - wenige langfristige Freundschaften, Ablehnung durch Gleichaltrige
  - gehäufte Unfälle bei hyperaktiven (sensation seeking) und motorisch ungeschickten Patienten
  - seelische Traumen durch Missbrauch, Verlust- oder Gewalterfahrung
- **Schule und Ausbildung**:
  - Schulzeugnisse (Bemerkungen)
  - Lernstörungen (Legasthenie, Dyskalkulie)
  - Verweise, Disziplinarstrafen, vorzeitiger Abbruch des Schulbesuchs
  - Angaben zum Ausbildungsverlauf
- **Gesundheit** einschließlich fremdanamnestischer Angaben über Schwangerschaft und Geburt:
  - Schwangerschaftsverlauf und Geburt
  - Substanzmissbrauch der Mutter während der Schwangerschaft (z. B. Nikotin und Alkohol)
  - Missbrauch von Alkohol, THC, Nikotin, weiteren Drogen und Medikamenten, Erfahrung mit der „paradoxen Reaktion" auf stimulierende Substanzen und Problemen mit Narkosen
  - Schlafstörungen
- **Familienanamnese** zu eigenen Kindern, Geschwistern, Eltern und Geschwistern der Eltern:
  - psychische Auffälligkeiten wie beispielsweise Depression, Angststörungen, Abhängigkeitserkrankungen, Suizidversuche und Delinquenz, ADHS bei diesen Angehörigen
- **Soziales Umfeld**:
  - Partner- und Elternschaft
  - Ablehnung wegen Unfähigkeit, sich in soziale Gemeinschaften einzufügen
  - keine Freundschaften mit anderen Familien wegen chaotischer und lärmender Lebensweise
  - wegen impulsiven, unangemessenen Verhaltens am Arbeitsplatz häufige Differenzen mit Vorgesetzten
  - häufiger Wechsel des Arbeitsplatzes wegen wechselnden Leistungsverhaltens
- **Vorausgegangene Behandlungen**:
  - häufig mehrere psychotherapeutische Verfahren ausprobiert, wegen betroffener Kinder auch Familien- oder Paartherapie
  - schlechte Erfahrungen mit vorausgegangenen medikamentösen Behandlungen

Fremdanamnese

Ganz wesentlich sind in diesem Zusammenhang die fremdanamnestischen Angaben von Eltern und Lehrern – leider sind sie bei Erwachsenen häufig nicht verfügbar. Gute Hinweise können die Beurteilungen in alten Schulzeugnissen sein, die Auskunft über das Verhalten in der Schulzeit geben. Als typisches Beispiel eines solchen Kommentars kann das Zeugnis Heinrich Hoffmanns, des vermutlich selbst betroffenen Autors des „Zappelphilipps", aus dem Jahr 1826 angesehen werden: „... könnte mit größerm Ernst und geregelterm Fleiß seine Gaben besser anwenden" (Krause u. Krause 1998b). Ein weiteres aufschlussreiches Beispiel stellen die Zeugnisse von zweieiigen Zwillingsschwestern dar, in denen sehr klar zum Ausdruck kommt, dass die eine Schwester unter Hyperaktivität und Ablenkbarkeit leidet und somit dem Mischtypus entspricht, während die andere durch ihre Unaufmerksamkeit und mangelhafte Teilnahme am Unterricht auffällt und somit dem unaufmerksamen Typus zuzurechnen ist (vgl. Abb. 5-1).

Die retrospektive Diagnose einer ADHS ohne nennenswerte Hyperaktivität im Kindesalter – diese Variante findet sich häufiger bei weiblichen Betroffenen (Ratey et al. 1992) – ist besonders schwierig (Brown 1995). Hinweise auf die retrospektive Diagnose einer ADHS im Kindesalter kann ein Fragenkatalog geben, der der Mutter des Betroffenen vorgelegt wird oder – falls diese nicht zur Verfügung steht – dem Vater oder einem sonstigen älteren Verwandten, der die Entwicklung in der Kindheit zwischen dem sechsten und zehnten Lebensjahr beurteilen kann. In Anlehnung an die „Conners Abbreviated Rating Scale" entwickelte Wender zu diesem Zweck die „Parents Rating Scale" (Wender 1995; vgl. Tab. 5-2). Eine Erkrankung ist dann wahrscheinlich, wenn ein Score von zwölf und mehr erreicht wird.

Selbstbeurteilungsskalen

Falls keine Verwandten befragt werden können, ist man auf die Angaben des Patienten selbst bezüglich der Einschätzung im Kindesalter angewiesen. Hierzu wurde die **„Wender Utah Rating Scale" (WURS)** entwickelt (Ward et al. 1993), deren Reliabilität in einer groß angelegten Studie bestätigt wurde (Stein et al. 1995). Eine Auflistung der anamnestischen Angaben, die in der Untersuchung von Ward et al. (1993) am deutlichsten von denen eines Kontrollkollektivs abwichen, findet sich in Tabelle 5-3. Einen Gesamtscore von 36 und mehr bei der Beantwortung der 25 Fragen wiesen 96 % der Patienten mit ADHS auf, umgekehrt lagen 96 % der Normalpersonen unter diesem Wert (Ward et al. 1993). Retz-Junginger et al. (2002; 2003) schlugen vor, einige Fragen aus diesem Katalog zu streichen und dafür vier dem Konstrukt der ADHS entgegenstehende Items zur Kontrolle des Antwortverhaltens einzufügen (Wender-Utah-Rating-Scale-Kurzform, WURS-k). Dieses Vorgehen hat den Nach-

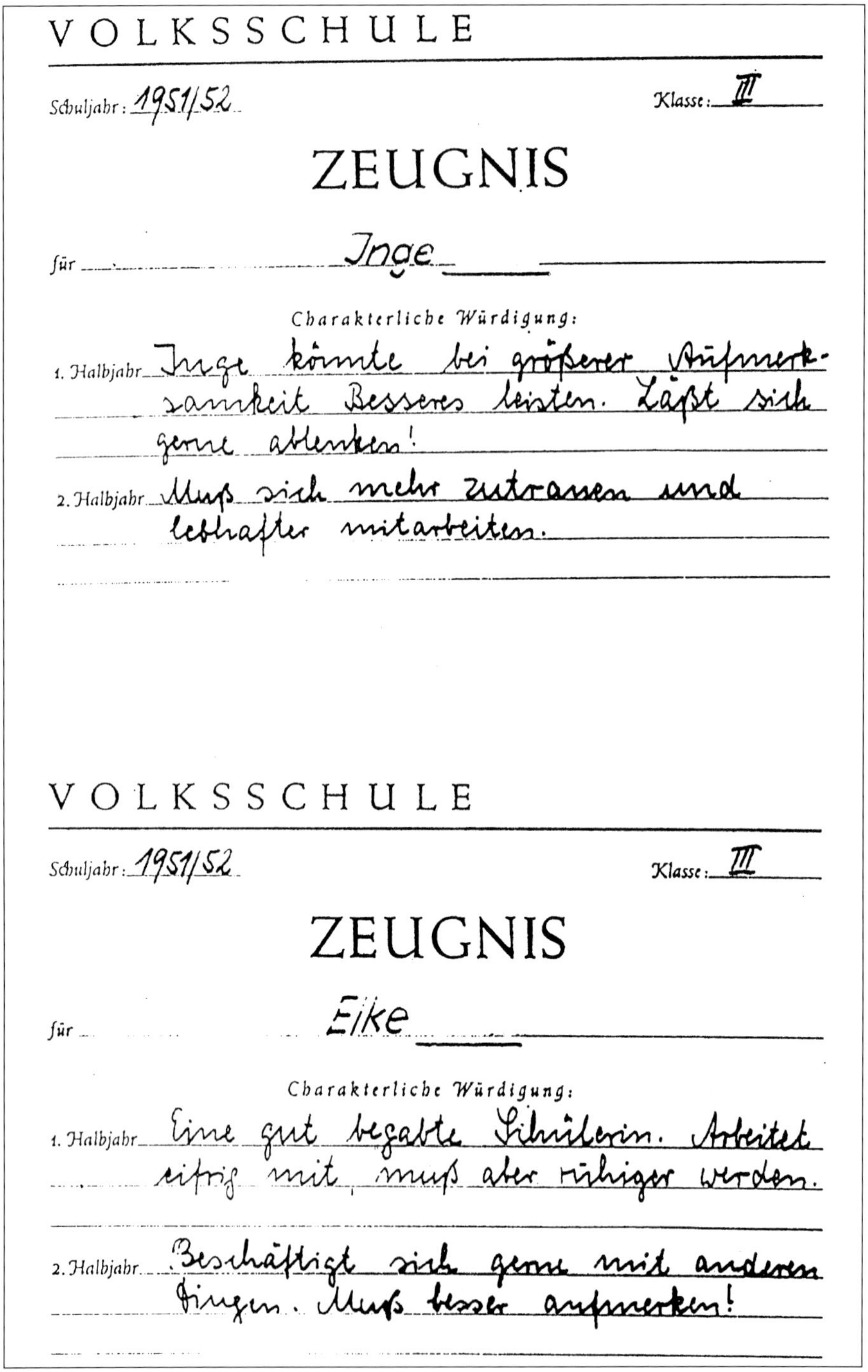

VOLKSSCHULE

Schuljahr: 1951/52 Klasse: III

ZEUGNIS

für Inge

Charakterliche Würdigung:

1. Halbjahr: Inge könnte bei größerer Aufmerksamkeit Besseres leisten. Läßt sich gerne ablenken!

2. Halbjahr: Muß sich mehr zutrauen und lebhafter mitarbeiten.

VOLKSSCHULE

Schuljahr: 1951/52 Klasse: III

ZEUGNIS

für Eike

Charakterliche Würdigung:

1. Halbjahr: Eine gut begabte Schülerin. Arbeitet eifrig mit, muß aber ruhiger werden.

2. Halbjahr: Beschäftigt sich gerne mit anderen Dingen. Muß besser aufmerken!

Abb. 5-1 Zeugnisse eines zweieiigen Zwillingspaares mit Symptomen der Aufmerksamkeitsstörung (oben) und der Hyperaktivität (unten).

Tab. 5-2 Elternbeurteilungsbogen* (in Anlehnung an die Parents' Rating Scale; nach Wender 1995).

Beurteilen Sie bitte, inwieweit Ihre Tochter/Ihr Sohn zwischen dem Alter von 6 und 10 Jahren folgende Verhaltensweisen aufwies:
1. unruhig-überaktiv
2. erregbar-impulsiv
3. störte andere Kinder
4. fing etwas an und führte es nicht zu Ende, kurze Aufmerksamkeitsspanne
5. zappelte dauernd
6. leicht abgelenkt
7. Wünsche mussten sofort erfüllt werden, war leicht zu frustrieren
8. weinte häufig
9. Stimmung wechselte rasch und extrem
10. neigte zu Wutausbrüchen und unvorhersagbarem Verhalten

Antwortkategorien: gar nicht = 0, etwas = 1, deutlich = 2, sehr viel = 3
ADHS wahrscheinlich bei Gesamt-Score ≥ 12

* Auszufüllen von der Mutter des Patienten (falls diese nicht zur Verfügung steht, vom Vater)

teil, dass die festgestellten Werte für dieses bewährte und in fast allen Studien eingesetzte diagnostische Instrument mit den Angaben in der internationalen Literatur nicht mehr vergleichbar wären (Krause 2003b), so dass zumindest bei wissenschaftlichen Untersuchungen und Therapiestudien die Anwendung der bewährten ursprünglichen Form mit den 25 in Tabelle 5-3 aufgeführten Items zu empfehlen ist.

Neben den Skalen, die die Betroffenheit im Kindesalter anzeigen sollen, wurden Selbstbeurteilungsbogen zur Erfassung der aktuellen Symptome im Erwachsenenalter entwickelt. Die 40 Items der **„Brown ADD Scales"** (Brown 1996), die gemäß ihrer Häufigkeit in vier Stufen von „nicht vorhanden" über „einmal" und „zweimal pro Woche" bis „fast täglich" eingeschätzt werden, sollen speziell fünf der bei ADHS betroffenen Dimensionen erfassen:
- Arbeitsorganisation und Aktivierung
- Aufrechterhaltung von Aufmerksamkeit und Konzentration
- Durchhaltevermögen
- Umgang mit Affekten
- Erinnerungsvermögen und Gebrauch des Arbeitsgedächtnisses

Es werden mit dieser Skala also vor allem Patienten mit Symptomen des kombinierten Typs sowie des unaufmerksamen Typs der ADHS, weniger dagegen des motorisch/impulsiven Typs erfasst. Solanto et al. (2004) fanden keine ausreichende Sensitivität und Spezifität dieses Tests bei ihren Patienten; dies galt auch für den Continuous Performance Test (CPT).

In der von Triolo und Murphy (1996) entwickelten **„Attention-Deficit Scale for Adults" (ADSA)** werden durch die Beantwortung von 54 Fragen, die in fünf Stufen

Tab. 5-3 Übersicht über die von Erwachsenen mit ADHS retrospektiv am häufigsten beklagten Symptome (in Anlehnung an die „Wender Utah Rating Scale", WURS; nach Ward et al. 1993).

Als Kind im Alter zwischen 6 und 10 Jahren war ich (oder hatte ich)

1. Konzentrationsprobleme, leicht ablenkbar
2. ängstlich, besorgt
3. nervös, zappelig
4. unaufmerksam, verträumt
5. rasch wütend, aufbrausend
6. Wutanfälle, Gefühlsausbrüche
7. geringes Durchhaltevermögen (Abbrechen von Tätigkeiten vor deren Beendigung)
8. hartnäckig, willensstark
9. oft traurig, depressiv, unglücklich
10. ungehorsam, rebellisch, aufsässig
11. geringes Selbstwertgefühl, niedrige Selbsteinschätzung
12. leicht zu irritieren
13. starke Stimmungsschwankungen
14. häufig ärgerlich
15. impulsiv (Handeln ohne nachzudenken)
16. Tendenz zu Unreife
17. häufige Schuld- und Reuegefühle
18. Verlust der Selbstkontrolle
19. Neigung zu unvernünftigen Handlungen
20. Probleme mit anderen Kindern (keine langen Freundschaften, schlechtes Auskommen mit anderen Kindern)
21. Unfähigkeit, Dinge vom Standpunkt des Anderen aus zu betrachten
22. Probleme mit Autoritäten (Ärger in der Schule mit den Lehrern, Vorladungen beim Schuldirektor)
23. insgesamt mäßiger Schüler mit langsamem Lerntempo
24. Probleme mit Zahlen und Rechnen
25. meine Möglichkeiten nicht ausgeschöpft

Antwortkategorien: nicht/ganz gering = 0, gering = 1, mäßig = 2, deutlich = 3, stark ausgeprägt = 4
ADHS wahrscheinlich bei Gesamt-Score ≥ 36

gemäß ihrer Häufigkeit abgefragt werden (nie, selten, manchmal, oft, immer) neben dem Gesamt-Score neun Subskalen bewertet:
- Aufmerksamkeit/Konzentration
- zwischenmenschliche Beziehung
- motorische Unruhe/geringe Selbstorganisation
- körperliche Koordination
- intellektuelle Ressourcen
- emotionale Labilität
- langfristige Handlungsplanung
- Kindheit/Beginn
- dissoziales Verhalten

In den USA am besten validiert erscheinen die „**Conners Adult ADHD Rating Sca-
les**" (**CAARS**; Conners et al. 1999); der Langtest besteht aus 66 Fragen, die in vier
Stufen (nie, manchmal, häufig, sehr häufig) beantwortet werden und Aufschluss
über acht diagnostische Kriterien geben:
A: Unaufmerksamkeit und Gedächtnisprobleme
B: Hyperaktivität und Unruhe
C: Impulsivität und Labilität
D: Probleme mit dem Selbstkonzept
E: Symptome des Aufmerksamkeitsdefizits gemäß DSM-IV
F: Symptome der Hyperaktivität und Impulsivität gemäß DSM-IV
G: ADHD-Gesamtsymptome nach DSM-IV
H: ADHD-Index

Es existieren zusätzlich eine Kurzversion mit 26 Items sowie eine Screening-Version
mit 30 Fragen. Die Auswertung erfolgt getrennt nach Geschlecht und Lebensalter.
Ein besonderer Vorteil ist, dass gleichartige validierte Erhebungsbögen auch für eine
Fremdbeurteilung zur Verfügung stehen. Validität und Reliabilität der CAARS bestätigten sich auch in neueren Untersuchungen (Adler et al. 2008a).

2003 wurde die „**Adult-ADHD-Self-Report-Scale-v1.1**" (**ASRS-v1.1**) als Instrument für die Erfassung von ADHS im Erwachsenenalter von der WHO autorisiert;
diese 18 Fragen orientieren sich streng am DSM-IV (Murphy u. Adler 2004). Die
ASRS ist im Internet frei zugänglich (www.med.nyu.edu/psych/assets/adhdscreen18.
pdf). In Tabelle 5-4 wird eine deutsche Übersetzung dieser Skala gegeben.
   Als rasches Screening-Instrument wird eine Kurzform mit den ersten sechs Fragen empfohlen (ASRS-V1.1 Screener), die in einer von der WHO veröffentlichten
deutschen Fassung vorliegt (http://www.hcp.med.harvard.edu/ncs/ftpdir/adhd/6Q-
German.pdf). Der Verdacht auf eine ADHS besteht, wenn mehr als drei Items positiv (im grauen Bereich) sind. Erstaunlicherweise schnitt die Kurzform der ASRS bei
einem Vergleich von 154 Erwachsenen mit ADHS hinsichtlich Spezifität und Sensitivität besser ab als die Langform (Kessler et al. 2005b).
   Neben der Selbstbeurteilungsskala existieren für Untersucher vorgesehene, im
Prinzip ganz ähnliche Versionen (Adult Investigator Symptom Report Scale [AISRS]
und Adult ADHD Clinician Diagnostic Scale [ACDS]) (Lenard Adler, Adult ADHD
Program, New York University, lenard.adler@med.nyu.edu).
   Ähnlich wie in der ASRS operationalisierten Rösler et al. (2004a; 2008) die diagnostischen Kriterien des DSM-IV (ADHS-Selbstbeurteilungsskala und ADHS-Di-
agnosecheckliste).
   Für die in den USA entwickelten Selbstbeurteilungsskalen liegen bisher nur amerikanische Normierungen vor; die Verwendung in Deutschland erscheint jedoch ge-
rechtfertigt, nachdem sich bei entsprechenden Validierungen im Kindes- und Jugendalter im internationalen Vergleich keine kategorialen sondern allenfalls leichte
dimensionale Unterschiede ergeben haben.
   Hinsichtlich der Validität solcher Selbstbeurteilungsskalen fanden Murphy und
Schachar (2000), dass sich die Angaben von Erwachsenen gut mit Fremdbeobach-

Tab. 5-4 Deutsche Übersetzung der Adult-ADHD-Self-Report-Scale (ASRS); die Fragen beziehen sich auf das letzte halbe Jahr. Wenn vier oder mehr dunkle Felder bei den ersten sechs Fragen, die sich als die sensitivsten beim Vorliegen einer ADHS im Erwachsenenalter herausstellten, angekreuzt werden, ist die Wahrscheinlichkeit einer ADHS sehr hoch; die Antworten auf die übrigen zwölf Fragen geben weitere Aufschlüsse über beim Patienten vorliegende Symptome, wobei hierfür von den Autoren keine quantitativen diagnostischen Grenzwerte angegeben werden.

	nie	selten	manch-mal	oft	sehr oft
1. Wie oft haben Sie Ärger damit, die letzten Details eines Projektes zu erledigen, sobald die Anteile, die eine Herausforderung darstellen, erledigt sind?					
2. Wie oft haben Sie Schwierigkeiten, Dinge auf die Reihe zu bringen, wenn Sie eine Aufgabe zu erledigen haben, die Organisation erfordert?					
3. Wie oft haben Sie Probleme, sich an Termine oder Verpflichtungen zu erinnern?					
4. Wenn Sie eine Aufgabe haben, die viel Überlegung erfordert, wie oft vermeiden oder verzögern Sie den Beginn?					
5. Wie oft zappeln Sie herum oder verknoten Hände oder Füße, wenn Sie längere Zeit still sitzen müssen?					
6. Wie oft fühlen Sie sich übermäßig aktiv und genötigt, Dinge zu tun, als ob Sie von einem Motor angetrieben würden?					
7. Wie oft machen Sie Flüchtigkeitsfehler, wenn Sie an langweiligen oder schwierigen Projekten arbeiten?					
8. Wie oft haben Sie Schwierigkeiten, Ihre Aufmerksamkeit bei langweiligen oder sich wiederholenden Arbeiten aufrechtzuerhalten?					
9. Wie oft haben Sie Probleme, sich auf das zu konzentrieren, was man Ihnen sagt, sogar dann, wenn Sie direkt angesprochen werden?					
10. Wie oft verlegen Sie zu Hause oder bei der Arbeit Gegenstände oder haben Probleme, Dinge wiederzufinden?					
11. Wie oft sind Sie durch Aktivitäten oder Geräusche in Ihrer Umgebung abgelenkt?					
12. Wie oft verlassen Sie Ihren Platz in Meetings oder anderen Situationen, in denen von Ihnen erwartet wird, dass Sie sitzen bleiben?					

Tab. 5-4 Deutsche Übersetzung der Adult-ADHD-Self-Report-Scale (ASRS); die Fragen beziehen sich auf das letzte halbe Jahr. Wenn vier oder mehr dunkle Felder bei den ersten sechs Fragen, die sich als die sensitivsten beim Vorliegen einer ADHS im Erwachsenenalter herausstellten, angekreuzt werden, ist die Wahrscheinlichkeit einer ADHS sehr hoch; die Antworten auf die übrigen zwölf Fragen geben weitere Aufschlüsse über beim Patienten vorliegende Symptome, wobei hierfür von den Autoren keine quantitativen diagnostischen Grenzwerte angegeben werden. *(Fortsetzung)*

	nie	selten	manch-mal	oft	sehr oft
13. Wie oft fühlen Sie sich unruhig oder zappelig?					
14. Wie oft haben Sie Schwierigkeiten, zu entspan-nen und zur Ruhe zu kommen, wenn Sie Zeit für sich haben?					
15. Wie oft haben Sie den Eindruck, dass Sie beim Kontakt mit Anderen zu viel reden?					
16. Wenn Sie ein Gespräch führen, wie oft stellen Sie fest, dass Sie selbst die Sätze Ihrer Ge-sprächspartner beenden, bevor diese sie selbst beenden können?					
17. Wie oft haben Sie Schwierigkeiten, in Situati-onen zu warten, in denen verlangt wird abzu-warten, bis Sie an der Reihe sind?					
18. Wie oft unterbrechen Sie Andere, wenn diese beschäftigt sind?					

tungen bezüglich Kindheit und aktueller Symptomatik decken. In der Milwaukee-Studie schätzte sich allerdings nur noch 5 % des Kollektivs, das in der Kindheit unter einer ADHS gelitten hatte, als weiterhin betroffen ein, während die Eltern Raten von 46 % angaben (Barkley et al. 2002a). Bei Berücksichtigung des Schwerpunkts der Symptomatik scheint

• bei eher zwanghaften unaufmerksamen Betroffenen eine ausgeprägte Verleug-nungshaltung zu bestehen, was zu einer falsch negativen Bewertung der Sympto-matik führt,

• während bei Unaufmerksamen mit histrionischen Anteilen oft eine große Diskre-panz zwischen der unergiebigen retrograden Betrachtung und der aktuellen Symptomatik besteht und somit die diagnostische Forderung „Beginn in der Kindheit" nicht eindeutig erfüllt werden kann.

• Für die Erfassung der Lebensqualität von erwachsenen ADHS-Patienten in The-rapiestudien hat sich eine Kurzform der „Quality of Life Enjoyment and Satisfac-tion Questionnaire-Short Form" (Q-LES-QSF) bewährt (Mick et al. 2008).

5.2.4 **Testpsychologische Untersuchungen**

Neuropsychologische Testuntersuchungen sind geeignet, die unterschiedlichen Ausprägungen von Störungsbereichen im Rahmen der ADHS zu untersuchen – die Diagnose selbst kann jedoch nicht aufgrund solcher Ergebnisse gestellt werden, zumal auch im angloamerikanischen Raum noch keine Tests existieren, die speziell zur Diagnostik der ADHS entwickelt wurden (Gallagher u. Blader 2001; Sobanski u. Alm 2004). Barkley (1998) führt in diesem Zusammenhang aus, dass alle psychologischen Testungen nur als unterstützende Maßnahmen einer sich aus Kindheitsgeschichte, Krankheitsanamnese, Selbstbefragungsskalen und sorgfältiger Analyse der aktuellen Fähigkeiten schon gestellten Diagnose betrachtet werden dürfen. Resultat einer Metaanalyse aus der Abteilung für klinische Psychologie der Psychiatrischen Universitätsklinik München bezüglich neuropsychologischer Leistungstests von Erwachsenen mit ADHS ist, dass im Gegensatz zu den Beobachtungen bei Kindern die exekutiven Funktionen nicht generell beeinträchtigt sind; am meisten unterscheiden sich danach ADHS-Betroffene und Kontrollpersonen in komplexen Aufmerksamkeitstests und im verbalen Erinnerungsvermögen (Schöchlin u. Engel 2005). Diese Analyse bestätigt erneut, dass die ADHS primär eine klinische Diagnose ist.

Testungen können insbesondere nützlich sein, um das Arbeitsverhalten eines betroffenen Patienten und seine individuellen Möglichkeiten zu erfassen.

Die psychologische Testung Betroffener sollte
- Dauerkonzentration,
- Konzentration auf Details,
- Koordination der Motorik,
- Arbeitsgeschwindigkeit,
- Abstraktionsfähigkeit,
- sprachliche Ausdrucksfähigkeit,
- Arbeitsgedächtnis und
- Planung und Durchführung von Arbeiten

umfassen. Unterschiede zu Kontrollpersonen wurden vor allen Dingen im Bereich der Aufmerksamkeit und der Geschwindigkeit von Verarbeitungsprozessen bei Testung mit CPT (s. Kap. 4.1, S. 18), „California Verbal Learning Test" (CVLT; Delis et al. 1987) und „Wisconsin Card Sorting Test" (WCST; Heaton 1981) gefunden. Beim CPT ist die Spezifität bei der Abgrenzung zwischen Erwachsenen mit ADHS und einem Kontrollkollektiv allerdings sehr gering, zum Teil fanden sich gar keine Unterschiede (Solanto et al. 2004). Eine signifikante Besserung initial beeinträchtigter Aufmerksamkeitsleistungen nach Einnahme von Methylphenidat fanden Tucha et al. (2006) bei Erwachsenen mit ADHS in einer kontrollierten Studie.

Bei der Testung muss der Schwerpunkt auf Tests liegen, die besonders geteilte Aufmerksamkeit und Dauerbelastbarkeit in subjektiv als langweilig erlebten Situationen erfassen, weil bei nur kurzzeitig zu prüfenden Konzentrationsleistungen eine Hyperfokussierung im Rahmen der Testsituation häufig zu guten Ergebnissen führt, die ganz im Gegensatz zu den geklagten Konzentrationsproblemen im Alltagsleben stehen (Brown 2000). Wie oben ausgeführt wurde, scheinen die Tests zur Erfassung

der kontinuierlichen Aufmerksamkeitsleistung wie „Test of Variable Attention"
(TOVA; Greenberg u. Dupuy 1993) oder „Gordon Diagnostic System" (Gordon
1983) eine gewisse diagnostische Aussage zu ermöglichen; sie wurden ursprünglich
für die Diagnostik von organischen Hirnschäden entwickelt. Weitere für die Diagnostik im Erwachsenenalter empfohlene Testuntersuchungen sind der Konzentra-
tionsleistungstest-Revised (KLT-R), mit dem Daueraufmerksamkeit über 20 Minuten und Arbeitsgedächtnis erfasst werden, der Trail-Making-Test (TMT) Teil A und
B, mit dem Wahrnehmungsgeschwindigkeit und Fähigkeit zur geteilten Aufmerksamkeit überprüft werden, sowie der Farb-Wort-Interferenztest nach Stroop, mit
dem die Fähigkeit zur selektiven Aufmerksamkeit beurteilt werden kann (Sobanski
u. Alm 2003).

Generell ist bei der Durchführung dieser Tests mit einer hohen Rate falsch negativer Ergebnisse bei ADHS im Erwachsenenalter zu rechnen.

6   Komorbiditäten und Differenzial-diagnose

6.1   Allgemeine Aspekte

Während im **Kindesalter** differenzialdiagnostisch von der ADHS in erster Linie besonders lebhaftes Verhalten als Normvariante, Verhaltensauffälligkeiten aufgrund einer ungünstigen sozialen Entwicklung oder eines gestörten Milieus, oppositionelles Verhalten, geistige Behinderung, organische Hirnschäden, Hör- und Sehstörungen, isolierte Teilleistungsstörungen, Allergien mit der hiermit oft verbundenen motorischen Unruhe, Anfallskrankheiten wie Pyknolepsie, Tic-Erkrankungen wie Tourette-Syndrom (häufige Komorbidität!, s. Kap. 6.11, S. 166 ff.) sowie Chorea und das Syndrom des fragilen X-Chromosoms zu unterscheiden sind, sind beim **Erwachsenen** vor allem
- affektive Störungen,
- Angststörungen und
- Persönlichkeitsstörungen

von der ADHS abzugrenzen; häufige Komorbiditäten mit diesen Krankheitsbildern sind hierbei zu beachten.

Gerade im Bereich der Diagnostik der Persönlichkeitsstörungen ist die Beachtung der Diagnose ADHS als mögliche Differenzialdiagnose oder Komorbidität besonders wichtig, da hier unserer Ansicht nach die häufigsten Fehldiagnosen zu finden sind. Im Gegensatz zu dem bei Persönlichkeitsstörungen zu erwartenden Ich-syntonen Erleben von normverletzendem Verhalten berichten Patienten mit ADHS von einem intensiv erlebten Gefühl des Andersseins, das sie schon früh – spätestens ab der Pubertät – deutlich wahrgenommen haben. Sie empfinden sich meistens als Außenseiter und bewegen sich häufig in sozialen Randgruppen. Oft ergeben sich differenzialdiagnostische Probleme wegen der Überschneidung von Symptomen der ADHS mit denen von Persönlichkeitsstörungen:
- So werden beispielsweise bei der Beschreibung der zwanghaften Persönlichkeitsstörung auch für Patienten mit ADHS typische Symptome besonders hervorgehoben – nämlich die Unfähigkeit, zwischen Wichtigem und Unwichtigem zu un-

terscheiden, eine scheinbare emotionale Autarkie, die im Gegensatz steht zu einer Vermeidung autonomer Handlungen, sowie das Gefühl inneren Getriebenseins (Hoffmann u. Hochapfel 1999).

- Die histrionische Persönlichkeitsstörung kennzeichnet ein theatralisches und ein emotional aufdringliches Verhalten, das ebenfalls bei Patienten mit ADHS vom Mischtypus anzutreffen ist.
- Bei der emotional instabilen Persönlichkeitsstörung mit impulsiver Kontrollstörung gibt es Überschneidungen mit ADHS-Symptomen.

Dies führt aus unserer Sicht zu der verwirrenden Situation, dass nicht die Diskussion um eine Verifizierung dieser schwierigen diagnostischen Abgrenzung im Vordergrund steht, sondern ein ideologischer Streit um die Frage entbrennt, ob einer Medikation oder psychotherapeutischen Ansätzen bei der Behandlung von ADHS der Vorrang zu geben ist.

Tress et al. (2002) führen dazu in den Leitlinien zur Behandlung von Persönlichkeitsstörungen aus, dass eine Pharmakotherapie weitgehend unbeeinflusst von der diagnostisch-klassifikatorischen Einordnung der jeweiligen Persönlichkeitsstörung eine symptomspezifische Behandlung bleibt. Diese diagnostischen Einteilungen konnten das Krankheitsbild ADHS nicht berücksichtigen, weil bis dahin noch keine Leitlinien für diese Störung im Erwachsenenalter in Deutschland existierten. Sicher wird es in der näheren Zukunft noch weiterhin viele Patienten geben, deren Symptome als Persönlichkeitsstörung diagnostiziert werden und bei denen deshalb eine zusätzliche adäquate Pharmakotherapie mit Stimulanzien unterbleibt, die bei schwerer Betroffenen für ein gutes Behandlungsergebnis zwingend notwendig ist. Viele Psychiater und Psychotherapeuten haben bis heute starke Vorbehalte gegenüber der biologisch orientierten Sichtweise; sie werden sich nur zögerlich mit dem Störungsbild der ADHS als stark genetisch determinierter Erkrankung anfreunden können, da die Diagnose einer emotional instabilen Persönlichkeitsstörung aus ihrer Sicht ausreichende Erklärungsansätze auf der Basis einer Traumatheorie anbietet.

Zu bedenken ist weiterhin, dass Störungen im sozialen Bereich oft auch beim alleinigen Vorliegen einer ADHS durch die mangelhafte Selbstkontrolle bedingt sein können.

Auf organischer Seite müssen speziell
- hyper- oder hypothyreote Stoffwechsellagen,
- Restless-legs-Syndrom,
- Vigilanzstörungen bei Beeinträchtigungen der Schlaf-Wach-Regulation,
- posttraumatische, postenzephalitische und raumfordernde zerebrale Störungen und
- das Vorliegen eines Anfallsleidens mit Absencen oder komplexen partiellen Anfällen

ausgeschlossen werden (Krause et al. 1999; Lavenstein 1995; s. Tab. 6-1).

Nicht zu diagnostizieren ist eine ADHS, wenn die Störungen ausschließlich im Zusammenhang mit der Einnahme von Medikamenten wie Bronchospasmolytika, Isoniazid, Neuroleptika, Benzodiazepinen, Antiepileptika oder Antihistaminika auftreten.

Tab. 6-1 Differenzialdiagnose der ADHS.

	Aufmerksam-keitsstörung	Motorische Unruhe	Impulsi-vität	Logorrhö	Gestörtes Sozialver-halten
Lebhaftes und impulsives Verhalten als Normvariante		+	+	+	(+)
Frühkindliche Hirnschädigung	+	+	+	+	+
Teilleistungsstörungen	+	(+)	(+)	(+)	(+)
Epilepsie mit Absencen	+				
Tic-Erkrankungen		+			(+)
Chorea		+			
Posttraumatische, postenzephalitische und raumfordernde zerebrale Störungen	+	+	+	+	
Hyperthyreose	(+)	+			
Hypothyreose	+				
Restless-legs-Syndrom		+			
Störungen der Schlaf-Wach-Regulation	+				
Suchtmittelabusus	+	+	+	+	(+)
Medikamenten-Nebenwirkungen	+	+	(+)	(+)	
Allergien, juckende Ekzeme		+			
Depression	+				(+)
Agitierte Depression, Manie	+	+	+	+	+
Persönlichkeitsstörungen	(+)		+	(+)	+

Für Diagnostik und Therapie der ADHS im Erwachsenenalter ist die Kenntnis der differenzialdiagnostisch wichtigen psychiatrischen Krankheitsbilder erforderlich, um in einem weiteren Schritt entscheiden zu können, ob es sich um komorbide Störungen handelt. Gehäufte Komorbiditäten mit ADHS sind beschrieben für

- Depressionen und bipolare Störungen,
- Angststörungen,
- antisoziale Persönlichkeitsstörung,
- Borderline-Persönlichkeitsstörung,
- Alkohol- und Drogenmissbrauch,
- Störungen aus dem Autismusspektrum,

- Tourette-Syndrom sowie
- Teilleistungsstörungen.

Aus mangelnder Kenntnis der vielgestaltigen Symptomatik des Krankheitsbildes ADHS wird diese Störung diagnostisch oft nicht in Betracht gezogen, eine differenzialdiagnostische Abwägung unterbleibt, an eine mögliche Komorbidität wird nicht gedacht, weil an den vertrauten Diagnosen festgehalten und der Wert einer ausführlichen symptombezogenen Familienanamnese unterschätzt wird. Dieses Vorgehen hat für die betroffenen Patienten gravierende Folgen, weil eine Basisbehandlung mit Stimulanzien unterbleibt. Sogar bei Patienten, die mit der selbst gestellten Diagnose ADHS den Psychiater aufsuchen, wird wegen des diffusen Symptombildes – insbesondere bei fehlender Hyperaktivität – häufig eine Behandlung mit Stimulanzien nicht durchgeführt.

In einem uns vorliegenden Arztbrief beschreibt der Kollege die auffallende Diskrepanz zwischen Begabung und Lebensleistung, die aus seiner Sicht daraus resultiert, dass der Patient sich „in den kleinen Fallstricken des Alltags verheddert". Diese Sorge hatte auch der Vater Heinrich Hoffmanns – Verfasser des „Struwwelpeters" – als er seinem Sohn während der Sommerferien in einem Brief zur besseren Einteilung seiner Zeit anhält (Hoffmann 1985a, S. 41f.):

„Da der Heinrich – wie eine leider nunmehr 14 tägige Erfahrung zu meiner großen Betrübnis gelehrt hat – in ungeregelter Tätigkeit und leichtsinniger Vergeßlichkeit fortlebt, überhaupt nicht imstande ist, seine Betriebsamkeit nach eigenem freien Willen auf eine vernünftige und zweckmäßige Weise zu regeln, und im Verfolg dieser Regellosigkeit, die Schande für seine Eltern, der größte Nachteil für ihn selbst zu gewärtigen ist, so will ich ihm hiermit nochmals die Pflicht ans Herz legen und ihn auffordern: zur Ordnung, zum geregelten Fleiß, zur vernünftigen Einteilung seiner Zeit zurückzukehren, damit er ein nützliches Mitglied der bürgerlichen Gesellschaft werde, und seine Eltern wenigstens zu der Erwartung berechtigt sind, daß er nicht untergehe in der Flut des alltäglichen gemeinen Lebens."

Es handelt sich also um ein typisches Symptom Betroffener. Eine Indikation zur Behandlung des oben erwähnten Patienten mit Methylphenidat ergab sich wegen des diffusen Bildes für den zunächst aufgesuchten Kollegen nicht, es wurden ausschließlich antriebssteigernde Antidepressiva verordnet. Aus einer persönlichen Rückmeldung des Patienten, dem von einem anderen Kollegen inzwischen zusätzlich Stimulanzien verordnet wurden, geht hervor, dass es unter der Kombinationstherapie zu einer deutlichen Verbesserung der Belastbarkeit, vor allem der Arbeitsfähigkeit, gekommen ist.

Ärzte, die eine Diagnostik und Therapie der ADHS durchführen, sollten vertraut sein mit dem breiten Spektrum von psychiatrischen und neurotischen Störungen, die in Form einer Komorbidität gemeinsam mit der ADHS auftreten, aber auch eine entscheidende Differenzialdiagnose darstellen können. Hierbei kann eine exakte Abgrenzung häufig sehr schwierig sein. Auch unter Experten werden die Probleme der Komorbidität, etwa von ADHS und affektiven Störungen, durchaus kontrovers diskutiert (Hechtman 2000; Triolo 1999; Weiss et al. 1999). Einig sind sich alle Untersucher, dass zur Diagnose in solchen Fällen sehr viel Zeit benötigt wird.

Wesentlich ist die prinzipielle Vorgehensweise beim diagnostischen Gespräch: Psychiater, die ihre Patienten mit ADHS nur allgemein nach weiteren belastenden Symptomen fragen, werden natürlich weniger häufig Komorbiditäten diagnostizieren als ihre Kollegen, die minutiös alle differenzialdiagnostischen Möglichkeiten in Betracht ziehen – so fanden Edel und Schmidt (2003) bei 90 % der von ihnen untersuchten Erwachsenen mit ADHS die Kriterien für mindestens eine zusätzliche Per-

Tab. 6-2 Differenzialdiagnostische Entscheidungshilfen bei der Abgrenzung zwischen ADHS und anderen psychiatrischen Erkrankungen.

Störung des Sozialverhaltens mit oppositionellem Verhalten:
Durchgängig vorhandenes oppositionelles Verhalten, dagegen bei ADHS-Betroffenen Wechsel von oppositionellem Verhalten mit Phasen guter emotionaler Zugewandtheit; bei ADHS-Betroffenen rückblickend Scham und Schuldgefühle vorhanden, bei oppositionellem Verhalten durchgehend fordernde Einstellung der Umwelt gegenüber

Teilleistungsstörungen:
Keine wesentliche Besserung der Symptome bei interessant erscheinenden Aufgaben, bei ADHS oft Verbesserung der Leistung durch vermehrte Fokussierung

Angststörungen:
Positive Familienanamnese bezüglich Angststörungen, bis zur auftretenden Symptomatik keine sonstige emotionale Einschränkung in Form von starker Verträumtheit, keine motorische Hyperaktivität, insgesamt eher die Nähe von Bezugspersonen suchend

Denkstörungen im Rahmen von Psychosen:
Wahnhafte Gedankeninhalte, Antriebsstörungen ohne gelegentlich impulsive Durchbrüche, keine Distanzierung von nicht ich-synton erlebten extremen Gefühlszuständen, durchgehend gute Schulleistungen bis zum plötzlichen Auftreten von Konzentrations- und Antriebsstörungen

Bipolare Störungen:
Emotionale Erreichbarkeit in manischer Verfassung aufgehoben, ausgeprägte depressive Verstimmung kann auch durch positiv erlebte äußere Anlässe nicht durchbrochen werden, Angstzustände, die zu nicht kontrollierbarer Getriebenheit führen

Affektive Störungen:
Schlafstörungen vermehrt in den Morgenstunden vorhanden, häufiger in den Morgenstunden starke depressive Beschwerden, Realitätsverlust bei ausgeprägten Scham- und Schuldgefühlen, die depressive Verstimmung ist nicht durch Außenreize beeinflussbar; bei ADHS-Patienten keine ausgeprägte tageszeitliche Bindung der Depressivität; häufiger, grundloser Wechsel der Stimmung im Tagesverlauf

Emotional instabile Persönlichkeitsstörung (impulsiver und Borderline-Typus):
Extreme, großen Wechseln unterliegende Beurteilung der Realität; für die Umgebung nicht nachvollziehbare Wechsel zwischen Idealisierung und Entwertung; deutlich reduzierte Bindungsfähigkeit, manipulative Beziehungsgestaltung bei hoher Aggressivität; bei ADHS-Betroffenen Wechsel der Zuwendungsfähigkeit in emotionalen Belastungssituationen, verbunden mit impulsiven Ausbrüchen, ausreichende Beziehungs- und Integrationsfähigkeit, starke Konzentrationsschwäche wegen vermehrter Reizoffenheit, starker Wechsel der Leistungsfähigkeit

sönlichkeitsstörung erfüllt. Die erste Vorgehensweise hat den Vorteil, dass nur die für den Patienten wirklich relevanten Probleme angesprochen werden, wobei Begleiterkrankungen, die vom Patienten selbst nicht erwähnt werden, eventuell nicht erkannt werden. Bei der zweiten Vorgehensweise werden zwar alle möglichen Komorbiditäten erfasst, es besteht aber die Gefahr einer iatrogenen Pathologisierung durch Überschätzung von komorbiden Störungen. Tabelle 6-2 gibt eine Übersicht über die bei der Abgrenzung der ADHS von anderen psychiatrischen Erkrankungen zu beachtenden Punkte.

Schon vor über 15 Jahren stellten Biederman et al. (1992) fest, dass ungefähr 20 % der Erwachsenen mit ADHS an zwei oder mehr komorbiden Störungen leiden. Bestimmte Gruppen mit komorbiden Verhaltensstörungen im Kindesalter wurden intensiv beobachtet; dabei konnte gezeigt werden, dass ihre Vulnerabilität deutlich erhöht war: Betroffene mit ADHS und Störungen des Sozialverhaltens mit oder ohne oppositionelles Verhalten in der Kindheit hatten eine erhöhte Tendenz zur Entwicklung einer antisozialen Persönlichkeitsstörung (Mannuzza et al. 1998). Diese Gruppe entwickelte auch eher Probleme mit Alkohol- und Drogenmissbrauch (Barkley et al. 1990b), die Eltern zeigten ebenfalls häufiger Persönlichkeitsstörungen – an das Vorliegen einer ADHS ist möglicherweise zu diesem Zeitpunkt nicht gedacht worden –, die sich auf das Familienleben und den Ausbildungsgrad der Kinder stark auswirkten (Barkley et al. 1990b; Lahey et al. 1988; Moffitt 1990; Mulsow et al. 2001; s. auch Kap. 5.1.5, S 77 ff.).

Damit im Erwachsenenalter eine ADHS in Kombination mit weiteren psychiatrischen Störungen diagnostiziert werden kann, sind sehr eingehende anamnestische Erhebungen notwendig, um zum Beispiel im Rahmen einer auch die Herkunftsfamilien der Eltern umfassenden, sehr umfangreichen Familienanamnese die genetische Disposition zu erfassen. Die Krankengeschichte eines Erwachsenen muss pervasive, über mindestens ein Jahrzehnt bestehende Symptome enthalten, da es sich ja um eine Störung handelt, die nicht erst im Erwachsenenalter beginnt. Die Forderung im DSM-IV, wonach die Störung vor dem Alter von sieben Jahren begonnen haben muss, bezieht sich nach Ansicht von Experten wie Th. Brown, K. Nadeau und R. Barkley sowie eigenen Erfahrungen nicht auf den überwiegend unaufmerksamen Typus der ADHS.

Die kognitiven Funktionen sind bei ADHS häufig eingeschränkt, so dass die Selbstbeurteilung oft kein Abbild des wahren Ausmaßes der Beeinträchtigungen darstellt. Viele Betroffene können sich an ihre Kindheit nicht oder nur vage erinnern, Bruchstücke aus der Zeit vor der Pubertät kehren häufig erst im Rahmen einer Psychotherapie zurück.

Fallbeispiel

Ein Patient gab zu Beginn der Therapie an, er habe furchtbar unter seinem Vater gelitten, die Mutter sei zu schwach gewesen, um ihn vor dessen angsteinflößender Erziehung schützen zu können. Im Rahmen einer kombinierten Therapie mit Medikamenten und Psychotherapie veränderte sich seine Wahrnehmung so weitgehend, dass er heute mit seinen Eltern in Urlaub fahren kann, nachdem er sie wieder als liebevolle Eltern erinnern konnte, die als junge Menschen mit der Erziehung von vier Kindern völlig überfordert waren. Der Vater leidet an einer ausgeprägten Depression; da seine psychische Erkrankung aber lange ein großes Tabu war, konnte die Familie ihm keine Hilfe anbieten.

Auch bei ADHS-Patienten finden sich viele frühe Traumatisierungen, die auf eine primär vulnerable Persönlichkeitsstruktur treffen, insofern sind Überschneidungen mit der posttraumatischen Belastungsstörung und der Borderline-Persönlichkeitsstörung möglich, bei denen gleichfalls die Erinnerung an die Kindheit lückenhaft sein kann.

Die Fremdanamnese, alte Schulzeugnisse und die berufliche Entwicklung liefern oft deutlichere Hinweise auf das Vorhandensein und die Ausprägung der Störung. Entscheidend für den Verlauf der ADHS im Erwachsenenalter sind Art und Ausmaß der Symptome in der Kindheit. In verschiedenen Untersuchungen konnte gezeigt werden, dass das Risiko späterer psychiatrischer Störungen von diesen Faktoren abhängig ist. Wird bei der Diagnose in der Kindheit nur die ICD-10 zugrunde gelegt, werden Kinder mit ausschließlichen Symptomen der Unaufmerksamkeit oder der Hyperaktivität nicht diagnostiziert, wohl dagegen bei Zugrundelegung der Kriterien des DSM-IV (s. Kap. 2, S. 4).

Das gemeinsame Auftreten von ADHS in Kombination mit anderen psychiatrischen Erkrankungen erschwert häufig nicht nur die exakte Diagnosestellung, sondern auch die wirkungsvolle Behandlung der ADHS sowohl bei Erwachsenen als auch bei Kindern. So können z. B. bei komorbiden bipolaren Störungen Hyperaktivität oder Impulsivität auch isoliert als Symptom einer Hypomanie oder Manie vorhanden sein oder Unaufmerksamkeit und Konzentrationsmangel auch bei Depressionen auftreten. Impulsives Verhalten kann als Hinweis auf eine antisoziale Persönlichkeitsstörung oder Borderline-Struktur gedeutet werden.

Erwachsene mit ADHS, bei denen weitere psychiatrische Erkrankungen vorliegen, verlangen ganz spezielle therapeutische Vorgehensweisen. Bei der Therapie mit Stimulanzien müssen deren mögliche Einflüsse auf die komorbiden Störungen wie Angsterkrankungen und affektive Störungen beachtet werden. Bei Patienten mit Verwandten ersten Grades, die an einer schizophrenen Störung erkrankt sind, müssen Therapiebeginn und weiterer Verlauf besonders sorgfältig überwacht werden, um psychosenahe Symptome rechtzeitig zu erkennen und die Therapie gegebenenfalls zu beenden. Eine erfolgreiche Therapie trotz entsprechender Risikofaktoren beschreibt die Fallgeschichte einer 35-jährigen Patientin mit komorbider Angststörung (s. Kap. 6.4, S. 129 f.)

Welche komorbiden psychiatrischen Störungen sind nun im Einzelnen bei ADHS gehäuft anzutreffen? In einer sorgfältigen prospektiven 4-Jahres-Follow-up-Studie – die Kinder waren zum Beginn im Mittel elf Jahre alt – verglichen Biederman et al. (1996) 128 Kinder mit ADHS und 109 ohne ADHS. Sie fanden, dass Verhaltensstörungen, oppositionelles Fehlverhalten, Depressionen, bipolare Störungen, Angststö-

Tab. 6-3 Komorbiditätsraten (in %) von ADHS mit anderen psychiatrischen Störungen bei Erwachsenen (n = 154) im Vergleich zu nicht von ADHS betroffenen Personen (n = 3 045) (nach Kessler et al. 2006).

	Prävalenz der Störung bei Vorliegen einer ADHS	Prävalenz der Störung bei Nicht-Vorliegen einer ADHS	Häufigkeit ADHS bei Vorliegen der Störung	Häufigkeit ADHS bei Nicht-Vorliegen der Störung
affektive Störungen				
Major Depression	18,6 ± 4,2	7,8 ± 0,4	9,4 ± 2,3	3,7 ± 0,5
Dysthymie	12,8 ± 3,4	1,9 ± 0,2	22,6 ± 5,8	3,7 ± 0,5
bipolare Störung	19,4 ± 3,8	3,1 ± 0,3	21,2 ± 3,9	3,5 ± 0,5
alle affektiven Störungen	38,3 ± 5,5	11,1 ± 0,6	13,1 ± 2,3	2,9 ± 0,5
Angststörungen				
generalisierte	8,0 ± 2,5	2,6 ± 0,3	11,9 ± 3,9	4,0 ± 0,5
PTBS	11,9 ± 3,0	3,3 ± 0,4	13,4 ± 3,4	3,8 ± 0,5
Panikstörung	8,9 ± 2,5	3,1 ± 0,3	11,1 ± 3,0	3,9 ± 0,5
Agoraphobie	4,0 ± 2,0	0,7 ± 0,1	19,1 ± 9,0	4,0 ± 0,5
spezifische Phobien	22,7 ± 4,2	9,5 ± 0,6	9,4 ± 1,9	3,6 ± 0,5
soziale Phobie	29,3 ± 4,3	7,8 ± 0,5	14,0 ± 2,5	3,2 ± 0,5
Zwangsstörung	2,7 ± 2,0	1,3 ± 0,4	6,5 ± 5,2	4,2 ± 0,5
alle Angststörungen	47,1 ± 5,0	19,5 ± 0,7	9,5 ± 1,4	2,8 ± 0,5
Substanzmissbrauch				
Alkoholabusus	5,9 ± 2,5	2,4 ± 0,2	9,5 ± 4,2	4,0 ± 0,5
Alkoholabhängigkeit	5,8 ± 2,9	2,0 ± 0,4	11,1 ± 5,9	4,0 ± 0,5
Drogenmissbrauch	2,4 ± 2,3	1,4 ± 0,2	7,2 ± 6,6	4,1 ± 0,5
Drogenabhängigkeit	4,4 ± 2,3	0,6 ± 0,1	25,4 ± 11,7	4,0 ± 0,5
alle Formen von Substanzmissbrauch	15,2 ± 4,8	5,6 ± 0,6	10,8 ± 3,6	3,8 ± 0,5
Impulskontrollstörung (intermittent explosive disorder)	19,6 ± 3,8	6,1 ± 0,5	12,3 ± 2,5	3,6 ± 0,5

rungen, Phobien und Tic-Störungen bei ADHS vermehrt auftraten, wobei sich dieser Befund nach vier Jahren noch verdeutlichte. Ohne Zunahme nach vier Jahren sah man bei ADHS häufiger Enuresis, keine Unterschiede fanden sich in dieser Studie bezüglich Drogen- und Alkoholabusus sowie Panikstörungen. Für Zwangsstörungen bestanden initial keine signifikanten Unterschiede; nach vier Jahren wiesen die Jugendlichen mit ADHS aber deutlich mehr Zwangsstörungen auf als die Kontrollgruppe.

Zur Frage, ob ähnliche Komorbiditäten auch bei Erwachsenen mit ADHS vorliegen, untersuchten Biederman et al. (1993) 120 Erwachsene mit ADHS im Vergleich zu 140 Kindern mit ADHS und 207 erwachsenen Kontrollpersonen ohne ADHS. Sie geben als Resultat an, dass die Häufigkeiten für oppositionelles Verhalten, Verhaltensstörungen, Depression, Alkoholabusus, Drogenabusus und -abhängigkeit, Angsterkrankungen und Enuresis bei den erwachsenen Patienten mit ADHS deutlich höher lagen als bei den nicht betroffenen Kontrollpersonen und dass sie – naturgemäß mit Ausnahme von Alkohol- und Drogenabusus – den Raten von Kindern mit ADHS ähnelten. Die Resultate einer großen epidemiologischen Untersuchung in den USA zeigt Tabelle 6-3; Kessler et al. (2006) werteten in dieser Studie Befragungsdaten von 3 199 18- bis 44-Jährigen hinsichtlich DSM-IV-Störungen aus und verglichen die Häufigkeit psychiatrischer Erkrankungen bei 154 ADHS-Betroffenen mit der im übrigen Kollektiv. Das ADHS-Kollektiv wies dabei für Drogenabhängigkeit, depressive und bipolare Störungen, Agoraphobie und soziale Phobie, Angststörungen, posttraumatische Belastungsstörung, Panikstörung und Impulskontrollstörungen signifikant höhere Werte auf als die übrigen Befragten.

In Deutschland fanden Jacob et al. (2007) in einer Multicenter-Studie die höchste Lebenszeitkomorbidität für affektive Störungen (57 %), gefolgt von Substanzabusus (45 %), histrionischen Persönlichkeitsstörungen (35 %) und Angststörungen (27 %). In einer weiteren deutschen Studie bestätigten sich die hohen Komorbiditätsraten im Vergleich zu einem Kontrollkollektiv: 77 % der ADHS-Patienten hatten im Lauf des Lebens eine begleitende psychiatrische Störung, während bei den Kontrollpersonen ohne ADHS nur 46 % entsprechende Erkrankungen aufwiesen (Sobanski et al. 2007b). In dieser Untersuchung dominierten gleichfalls die affektiven Störungen; hochsignifikant war auch der Unterschied bei den Essstörungen (11 % bei ADHS im Vergleich zu 1 % bei den Kontrollpersonen).

6.2 ADHS und Depression

Bei in der Klinik behandelten Erwachsenen mit ADHS beschrieben Biederman et al. (1993) eine komorbide endogene Depression in 31 %, bei ambulanten in 17 % der Fälle. Auf der anderen Seite wurden bei 16–50 % ambulant behandelter Patienten mit Depression Hinweise auf eine ADHS gefunden (Alpert et al. 1996; Ratey et al. 1992). Kurze rezidivierende depressive Episoden beschrieben Heßlinger et al. (2003b) bei 70 % eines Kollektivs von 40 Erwachsenen mit ADHS, während in einer Gruppe von 40 Patienten mit rezidivierenden depressiven Episoden in 40 % der Fälle eine komorbide ADHS diagnostiziert wurde. Spencer (2004b) nimmt eine Häufigkeit von 35 % für eine mindestens einmal im Lauf des Lebens auftretende Major Depression an. Entsprechend hohe Raten fanden sich auch in den oben erwähnten neueren Untersuchungen (Jacob et al. 2007; Kessler et al. 2006; Sobanski et al. 2007b). Die Diagnose komorbider depressiver Störungen bei ADHS wird dadurch erschwert, dass es nach den Kriterien des DSM-IV zur Überlagerung von Symptomen der beiden Krankheitsbilder kommt. Von den Kernsymptomen der Depression können die meisten – vermindertes Interesse, Appetitmangel, Schlafstörungen, psychomotorische Agitiertheit oder Verlangsamung, Erschöpfungsgefühl, Selbstwertzweifel, Konzentrationsstörungen – auch bei der ADHS beobachtet werden. Entscheidend für die Differenzierung zwischen den Krankheitsbildern ist der anamnestisch zu eruierende Verlauf.

Während bei Depressionen eine Monotherapie mit Antidepressiva eine deutliche Besserung der Symptomatik bewirkt, ist dies bei der ADHS als komorbider Störung meist nicht der Fall; hier sollte eine kombinierte Behandlung mit Stimulanzien erfolgen. Nadeau (2001, persönliche Mitteilung) führt in diesem Zusammenhang die Äußerung eines bekannten Neurologen, der sich in der Diagnose ADHS bei einer jungen Frau unsicher war, als Beispiel für ein häufiges Missverständnis an. Dieser hatte sich folgendermaßen gegenüber der Patientin geäußert: „Es macht überhaupt nichts, ob Sie depressiv sind oder ADHS haben, die Behandlung ist nämlich die gleiche." Gerade bei Frauen, die zu Anfang des vierten Lebensjahrzehnts wegen depressiver Verstimmungen Hilfe suchen und nie unter Hyperaktivität gelitten haben, wird oft irrtümlich eine beginnende Involutionsdepression diagnostiziert.

Fallbeispiel

Eine 45-jährige Patientin sucht therapeutische Hilfe, weil sie sich aufgrund einer depressiven Antriebsstörung außerstande sieht, ihren Haushalt geordnet zu versorgen oder mit ihrem Mann auf Reisen zu gehen. Aus der Kindheit berichtet sie, ein eher lebhaftes Mädchen gewesen zu sein, das Probleme damit hatte, Kleider und lange Haare tragen zu müssen, weil die Mutter es so wünschte. Sehr früh habe sie versucht, aus ihrer jungenhaften Rolle herauszukommen, um Konflikte wegen ihres nicht mädchen- oder damenhaften Verhaltens zu vermeiden. Sie habe begonnen, sich gegen ihre eigenen Wünsche und Interessen zu entscheiden; als späteren Ehemann habe sie einen Mann gewählt, der sehr mit seinem Studium beschäftigt war und mit dem es wegen einer emotional wenig intensiven Beziehung kaum Konflikte gab. Sie habe einen Verehrer verschmäht, zu dem sie sich sehr hingezogen fühlte, der aber wie sie selbst sehr impulsiv und jähzornig sein konnte. Nach der frühen ungeplanten Geburt ihres ersten Kindes habe sich eine zunächst nicht dramatische Überforderung eingestellt, die sich nach der Geburt des zweiten Kindes – eines hyperaktiven Jungen – verstärkt und zu einer ausgeprägten Depression geführt habe. Zu diesem Zeitpunkt habe es auch Schwierigkeiten in der Ehe gegeben, da sie sich ihrem Ehemann gegenüber sehr abgekapselt habe. Die Patientin begann eine Gruppentherapie, bei der ihr der Psychotherapeut Vorwürfe machte, weil sie die Therapie aus seiner Sicht nicht ernst zu nehmen schien, da sie von einer Woche zur nächsten vergessen hatte, worüber gesprochen worden war. Die Verzweiflung der Patientin wuchs, die Versorgung der Kinder auf der materiellen Ebene bildete den Hauptinhalt ihrer Tätigkeit; aus heutiger Sicht macht sie sich heftige Vorwürfe, die emotionalen Bedürfnisse der Kinder vernachlässigt zu haben. Schließlich unternahm die Patientin nach einer Fehlgeburt einen schweren Suizidversuch; sie fügte sich anschließend wieder äußerlich in das Familienleben ein, innerlich hatte sie sich aber ab diesem Zeitpunkt völlig verschlossen. Erst als sie bei einer Nachbarin, deren Sohn in seinem Verhalten dem eigenen sehr ähnelte, von der Störung ADHS hörte, fasste sie Hoffnung auf Besserung ihrer depressiven Verfassung mit Konzentrations- und Antriebsstörungen.

Im Rahmen einer kombinierten Therapie mit Antidepressiva, Stimulanzien und tiefenpsychologischer Psychotherapie besserte sich die schwere, über Jahre bestehende Depression und eine sie beeinträchtigende Koordinationsstörung (ohne Medikation war ihr der Einbeinstand beim Anziehen einer Hose freistehend nicht möglich gewesen). Bei der Verabschiedung aus der Therapie sagte die Patientin: „Sie haben mir das Leben gerettet." Heute ist sie wieder in der Lage, an Dienstreisen ihres Ehemannes teilzunehmen, auch die Beziehung zu ihren beiden Kindern ist sehr viel intensiver geworden. Die Angst, ihre häusliche Umgebung nicht ausreichend geordnet zu haben, ist geblieben, auch heute noch dürfen nur wenige Menschen sie besuchen.

Fallbeispiel

Eine andere Patientin berichtete, dass sie sich schon in der Pubertät aus dem Klassenverband zurückgezogen und sich ab diesem Zeitpunkt deutlich anders als die Klassenkameradinnen gefühlt habe. Von da an sei sie mit farbigen Ausländerinnen befreundet gewesen, deren Anderssein offensichtlich war.

Diese Patientin hatte aufgrund einer lang andauernden depressiven Verstimmung die Vorstellung entwickelt, sie müsse sich am Vormittag maximal in absoluter Ruhe schonen, um den Pflichten bei der Versorgung der Kinder am Nachmittag gewachsen zu sein. Erst nach einigen Monaten der Behandlung berichtete sie, dass sie als Folge ihres depressiven Rückzugs bisher nicht wahrgenommen hatte, wie die Umgebung ihres Wohnbereichs gestaltet war. Ihre mangelhafte Organisationsfähigkeit als Ausdruck einer ausgeprägten Wahrnehmungsstörung hatte dazu geführt, dass sie glaubte, nicht kochen zu können. Erst bei Nachfragen wurde deutlich, dass sie keinen Überblick darüber hatte, in welcher Reihenfolge sie Fleisch, Gemüse und Beilagen zum Garen aufsetzen musste, um am Ende ein Gericht servieren zu können. Die permanente Überforderungssituation, die Anlass der ausgeprägten depressiven Störung war, ist bei Kenntnis der Beeinträchtigungen nachvollziehbar. Die Besserung der massiven depressiven Grundstörung und der kognitiven Fähigkeiten durch eine

Behandlung mit Moclobemid und Stimulanzien veränderte in positiver Weise die Handlungsfähigkeit dieser Patientin – sie konnte aktiver ihre Freizeit gestalten, die Beziehung zum Ehemann wurde lustvoller und sie konnte den Kindern besser helfen, ihre Probleme zu bewältigen.

Bei Menschen, die an einer ADHS leiden, ist vor allem die Veränderung der Stimmung durch Außenreize ein wichtiges differenzialdiagnostisches Kriterium. Bei einer Major Depression wird es nicht gelingen, den Patienten zu einer Tätigkeit zu motivieren, die für ihn attraktiv erscheint. Ein Kollege berichtete erstaunt von einer nach seiner Einschätzung tief depressiven Patientin, die bis dahin beruflich sehr erfolgreich und engagiert gewesen war, dass sie sich plötzlich entschlossen habe, an einem sehr kräftezehrenden sportlichen Ereignis teilzunehmen, statt sich zu schonen. Nach Beendigung der sportlichen Betätigung fiel sie wieder in die Depression zurück. Bei einer solchen Schilderung sollte unbedingt auch an die ADHS als Differenzialdiagnose oder Komorbidität gedacht werden.

6.3 ADHS und bipolare Störungen

Nach Ansicht von Weiss et al. (1999) ist das gemeinsame Auftreten von ADHS und bipolaren Störungen nicht typisch. Spencer (2004b) gibt eine Häufigkeit von 10 % für das Auftreten einer bipolaren Störung bei Erwachsenen mit ADHS an. Wilens et al. (2003a) fanden bei Erwachsenen mit Komorbidität von ADHS und bipolarer Störung, dass die jeweilige Erkrankung aufgrund der Kernsymptome abgrenzbar blieb. In ihrer epidemiologischen Studie beschrieben Kessler et al. (2006) eine Häufigkeit bipolarer Störungen von 19 % bei ADHS-Betroffenen im Vergleich zu 3 % bei nicht Betroffenen (s. Tabelle 6-3). In einer Untersuchung aus der Türkei fanden sich bei 159 Patienten mit bipolarer Störung in 16,3 % Hinweise auf eine ADHS im Erwachsenenalter, bei weiteren 10,7 % auf eine ADHS in der Kindheit ohne Persistenz ins Erwachsenenalter (Tamam et al. 2008).

Das Verhalten von Patienten mit ADHS kann durchaus manische Züge aufweisen; für die Differenzialdiagnose ist entscheidend, dass es sich bei der Manie im Rahmen einer bipolaren Störung um eine zeitlich klar begrenzte Episode handelt; speziell die Gruppe der Patienten mit „rapid cycling" kann aber besondere differenzialdiagnostische Probleme aufwerfen. Bei der Diagnostik von bipolaren Störungen im Kindesalter – Manien werden üblicherweise erst ab der Pubertät beschrieben (West et al. 1995) – bestehen innerhalb der Kinder- und Jugendpsychiatrie durchaus kontroverse Ansichten und es gibt Forschungsbedarf hinsichtlich der Spezifität von Symptomen, die eine Manie im Kindesalter von Verhaltensstörungen abgrenzen lassen (Weiss et al. 1999).

Nachdem die Diagnose einer ADHS im Erwachsenenalter inzwischen in Deutschland etablierter ist, bahnt sich eine Entwicklung an, die dazu führt, das bei vielen Erwachsenen mit der Symptomkombination von Konzentrationsstörungen und hyperaktivem Verhalten sofort auf das Vorliegen einer ADHS im Erwachsenenalter geschlossen wird. Dies beruht vermutlich darauf, dass die unterschiedliche Entwicklung der Krankheitsbilder in der Kindheit ungenügend berücksichtigt wird.

Da die Medikation beider Krankheitsbilder unterschiedlich ist, ist eine genaue differenzialdiagnostische Abklärung sehr wichtig. In den folgenden Fallbeispielen soll vor allem der unterschiedliche Verlauf in der Kindheit aufgezeigt werden.

Fallbeispiel

Ein 49-jähriger Kollege stellte sich in der Sprechstunde vor, um Unterstützung in seiner Selbstbehandlung zu bekommen. Er hatte sich durch Studium der Fachliteratur selbst diagnostiziert und eine Behandlung mit Methylphenidat begonnen. Er konnte zunächst eine Verbesserung seiner Konzentration und Impulsivität erreichen, es stellte sich jedoch zunehmend eine Depression ein.

Wegen der zu diesem Zeitpunkt schon bestehenden erheblichen Probleme in der Ehe waren er und seine Frau gleichzeitig in einer Paartherapie. Er fühlte sich dort nicht verstanden und suchte auch deshalb Beratung und Hilfe.

Zur Familienanamnese berichtete er von seinem sehr cholerischen Vater, der täglich lange Fußmärsche zu seiner Dienststelle absolvierte, was als Eigenwilligkeit des Vaters hingenommen wurde. Die Mutter sei immer eine sehr patente Frau gewesen, zu der er heute immer noch ein gutes Verhältnis habe. Ein deutlich jüngerer Bruder sei im Gegensatz zu ihm immer angepasst und brav gewesen und habe Schule und Studium ohne größere Probleme absolviert.

Er selbst hingegen habe fünf verschiedene Schulen besucht, in der letzten Privatschule sei er glücklicherweise auf einen Lehrer getroffen, der sich von seiner Hyperaktivität nicht abgestoßen fühlte und ihm für die externe Abiturprüfung hilfreiche Tipps geben konnte. Nach Abschluss der Schule begann er eine handwerkliche Ausbildung, die er mit einer Gesellenprüfung abschloss. Daran anschließend eröffnete er mit Freunden eine Bar. Er begann vermehrt Alkohol und Drogen zu konsumieren. Als er erkannte, dass er nicht mehr problemlos von den harten Drogen loskommen konnte, beschloss er diesen Freundeskreis zu verlassen und machte im Ausland über mehrere Wochen einen Entzug ohne professionelle Hilfe. Dieses psychische und körperliche Erlebnis veranlasste ihn, für längere Zeit im Ausland zu leben, um dem alten Freundeskreis nicht mehr zu begegnen.

Nach seiner Rückkehr nach Deutschland nahm er gemeinsam mit einem Freund sein Wunschstudium auf und beendete dieses erfolgreich. Er betreibt heute gemeinsam mit seiner Ehefrau eine Praxis mit mehreren Angestellten. Offensichtlich war er zu der Zeit der Betriebsgründung in einer hypomanischen Grundstimmung. Die Ehefrau beschreibt ihn als früher sehr aktiven und stets lustigen Menschen. Er hat auch heute einen verlässlichen

Freundeskreis, seine Beziehungsfähigkeit ist offensichtlich gut; er gilt als selbstlos und sehr hilfsbereit.

Der heute eher depressive und perfektionistisch organisierte Patient war in seiner Kindheit sicher dem Spektrum der hyperkinetischen Störung des Sozialverhaltens zuzuordnen (F90.1), heute ist es ihm unangenehm, wenn sein Verhalten in der Jugendzeit in Gegenwart seiner Kinder thematisiert wird. Berichte der Mutter im Familienkreis versucht er damit zu entkräften, dass die Oma maßlos übertreibe und die Dinge nicht mehr so ganz genau wisse. Er fürchtet offensichtlich gegenüber den Kindern einen Autoritätsverlust, deshalb ist er bei solchen Erzählungen ambivalent. In den Therapiestunden blitzt jedoch ein gewisser Stolz auf, ein solch „wilder Bengel" gewesen zu sein. Zufälligerweise ist mir der Lehrer, der ihm zum Abitur verholfen hat, bekannt; mit Zustimmung des Patienten konnte ich so eine Fremdanamnese erheben, die zweifelsfrei für das Vorliegen einer ADHS in Kindheit und Jugend spricht. Dieser Lehrer war höchst erfreut zu hören, dass der Patient nach seinen wilden Jahren eine solche menschliche und berufliche Entwicklung durchlaufen hat. In den Selbstbefragungsinstrumenten WURS (69 Punkte) und Brown ADD Scales (80 Punkte) erreichte der Patient hohe Scores.

Wegen der depressiven Verstimmung wurde ein Wechsel der Medikation von Methylphenidat auf Amphetamin täglich 3 mg vorgenommen, der Patient nahm zusätzlich wegen einer Hypertonie regelmäßig Clonidin. In der Folge besserten sich Konzentration und Impulsivität, auch sein Personal spürte den Wechsel der Befindlichkeit deutlich. Etwa anderthalb Jahre nach Beginn der Stimulanzientherapie verschlechterte sich der Zustand des Patienten, er war manisch-gereizt und in der Therapie nicht mehr compliant. Er schlief kaum noch und überforderte alle Menschen seiner Umgebung mit vollkommen übertriebenen Vorstellungen von Arbeits- und Zeitabläufen im Betrieb. Als er schließlich auch noch in impulsiven Ausbrüchen seine Kinder bedrohte, wurde ganz offensichtlich, dass er sich in einem manisch-depressiven Mischzustand befand. Mit seinem Einverständnis wurde eine stationäre Behandlung eingeleitet, er wurde dort medikamentös entsprechend neuroleptisch und phasenprophylaktisch eingestellt und konnte nach zweimonatiger Behandlung in gebessertem Zustand entlassen werden. In diesem Zusammenhang streicht der Patient nochmals heraus, dass er sowohl Geber- als auch Nehmerqualitäten habe, er habe sich in der Klinik sofort einordnen können und habe sich auch seither an die Ratschläge der behandelnden Ärzte gehalten.

Der Patient befindet sich seit nunmehr zweieinhalb Jahren in ausschließlich ambulanter Betreuung, dies ist bei der Vorgeschichte und der Art der Erkrankung bemerkenswert. Der Patient ist voll berufstätig, die begleitende Psychotherapie dient vor allem dazu, die Kränkung, nicht mehr so arbeitsfähig zu sein wie in jungen Jahren, aufzuarbeiten. Inzwischen ist der Patient bereit zu erkennen, dass er unter zu großer Arbeitsbelastung, wie beispielsweise zum Zeitpunkt des Ausspruchs der Manie, in erheblichem Ausmaß seine Arbeitsfähigkeit und damit den Bestand seines Betriebes gefährdet. Er befolgt die Anweisung, sich bei anhaltenden Schlafstörungen oder Zunahme seiner Depressionen umgehend zu melden.

Der Stellenwert der begleitenden Psychotherapie ist gerade bei diesem Patienten nicht zu unterschätzen, da er immer wieder dazu tendiert, sich Aufgaben übertragen zu lassen, die ihn überfordern. Es fehlt ihm oft in entscheidenden Situationen die Fähigkeit, sein impulsives Bedürfnis, Anderen zu helfen, kritisch zu hinterfragen. Das gute Vertrauensverhältnis ermöglicht es ihm jetzt, wichtige Entscheidungen in der Therapie zu besprechen, bevor er in impulsiver Weise Zusagen erteilt, die ihn später überfordern.

Diagnostisch handelt es sich bei diesem Patienten um eine ADHS des Erwachsenenalters vom kombinierten Typ mit einer komorbiden bipolaren Erkrankung. Die Medikation besteht derzeit in 20 mg Cipralex® (Escitalopram), 10 mg Abilify® (Aripiprazol), 50 mg Taxilan® (Perazindimalonat) zur Nacht, 800 mg Carbamazepin, 2 mg Amphetaminkapseln und zur Behandlung der Hypertonie Clonidin.

Eine positive Wirkung von Aripiprazol bei Komorbidität von ADHS und bipolarer Störung auf die Symptome beider Erkrankungen bestätigte sich in einer offenen Studie aus Brasilien (Tramontina et al. 2007).

Fallbeispiel

Ein anderer Patient wurde erst im vierten Lebensjahrzehnt durch einen massiven Alkoholabusus psychiatrisch auffällig. Zu seiner Vorgeschichte berichtet er, dass er als ältestes von drei Kindern häufig mit der ihm von den Eltern bereits im Grundschulalter übertragenen Verantwortung überfordert gewesen sei, er habe jedoch problemlos die Schule bis zum Abitur und ein naturwissenschaftliches Studium absolvieren können. Der Vater sei extrem cholerisch gewesen, der Patient habe allein in der Grundschulzeit wegen der häufigen Stellenwechsel des Vaters dreimal eine andere Schule besuchen müssen. Er gibt außerdem an, dass der Vater 30 Jahre lang eine Lithiumtherapie erhalten habe.

Zu Beginn des Studiums hat der Patient einige Startschwierigkeiten, zieht das Studium dann aber zielstrebig durch und schließt es mit der Note zwei ab. Nach einer kurzen Tätigkeit als wissenschaftlicher Mitarbeiter an einer renommierten Universität lernt er die Welt der Unternehmensberatung kennen, in der ihn die Vielfältigkeit der Aufgaben und der häufige Wechsel der Einsatzorte sehr begeistern. Er heiratet eine ebenfalls beruflich sehr aktive und erfolgreiche Frau, mit der er zwei Kinder bekommt; sie meistert Beruf und Familie, während er weltweit beratend tätig ist. Im Rahmen der Wirtschaftskrise nach den New Yorker Anschlägen stimmt er einem Abfindungsvertrag zu und ist ab diesem Zeitpunkt gezwungen, sich als Freiberufler neue Aufgaben zu suchen und seine Tätigkeit selbst zu organisieren. Der Verlust der Anerkennung im beruflichen Umfeld und die Unsicherheit in

Bezug auf die finanzielle Zukunft verunsichern den Patienten zunehmend, er beginnt vermehrt Alkohol zu trinken, um sich innerlich zu beruhigen.

Der zunehmende Alkoholismus führt zu Spannungen in der Ehe, schließlich ist die innere Unruhe des Patienten so groß, dass er kurz vor Weihnachten aus dem gemeinsamen Haus auszieht, obwohl er seine Kinder sehr liebt und mit dem Trennungsschmerz kaum umgehen kann. Er befindet sich auf dem Weg zur Abstinenz, als ihm seine Ehefrau mitteilt, dass sie von ihm geschieden werden möchte. Daraufhin brechen alle Schranken in ihm und er beginnt massiv zu trinken. Schließlich willigt er in eine Entziehungskur ein, dort wird erstmals die Verdachtsdiagnose bipolare Störung geäußert. Er bricht die Behandlung vorzeitig ab und begibt sich nach Hause, wo er wiederum zeitweise massiv trinkt. Eine vom Hausarzt veranlasste psychiatrische Untersuchung führt erneut zur Diagnose bipolare Störung.

Im Rahmen einer Routinekontrolle wird er unter erheblichem Einfluss von Alkohol erwischt, bekommt den Führerschein abgenommen und muss sich einer MPU-Vorbereitung zur Wiedererlangung der Fahrerlaubnis unterziehen. Dort wird erstmals der Verdacht auf das Vorliegen einer ADHS geäußert, zumal sich die Tochter des Patienten wegen einer ADHS in kinderpsychiatrischer Behandlung befindet. Hier muss aber auch an die Möglichkeit gedacht werden, dass die Mutter mit ihrer „umtriebigen" Lebensweise als Konduktorin der genetischen Voraussetzungen in Betracht zu ziehen ist.

Die Verdachtsdiagnose wird durch einen konsultierten Spezialisten bestätigt, der wegen der vermeintlichen Suchtgefahr durch eine Stimulanzienbehandlung Atomoxetin verordnet, das vom Patienten wegen erheblicher Nebenwirkungen unter 80 mg jedoch wieder abgesetzt wird. Einer der behandelnden Ärzte schlägt eine Vorstellung in meiner Praxis vor, um nochmals zu einer Klärung der Diagnose zu gelangen.

Der Patient berichtet mir, dass er in regelmäßigem monatlichem Rhythmus wechselnd unter einer manischen, depressiven und ausgeglichenen Verfassung leide; dieser häufige Wechsel sei für ihn unerträglich und beraube ihn seiner Arbeitsfähigkeit. Auch eine Behandlung mit Mirtazapin habe zu keiner deutlichen Verbesserung seines Zustandes geführt.

Der Patient ist tief depressiv, wirkt sehr verzweifelt und stark verunsichert, da er im Verlauf des vergangenen Jahres viele verschiedene diagnostische Einschätzungen seiner Beschwerden gehört hat, ohne dass eine der eingeleiteten Therapien zu einer Verbesserung seines Zustands beigetragen hat.

Aufgrund der Anamnese, der Selbstbefragungskalen (WURS: 4 Punkte, Brown ADD Scales: 46 Punkte) und der familiären Belastung handelt es sich bei dem Patienten nicht um eine ADHS des Erwachsenenalters. Gerade der Gegensatz zwischen den fehlenden Auffälligkeiten in der Kindheit und dem jetzigen, beeinträchtigten Befinden entspricht auch dem klinischen Befund, der für das Vorliegen einer bipolaren Störung spricht. Im Rahmen der Hektik der erfolgreichen beruflichen Jahre scheint er über lange Phasen submanisch gestimmt gewesen zu sein, nach Wegfall dieser Stimulation hat sich dann eine gereizt morosdepressiv getönte Mischstimmung entwickelt. Dies entnehme ich der Tatsache, dass der

Patient nicht angibt, wegen einer depressiven Verfassung getrunken zu haben, sondern dass er seine starke innere Unruhe mit Alkohol bekämpfen musste, um arbeitsfähig zu sein.

Nach eingehender Besprechung der diagnostischen Beurteilung wird ihm Aripiprazol 15 mg und Lamotrigin in langsam ansteigender Dosierung bis 200 mg verordnet, wegen Durchschlafstörungen erhält er später zusätzlich Perazin 25 mg. Unter dieser Behandlung bessert sich die Depression schnell, der Patient leidet noch längere Zeit unter seiner Unruhe und Schlafstörungen. Nach dreimonatiger Behandlung sind die Stimmungsschwankungen nicht mehr vorhanden, der Patient schläft inzwischen regelmäßig siebeneinhalb Stunden und beklagt noch Konzentrations- und Antriebstörungen, die jedoch deutlich gegenüber dem Behandlungsbeginn reduziert sind. Der Patient vermisst seine manische Verfassung schon, aber er weiß, wie sehr er von seinen Stimmungswechseln beeinträchtigt war, weil daraus eine nahezu völlige Arbeitsunfähigkeit resultierte. Er hat inzwischen wieder eine regelmäßige Tätigkeit bei seinem alten Arbeitgeber aufnehmen können.

Diese Fallgeschichte belegt in eindrucksvoller Weise, wie nach richtiger Einschätzung von Symptomen, der daraus resultierenden Diagnose und einer entsprechenden medikamentösen Behandlung die Verfassung des Patienten gebessert werden kann. Es bestand kein Anhaltspunkt für das Vorliegen von Konzentrationsstörungen und Hyperaktivität in der Kindheit als Voraussetzung der Diagnose einer ADHS des Erwachsenenalters, insofern lag auch keine Notwendigkeit zum Einsatz von Stimulanzien zur Besserung der Konzentration vor. Der Patient ist mit dem Behandlungsergebnis sehr zufrieden und möchte jetzt im Rahmen einer psychotherapeutischen Behandlung die Folgen des Selbstwertverlustes und der Trennung von seiner Familie aufarbeiten.

Bei der Therapie von Patienten mit häufigen starken Stimmungswechseln erweisen sich nach eigenen Erfahrungen Kombinationen von Stimulanzien mit modernen Antidepressiva und/oder stimmungsstabilisierenden Substanzen als sinnvoll.

6.4 ADHS und Angststörungen

Wenn Angststörungen bei Erwachsenen mit einer ADHS vergesellschaftet sind, werden die ohnehin vorhandenen Probleme mit Selbstwert, Stressbewältigung und Arbeitsverhalten noch stärker akzentuiert. Eine Komorbidität scheint häufig zu sein – so fanden Shekim et al. (1990b) bei 53 % ihrer erwachsenen Patienten mit ADHS Hinweise auf begleitende Angststörungen, was sich mit den Angaben von Biederman et al. (1993) deckt, während Mannuzza et al. (1998) keine erhöhte Rate von Angststörungen beschreiben. Edel und Schmidt (2003) fanden in ihrer Untersuchung bei 48 Erwachsenen mit ADHS nur vier Patienten, die nicht mindestens eine

Angst- oder phobische Störung aufwiesen; die Kriterien für eine generalisierte Angststörung erfüllten in dieser Studie aber nur 6 % der Patienten. In der epidemiologischen Studie von Kessler et al. (2006) fand sich eine signifikant erhöhte Häufigkeit von 47 % für komorbide Angststörungen bei ADHS im Vergleich zu 19,5 % beim Restkollektiv, während Sobanski et al. (2007b) keine signifikante Erhöhung für Angststörungen in ihrem Kollektiv beschrieben.

Möglicherweise tolerieren Patienten mit komorbiden Angststörungen Stimulanzien schlechter und zeigen ein geringeres Ansprechen auf die Medikation. Es ist zu betonen, dass sich die Symptome der Aufmerksamkeitsdefizit- und der Angststörung beträchtlich überlappen: Patienten mit ADHS entwickeln nicht selten sekundäre Angststörungen, während Patienten mit primären Angststörungen häufig Probleme mit der Aufmerksamkeit haben. Erstaunlich viele männliche Patienten berichten in der Untersuchungssituation von ausgeprägten Ängsten, die sie jedoch oft auch den nächsten Angehörigen aus Furcht vor Verlust der männlichen Rolle verschweigen.

Fallbeispiel

Im Rahmen einer Paartherapie – *sie* gehört dem hyperaktiv-unkonzentrierten Mischtypus an, *er* entspricht dem hyperaktiv-impulsiven Typus – beginnt der Ehemann überraschend von seinen ausgeprägten Flugängsten zu sprechen und löst damit bei seiner Frau eine heftige emotionale Gegenreaktion aus. Sie selbst leidet unter erheblichen Selbstwertzweifeln und Selbstunsicherheit, die sie mit einem fast hypomanen Verhalten kompensiert. Sie ist in dieser Situation stark verunsichert und kann nicht zulassen, dass ihr Partner unter dieser Schwäche leidet. Geradezu verzweifelt beharrt er darauf, dass ihm diese Ängste so sehr zu schaffen machen, dass er ein Ferienhaus gewählt habe, das mit dem Auto erreichbar sei.

Mit dieser Schilderung soll verdeutlicht werden, wie problematisch die negative Verhaltensbewertung durch die Umgebung sein kann, so dass es häufig zur Verleugnung von Ängsten auch bei schweren Beeinträchtigungen kommt. Bei ausgeprägtem klinischen Bild konnte nach eigener Erfahrung bei dieser Komorbidität mit Venlafaxin in Kombination mit Stimulanzien eine rasche und anhaltende Besserung beobachtet werden. Wenn Erwachsene mit ADHS Symptome zeigen, die an eine Agoraphobie oder soziale Phobie denken lassen, so handelt es sich keineswegs obligat um eine Komorbidität von ADHS und Phobie. Es muss vielmehr eingehend differenziert werden zwischen primär phobischen Symptomen und Symptomen, die sekundär im Rahmen der ADHS auftreten. So meiden viele Patienten mit ADHS Menschenansammlungen, weil sie sich aufgrund ihrer Reizoffenheit massiv überstimuliert und daher extrem abgelenkt und unkonzentriert fühlen. Wenn ein Patient aufgrund seiner Impulsivität oder Reizoffenheit wiederholt negative Erfahrungen im Kontakt mit anderen gemacht hat – sei es auf Festen oder in größeren Gesprächsrunden –, kann dies dazu führen, dass er sich in der Folge sozial zurückzieht und isoliert; hierbei handelt es sich nicht um die Störung soziale Phobie. Diese Patienten bevorzugen häufig das Zweiergespräch in reizarmer Umgebung mit Personen, die „auf gleicher Wellenlänge" funktionieren (Weiss et al. 1999), ein Grund für die nicht so seltene Verbindung zweier Menschen mit ADHS. Bei phobischen Zügen im Rahmen einer ADHS hat sich nach eigenen Erfahrungen die Gabe von Buspiron oder Venlafaxin bewährt.

Häufiger zu beobachten sind phobische Vermeidungshaltungen, wie sie sich zum Beispiel bei einer früher prinzipiell sehr lebhaften und kontaktfreudigen Patientin – Mutter zweier stark von ADHS betroffener Kinder – mit Erythrophobie entwickelten:

Fallbeispiel

Die 35-jährige Hausfrau wird auf Anraten des Hausarztes zur Psychotherapie überwiesen, weil sie unter starken Ängsten leidet, die einen gravierenden sozialen Rückzug bewirkt haben. Als Mutter von vier Kindern ist sie gezwungen, häufiger das Haus zu verlassen, um alltägliche Besorgungen zu erledigen. Besondere Probleme bereitet es ihr, die Lehrer der Kinder aufzusuchen. Schon Tage vor einem solchen Gesprächstermin ist sie innerlich sehr aufgewühlt und sieht sich kaum in der Lage, zum vereinbarten Zeitpunkt in der Schule zu erscheinen. Sie leidet unter heftigen somatischen Beschwerden und einer ausgeprägten Erythrophobie. Schließlich meidet sie sogar Treffen mit alten Freunden, weil sie fürchtet, wieder einen Angstanfall zu bekommen. Die Mutter der Patientin leidet an einer manifesten Psychose, der Vater hat jedoch nie mit seinen Kindern über die Diagnose gesprochen. Das Verhalten der Mutter hat die Patientin sicher nachhaltig traumatisiert, eine Parentifizierung hat stattgefunden. Während die Patientin in der Kindheit unter starker Selbstunsicherheit gelitten hat, scheint sie sich nach der Pubertät sehr attraktiv zu finden und hat keine Probleme bei der Partnerwahl. Nach einer berufsbedingten Veränderung seines Wohnortes verlässt sie der langjährige erste Partner; dieser Verlust labilisiert sie nachhaltig. Sie geht danach eine Beziehung mit einem deutlich älteren, geschiedenen Mann ein, der schon Kinder hat. Entgegen ihren Erwartungen ist er nicht der ruhige Mensch, den sie sich als Partner wünscht, sondern ein auf ausgefallene Sexualpraktiken fixierter Mann, der ihr sehr bald heftige Angst macht; sie trennt sich deshalb von ihm. Der nächste Partner ist ein wenig an Sexualität interessierter Mann, er ist jedoch zuverlässig und besitzt eine gute akademische Ausbildung, die in ihren Augen eine Garantie für ein sorgloses Leben darstellt. Die Patientin berichtet intensiv vom Verhalten der Kinder und des Ehemannes, aus den Schilderungen wird sehr schnell klar, dass zwei der vier Kinder unter einer ADHS leiden. Erst nach einjähriger Psychotherapie wird deutlich, dass die Patientin in ihrem häuslichen Bereich unter einer ausgeprägten Hyperaktivität leidet, ihr „Sprechdurchfall" und eine deutliche körperliche Unruhe konnten zunächst auch als Symptome der Angststörung gedeutet werden. Der Ehemann hingegen hatte ausgeprägte Antriebsstörungen, für die eine organische Ursache gefunden wurde.

Jeder Versuch, die Angststörung auch medikamentös zu beeinflussen, schlägt fehl, weil die Patientin jeweils unter starken Nebenwirkungen leidet und teilweise eine Verschlechterung der Symptomatik eintritt. Nachdem sich bei beiden Kindern die Diagnose einer ADHS bestätigt hat, wird bei der Patientin ein Behandlungsversuch mit niedrigstdosiertem (1,25 mg) Methylphenidat begonnen, der überraschend schnell zu einer deutlichen Verbesserung der Angstsymptomatik führt. In einer sehr langen Titrationsphase über zwei Monate stellt sich ein maximales Behandlungsergebnis bei einer Dosierung von 12,5 mg Methylphenidat ein. Im Verlauf eines halben Jahres nimmt die soziale Kompetenz der Patientin so weit zu, dass sie wieder ein normales Leben führen kann. Es ist ihr möglich, die Erkrankung der Mutter zu verarbeiten und sich ohne Schuldgefühle von der Familie abzugrenzen. Der Behandlungserfolg mit Stimulanzien ist stabil geblieben, trotz der positiven Familienanamnese haben sich bei der Patientin nie psychosenahe Symptome gezeigt.

Patienten mit ADHS reagieren wegen ihrer Reizoffenheit verstärkt auf äußere Einflüsse – vor allem, wenn diese unerwartet kommen. Es ist nötig, diese „Katastrophenreaktionen" von echten Panikattacken abzugrenzen, da sich doch sehr unterschiedliche Behandlungsansätze ergeben.

Fallbeispiel

Eine 32-jährige Patientin wird zur psychotherapeutischen Behandlung wegen gehäufter Panikattacken überwiesen. Sie leide dabei unter Todesangst, plötzlich an einem Herzinfarkt zu sterben, außerdem bestehe eine massive Flugangst. Während der akuten Panikzustände rufe sie entweder den Notarzt oder suche selbständig eine Notambulanz auf. Bei der Erziehung ihrer drei Kinder sei sie häufig überfordert, da sie über wenig Erziehungskompetenz verfüge. Sie selbst sei in vollkommener Abhängigkeit von den Eltern aufgewachsen, die ihr überwiegend vermittelt haben, dass sie nicht belastbar sei und deshalb keine anspruchsvollere Berufstätigkeit planen solle. Sie arbeite deshalb als Sekretärin und sei in dieser Funktion nach eigenen Angaben auch eine wertvolle Mitarbeiterin in wechselnden Betrieben gewesen. Sie habe einen beruflich erfolgreichen Mann geheiratet; nach der Geburt des ersten Kindes hätten Verlassenheitsängste eingesetzt, der schreiende Säugling habe ihre Frustrationstoleranz überfordert. Sie habe begonnen, kompensatorisch Süßigkeiten zu essen, und habe im Verlauf von acht Jahren 25 kg an Gewicht zugenommen. Zeitweise habe sie im Rahmen ihrer Wutzustände Gewaltphantasien entwickelt und in ihrer Not sogar beim Kinderschutzbund angerufen, der ihr zur Mäßigung ihrer Impulsivität geraten habe; gerade dies könne sie aber nicht.
Bei der Exploration wird deutlich, dass die Patientin sich einerseits bemüht hat, den Erwartungen der Eltern, der Schule und des Ehemannes zu entsprechen, und dass sie andererseits ihre lebenshungrigen Anteile – verbunden mit einer erheblichen Risikobereitschaft – nur im Geheimen leben konnte. Sie betreibt einen erheblichen Alkoholabusus, um ihre Hemmungen zu überwinden; bei nächtlichen Unternehmungen lässt sie sich gerne auch auf sexuelle Abenteuer ein. Sie braucht nach eigener Aussage diesen Kick, um mit dem

Frust ihres Alltagslebens besser zurechtzukommen. Bei der Versorgung von Kindern und Haushalt treten immer wieder unerwartet tiefe depressive Verstimmungen auf, aus denen sie sich aus eigener Kraft nicht herausarbeiten kann; sie braucht die Hilfe der Eltern oder die Stimulation durch außereheliche Beziehungen. In diesen depressiven Verstimmungen zieht sich die Patientin ganz in ihre Traumwelt zurück; sie fühlt sich dann unfähig, auf die Bedürfnisse der Kinder einzugehen.

Nachdem sie sowohl in der retrospektiven Betrachtung als auch in der aktuellen Beurteilung von Risikobereitschaft und Impulsivität einerseits, Antriebs- und Aufmerksamkeitsstörungen andererseits die Kriterien einer ADHS im Erwachsenenalter erfüllte, wurde eine zusätzliche Behandlung mit Stimulanzien in Form von niedrig dosiertem Amphetamin eingeleitet. Erst im Rahmen einer kombinierten medikamentösen und psychotherapeutischen Behandlung wurde das Ausmaß der Störungen evident, da die Patientin sich erst zu diesem Zeitpunkt mit ihrem Suchtverhalten und den Panikattacken auseinandersetzen konnte. Die verbesserte Selbstkognition führte zu Alkoholabstinenz und deutlicher Reduktion ihres suchtmäßigen Essverhaltens; bei der Erziehung der Kinder gelang es ihr erstmals, in liebevoller Zuwendung Grenzen zu setzen. Die Zunahme der Handlungskompetenz im Rahmen einer Stimmungsstabilisierung führte zu einer deutlichen Verbesserung ihres Selbstwertgefühls.

Bei dieser oben beschriebenen Patientin sind mehrere Komorbiditäten diagnostizierbar, die geschilderte Stimmungslabilität könnte im Sinne einer bipolaren Störung mit ultraschnellem Wechsel (rapid cycling) gedeutet werden, Suchtverhalten und Impulsivität entsprechen der Diagnose Borderline-Persönlichkeitsstörung, Konzentrationsstörungen, Ablenkbarkeit und mangelnde Selbststrukturierung sprechen jedoch auch für eine ADHS, die zu einer inadäquaten Berufsausbildung und einer erheblichen Abhängigkeit von der Mutter als strukturgebendem Coach geführt haben. Diese Patientin hat erst in der Adoleszenz ein hyperaktiv-impulsives Verhalten entwickelt, dissoziale Verhaltensweisen waren in der Kindheit in versteckter Form – sie berichtet von erheblichem pseudologischen Verhalten – schon vorhanden. Möglicherweise gibt es ein verspätetes Zeitfenster für meist weibliche, erst später hyperaktive Patienten, bei denen die diagnostische Zuordnung schwierig bleibt. Heßlinger et al. (2003c) untersuchten, worin sich Patienten, bei denen eindeutig der in den Kriterien des DSM-IV geforderte Beginn der Störung vor dem siebten Lebensjahr vorlag, von solchen, bei denen erst später die Diagnose einer ADHS gestellt wurde, obwohl dieses Kriterium nicht erfüllt war, unterschieden. Danach zeigte sich, dass bei der Gruppe der spät diagnostizierten Patienten keiner die Kriterien des Typus C (hyperaktiv-impulsiv) erfüllte, während sich bei Typus B (ausschließlich unaufmerksam) kein wesentlicher Unterschied ergab. Bei der oben beschriebenen Patientin kam es zu einer deutlichen Stimmungsstabilisierung unter Amphetamin; sie berichtete keine Panikattacken mehr, auch die Flugangst war nach zweijähriger Psychotherapie behoben.

6.5 ADHS und Autismusspektrum-Störungen

Dass dieses Buch in den ersten beiden Auflagen kein Kapitel zur Komorbidität von ADHS und Autismusspektrum-Störungen enthalten hat, entspricht der Nomenklatur des DSM-IV und der ICD-10, die eine Kombination dieser Diagnosen beim gleichen Patienten ausschließen. Dies mag eine der Ursachen dafür sein, dass es bisher sehr wenig Untersuchungen gibt, die sich mit der Überschneidung von Symptomen befassen und diskutieren, welche Behandlung je nach Vorherrschen der autistischen oder ADHS-bedingten Symptome sinnvoll ist. Erst in den letzten Jahren beschäftigen sich Kinder- und Jugendpsychiater vermehrt mit der Komorbidität bzw. der differenzialdiagnostischen Abgrenzung von ADHS und Autismusspektrum-Störungen (Freitag 2007; Gadow et al. 2006; Goldstein u. Schwebach 2004; Reiersen u. Todd 2008; Santosh u. Mijovic 2004; Sinzig u. Lehmkuhl 2007a). Dabei wird auch auf mögliche neuropathophysiologische Gemeinsamkeiten beider Krankheiten hingewiesen, z.B. im Serotoninstoffwechsel (Sinzig u. Lehmkuhl 2007b). Sowohl die Autismusspektrum-Störungen als auch die ADHS weisen eine hohe Heritabilität auf; als mögliche Kandidatenregion für Autismusspektrum-Störungen wurden die Genorte 15q und 17q identifiziert (Muhle et al. 2004; McCauley et al. 2004) – hier finden sich Parallelen zur ADHS (15q) und zur Lese-Rechtschreibschwäche (17q). Eine australische Arbeitsgruppe beschrieb bei fMRI-Studien ähnliche auffällige präfrontale Aktivierungsmuster bei Jugendlichen mit ADHS und solchen mit Autismus (Silk et al. 2005; 2006). Prinzipiell gibt es zwischen ADHS und Autismusspektrum-Störungen durchaus Symptomüberschneidungen, wobei auch die Autismusstörungen in ICD-10 und DSM-IV bisher nur für das Kindes- und Jugendalter operationalisiert sind.

Die Kernsymptome autistischer Störungen sind:
- Störungen der sozialen Interaktion,
- Einschränkung der Kommunikationsfähigkeit und
- stereotypes und repetitives Verhalten.

Bei den Autismusspektrum-Störungen wird gemäß ICD-10 unterschieden in:
- frühkindlicher Autismus (Kanner-Syndrom) (ICD F84.0),
- atypischer Autismus (ICD F84.1) und
- Asperger-Syndrom (ICD F84.5).

Beim frühkindlichen Autismus wird neben den in den ersten drei Lebensjahren auftretenden Auffälligkeiten aus den drei Kernsymptombereichen eine Sprach- oder andere Entwicklungsverzögerung gefordert; beim Asperger-Syndrom fehlen Entwicklungs- und Sprachverzögerung. Der atypische Autismus unterscheidet sich von diesen beiden Formen entweder durch eine schwächer ausgeprägte Symptomatik oder einen späteren Beginn.

Im DSM-IV finden sich die gleichen Störungen, mit Ausnahme des atypischen Autismus, der in dieser Klassifikation unter dem Begriff „tiefgreifende Entwicklungsstörung, nicht anders spezifiziert" (Pervasive Development Disorder not otherwise specified, PDD-nos) subsummiert wird.

Sieht man sich die diagnostischen Kriterien des Autismus an, ergeben sich mögliche Parallelen zu ADHS vor allem bezüglich stereotyp wiederholter Bewegungsabläufe, wie Wippen oder Wackeln mit dem Körper, Verwinden von Händen und Fingern sowie der Einschränkung auf spezielle Interessensgebiete. Mängel im Bereich der sozialen Interaktion werden auch im Rahmen der ADHS beobachtet. Freitag (2007) fand in einer Stichprobe bei 5 von 70 unter einer ADHS leidenden Kindern Symptome, die definitiv auf eine autistische Störung hinwiesen, bei weiteren 8 Kindern zeigten sich diskrete Hinweise auf autistische Störungen. Bei 9 dieser 13 Kinder lag eine komorbide Störung des Sozialverhaltens vor. Diese Komorbidität von ADHS und Störung des Sozialverhaltens könnte eine Prädisposition für zusätzliche Symptome einer autistischen Störung darstellen. Bei einem Vergleich von 309 Kindern und Jugendlichen mit hyperkinetischer Störung mit 2 048 Patienten, die unter anderen psychiatrischen Störungen litten, fand sich signifikant häufiger die autistische Symptom-Trias (Santosh u. Mijovic 2004). Über 65 % von 49 Kindern mit ADHS zeigten gemäß einer Studie von Clark et al. (1999) Probleme im Bereich der sozialen Interaktion und Kommunikation unter Zugrundelegung der „autism criteria checklist". Reiersen et al. (2007) fanden in einer populationsbasierten Zwillingsstudie bei Kindern mit ADHS in der „Social Responsiveness Scale" (SRS), die als quantitatives Messinstrument für autistische Züge gilt, erhöhte Werte, am stärksten ausgeprägt beim kombinierten Typ der ADHS. Hier zeigten fast ein Drittel der männlichen und drei Viertel der weiblichen Betroffenen einen Score, der das Vorliegen einer Autismusspektrum-Störung wahrscheinlich macht – eine bemerkenswerte Verteilung, wenn man bedenkt, dass sowohl ADHS als auch Störungen aus dem Autismusspektrum häufiger bei Jungen als bei Mädchen beschrieben sind. Resultat einer großen Familienstudie zum Zusammenhang zwischen ADHS und Autismussymptomen war, dass Autismussymptome bei Kindern mit ADHS häufiger anzutreffen sind als bei ihren Geschwistern und bei Kontrollpersonen (Mulligan et al. 2008). Da Aufmerksamkeitsprobleme bei fast allen Personen mit einer autistischen Störung vorkommen und neuropsychologische Untersuchungen Hinweise auf eine eigenständige Störung der exekutiven Funktionen im Vergleich zur ADHS erbracht haben (Johnson et al. 2007), rät Freitag (2007) davon ab, die Diagnose einer Komorbidität von autistischer Störung und aufmerksamkeitsgestörtem Subtyp der ADHS zu stellen. Eine interessante Gegenüberstellung der Symptomlisten von Patienten mit reiner ADHS und mit der Kombination von ADHS und Autismusspektrum-Störung geben Santosh et al. (2006).

Bei Kindern mit Autismusspektrum-Störungen fanden sich in 41–78 % ADHS-Symptome (Gadow et al. 2006; Goldstein u. Schwebach 2004; Lee u. Ousley 2006; Sturm et al. 2004; Yoshida u. Uchiyama 2004). In ihrer aktuellen Übersicht zur Komorbidität von ADHS und Autismusspektrum-Störungen resümieren Reiersen und Todd (2008), dass die beiden Krankheitsbilder gehäuft zusammen auftreten, dass aber aufgrund des Ausschlusses einer Diagnose beider Erkrankungen beim gleichen Patienten in ICD-10 und DSM-IV in diesen Fällen wohl häufig eine Benennung und adäquate Behandlung *beider* Symptomkomplexe unterbleibt.

Hinsichtlich der Therapie wird vor allem darauf hingewiesen, dass bei Kindern mit ADHS und Autismusspektrum-Störung Stimulanzien prinzipiell durchaus positiv wirken (Santosh et al. 2006), andererseits aber auch vermehrte Ängstlichkeit, Zunahme der Stereotypien und sogar psychotische Symptome bedingen können (Reiersen u. Todd 2008). Außerdem reagieren Patienten mit Autismusspektrum-Störungen besonders empfindlich auf rasche Änderungen der Medikation, so dass nach Therapieeinleitung mit niedriger Dosis nur eine langsame Steigerung erfolgen sollte. Alpha-Agonisten wie Guanfacin oder Clonidin sowie selektive Serotonin-Wiederaufnahmehemmer werden empfohlen, wenn Stimulanzien schlecht vertragen werden. Neuroleptika können Agitation und Aggressivität vermindern und die kognitiven Fähigkeiten bei Autismusspektrum-Störungen verbessern (Reiersen u. Todd 2008). In seiner Übersicht zur Behandlung von ADHS-Symptomen bei Patienten mit Autismus kommt Hazell (2007) zu dem Schluss, dass Atypika wie Risperidon und Quetiapin Aufmerksamkeitsdefizit und Hyperaktivität bei diesen Patienten reduzieren können, wobei Gewichtszunahme und Sedierung häufige Nebenwirkungen sind. Während positive Resultate auch für Methylphenidat, Atomoxetin, Antiepileptika wie Valproat, Topiramat und Lamotrigin sowie für Guanfacin und Donezepil zu erwarten seien, erscheint der Einsatz von d-Amphetamin, Clonidin, Clonipramin, Mirtazapin und Fluoxetin bei diesem Patientenkollektiv nach Ansicht des Autors wenig erfolgversprechend. Carminati et al. (2006) beschreiben bei drei Patienten im Alter zwischen 17 und 23 Jahren mit Autismusspektrum-Störung eine Verbesserung des selbstverletzenden Verhaltens sowie der ADHS-ähnlichen Symptome unter Gabe von 18,75 mg Venlafaxin täglich; dieser positive Effekt bestätigte sich bei Verlaufskontrollen nach 6 bis 36 Monaten.

Bei der differenzialdiagnostischen Betrachtung von Erwachsenen mit ADHS trifft man auf Patienten, die einerseits deutliche Hinweise auf das Vorliegen einer ADHS zeigen, und andererseits auch Züge von autistischen oder zwanghaften Persönlichkeitsstörungen aufweisen. Bisher gibt es jedoch noch keine Untersuchungen, die sich bei Erwachsenen mit diesem Problem beschäftigen, sondern nur einige Erhebungen, die die Entwicklung von Kindern mit Autismusspektrum-Störungen bis ins Erwachsenenalter erfasst haben (Klosinski u. Troje 2004; Melville et al. 2008; Tsatsanis 2003). Howlin et al. (2004) beschreiben in ihrer Übersicht die Entwicklung von Kindern mit einer Diagnose aus dem autistischen Spektrum; diese waren auch im Erwachsenenalter weitgehend auffällig, unselbstständig und ohne eigenes Einkommen. Sie fanden, dass nur von Autismusspektrum-Störungen betroffene Kinder mit einem IQ über 70 eine gute Chance hatten, als Erwachsene selbstständig zu leben, für ihren Lebensunterhalt zu sorgen und in gewissem Umfang auch beziehungsfähig zu sein. Bei der Diagnose eines Asperger-Syndroms müssen bereits in Kindheit und Jugendzeit Auffälligkeiten in der Kommunikation und sozialen Interaktion bestanden haben, bei der Diagnose eines hochfunktionalen Autismus muss außerdem eine verzögerte Sprachentwicklung bei normaler Intelligenz vorgelegen haben. In seiner Arbeit zum Asperger-Syndrom im Erwachsenenalter führt Ebert (2005) aus, dass Asperger-Syndrom und ADHS gehäuft assoziiert sind: „Wenn die Diagnosekriterien beider Störungen erfüllt sind, sollten beide Diagnosen gestellt und entsprechend behandelt werden. Beim Asperger-Syndrom treten die Aufmerksamkeitsdefizite und hyperaktiven Symptome aber oft nur in sozialen, für die Patienten unangenehmen Situationen auf. In diesem Fall wird nur die Diagnose des Asperger-Autismus gestellt."

Tab. 6-4 Gegenüberstellung der Fragen des CLASS-Selbstbeurteilungsbogens mit möglichen Übereinstimmungen bei Vorliegen einer ADHS.

CLASS-Autismus-Selbstbeur-teilungsbogen	Mögliche Parallelen zur ADHS
1. Ich finde gesellige Veranstaltungen verwirrend.	ADHS-Patienten verlieren aufgrund ihrer Reizoffenheit leicht den Überblick; es fällt ihnen dann schwer sich auf verschiedene Gesprächspartner und -inhalte einzustellen.
2. Ich finde es schwierig, an Small Talk teilzunehmen.	Bei Small Talk sind viele kommunikative Feinheiten zu beachten, die ADHS-Betroffene nicht schnell einordnen können.
3. Ich neige dazu, jedes Gespräch auf mich oder mein Hauptinteressensgebiet zu lenken.	ADHS-Betroffene tendieren dazu, mit der Lenkung des Gesprächs auf ein Hauptinteressensgebiet wieder „festen Boden" zu gewinnen.
4. Ich bin gut darin, Details und Fakten herauszuarbeiten.	Dies ist bei ADHS-Betroffenen mit deutlichen zwanghaften Anteilen und bei intensivem Interesse (Hyperfokussierung) der Fall.
5. Ich finde es schwer herauszufinden, was andere Menschen denken oder fühlen.	Eine längere Konzentrationsspanne und die Fähigkeit sich einzufühlen fehlen häufig (s. WURS, Frage 21: „Unfähigkeit, Dinge vom Standpunkt des Anderen aus zu betrachten", Tab. 5-3 auf S. 104).
6. Ich kann mich gut über einen längeren Zeitraum auf bestimmte Themen konzentrieren.	ADHS-Patienten mit hohem Interesse für ein bestimmtes Thema können sich unter Ausblendung der sie umgebenden Realität längere Zeit auf dieses Thema konzentrieren.
7. Mir wird oft gesagt, ich sei unhöflich gewesen, auch wenn ich das nicht beabsichtigt habe.	Die häufig vorhandene Impulsivität führt oft zu Verletzungen im persönlichen Umgang; „ADHS-Patienten sind gut im Austeilen, nicht im Einstecken" (s. CAARS, Frage 43: „Steps on people's toes without meaning to")
8. Ich habe ungewöhnlich starke eng begrenzte Interessen.	Dies kommt bei eher zwanghaften Strukturen vor; im Allgemeinen aber meist nicht bei ADHS.
9. Ich erledige bestimmte Aufgaben in einer immer gleichen und sich wiederholenden Art und Weise.	Tritt bei zwanghaft strukturierten, nicht oder nicht mehr hyperaktiven Betroffenen auf.
10. Ich habe immer Probleme - gehabt, Freunde zu finden.	WURS, Frage 20 (s. Tab. 5-3, S. 104) berührt diese Beziehungsebene: „Probleme mit anderen Kindern (keine langen Freundschaften, schlechtes Auskommen mit anderen Kindern)".

Epidemiologische Daten für diese Diagnosen bei Erwachsenen fehlen, nach Vogeley und Lehnhardt (2008) muss von einer geschätzten Prävalenz von 0,3 % ausgegangen werden. Gemäß diesen Autoren stellt die ADHS die wichtigste Differenzialdiagnose beim hochfunktionalen Autismus und Asperger-Syndrom im Erwachsenenalter dar. Im Autismusforschungszentrum in Cambridge wurde von Baron-Cohen et al. (2005) zur Erfassung der Asperger-Symptomatik bei Erwachsenen das In-

strument AAA (Adult Asperger Assessment) entwickelt, das einen Selbstbefragungs-
bogen mit einschließt (www.autismresearchcentre.com/tests/aaa_test.asp). Erste
Hinweise auf das mögliche Vorliegen eines Asperger-Syndroms gibt auch der Selbstbeurteilungsbogen des „Cambridge Lifespan Asperger Syndrome Service" (CLASS);
diese Fragen finden sich zusammen mit möglichen Überschneidungen mit einer
ADHS-Symptomatik in Tabelle 6-4.

Bei einer diagnostischen Abklärung, die erst im Erwachsenenalter erfolgt, ist zu
berücksichtigen, dass entweder der Beginn vor dem dritten Lebensjahr gelegen haben muss oder das Ausmaß der Störung zu erheblichen Beeinträchtigungen im Kindesalter nach dem dritten Lebensjahr geführt haben muss, um die Kriterien einer
Autismusspektrum-Störung zu erfüllen. Der Begriff des hochfunktionalen Autismus meint Kinder, die zunächst den Kriterien des frühkindlichen Autismus entsprechen, deren intellektuelle Entwicklung jedoch im Gegensatz zum überwiegenden
Teil (ca. 80 %) der Kinder mit dieser Störung normal verläuft (Tonge u. Rinehart
2007). Lorna Wing (2005) hat zu dieser Differenzierung viel beigetragen, indem sie
die bisher gültigen Unterteilungen in verschiedene Krankheitsbilder hinterfragt hat.
Sie ist ausgebildete Psychiaterin und Mutter eines Kindes mit einer Erkrankung aus
dem Autismusspektrum.

Ein Beispiel für den Verlauf des hochfunktionalen Autismus stellt Temple Grandin (Sacks 1997) dar, die zunächst an ausgeprägten klinischen Symptomen des Autismus litt, heute jedoch ein abgeschlossenes Universitätsstudium vorweisen kann
und an einer Universität als Expertin für Tierhaltung beschäftigt ist. Ihre sozialen
Beziehungen bleiben weiterhin deutlich beeinträchtigt. Sie ist aufgrund ihrer Entwicklung und inzwischen vorhandenen Ausdrucksfähigkeit in der Lage, ihre aktuellen Probleme zu beschreiben; 2006 gewann Grandin einen Preis für ihr Buch „The
unwritten rules of social relationships" (Grandin u. Barron 2006).

Die folgende Krankengeschichte ist ein Beispiel für eine Komorbidität von ADHS
und Asperger-Syndrom:

Fallbeispiel

Die Patientin befindet sich seit vielen Jahren wegen einer ADHS und einer ausgeprägten
Depression als Komorbidität in meiner Behandlung. Bei der Schilderung der Symptome
während der Erstvorstellung standen bereits damals eine enorme Reizoffenheit und
Impulsivität im Vordergrund: „Dieses Durcheinander im Kopf, alles strömt auf mich ein, nur
mit starken Willen kann ich das ordnen. Ich habe immer schon mehr wahrgenommen als
andere. Ich kann keine Struktur im Alltagsleben herstellen, in der Kindheit habe ich mit
allen gestritten und nur ganz wenige Freundinnen gehabt." Sie sei als Energiebündel
eingeschätzt worden, da sie dazu tendiert habe, durch die Gegend zu rasen. Heute leide sie
unter einer schrecklichen Zettelwirtschaft, sie habe wegen ihrer Versagensängste unter
Druck eine hohe Motivation mit entsprechender Hyperfokussierung entwickelt, auch der
Vater habe solche Eigenschaften gehabt, er habe sich auch nicht eingestehen können, dass

er sich überfordere. „Ich neige dazu, extrem zu sein, entweder arrogant schroff oder ganz still; ich muss mich immer beschäftigen, sonst lauert das Loch."

Sie berichtet jetzt von der kaum verkraftbaren Überlastung durch ihre beiden Kinder, die sie mit extremen Essproblemen und mangelnder Fähigkeit zur Ablösung überfordern. Diese Frau lebt sozial zurückgezogen, sie berichtet nur ihrem Ehemann, unter welchen Schwierigkeiten sie leidet. Wegen der immer noch bestehenden hochgradigen Reizoffenheit beginne ich, mit ihr die Möglichkeit einer Therapie mit niedrig dosierten Neuroleptika zu besprechen. Bei der Erwähnung der fordernden Nähe durch die Kinder erinnert sie sich an einen Bericht, den sie über die erfolgreiche amerikanische Autistin Temple Grandin gesehen hat. Sie hatte sich nach dieser Sendung gefragt, ob es nicht zwischen ihr und dieser Frau insofern Parallelen gibt, als beide unter erheblicher Angst und Unruhe leiden, wenn eine zu große nicht selbst bestimmte körperliche Nähe eingefordert wird. Sie wirkt deutlich erleichtert, als sie mir von dieser Selbsteinschätzung ihrer Symptomatik berichten kann und ist mit einer Veränderung der bestehenden Medikation (Venlafaxin, Fenityllin) sehr einverstanden.

Schon bald ist eine Reduktion der Reizoffenheit und der Depression unter zusätzlich 5 mg Aripiprazol täglich erkennbar. Wegen erheblicher Probleme bei der Einschulung der Kinder vergisst die Patientin jedoch, diese zusätzliche Medikation einzunehmen. Im Verlauf der darauf folgenden Wochen verschlechtert sich ihr Zustand erheblich, der geplante Familienurlaub erscheint nicht durchführbar. Erst nach der erneuten Einnahme von 5 mg Aripiprazol stellt sich wiederum eine rasche Besserung sowohl der Depression als auch der Handlungsfähigkeit der Patientin ein; die Familie kann so den geplanten Urlaub doch noch antreten. Nach sechsmonatiger kontinuierlicher Behandlung setzt die Patientin erneut das Aripiprazol unter Beibehaltung von Venlafaxin und Fenityllin ab; sie hat bisher keinen Rückfall in ihrem Befinden erlitten, ihr Zustand ist seit nahezu einem Jahr stabil.

Aufgrund der Familienanamnese – der Vater war sehr impulsiv und konnte auch handgreiflich werden, die Mutter war einerseits impulsiv und bestimmend, hatte aber auch depressiv-masochistische Züge, ein Bruder der Patientin bot in der Kindheit das klassische Bild einer ADHS vom kombinierten Typ – sowie der Eigenanamnese und der Selbstbefragungskalen (WURS: 46 Punkte; Brown ADD Scales: 56 Punkte) besteht an der Diagnose einer ADHS in Kindheit und Erwachsenenalter kein Zweifel, andererseits weist die Patientin ausgeprägte Störungen der sozialen Interaktion und Kommunikationsfähigkeit auf, die eher dem autistischen Spektrum zuzuordnen sind. Die zusätzliche Verordnung des atypischen Neuroleptikums Aripiprazol, für das sich bei Kindern mit Autismusspektrum-Störungen positive Effekte bei sehr guter Verträglichkeit gezeigt hatten (Stigler et al. 2004), führte sofort zu einer deutlichen Verbesserung der Reizoffenheit und der Depression. Nach längerer Behandlungsdauer konnte die Patientin diese Zusatzmedikation sogar wieder absetzen und hat auch nach einer mehr als halbjährigen Behandlungspause keinen Rückfall erlitten.

Fallbeispiel

Ein Beispiel für die gerade bei Erstdiagnose im Erwachsenenalter oft problematische differenzialdiagnostische Abgrenzung bot ein 41-jähriger Patient, der in seiner Kindheit unter der Diagnose einer ADHS von einem spezialisierten Kinderarzt mit Stimulanzien behandelt wurde; er erhielt im Wechsel Methylphenidat und Amphetaminsaft. In der Rückschau meint er, dass diese Medikamente nicht so hilfreich gewesen seien. Die Eltern berichten hingegen, dass ein wichtiges Gespräch früher mit ihm nur dann möglich gewesen sei, wenn er Stimulanzien genommen hatte.

Wegen einer Paarproblematik sucht er mich erstmals im Alter von 38 Jahren auf. Die langjährige Lebensgefährtin hat sich von ihm getrennt, weil sie sich nicht seinen Vorstellungen einer praxisnahen Berufsausbildung unterwerfen will. Sie sieht sich eher als Künstlerin, die das Leben kreativ bewältigt. Die Aussicht, in ein Leben als Hausfrau und Mutter gedrängt zu werden, ist für sie unerträglich. Sie zieht deshalb mit dem gemeinsamen Kind aus.

Der Patient ist schon im ersten Gespräch extrem laut; er kann nicht warten, bis sein Gegenüber ausgesprochen hat und verhält sich sehr rechthaberisch. Er wirkt sehr rigide und in der Wahl der Themen eingeengt. Er berichtet von Ängsten um seine Familie, die einer sofortigen Klärung bedürfen, weil er sonst in Panik gerät. Ist die Lebensgefährtin für ihn nicht erreichbar, entwickelt er eine verzweifelte Wut.

Trotz erheblicher Schulschwierigkeiten und ohne mittleren Abschluss hat er es nach einer abgeschlossenen Handwerkslehre beruflich sehr weit gebracht. Er arbeitet als IT-Spezialist in einer großen renommierten Firma. Die Tatsache, dass er, wie die Mutter sagt, sein Hobby zum Beruf machen konnte und sich hyperfokussiert mit seinem Wissen eine solche Position erarbeitet hat, lässt ihn den Blick dafür verlieren, dass sein Weg nicht der Königsweg für Andere sein muss. Die Mutter befürchtet, dass er mit seiner Rechthaberei auch seine wenigen Freunde vergraulen könnte.

In seinem ersten Schulzeugnis wird beschrieben, dass er große Schwierigkeiten hat, sich an eine Ordnung zu halten und sich in die Klassengemeinschaft einzuordnen. Aufforderungen der Lehrerin, sich um die Erarbeitung von gestellten Aufgaben zu bemühen, nimmt er nicht wahr. Die Hausaufgaben erledigt er jedoch in der Grundschule mit großem Fleiß. In der zweiten Klasse fällt er dadurch auf, dass er wortreich seinen Standpunkt gegenüber Lehrern und Mitschülern vertritt. Der zunächst beschriebene Fleiß ist ab der achten Klasse nicht mehr vorhanden, er wird für sein Benehmen getadelt und aufgefordert, seinen schulischen Verpflichtungen nachzukommen und mehr mitzuarbeiten. In der Grundschule wird er von einem Kinderarzt unter der Diagnose „hyperkinetisches Syndrom" mit Stimulanzien behandelt, die Schulnoten und die Beurteilung der Mutter lassen ein positives Leistungsverhalten durch die Therapie vermuten; der Patient selbst sagt aber in der Rückschau, dass er von den Stimulanzien nicht profitiert habe.

Nach einer Lehre bei einem verständnisvollen Lehrherrn kann er sich ganz der Erarbeitung von Kenntnissen aus dem Bereich der Computertechnik widmen. Er lernt etwa zu dieser Zeit seine Lebensgefährtin kennen. Beide lieben Musik und gehen gern zu Konzerten, aber sie trennen sich wieder, weil die Frau sich zu sehr eingeengt fühlt. Kurz nachdem sie sich wieder gefunden haben – beide hatten zwischendurch andere Partner – wird die Partnerin schwanger. Zunächst verbindet das Paar die gemeinsame Liebe zum Kind, für das beide nur das Beste wollen. Es kommt aber bald zu Konflikten, da er im Privatleben seine nächsten Bezugspersonen immer wieder dadurch verärgert, dass er sie aus missverstandener Fürsorge unter seine Kontrolle nehmen möchte. Er kann nicht ertragen, dass das Leben nicht immer nach seinen Vorstellungen abläuft; er liebt seine Familie, aber gleichzeitig muss er in zwanghaft erlebter Weise Beleidigungen aussprechen. Wenn er den Druck, Beleidigungen aussprechen zu müssen, beschreibt, wird deutlich, dass er an diesem Punkt die Willensfreiheit verliert. Die Mutter rät ihm schließlich, sich nochmals einer Stimulanzientherapie zu unterziehen, um für seine Umwelt erträglicher zu sein. Die Familie ist für ihn der Ort, wo er sich gehen lässt, am Arbeitsplatz ist er offensichtlich umgänglicher und wegen seines Könnens auch beliebt.

Kurz nach Therapiebeginn gibt er an, dass er nicht gewillt sei, eine Pharmakotherapie zuzulassen, er fühle sich nach der Einnahme von Ritalin nicht wohler und es erinnere ihn zu sehr an seine Kindheit. In den Selbstbefragungstests Brown ADD Scales und CAARS erreicht er als Erwachsener keine für die Diagnose ADHS relevanten Scores. Wegen seiner Impulsivität rate ich ihm zu einer Therapie mit Atomoxetin.

Erst nach einem Informationsabend für Laien zum Thema ADHS kann er sich dazu durchringen, diese Behandlung zu beginnen, da es ja nicht die von den Eltern aufgezwungene Medikation aus der Kindheit ist. Schon nach einer einwöchigen Einnahme ist der Lautstärkepegel in der Therapiestunde deutlich reduziert, der Patient kann erstmals warten, bis z. B. die Lebensgefährtin ihre Eindrücke ausgesprochen hat. Interessanterweise glaubt er selbst, dass keine Veränderung erfolgt ist. Nach weiteren vier Wochen mit lediglich 10 mg Strattera hat sich der Gesprächsstil deutlich verändert. Er kann jetzt ertragen, dass sein Verhalten in der Beziehung hinterfragt wird, ohne dass er in theatralisches lautes unangemessenes Gelächter oder Anschuldigungen ausweicht, um von seiner Unfähigkeit, länger eine passive Gesprächsposition zu ertragen, abzulenken.

Nach acht Wochen findet erstmals ein Gespräch statt, bei dem der Patient kaum noch von sich spricht, sondern nur noch auf die gemeinsamen Probleme mit dem Sohn und seine Versorgung eingeht. Das Kind leidet unter massiven Entwicklungsverzögerungen, die der Mutter große Sorgen bereiten, die er als Vater jedoch banalisiert, da er in seiner übersteigerten Liebe diesen „Makel" nicht wahrhaben möchte. Es erinnert ihn wahrscheinlich zu sehr an die eigenen Schwierigkeiten in der Kindheit. Das Kind wird in einer Fördereinrichtung untergebracht, um die schon vorhandenen Defizite zu bessern.

Als der Patient die Therapie wieder unterbricht, schreibt die Frau, dass es doch Tage gebe, an denen er sehr liebenswürdig sein könne, offensichtlich dann, wenn er regelmäßiger seine Medikamente nehme. Sie fühle sich terrorisiert, werde aber dem Kind zuliebe den Kontakt nicht abbrechen.

In der Gesamtschau ist bei diesem Patienten die Frage zu stellen, ob es sich in der Kindheit wirklich um ein hyperkinetisches Syndrom gehandelt hat oder ob nicht die Diagnose eines Asperger-Syndroms mit leichterer Ausprägung angemessener gewesen wäre; hierfür sprechen seine mangelnde soziale Kompetenz sowie stereotype Verhaltensweisen mit erheblichen Problemen bezüglich sozialer Interaktionen, insbesondere der Kommunikation im privaten Umfeld. Die Symptomatik im Erwachsenenalter, die Ergebnisse der Selbstbeurteilungstests und auch der mangelnde therapeutische Effekt der Stimulanzien, andererseits aber der gute Therapieerfolg in Bezug auf die Impulsivität unter geringen Dosierungen von Atomoxetin, legen einen solchen Wechsel der Diagnose nahe.

Letztlich unklar blieb die exakte diagnostische Einordnung bei diesem Patienten:

Fallbeispiel

Der 37-jährige Patient stellt sich vor, nachdem die behandelnde Kinder- und Jugend-psychiaterin seines Sohnes ihm dazu geraten hat, für sich ebenfalls eine Behandlung seiner Impulsivität in Betracht zu ziehen. Aus der Kindheit ist bekannt, dass er seine Freizeit wenig mit Gleichaltrigen verbracht hat, er hat sich erst in den höheren Schulklassen einer Klassenkameradin angeschlossen, die ihn bildlich gesprochen „aus dem Keller geholt habe, wo er zwischen dem 15. und 20. Lebensjahr sein Leben verbracht und sich nur mit Elektronik beschäftigt habe". Diese Situation wurde dadurch begünstigt, dass der Patient einziges Kind eines sehr alten Elternpaares war. Er sei immer ein Einzelgänger gewesen, eigentlich sei er nie ein Kind wie andere gewesen und habe auch den Kontakt zu anderen Kindern nicht vermisst.

Kurz nach Beginn des Studiums, das sowohl er als auch seine Partnerin erfolgreich abschließen, werden in schneller Folge zwei Kinder geboren. Er findet eine Anstellung, verliert wegen seiner polarisierenden Art diesen Arbeitsplatz aber wieder und geht in die Selbstständigkeit im IT-Bereich, obwohl dies nicht Inhalt seines Studiums gewesen ist. Bei Besprechungen der von ihm betreuten Studien leidet er sehr darunter, sich in das Team einfügen zu müssen und er kann nur dann erfolgreich arbeiten, wenn es in der Umgebung vollkommen ruhig ist.

Der Patient sagt, er wolle in der Behandlung seine Beziehungsfähigkeit verbessern, da er spüre, dass dies für die Entwicklung seines Sohnes sehr wichtig sei; er möchte nun die im Rahmen der Erziehung schon gewonnene soziale Kompetenz vertiefen. Er ist noch immer unfähig, seinem Sohn gegenüber seine Verletzungsgefühle zu äußern, wenn dieser beispielsweise nur den Hund, aber nicht ihn, nach der Rückkehr aus der Schule begrüßt.

Bei den ersten Gesprächen wirkt er wie ein „gefühlloser Klotz", bei sachbezogenen Themen kann er gut und engagiert diskutieren, er kann jedoch noch nicht seine persönlichen Bedürfnisse formulieren oder die Befindlichkeit seines Gegenübers einschätzen. Er ist sichtlich von einer Überfülle von Ideen überflutet; es gelingt ihm oft nicht, seine Anliegen in einem zeitlich begrenzten Rahmen zu besprechen. Zu Beginn der Therapie wischt er noch jegliche Kritik an seiner Person als unberechtigt mit einem Argumentationsschwall weg. Hinter seinen lautstarken Ausführungen wird jedoch schnell auch eine Depressivität spürbar.

Im Rahmen einer über fünf Jahre erfolgenden Psychotherapie und einer Medikation mit Venlafaxin (18,75 mg/d) und Methylphenidat (30 mg/d) entwickelt der Patient eine deutlich verbesserte Beziehungsfähigkeit und soziale Kompetenz, die ihm ermöglichen, sich in seiner Heimatstadt in politischen Arbeitsgruppen angenommen zu fühlen, bei denen er zunächst nur der akademisch erfolgreiche Außenseiter gewesen war. Er beschreibt am Ende der Therapie Freundschaften, die er zu Beginn noch schmerzlich vermisst hat. Gerade weil sich die Beziehungsfähigkeit so erheblich verbessert hat, ist anzunehmen, dass er nicht nur unter Symptomen aus dem autistischen Spektrum leidet, sondern auch wie sein Sohn eine ADHS aufweist; daneben sind Züge einer schizoiden Persönlichkeitsstruktur zu erkennen. Unter der Kombinationstherapie hat sich die Lebensqualität des Patienten deutlich verbessert.

6.6 ADHS und Zwangsstörungen

ADHS und Zwangsstörungen schließen sich keineswegs aus (Weiss et al. 1999). Auf die kürzeste Formel brachte dies ein 58-jähriger Patient, der sich zur Weiterbehandlung vorstellte, nachdem er als selbst betroffener Vater eines Kindes mit ADHS schon seit über 20 Jahren mit Amphetaminen behandelt wird, mit seiner Aussage: „Ich bin ein nervöser Pedant." Zur Wirkung der medikamentösen Behandlung meinte er, diese sei wie ein Schutzschild gegen Einschläge aus der Stratosphäre: „Nur noch die ganz großen Meteoriten zeigen Wirkung." Manche erwachsenen Patienten versuchen ihre Defizite hinsichtlich Konzentration und Organisation durch sehr rigide Verhaltensweisen zu kompensieren und erwecken dadurch den Anschein erheblicher Kontrolliertheit. Die in ADHS-Familien häufig anzutreffenden massiven Konflikte werden zum Teil sicher auch durch solches Verhalten betroffener Eltern gegenüber ihren hyperaktiven Kindern gefördert. Während sie in vielen Lebensbereichen hoffnungslos chaotisch sind, halten manche Erwachsene mit ADHS in einem ganz speziellen Interessenbereich zwanghaft extreme Ordnung (z. B. am Arbeitsplatz). Im klinischen Erscheinungsbild bestehen in der Regel durchaus Unterschiede zu Patienten mit durchgehenden alleinigen Zwangsstörungen – die emotionale Schwingungsfähigkeit ist bei Vorhandensein von Komorbidität deutlich besser ausgeprägt. Andererseits bekommen Patienten mit ADHS und zwanghaften Zügen ganz ähnlich wie Zwangskranke Angstsymptome oder affektive Durchbrüche, wenn ihr zwanghaftes Verhalten durch äußere Einflüsse unmöglich gemacht wird. Sowohl in der epidemiologischen Studie von Kessler et al. (2006) als auch in der Untersuchung von Sobanski et al. (2007b) wiesen die ADHS-Betroffenen höhere Werte für Zwangsstörungen auf als die übrigen Kollektive, wobei dieser Unterschied aber keine Signifikanz erreichte.

Fallbeispiel

Eine 20-jährige Patientin wird durch eine Freundin darauf aufmerksam gemacht, dass sie wahrscheinlich unter einer Hyperaktivitätsstörung leidet. Wegen starker Erschöpfungszustände befindet sie sich in internistischer Behandlung. Die Patientin berichtet, dass sie schon als Kind durch ihr impulsives und risikoreiches Verhalten aufgefallen sei. So habe sie sich nach einer Unterrichtsstunde in Chemie, in der mit einem Bunsenbrenner gearbeitet wurde, zu Hause ein Feuerzeug genommen, um zu schauen, wie leicht die Gardine entflamme – hier zeigen sich auffallende Parallelen zu der Geschichte vom „Paulinchen" in Heinrich Hoffmanns „Struwwelpeter". Diese Patientin musste als junge Erwachsene jedes WC gründlich reinigen, bevor sie es benutzen konnte; die männliche Behaarung verursacht ihr Ekel, weil nur eine glatte, frisch gewaschene Haut ihr wirklich rein erscheint. Trotz erheblicher beruflicher Belastung putzt sie regelmäßig nachts Bad und Küche mit starken Desinfektionsmitteln. Ihre Wäsche muss täglich bei hohen Temperaturen gewaschen werden, um alle vermuteten Keime zu beseitigen. Als sie während ihrer beruflichen Tätigkeit von einem Kunden beleidigt wird, gibt sie diesem eine Ohrfeige.

Bei dieser Patientin besteht neben einer ausgeprägten Zwangssymptomatik auch eine ADHS mit Symptomen der Hyperaktivität und Impulsivität. Im Emotionalen ist sie schwingungsfähig, ihre Impulsivität und Zwanghaftigkeit führen aber zu erheblichen Problemen in einer Partnerschaft und am Arbeitsplatz, den sie nach impulsiven Durchbrüchen wegen heftiger Schamgefühle häufig wechselt. Entsprechend den Empfehlungen aus der amerikanischen Literatur (Weiss et al. 1999) wurde bei der Patientin eine Kombinationstherapie mit Sertralin und Stimulanzien eingeleitet, die zu einer raschen Besserung der motorischen Unruhe und der Zwangssymptomatik führte. Schon nach zweimonatiger Behandlung konnte die Patientin wieder das nicht von ihr selbst und nicht unter besonderer Beachtung ihrer eigenen Hygienestandards zubereitete Essen in einem Restaurant genießen, ohne zuvor das Besteck gründlich gereinigt haben zu müssen.

Fallbeispiel

Ein 35-jähriger Mann, der beruflich als Workaholic sehr erfolgreich ist, kommt auf Wunsch seiner Frau in die Sprechstunde. Er duldet in seiner privaten Umgebung keinerlei Unordnung. Er läuft ständig, auch in Anwesenheit von Gästen, umher und ist damit beschäftigt, Ordnung zu schaffen. Seine Wünsche sind Befehl für alle Familienmitglieder, seine Selbstzweifel verbirgt er hinter einer Fassade von Grandiosität des beruflich erfolgreichen Menschen. Seine unbewusste Angst vor Chaos lässt ihn als Gastgeber unerträglich werden –

die Gäste dürfen erst dann seine Wohnung verlassen, wenn alles wieder aufgeräumt, ge-spült und geordnet ist. Die Ehefrau verliert den Kontakt zu ihren Geschwistern und Freun-den, die sich diesem Diktat nicht unterwerfen wollen. Die eigenen Kinder, die gleichfalls unter einer ADHS leiden, wenden sich mit zunehmendem Alter von Vater ab, der keinerlei Einsicht in sein zwanghaftes Verhalten zeigt. Die Ehefrau braucht psychotherapeutische Hilfe, um sich aus dieser Beziehung lösen zu können.

Aufgrund der Schilderung des häuslichen Milieus und der im Interview gewonnenen Ein-sichten handelt es sich bei diesem Mann um einen ADHS-Patienten, der seine motorische Unruhe hinter seiner Pedanterie verstecken kann, indem er seinen Bewegungsdrang durch seine Aufräumaktionen, bei denen er ständig unterwegs sein darf, kaschiert. Eine Komor-bidität mit einer Zwangsstörung muss angenommen werden. Er kann für sich in seiner emotionalen Einmauerung keine Hilfe zulassen, obwohl er verfolgen kann, dass die nach gesicherter Diagnose bei beiden Söhnen eingeleitete Therapie zu einer deutlichen Verbes-serung der Lebensqualität der Kinder geführt hat.

6.7 ADHS und posttraumatische Belastungsstörung

Die Diagnose einer echten Komorbidität von posttraumatischer Belastungsstörung und ADHS verlangt besondere Kenntnisse, treten doch im Rahmen einer posttrau-matischen Belastungsstörung Symptome der Unaufmerksamkeit, zum Teil auch der Hyperaktivität auf, die an eine zusätzliche ADHS denken lassen könnten (Glod u. Teicher 1996; March et al. 1997). Hier ist die Anamnese entscheidend, der zufolge bei einer echten Komorbidität Symptome schon vor dem Trauma vorhanden gewesen sein müssen. Extrem schwierig wird die Differenzialdiagnose, wenn die Schilderung einer schwierigen Kindheit, aus der Misshandlungen durch die Eltern berichtet wer-den, Anlass zur Diagnose einer posttraumatischen Belastungsstörung gibt. Erst bei Kenntnis der ausführlichen Familiengeschichte kann als Ursache solcher Konflikte, bei denen angesichts einer dauerhaften Überforderung der Eltern körperliche Über-griffe stattfinden, auch eine ADHS mit in Betracht gezogen werden. Tzelepis et al. (1995) gehen davon aus, dass Patienten mit vorbestehender ADHS wahrscheinlich kein erhöhtes Risiko der Entwicklung einer posttraumatischen Belastungsstörung im Vergleich zu einer Normalpopulation haben; eigene Erfahrungen sprechen je-doch dafür, dass aufgrund der primär vermehrt vulnerablen Persönlichkeit Betrof-fener Traumen bei diesem Personenkreis zu schwereren Belastungsstörungen führen können; dies deckt sich mit Erfahrungen bei misshandelten Kindern (Famularo et al. 1996; Ford et al. 2000). Außerdem führt die gesteigerte Risikobereitschaft gehäuft zu Unfällen und anderen traumatischen Erlebnissen. Diese Patienten wachsen in der Regel in Familien auf, in denen aufgrund der genetischen Belastung mit erhöhter

Impulsivität, niedrigerem sozialen Status und Substanzmissbrauch zu rechnen ist, was eine ungünstige Sozialisation bedingt. Somit ist nicht selten eine traumatische Dauerbelastung gegeben; Berichte vieler Patienten enthalten solche Schilderungen. Im Falle einer echten Komorbidität sollten beide Störungen behandelt werden. Adler et al. (2004) diagnostizierten bei 7 von 25 Patienten mit posttraumatischer Belastungsstörung eine ADHS, dagegen nur bei 1 von 22 Patienten mit Panikstörung. Kessler et al. (2006) fanden signifikant höhere Raten einer posttraumatischen Belastungsstörung bei ADHS-Betroffenen (11,9 %) im Vergleich zum übrigen Kollektiv (3,3 %) (s. Tab. 6-3, S. 118), Jacob et al. (2007) beschrieben eine aktuelle Prävalenz von 3,7 % und eine Lebenszeitprävalenz von 4,6 % für eine posttraumatische Belastungsstörung bei ihren Patienten mit ADHS.

Fallbeispiel

Eine 55-jährige Patientin wird wegen schwerster Schlaf- und Konzentrationsstörungen zur Therapie überwiesen. In ihrem Beruf als Kindergärtnerin ist sie in diesem Zustand arbeitsunfähig. Bei der Exploration fällt auf, dass sie ununterbrochen in Bewegung ist und nur unter größter Anstrengung auf dem Stuhl sitzen bleiben kann. Aus ihrer Kindheit berichtet die Patientin, in der Schule ein Mädchen mit vielen Flausen im Kopf gewesen zu sein. Zuhause habe sie unter dem unerträglichen und unmenschlichen Erziehungsstil der Eltern gelitten und sei häufig ohne Vorankündigung grundlos heftig verprügelt worden. Eine jüngere Schwester sei die ganze Freude der Mutter gewesen, sie sei maßlos verwöhnt worden und habe schließlich auch den Hauptanteil des Erbes bekommen. Die mangelhafte Erziehung und Grenzsetzung habe bei der Schwester zu einem sehr überheblichen Verhalten geführt, diese habe sich schließlich mit ihrer impulsiven und jähzornigen Art und einem massivem Alkoholabusus aus allen sozialen Bezügen entfernt, sie lebe heute vollkommen verarmt ohne Beziehung zur übrigen Familie.

Wegen der erheblichen motorischen Unruhe wurde eine Untersuchung der striatalen Dopamintransporter veranlasst, die erhöhte Werte ergab. Die sich anschließende Stimulanzienbehandlung führte zu einer deutlichen Abnahme der Konzentrations- und Schlafstörungen, die zusätzliche Verordnung von Venlafaxin reduzierte die von der Patientin als quälend erlebte Reizoffenheit. Im Rahmen der psychotherapeutischen Begleitung berichtete sie von plötzlich auftretenden Panikzuständen, die sich dann einstellten, wenn sie beispielsweise in der Küche saß und der Lebensgefährte im Türrahmen stehend ihr etwas erzählte. Sie geriet in dieser Situation regelmäßig außer sich, weil sie sich wie ein Tier in einer Falle fühlte. Der Lebensgefährte stand diesem Geschehen vollkommen fassungslos gegenüber; erst nach Erinnerung an die Misshandlungen durch die Mutter während der Kindheit, die jeweils im Türrahmen stehend einen Streit anzettelte, um die Patientin anschließend zu verprügeln, besserten sich diese Zustände. Die kognitiven Fähigkeiten der Patientin hatten sich also unter der begleitenden medikamentösen Behandlung so weit gebessert, dass ihr eine Auseinandersetzung mit von ihr als situationsinadäquat erlebten Reaktionen möglich wurde.

6.8 ADHS und Störung des Sozialverhaltens mit oppositionellem Verhalten sowie antisoziale Persönlichkeitsstörung

Im Rahmen der psychiatrisch-psychotherapeutischen Tätigkeit sieht man seltener Patienten, die eine antisoziale Persönlichkeitsstörung aufweisen, weil die Kooperationsbereitschaft dieser Menschen, die häufig zusätzlich eine Substanzabhängigkeit zeigen, meist so reduziert ist, dass sie keiner entsprechenden Diagnostik und Therapie zugeführt werden. Aus Berichten einiger Patienten erfährt man jedoch, dass Familienmitglieder wegen ihres oppositionellen Verhaltens eine dissoziale Entwicklung durchlaufen haben. Sie leben als Einzelgänger oder haben Gefängnisstrafen zu verbüßen, weil sie sich nicht an die sozialen Regeln halten konnten. Im Strafvollzug ist die ADHS bisher kaum als Ursache impulsiver Durchbrüche wahrgenommen worden; Rösler et al. (2004b) fanden jedoch deutlich erhöhte Prävalenzraten für ADHS in forensischen Begutachtungspopulationen. In einer prospektiven Follow-up-Studie bestätigten Satterfield et al. (2007) eine vermehrte Delinquenz bei Vorliegen einer Komorbidität von ADHS und Störungen des Sozialverhaltens.

Fallbeispiel

Ein 30-jähriger Patient meldet sich zur Sprechstunde an, weil er nach einer Sendung zum Thema ADHS den Eindruck gewonnen hatte, man habe dort einen Film über ihn selbst gedreht. Anschließend habe er nächtelang im Internet gesurft, um voller Erstaunen festzustellen, dass es eine Störung geben soll, die genau seine bisherigen Schwierigkeiten betrifft. Er wird gebeten, zur Untersuchung – wenn möglich – alte Schulzeugnisse mitzubringen. Er berichtet, dass er wahrscheinlich schon im Kindergarten wegen seines ständigen Redeflusses schwer erträglich gewesen sein müsse; im Zeugnis der ersten Klasse wird konstatiert: „... es ist ihm kaum möglich, sich den allgemeinen gültigen Regeln der Schule anzupassen." Im Abschlusszeugnis der sechsten Klasse ist vermerkt: „... seine Anstrengungsbereitschaft war im Wesentlichen abhängig von seiner Interessenlage." In der zehnten Jahrgangsstufe des Gymnasiums habe er zweimal die Schule gewechselt, weil er wegen seines Sozialverhaltens nicht mehr tragbar gewesen sei. Am Tag nach der Schulentlassung habe er sich an einem Lehrer gerächt, indem er diesem (einem Brillenträger) mit einem scharfen Wasserstrahl ins Gesicht gespritzt habe. Insgesamt habe er als Schüler keine Probleme gehabt, wenn es einen Konsens mit dem Lehrer gegeben habe, meistens habe er jedoch einmal pro Unterrichtsstunde die Klasse verlassen müssen. Nach Ansicht des Patienten haben die Eltern keine ausreichenden Grenzen gesetzt, „die haben mich frei machen lassen". Nach knapp 15 Schuljahren verlässt er im Alter von 21 Jahren die Schule mit einer Fachhochschulreife, jedoch ohne Abitur. Anschließend versinkt er in einer stark ausgeprägten Antriebslosigkeit; seine Frustrationsintoleranz ist so groß, dass er es nicht verkraftet, dass seine einzige Bewerbung um eine Stelle negativ beschieden wird. Schließlich gelingt es ihm, an einem privaten Ausbildungsinstitut einen Abschluss als Produktmanager zu erreichen, seine Noten bewegen sich im oberen Leistungsdrittel. Da ihm eine Tätigkeit als Angestellter nicht zusagt, macht er sich in der Computer-Branche selbstständig, im letzten halben Jahr erlebt er sich jedoch mehr als „Unterlasser denn Unternehmer". Gegenüber der Familie ist er häufig in einer gereizt-aggressiven Stimmung; es fällt ihm schwer, die Beziehung zu einer Frau zuzulassen. Vom Vater berichtet er eine erhebliche Impulsivität, die Mutter scheint sehr permissiv zu sein – sie beauftragt ihn, Erledigungen mit dem Auto zu unternehmen, obwohl er noch keinen Führerschein hat. Dem Patienten selbst ist wiederholt aufgefallen, dass er sich nicht fahrtauglich fühlt, weil er sich auf die Verkehrssituationen nicht einstellen kann. In Bezug auf sein Arbeitsverhalten konstatiert er, dass er zwar viele gute Ideen habe, aber häufig die Umsetzung nicht leisten könne, weil immer etwas dazwischen komme, er habe eben ein motivationales Problem. Er rauche derzeit mindestens 40 Zigaretten täglich, der Alkoholkonsum sei ebenfalls häufig problematisch, er fühle sich jedoch nach erheblichem Alkoholkonsum innerlich ganz ruhig.

Der Patient spricht laut und viel, er wirkt übertrieben heiter und deutlich distanzlos. Er möchte vermitteln, dass die Schulsituation für ihn kein Problem gewesen sei; jetzt hingegen habe er Existenznöte, seine wirtschaftliche Selbstständigkeit sei bedroht. Aufgrund der retrospektiven Selbstbeurteilung mit der „Wender Utah Rating Scale" (WURS; Ward et al. 1993) ist in Bezug auf eine schon in der Kindheit bestehende ADHS von einer erheblichen Betroffenheit in Kombination mit Störung des Sozialverhaltens mit oppositionellem Verhalten auszugehen, eine komorbide antisoziale Persönlichkeitsstörung im Erwachsenenalter bestand in diesem Fall nicht. Hinter einer Fassade von Heiterkeit leidet der Patient eher unter einer ärgerlichen Gereiztheit in Kombination mit Antriebslosigkeit. Im Rahmen seiner beruflichen Tätigkeit dürfte die Distanzlosigkeit ebenfalls zu Problemen führen.

Nach Ausschluss anderer organischer Ursachen wurde eine Behandlung mit Methylphenidat eingeleitet; schon bei der ersten Kontrolluntersuchung nach einer Woche berichtet der Patient von einer ihn selbst völlig überraschenden „sensationellen" Ausgeglichenheit. Auch die Schlafstörungen seien unter einer Dosierung von dreimal 5 mg Methylphenidat täglich deutlich gebessert. Es erstaune ihn, dass er nun wieder in der Lage sei, auf der Schreibmaschine das eigentlich schon vertraute Zehn-Fingersystem einzusetzen, was ihm lange Zeit nicht möglich war. Sowohl die Freundin als auch die Eltern seien erstaunt, wie wenig er sich noch mit ihnen streite. Die Wirkungsdauer könne er daran abmessen, wie lange er nicht den Drang verspüre, an den Nägeln zu kauen. Bei diesem Patienten erscheint es besonders wichtig, mit ihm im Rahmen einer psychotherapeutischen Begleitung die Beruhigung zu verarbeiten, wie sie ihm früher nur nach exzessivem Alkoholgenuss möglich war. Bisher kannte er diese Verfassung nur in intoxikiertem Zustand; er ist begeistert von seiner jetzt gewonnenen Arbeitsfähigkeit. Aufgrund der jahrzehntelangen negativen Erfahrungen ist jedoch damit zu rechnen, dass er sich an diese positiven Lebensumstände erst langsam gewöhnen muss.

> **Fallbeispiel**
>
> Ein anderer Patient konnte mit Hilfe seiner Frau und aus Liebe zu seinen kleinen Kindern schließlich therapeutische Hilfe annehmen. Er hatte große Probleme, Vertrauen zu entwickeln, da er schon in der Kindheit wegen seiner Hyperaktivität und Impulsivität erhebliche Ablehnung im Elternhaus und in der Schule erlebt hatte. Er war häufig von Rachegedanken erfüllt, die er früher in alkoholisiertem Zustand auch ausgelebt hatte. Als er begann sich selbst Grenzen zu setzen, schlug er nicht mehr mit der Faust auf den Gegner ein, sondern gegen eine Stahltür – wobei er sich schwer an der Hand verletzte. Dieses Ereignis und eine zwischenzeitlich erfolgreich absolvierte Berufsausbildung weckten in dem Patienten den Wunsch, seine Selbstkontrolle zu verbessern, die auch im beruflichen Umfeld zu wünschen übrig ließ. Da eines seiner Kinder von einem Kinder- und Jugendpsychiater wegen ADHS mit Stimulanzien behandelt wurde und er mit Erstaunen den Rückgang dessen impulsiven Verhaltens konstatierte, willigte er selbst in eine solche Behandlung ein. Der zunächst aufgesuchte Psychiater hielt ihn aber für nicht therapierbar, weil er an seiner Kooperationsbereitschaft zweifelte. Der Patient konnte jedoch diesen Rückschlag verarbeiten und befindet sich nun seit mehreren Jahren in unserer Behandlung.
>
> Die Entwicklung des Patienten ist in Bezug auf seine Selbstkritik erstaunlich – er ist ein ruhiger, sachlich argumentierender Mensch geworden, der nur noch selten seinen Rachephantasien im Rahmen der Therapie freien Lauf lässt, etwa wenn er sich von einem Geschäftspartner geprellt fühlt. Er wurde ein verlässlicher Vater, die Beziehung zur Ehefrau ist ausgeglichen. Nur wenn er unter „zuviel Familie" leidet, braucht er einen räumlichen Rückzug, um sich „innerlich sortieren" zu können.

Wiederholt wird von Menschen berichtet, die aufgrund ihres impulsiven und antisozialen Verhaltens schließlich als Einzelgänger im Wohnwagen auf der grünen Wiese landen, obwohl sie zunächst mit einem Millionenerbe gut versorgt schienen. Bei Kenntnis der Familienanamnese ist häufig rückblickend der Beginn der Störung mit ausgeprägten Symptomen von Hyperaktivität und Impulsivität in der Kindheit zu belegen, die Polymorbidität beim Erwachsenen lässt jedoch diese Grundstörung kaum noch erkennen.

> **Fallbeispiel**
>
> Ein Patient, der aus dem sozialen Randbereich stammt, berichtete vom schrecklichen Schicksal seines Bruders, der wegen seines impulsiven Verhaltens in eine Schlägerei geraten war, wo ihm solche Schädel-Hirn-Verletzungen zugefügt wurden, dass er noch heute an schweren Beeinträchtigungen seiner Hirnfunktionen leidet.

Bei den von Biederman et al. (1993) beschriebenen Erwachsenen mit ADHS boten 29 % Hinweise auf eine Störung des Sozialverhaltens mit oppositionellem Verhalten, 20 % auf eine Störung des Sozialverhaltens und 12 % auf eine antisoziale Persönlichkeitsstörung. In einer Studie von Barkley und Gordon (2002), die 105 junge Erwachsene mit ADHS im Alter von 18 bis 28 Jahren im Vergleich zu 64 gleichaltrigen Normalpersonen untersuchten, fanden sich Störungen des Sozialverhaltens mit oppositionellem Verhalten hochsignifikant häufiger bei ADHS-Patienten, die Störung des Sozialverhaltens und die antisoziale Persönlichkeitsstörung lagen bei den von ADHS Betroffenen dagegen nur zu jeweils 4,8 % vor, bei den Kontrollpersonen gar nicht; diese Unterschiede waren statistisch nicht signifikant. Bei Familienuntersuchungen zeigte sich, dass in den Familien von Kindern mit Komorbidität von ADHS und Störung des Sozialverhaltens bei Verwandten gehäuft eine Störung des Sozialverhaltens ohne begleitende Symptome einer ADHS auftrat, nicht dagegen bei Verwandten von Kindern mit ADHS *ohne* Störung des Sozialverhaltens. Hieraus wurde geschlossen, dass beide Krankheitsbilder unabhängig voneinander vererbt werden (Faraone et al. 1997b). Da die Störung des Sozialverhaltens als Präkursor der antisozialen Persönlichkeitsstörung angesehen wird (Herpertz u. Herpertz 2003), ist zu folgern, dass es sich bei Patienten mit ADHS und antisozialer Persönlichkeitsstörung meist um ein zufälliges gemeinsames Auftreten zweier Krankheitsbilder handelt. Diese Komorbidität dürfte besonders häufig bei Gefängnisinsassen bestehen. Entsprechend fanden Retz et al. (2007) bei straffälligen Jugendlichen und jungen Erwachsenen (Alter 15 bis 28 Jahre, im Mittel 19,5 Jahre) mit Drogenmissbrauch oder -abhängigkeit eine hohe Prävalenz von 29 % bezüglich des Vorliegens einer ADHS; insgesamt betrug die Häufigkeit einer aktuellen ADHS bei den untersuchten Insassen der Strafanstalt Ottweiler 22 %. Extrem hoch war mit 81 % der Anteil Drogen konsumierender Straftäter, bei denen in der Kindheit eine ADHS-Symptomatik vorgelegen hatte, die aber zum Untersuchungszeitpunkt nicht mehr das Vollbild einer ADHS boten; die Autoren betonen die Notwendigkeit entsprechender Therapieangebote bei dieser Personengruppe.

Beim komorbiden Vorliegen von ADHS und antisozialer Persönlichkeitsstörung ist die Therapie mit Stimulanzien meist nur hinsichtlich der ADHS wirkungsvoll und zu große Erwartungen von Betroffenen und Angehörigen an die medikamentöse Behandlung sollten gedämpft werden. Empfohlen werden in diesen Fällen Betarezeptorenblocker (Mattes 1986; Ratey et al. 1991) oder selektive Serotonin-Wiederaufnahmehemmer (Hornig 1998).

6.9 ADHS und Borderline-Persönlichkeitsstörung

Viele Züge der Borderline-Persönlichkeit wie Frustrationsintoleranz, starke Gefühlsschwankungen sowie selbstdestruktive und impulsive Verhaltensweisen finden sich auch bei der ADHS. Es ist deshalb dringend erforderlich, gerade bei Erwachsenen, die mit der selbst gestellten Diagnose einer ADHS kommen, die Differenzialdiagnose Borderline-Störung intensiv zu überprüfen (Weiss et al. 1999; Winkler u. Rossi 2001). Es gibt bisher kaum fundierte Untersuchungen zur differenzialdiagnostischen Abgrenzung zwischen ADHS und Borderline-Störung, so dass der psychiatrischen Erfahrung des jeweiligen Untersuchers hier eine ganz wesentliche Rolle zukommt.

- Beide Erkrankungen sind chronisch, wobei die ADHS sich anamnestisch meist mit Problemen in der frühen Schulzeit zeigt, während sich die Borderline-Störung in der Regel erst in der Adoleszenz manifestiert.
- Patienten mit Borderline-Störung sind nicht typischerweise in der Kindheit hyperaktiv und/oder unaufmerksam. Sie leben oft eher zurückgezogen, während Patienten mit ADHS in der Kindheit häufig wagemutig und risikobereit sind.
- Patienten mit Borderline-Störung haben in der Regel größere Identitätsprobleme und benutzen mehr abwehrende Projektionsmechanismen als ADHS-Patienten.
- Borderline-Patienten werden oft von der Umgebung als sehr manipulativ wahrgenommen, während bei ADHS-Patienten eher unvorhersehbare, wie zufällig wirkende Reaktionen gesehen werden.
- Sowohl Patienten mit ADHS als auch Borderline-Patienten zeigen in der Regel extreme Idealisierungen und massive Abwertungen bei Alltagssituationen und in Bezug auf Personen ihres Umfeldes; bei von ADHS Betroffenen ist dieses Verhalten vor allem im Rahmen der schnellen Stimmungswechsel auffallend.
- Die Impulsivität, die beide Krankheitsbilder kennzeichnet, äußert sich unterschiedlich: ADHS-Patienten weisen eher eine reaktive Impulsivität auf, Borderline-Patienten sind dagegen häufig in einer dauerhaft impulsiven Gereiztheit.
- Depressive Verstimmungen, die bei beiden Krankheitsbildern auftreten können, unterscheiden sich gleichfalls: Bei der Borderline-Persönlichkeit werden Leere, Ärger und Furcht beschrieben, bei ADHS-Patienten reaktive Verstimmungen aufgrund der zunehmenden Wahrnehmung der eigenen Defizite und der damit verbundenen Konsequenzen für sich selbst und die Familie.

Sieht man sich die Kriterien der Borderline-Persönlichkeitsstörung in der ICD-10 (World Health Organization 1990) und dem DSM-IV (American Psychiatric Association 1994) genauer an, finden sich Unterschiede, die auch für die differenzialdiagnostische Abgrenzung der ADHS wichtig sind. Im DSM-IV ist die Störung als ein tief greifendes Muster von Instabilität in zwischenmenschlichen Beziehungen, im Selbstbild und in den Affekten definiert, sie ist außerdem durch deutliche Impulsivität gekennzeichnet. Die Störung beginnt im frühen Erwachsenenalter und tritt in den verschiedensten Situationen auf. Von *neun* Kriterien müssen *fünf* erfüllt sein; fünf von diesen neun Kriterien können sich aber durchaus auch bei Patienten mit ADHS finden. Diese sind in der folgenden Aufzählung hervorgehoben.

1. verzweifeltes Bemühen, tatsächliches oder vermutetes Verlassenwerden zu vermeiden
2. **ein Muster instabiler aber intensiver zwischenmenschlicher Beziehungen, das durch einen Wechsel zwischen den Extremen der Idealisierung und Entwertung gekennzeichnet ist**
3. **Identitätsstörung: ausgeprägte und andauernde Instabilität des Selbstbildes oder der Selbstwahrnehmung**
4. **Impulsivität in mindestens zwei potenziell selbstschädigenden Bereichen (Geld ausgeben, Sexualität, Substanzmissbrauch, rücksichtsloses Fahren, „Fressanfälle")**

5. wiederholte suizidale Handlungen, Selbstmordandeutungen bzw. -drohungen oder Selbstverletzungsverhalten

6. **affektive Instabilität infolge einer ausgeprägten Reaktivität der Stimmung (z. B. hochgradige episodische Dysphorie, Reizbarkeit oder Angst, wobei diese Verstimmungen gewöhnlich einige Stunden und nur selten mehr als einige Tage andauern)**

7. chronische Gefühle von Leere

8. **unangemessene heftige Wut oder Schwierigkeiten, die Wut zu kontrollieren (z. B. häufige Wutausbrüche, andauernde Wut, wiederholte körperliche Auseinandersetzungen)**

9. vorübergehende, durch Belastungen ausgelöste paranoide Vorstellungen oder schwere dissoziative Symptome

Es ergeben sich also im DSM-IV Überschneidungen zwischen den beiden Krankheitsbildern, die differenzialdiagnostisch zu bedenken sind.

In der ICD-10 werden bei der emotional instabilen Persönlichkeitsstörung ein impulsiver (F60.30) und ein Borderline-Typus (F60.31) unterschieden. Für beide müssen zunächst die allgemeinen Kriterien einer Persönlichkeitsstörung erfüllt sein. Diese beinhalten Probleme bei

1. Kognition (d. h. Wahrnehmung und Interpretation von Dingen, Menschen und Ereignissen; Einstellungen und Vorstellungen von sich und Anderen)

2. Affektivität (Variationsbreite, Intensität und Angemessenheit der emotionalen Ansprechbarkeit und Reaktion)

3. Impulskontrolle und Bedürfnisbefriedigung

4. zwischenmenschlichen Beziehungen und der Art des Umgangs mit ihnen

Diese Kriterien werden auch von vielen erheblich betroffenen Patienten mit ADHS erfüllt. Beim impulsiven Typus finden sich unter den fünf Kriterien, von denen drei für die Diagnose gegeben sein müssen, typische Symptome der ADHS:

1. deutliche Tendenz, unerwartet und ohne Berücksichtigung der Konsequenzen zu handeln

2. deutliche Tendenz zu Streitereien und Konflikten mit anderen, vor allem dann, wenn impulsive Handlungen unterbunden oder getadelt werden

3. Neigung zu Ausbrüchen von Wut oder Gewalt mit Unfähigkeit zur Kontrolle explosiven Verhaltens

4. Schwierigkeiten in der Beibehaltung von Handlungen, die nicht unmittelbar belohnt werden

5. unbeständige und unberechenbare Stimmung

Bei diesem Typus sind also formale Überschneidungen mit der ADHS vom kombinierten und hyperaktiv-impulsiven Typus ganz deutlich gegeben und müssen im Einzelfall anhand der oben aufgeführten Unterschiede abgeklärt werden.

Beim Borderline-Typus der emotional instabilen Persönlichkeit sind über die Kriterien für den impulsiven Typus, die zunächst als Voraussetzung vorhanden sein müssen, hinaus zwei von fünf weiteren Kriterien gefordert; von diesen fünf Kriterien

sind zwei auch bei der ADHS anzutreffen. Diese sind in der folgenden Aufzählung wiederum hervorgehoben:
1. **Störungen und Unsicherheit bezüglich Selbstbild, Zielen und „inneren Präferenzen" (einschließlich sexueller)**
2. **Neigung, sich in intensive aber instabile Beziehungen einzulassen (oft mit der Folge von emotionalen Krisen)**
3. übertriebene Bemühungen das Verlassenwerden zu vermeiden
4. wiederholt Drohungen oder Handlungen mit Selbstbeschädigung
5. anhaltende Gefühle von Leere

Es bestehen also auch gemäß der ICD-10 mögliche Überschneidungen.

Punkt 9 der DSM-IV-Kriterien (siehe S. 150) findet sich in der ICD-10 so nicht; dieser spricht schizoide Anteile an. Ist er erfüllt, erscheint eine ADHS sehr unwahrscheinlich. In diesem Zusammenhang ist eine 1988 publizierte Arbeit von Schulz et al. von großem Interesse (siehe Abb. 6-1): Die Autoren überprüften, ob sich mit Hilfe einer Amphetamin-Belastung in einer relativ hohen Dosierung von 30 mg bei Patienten mit Borderline-Persönlichkeitsstörung eine Verschlechterung mit möglicherweise präpsychotischen bzw. psychotischen Verhaltensweisen provozieren ließ. Sie fanden dies auch bei der Hälfte ihrer Patienten bestätigt; hierbei handelte es sich um die Patienten mit schizoiden Anteilen. Bei der Hälfte der übrigen als Borderline-

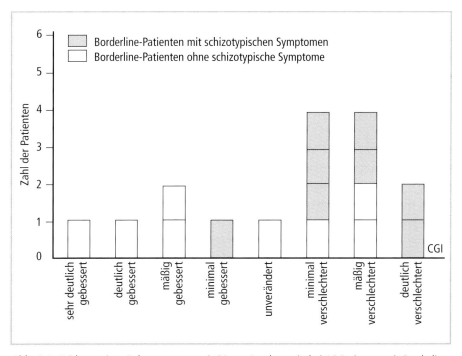

Abb. 6-1 Wirkung eines Belastungstests mit 30 mg Amphetamin bei 16 Patienten mit Borderline-Persönlichkeitsstörung (CGI = clinical global improvement) (nach Schultz et al. 1988).

Persönlichkeitsstörung diagnostizierten Patienten besserten sich unter der Amphetamin-Gabe die kognitiven Fähigkeiten – dies sind mit hoher Wahrscheinlichkeit Patienten, bei denen aus heutiger Sicht eine ADHS zu diagnostizieren wäre. In einer ersten Studie, in der bei Patienten mit Borderline-Persönlichkeitsstörung mit Hilfe der WURS nach ADHS-Symptomen in der Kindheit gefragt wurde, fanden sich positive Hinweise in 60 % der Fälle, während bei anderen Persönlichkeitsstörungen oder Achse-1-Störungen die Werte unter 10 % lagen (Fossati et al. 2002; s. Abb. 6-2). Diese Arbeit gibt also deutliche Hinweise darauf, dass sich im Kollektiv der bislang als Borderline-Persönlichkeitsstörung diagnostizierten Patienten eine Vielzahl von ADHS-Betroffenen finden könnte. Für die Zukunft erscheint es demnach sehr wichtig, Patienten mit der Diagnose einer Borderline-Persönlichkeitsstörung sehr genau auf die differenzialdiagnostische Möglichkeit einer ADHS zu untersuchen; diese Unterscheidung hat für die Therapie der Betroffenen enorm wichtige Konsequenzen.

Es bestehen aber nicht nur klinische Parallelen zwischen ADHS und Borderline-Persönlichkeitsstörung, sondern auch Übereinstimmungen bei Untersuchungen mittels bildgebender Verfahren: So fanden Goyer et al. (1994) mittels Positronenemissionsspektrometrie eine signifikante Abnahme des Glukosemetabolismus im

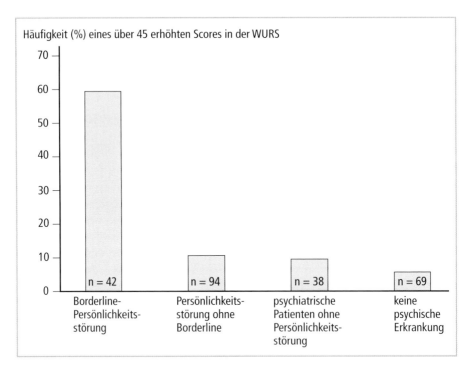

Abb. 6-2 Häufigkeit von Symptomen einer ADHS im Kindesalter (Wender Utah Rating Scale > 45) bei Patienten mit Borderline-Persönlichkeitsstörung im Vergleich zu Patienten mit anderen psychiatrischen Erkrankungen und Normalpersonen (nach Fossati et al. 2002).

frontalen Kortex bei Patienten mit Borderline-Störung; de la Fuente et al. (1994) beschrieben darüber hinaus eine zusätzliche Verminderung im vorderen Teil des Cingulums, in den thalamischen Kernen sowie in den Nuclei caudatus und lentiformis.

Wie schwierig die differenzialdiagnostische Abgrenzung sein kann, zeigt die Studie von Dowson et al. (2004), die jeweils 20 Erwachsene mit ADHS und Borderline-Persönlichkeitsstörung mit Hilfe der ADSA-Selbstbeurteilungsskala (s. S. 103 f.) verglichen. Hierbei wiesen die Patienten mit ADHS zwar erwartungsgemäß deutlich höhere Werte (Gesamt-Score 195,7 ± 20) auf, die Patienten mit Borderline-Persönlichkeitsstörung zeigten aber mit einem mittleren Gesamt-Score von 169,9 ± 26,2 im Vergleich zu einem Normalkollektiv gleichfalls erhöhte Werte (ein ADSA-Score von 172 entspricht einem T-Wert von 65, liegt also 1,5 Standardabweichungen über der Norm von 50 ± 10). Betrachtet man die Subskalen des ADSA, fanden sich die größten Unterschiede zwischen den beiden Kollektiven bei den drei Skalen „Aufmerksamkeit/Konzentration", „Motorische Unruhe/geringe Selbstorganisation" und „Langfristige Handlungsplanung" mit deutlich schlechteren Werten bei der ADHS-Gruppe, während die beiden Subskalen „Zwischenmenschliche Beziehungen" und „Dissoziales Verhalten" keine verwertbaren Unterschiede zeigten.

Sollten sich klinisch bei Beachtung aller differenzialdiagnostischen Erwägungen Hinweise ergeben, dass eine **echte Komorbidität** vorliegt, ist oft die emotionale Zuwendungs- und Bindungsfähigkeit der Patienten besser als bei Vorliegen einer reinen Borderline-Störung; nach eigenen Erfahrungen leben Patienten mit einer solchen Komorbidität häufiger in langfristigen Beziehungen. Wenn derart massive Störungen durch die ADHS bestehen, dass ein Funktionieren im Alltagsleben kaum möglich ist, kann aufgrund eigener Erfahrungen nach Ausschluss von Suchtmittelabusus ein Versuch mit niedrigstdosierten Stimulanzien in Kombination mit Venlafaxin in einer mittleren Dosierung gemacht werden. Bei diesen Patienten mit frakturierter Ich-Struktur ist eine Behandlung in Form der interaktionellen Psychotherapie nach Heigl-Evers und Ott (1997) eine wesentliche Basis zur Entwicklung einer stabilen Ich-Struktur (vgl. auch Kap. 7.3.2, S. 236 ff.). Die meist notwendige zusätzliche medikamentöse Therapie hilft den Patienten, durch Abbau der Reizoffenheit und inneren Spannung in einen therapeutischen Dialog eintreten zu können (Krause u. Ryffel-Rawak 2000). Bereits 1984 berichteten Hooberman und Stern über die erfolgreiche Behandlung einer 21-jährigen Patientin, die unter einer ADHS mit komorbider Borderline-Störung litt, mit Methylphenidat.

Fallbeispiel

Ein 40-jähriger Patient stellt sich in der Praxis vor, weil er aufgrund von Informationen, die er im Internet gefunden hat, davon überzeugt ist, an einer ADHS zu leiden. Er habe zunächst versucht, sich damit abzufinden, dass er ein schwieriger Mensch sei. Es gebe jedoch einen Vetter ersten Grades, der an sehr starker körperlicher und seelischer Unruhe leide. Er selbst habe die Erfahrung gemacht, dass er nach einer lokalen Betäubung mit Lidocain wegen eines operativen Eingriffs an der Nasenscheidewand deutlich konzentrierter und ruhiger gewesen sei. Die chemische Verwandtschaft zwischen Lidocain und den bei der Behandlung der ADHS verwendeten Amphetaminen könne schließlich eine Erklärung dieses Effekts darstellen. Da er wegen seiner inneren Unruhe zeitweise regelrecht arbeitsunfähig sei, brauche er dringend Hilfe. Er sei so ablenkbar, dass er in Lokalen eigentlich alle Gespräche auch an den Nachbartischen mitverfolgen müsse; es sei so, als ob das ganze Lokal sich in seinem Kopf unterhalte. Vor Beginn der Behandlung hatte der Patient schon einen gelegentlichen Kokainabusus, Nikotin- und Alkoholmissbrauch bestanden weiterhin. Nur in der Nacht, wenn es draußen ruhig sei, könne er sich auf seine Arbeit konzentrieren. Andererseits dürfe es auch nicht immer zu ruhig sein, weil er dann seine innere Unruhe als besonders störend erlebe. Er wolle nicht wegen der Problematik in der Familie eine Therapie – die Mutter kontrolliert ihn mit überprotektivem Verhalten bis hinein in sein Sexualleben, der Vater tyrannisiert den Sohn mit seiner Pedanterie –, sondern er wolle sich jetzt mit seiner Unruhe, Antriebsstörung und der eingeschränkten Arbeitsfähigkeit auseinandersetzen.

In der Untersuchungssituation ist er so unruhig, dass er nicht in der Lage ist, während des Gesprächs sitzen zu bleiben – er steht immer wieder auf und läuft durch das Sprechzimmer. Bei einer späteren Sitzung nimmt er lieber auf der Couch Platz, weil er dort mehr „Bewegungsfreiheit" habe. Es ist offensichtlich, dass er bei seinem weitschweifigen Reden häufiger „den Faden verliert" und dass es auch schwierig ist, ihm in seinen Gedankensprüngen zu folgen. Insgesamt macht er einen erheblich depressiven Eindruck, er versucht mit Clownerien seine Verfassung zu kaschieren. Er hat deutliche paranoide Züge, die vordergründig freundliche laute Kontaktaufnahme erfährt hier schnell eine Grenze – er beobachtet die Reaktionen auf seine Person sehr aufmerksam. Die extreme Lebensweise des Patienten – er konnte zu dieser Zeit nur als freier Mitarbeiter in der Nacht seine Aufträge erfüllen – führte bei einem Kollegen zu der Einschätzung, dass er als Borderline-Patient nicht therapierbar sei. Diese Auffassung trug der Patient erst nach mehr als einjähriger Behandlung vor, um sich bestätigen zu lassen, dass seine inzwischen erzielten Fortschritte eine weitere Behandlung rechtfertigten. (Die Mitteilung einer solchen negativen Prognose, wie sie durch den erstbehandelnden Kollegen erfolgte, stellt besonders im Zusammenhang mit dem Vorliegen einer Borderline-Persönlichkeitsstörung, die primär schon mit einer erhöhten Suizidalität einhergeht [Bronisch 2003], ein erhebliches Suizidrisiko dar.)

Die medikamentöse Behandlung wurde zunächst mit Methylphenidat eingeleitet, der Patient wurde nach kurzfristiger Verbesserung jedoch depressiv. Es erfolgte eine Umstellung auf Amphetamin-Kapseln und Venlafaxin in sehr niedriger Dosierung – diese Behandlung führte zu einer dauerhaften Verbesserung der Konzentrationsfähigkeit und zur Reduktion der Reizoffenheit. Nach mehrjähriger kombinierter medikamentös-psychotherapeutischer Behandlung ist der Patient nun als Geschäftsführer eines eigenen Betriebs erfolgreich.

6.10 ADHS und Substanzmissbrauch

Eine gehäufte Komorbidität von ADHS und Substanzmissbrauch ist bekannt (Bukstein 2006; Carroll et al. 1993; Kaminer 1992; Krause u. Krause 2003; Schubiner 2005; Wilens et al. 1994; Wilens et al. 1998; Wilens 2004; Wilens u. Biederman 2006). In Kollektiven von jugendlichen Erwachsenen mit **Drogenabusus** fanden sich erhöhte Raten von ADHS (Clure et al. 1999; Ralph u. Barr 1989). Bei Erwachsenen mit persistierender ADHS beschrieben Mannuzza et al. (1993) in 50 % der Fälle Substanzmissbrauch. Biederman et al. (1993) fanden bei 52 % Erwachsener mit ADHS anamnestisch Drogenabusus im Vergleich zu 27 % der Kontrollpersonen. In einer späteren prospektiven Studie bei Kindern mit ADHS *ohne Störung des Sozialverhaltens* wurde aber ein erhöhter Suchtmittelabusus nicht bestätigt (Biederman et al. 1997). In einer Untersuchung aus Bern bei 100 Erwachsenen mit Opiatabhängigkeit wiesen nur vier eine ADHS ohne begleitende Störung des Sozialverhaltens in der Kindheit auf, 47 dagegen eine Störung des Sozialverhaltens ohne Symptome einer ADHS, sieben Patienten zeigten die Kombination beider Störungen (Modestin et al. 2001). Man vermutet daher, dass häufig das komorbide Vorliegen von antisozialer Persönlichkeitsstörung bzw. Störung des Sozialverhaltens einen besonderen Risikofaktor für Drogenabusus bei Patienten mit ADHS darstellt (Disney et al. 1999; Molina u. Pelham 2003; Schubiner et al. 2000; s. auch Kap. 6.8, S. 145 ff.).

In einer weiteren Studie fanden Biederman et al. (1999), dass eine unbehandelte ADHS durchaus als Risikofaktor für die Entwicklung eines Substanzmissbrauchs anzusehen ist. In ihrer großen epidemiologischen Studie zur Komorbidität bei ADHS beschrieben Kessler et al. (2006) ein eindeutig erhöhtes Risiko für Substanzmissbrauch – insbesondere für Drogenabhängigkeit – bei ADHS (s. Tab. 6-3, S. 118). Eine eindeutig erhöhte Rate von Substanzmissbrauch bei Patienten mit ADHS im Vergleich zu einem Kontrollkollektiv fanden auch Sobanski et al. (2007b). Ursachen für dieses erhöhte Risiko von Drogenabusus bei Jugendlichen und Erwachsenen mit ADHS sind zum einen vermehrte Impulsivität im Rahmen der Grunderkrankung, Anschluss an problematische Peer groups, soziale Probleme infolge von Schulabbrüchen und Ärger am Arbeitsplatz sowie familiäre Probleme; zum anderen kann bei bisher unbehandelten Jugendlichen und Erwachsenen mit ADHS der Drogenabusus als Versuch einer missglückten Selbsttherapie angesehen werden (Khantzian 1985; 1990). Eine besondere Bedeutung von Hyperaktivität und Impulsivität für die spätere Entwicklung eines Substanzmissbrauchs fanden Elkins et al. (2007) in ihrer Studie; eine Aufmerksamkeitsstörung allein war dagegen mit einem deutlich geringeren Risiko verbunden. In einer prospektiven Studie, bei der hyperaktive Kinder über durchschnittlich 13 Jahre im Hinblick auf den Gebrauch von Drogen verfolgt wurden, fanden Barkley et al. (2003) keine signifikanten Unterschiede zwischen mit Stimulanzien behandelten und unbehandelten Patienten; ein höherer Kokainabusus bei der behandelten Gruppe war nicht auf die medikamentöse Therapie, sondern auf das zusätzliche Vorliegen von Störungen des Sozialverhaltens zurückzuführen. In einer Doppelblindstudie bei kokainabhängigen Erwachsenen mit ADHS fand sich unter Methylphenidat im Vergleich zu Placebo eine Reduktion des Kokainkonsums (Levin et al. 2007). Einen eindeutig erhöhten Suchtmittelabusus beschrieben Retz et al. (2007) bei jungen erwachsenen Straftätern mit ADHS.

Zwei wichtige Arbeiten zum Zusammenhang zwischen Methylphenidat-Behandlung und späterem Substanzmissbrauch erschienen 2008 im American Journal of Psychiatry. In einer prospektiven Studie mit 176 sechs- bis zwölfjährigen Kindern mit ADHS ohne sonstige Verhaltensstörungen, die im Alter von 18 und 25 Jahren nachuntersucht wurden, zeigte sich, dass ein früher Therapiebeginn mit sechs oder sieben Jahren nicht mit einem höheren Risiko eines späteren Drogenmissbrauchs einherging als ein späterer Beginn mit acht bis zwölf Jahren (Mannuzza et al. 2008). Ein Drogenmissbrauch entwickelte sich in dieser Studie sogar häufiger bei den Patienten mit späterem Behandlungsbeginn. Ob dies mit der Medikation zu tun hat, bleibt zunächst unklar; möglicherweise besteht ein Zusammenhang mit der Entwicklung einer antisozialen Persönlichkeitsstörung, was in der Gruppe mit späterem Therapiebeginn häufiger war. Die Nachuntersuchung von 100 Kindern und Jugendlichen mit ADHS im Alter von 6 bis 17 Jahren nach zehn Jahren erbrachte in einer anderen prospektiven Studie keinen Hinweis, dass die Therapie mit Stimulanzien einen Einfluss auf die spätere Entwicklung eines Drogenmissbrauchs hat und bestätigte somit die Mehrzahl früherer Untersuchungen zu diesem Thema (Biederman et al. 2008).

Die gebräuchlichste Droge ist Marihuana mit deutlichem Abstand vor Stimulanzien, Kokain und Halluzinogenen (Biederman et al. 1995); Opioide spielen auch nach eigenen Erfahrungen keine wesentliche Rolle bei ADHS-Patienten mit komorbidem Drogenabusus. Es wurde inzwischen nachgewiesen, dass bei rechtzeitiger medikamentöser Behandlung betroffener Kinder mit Stimulanzien das Risiko eines späteren Drogenmissbrauchs abnimmt (Biederman et al. 1999; Huss u. Lehmkuhl 2002); Wilens et al. (2003b) fanden dies in ihrer Metaanalyse bestätigt. In Tierversuchen zeigten Ratten, die als Jungtiere im Alter von 20 Tagen – entsprechend der Kindheit beim Menschen – Methylphenidat erhalten hatten, später vermindertes Interesse an Kokain, während dies bei erst in späteren Altersstufen behandelten Tieren nicht der Fall war (Andersen et al. 2002; Brandon et al. 2001).

Viele Patienten berichten von Drogenerfahrungen:

- Eine Patientin mit Teilleistungsstörungen konnte unter dem stimulierenden Einfluss von illegal erworbenen Amphetaminen oder Kokain die im Rahmen ihres Studiums notwendigen Arbeiten vorlegen, was ihr ansonsten wegen Antriebs- und Konzentrationsstörungen nicht möglich gewesen wäre – sie hätte ihr Studium nicht erfolgreich abschließen können.
- Ein anderer Patient berichtete über sein Erstaunen, dass er gemeinsam mit einem Freund Kokain ausprobiert habe und dabei feststellte, dass er im Gespräch auffallend gut konzentriert war und ungewohnt gute Diskussionsbeiträge liefern konnte. Wegen dieses unerwarteten Erlebnisses stellte sich bei ihm eine Angst vor Abhängigkeit ein, die auch im Rahmen der Behandlung mit Methylphenidat erst dann nachließ, als er während der Ferien die Medikation absetzte und feststellte, dass er lediglich wieder unter seinen alten Symptomen litt.
- Eine Patientin mit ADHS und komorbidem erheblichen Alkoholmissbrauch berichtete nach Einhalten einer Abstinenz über mehrere Wochen von einer deut-

Abb. 6-3 Rasche Stimmungsschwankungen, wie sie typisch für Patienten mit ADHS sind, dargestellt im „Dukatenbilderbüchlein", das Heinrich Hoffmann, Autor des „Struwwelpeter", seiner Tochter am 24.12.1876 schenkte (Sammlung Familie Jung). Mit freundlicher Genehmigung von Frau Jung-Jacoby, Struwwelpeter-Museum Frankfurt und Insel Verlag (Frankfurt am Main).

lichen emotionalen Stabilisierung; die ausgeprägten Schwankungen zwischen stark depressiver Stimmung und sehr gehobener Stimmung traten bei ihr nicht mehr auf. Diese sind häufig auch ohne Substanzmissbrauch bei der ADHS zu beobachten (s. Kap. 5.1.7, S. 85 ff.); Heinrich Hoffmann (1987), der Autor des „Struwwelpeter", hat dies in eindrucksvoller Weise in seinem Dukatenbüchlein festgehalten (s. Abb. 6-3).

Bei Erwachsenen mit ADHS, die Drogenmissbrauch betreiben, muss vor Beginn einer medikamentösen Therapie mit Stimulanzien gesichert sein, dass eine Kombination mit bisher verwendeten Drogen – schon allein wegen der möglichen toxischen Interaktionen – unter keinen Umständen weiterhin erfolgt. Bei Patienten mit Drogensucht kann der Einsatz von Stimulanzien zur Therapie der ADHS überhaupt erst nach einer erfolgreichen Entzugsbehandlung diskutiert werden; eine solche Therapie sollte nur unter stationären Bedingungen in spezialisierten psychiatrischen Abteilungen durchgeführt werden. Eigene Erfahrungen mit dem Einsatz von Antidepressiva zur Unterstützung einer Drogenkarenz bei gesicherter Diagnose ADHS belegen die Schwierigkeit, dieses Patientenkollektiv zu einer dauerhaften Abstinenz zu führen. Bisher gibt es noch keine Untersuchungen bei Patienten mit ADHS, die die Rezeptorbindungen der verschiedenen Drogen berücksichtigen. Unserer Erfahrung nach scheint es jedoch so zu sein, dass beispielsweise Opiate nicht zu den bevorzugten Drogen Betroffener gehören, während THC (Cannabinoid), das nach amerikanischen Angaben die Filterfunktionen reizoffener Ecstasy-Konsumenten bessert, von jungen reizoffenen ADHS-Patienten bevorzugt im Sinne einer Selbstmedikation konsumiert wird.

Vermutlich auch als Selbstmedikation zeigen Jugendliche und Erwachsene mit ADHS ein deutlich höheres Risiko für Nikotinabusus im Vergleich zu Kontrollpersonen (Disney et al. 1999; Fuemmeler et al. 2007; Milberger et al. 1997; Ohlmeier et al. 2008; Pomerleau et al. 1995; Sullivan u. Rudnik-Levin 2001); dabei wurde vermehrter Nikotinabusus sowohl bei Erwachsenen beschrieben, die unter einer persistierenden ADHS litten, als auch bei solchen, die in der Kindheit, aber nicht mehr aktuell, Symptome der ADHS aufwiesen (Pomerleau et al. 2003). Eine Zwillingsuntersuchung bei 52 Zwillingen gleichen Geschlechts (mittleres Alter 37 Jahre) mit Diskordanz bezüglich des Rauchverhaltens zeigte, dass diejenigen, die in der Kindheit unter einer ADHS gelitten hatten oder aktuell diese Störung aufwiesen, doppelt so häufig rauchten wie ihre nicht betroffenen Geschwister (Pomerleau et al. 2004). In einer großen longitudinalen Studie bei 15 197 Adoleszenten zeigte sich eine eindeutige lineare Beziehung zwischen Nikotinabusus und Zahl der selbst berichteten Symptome von Unaufmerksamkeit, Hyperaktivität und Impulsivität (Kollins et al. 2005). Besonders enge Beziehungen fanden Greenbaum et al. (2006) bei rauchenden jungen Frauen zu Sensationslust, einem für ADHS typischen Symptom. Entsprechend zeigte sich in einer Untersuchung von Yakir et al. (2007) eine vermehrte Impulsivität bei rauchenden jungen Frauen im Vergleich zu Nichtraucherinnen; weiterhin war die Aufmerksamkeit bei den Raucherinnen signifikant beeinträchtigt. Interessant sind die Befunde von Kahn et al. (2003), die prospektiv 161 Kinder im Alter von sechs Monaten bis zum fünften Lebensjahr verfolgten; sie fanden höhere Scores für Impulsivität und Hyperaktivität bei Kindern, deren Mütter in der Schwangerschaft geraucht hatten und einen DAT-10/10-Genotyp aufwiesen, nicht dagegen bei Kindern von Müttern, die jeweils nur einen dieser Risikofaktoren hatten. Sie schlossen hieraus auf die Bedeutung von umweltabhängigen Kofaktoren zusätzlich zur genetischen Veranlagung. Leider wurden die Eltern nicht auf das Vorliegen einer ADHS untersucht. Timberlake et al. (2006) fanden hierzu passend eine negative Korrelation zwischen dem Vorliegen des 9-Repeat-Allels des DAT und Nikotinabusus. Eine Modulation der DAT-Funktion durch Nikotinrezeptoren im Striatum der Ratte wurde nachgewiesen (Middleton et al. 2004), wobei möglicherweise nicht Nikotin selbst, sondern der Nikotinmetabolit Nornikotin die entscheidende Rolle spielt (Middleton et al. 2007). Wir fanden Hinweise, dass Nikotin bei Patienten mit ADHS wie die Stimulanzien eine Verminderung der Dopamintransporter (DAT) im Striatum bewirkt (Krause et al. 2002b). Diese stimulanzienartige Wirkung von Nikotin auf die Dopamintransporter (DAT) konnte kürzlich für Normalpersonen bestätigt werden (Newberg et al. 2007; Yang et al. 2008). Prinzipiell kann zunächst nicht ausgeschlossen werden, dass die von uns beobachtete Erniedrigung der DAT-Dichte im Striatum bei Rauchern mit ADHS Ausdruck einer neurochemischen Ad-

[STR-BKG]/BKG = 1,2   [STR-BKG]/BKG = 0,55   [STR-BKG]/BKG = 0,56

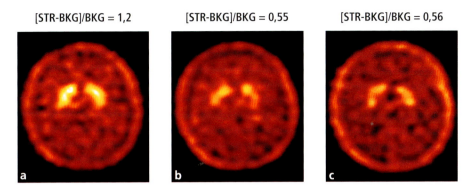

Abb. 6-4 Dopamintransporter-Dichte im Striatum ([STR-BKG]/BKG), gemessen im [Tc-99m]TRODAT1-SPECT, bei einer 53-jährigen Normalperson ohne Medikation **(a)**, nach Verabreichung von 20 mg retardiertem Methylphenidat (Ritalin SR®) **(b)** und nach fünfstündigem Tragen eines Nikotinpflasters mit 17,5 mg/24h **(c)**. STR = Dichte im Striatum, BKG = Dichte im Background (Zerebellum).

aptation an chronische Exposition mit Nikotin oder anderen Zigarettenbestandteilen ist. Hiergegen spricht das Resultat einer Untersuchung eines Gesunden ohne Nikotinabusus und ADHS, der sowohl unter 20 mg Methylphenidat als auch drei Monate später nach Tragen eines Nikotinpflasters eine mehr als 50 %ige Reduktion der striatären DAT aufwies (s. Abb. 6-4). Ein weiteres Indiz für die Richtigkeit der These von der stimulanzienartigen Wirkung des Nikotins auf die DAT erbrachte das Resultat einer Nachuntersuchung bei einer Patientin mit einer erheblichen ADHS-Symptomatik und Nikotinabusus: Sie zeigte zunächst einen kaum erhöhten Wert für die DAT-Dichte, der sich nach Einnahme von Methylphenidat wie bei den anderen Patienten deutlich erniedrigte. Diese Patientin hatte bei einer Wiedervorstellung nach 2,5 Jahren zwischenzeitlich das Rauchen aufgegeben und die Therapie mit Me-

[STR-BKG]/BKG = 1,28   [STR-BKG]/BKG = 0,96   [STR-BKG]/BKG = 1,55

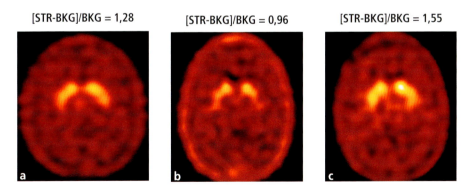

Abb. 6-5 Dopamintransporter-Dichte im Striatum ([STR-BKG]/BKG), gemessen im [Tc-99m]TRODAT1-SPECT, bei einer 29-jährigen Patientin mit ADHS ohne Medikation, aber unter Nikotin **(a)**, 4 Wochen später unter Nikotin und Einnahme von 3 × 5 mg Methylphenidat **(b)** und 2,5 Jahre später nach einjähriger Karenz bezüglich Nikotin und Methylphenidat **(c)**. STR = Dichte im Striatum, BKG = Dichte im Background (Zerebellum).

thylphenidat abgebrochen. Bei der Kontrolle nach 2,5 Jahren waren die DAT nicht, wie bei zunehmendem Alter üblich, leicht abgefallen, sondern ganz im Gegenteil um 19 % höher als bei der Erstuntersuchung (s. Abb. 6-5). Dieser Befund bestätigt also wiederum die Bedeutung des Nikotins für die DAT-Dichte im Striatum (Krause et al. 2003). Bei Fortführung unserer Studie stellte sich heraus, dass die hyperaktiv-unaufmerksamen Patienten deutlich häufiger einen jahrzehntelangen Nikotinabusus betreiben als Patienten aus der Gruppe der ausschließlich Aufmerksamkeitsgestörten (s. Abb. 6-6). Erstaunlich ist, wie exakt die rauchenden ADHS-Patienten bei ganz unterschiedlichem Zigarettenkonsum die Dichte ihrer Dopamintransporter entsprechend der des Normalkollektivs einregulierten. Dieser beruhigende und damit paradox erscheinende Effekt des Nikotins wurde schon in der Zigarettenreklame mit dem „HB-Männchen" vermarktet, wo es hieß: „Warum in die Luft gehen? Greife lieber zur HB!" Der Verfasser dieses Werbespots muss die entspannende, nicht stimulierende Wirkung von Nikotin gekannt haben – die üblicherweise zu beobachtende Steigerung der vegetativen Funktionen tritt hier gänzlich in den Hintergrund (Krause u. Krause 1998a). Eine positive Wirkung von Nikotin auf die Symptome der ADHS wurde im Übrigen in Doppelblind-Studien mit Applikation von Nikotinpflastern belegt (Conners et al. 1996; Shytle et al. 2002). Saules et al. (2003) verglichen die ADHS-Symptomatik bei erwachsenen Rauchern mit und ohne zusätzlichen Kokainabusus; sie stellten fest, dass Patienten mit Hyperaktivität deutlich mehr zum Kokainabusus neigten als diejenigen mit reiner Aufmerksamkeitsstörung. Dass Zigarettenrauchen auch bei Jugendlichen mit ADHS ein Einstieg zu späterem Drogenmissbrauch ist, belegt eine Studie von Biederman et al. (2006b).

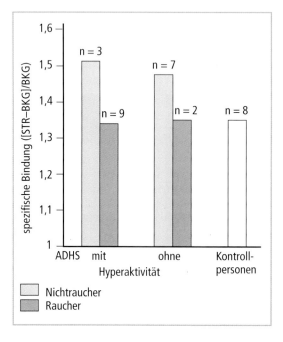

Abb. 6-6 Dopamintransporter-Dichte im Striatum ([STR-BKG]/BKG), gemessen im [Tc-99m]TRODAT1-SPECT bei 20- bis 40-jährigen ADHS-Patienten (Raucher vs. Nichtraucher) mit und ohne Hyperaktivität im Vergleich zu Normalpersonen. STR = Dichte im Striatum, BKG = Dichte im Background (Zerebellum).

Ein gehäuftes Vorkommen von **Alkoholabusus** bei Patienten mit ADHS wurde in mehreren Studien gefunden:

- Shekim et al. (1990b) ermittelten bei 34 % von 56 untersuchten Erwachsenen mit ADHS Alkoholmissbrauch.
- Comings (1994) fand sowohl für Patienten mit ADHS als auch für solche mit Tourette-Syndrom eindeutige Hinweise auf vermehrten Alkoholabusus.
- Downey et al. (1997) stellten in ihrer Studie eine Häufigkeit von 33,3 % für Alkoholabusus oder -abhängigkeit bei 78 Erwachsenen mit ADHS fest.
- Biederman et al. (1998) beschrieben mit 44 % eine deutlich höhere Häufigkeit von Alkoholmissbrauch oder -abhängigkeit bei 239 Erwachsenen mit ADHS als bei einem Kontrollkollektiv von 268 Nichtbetroffenen mit 24 %.
- In einer kontrollierten Longitudinalstudie wurde bei 55 22-jährigen Patienten, bei denen eine ADHS im Alter von sieben Jahren diagnostiziert worden war und die nie medikamentös behandelt wurden, eine Häufung von Alkoholabusus im Vergleich zu 46 gleichaltrigen Kontrollpersonen festgestellt (Rasmussen u. Gillberg 2000).
- Molina et al. (2007) beschrieben dagegen in einer Longitudinalstudie mit 364 im Kindesalter diagnostizierten ADHS-Patienten einen gehäuften Alkoholabusus lediglich in der Gruppe der Adoleszenten (15 bis 17 Jahre), nicht bei den jungen Erwachsenen (18 bis 28 Jahre); bei diesen bestand erhöhter Alkoholkonsum nur bei gleichzeitigem Vorliegen einer antisozialen Persönlichkeitsstörung.

Von 153 erwachsenen Patienten mit Alkoholsucht, die mittels Wender Utah Rating Scale (WURS) und Brown ADD Scales (Brown 1996) auf das Vorliegen von Symptomen der ADHS untersucht wurden, fanden wir bei 65 in der WURS Hinweise auf eine ADHS im Kindesalter, 28 hiervon hatten gemäß Brown ADD Scales persistierende Symptome im Erwachsenenalter, wobei Defizite bei Aktivierung und Affekt gegenüber Gedächtnisproblemen dominierten (Krause et al. 2002a). Bei 23 dieser Patienten wurden zusätzlich Symptome gemäß den Conners' Adult ADHS Rating Scales (Conners et al. 1999) erfasst; hierbei zeigten sich deutlich höhere Scores für die Symptome des Aufmerksamkeitsdefizits als für die der Hyperaktivität. Spezielle Probleme bestanden in Bezug auf das Selbstkonzept. Eine ähnlich hohe Rate von ADHS bei Alkoholkranken beschrieben Johann et al. (2003), die bei 314 Patienten in 20 % der Fälle die Kriterien einer ADHS erfüllt sahen; dabei wies diese Untergruppe höheren Alkoholkonsum, früheren Erkrankungsbeginn und gehäufte Komorbidität mit einer antisozialen Persönlichkeitsstörung bei entsprechenden forensischen Problemen auf. Mehr als die Hälfte der als Typ 2 nach Cloninger eingestuften Patienten hatte auch eine ADHS. Auch Ohlmeier et al. (2008) fanden mit einem ADHS-Anteil von 23 % bei einem Kollektiv erwachsener Alkoholiker einen ähnlich hohen Wert. Da mit einem hohem Prozentsatz von Symptomen der ADHS bei Alkoholkranken zu rechnen ist, sollte bei diesen Patienten stets an das komorbide Vorliegen einer ADHS gedacht und gegebenenfalls eine adäquate medikamentöse Therapie eingeleitet werden (Boerner et al. 2001), die nach eigenen Erfahrungen sowie Mitteilungen anderer Autoren (Durst u. Rebaudengo-Rosca 1997; Schubiner et al. 1995) die Defizite verbessern und die Rückfallgefahr mindern kann. Nach Besserung von Symptomen wie Antriebsstörung und Reizoffenheit wächst die Motivation dieser Patienten, weiterhin abstinent zu bleiben.

Fallbeispiel

Die Frau eines wissenschaftlich sehr erfolgreichen 45-jährigen Akademikers entdeckt in der Zeitschrift „Psychologie heute" einen Artikel zum Thema ADHS. Sie ist sofort davon überzeugt, einen Namen für die Probleme ihres Mannes gefunden zu haben. Der Patient nimmt zu mir (J.K.) Kontakt auf, nachdem er seinen Internisten konsultiert hat, der mir bekannt ist und sich schon seit Jahren mit dem Thema ADHS auseinandersetzt. Der Kollege besteht darauf, dass nach einer Erstverordnung von Methylphenidat die Diagnose durch mich verifiziert wird.

Der Patient berichtet, dass er nach Angaben seiner inzwischen 81-jährigen Mutter kein hyperaktives, sondern nur ein lebhaftes Kind gewesen sei. Er habe spät sprechen gelernt, sei Linkshänder und bei schnellem Schreiben lasse er auch heute noch Buchstaben aus. Er habe eigentlich kaum in seinem Leben ein Buch ganz gelesen. Er lese sehr langsam und müsse dabei viele Randbemerkungen und Unterstreichungen vornehmen. Noch heute habe er große Schwierigkeiten, rechts und links auseinanderzuhalten, er trage deshalb häufiger zur Belustigung der Familie bei. Ihm sei aus seiner Kindheit und Jugend vor allen Dingen erinnerlich, dass er unter seiner Schüchternheit und Ängstlichkeit sehr gelitten habe. In Situationen, in denen andere in Panik gerieten, könne er jedoch besonders ruhig sein. Während der Pubertät habe er die Trennung von einer Freundin kaum überwinden können. Nach dem Abitur habe er in den Seminaren immer unter großer Aufgeregtheit gelitten, er habe kaum sprechen können, da er sich im Kopf immer sehr durcheinander gefühlt habe. In seinem späteren Berufsleben habe er deshalb schon vor Beginn von Konferenzen ein schriftliches Abschluss-Statement verfasst, das er dann verlesen habe. Inzwischen sei seine Angst vor Autoritäten grundlos, da es nicht mehr viele über ihm gebe. Auch seine Tochter habe Angst vor Autoritäten, er sei sicher, nicht dazu beigetragen zu haben, da er sie sehr liberal erzogen habe. Als Anhänger der 68er-Generation habe er sich viel mit Politik auseinandergesetzt, er leide jedoch unter einer zu starken Begeisterungsfähigkeit, die schon an Naivität grenze und habe den Ruf, ein Weltverbesserer zu sein. In seinem gesamten Berufsleben sei er ein reiner Saisonarbeiter gewesen – nur unter großem Zeitdruck könne er plötzlich hyperfokussiert arbeiten. Er bringe sich dabei in einen solchen Zustand der Übererregung, dass er sich früher nach Beendigung größerer Aufträge stark betrunken habe, um sich wenigstens nach zwei Tagen wieder halbwegs normal zu fühlen. Rückblickend könne er nur sagen, dass er die Menschen seiner Umgebung wenig differenziert wahrgenommen habe; er sei stets viel zu sehr mit sich selbst beschäftigt gewesen, einen so genannten besten Freund habe er nicht. Seine Stütze sei seine Frau, die ruhe in sich selbst und wisse, was sie wolle. Er habe immer schon unter Schlafproblemen gelitten – gegen Morgen habe er mit schwarzen Gedanken wach im Bett gelegen und sich dann mit allen unerledigten Aufgaben beschäftigen müssen. Zunächst habe er deshalb abends eine Flasche Bier getrunken, in Zeiten großer beruflicher Anspannung seien es ab Mittag später bis zu vier Flaschen täglich geworden; das wohlige Gefühl innerer Entspannung sei mehr einer inneren „Aufgerautheit" gewichen. Die innere Anspannung habe er auch durch leidenschaftliches Joggen entscheidend bessern können. Als er sieben Jahre alt war, sei der Vater gestorben; dieser habe viel geraucht und getrunken, Todesursache sei eine Nierenschrumpfung als Folge von übermäßiger Einnahme von Kopfschmerzmitteln gewesen. Seine Frau habe bei seinem steigenden Alkoholkonsum die Bremse gezogen, sie habe ihm mit Trennung gedroht, falls er mit dem Trinken nicht aufhören könne; seitdem lebe er abstinent. Bei festlichen Anlässen verweise er darauf, dass er Alkohol nicht vertrage. Er habe noch eine andere schlechte Angewohnheit – er neige dazu, Zeitschriften und Zeitungsausschnitte zu sammeln. Als er schließlich zur Auskunftei für alle Kollegen geworden sei, sei ihm dies so lästig gewesen, dass er die gesamte Sammlung fortgeworfen habe. Über seine Familie berichtet er, dass er einen sehr betroffenen älteren Bruder habe, der schon während der Schulzeit große Probleme wegen seiner Ablenkbarkeit und Verträumtheit gehabt habe. Dieser explodiere sofort, wenn er etwas ungerecht finde. Er habe sein Studium abgebrochen und arbeite jetzt in einer Beamtenstelle; er selbst glaube, dass dieser Bruder Hilfe brauche. Zur Schwester gebe es kaum noch Kontakt, sie habe sich ganz in eine esoterische Welt zurückgezogen.

Aus der kurzen Zeit der Behandlung mit Methylphenidat berichtet er von erstaunlichen Veränderungen: Er fühlt sich innerlich nicht mehr „aufgeraut", in Konferenzen kann er konzentriert und ruhig zuhören, er muss sich nicht mehr so viele Notizen machen, bei kontroversen Diskussionen bekommt er keinen roten Kopf mehr. Erst jetzt fällt ihm auf, dass er offensichtlich nicht in der Lage war, auf andere Menschen einzugehen – er hat jetzt erstmals mit seiner Tochter ein langes Gespräch über ihre Probleme führen können. Seine Entscheidungsunfähigkeit hat nachgelassen, er wacht nachts nicht mehr mit schwarzen Gedanken auf.

Bei der diagnostischen Einordnung in eine ADHS vom Mischtypus (DSM-IV) fällt schon auf, dass der Patient beim ersten Kontakt sehr offen von seiner Alkoholproblematik berichtet. Seine Einfälle sprudeln aus ihm heraus, dies bildet einen deutlichen Kontrast zu der eher zwanghaften äußeren Erscheinung. Die lebhafte Selbstdarstellung steht im Gegensatz zur geschilderten Ängstlichkeit und Schüchternheit, die jedoch durchaus glaubhaft erscheinen. Die Konzentrationsstörungen haben die beruflichen Qualifikationen wegen der hohen Intelligenz nicht entscheidend beeinträchtigt; der durch Antriebsstörungen, innere Anspannung und mangelhafte Fokussierung auf Arbeitsinhalte entstandene Leidensdruck hat jedoch beinahe in eine Alkoholabhängigkeit geführt. Aus den Angaben zur Sprachentwicklung und Lesefähigkeit muss auf das Vorliegen einer zusätzlichen Teilleistungsstörung geschlossen werden, auch die heute noch vorhandene Rechts-Links-Schwäche könnte ein Indiz hierfür sein. Durch seine Unterstreichungen und Randbemerkungen schafft der Patient sich eine Gliederung von Texten, die er braucht, um das Gelesene aufzunehmen. Sein Vater litt ebenfalls unter einer Abhängigkeitsentwicklung, die letztlich sogar zum Tode führte. Die Mutter scheint eine zupackende Frau gewesen zu sein, die den Aufbau eines Geschäftes nach dem Tod des Mannes weiter betrieb und den Kindern damit eine solide Existenz ermöglichte. Rückblickend hat sie den Sohn nur als sehr lebhaft in Erinnerung. Für den Patienten sind die Beeinträchtigungen durch Ängste, Depressionen und Schlafstörungen besonders hinderlich gewesen. Erst im Zusammenhang mit der Stimulanzienbehandlung – er hat maximal eine Dosis von 30 mg Methylphenidat eingenommen – fällt ihm auf, wie wenig er differenzierte Beziehungen zu den nächsten Angehörigen pflegen kann. Die körperliche Bewegung schafft ihm einen Ausgleich, der Wechsel zwischen intensivem Arbeiten und Entspannung gelingt ihm nicht. Viele Jahre betreibt er einen Alkoholabusus, um auf ein normales Erregungsniveau zurückzufinden.

Für die Diagnose ADHS ist mit entscheidend, dass der Patient aus seiner Zwanghaftigkeit abrupt ausbrechen kann, als er sich belästigt fühlt. Durch die depressive Verfassung ist er nicht so weitgehend inaktiviert, dass er deshalb arbeitsunfähig wird. Im Gegenteil ist er bei steigendem Termindruck hyperfokussiert und extrem arbeitsfähig, dies unterscheidet depressive Verstimmungen bei ADHS von üblichen Depressionen. Wichtig erscheint hier der Aspekt der mangelnden Eigenregulierung der zentralen Erregung. Durch die Außenstimulation, die von zentraler Bedeutung bei der Lebensbewältigung ist, kann eine depressiv gehemmte Verfassung aufgehoben werden. Der Einfluss des Joggens auf das dopaminerge Belohnungssystem wird unbewusst vom Patienten als hilfreiche Therapie genutzt. Aus tiefenpsychologischer Sicht erscheint es wichtig, dass das Mutterbild des Patienten so ausreichend gut gewesen sein muss, dass er sich eine Partnerin suchen konnte, die ihn nicht mit eigener Bedürftigkeit überfordert, sondern ihn unterstützt und in entscheidenden Situationen auch Grenzen setzen kann. Dieser Patient erkennt schon nach der ersten Verordnung von Methylphenidat die Veränderung in Form einer verbesserten Wahrnehmungsfähigkeit. Er reflektiert sein mangelndes Einfühlungsvermögen und seine Ich-Bezogenheit; die verbesserte Selbstkognition ermöglicht eine Veränderung der Beziehungsfähigkeit des Patienten, d. h. dass hier die Stimulanzientherapie als Basis für den psychotherapeutischen Prozess angesehen werden muss.

Fallbeispiel

Ein 25-jähriger Amerikaner stellte sich vor, nachdem seine Frau über Internetrecherchen auf unseren Namen gestoßen war. Der Patient war seit seinem elften Lebensjahr vollkommen auf Sport konzentriert und genügte deshalb auch den Anforderungen in der Schule nicht mehr so, wie es seiner Intelligenz angemessen gewesen wäre. Er beschreibt sehr eindringlich, wie sehr ihn sein Sport beflügelt hat – es gab nichts, was ihn daneben interessiert hätte. Nach dem Abschluss der Mittelschule wurde er Tennisprofi, später auch Tennislehrer und verdiente sich damit seinen Lebensunterhalt. Irgendwann merkte er, dass er sich mit Amphetaminen viel besser konzentrieren konnte, besorgte sich deshalb für wöchentlich 200 Dollar auf dem Schwarzmarkt diese Substanz. Er war überall beliebt, er sonnte sich in seinem Erfolg und lernte schließlich seine Frau kennen, die auf Urlaub in

Amerika war. Beide beschlossen zu heiraten und nach Deutschland zu gehen; diese Entscheidung veränderte das Leben des Patienten völlig. Er musste erst einmal die Sprache lernen, sich dann auch beruflich ein neues Umfeld erschließen; außerdem war es für ihn in Deutschland schwierig, auf dem Schwarzmarkt Amphetamine zu bekommen. Er rutschte in eine Depression, die er immer wieder mit erheblichen Mengen Alkohol zu betäuben versuchte. Von einem Arzt bekam er ein Antidepressivum verschrieben; er nahm 15 kg an Gewicht zu und fühlte sich immer noch schlecht. Als er sich in der Praxis vorstellte, wirkte er ratlos und verzweifelt; er konnte sich nicht vorstellen, dass es ein Krankheitsbild, welches seinen Problemen entspricht, mit der Möglichkeit einer gezielten medikamentösen Hilfe, gibt. Die Resultate von WURS und Brown ADD Scales waren eindeutig; zur Familienanamnese wusste der Patient zunächst wenig, da er mit einem Stiefvater aufgewachsen war, der sehr streng mit ihm umgegangen war. Er hat keine Geschwister, so dass auch in dieser Hinsicht keine weiteren Erkenntnisse möglich waren.

Aufgrund der Anamnese des Patienten und der Ergebnisse der Fragebogen wurde die Diagnose einer ADHS gestellt und Methylphenidat in ansteigender Dosierung verordnet. Nach zehn Tagen versäumte der Patient den vereinbarten Termin, er konnte jedoch zu Hause erreicht werden und wurde für den nächsten Tag einbestellt. Es stellte sich dann heraus, dass er unter der Medikation mit Methylphenidat erneut sehr depressiv geworden war und zwei Tage zuvor wieder einen seiner berüchtigten Alkoholexzesse gehabt hatte. Er wollte sich in diesem Zustand nicht in der Praxis präsentieren, weil er fürchtete, dass seine weitere Behandlung abgelehnt würde. Er war sehr erleichtert, als ihm mitgeteilt wurde, dass sehr wohl auch schon bei anderen Patienten unter der Behandlung mit Methylphenidat depressive Verstimmungen beobachtet worden waren. Es wurde ihm nun zu einer Behandlung mit DL-Amphetamin-Kapseln in einer Dosierung von 3 mg pro Kapsel geraten. Als er zum nächsten Termin nach einer Woche kam, wirkte der Patient völlig verwandelt. Er strahlte Zuversicht aus und berichtete minutiös, wie er die einzelnen Tage seit der Einnahme der Kapseln erlebt hatte: Am vierten Tag der Behandlung bei Einnahme von zwei Kapseln (6 mg Tagesdosis) habe er sich vollkommen verwirrt im Kopf gefühlt und gedacht, dass auch dieses Medikament ihm nicht helfen würde. Er habe deshalb am darauf folgenden Tag nur eine Kapsel genommen, um zu sehen, ob die Dosis zu viel für ihn sei. Er habe probiert Tennis zu spielen, sei jedoch unfähig gewesen, einen guten Schlag zu produzieren. Erst jetzt beschrieb er, wie er sich unter Methylphenidat vollkommen „verschraubt" gefühlt hatte. Auch am darauf folgenden Tag mit nur einer Kapsel sei in sportlicher Hinsicht nichts gelungen, er habe jedoch zu fühlen begonnen, dass sich der Wirrwarr in seinem Kopf lichtete. Dies sei sein Geburtstag gewesen, für ihn habe eine neue Zeitrechnung begonnen. In den darauf folgenden Tagen war er bei einer Dosierung von täglich 6 mg in der Lage, die Routinearbeiten im Haushalt zu erledigen, auch beim Tennisspielen bemerkte er Verbesserungen.

Trotz dieser zunächst guten therapeutischen Erfolge fiel der Patient in regelmäßigen Abständen in seinen Alkoholmissbrauch zurück, eine kontinuierliche Behandlung wird wohl erst nach Abschluss einer Entzugsbehandlung möglich sein.

6.11 ADHS und Tourette-Syndrom

Während das Tourette-Syndrom früher als seltene Erkrankung angesehen wurde, wird neuerdings eine Prävalenz von bis zu 3 % beschrieben, wenn nicht nur die schwereren Krankheitsbilder einbezogen wurden (Mason et al. 1998). Mit 18 Jahren sind 50 % der Kinder mit Tourette-Syndrom frei von Tics (Leckman et al. 1998). Die Feststellung einer Komorbidität von ADHS und Tourette-Syndrom ist häufig nicht unproblematisch: Patienten mit Tourette-Syndrom können aufgrund ihrer Erkrankung Aufmerksamkeitsprobleme haben, wenn sie ständig damit beschäftigt sind, ihre Tics zu unterdrücken, aber auch durch schwerere Ausprägungsgrade der Tics selbst, so dass fälschlich eine ADHS diagnostiziert werden könnte.

In einer Tageszeitung fand sich in einem Artikel zum Thema „Nervenbündel" folgende Beschreibung (Süddeutsche Zeitung, Landkreisteil Süd, 20.10.1998, S. 14):

„Wo er sich gerade aufhält, tickt er. Er klopft mit den Fingern auf Tischplatten. Er trommelt auf Heften oder Büchern, er klatscht auf seine Oberschenkel. Hat er gerade keine Hand frei, dann knackst er mit seiner Nase, lässt die Knorpel seiner Ohren laut knirschen und oder macht Lärm mit jedem denkbaren Körperteil. Sein Mund kann die abstrusesten Laute formen. Sämtliche Versuche, ihn legal zum Schweigen zu bringen, untergräbt er mit der umfangreichen Kenntnis der akustischen Ressourcen seines Körpers. Trifft man sich mit ihm, nimmt man entweder Ohrstöpsel mit oder die Nummer der nächsten psychiatrischen Behandlungsstätte."

Bei der Beurteilung der in der Literatur angegebenen Komorbiditätsraten beider Krankheitsbilder ist zu bedenken, dass in Spezialkliniken häufig Patienten mit Problemen in mehreren Bereichen aufgenommen werden, so dass die Komorbidität möglicherweise überschätzt wird. Obwohl die ADHS im Gegensatz zum Tourette-Syndrom eine zunächst weniger ins Auge fallende Störung ist, resultieren Probleme mit der Umwelt eher aus der ADHS als aus dem Tourette-Syndrom, so dass stationäre Patienten im Vergleich zur Gesamtpopulation aller Tourette-Kranken sicher relativ häufiger ADHS und Tourette-Syndrom in Kombination aufweisen als Tics allein (Weiss et al. 1999). Für Patienten mit Tourette-Syndrom ist eine Komorbidität mit ADHS zwischen 31 % und 86 % beschrieben (Weiss et al. 1999), eine Spanne, die die Probleme bei der Differenzialdiagnose deutlich aufzeigt. Bisher existiert nur eine Studie über die Häufigkeit von Tics bei Erwachsenen mit ADHS. Hierbei fanden sich bei 12 % von 312 Erwachsenen mit ADHS Hinweise auf komorbide Tics (überwiegend bei Männern) im Vergleich zu 4 % bei einer Kontrollstichprobe von 252 Personen (Spencer et al. 2001a). Die Tic-Symptoma-

[STR-BKG]/BKG = 1,51   [STR-BKG]/BKG = 0,91   [STR-BKG]/BKG = 1,26

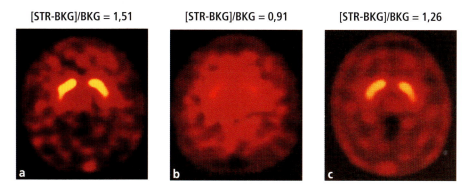

Abb. 6-7 Dopamintransporter-Dichte im Striatum ([STR-BKG]/BKG), gemessen im [Tc-99m]TRODAT1-SPECT, bei einer 38-jährigen Patientin mit ADHS und komorbidem Tourette-Syndrom vor Einnahme von Methylphenidat **(a)** und nach Einstellung auf $3 \times 2,5$ mg Methylphenidat **(b)** im Vergleich zu einer gleichaltrigen Kontrollperson **(c)**. STR = Dichte im Striatum, BKG = Dichte im Background (Zerebellum).

tik begann dabei im Mittel neun Jahre nach der Erstmanifestation von ADHS-Symptomen, in keinem Fall erst im Erwachsenenalter. Eine frühere Therapie mit Stimulanzien hatte keinen Einfluss auf das Vorliegen von Tics im Erwachsenenalter. Man geht heute davon aus, dass bei einer erstmaligen Stimulanzien-Behandlung von Erwachsenen mit ADHS, die in der Kindheit – aber nicht mehr im Erwachsenenalter – Symptome eines Tourette-Syndroms zeigten, keine Reaktivierung von Tics durch die Medikation zu befürchten ist (Weiss et al. 1999). Resultat einer 2002 veröffentlichten großen Vergleichsstudie bei Kindern mit Komorbidität von Tourette-Syndrom und ADHS ist, dass eine Medikation mit Methylphenidat keinen negativen Einfluss auf die Tics hatte (The Tourette's Syndrome Study Group 2002). Im Einzelfall kann aber bei Patienten mit persistierenden Tics eventuell eine Verschlechterung unter Stimulanzien auftreten.

Eine erste von uns untersuchte Patientin mit Komorbidität von ADHS und Tourette-Syndrom, die bisher noch nicht medikamentös behandelt worden war, zeigte im TRODAT-1-SPECT (vgl. Kap. 4.4.4, S. 31 ff.) eine erhöhte Dopamintransporter-Dichte im Striatum, wie wir es vorher schon bei Patienten mit reiner ADHS gesehen hatten. Nach langsamer Aufdosierung (pro Woche Steigerung um 2,5 mg) bis auf 10 mg Methylphenidat pro Tag verringerte sich die ADHS-Symptomatik, während die Tics leicht zunahmen. Nach Reduktion auf dreimal 2,5 mg täglich waren sowohl die Symptome der ADHS als auch die des Tourette-Syndroms eindeutig gebessert. Unter dieser sehr niedrigen Dosierung kam es bei Darstellung der striatären Dopamintransporter nicht nur zu einer Normalisierung, sondern die Dichte lag bereits deutlich unter der einer gleichaltrigen Normalperson (Krause et al. 2002c) (s. Abb. 6-7). Möglicherweise ist somit für die Wirkung von Methylphenidat auf die Symptome des Tourette-Syndroms die Dosishöhe ein ganz entscheidender Faktor.

6.12 ADHS und Teilleistungsstörungen

Das Zusammentreffen von Teilleistungsstörungen wie Lese- und Rechtschreib-schwäche, Dysgraphie und Dyskalkulie mit einer ADHS erscheint überdurchschnitt-lich häufig (Doyle et al. 2001; Gillberg 1987; Wender 1995), wobei genaue Angaben über die jeweilige Inzidenz nicht vorliegen (Golden 1991). Die Häufigkeit von Lern-störungen bei Kindern mit ADHS wird auf 50–80 % geschätzt, Rechtschreib- und Leseschwäche dominieren hierbei (McGee u. Share 1988). Unklar ist, ob eine Unter-gruppe existiert, bei der eine gleichartige Hirnstoffwechselstörung beide Störungen verursacht (Gilger et al.1992); interessant ist in diesem Zusammenhang die Mittei-lung über eine mögliche Repräsentation von ADHS und Lesestörung auf dem glei-chen Chromosom (6p) (Warren et al. 1995; Willcutt et al. 2002). Bei Kopplungsana-lysen des kompletten Genoms bei Zwillingspaaren wurde die Lese-Rechtschreib-Störung mit der ADHS in Beziehung gesetzt; hierbei fanden sich auf den Chromo-somen 16p, 17q und eventuell 10q gemeinsame Regionen für beide Störungen, ausschließlich bei der Lese-Rechtschreib-Störung waren 2p, 8p und 15q betroffen (Loo et al. 2004); überraschenderweise zeigte sich in dieser Studie keine Beziehung zum oben erwähnten Chromosom 6p. In großen Familienstudien fanden sich Hin-weise darauf, dass ADHS und Teilleistungsstörungen eher unabhängig voneinander vererbt werden (Doyle et al. 2001; Faraone et al. 1993). Eine weitere Möglichkeit ist, dass die Lernprobleme ausschließlich Ausdruck der Konzentrationsstörung im Rah-men der ADHS sind (Gillberg u. Gillberg 1989; Stevenson 1996).

Im Erwachsenenalter können Reste der Teilleistungsstörungen persistieren, etwa in Form einer generellen Leseunlust und eines langsamen Lesetempos (Wender 1995). Das Erlernen von Kompensationsmechanismen zur Bewältigung von Teilleis-tungsstörungen wird möglicherweise durch die gleichzeitig vorhandene ADHS deutlich behindert oder sogar fast unmöglich gemacht (Denckla 1993). Die Pro-bleme im sprachlichen Bereich bedingen bei der Messung des Gesamt-IQ einen in Anbetracht der prinzipiell vorhandenen Fähigkeit zu Abstraktion und analytischem Denken zu niedrigen Wert.

Fallbeispiel

Eine heute 40-jährige Patientin berichtet, dass sie schon im Vorschulalter wegen ihres mangelhaften Ausdrucksvermögens von der Mutter ständig getadelt worden sei. Sie habe sich schon ab diesem Zeitpunkt schlecht mit gleichaltrigen Kindern beim Spielen arrangie-ren können, der Besuch des Kindergartens sei ihr schließlich wegen ihres impulsiven Ver-haltens untersagt worden; sie sei lieber allein geblieben und habe ihren Träumen nachge-hangen. Ab Eintritt in die Grundschule habe sie endgültig auch im Elternhaus den Stempel „Versagerin" erhalten, weil sie nicht in der Lage gewesen sei, in Schönschrift ein fehler-freies Diktat zu absolvieren oder vor der Klasse vorzulesen. Voller Neid habe sie anschauen müssen, wie Klassenkameradinnen, die deutlich weniger intelligent waren als sie, von der

Lehrerin Belohnungen bekamen – auch sie habe sich eines der begehrten verschenkten Bilder gewünscht. Da sie ab Schuleintritt als wildes Mädchen galt, habe sie im Alter von acht Jahren ein kleines Motorrad geschenkt bekommen, mit dem sie durch unwegsames Waldgelände gefahren sei. Lebenslang sind ihre engsten Freunde Tiere, über die sie auch Kontakt zu einer Freundin findet. Um eine der Herkunft und der Intelligenz entsprechende Ausbildung zu erhalten, wird sie in verschiedene Privatschulen geschickt, wo sich allmählich die Defizite im Lesen und Schreiben reduzieren. Es gelingt ihr, die Schule mit dem Abitur abzuschließen.

Bei der Dyskalkulie können zwar lebenslang Probleme bei einfachen arithmetischen Operationen bestehen bleiben, die höheren mathematischen Abstraktionsleistungen sind aber in der Regel nicht betroffen (Wender 1995).

Fallbeispiel

Eine junge Frau entwickelte schwere Selbstwertzweifel, weil sie während ihrer Schulzeit an einer so starken Dyskalkulie litt, dass auch die Klassenkameradinnen immer sagten, sie sei so dumm, dass sie besser in einer Sonderschule aufgehoben sei. Sie klagte außerdem über schnelle geistige Erschöpfung bei mangelnder Konzentrationsfähigkeit und fürchtete permanent, vor Übermüdung einzuschlafen. Beim Skifahren und Reiten stellte sie sich ungeschickt an, wegen der mangelnden Anerkennung im Freundeskreis entwickelte sie einen Kaufzwang und zog sich ganz ins Elternhaus zurück. Durch eine Freundin, die sich mit der Störung ADHS befasste, wurde ihr Mut gemacht, nach Hilfe zu suchen.
Schon die ersten Tabletten Methylphenidat brachten nach Aussage der Patientin eine entscheidende Verbesserung ihrer Lebensqualität. Durch die verbesserte Konzentration und das Verständnis der Umgebung für ihre Rechenschwäche konnte sie nun ihre Probleme auch im Beruf als kaufmännische Angestellte deutlich reduzieren.

Die berufliche Entwicklung entspricht bei Erwachsenen mit persistierenden Teilleistungsstörungen in der Regel nicht ihrer intellektuellen Begabung. Sekundäre Lernstörungen, die durch die Symptome der ADHS bedingt sind, bessern sich durch Medikation mit Stimulanzien; auf echte komorbide Teilleistungsstörungen hat die medikamentöse Therapie dagegen keinen wesentlichen direkten Einfluss. Andererseits werden durch die Therapie der ADHS und die damit verlängerte Aufmerksamkeitsspanne die Möglichkeiten der betroffenen Patienten verbessert, Strategien zur Bewältigung der Teilleistungsstörungen zu erlernen. Aufgrund der jahrzehntelangen Frustrationserlebnisse durch die Teilleistungsstörungen sind die Betroffenen meist so sehr in ihrem Selbstwertgefühl beeinträchtigt, dass gerade bei diesen Patienten eine tiefenpsychologisch fundierte zusätzliche Psychotherapie erforderlich ist.

Fallbeispiel

Eine verheiratete 43-jährige Patientin – Mutter von zwei Kindern – sucht Hilfe, weil sie nach einer erfolgreichen Entziehungskur wegen Alkoholabusus wieder in eine depressive Verstimmung abrutscht. Sie berichtet, dass wegen einer nicht erkannten Legasthenie ihre Schulbildung deutlich hinter der ihrer Geschwister zurückgeblieben sei; sie sei in der Familie als gutmütiger Trottel angesehen worden, der immer hilfsbereit der Mutter und den Geschwistern zur Verfügung stehe. Als die eigenen Kinder Lesen und Schreiben lernten, sei ihr aufgefallen, wie viel Mühe sie selbst habe aufwenden müssen, um den deutlich geringeren Anforderungen der Volksschule gerecht zu werden. Ab Eintritt der Kinder ins Gymnasium sei ihr Selbstwertgefühl stark abgesunken, weil sie sich außerstande gesehen habe, die Hausaufgaben zu kontrollieren. Ihr Ehemann ist als Akademiker beruflich stark eingespannt, er steht als Ansprechpartner bei schulischen Problemen nicht zur Verfügung. Die Patientin kann ihm ihre eigenen Defizite nicht eingestehen. Sie beginnt morgens ein Gläschen Sekt zur Antriebssteigerung zu trinken; sie fühlt, dass unter Alkohol ihre Reizoffenheit und ihre Antriebsstörungen abnehmen. Ihre Probleme belasten sie zu diesem Zeitpunkt nicht mehr so stark. So gerät sie im Verlauf eines Jahrzehnts in einen schweren Alkoholabusus. Als sie keinen Ausweg aus ihren Schamgefühlen mehr sieht, unternimmt sie einen Suizidversuch, der zur Behandlung der Alkoholabhängigkeit führt. Erst im Rahmen der Therapie gelingt es ihr zu erkennen, dass es ihr nicht möglich war, sich auf eine Betätigung zu beschränken – aus ihrer inneren Unruhe heraus suchte sie sich stets mehrere Aufgaben gleichzeitig.

Aufgrund ihrer Schilderung, die unausgesprochen Konzentrationsstörung, mangelhafte Fokussierung und Antriebsstörung bei fehlendem Außenreiz enthält, leidet die Patientin an einer ADHS vom unaufmerksamen Typus, die in ihren Auswirkungen in Kindheit und Adoleszenz durch die Teilleistungsstörung verstärkt wurde. Die erhebliche Selbstwertproblematik führte zu einem zusätzlichen Alkoholabusus, der zunächst die depressive Antriebsstörung sowie die Probleme mit Reizoffenheit und Ablenkbarkeit vorübergehend besserte. Unter der Therapie mit anfangs ausschließlich Moclobemid und später Methylphenidat als Monotherapie verschwand die depressive Verstimmung der Patientin. Sie gewann eine neue Selbstsicherheit, die es ihr ermöglichte, sich wieder einen eigenen Freundeskreis zu schaffen und ihre Defizite in Fremdsprachenkenntnissen durch Kurse bei der Volkshochschule aufzuholen. Die Beziehung zum Ehemann gestaltete sich zeitweise sehr schwierig, da er große Probleme hatte, der Patientin gegenüber sein kontrollierendes Verhalten aufzugeben und ihre neue Selbstbestimmtheit zu akzeptieren. Das zunächst durch schwere Schuldgefühle den Kindern gegenüber belastete Familienleben hat sich stark gewandelt – die Patientin hat eine neue Kompetenz als emotional präsente Mutter gewonnen; auch in ihren Träumen scheint der Alkoholismus nun überwunden zu sein.

6.13 ADHS und Schlafstörungen

Patienten mit ADHS beklagen häufig Schlafstörungen (Lecendreux u. Cortese 2007; Philipsen et al. 2006; Schredl et al. 2007). In einer polysomnographischen Studie bei 20 Erwachsenen mit ADHS fanden Philipsen et al. (2005) eine im Vergleich zu Normalpersonen vermehrte nächtliche motorische Aktivität in Form von periodischen Beinbewegungen, deren Intensität das subjektive Schlafempfinden negativ beeinflusste. Weitere Auffälligkeiten fanden sich in der Schlafableitung bei den Patienten mit ADHS nicht; objektiv war die Schlafdauer bei diesen Patienten sogar länger als bei den Kontrollpersonen. Dies entspricht dem oft berichteten Gefühl eines wenig erholsamen Schlafes. Sobanski et al. (2008b) fanden bei mit Methylphenidat behandelten Patienten im Vergleich zu unbehandelten Erwachsenen mit ADHS eine verbesserte Schlafqualität.

Hinsichtlich des Restless-legs-Syndroms, das für sich allein bereits eine mögliche Ursache von ADHS-ähnlichen Symptomen sein kann, zeigte sich, dass Kinder mit ADHS gehäuft periodische Beinbewegungen im Schlaf aufwiesen und dass Eltern von Kindern mit ADHS zu 32 % Symptome eines Restless-legs-Syndroms beklagten im Vergleich zu 0 % bei der Kontrollgruppe (Picchietti et al. 1999). Dies weist eventuell auf eine mögliche genetische Verknüpfung beider Krankheitsbilder aufgrund einer Störung im Dopaminstoffwechsel hin (Cortese et al. 2005). In einer großen Untersuchung an 866 in einer Kinderklinik aufgenommenen Kindern fand sich eine eindeutige Assoziation zwischen Unaufmerksamkeit sowie Hyperaktivität auf der einen und periodischen Beinbewegungen sowie Restless legs auf der anderen Seite (Chervin et al. 2002).

Wichtig ist, dass bei der obstruktiven Schlafapnoe, einer häufigen Erkrankung, unter der 3 % der Bevölkerung leiden, Überschneidungen der Symptome mit der ADHS möglich sind; so beschrieben Naseem et al. (2001) drei Erwachsene, die zunächst wegen ADHS behandelt worden waren und bei denen sich dann herausstellte, dass die Symptome der Aufmerksamkeitsstörung durch eine obstruktive Schlafapnoe bedingt waren. Zur prinzipiellen Komorbidität von ADHS und Schlafstörungen fanden Mick et al. (2000) in einer Untersuchung bei Kindern keine vermehrte Häufigkeit; die geklagten Schlafstörungen waren vielmehr auf Begleiterkrankungen oder auf eine Pharmakotherapie zurückzuführen. Kooij et al. (2001) untersuchten acht Erwachsene mit ADHS im Schlaflabor und sahen im Vergleich zu gesunden Kontrollpersonen eine vermehrte motorische Aktivität mit Verminderung der subjektiven Schlafqualität; Unterschiede hinsichtlich Einschlaflatenz und Häufigkeit nächtlicher Wachperioden fanden sich nicht. Klinisch evident ist auch nach eigenen Erfahrungen, dass viele Erwachsene mit ADHS über Probleme mit Schlaf und Wachwerden klagen. Bei Einschlafproblemen kann eine Überstimulation durch Reize wie Filme, Surfen im Internet, laute Musik oder erregte Diskussionen eine Rolle spielen. Der häufige Missbrauch von Alkohol als Versuch, den Erregungspegel durch Trinken von Alkohol zu senken, ist naturgemäß problematisch und kann zu weiteren negativen Effekten auf die Schlafqualität führen, bei entsprechender Veranlagung auch zu vermehrten Problemen mit obstruktiver Schlafapnoe. Eine größere Anzahl Erwachsener mit ADHS ist generell erst ab dem Abend wirklich leistungsfähig – sei es, weil störende Umgebungsreize dann geringer vorhanden sind, sei es aufgrund einer primär anderen „inneren Uhr". Diese Betroffenen bezeichnen sich als Nacht-menschen und suchen erst lange nach Mitternacht das Bett auf. Die wenigsten ha-ben die Möglichkeit, anschließend entsprechend lang in den Tag hinein zu schlafen, so dass ein Circulus vitiosus mit immer weiter reduzierter Leistungsfähigkeit am Tage mit Verstärkung der ADHS-Symptomatik in Gang kommt. Ob pathophysiolo-gische Gemeinsamkeiten zwischen diesem Schlafverhalten und ADHS bestehen, ist bislang nicht geklärt (Brown u. McMullen 2001).

Zur Behandlung wird als erster Schritt eine verbesserte „Schlafhygiene" mit Re-duktion der aktivitätsfördernden Reize am Abend, warmen Bädern vor dem Zubett-gehen, beruhigender Musik sowie Verzicht auf Alkohol, Koffein und Nikotin emp-fohlen (Brown u. McMullen 2001); andererseits sind gerade Kaffee und Nikotin Stimulanzien, die aufgrund der paradoxen Wirkung bei Betroffenen auch schlafan-stoßend wirken können. Wenn trotz aller Bemühungen kein Einschlafen möglich sei, solle der Betroffene wieder aufstehen und für 20 bis 30 Minuten in einem Buch lesen, dann – ohne Buch – ins Bett zurückkehren und einen neuen Schlafversuch beginnen. Als günstig habe sich nach Einschätzung dieser Autoren auch das Trinken von warmer Milch oder Kamillentee erwiesen. Selbstverständlich sollten die äuße-ren Bedingungen – akustische und optische Reize, Temperatur, Frischluft – opti-miert werden (unter Umständen Ohrstöpsel, Schlafbrille). Es wird betont, dass oft erst nach Monaten entsprechende schlafhygienische Maßnahmen Erfolg zeigen. Bei mit Stimulanzien behandelten Patienten kann es aus zwei Gründen zu Einschlafstö-rungen kommen: Zum einen ist bei zu später Einnahme am Nachmittag oder frühen Abend ein stimulierender Effekt möglich, der eine Insomnie bedingen kann; dabei bestehen erhebliche individuelle Unterschiede. Manche Patienten benötigen einen mindestens vier-, besonders empfindliche einen achtstündigen Abstand zwischen letzter Stimulanzien-Einnahme und Zubettgehen. Die andere Möglichkeit ist, dass Patienten nicht einen längeren, sondern einen kürzeren Abstand zwischen Tablet-teneinnahme und Einschlafen brauchen, da sonst im Rahmen ihrer Grundsympto-matik in Form starker Unruhe eine Insomnie resultiert. Wir sahen eine ganze Reihe von erwachsenen Patienten, die nach Einnahme einer geringen Dosis von Methyl-phenidat (5–10 mg) oder Amphetamin (1–2 mg) unmittelbar vor dem Zubettgehen eine deutliche Besserung ihres Schlafverhaltens berichteten. Kommentar eines be-troffenen Patienten: „Ich kann mich dann besser auf das Einschlafen konzentrieren und ich bin dann viel entspannter."

Fallbeispiel

Eine 35-jährige Patientin sucht die Praxis auf, nachdem sie von Freunden darauf hingewie-sen wurde, dass auch Kinder mit einer ADHS unter Schlafstörungen leiden. Sie hatte zuvor wegen extremer Schlafstörungen mit zeitweiliger vollkommener Schlaflosigkeit Untersu-chungen in mehreren Schlaflabors vornehmen lassen. Die Verordnung von 12,5 mg Quetiapin führte dazu, dass sie zunächst einschlafen konnte, jedoch nach einigen Stunden mit großer Unruhe wieder aufwachte.

In der Anamnese der Patientin fällt vor allem auf, dass sie immer viel Sport treiben musste, um sich wohl zu fühlen. Beim Gedanken an Langstreckenflüge entwickelte sie Panikattacken, weil sie dann nicht in der Lage war, entsprechend ihrem Bedürfnis aufzustehen und herum zu gehen. Sie berichtet, dass sie aus diesem Grund auch selten ins Kino oder Theater gehe. Sie habe häufig mit Vorgesetzten und in der Familie Ärger, wenn sie durch Trödeleien Anderer in ihrem Zeitplan behindert werde. Das Lesen theoretischer Texte falle ihr besonders schwer, sie erledige dann zwischendurch häufiger praktische Arbeiten, um sich für weiteres notwendiges Lesen zu motivieren. Sie habe immer schon versucht mit impulsiver Beharrlichkeit ihre Vorstellungen und Ziele durchzusetzen.

Neben der hyperaktiv-impulsiven Symptomatik imponiert eine mäßig zwanghafte Persönlichkeitsstruktur; die Patientin ist deshalb in ihrem akademischen Beruf erfolgreich, fühlt sich aber durch die Schlafstörungen in ihrer Leistungsfähigkeit stark beeinträchtigt. Diese Symptomkombination führte bisher zu der diagnostischen Einschätzung eines Burnout. Wegen der deutlichen perfektionistischen Ideale ergeben sich in den Selbstbefragungskalen weder für die Kindheit noch für das Erwachsenenalter relevante Scores, die geschilderten Probleme lassen aber zumindest den dringenden Verdacht auf das Vorliegen einer ADHS zu und rechtfertigen einen Behandlungsversuch mit Stimulanzien, nachdem zuvor eine Überfunktion der Schilddrüse ausgeschlossen wurde.

Es wird der Patientin eine ansteigende Titration beginnend mit 2,5 mg Methylphenidat bis zu einer Dosis von 15 mg täglich verordnet. Bei der Wiedervorstellung berichtet sie davon, inzwischen die Phasen mit Schlaf auf insgesamt sechseinhalb Stunden verlängert zu haben und sich bei Dienstbesprechungen deutlich passiver verhalten zu können. Weil sich im Gespräch herausstellt, dass die Patientin nachts beim Aufwachen offensichtlich unter Reboundphänomenen leidet, wird ihr ein niedrig dosiertes Langzeitpräparat zur Nacht verordnet. Schon nach zwei Monaten zeigt sich, dass die Patientin von dieser nächtlichen Stimulanziengabe sehr profitiert, sie schläft inzwischen sechseinhalb Stunden durch; ein Auslassversuch führte sofort wieder zu Schlaflosigkeit. Wegen der deutlichen Besserung des Befindens der Patientin sind nur noch gelegentliche Vorstellungen in der Sprechstunde notwendig.

Diese Erfahrung bestätigt sehr nachhaltig die Einschätzung, dass sich bei einer nicht unerheblichen Zahl von Patienten die Qualität des Schlafs durch eine abendliche Gabe von Stimulanzien verbessern lässt.

Erwähnt wurde die gehäufte Komorbidität mit affektiven Störungen, die den Schlaf ja erheblich beeinträchtigen können. In diesen Fällen beseitigt oft die zusätzliche Gabe von Antidepressiva die bestehende Schlafstörung. Erwachsene mit ADHS haben häufig auch Probleme mit dem Wachwerden am Morgen. Wenn spezifische Störungen des Schlaf-Wach-Rhythmus wie Narkolepsie, aber auch eine obstruktive

Schlafapnoe (siehe oben) ausgeschlossen sind und die Schlafdauer an sich ausreichend erscheint, empfehlen Brown und McMullen (2001) eine „Zwei-Wecker-Methode": Ein Wecker klingelt 45 Minuten vor der gewünschten Aufstehzeit unmittelbar am Bett auf dem Nachttisch, der Patient nimmt ein Stimulans zusammen mit einem Glas Wasser – beides am Vorabend vorbereitet – ein und schläft weiter. Nach 45 Minuten klingelt der zweite Wecker in einer anderen Ecke des Zimmers, so dass der Patient zum Aufstehen gezwungen wird.

Eine positive Wirkung von 5 mg Melatonin auf die recht häufigen Schlafstörungen bei Kindern mit ADHS fanden Weiss et al. (2006) in einer placebokontrollierten Doppelblindstudie, wobei das verbesserte Schlafverhalten keinen Effekt auf die Ausprägung der ADHS-Symptome hatte.

6.14 ADHS, Fibromyalgie und Chronic Fatigue Syndrom

Eine erhöhte allgemeine muskuläre Anspannung könnte eine von uns beobachtete relative Häufung der Kombination von ADHS und Fibromyalgie (Krause et al. 1997; Krause et al. 1998a), die in der Regel eine massive Schlafstörung bedingt, erklären. Da bei beiden Krankheitsbildern Störungen im Katecholamin- und Serotoninstoffwechsel vermutet werden, erscheint eine Komorbidität durchaus möglich. So betont Wood (2004), dass durch die Reduktion des Dopaminausstoßes im Nucleus accumbens im Rahmen von chronischem Stress eine generell vermehrte Schmerzwahrnehmung resultiert, was in der Pathogenese der Fibromyalgie durchaus eine wichtige Rolle spielen könnte. In einer PET-Studie mit dem D2/D3-Liganden [11C]-Raclopride, bei der eine Schmerz verursachende Injektion von hypertonischer Kochsalzlösung erfolgte, kam es bei den Kontrollpersonen in Abhängigkeit von der Schmerzempfindung zur Ausschüttung von Dopamin in den Basalganglien, nicht dagegen bei den Patienten mit Fibromyalgie (Wood et al. 2007); dies ist der erste direkte Hinweis darauf, dass die Dopamin-Antwort bei Fibromyalgie gestört ist. In einer neuen Studie aus den USA bestätigte sich die von uns beschriebene gehäufte Komorbidität von Fibromyalgie und ADHS (Young u. Redmond 2007); diese Autoren fanden gleichfalls ein positives Ansprechen der Fibromyalgiesymptome auf die ADHS-Medikation. Mögliche Beziehungen zwischen ADHS, Fibromyalgie sowie Chronic Fatigue Syndrom und allergischen Phänomenen diskutieren Bellanti et al. (2005).

Im Rahmen eines Chronic Fatigue Syndroms sind Aufmerksamkeitsstörungen häufig (Valdizán Usón u. Idiazábal Alecha 2008); in einer placebokontrollierten Doppelblind-Crossover-Studie fand sich bei ca. 20 % eines entsprechenden Patientenkollektivs ein eindeutiger positiver Effekt der Einnahme von zweimal 10 mg Methylphenidat täglich auf Müdigkeit und Konzentrationsstörungen (Blockmans et al. 2006).

7 Therapie

Die Behandlung der ADHS im Erwachsenenalter entsteht aus einem anderen Zugang zum Patienten als im Kindesalter, der Anstoß zur Therapie muss vom Betroffenen selbst ausgehen. Viele Erwachsene werden erst durch die Reaktionen der Umgebung auf das Ausmaß ihrer Störung aufmerksam, am Arbeitsplatz oder in der Familie auftretende Probleme werden meist anderen Ursachen zugeordnet, ihr Fehlverhalten stellt sich deshalb aus der Wahrnehmung der Betroffenen nur als eine Antwort auf ungünstige Umstände dar. Gegen Ende des dritten Lebensjahrzehnts lassen bei vielen Betroffenen – vor allem vom Typus der Unaufmerksamen – bis dahin vorhandene Kompensationsmechanismen nach, sie erleben ihren Alltag viel belastender als in den Jahren zuvor. Diese Insuffizienzgefühle sind häufig der Anfang einer lang andauernden depressiven Verstimmung, die schließlich Anlass ist, Hilfe zu suchen (Ryffel-Rawak 2001; 2003).

Der Therapiebeginn sollte immer begleitet sein von einer eingehenden Aufklärung des Patienten über sein Krankheitsbild sowie von psychotherapeutischen Maßnahmen wegen der oft vorhandenen Selbstwertproblematik. Meist ist eine zusätzliche **medikamentöse** Behandlung notwendig. Laut einer Übersicht zur ADHS im Erwachsenenalter von Okie (2006) wird inzwischen ein Drittel der in den USA verabreichten ADHS-Medikamente für Erwachsene verschrieben; die Zahl der Verschreibungen für Erwachsene stieg dort zwischen März 2002 und Juni 2005 um 90 %. Aus den Daten der „Centers for Disease Control and Prevention" geht hervor, dass 2003 in den USA 7,8 % der Kinder und Jugendlichen zwischen 4 und 18 Jahren unter ADHS litten, 56 % davon wurden medikamentös behandelt. Für Erwachsene zwischen 18 und 44 Jahren fand sich in einer repräsentativen Untersuchung eine Prävalenz der ADHS von 4,4 % (s. Kap. 3, S. 11), wobei nur 11 % dieser erwachsenen Betroffenen medikamentös behandelt wurden (Kessler et al. 2006). Für Deutschland liegen vergleichbare Zahlen nicht vor.

Verhaltenstherapeutische, die Selbstkognition fördernde Therapieansätze können gerade zu Beginn der Behandlung eine sinnvolle Ergänzung zur Medikation sein, da bei einer alle Lebensbereiche betreffenden Störung wie der ADHS die verbesserte Selbstorganisation ein wesentliches Therapieziel darstellt (Alm 2006; Matthies et al. 2008; Ramsay 2007). Inzwischen liegen erste Studien zur Evaluation verhaltenstherapeutischer Ansätze im Erwachsenenalter vor (Heßlinger et al. 2002a;

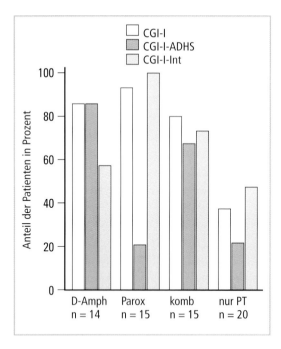

Abb. 7-1 Prozentsatz der signifikant gebesserten Patienten unter D-Amphetamin (D-Amph), Paroxetin (Parox), der Kombination beider Substanzen (komb) und alleiniger Psychotherapie (PT) (in allen vier Gruppen durchgeführt) in einer doppelblinden Langzeitstudie bei Erwachsenen mit ADHS, aufgegliedert nach allgemeinem Befinden (CGI-I = Clinical Global Impression – Improvement), nach ADHS-Symptomen (CGI-I-ADHS) und nach Symptomen komorbider Angst und Depression (internalisierende Störungen; CGI-I-Int) (nach Weiss et al. 2006).

Philipsen et al. 2007; Safren et al. 2005a; Stevenson et al. 2002; Wilens et al. 1999c). Weiss et al. (2006) behandelten in einer 20-wöchigen Doppelblindstudie, bei der die Wirksamkeit von Paroxetin und D-Amphetamin allein und als Kombination gegen Placebo verglichen wurde, alle Studienteilnehmer zusätzlich mit einer problemfokussierten Verhaltenstherapie. Bezüglich der Kernsymptome der ADHS fand sich eine Responderrate von nur 21 % im Vergleich zu 86 % bei zusätzlicher Gabe von D-Amphetamin, während Symptome von Angst und Depression in 47 % (unter zusätzlicher Gabe von D-Amphetamin in 57 %) gebessert waren; bei diesen internalisierenden Störungen zeigte sich eine eindeutige Überlegenheit von Paroxetin (Responderrate von 100 %), das andererseits auf die ADHS-Symptomatik keinen positiven Effekt hatte (s. Abb. 7-1; s. Tab. 7-1, S. 185 ff.). Die Ergebnisse einer ersten bei Kindern mit ADHS durchgeführten Multicenterstudie, bei der über 14 Monate die Effekte von Pharmako- und Verhaltenstherapie jeweils einzeln und als Kombinationsbehandlung verglichen wurden, zeigen, dass die alleinige Verhaltenstherapie der medikamentösen Therapie signifikant unterlegen war, während sich zwischen Pharmakotherapie allein und der Kombination von Pharmako- und Verhaltenstherapie nur bei begleitenden Angststörungen ein Unterschied sichern ließ (Jensen et al. 2005; The MTA Cooperative Group 1999). Inzwischen liegt eine Drei-Jahres-Katamnese dieser Studie vor; hiernach nahm nach Beendigung der Studie in der Gruppe, die ausschließlich mit Verhaltenstherapie behandelt wurde, der Anteil medikamentös behandelter Kinder deutlich zu, während dieser Anteil bei den Gruppen mit medikamentöser und kombinierter Therapie im gleichen Zeitraum erheblich abnahm. Der Effekt war, dass sich die ADHS-Symptomatik 22 Monate nach Beendi-

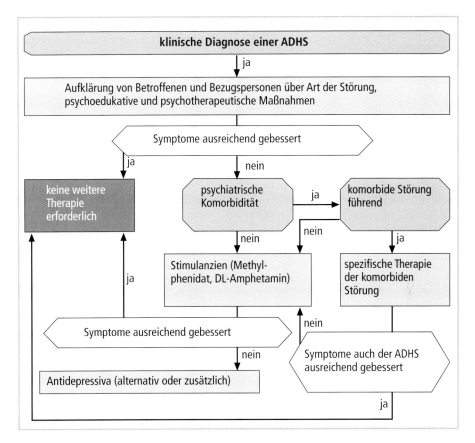

Abb. 7-2 Algorithmus zur multimodalen Therapie.

gung der Studie in den einzelnen Gruppen wieder angeglichen hatte (Jensen et al. 2007). Aus den Daten ist zu entnehmen, dass auch im so genannten rein medikamentösen Arm der Studie eine kontinuierliche Betreuung der Eltern und Kinder stattfand, die durchaus als Coaching der betroffenen Familien angesehen werden kann; ein therapeutischer Effekt der regelmäßigen Visiten im Sinne eines „Ernstgenommenwerdens" ist aus unserer Sicht nicht auszuschließen.

Prinzipiell wünschenswert wäre ein Coaching betroffener Erwachsener, wie es in den USA auch praktiziert wird; in Deutschland gibt es aber bisher keine entsprechenden Therapieoptionen, die von den Krankenkassen übernommen werden.

Bei Erwachsenen mit ADHS ist gemäß eigenen Erfahrungen und der Literatur (Asherson 2005 Krause 2008b; Murphy 2005; Triolo 1999) wegen tief greifender Störungen des Selbstwertes und der Autonomieentwicklung häufig eine **tiefenpsychologisch orientierte Langzeittherapie** als begleitende Maßnahme notwendig. Eine Evaluation psychotherapeutischer Konzepte bei Erwachsenen mit ADHS in randomisierten Studien wäre sehr wünschenswert.

Prinzipiell ist gerade bei Erwachsenen mit ADHS wegen der meist vorhandenen Komorbiditäten eine multimodale Therapie angezeigt (Weiss et al. 2008). Ein entsprechender Algorithmus findet sich in Abbildung 7-2.

7.1 Aufklärung

Die Aufklärung über die Art der Erkrankung ist bei Eltern von betroffenen, schon behandelten Kindern einfach – oft kommen diese Eltern schon mit dem Wunsch nach entsprechender Behandlung zum Arzt, weil sie bei sich Parallelen zum Verhalten des Kindes entdeckt haben und erleben konnten, wie die Therapie die Lebensqualität des Kindes verbessert hat. Die Auseinandersetzung mit Elternratgebern hilft ihnen, die Ursache für eigene Schwierigkeiten zu erkennen. Schwieriger gestalten sich Aufklärung und Behandlung von Patienten, die wegen komorbider Störungen wie beispielsweise Depressionen oder ausgeprägten Schlafstörungen die Sprechstunde aufsuchen und erstmals mit der Diagnose ADHS konfrontiert sind.

Wesentlich erscheinen im Gespräch mit den betroffenen Erwachsenen folgende Punkte:

- Es handelt sich um eine meist vererbte Erkrankung, die mit speziellen Auffälligkeiten im Hirnstoffwechsel einhergeht.
- Durch Medikamente können bei den meisten Patienten die Symptome befriedigend gebessert werden.
- Eine ausschließlich psychotherapeutische Behandlung beseitigt die Symptome nur bei leichter Ausprägung der Störung.
- Symptome wie Aufmerksamkeitsstörungen, Antriebsstörungen und depressive Grundstimmung stören vor allem den Patienten selbst, sie sind häufig auch der Grund für die Vorstellung beim Arzt. Andere Symptome wie Vergesslichkeit, starke Stimmungsschwankungen, die Unfähigkeit angefangene Arbeiten zu beenden und die Neigung zur Desorganisation belasten auch die Beziehung zum Partner und wirken sich im Beruf störend aus – alles mögliche Ursachen für die Vorstellung beim Arzt bzw. Psychotherapeuten.

Einige der stärker betroffenen Erwachsenen akzeptieren nach der Diagnosestellung und ausführlichen Aufklärung zunächst keine medikamentöse Therapie für sich. Erst wenn diese Patienten die Begrenztheit der Veränderung ihrer Symptomatik im Rahmen einer Psychotherapie besser beurteilen können, stehen sie schließlich einer zusätzlichen Medikation positiv gegenüber.

7.2   Medikamentöse Behandlung

Als Ursache der ADHS-Symptomatik werden komplexe Störungen im Katecholaminhaushalt, möglicherweise auch im Serotoninhaushalt, angenommen (s. Kap. 4.1, S. 17 ff.). Dabei wird für Dopamin eine wesentliche Rolle bei Antrieb und Motivation, für Noradrenalin bei Aufmerksamkeitsleistungen und für Serotonin bei der Impulssteuerung vermutet (vgl. Abb. 7-5). Für die Stimulanzien ist eine spezielle Wirkung auf das dopaminerge System nachgewiesen; es konnte gezeigt werden, dass die initial erhöhte Dichte der Dopamintransporter im Striatum bei Erwachsenen mit ADHS durch Methylphenidat reduziert wird (Dresel et al. 2000; Krause et al. 2000b) (s. Abb. 7-3). Wie unterschiedlich diese Reduktion der Dopamintransporter-Dichte trotz gleicher Dosis bei den einzelnen Patienten ist (Krause 2003a), zeigt Abbildung 7-4. Die gute Wirksamkeit von Stimulanzien auf die ADHS mit positiver Beeinflussung von Antrieb und Motivation deckt sich mit der Annahme, dass bei der ADHS komplexe „exekutive" Funktionen im Bereich von Reizverarbeitung und Selbstorganisation gestört sind (Krause et al. 2000a). Tucha et al. (2006) untersuchten die durch Methylphenidat erzielten Verbesserungen der Aufmerksamkeitsdefizite bei Erwachsenen; es zeigte sich, dass diese Substanz eindeutige positive Effekte auf Wachheit, Reaktionsbereitschaft, selektive und geteilte Aufmerksamkeit sowie Flexibilität hatte. Trotz der eindeutigen Besserung dieser Defizite erreichten die untersuchten Patienten keine vollständige Normalisierung. Wie andere gleichfalls bei der ADHS eingesetzte bzw. möglicherweise wirksame Pharmaka auf Dopamin, Noradrenalin und Serotonin einwirken, zeigt Abbildung 7-5. Welche Prozesse am synaptischen Spalt dabei jeweils blockiert oder gefördert werden, ist Abbildung 7-6 zu entnehmen.

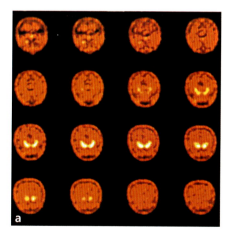
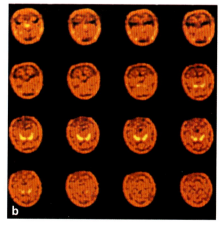

Abb. 7-3 Dopamintransporter-Dichte im Striatum bei einem Patienten vor (links) und nach (rechts) Einnahme von 3 x 5 mg Methylphenidat.

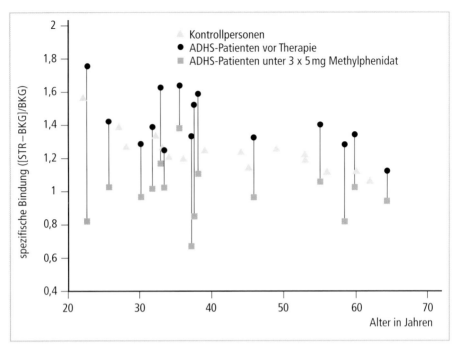

Abb. 7-4   Interindividuelle Unterschiede bei der Reduktion der Dopamintransporter-Dichte im Striatum ([STR-BKG]/BKG), gemessen im [Tc-99m]TRODAT1-SPECT, bei 15 Patienten mit ADHS unter 3 x 5 mg Methylphenidat; STR = Dichte im Striatum, BKG = Dichte im Background (Zerebellum).

7.2.1 Stimulanzien

Wie bei Kindern und Jugendlichen ist auch im Erwachsenenalter die Behandlung mit Stimulanzien die Therapie der ersten Wahl (Adam et al. 1999; King et al. 2006; Krause et al. 1998; Lamberg 2003; Toone 2005; Wender 1998; Wilens et al. 1995b; Wilens et al. 1995c). Es konnte gezeigt werden, dass Methylphenidat sowohl beim kombinierten als auch beim unaufmerksamen Typ der ADHS bei Erwachsenen eine sehr gute Wirksamkeit besitzt (Sobanski et al. 2007a), wobei Patienten mit zusätzlichen psychiatrischen Störungen – insbesondere depressiver Symptomatik – deutlich weniger von der Stimulanzientherapie profitierten (s. hierzu Kap. 7.2.3, S. 227 f.). Im Rahmen dieser Studie wurde ausschließlich Methylphenidat als Stimulans verordnet; persönliche Erfahrungen zeigen, dass gerade diese Patientengruppe nach einem Wechsel zu Amphetaminen eine Reduktion der depressiven Symptomatik aufweist (s. S. 198 ff.). Dies kann möglicherweise durch die zusätzliche serotonerge Wirkung von Amphetaminen erklärt werden (s. S. 182 f.).

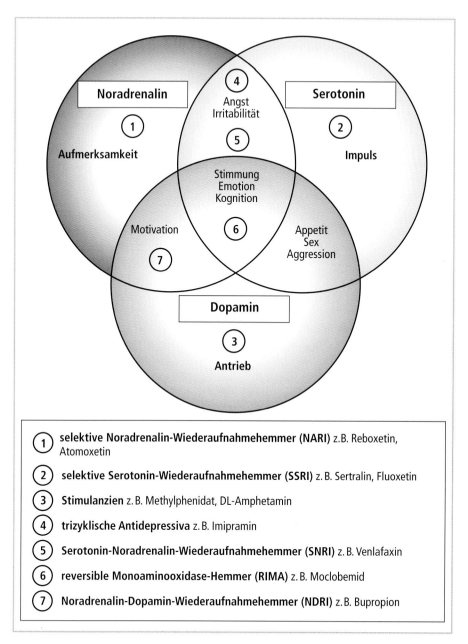

Abb. 7-5 Unterschiedliche Wirkungen der Neurotransmitter Dopamin, Noradrenalin und Serotonin auf Antrieb, Aufmerksamkeit und Impulsivität (modifiziert nach Holsboer-Trachsler 1998).

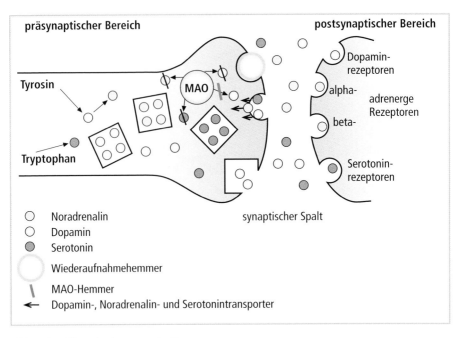

präsynaptischer Bereich   **postsynaptischer Bereich**

Tyrosin

MAO

Tryptophan

Dopamin-rezeptoren

alpha-

adrenerge Rezeptoren

beta-

Serotonin-rezeptoren

○ Noradrenalin   synaptischer Spalt
○ Dopamin
◉ Serotonin

○ Wiederaufnahmehemmer

\ MAO-Hemmer
← Dopamin-, Noradrenalin- und Serotonintransporter

Abb. 7-6 Wirkmechanismen an der Synapse.

Wirkmechanismus der Stimulanzien

Methylphenidat enthält wie die anderen Stimulanzien als Kern Phenylethylamin, das sich auch in den Neurotransmittern Dopamin und Noradrenalin findet (s. Abb. 7-7). Gemäß den bisher vorliegenden, im Wesentlichen tierexperimentellen Befunden greift Methylphenidat in das Dopaminsystem ein, indem es die Wiederaufnahme des Transmitters am synaptischen Spalt durch eine Blockade der Dopamintransporter verhindert, zusätzlich Dopamin aus Reserpin-sensitiven Granula freisetzt und die Monoaminooxidase-Aktivität hemmt; Methylphenidat wirkt außerdem als indirekter Noradrenalin-Agonist (Masellis et al. 2002). Inzwischen sind auch Effekte von Methylphenidat auf den Dopamin-D1-Rezeptor und den alpha2-Adrenoceptor im Tierversuch belegt (Wilens 2008).

Ähnlich wie Methylphenidat wirkt auch **Amphetamin**, das gleichfalls einen Phenylethylamin-Kern hat. Der Wirkmechanismus von Amphetaminen erscheint komplexer als der von Methylphenidat: Gemäß tierexperimentellen Befunden wirken die Amphetamine nicht nur dopaminerg und noradrenerg über eine erhöhte Katecholaminproduktion und -freisetzung im Zytosol der Nervenendigung, sondern auch serotonerg. Ein weiterer wichtiger Unterschied zwischen Methylphenidat und Amphetamin scheint zu sein, dass Amphetamin im Gegensatz zu Methylphenidat durch die Zellmembran ins Zellinnere gelangt und dort mit dem vesikulären Monoamintransporter-2 (VMAT-2) interagiert, der für die Sequestration des zytoplasmatischen Dopamins verantwortlich ist (Fleckenstein u. Hanson 2003; Fone u. Nutt 2005).

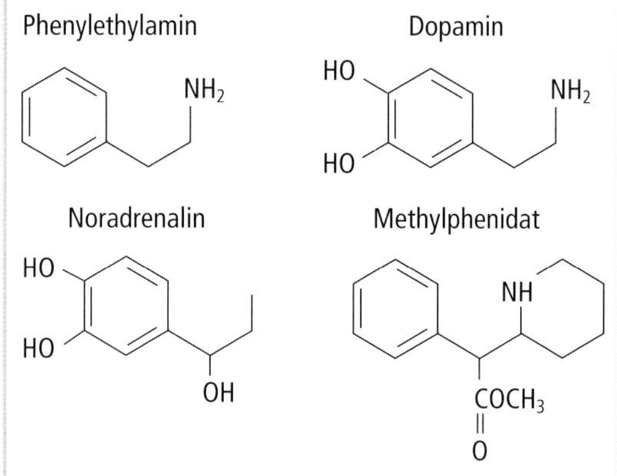

Abb. 7-7 Gemeinsamer Phenylethyl-amin-Kern bei Methylphenidat, Dopamin und Noradrenalin.

Eine interessante Frage ist, inwiefern Stimulanzien auch in den für die ADHS bedeutsamen frontalen Hirnregionen wirksam werden, in denen so gut wie keine Dopamintransporter zu finden sind. Wir wissen inzwischen, dass in diesen Regionen Noradrenalintransporter auch für den Rücktransport von Dopamin verantwortlich sind (s. Kap. 7.2.2, S. 221 f.). Da es bisher keine Studien mit spezifischen Markern für den Noradrenalintransporter gibt, können wir noch keine Aussage treffen, ob Patienten mit ADHS auch hier entsprechende Veränderungen aufweisen. Von großem Interesse ist aber, dass im Tierversuch bei Ratten niedrige Methylphenidat-Dosen im präfrontalen Kortex die extrazelluläre Konzentration von Dopamin und Noradrenalin eindeutig erhöhten (Berridge et al. 2006). Die Autoren diskutieren, dass möglicherweise der Noradrenalintransporter analog zum Dopamintransporter von Methylphenidat blockiert werden könnte. In diesem Zusammenhang sollen Befunde erwähnt werden, die von Kuczenski und Segal bereits 1997 im Tierversuch erhoben wurden; diese Autoren konnten zeigen, dass die Dopaminkonzentration im Striatum sowie die Noradrenalinkonzentration im Hippocampus sowohl unter Methylphenidat als auch unter Amphetamin deutlich anstiegen, dagegen stieg Serotonin in den Basalganglien nur unter Amphetamin, nicht unter Methylphenidat an – ein Hinweis auf die im Detail durchaus unterschiedlichen Wirkungsweisen dieser Substanzen.

Studien und allgemeine Behandlungsgrundsätze bei Gabe von Stimulanzien

Im Gegensatz zur Medikation im Kindesalter ist die Auswahl des geeigneten Mittels bei Erwachsenen mit ADHS schwieriger und die Einstellung auf eine individuell erforderliche Dosis problematischer, weil die Verstoffwechselung größeren Einflüssen, z.B. durch Hormone, unterliegt. Die auf das Körpergewicht bezogenen Dosierungsempfehlungen für eine Stimulanzienbehandlung im Kindesalter gelten nicht für Erwachsene, bei denen es nach unseren Erfahrungen keine feste Relation zwischen Körpergewicht und Dosis gibt. Markowitz et al. (2003) betonen in ihrer Übersicht, dass aufgrund der erheblichen interindividuellen Unterschiede die endgültige Titration gewöhnlich nicht nach Gewicht, sondern nach dem therapeutischen Ansprechen erfolgt. Möglicherweise benötigen Frauen höhere Methylphenidat-Dosen bezogen auf das Körpergewicht als Männer, um gleiche Plasmakonzentrationen zu erreichen (Markowitz et al. 2003). Das Ansprechen auf die Therapie ist bei den Erwachsenen überwiegend nicht so dramatisch wie im Kindesalter, in vielen Fällen zeigt sich nach unserer Erfahrung der Erfolg der medikamentösen Therapie beispielsweise in einer Verbesserung der kognitiven Funktionen in einem Zeitraum bis zu zwei Monaten.

Während die Behandlung mit Stimulanzien bei Kindern mit ADHS bereits 1937 beschrieben wurde (Bradley 1937), datieren erste Berichte über diese Therapie bei Erwachsenen mit Symptomen der ADHS zehn Jahre später und berichten von guter Besserung unter langjähriger Therapie (Hill 1947). Erst nach längerer Pause tauchen dann vermehrt in den 1970er Jahren wieder günstige Erfahrungsberichte über Behandlungen mit Stimulanzien bei Erwachsenen auf (Arnold et al. 1972; Huessy 1974; Mann u. Greenspan 1976). Es handelt sich in allen Fällen um unkontrollierte Studien. Seit 1976 wurden mehrere placebokontrollierte Studien bei Erwachsenen mit Methylphenidat und Pemolin, 1999 auch erstmals mit D-Amphetamin durchgeführt (s. Tab. 7-1). Bei den meisten Studien konnte ein guter Effekt auf Unruhe, Aufmerksamkeitsdefizit, Impulsivität, depressive Verstimmung und Irritabilität nachgewiesen werden, ohne dass sich eine Toleranz entwickelte (vgl. Bouffard et al. 2003; Dorrego et al. 2002; Faraone et al. 2004c; Gualteri et al. 1985; Kooij et al. 2004; Medori et al. 2008; Paterson et al. 1999; Reimherr et al. 2007; Spencer et al. 1995; Spencer et al. 2001b; Spencer et al. 2005b; Weiss et al. 2006; Wender et al. 1985a; Wender et al. 1985b; Wilens et al. 1999b, Wood et al. 1976). Eine eher unbefriedigende Wirkung von Methylphenidat sahen lediglich Mattes et al. (1984); eine Ursache für die letztlich recht negative Aussage dieser Studie könnte sein, dass nur wenige Patienten hohe Werte für die ADHS hatten und dass andere Störungen wie Borderline-Persönlichkeitsstörung (24 %) oder Alkohol- und Drogenabusus (35 %) ebenso wenig ausgeschlossen waren wie endogene depressive Verstimmungen (29 %). Ein weiterer Grund wird darin gesehen, dass die Einnahme nur zweimal täglich und nicht in 4–6 Dosen erfolgte (Wender 1995).

In einer Langzeitstudie bei 117 Erwachsenen mit ADHS, die eine Besserung durch Methylphenidat in placebokontrollierten Untersuchungen aufgewiesen hatten, fand Wender (1995), dass die positive Reaktion auf Stimulanzien bei Langzeitgabe persistierte und dass die Patienten nicht refraktär wurden. Um auszuschließen, dass es sich um spontane Remissionen handelte – und somit nach initial positiver Wirkung die Medikation gar nicht mehr benötigt würde –, wurde bei einem Teil der Patienten die Dosis allmählich reduziert; Resultat war, dass sich die Symptome in absolut gleicher Stärke wieder einstellten. Daten einer doppelblinden placebokontrollierten Parallelstudie über 26 Wochen zeigten anhaltende positive Effekte von Methylphenidat bei guter Verträglichkeit (Spencer 2002). In einer über 24 Monate angelegten Studie zur Langzeitverträglichkeit und -wirkung von gemischten Amphetaminsalzen in einer

Tab. 7-1 Studien zur Behandlung der adulten ADHS mit Stimulanzien in chronologischer Reihenfolge (PRS = Parents' Rating Scale [Wender 1995], k.A. = keine Angabe, CPT = Continuous Performance Test, CAARS = Conners Adult ADHD Rating Scales, WRAADDS = Wender-Reimherr Adult Attention Deficit Disorder Scale).

Substanz	Patientenzahl	Mittleres Alter	Studiendesign	Dauer in Wochen	Dosierung in mg/d [mg/kg KG]	Ergebnisse	Bemerkungen	Autoren
Methylphenidat	11	28	doppelblind, crossover	4	27 [0,4]	73 % Responder	keine genauen Angaben zu Placebo-Response, Unterschied hochsignifikant	Wood et al. (1976)
Pemolin	15	28	offen	4	37,5–70 [0,5–1,0]	33 % Responder	niedrige Dosis, geringe Nebenwirkungen	Wood et al. (1976)
Pemolin	48	28	doppelblind, parallel	6	65 [0,9]	47 % Responder, bei Placebo 4 %	gute Wirksamkeit nur bei PRS > 12	Wender et al. (1981)
Methylphenidat	26	32	doppelblind, crossover	6	48 [0,7]	25 % Responder, kein signifikanter Unterschied zu Placebo	Patienten mit komorbiden psychiatrischen Störungen	Mattes et al. (1984)
Methylphenidat	37	31	doppelblind, crossover	5	43 [0,6]	57 % Responder, bei Placebo 11 %	signifikant gegen Placebo nur bei PRS > 12	Wender et al. (1985a)
Methylphenidat	8	28	doppelblind, crossover	2	42 [0,6]	alle Symptome gebessert, signifikant nur für Daueraufmerksamkeitstest	keine Angabe zur Responderrate	Gualteri et al. (1985)
Methylphenidat	33	19-65	offen	8	40 [0,6]	70 % Responder	problematische Erfolgsbeurteilung	Shekim et al. (1990b)

Tab. 7-1 Studien zur Behandlung der adulten ADHS mit Stimulanzien in chronologischer Reihenfolge (PRS = Parents' Rating Scale [Wender 1995], k.A. = keine Angabe, CPT = Continuous Performance Test, CAARS = Conners Adult ADHD Rating Scales, WRAADDS = Wender-Reimherr Adult Attention Deficit Disorder Scale). (Fortsetzung)

Substanz	Patientenzahl	Mittleres Alter	Studiendesign	Dauer in Wochen	Dosierung in mg/d [mg/kg KG]	Ergebnisse	Bemerkungen	Autoren
Methylphenidat	23	40	doppelblind, crossover	7	30 [0,5] in 1. Woche, 60 [0,8] in 2. Woche, 100 [1,0] in 3. Woche	78 % Responder, bei Placebo 4 %	Responderrate besserte sich mit Dauer der Einnahme	Spencer et al. (1995)
Methylphenidat	30	34	doppelblind, crossover	4	30–45 [≤ 0,6]	mäßige Responderrate	Verbesserung von neuropsychologischen Funktionen und Angststörung	Iaboni et al. (1996)
Methylphenidat SR (sustained release)	12	34	offen	12	68 [0,97]	Verbesserung der ADHS-Symptome und des Kokain-Abusus	Komorbidität mit Kokain-Abusus, 1/3 Drop-out, kein Abusus von Methylphenidat	Levin et al. (1998)
Pemolin	27	40	doppelblind, crossover	10	148 [2,0]	50 % Responder, bei Placebo 17 %	kein Effekt im Aufmerksamkeitstest	Wilens et al. (1999b)
D-Amphetamin	45	36	doppelblind, parallel	6	23 [0,3]	58 % Responder, bei Placebo 10 %	Gewichtsverlust, Schlafstörungen und Mundtrockenheit als Nebenwirkungen	Paterson et al. (1999)
Modafinil	113	k.A.	doppelblind, crossover	7	100 und 400	kein signifikanter Unterschied zu Placebo	unpublizierte Daten	Cephalon Inc. (2000)

Tab. 7-1 Studien zur Behandlung der adulten ADHS mit Stimulanzien in chronologischer Reihenfolge (PRS = Parents' Rating Scale [Wender 1995], k.A. = keine Angabe, CPT = Continuous Performance Test, CAARS = Conners Adult ADHD Rating Scales, WRAADDS = Wender-Reimherr Adult Attention Deficit Disorder Scale). (Fortsetzung)

Substanz	Patientenzahl	Mittleres Alter	Studiendesign	Dauer in Wochen	Dosierung in mg/d [mg/kg KG]	Ergebnisse	Bemerkungen	Autoren
Amphetamin-Salze	24	33	offen	16	10 [0,14]	54 % Responder	niedrige Dosis, retrospektive Analyse	Horrigan u. Barnhill (2000)
D-Amphetamin, Modafinil	22	41	doppelblind, crossover	7	22 [0,3] (D-Amphetamin), 207 [2,9] (Modafinil)	je 48 % Responder für beide Substanzen	gute Verträglichkeit	Taylor u. Russo (2000)
Amphetamin-Salze	27	38	doppelblind, crossover	7	20–60 [0,3–0,9]	67 % Responder, bei Placebo 4 %	gute Verträglichkeit bis auf Appetitminderung	Spencer et al. (2001b)
Methylphenidat	30	31	doppelblind, parallel, gegen Bupropion und Placebo	7	[max. 0,9]	50 % Responder, bei Bupropion 64 %, bei Placebo 27 %	Differenzen in Responderraten statistisch nicht signifikant	Kuperman et al. (2001)
Methylphenidat	47	39	doppelblind, parallel	26	30–90 [0,5–0,9]	signifikante Besserung der ADHS gegenüber Placebo	gute Verträglichkeit, Lebensqualität gebessert	Spencer (2002)
Methylphenidat	48	37	doppelblind, parallel	13	bis 90 mg [0,9]	Besserung ADHS (77 %, bei Placebo 21 %), keine Änderung des Kokainabusus	Patienten mit komorbidem Kokainabusus	Schubiner et al. (2002)

Tab. 7-1 Studien zur Behandlung der adulten ADHS mit Stimulanzien in chronologischer Reihenfolge (PRS = Parents' Rating Scale [Wender 1995], k.A. = keine Angabe, CPT = Continuous Performance Test, CAARS = Conners Adult ADHD Rating Scales, WRAADDS = Wender-Reimherr Adult Attention Deficit Disorder Scale). (Fortsetzung)

Substanz	Patientenzahl	Mittleres Alter	Studiendesign	Dauer in Wochen	Dosierung in mg/d [mg/kg KG]	Ergebnisse	Bemerkungen	Autoren
Methylphenidat	32	25	doppelblind, crossover gegen Lithium	18	bis 40 mg [0,6]	48 % Responder, bei Lithium 37 %	Wirksamkeit: > 30 % Reduktion in CAARS	Dorrego et al. (2002)
Methylphenidat	30	34	doppelblind, crossover	8	30 [0,4] für 2 Wochen, dann 45 [0,6] für 2 Wochen	Responderrate 63–73 % ohne signifikanten Unterschied zwischen 30 und 45 mg/d	Response bestimmt mit CPT und Conners' Rating Scale	Bouffard et al. (2003)
retardierte Amphetamin-Salze	255	39	doppelblind, parallel	4	20 [0,3], 40 [0,6] und 60 [0,9]	Responderraten zwischen 46 und 65 %	bei milder ADHS beste Wirkung mit 20 mg, bei schwerer ADHS mit 60 mg	Faraone et al. (2004b)
Methylphenidat	45	39	doppelblind, crossover	7	0,5 mg/kg KG in 1. Woche, 0,75 mg/kg in 2. Woche, 1 mg/kg in 3. Woche	Responderraten zwischen 38 und 51 %, unter Placebo 7–18 %	unter Methylphenidat Appetitverlust und Mundtrockenheit bei 22 bzw. 24 %	Kooij et al. (2004)
Methylphenidat	146	36 (MPH, N = 104) 40 (Placebo, N = 42)	doppelblind, parallel	6	0,5 mg/kg KG in 1. Woche, 0,75 mg/kg in 2. Woche, 1 mg/kg in 3. Woche, durchschnittliche Enddosis 1,1 mg/kg KG	Responderrate 76 %, unter Placebo 19 %	Nebenwirkungen unter Methylphenidat nidat nicht signifikant häufiger	Spencer et al. (2005b)

Tab. 7-1 Studien zur Behandlung der adulten ADHS mit Stimulanzien in chronologischer Reihenfolge (PRS = Parents' Rating Scale [Wender 1995], k.A. = keine Angabe, CPT = Continuous Performance Test, CAARS = Conners Adult ADHD Rating Scales, WRAADDS = Wender-Reimherr Adult Attention Deficit Disorder Scale). (Fortsetzung)

Substanz	Patientenzahl	Mittleres Alter	Studiendesign	Dauer in Wochen	Dosierung in mg/d [mg/kg KG]	Ergebnisse	Bemerkungen	Autoren
Methylphenidat, retardiert (OROS-Technik)	141	33 (MPH, N = 67), 38 (Placebo, N = 74)	doppelblind, parallel	6	Beginn mit 36 mg/d, mittlere Dosis nach 6 Wochen 81±32 mg/d bei Methylphenidat, 97±26 bei Placebo	66 % Responder bei Methylphenidat, 39 % bei Placebo	unter Methylphenidat systolischer Blutdruck um 3,5±12 mm Hg höher, diastolischer um 4,0±8,5, Pulsfrequenz um 4,5±10,5/min	Biederman et al. (2006a)
D-Amphetamin	98	37	doppelblind, parallel (D-Amphetamin N = 23, Paroxetin N = 24, Kombination von D-Amphetamin und Paroxetin N = 25, Placebo N = 26)	20	53 % mit max. Dosis von 40 mg D-Amphetamin und 40 mg Paroxetin/d	unter D-Amphetamin signifikante Besserung (86 bzw. 67 % Responder) in der ADHD Rating Scale im Vergleich zu den beiden anderen Gruppen (20 bzw. 21 %) (s. auch Abb. 7-1, S. 176)	relativ hohe Dropout-Rate in allen Gruppen, signifikant mehr Nebenwirkungen bei kombiniert behandelter Gruppe; alle Gruppen behandelt mit problem-fokussierter Psychotherapie	Weiss et al. (2006)
Methylphenidat, retardiert (biphasisch)	39	38	doppelblind, crossover	6	0,2–1,0 mg/kg, mittlere Dosis 58±20,1 mg/d	Global improvement 2,6 vs. 3,7 (p = 0,0015); ADHD Index-t-Wert im CAARS 12,2 vs. 5,4 (p = 0,008)	keine schweren Nebenwirkungen; Anorexie, Insomnie und Nervosität vermehrt unter Methylphenidat	Jain et al. (2007)

Tab. 7-1 Studien zur Behandlung der adulten ADHS mit Stimulanzien in chronologischer Reihenfolge (PRS = Parents' Rating Scale [Wender 1995], k.A. = keine Angabe, CPT = Continuous Performance Test, CAARS = Conners Adult ADHD Rating Scales, WRAADDS = Wender-Reimherr Adult Attention Deficit Disorder Scale). (Fortsetzung)

Substanz	Patientenzahl	Mittleres Alter	Studiendesign	Dauer in Wochen	Dosierung in mg/d [mg/kg KG]	Ergebnisse	Bemerkungen	Autoren
D-Methylphenidat, retardiert	221	39	doppelblind, parallel	5	20 mg/d (N = 58), 30 mg/d (N = 55), 40 mg/d (N = 55), Placebo (N = 53)	ADHS-Score bei allen Methylphenidat-Dosierungen im Vergleich zu Placebo signifikant gebessert, Responder bei 20 mg 47 %, bei 30 mg 37 %, bei 40 mg 56 %, bei Placebo 26 %	häufigste Nebenwirkungen Kopfschmerz, Appetitmangel und Mundtrockenheit	Spencer et al. (2007a)
Methylphenidat, retardiert (OROS-Technik)	41	31	doppelblind, crossover	8	mittlere Dosis bei Respondern 57± 20 mg/d, bei Non-Respondern 75± 21 mg/d	Besserung von > 49 % im WRAADDS, unter Verum 49 %, unter Placebo 15 %	64 % der Responder nahmen niedrige (27–36 mg/d, 45 %) oder mittlere (45–54mg/d, 18 %) Dosis	Reimherr et al. (2007)
Methylphenidat, retardiert (OROS-Technik)	401	34	doppelblind, parallel	5	18 mg (N = 101), 36 mg (N = 102), 72 mg (N = 102), Placebo (N = 102)	ADHS-Score (CAARS) bei allen Methylphenidat-Dosierungen im Vergleich zu Placebo signifikant gebessert, Responder bei 18 mg 51 %, bei 36 mg 49 %, bei 72 mg 60 %, bei Placebo 27 %	häufigste Nebenwirkungen Appetitmangel (25 % unter Methylphenidat, 7 % unter Placebo) und Kopfschmerz (21 % unter Methylphenidat, 18 % unter Placebo)	Medori et al. (2008)

Retardformulierung (Adderall XR®) bei 223 Erwachsenen mit ADHS fanden Faraone et al. (2004a) nach einem halben Jahr, dass die Dosismengen von 20, 40 oder
60 mg täglich gut vertragen wurden und dass die Besserung ohne Hinweise auf die
Entwicklung einer Toleranz anhielt; dies bestätigte sich bei den monatlichen Nach-
untersuchungen bis zum Ablauf der zweijährigen Beobachtungszeit (Biederman et
al. 2005).

Bei Erwachsenen wurden teilweise bereits bei niedrigen Dosen ausgezeichnete
klinische Effekte beschrieben (Heath et al. 1990); wesentlich erscheint in diesem
Zusammenhang, dass bei SPECT-Studien mit TRODAT-1 (vgl. Kap. 4.4.4, S. 31 ff.)
die initial erhöhte Dopamintransporter-Dichte bei Erwachsenen mit ADHS bereits unter einer Dosis von dreimal 5 mg Methylphenidat pro Tag unter das Niveau
eines Kontrollkollektivs absank (Dresel et al. 2000; Krause et al. 2000b). Ein möglicher Grund dafür, dass bei Erwachsenen im Vergleich zu Kindern niedrigere Dosismengen bezogen auf das Körpergewicht gute therapeutische Effekte haben, ist
die im Lauf des Lebens deutlich abnehmende Dopamintransporter-Dichte im
Striatum. Volkow et al. (1996) fanden bei Gesunden eine Abnahme dieser Dichte
um etwa 7 % pro Dekade; Mozley et al. (1999) untersuchten 55 gesunde Erwachsene mittels TRODAT-1-SPECT und fanden bei den unter 40-Jährigen eine Abnahme der striatären DAT-Dichte von 12,1 % pro Dekade, während bei den über
40-Jährigen nur noch eine Reduktion von 2,4 % zu verzeichnen war. Nur eine For-
schergruppe führte sowohl bei gesunden Kindern als auch Erwachsenen mit der
gleichen Methodik ([123I]IPT-SPECT) Messungen der striatären DAT durch
(Cheon et al. 2003; Kim et al. 2003); dabei lagen die Dichtewerte bei sechs Kindern
im Alter von 6 bis 12 Jahren um 28 % höher als bei 19 Erwachsenen mit einem
mittleren Alter von 30,5 Jahren. Fasst man diese Befunde zusammen, weist ein 10-
Jähriger eine fast doppelt so hohe DAT-Dichte wie ein 50-Jähriger auf. Da Methylphenidat maßgeblich über eine Blockierung der Dopamintransporter wirkt, wäre
damit erklärt, warum bei Erwachsenen niedrigere Dosierungen als bei Kindern
ausreichend wirksam sind. Es kann vermutet werden, dass bei Dosissteigerungen
über 30–40 mg hinaus ein zusätzlicher Effekt von Methylphenidat durch andere
Mechanismen, wie z. B. eine Blockierung von Noradrenalintransportern oder eine
vermehrte Dopaminausschüttung, vermittelt wird, da die Wirkung auf die Dopamintransporter bei diesen Dosierungen bereits weitgehend ausgeschöpft sein
dürfte (Volkow et al. 1998). Diese hohen Dosen bergen aber die Gefahr von Nebenwirkungen, führen bei manchen Patienten sogar zu einer Verschlechterung des
klinischen Bildes. Sinnvoll erscheint es in diesen Fällen, niedriger dosiertes Methylphenidat mit anderen, zum Beispiel auf die Noradrenalintransporter wirkenden Substanzen zu kombinieren.

Vor Beginn einer Behandlung sollte bei Frauen der Hormonstatus abgeklärt werden, weil bei Absinken der Sexualhormone ebenfalls Antrieb, Kognition und Konzentration deutlich beeinträchtigt sind. Viele betroffene Frauen mit ADHS leiden
unter starken prämenstruellen Beschwerden, ein deutlich früherer Eintritt der Me-
nopause ist jedoch nicht zu beobachten. Sie berichten auch, nach Geburten häufig
unter einer lang anhaltenden Depression im ersten Jahr post partum gelitten zu haben. Eine hormonelle Substitutionsbehandlung in der Prämenopause kann zu einer

Besserung der Symptomatik und Reduktion der Stimulanziendosis bei insgesamt besserem Ansprechen der Therapie führen.

Für die Mitnahme von Betäubungsmitteln, die im Rahmen einer ärztlichen Behandlung verordnet worden sind, gibt es für **Auslandsreisen** ein Antragsformular (Schengener Abkommen), das beim Bundesinstitut für Arzneimittel und Medizinprodukte, Abteilung Bundesopiumstelle, unter **www.bfarm.de** heruntergeladen werden kann. Der Vordruck muss vom Arzt ausgefüllt werden und bei der für den Arztsitz zuständigen Gesundheitsbehörde abgestempelt werden.

Off-Label-Use von Stimulanzien

Unter den derzeitigen Umständen erscheint vielen Ärzten die erstmalige medikamentöse Einstellung eines Erwachsenen mit ADHS auf Methylphenidat in Deutschland problematisch: Methylphenidat unterliegt den Vorschriften des Betäubungsmittelgesetzes und ist zudem in Europa – außer in Norwegen und Dänemark – offiziell immer noch nicht für diese Indikation im Erwachsenenalter zugelassen. In den USA ist das Wissen um die positive Wirkung und die Unschädlichkeit von Methylphenidat und Amphetaminen bei richtiger Indikation und entsprechender Dosierung bei mehr Ärzten verbreitet als in Europa. Es gibt eine Vielzahl von Studien zu Wirkungen und Nebenwirkungen von Methylphenidat im Kindesalter; in der nunmehr 60-jährigen Erfahrung mit Stimulanzien konnte nicht nachgewiesen werden, dass diese Substanzen bei Kindern oder Erwachsenen als Ursache einer Substanzabhängigkeit in Frage kommen, wenn Diagnose und Indikation korrekt gestellt wurden (Barkley et al. 2003; Mannuzza et al. 2003; Varley 1985; Wender et al. 1985b; Wilens u. Biederman 1992; Wilens et al. 1995b; Wilens et al. 2003b). Amerikanische Kollegen verordnen auch bei Erwachsenen Stimulanzien als Mittel der ersten Wahl; sie empfinden die Zurückhaltung in Europa als eher befremdlich und reagieren erstaunt, weil den Betroffenen somit eine effektive Therapie versagt wird.

Das Problem des „Off-Label-Use" von Methylphenidat bei adulter ADHS wurde mehrfach diskutiert (Fritze u. Schmauß 2002; Krause 2004; Krause 2007; Normann et al. 2003).

Nach den im Urteil des Bundessozialgerichts vom 19.03.2002 (B1 KR37/00R) genannten Kriterien sind die Voraussetzungen für einen Off-Label-Use von Methylphenidat zu Lasten der gesetzlichen Krankenkassen bei der ADHS im Erwachsenenalter bei schwerer gesundheitlicher Beeinträchtigung als erfüllt anzusehen (Fritze u. Schmauß 2002). Wichtig ist in diesem Zusammenhang auch, dass mittlerweile verschiedene Stimulanzien in den USA bzw. Argentinien offiziell zur Behandlung der ADHS im Erwachsenenalter zugelassen wurden: 2004 in den USA gemischte Amphetaminsalze (Adderall XR®), im gleichen Jahr in Argentinien Methylphenidat (Ritalin LA®), in den USA 2005 Dexmethylphenidat (Focalin XR®) sowie 2008 Lisdexamphetamin (Vyvanse®) und Methylphenidat (Concerta®). In den deutschen Leitlinien (Ebert et al. 2003) ist Methylphenidat mit der Evidenzstufe 1B als Mittel der ersten Wahl eingestuft, eine Metaanalyse von Faraone et al. (2004c) erbrachte klare

Hinweise auf den positiven Effekt einer Behandlung erwachsener ADHS-Patienten mit Methylphenidat (s. auch Tab. 7-1, S. 185 ff.).

Bei den Anträgen an die Krankenkassen zur Kostenübernahme ist darauf zu achten, dass die Patienten in einem solchen Ausmaß unter der Störung leiden müssen, dass die Lebensqualität auf Dauer nachhaltig beeinträchtigt ist. Es ist nicht gefordert, dass die Erkrankung zum Tod führen muss. Eine sorgfältige Aufklärung des Patienten ist zu dokumentieren. **Eine rechtsverbindliche Kostenzusage durch die Krankenkassen ist eigentlich nicht vorgesehen.** Ein Regress kann nur dann vermieden werden, wenn nach Kostenzusage eine schriftliche Verzichtserklärung bezüglich einer Wirtschaftlichkeitsprüfung abgegeben wird.

Pharmakokinetik von Methylphenidat

Stimulanzien werden generell **oral** gegeben, die Resorption im Gastrointestinaltrakt und die Passage der Blut-Hirn-Schranke erfolgen rasch, der maximale Plasmaspiegel wird bei Methylphenidat 1,5–2,5 Stunden nach Einnahme und somit rascher als beim D-Amphetamin (2–3 Stunden) erreicht, die Plasmahalbwertszeit ist beim Methylphenidat mit 2–3 Stunden entsprechend kürzer als beim D-Amphetamin (4–6 Stunden). Man geht davon aus, dass Methylphenidat und D-Amphetamin die ersten Effekte innerhalb von 30–60 Minuten nach Einnahme zeigen, mit maximaler Wirkung nach 1–3 Stunden und Ende der Wirkung nach spätestens 6 Stunden, wobei erhebliche interindividuelle Unterschiede zu beobachten sind. Es ist wichtig, mit niedrigen Dosen (z. B. 5 mg Methylphenidat morgens über 3–4 Tage) zu beginnen, auch damit gastrointestinale Beschwerden oder Missempfindungen in Form von Herzsensationen nicht zum Abbruch der Therapie führen. Im Erwachsenenalter kann eine Dosis von dreimal 5 mg täglich häufig schon genügen. Erst wenn sich nach 2–3 Wochen zeigt, dass diese Dosis nicht ausreichend ist, kann eine weitere vorsichtige Anhebung der Dosierung erfolgen. In amerikanischen Studien wird bis zu einer Enddosis von 40–90 mg hochdosiert (Fargason u. Ford 1994); zum Teil wurden sogar Dosierungen von 120 mg täglich gegeben (Woods 1986). Durch eine Komedikation mit Antidepressiva sind jedoch aus unserer Sicht solche Dosissteigerungen häufig vermeidbar.

Der therapeutische Effekt hält aufgrund der kurzen Halbwertszeit von Methylphenidat nur 3–4 Stunden, teilweise auch nur 1,5 Stunden an; daher benötigen manche Patienten 4–6 Gaben über den Tag verteilt (Fargason u. Ford 1994). Eine Lösung bei schnellem Wirkungsverlust stellt die Gabe von Langzeitpräparaten dar. Die Plasmahalbwertszeit des ersten, in Deutschland nur noch als Importware verfügbaren Retardpräparates Ritalin SR® ist nahezu doppelt so lang wie die von Ritalin®. Dem inzwischen auch in Deutschland für die Behandlung bei Kindern und Jugendlichen zugelassenen Langzeitpräparat Ritalin LA® liegt ein anderes galenisches Prinzip als Ritalin SR® zugrunde: Bei Ritalin LA® werden zwei verschiedene Mikropellets eingesetzt, solche mit sofortiger und solche mit verzögerter Wirkstofffreisetzung. Die Verabreichung einer einzigen Tagesdosis von Ritalin LA® führt zu einem raschen initialen Peak und einem späteren Peak nach ca. 6 Stunden. Somit lässt sich eine

Wirkungsdauer von bis zu 8 Stunden erreichen. Das Medikament kann als ganze Kapsel eingenommen werden, es ist aber auch möglich, die Kapsel zu öffnen und den Inhalt mit Nahrung, z. B. Apfelmus, einzunehmen, ohne dass sich die Pharmakokinetik ändert (Lyseng-Williamson u. Keating 2002). Equasym retard® verfügt über das gleiche Wirkprinzip, die Medikamente unterscheiden sich jedoch deutlich bezüglich der jeweils freigesetzten Wirkstoffmenge: Während bei Ritalin LA® jeweils 50 % in der ersten und zweiten Stufe freigesetzt werden, sind es bei Equasym retard® in der ersten Stufe 30 % und in der zweiten 70 %. Ähnlich ist das Wirkprinzip von Medikinet retard® mit einer zweimaligen Freisetzung aus Mikropellets; die Retardwirkung ist bei diesem Präparat nur dann zuverlässig gegeben, wenn gleichzeitig mit der Medikamenteneinnahme eine Nahrungsaufnahme erfolgt.

Eine weitere Methylphenidat-Zubereitung, die als orale Einmalgabe einen über den Tag anhaltenden Wirkspiegel gewährleistet, ist das mittels OROS („osmotic controlled release oral delivery system")-Technik hergestellte Concerta®, das seit Juni 2008 in einer Dosierung von 18 bis 72 mg täglich in den USA auch zur Behandlung Erwachsener mit ADHS offiziell zugelassen ist. Es handelt sich hierbei um eine Kapsel, die mit Methylphenidat überzogen ist, das ähnlich rasch resorbiert wird wie bei der Gabe von unretardierten Methylphenidat-Präparaten. Wenn der Überzug sich aufgelöst hat, diffundiert Wasser durch die semipermeable Kapselwand und führt aufgrund des steigenden osmotischen Drucks über ca. 10 Stunden zur allmählichen Ausschwemmung von Methylphenidat aus mehreren Kompartimenten durch ein mittels Laser gebohrtes Loch in der Kapselwand. Die Gesamtmenge an Methylphenidat beträgt 18, 36 oder 54 mg in den derzeit in Deutschland erhältlichen Kapseln, wobei ca. 22 % der Gesamtdosis im Überzug der Kapsel enthalten sind. Bei Erwachsenen entspricht hinsichtlich der Bioverfügbarkeit des Wirkstoffs die Einmalgabe von Concerta® 18 mg ungefähr der Gabe von dreimal 5 mg Methylphenidat. In einer Untersuchung von Modi et al. (2000a) an 36 erwachsenen Probanden zeigte sich, dass der dreigipflige Verlauf, wie er unter Einnahme von dreimal 5 mg Methylphenidat zu beobachten ist, bei Gabe von Concerta® nicht erfolgt. Die unterschiedliche Pharmakokinetik von Ritalin LA®, das zwei Einmalgaben von nicht retardiertem Methylphenidat imitiert, und Concerta®, das einen eingipfligen Verlauf hat, zeigt Abbildung 7-8. Wegen des unterschiedlichen Ansprechens der Patienten auf das schnelle oder langsamere Anfluten des Medikaments ist bei der Auswahl der Ganztagesmedikation darauf zu achten, dass Patienten mit störend empfundenen Rebound-Phänomenen wahrscheinlich auf eine eingipflige Zubereitung besser ansprechen. Andererseits gibt es Patienten, die von der automatisch erfolgenden zweiten Dosis mit einem neuerlichen Peak mehr profitieren und damit bessere Resultate unter der Behandlung mit Ritalin LA® und Equasym retard® erwarten lassen. Bei langfristiger Gabe von Zubereitungen ohne mehrfache Peaks kann sich bei manchen Patienten ein „Wirkungsverlust" in Form einer Antriebsstörung entwickeln, der sich häufig bei Erhöhung der Dosis noch verstärkt; ein Wechsel zu kurzwirksamem Methylphenidat wirkt sich bei dieser Gruppe positiv aus.

Eine gleichzeitige Nahrungsaufnahme beeinträchtigt die Absorption von Concerta® nicht (Modi et al. 2000b). Dagegen wurde bei Adderall XR® mit einer retardiert wirksamen Fertigzubereitung von gemischten Amphetaminsalzen (in Deutschland

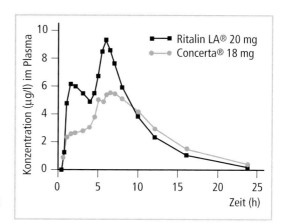

Abb. 7-8 Wirkprofil von 20 mg Concerta® und 18 mg Ritalin LA® im Vergleich (in Anlehnung an Markowitz et al. 2003).

nur als Importware erhältlich) eine niedrigere Konzentration im Blut gemessen, wenn die Probanden ein fettreiches Frühstück zu sich genommen hatten (Auiler et al. 2002). Ähnliches gilt für Ritalin LA® (Lyseng-Williamson u. Keating 2002) sowie die weiteren Methylphenidat-Langzeitpräparate.

Eine interessante neuere Entwicklung ist Focalin®; es handelt sich hierbei um ein ausschließlich rechtsdrehendes Isomer des Methylphenidats, während alle übrigen heute auf dem Markt befindlichen Methylphenidat-Präparate racemische Gemische aus jeweils 50 % rechts- und linksdrehenden Methylphenidat-Isomeren sind (Markowitz et al. 2003). Tierversuche zeigten, dass das d-Methylphenidat-Isomer dreifach wirksamer bei der Behandlung von Hyperaktivität war, so dass eine Dosierung von 50 % der üblichen Dosis bei Verordnung von Focalin® empfohlen wird (Markowitz et al. 2003; Markowitz u. Patrick 2008). Inzwischen ist Dexmethylphenidat als Focalin XR® in einer retardierten Zubereitung mit einer Wirkdauer über 12 Stunden erhältlich (Kowalik et al. 2006); es wurde hierbei die gleiche Technik angewendet wie bei Ritalin LA® (SODAS®, „spheroidal oral drug absorption system"). Zur Behandlung von Kindern und Erwachsenen mit ADHS wurde Focalin XR® 2005 in den USA offiziell zugelassen. Bei Erwachsenen mit ADHS fand sich ein guter therapeutischer Effekt (Spencer et al. 2007a, s. Tab. 7-1). Die empfohlene Maximaldosis von 20 mg/d ist für Kinder und Erwachsene gleich (Kowalik et al. 2006). In den USA ist Methylphenidat außerdem seit April 2006 in Form eines transdermal wirksamen Pflasters (Daytrana®) für die Behandlung der ADHS bei Kindern und Jugendlichen erhältlich (Arnold et al. 2007); dieses Präparat ist in Deutschland in verschiedenen Dosierungen als Importware verfügbar.

Vor- und Nachteile der langwirksamen Präparate bei der ADHS im Kindes- und Erwachsenenalter listen Banaschewski et al. (2006) in ihrer Übersicht auf; sie betonen, dass alle Präparate ihre Berechtigung haben und eine entsprechende Verordnung trotz der deutlich höheren Kosten der Langzeitpräparate für alle Patienten mit ADHS möglich sein sollte. Schlander (2007) regt an, bei der Beurteilung der Beziehungen zwischen Kosten und Nutzen der Therapie mit kurz- und langzeitwirksamen Präparaten nicht nur die Effizienz zu berücksichtigen, die bei beiden Therapieoptionen in klinischen Studien gleich ist, sondern auch die Effektivität der Behandlung, die möglicherweise durch eine bessere Compliance bei Langzeitpräparaten günstiger ist. Gerade unter den sozial Schwachen, die sich eine Zuzahlung nicht leisten können, befinden sich viele Patienten mit schlechter Compliance aufgrund schwerer Ausprägung der ADHS und erheblicher komorbider Störungen.

Beschreibung der Wirkung von Methylphenidat durch Patienten

Ein Patient, der seit vielen Jahren Erfahrung mit der Behandlung mit Methylphenidat hat, beschreibt sehr eingehend die Veränderungen, die seither erfolgt sind:

„Eine persönliche Sicht auf die Effekte von Methylphenidat (MPH): ‚klassische' Effekte (ICD-/DSM-Symptomatik):
MPH macht mich motorisch merklich ruhiger; das ist eine Wirkung, die von anderen Effekten völlig unabhängig ist, d.h. sie tritt nicht situativ oder an meine generelle Verfassung gebunden auf. Dazu zählt auch, dass ich unter Medikation in der Regel besser einschlafen kann und ruhiger schlafe. Zudem verbessert sich meine Feinmotorik sichtlich, was vor allem beim Schriftbild auffällt.
MPH erhöht die Impulskontrolle: Ich gebe deutlich seltener der Neigung nach, spontan etwas zu sagen oder zu tun, das ich später bereue; ich kann gelassener warten; ich reagiere auf Provokationen weniger empfindlich und werde nicht so schnell wütend; ich nehme ärgerliche Alltagserlebnisse weniger persönlich und sehe dadurch in kritischen Situationen weitaus häufiger und besser Handlungsalternativen zu spontanen, meist eher wütenden Reaktionen; ich bin weniger frustriert bei Niederlagen und kann nach dem Scheitern in einer Sache alternative Strategien besser akzeptieren, anstatt das gleiche Verhaltensmuster erneut anzuwenden.
MPH verbessert die willentliche Fokussierung meiner Aufmerksamkeit: Ich bin weniger abgelenkt; große Menschenansammlungen und/oder vielfältig verwirrende Eindrücke lösen weniger Abneigung und Ärger in mir aus; ich arbeite konzentrierter, aber auch ‚stumpfer' – mit größerer Effektivität, aber geringerer Leichtfertigkeit; ich kann längeren Gesprächen besser folgen und langweile mich nicht so schnell; ich kann besser von der (Un-) Sitte Abstand nehmen, beständig drei Dinge gleichzeitig zu tun (wobei ich das weniger störend empfinde als beispielsweise Gesprächspartner, die mich nicht kennen und so glauben mögen, ich würde mich nicht auch hinreichend auf das Gespräch einlassen); ich achte verstärkt auf Details bei Aufgaben und reflektiere die Aufgabenstellung weitgehender vor Beginn der Arbeit.
Persönliche Eindrücke jenseits der Symptomatik:
Der größte Gewinn der Medikation liegt für mich in der Wiederkehr meiner Gefühle. Ich habe meine Kinder- und Jugendzeit in einem ständigen Fluss von Aktivität und wütender

Verzweiflung erlebt. Die Kontrolle des Verhaltens war – und ist ohne Medikation auch heute noch – ein anstrengendes Unterfangen. Es absorbierte im Alltag einen großen Teil meiner Kraft und bindet diese partiell bis heute in der erhöhten Selbstaufmerksamkeit für mein Sozialverhalten. Daher habe ich vor allem als Jugendlicher und junger Erwachsener für viele Jahre meine emotionale Anteilnahme am Leben stark unterdrückt, um nicht mit der unkontrollierbar erscheinenden ‚Größe‘ der eigenen Gefühle und dem aus ihnen meist impulsiv resultierenden Verhalten konfrontiert zu sein. Das wachsende Vertrauen in die Selbstkontrolle hat nach Jahren der medikamentösen Behandlung meine grundsätzliche Furcht, des eigenen emotionalen Erlebens nicht Herr zu sein, schwinden lassen und so den selbst geschaffenen Druck auf die Gefühle merklich gemindert.

Mutmaßlich prägende Ereignisse wie die Krankheit und den Tod meiner Mutter habe ich trotz meines damaligen Alters (zwölf Jahre) aufgrund der exzessiven Unruhe und permanenten Beschäftigung mit den Problemen des eigenen Daseins kaum mitbekommen. Dennoch war mir bereits als Kind die Eigentümlichkeit meines Verhaltens und meine Außenseiterposition insbesondere in Gruppen bewusst – wobei ich diese Rolle einst wie heute nicht nur tragisch sehe. Ich entwickelte aufgrund meiner Erziehung eine entsprechende Vorstellung der von mir zu leistenden Anpassung an die Gesellschaft, die ich durchaus hartnäckig verfolgte; die Motivation, nach den Regeln einer Gemeinschaft in ihr etwas zu gelten, wird nicht allein dadurch zunichte, dass man an diesen Regeln (oft) scheitert. Durch das angestrengte, wohl aus der Einsicht in die Notwendigkeit folgende Bemühen um Anpassung verlor diese allerdings fast alle Leichtigkeit und jeden Reiz, weil der Preis für das Wohlverhalten immer viel größer erschien als der Gewinn. Aus der Sicht von Psychotherapeuten mag ich auf dem richtigen Weg gewesen sein – in meinem Erleben war ich es nicht! Trotz großer Anstrengungen war ich noch immer nicht ‚normal‘ und von der Anerkennung des Normalen weit entfernt, aus dem die Motivation zur Anpassung sich doch speisen sollte. Erst die Medikation mit MPH hat dieses auf Dauer unerträgliche Ungleichgewicht in ein faires ‚Geschäft‘ gewandelt, in dem ich zwar immer noch ein bisschen auffällig bin, aber auch ein bisschen der Mühelosigkeit gewonnen habe, mit der die Masse der Menschen ihr Leben kontrolliert.

Freunde wie Kritiker der medikamentösen Behandlung mit Methylphenidat mögen einwenden, dass mein Verhalten sich unter Methylphenidat gar nicht so sichtlich gewandelt habe. Was die Kritiker nicht sehen können, aber die Freunde sehr wohl erleben, ist die innere Gelassenheit, mit der ich heute aufgrund der Medikation das Maß an Selbstkontrolle erreiche, das früher nur unter Leiden zu einer notdürftigen Anpassung genügte – und, was für menschliche Beziehungen viel bitterer ist, dem weder sie noch ich selbst auf Dauer vertrauten. Dieses Selbsterleben, aber auch das Urteil der Freunde, ist keinem der Ärzte und Psychologen zugänglich außer durch mich – und selten genug, dass man mich danach fragte, geschweige denn andere Menschen aus meiner Umwelt."

Amphetamine

Für die Praxis ist wesentlich, dass bei Patienten mit ADHS, die auf Methylphenidat nicht ausreichend positiv ansprechen oder sogar eine depressive Verstimmung entwickeln, ein Versuch mit Amphetaminen durchaus erfolgversprechend sein kann. Dies könnte speziell auf Patienten mit komorbiden aggressiven Verhaltensstörungen (Serotoninhaushalt!) zutreffen. D-Amphetamin ist hinsichtlich der ZNS-Effekte drei- bis viermal potenter als reines L-Amphetamin und hat dabei eine geringere sympathikomimetische Wirkung in der Peripherie, so dass es als Mittel zur ADHS-Behandlung vorzugsweise eingesetzt wird und in allen Amphetaminpräparaten zumindest als Bestandteil vorhanden ist. Als Amphetaminzubereitungen werden **in den USA** fünf pharmakologische Formen verwendet:

- racemisches Gemisch aus D- und L-Isomeren von Amphetaminsulfat (Benzedrine®)
- gemischte Sulfate und Saccharinate von D- und L-Isomeren (Adderall®), auch als Langzeitpräparat (Adderall XR®) zur Einmalgabe verfügbar
- reines D-Amphetaminsulfat (Dexedrin®)
- racemisches Methamphetaminsulfat (Desoxyn®)
- D-Amphetamin in kovalenter Bindung an L-Lysin (Vyvanse®)

Für Adderall XR® wurde 2004 in den USA eine Zulassung auch für die Behandlung Erwachsener mit ADHS erteilt. In entsprechenden Studien konnte die gute Wirksamkeit auch im Erwachsenenalter bestätigt werden (s. Tab. 7-1, S. 185 ff.). Im April 2008 bekam Vyvanse® die entsprechende Zulassung; hierbei handelt es sich um ko-

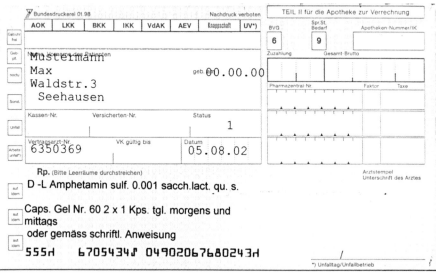

Abb. 7-9 Musterrezept für Amphetamin.

valent an L-Lysin gebundenes D-Amphetamin. Da die Aufspaltung in L-Lysin und aktives D-Amphetamin erst im Gastrointestinaltrakt erfolgt, sollen Missbrauchs- und Überdosierungsrisiken geringer sein als bei anderen Präparaten (Faraone 2008).

In **Deutschland** steht Amphetamin nur in Form eines racemischen Gemisches aus 50 % D-Amphetamin und 50 % L-Amphetamin als Rohsubstanz zur Verfügung; es ist nicht als Fertigpräparat im Handel und muss deshalb als Saft oder Kapsel rezeptiert werden (vgl. Abb. 7-9). Zu beachten ist eine möglicherweise deutlich geringere therapeutische Breite bei den Amphetaminen, von denen bekannt ist, dass bei chronischer Zufuhr hoher Dosen toxische paranoid-halluzinatorische Psychosen auftreten können, wie sie unter Methylphenidat kaum zu beobachten sind. Nach eigenen Erfahrungen hat sich häufig schon die Gabe von sehr geringen Dosierungen (1–2 mg täglich) – auch im höheren Lebensalter – bewährt, wie folgende Fallgeschichte zeigt:

Fallbeispiel

Ein 71-jähriger Patient kam erst nach mehrjähriger Bedenkzeit, um sich untersuchen zu lassen; zunächst war ihm eine Behandlung in seinem Alter als zu große Belastung erschienen. Durch die bei seinen Kindern unter der Therapie mit Stimulanzien eingetretene deutliche Besserung der Symptomatik war er neugierig geworden und wollte nun ausprobieren, ob diese Therapie auch bei ihm Erfolg zeigte. Da er körperlich und psychisch bis auf die durch die ADHS verursachten Probleme völlig gesund war, wurde eine Therapie mit Amphetaminen eingeleitet, weil er keine Erhöhung der Dopamintransporterwerte zeigte, ein Befund, den wir auch schon beim Sohn erhoben hatten. In Anbetracht des Alters begannen wir mit einer Dosierung von 1 mg D-L-Amphetamin täglich, eine zusätzliche Gabe von 10 mg Fluoxetin als Generikum löste eine Hautreaktion aus, die nach dem Absetzen verschwand. Nach Erhöhung der Dosis auf zweimal 1 mg fühlte sich der Patient nicht wohler, so dass die ursprüngliche Dosis beibehalten wurde. Nach Behandlungsbeginn litt er nicht mehr unter depressiven Zukunftsängsten, seine extreme Reizoffenheit besserte sich; er berichtete, er habe jetzt eine positive Lebenseinstellung gewonnen und wolle sein Leben noch genießen. Die Familie bemerkte, dass er sehr viel „fauler" geworden sei, er springe nicht mehr ständig auf, um jemand behilflich zu sein. Der immer schon sehr hilfsbereite Mann konnte sich nun gezielt auf die Bedürfnisse seiner Familie einstellen, seine Vorstellungen galten nun nicht mehr als „Maß aller Dinge", er öffnete sich deutlich kompromissbereiter den Wünschen anderer.

Bei Patienten mit ausgeprägter Reizoffenheit muss die im Vergleich zu Methylphenidat komplexere Wirkung von Amphetamin auf die Neurotransmitter berücksichtigt werden; sie profitieren jedoch häufig von einer Kombinationsbehandlung in niedriger Dosierung (um 2 mg täglich) mit Venlafaxin (18,75–75 mg). Gerade bei Patienten mit einer komorbiden Borderline-Störung, bei denen eine leichte paranoide Symptomatik besteht, wirkt nach unserer Erfahrung eine solche niedrig dosierte Behandlung stimmungsstabilisierend.

Pemolin

Das früher zur ADHS-Behandlung gebräuchliche Pemolin hat eine längere Halbwertszeit als die anderen Stimulanzien (bei Kindern 7–8, bei Erwachsenen 11–13 Stunden). Pemolin ist inzwischen wegen seiner potenziellen Lebertoxizität in Deutschland nicht mehr verfügbar.

Modafinil

Modafinil wird zur Behandlung von Narkolepsie eingesetzt. Die genaue Wirkungsweise dieses Stimulans, das eine lange Halbwertszeit (12–17 h) hat, ist nicht bekannt. In einer doppelblinden Studie zeigte Modafinil eine ähnliche Wirksamkeit bei Erwachsenen mit ADHS wie D-Amphetamin (Taylor u. Russo 2000). Die positive Wirkung konnte aber in einer größeren multizentrischen unpublizierten Studie nicht bestätigt werden; in dieser zeigte Modafinil in Dosierungen von 100 und 400 mg keine Überlegenheit gegenüber Placebo (Cephalon 2000) (s. Tab. 7-1; S. 185 ff.). Dagegen fand sich in neueren kontrollierten Studien bei Kindern mit ADHS eine positive Wirkung von Modafinil (Biederman et al. 2003; Rugino u. Samsock 2003; Swanson et al. 2003). In einer placebokontrollierten doppelblinden Crossover-Studie führte die Gabe von 200 mg Modafinil bei 20 erwachsenen Patienten mit ADHS zu einer Abnahme der Impulsivität und einer Zunahme der Präzision bei der Durchführung von Testaufgaben (Turner et al. 2003). Eine placebokontrollierte Untersuchung im Fahrsimulator bei acht Patienten mit ADHS im Vergleich zu acht gleichaltrigen Kontrollpersonen zeigte für beide Gruppen eine signifikante Besserung des Fahrverhaltens unter 200 mg Modafinil; der schlechtere Ausgangswert der Patienten mit ADHS näherte sich dabei unter Modafinil dem Wert der Kontrollpersonen unter Placebo an (Freeman et al. 2002). In zwei Fallberichten beschrieb Norton (2002) den positiven Effekt von Modafinil bei Patienten mit ADHS, die wegen Nebenwirkungen (Tics, vegetative Störungen) keine Stimulanzien einnehmen konnten. Therapeutische Versuche mit Modafinil sind also bei solchen Patienten durchaus erwägenswert. Indiziert ist die Gabe von Modafinil bei Patienten mit Komorbidität von Narkolepsie und ADHS, vor allem dann, wenn Methylphenidat keine ausreichende Wirkung hat. Inzwischen unterliegt Modafinil in Deutschland nicht mehr der Betäubungsmittelverordnung und kann auf einem normalen Rezept verschrieben werden.

Dosisfindung

Nach bisherigen Untersuchungen lassen sich aus der Höhe der Blutspiegel von Stimulanzien keine Rückschlüsse auf die Wirksamkeit im Einzelfall ziehen, so dass derzeit keine Empfehlung für ein Monitoring einer Stimulanzientherapie mit Hilfe der Plasmaspiegel gegeben werden kann. In einer kontrollierten Studie, bei der der Effekt unterschiedlicher Dosierungen von Methylphenidat auf das Arbeitsgedächtnis bei Erwachsenen mit ADHS getestet wurde, waren 12 % Nonresponder. Von den Respondern zeigten 41 % die beste Wirkung unter 5 mg, 12 % unter 10 mg und 35 % unter 20 mg Methylphenidat (Kinsbourne et al. 2001).

Wie individuell unterschiedlich die Wirkung einer bestimmten Dosis Methylphenidat (15 mg täglich) auf die Dopamintransporter war, konnten wir im Rahmen unserer TRODAT-Studie zeigen (Krause 2003a) (s. Abb. 7-4, S. 180). Gerade Behandlungen nach amerikanischen Angaben mit Dosierungen von bis zu 1 mg Methylphenidat pro Kilogramm Körpergewicht führen bei empfindlichen Patienten rasch zu Überdosierungserscheinungen, die sich in vermehrter Unruhe, Verstärkung der Konzentrationsstörungen und zunehmender Depression äußern können. Diese Patienten brechen die Behandlung ab, weil sie den Eindruck haben, dass diese Medikation für sie ungeeignet ist. Entsprechende Beobachtungen gibt es auch bei Kindern. In ihrer placebokontrollierten Crossover-Studie mit hohen Methylphenidat-Dosen bis 1 mg/kg Körpergewicht bei 45 Erwachsenen mit ADHS fanden Kooij et al. (2004) signifikant erhöhte Scores für Angststörungen und Depression in der Hamilton-Skala unter Methylphenidat im Vergleich zu Placebo.

Es gibt bisher keine Dosisfindungsstudien für Methylphenidat bei Erwachsenen mit ADHS. Amerikanische Autoren vermuten eine Korrelation zwischen Dosishöhe und klinischer Besserung, nachdem Spencer et al. (1995) beobachtet hatten, dass sich die Symptome ihrer Patienten, die sie in der ersten Woche mit 30, in der zweiten mit 60 und in der dritten mit 100 mg Methylphenidat täglich behandelt hatten, mit der Dauer der Einnahme besserten. Da sich aber nach unseren Erfahrungen ein deutlicher Effekt der Stimulanzien häufig ohnehin erst nach einigen Wochen zeigt, erscheint diese Studie als Beleg für eine dosisabhängige Wirkung beim Erwachsenen wenig geeignet. In einer Vergleichsstudie mit Crossover-Design, bei der die Wirkung von 30 und 45 mg Methylphenidat täglich über je zwei Wochen überprüft wurde, ließ sich eine Überlegenheit der höheren Dosis nicht sichern (Bouffard et al. 2003). Interessant sind in diesem Zusammenhang auch die Resultate einer über fünf Wochen angelegten doppelblinden vierarmigen Parallelstudie (Spencer et al. 2007a), bei der die Wirksamkeit von 20, 30 und 40 mg einer retardierten D-Methylphenidat-Zubereitung mit der von Placebo verglichen wurde (s. Tab. 7-1, S. 190). Die Schwere der Störung, bestimmt mit dem CGI-S-Score, nahm bei der Gruppe mit der niedrigsten Tagesdosis mit 68,4 % deutlicher ab als bei den Gruppen mit höherer Dosis (61,1 % bei 30 mg und 64,8 % bei 40 mg). In der großen Parallelstudie von Medori et al. (2008) brachen unter der hohen Dosis (72 mg Concerta) 8 von 102 Patienten die Studie wegen Nebenwirkungen ab, während im Arm mit der niedrigen Dosis von 18 mg nur einer von 101 Patienten abbrach; dabei unterschied sich die Wirkung der beiden Dosierungen bezüglich der ADHS-Symptome nicht signifikant (s. Tab. 7-1, S. 190). In einer Metaanalyse fanden Koesters et al. (2009) keinen signifikanten Einfluss der mittleren Tagesdosis auf die Effektstärke der Behandlung mit Methylphenidat.

Eigene Erfahrungen bestätigen, dass in vielen Fällen mit Niedrigdosierungen bei Erwachsenen mit ADHS sehr gute Erfolge zu erzielen sind und dass bei höheren Dosierungen unerwünschte Nebenwirkungen auftreten können. Tierexperimentelle Befunde zeigten, dass sich die kognitive Funktion von Ratten bei oralen Methylphenidat-Dosen zwischen 1 bis 2 mg/kg signifikant verbesserte, unter Dosierungen von 2 bis 3 mg/kg aber eindeutig verschlechterte (Arnsten u. Dudley 2005). Es erscheint zunächst sinnvoll, bei schwerer ausgeprägter Symptomatik eine höhere Dosis anzustreben; eigene Erfahrungen belegen jedoch, dass auch schwer betroffene Patienten keineswegs immer hohe Dosierungen benötigen. Immer wieder konnte beobachtet werden, dass die Überschreitung der individuell notwendigen Dosis zu einer Verschlechterung des Behandlungsergebnisses führte.

Fallbeispiel

Ein Patient mit einem Körpergewicht von 95 kg bei einer Größe von 190 cm berichtete, dass er nach schrittweiser Erhöhung der Methylphenidat-Dosis auf 40 mg wie vor Beginn der Behandlung wieder vermehrt zu Zigaretten und Alkohol gegriffen habe, eine Handlungsweise, die früher zu einer Besserung seines Befindens bei steigender Unruhe beigetragen hatte, die jetzt jedoch zu seinem eigenen Erstaunen nicht mehr den gewünschten Erfolg zeigte. Nach Halbierung der Dosis auf 20 mg Methylphenidat täglich konnte er den Abusus von Nikotin und Alkohol deutlich einschränken; inzwischen hat der Patient seinen Nikotinabusus seit mehreren Jahren beendet.

In der Phase der Auftitrierung ist Geduld erforderlich, um entscheiden zu können, ob Methylphenidat als Monotherapeutikum ausreicht, um die gesamte Symptomatik günstig zu beeinflussen, oder ob eine Kombinationsbehandlung erforderlich ist. Es erscheint sinnvoller, bei nicht ausreichendem Ansprechen der Patienten auf Methylphenidat nicht die Dosis immer weiter zu steigern bis auf Tagesdosen von über 1 mg/kg Körpergewicht, sondern in diesen Fällen Substanzen mit anderen Wirkmechanismen zu kombinieren (s. S. 183 ff.). Bedacht werden muss weiterhin, dass nach Studienlage (s. Tab. 7-1) und eigenen Erfahrungen ohnehin nur etwa zwei Drittel bis drei Viertel der Erwachsenen mit ADHS auf Methylphenidat positiv reagieren; bei den verbleibenden Nonrespondern ist die Gabe von anderen Stimulanzien bzw. Antidepressiva angezeigt. Erste eigene Resultate zeigten, dass die Methylphenidat-Nonresponder vor der Therapie im Gegensatz zu den Respondern keine erhöhte Dopamintransporter-Dichte im Striatum aufwiesen (s. Abb. 7-10) (Krause et al. 2005; la Fougere et al. 2006). Da der wesentliche Wirkmechanismus von Methylphenidat in einer Blockade der Dopamintransporter gesehen wird, leuchtet ein, warum Methylphenidat bei Patienten, die von vornherein eine niedrige Dopamintransporter-Dichte aufweisen, nicht wirkungsvoll ist.

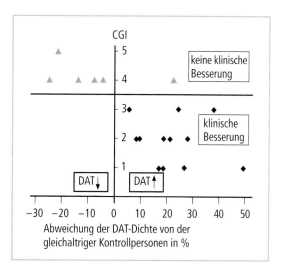

Abb. 7-10 Therapeutisches Ansprechen auf Methylphenidat in Abhängigkeit von der Dichte der striatären Dopamintransporter (DAT) vor Therapie bei erwachsenen Patienten mit ADHS ohne Nikotinabusus (CGI = Clinical Global Improvement, beurteilt nach 10 Wochen Behandlung mit Methylphenidat, ♦ Methylphenidat-Responder, ▲ Methylphenidat-Nonresponder).

Zur Verdeutlichung des Problems der Betroffenen, eine für sie geeignete Therapie zu erhalten, ist der Bericht einer jungen Frau angefügt, die erst durch eine ebenfalls an der ADHS leidende Freundin von dieser Erkrankung und den Behandlungsmöglichkeiten erfuhr. Diese Freundin hatte Erfahrung mit einer iatrogenen Überdosierung von Methylphenidat. Sie war in unserer Praxis früher konsiliarisch von einem Kollegen vorgestellt worden, dem es nicht gelungen war, sie davon zu überzeugen, dass es keine „Heilung durch Hochdosistherapie" gibt. Das Befinden dieser Patientin, die im Gespräch getrieben wirkte und eine paranoide Symptomatik entwickelt hatte, besserte sich so gravierend nach Reduktion der Medikation auf die für sie optimale Dosis, dass sie der Freundin, die nach dem gleichen Schema eingestellt worden war, riet, mich ebenfalls zu konsultieren, um eine geeignete Dosierung festzulegen.

Die Patientin, die schon in Kapitel 6.12 (S. 169) als junge Frau vorgestellt wurde, berichtete folgendermaßen von ihren Erfahrungen:

„Nach meinem ersten Test mit der Tablette merkte ich sofort, ich wurde wacher, diese blöde Müdigkeit wurde weniger, ich konnte auf einmal wie ein normaler Mensch leben, ohne dass diese Angst da war: ‚Ich muss jetzt schlafen, sonst bin ich wieder so müde.' Mit der Zeit merke ich auch, dass meine Kaufsucht weniger wird, ich brauche auch die Bestätigung nicht mehr so oft, wie ich sie vorher brauchte. Ich habe noch kein Vertrauen gegenüber anderen, meine motorischen Störungen verschwinden auch, ich kann auf einmal besser Ski fahren, reiten, ich stelle mich besser an, weil ich die Sachen besser umsetzen kann, ich kann mich besser konzentrieren. Ich glaube, ich bekomme die Sache mit der Zeit ganz gut in den Griff. Ich habe gemerkt, man kann das nicht alles erzwingen, das braucht alles einfach Zeit, und die muss ich mir nehmen. Vor drei Monaten meinte ich, ich muss einfach noch mehr über dieses ADHS wissen und mich informieren, so beschloss ich, einen Therapeuten aufzusuchen."

Medikamentös war die Patientin auf 75 mg Methylphenidat täglich eingestellt; diese Dosis war tatsächlich zu hoch, weil die Patientin nach anfangs deutlicher Besserung der Symptomatik bei steigender Dosierung unter zunehmender Nervosität litt. Sie wurde auf dreimal täglich 10 mg umgestellt und fühlte sich unter der reduzierten Dosis deutlich wohler. Die Verbesserung der kognitiven Fähigkeiten und die nun vorhandene Konfliktfähigkeit weckten in der Patientin das Bedürfnis, die bisherigen Schwierigkeiten im Rahmen einer Psychotherapie zu verarbeiten, sie suchte sich einen Therapieplatz in ihrem Heimatort.

Wichtig für die Praxis ist, dass eine Toleranzentwicklung bei Langzeitgabe von Stimulanzien generell nicht zu beobachten ist, dies wurde lediglich in Einzelfällen speziell für Pemolin beschrieben.

Die schlechte Compliance ist auch bei erwachsenen Patienten mit ADHS relativ häufig ein Problem, weil sie im Gegensatz zu Kindern niemand an die weitere Einnahme der erforderlichen Mittags- oder Nachmittagsdosis erinnert. Bei der Festlegung der Einnahmefrequenz muss dies berücksichtigt werden, um eine zu große Varianz der täglich eingenommenen Wirkstoffmenge bei häufigem Vergessen zu vermeiden. Die Einnahme einer Ganztagesdosis, wie sie in Form der Langzeitpräparate Concerta®, Equasym retard® und Ritalin LA® (s. S. 193 ff.) angeboten wird, stellt sicher eine große Erleichterung bei der Behandlung „vergesslicher" Patienten dar. Bei Patienten mit geringem täglichen Medikamentenbedarf und der Notwendigkeit einer Medikation über acht Stunden kann man sich beispielsweise damit behelfen, eine Dosis Equasym retard® 10 mg mit einer morgendlichen Gabe von 5 mg unretardiertem Methylphenidat zu kombinieren, um den geringen Morgenanteil dieses Präparates auszugleichen. Gerade bei beruflich erfolgreichen Patienten ist das Bedürfnis groß, im Berufsalltag nicht darauf angewiesen zu sein, sich beispielsweise aus einer Besprechung zurückziehen zu müssen, um unbeobachtet eine Tablette einzunehmen. Es gibt jedoch auch Patienten, die auf die Sicherheit der Einnahme der Medikation in Form der Einmalgabe verzichten, weil sie in Bezug auf Antrieb und Konzentration eine bessere Wirkung durch einen individuellen Einnahmerhythmus erzielen können. Eine genaue Analyse der Nebenwirkungen ergab bei einer Patientin, die sich jeweils gegen Abend aggressiv gespannt fühlte, dass sie unter einem frühen Wirkungsverlust litt, der nach etwa sechs Stunden einsetzte. Hier wurden zu der morgendlichen Gabe von 36 mg Concerta® nochmals am frühen Nachmittag 18 mg verordnet; die Beschwerden der Patientin besserten sich daraufhin. Noch lässt sich aufgrund des klinischen Bildes keine Voraussage darüber machen, welcher Patient von welchem Einmalpräparat am meisten profitiert. Es scheint nach den bisherigen Erfahrungen keine genaueren Anhaltspunkte dafür zu geben, welche Symptomkonstellation vorliegen sollte, um mit der Einmalgabe einen besonders guten therapeutischen Effekt bei geringen Nebenwirkungen zu erzielen.

Eine erste Bestätigung unserer Vermutung, dass möglicherweise ein Zusammenhang zwischen erforderlicher Dosismenge und klinischer Ausprägung der ADHS besteht, findet sich in einer doppelblinden Studie zur Wirksamkeit von retardierten Amphetaminsalzen in Dosierungen von 20, 40 oder 60 mg gegen Placebo bei 255 Erwachsenen mit ADHS (Faraone et al. 2004b): Patienten mit leichten bis mittleren Beeinträchtigungen hatten den besten Therapieeffekt mit der niedrigsten Dosierung

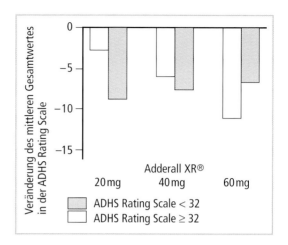

Abb. 7-11 Beziehung zwischen Wirkung verschiedener Dosierungen einer Langzeitpräparation von gemischten Amphetamin-Salzen (Adderall XR®) und Schweregrad der ADHS (schwere ADHS bei einem Wert > 31 in der ADHS Rating Scale, leichtere bei Werten < 32) (in Anlehnung an Faraone et al. 2004b).

im Gegensatz zu den schwer betroffenen, die die beste Wirkung bei der höchsten Dosis zeigten (s. Abb. 7-11). Einen Zusammenhang zwischen der erforderlichen Dosis von Concerta® und komorbiden Störungen fanden Reimherr et al. (2007): Die ausschließlich unter einer ADHS leidenden Responder in ihrer doppelblinden Studie nahmen durchschnittlich 40,5 ± 6,4, die mit zusätzlichen emotionalen Störungen 46,8 ± 13,3 und die mit zusätzlichen emotionalen und oppositionellen Störungen 55,5 ± 21,3 mg/d.

Stimulanzien bei Suchterkrankungen

Der Einsatz von Stimulanzien bei der Untergruppe von ADHS-Patienten mit Alkohol- und/oder Medikamenten- und Drogenabusus wird kontrovers beurteilt (Wender 1995; Wilens et al. 1995b). Von Interesse sind hierzu die Berichte, wonach bei entsprechenden Patienten durch Gabe von Methylphenidat eine langfristige Abstinenz bezüglich der vorher eingenommenen Suchtmittel erreicht werden konnte (Gawin u. Kleber 1986; Schubiner et al. 1995). Bei Jugendlichen mit ADHS wurde eine Abnahme der Entwicklung einer späteren Drogenabhängigkeit von 85 % beschrieben, wenn frühzeitig eine Behandlung mit Stimulanzien erfolgte (Biederman et al. 1999). In einer offenen Studie bei ADHS-Patienten mit Kokainabusus fanden Levin et al. (1998), dass die Gabe von Methylphenidat nicht nur die Symptome der ADHS besserte, sondern auch den Kokainkonsum reduzierte; einen ähnlichen Befund erhoben die gleichen Autoren bei Gabe von Bupropion (Levin et al. 2002). In einer placebokontrollierten Doppelblindstudie fanden Schubiner et al. (2002) dagegen, dass die Gabe von Methylphenidat bei Erwachsenen mit ADHS und Kokainmissbrauch die ADHS-Symptome besserte, das Suchtverhalten bezüglich Kokain aber nicht änderte. Größere Studien zur weiteren Klärung dieser Frage wären sicher wünschenswert. Bei Concerta®, dem in Deutschland nur als Importware verfügbaren Daytrana® sowie dem aktuell nur in den USA erhältlichen Vyvanse® sind auf-

grund der jeweiligen Darreichungsform Missbrauchsmöglichkeiten weitgehend
ausgeschlossen.

Stimulanzien und Fahrtauglichkeit

Die Frage, ob Methylphenidat bei Patienten mit ADHS die Fahrtauglichkeit verbessert, wurde in zwei placebokontrollierten Doppelblindstudien eindeutig bejaht:
Während die Kontrollpersonen unter Methylphenidat eine Verschlechterung ihrer
Leistungen im Fahrsimulator aufwiesen, besserte sich die Fahrleistung bei den
ADHS-Patienten eindrucksvoll (Cox et al. 2000). Fahrfehler aufgrund des Aufmerksamkeitsdefizits bei 18-Jährigen mit ADHS besserten sich signifikant nach Verabreichung einer Methylphenidat-Langzeitzubereitung (Cox et al. 2004). In ihrer ausführlichen Studie zum Fahrverhalten junger Erwachsener mit ADHS, die zum größten Teil nicht medikamentös behandelt wurden, fanden Barkley et al. (2002b) überraschenderweise keine Beeinträchtigung der Leistung am Fahrsimulator im Vergleich
zu einem Kontrollkollektiv. Hinsichtlich möglicher vermehrter Unfallgefährdung
bei Erwachsenen mit ADHS betonen auch Barkley et al. (2002b) und Fegert (2003)
die wichtige Rolle einer Stimulanziengabe. In einer aktuellen Studie mit 27 Erwachsenen mit ADHS sowie 27 Kontrollpersonen fanden Sobanski et al. (2008) bei den
Patienten mit ADHS deutlich erhöhte Unfallraten und Verwarnungen wegen zu hoher Geschwindigkeit; allerdings war die durchschnittliche Fahrleistung pro Jahr bei
diesen Patienten ca. 2,5-fach höher als beim Kontrollkollektiv. Nach mindestens
sechswöchiger Behandlung mit Methylphenidat (n = 9) zeigten die Patienten mit
ADHS eine verbesserte visuell-motorische Koordination unter erhöhtem Stress sowie verbesserte visuelle Orientierung und Aufmerksamkeit im Vergleich zum Ausgangswert, während eine Gruppe unbehandelter ADHS-Patienten (n = 10) keine
entsprechende Besserung aufwies. Positive Wirkungen auf das Fahrverhalten wurden inzwischen auch für Atomoxetin nachgewiesen (Barkley et al. 2007).

Stimulanzien und Sport

In seinem Überblick über ADHS und Sport schreibt Corrigan (2003) zu Recht, dass
es eine Diskriminierung bedeutet, wenn Leistungssportler, die unter einer ADHS
leiden, die notwendige Dauermedikation mehrere Tage vor Wettkämpfen absetzen
müssen; niemand käme auf die Idee, dies etwa von Diabetikern oder Anfallskranken
zu verlangen. Zur speziellen Problematik der Stimulanzieneinnahme bei Sportlern
mit ADHS schlägt Corrigan (2003) folgende Richtlinien vor, die vom „Drug Review
Committee" des jeweiligen Sportverbandes zu berücksichtigen wären:
• vollständige und klare Dokumentation durch den behandelnden Arzt
• Beginn der ADHS-Symptomatik vor dem sechsten Lebensjahr
• Vorliegen von deutlichen Symptomen über mindestens sechs Monate
• Notwendigkeit einer Stimulanziengabe zur Behandlung der Symptome
• Dokumentation der Besserung unter Stimulanzien

- regelmäßige Vorstellungen (mindestens ein- bis zweimal pro Jahr) bei einem auf das Krankheitsbild spezialisierten Arzt über mehrere Jahre

Die World Anti-Doping Agency (WADA) hat ein Formblatt entwickelt, auf dem eine entsprechende Ausnahmeregelung (TUE = therapeutic use exemption) beantragt werden kann; dieses seit dem 1. Januar 2009 gültige Formblatt ist im Internet unter www.wada-ama.org/rtecontent/document/TUE_Standard_2009_Final_031008.pdf abrufbar.

ADHS, Stimulanzien und Wehrpflicht

Bei der Musterung muss von ärztlicher Seite über eine eventuelle Wehrdienstunfähigkeit entschieden werden. Nach Häßler et al. (2008) sind Patienten, die Präparate, die unter das Betäubungsmittelgesetz fallen, einnehmen, nicht wehrdienstfähig. Unter Gesundheitsnummer 78 findet sich in der Musterungsverordnung das „hyperkinetische Syndrom" mit der Gradation VI, was zwangsläufig eine Ausmusterung bedingt.

Nebenwirkungen der Stimulanzien

Die Nebenwirkungen der Stimulanzien sind bis auf die mögliche Hepatotoxizität beim Pemolin gering. Typisch sind Appetitminderung, Schlafstörung, Sedation, Agitation, gelegentlich Magenschmerzen, Kopfschmerzen, Dysphorie und leichte Erhöhung von Blutdruck und Herzfrequenz (Graham u. Coghill 2008; Prince u. Wilens 2000; Wender et al. 1985a), die sich erfahrungsgemäß bei einer Langzeitbehandlung bessern oder verlieren. Gerade unter dem Aspekt der derzeit in Deutschland noch bestehenden Off-Label-Situation bei der medikamentösen Behandlung Erwachsener mit ADHS ist vor Einleitung einer Therapie mit Stimulanzien eine kardiologische Untersuchung zum Ausschluss von Herzerkrankungen sinnvoll, auch wenn ein Kausalzusammenhang zwischen Stimulanzieneinnahme und schwerwiegenden kardiovaskulären Komplikationen mit Todesfolge nicht belegt ist (Jacob et al. 2008; Pliszka 2007).

Eine leichte Minderung des Längenwachstums unter Methylphenidat ist beschrieben (Swanson et al. 2007a), aber keine signifikante Abnahme der Körpergröße im Erwachsenenalter bei früher mit Methylphenidat behandelten Patienten (Barkley 1998). Eine mögliche Erklärung wäre hier die verspätet eintretende Pubertät betroffener Kinder, deren Längenwachstum deshalb auch später erfolgt.

Beim Vorliegen eines Engwinkelglaukoms sollten Stimulanzien nur unter regelmäßiger ophthalmologischer Kontrolle und in möglichst niedriger Dosierung angewendet werden, da aufgrund des – wenn auch schwachen – anticholinergen Effektes ein Glaukomanfall ausgelöst werden könnte. Eine prinzipielle Kontraindikation sehen Bartlik und Harmon (1997) nicht, die Methylphenidat bei einem 55-jährigen Patienten mit ADHS und Glaukom erfolgreich und ohne Nebenwirkungen einsetzten.

Bei Absinken des Methylphenidat-Spiegels werden bei Kindern öfters Rebound-Phänomene mit vermehrter Irritabilität und Unruhe gesehen; auch Erwachsene klagen über im Tagesverlauf deutlich zu spürende Schwankungen des Konzentrationsvermögens und zunehmende innere Unruhe bei nachlassender Wirkung. Eine Toleranzentwicklung spielt nach unserer Erfahrung bei der Behandlung von Erwachsenen nur in Einzelfällen eine Rolle.

Bei solchen Patienten hat sich nach unserer Erfahrung der Wechsel der Medikation zwischen Methylphenidat und Amphetamin in Abständen von drei bis vier Monaten bewährt. Schon der sehr erfahrene Kinderarzt Eichlseder praktizierte einen solchen Wechsel bei durch ihn behandelten Kindern; dies wurde uns im Rahmen der Arbeit in der Selbsthilfegruppe schon vor über zehn Jahren wiederholt von Eltern berichtet, besonders wenn andere Eltern nach dem Tod von Eichlseder auf der Suche nach Ärzten zur Behandlung der Kinder in der Gruppe Hilfe suchten.

Jeder Patient hat üblicherweise eine für ihn dauerhaft günstige Dosis, die bei Versuchen des Patienten, durch eine höhere Dosierung vermeintlich leistungsfähiger zu werden, zu einem depressiv-agitierten Erschöpfungszustand führt; diese Patienten brechen zunächst aus diesem Grund die Behandlung ab. Nach einer kurzen Unterbrechung von einigen Tagen ist bei anschließender Wiederaufnahme der Behandlung kein Wirkungsverlust der Stimulanzien zu erkennen. Nach eigenen Erfahrungen erfolgt bei Erwachsenen in Langzeitbehandlung (5–10 Jahre) häufiger eine Reduktion der Gesamtdosis, da die Patienten die Medikamente in früher üblicher Dosierung dann nur noch gezielt in speziellen Belastungssituationen einsetzen.

Ein von El-Zein et al. (2005) vermuteter zytogenetischer Effekt von Methylphenidat bestätigte sich bei entsprechenden Kontrolluntersuchungen nicht (Suter et al. 2006; Walitza et al. 2007).

Zusammenfassend gilt Methylphenidat aufgrund der inzwischen jahrzehntelangen Erfahrungen als eines der sichersten Pharmaka überhaupt.

Interaktionen von Methylphenidat mit anderen Substanzen

Bei Komedikation mit irreversiblen MAO-Hemmern (Tranylcypromin) sind hypertensive Krisen möglich, so dass die gleichzeitige Gabe kontraindiziert ist. Interaktionen sind mit Antihypertensiva vom Typ der Alpha$_2$-Agonisten und Vasokonstriktoren beschrieben, durch Erhöhung der Konzentration von Noradrenalin an den postsynaptischen Rezeptoren und Blockierung der Aufnahme von Guanethidin im Sinne eines postganglionären adrenergen Blocks ist eine Minderung oder sogar Aufhebung der hypotensiven Wirkung von Guanethidin möglich. Kardiovaskuläre Zwischenfälle werden bei Kombination von Clonidin mit Methylphenidat vermutet, dies ist aber nicht gesichert. Methylphenidat kann den Metabolismus von Cumarinen, trizyklischen Antidepressiva und Antikonvulsiva wie Phenobarbital und Phenytoin beeinflussen, so dass eine Reduktion der Dosis dieser Medikamente erforderlich sein kann. Die Freisetzung der Longacting-Form des Methylphenidats (Ritalin LA®) könnte verändert sein, wenn Antazida oder Säuerungsmittel gegeben werden, da die Freisetzung abhängig vom pH-Wert ist. Studien liegen hierzu nicht vor. Für D-Amphetamin wurde eine beschleunigte Ausscheidung mit entsprechend reduzierter Wirkung bei Gabe von Ammoniumchlorid zur Ansäuerung des Urins beobachtet, dagegen eine Verlängerung der Halbwertszeit mit verzögerter Ausscheidung bei Gabe von Kaliumcitrat oder Sodiumbicarbonat zur Alkalinisierung des Urins (Markowitz et al. 1999). Ein nennenswerter Einfluss von Methylphenidat auf die Pharmakokinetik von Substanzen, die durch das Zytochrom-P-450-System metabolisiert werden, wird nicht angenommen. Eine Übersicht über die möglichen Wechselwirkungen, die meist nur in kleiner Fallzahl beschrieben wurden, gibt Tabelle 7-2.

Suchtpotenzial

Bei der Einnahme von Methylphenidat konnte bisher weltweit keine auf diese Substanz zurückzuführende Zunahme von Suchtverhalten bestätigt werden (Biederman et al. 1999; Hechtman 1985). Die Nachuntersuchung von 100 Kindern und Jugendlichen mit ADHS im Alter von 6 bis 17 Jahren nach 10 Jahren erbrachte keinen Hinweis, dass die Therapie mit Stimulanzien einen Einfluss auf die spätere Entwicklung eines Drogenmissbrauchs hat (Biederman et al. 2008). In einer anderen prospektiven Studie, bei der 176 Kindern mit ADHS ohne sonstige Verhaltensstörungen im Alter von 18 und 25 Jahren nachuntersucht wurden, zeigte sich kein höheres Risiko eines späteren Drogenmissbrauchs bei frühem Therapiebeginn mit 6 oder 7 Jahren im Vergleich zu einem späterem Beginn mit 8 bis 12 Jahren (Mannuzza et al. 2008) (s. Kap. 6.10, S. 156).

Unserer Erfahrung nach experimentieren nur polytoxikomane Patienten, die häufig wegen Einnahme anderer illegaler Substanzen aufgrund der Verordnungsbestimmungen des Betäubungsmittelgesetzes von der Behandlung mit Stimulanzien ausgeschlossen werden müssen, auch mit Methylphenidat; wegen mangelnder Euphorisierung bei oraler Einnahme ist es jedoch keine besonders interessante Substanz für diese Personengruppe. Einem möglichen Abusus durch intravenöse Applikation kann durch Verordnung von speziellen galenischen Zubereitungen wie Concerta®, das sich nicht auflösen lässt, vorgebeugt werden. Vor allem die Untersuchungen von Nora Volkow haben gezeigt, warum Methylphenidat bei oraler Einnahme kein Suchtpotenzial hat. Danach kommt es nur dann zu einem High-Gefühl als Voraussetzung für ein suchtmäßiges Verhalten, wenn – etwa bei intravenöser Zufuhr von Methylphenidat – ein sehr rascher und hoher Anstieg des extrazellulären Dopamins im Sinne einer phasischen Reaktion erfolgt; dies ist zum Beispiel bei der Aufnahme von Kokain der Fall. Dagegen ist der bei der ADHS gewünschte therapeutische Effekt durch einen langsamen Anstieg des Dopamins gekennzeichnet, wie er gewährleistet ist, wenn bei der Behandlung der ADHS bestimmungsgemäß die orale Applikation von Methylphenidat erfolgt. Selbst bei über 50 %iger Blockade der Dopamintransporter geben Versuchspersonen so gut wie kein High-Gefühl an, wenn Methylphenidat oral aufgenommen wurde; dagegen stellte sich bei fast allen Personen, die Methylphenidat intravenös injiziert bekamen, ein entsprechendes Gefühl ein (Volkow u. Swanson 2003) (s. Abb. 7-12, S. 211).

Tab. 7-2 Wechselwirkungen zwischen Methylphenidat (MPH) und anderen Pharmaka (Behar et al. 1998; Lewis et al. 2001; Markowitz et al. 1999).

Substanz-klasse	Substanz	Fallzahl	Effekt
Antiepileptika	Phenytoin	2	Erhöhter Antiepileptika-Spiegel aufgrund Hemmung des Metabolismus durch MPH
	Primidon	1	
	Carbamazepin	1	Erniedrigung des MPH-Spiegels durch Carbamazepin
Irreversible MAO-Hemmer	Tranylcypromin	1	Hypertensive Krise, Kopfschmerz, Hyperventilation, Parästhesien aufgrund exzessiver sympathikomimetischer Aktivität
Trizyklische Antidepressiva	Imipramin	10	Erhöhte Plasmaspiegel der Antidepressiva, verstärkte kardiovaskuläre Effekte, Blutdruckerhöhung, aggressive Verhaltensweisen
	Desipramin	14	
Selektive Serotonin-Reuptake-Hemmer	Sertralin	2	Verwirrtheit, Halluzinationen aufgrund Hemmung des Metabolismus durch MPH, Krampfanfall (1 Woche nach Zugabe von Sertralin zu MPH)
Antipsychotika	Haloperidol	32	Durch Vorbehandlung mit Haloperidol Ausbleiben der Wirkung von MPH aufgrund Dopaminblockade
Antihypertensiva	Guanethidin	5	Abschwächung des hypotensiven Effektes
	Clonidin	4	Kardiovaskuläre Zwischenfälle (sudden death), Beziehung unklar
Gerinnungshemmer	Ethylbiscoumacetat	4	Verlängerte Halbwertszeit des Cumarins aufgrund Hemmung des Metabolismus durch MPH
Antirheumatika	Phenylbutazon	5	11- bis 40 %iger Anstieg der MPH-Konzentration
Anästhetika	Ketamin	1	Sedationsprobleme bei einem mit MPH behandelten Kind mit ADHS
Immunsuppressiva	Ciclosporin	1	Erhöhung des Ciclosporin-Spiegels durch MPH

Ein spezielles Phänomen stellt die eigenmächtige Dosiserhöhung wegen des Wunsches nach Verbesserung der Arbeitsfähigkeit dar, der manche Patienten mit ADHS veranlasst, bei großer Arbeitsbelastung eine zusätzliche Dosis einzunehmen. Im Rahmen der Aufklärung über die Medikation muss zur Vermeidung eines solchen Verhaltens eine Verabredung darüber getroffen werden, dass dies nicht erlaubt ist. Es muss mit dem Patienten besprochen werden, dass es nicht Sinn einer medizinischen Behandlung sein kann, eine über das normale Leistungsvermögen hinausgehende Arbeitsfähigkeit zu erzielen und damit einhergehend eine Gefährdung der Gesundheit in Kauf zu nehmen. Gerade zu Beginn einer Behandlung haben diese Menschen das intensive Bedürfnis, lange Versäumtes aufzuarbeiten, die meist ohnehin vorhandene Ungeduld der Patienten ist deshalb ein wichtiges Thema der psychotherapeutischen Begleitung.

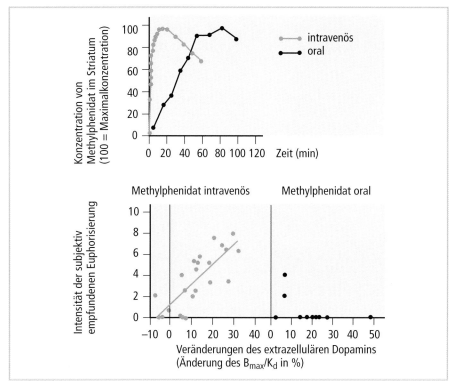

Abb. 7-12 Suchtpotenzial von Methylphenidat in Abhängigkeit von der Darreichungsform (nach Volkow u. Swanson 2003);
oberes Diagramm: unterschiedlicher Zeitverlauf des Anstiegs der Methylphenidatkonzentration im Striatum in Abhängigkeit von der Darreichungsform bei Affen (beim Menschen wäre die Strahlenbelastung bei oraler Gabe zu hoch);
untere Diagramme: Intensität eines subjektiven High-Gefühls bei erwachsenen Normalpersonen in Abhängigkeit vom extrazellulären Dopaminanstieg bei intravenöser Gabe (Befragung 5 Minuten nach Injektion) und bei oraler Gabe (Befragung 60 Minuten nach Einnahme).

Stimulanzien und Tic-Erkrankungen

Differenziert zu sehen ist die Gabe von Stimulanzien bei gleichzeitigem Vorliegen von Tic-Erkrankungen. Gelegentlich werden unter Methylphenidat einfache Blinzel-, Grimassier- oder Räuspertics, aber auch komplexere Tics wie Kopf-Nacken-Drehbewegungen oder choreoathetoid anmutende Bewegungen der Arme und Beine beobachtet (Rapoport u. Castellanos 1992). Bisweilen bringt eine geringfügige Dosisreduktion diese Symptome zum Verschwinden, manchmal muss das Medikament abgesetzt werden. Da nicht selten eine Komorbidität von ADHS und Tourette-Syndrom besteht, ist manchmal eine Stimulanzientherapie trotz komorbider Tic-Erkrankung unverzichtbar (Zametkin u. Ernst 1999). Eine von Rapoport und Castellanos (1992) bei Kindern durchgeführte Studie konnte zeigen, dass vermehrte Tics meist mit Beginn der Therapie auftreten und bei gleich bleibender Dosierung nach ca. vier Wochen wieder verschwinden. In einer großen prospektiven Studie bei Kindern mit Komorbidität von ADHS und Tourette-Syndrom wurde gefunden, dass die Gabe von Methylphenidat die Tics nicht verschlechterte (The Tourette's Syndrome Study Group 2002).

Sehr eindrucksvoll war die dauerhafte Besserung der Aufmerksamkeitsstörung und der Tics unter einer ausschließlichen Behandlung mit sehr niedrig dosiertem Methylphenidat (7,5 mg) mit langer Titrationsphase bei einer von uns beschriebenen Patientin mit erhöhten Werten für die striatären Dopamintransporter in der SPECT vor Beginn der Behandlung (s. Kap. 6.11, Abb. 6-7, S. 167).

Stimulanzien bei Epilepsie

Kinder mit neu diagnostizierten epileptischen Anfällen weisen anamnestisch gehäuft den unaufmerksamen Typ der ADHS auf (Dunn et al. 2003; Hesdorffer et al. 2004). Das Auftreten von Anfällen unter Methylphenidat ist bei gut eingestellten Epileptikern mit komorbider ADHS nicht zu befürchten; ganz im Gegenteil gibt es mehrfach Hinweise, dass bei idiopathischer Absence-Epilepsie des Schulkindalters und juveniler myoklonischer Epilepsie die Gabe von Stimulanzien einen positiven Einfluss auf die Anfallsfrequenz hat (Krause u. Krause 2000). Dies erscheint höchst bemerkenswert in Anbetracht der bekannten psychopathologischen Auffälligkeiten dieser Anfallskranken, geht diesem Patientenkreis doch ein besonderer Ruf der Unzuverlässigkeit voraus. Betroffene zeigen gehäuft impulsives Verhalten, Vergesslichkeit und Konzentrationsstörungen – alles Symptome, die sehr an Patienten mit ADHS erinnern. Die Beschreibung der Psychopathologie von Patienten mit juveniler myoklonischer Epilepsie, die Janz und Christian (1957) in ihrer wegweisenden Arbeit gaben, liest sich über weite Strecken exakt wie die Charakterisierung von Patienten mit der Störung ADHS (Janz u. Christian 1957, S. 359 f.):

„... ihr seelisches Verhalten ist sehr oft – wie wir es schon für Aufwachepileptiker beschrieben haben – im Gegensatz zu dem ‚typisch epileptischen Verhalten' durch Unstetigkeit, Haltlosigkeit, Genusssucht und Gleichgültigkeit ihrer Krankheit gegenüber gekennzeichnet (...) sie versprechen mehr als sie halten. Von 19 Männern, deren berufliche Entwicklung wir genauer kennen, haben 10 einen Abstieg zu Hilfsarbeitern gemacht (...) Wenn daran sicher auch psychische und soziale Auswirkungen des Anfallsleidens selbst mit Schuld waren, (...) so ist doch auch ein charakterlicher Mangel an Zielstrebigkeit und Ausdauer für diese negative Entwicklung verantwortlich (...) Sie beteuern zwar bereitwillig, sich an alle Vorschriften zu halten, versäumen es aber gern, sich wieder vorzustellen oder die Tabletten regelmäßig einzunehmen (...) Ihre Stimmung und Affekte wechseln rasch und oft, sie sind leichtgläubig und unzuverlässig (...) Trotz dieser asozialen Stigmen war es nur bei 2 Kranken nötig geworden, sie deswegen in einer Anstalt betreuen zu lassen. Alle anderen fanden sich bis jetzt mit ihrer Eigenart in der Gesellschaft zurecht, darunter die am besten, die ihrer Neigung nach Abwechslung als Verkäufer, Botengänger, Reisender, Musikant, Zirkusdiener, als ‚Ami-Braut', Bedienerin, Geschäftsfrau, Sekretärin, Hausmädchen entsprechen können."

In einer Pilotstudie untersuchten Moore et al. (2002) den Effekt einer Verabreichung von Methylphenidat zusätzlich zur antikonvulsiven Medikation bei acht Patienten mit fokalem Anfallsleiden über drei Monate. Fünf anfallsfreie Patienten zeigten auch unter Methylphenidat in einer Dosierung von 0,15–0,3 mg/kg Körpergewicht keine Anfälle, bei je einem Patienten verbesserte bzw. verschlechterte sich die Anfallsfrequenz, ein Patient behielt seine Anfallsfrequenz bei. Kognitive Fähigkeiten, Lebensqualität und Leistungsvermögen besserten sich unter der zusätzlichen Behandlung mit Methylphenidat. Auch in einer weiteren offenen Studie bei Erwachsenen mit Komorbidität von ADHS und Epilepsie fand sich kein negativer Effekt von Methylphenidat auf das Anfallsleiden (van der Feltz-Cornelis u. Aldenkamp 2006). In ihrer Übersicht zur Häufigkeit von Aufmerksamkeitsstörungen und weiteren Symptomen der ADHS bei Kindern mit Epilepsie kommen Dunn und Kronenberger (2005) zu dem Schluss, dass Stimulanzien Mittel der ersten Wahl bei Aufmerksamkeitsproblemen im Rahmen kindlicher Epilepsien sind. Die Sicherheit und Effizienz von Stimulanzien bei Komorbidität von Epilepsie und ADHS betont auch Schubert (2005) in ihrer Übersicht zu diesem Thema.

7.2.2 Weitere zur Behandlung der ADHS eingesetzte Wirkstoffe

Siehe Tabelle 7.3, nächste Seite.

MAO-Hemmer

In offenen amerikanischen Studien wurden bei Erwachsenen mit ADHS MAO-Hemmer wie Pargylin (Wender et al. 1983) und L-Deprenyl (Wood et al. 1985) mit günstigem Effekt geprüft, der selektive MAO-A-Hemmer Moclobemid wurde bei Kindern mit guter Wirksamkeit eingesetzt (Priest et al. 1995; Trott et al. 1991; Trott et al. 1992). Bei Erwachsenen wurden für diese Indikation noch keine Studien durchgeführt; erste eigene Erfahrungen zeigen, wie die von Chamorro und Lopez (1995) und Myronuk et al. (1996), auch bei betroffenen depressiven Erwachsenen einen positiven Effekt auf Einschränkungen der kognitiven Fähigkeiten und Abnahme von Impulsivität, wobei einige Patienten wegen persistierender Schlafstörungen die Einnahme wieder beenden mussten. Eine Komedikation von irreversiblen MAO-Hemmern und Stimulanzien ist wegen der Gefahr hypertensiver Krisen kontraindiziert (s. Kap. 7.2.1, S. 208 ff.).

Tab. 7-3 Medikamentenstudien mit Nicht-Stimulanzien bei adulter ADHS in chronologischer Reihenfolge.

Substanz	Zahl der Patienten	Studiendesign	Dauer in Wochen	Dosierung in mg/d	Ergebnisse	Bemerkungen	Autoren
L-Dopa + Carbidopa	8	offen	3	625 + 63	keine Besserung	Schwindel und Sedierung als Nebenwirkungen	Wood et al. (1982)
Pargylin	22	offen	6	30	leichte Besserung bei 13 Patienten	späte und kurze Wirkung auf Verhalten	Wender et al. (1983)
Propranolol	13	offen, retrospektiv	3–50	528	Besserung bei 11 Patienten	Patienten mit hoher Impulsivität	Mattes et al. (1984)
Phenylalanin	19	doppelblind, crossover	24	587	46 % Responder, bei Placebo 15 %	Effekt nur initial, Wirkungsverlust innerhalb von 3 Monaten	Wood et al. (1985)
Deprenyl	11	offen	6	30	66 % Responder (6 von 9 Patienten)	2 Patienten wegen Nachweis von Amphetamin-Metaboliten aus Studie ausgeschlossen	Wender et al. (1985b)
Tyrosin	12	offen	8	150	geringes Ansprechen	nach 14 Tagen Entwicklung von Toleranz, Studienabbruch bei 4 Patienten	Reimherr et al. (1987)
Nomifensin-Maleat	18	offen	4	< 300	Besserung bei allen Patienten	schnelles Ansprechen, bei 1 Patient allergische Reaktion	Shekim et al. (1989)
S-Adenosyl-L-Methionin	8	offen	4	< 2400	75 % Responder	geringe Nebenwirkungen	Shekim et al. (1990a)
Bupropion	19	offen	6–8	360	74 % Responder	10 Patienten mit Besserung auch noch nach 1 Jahr	Wender u. Reimherr (1990)

Tab. 7-3 Medikamentenstudien mit Nicht-Stimulanzien bei adulter ADHS in chronologischer Reihenfolge. *(Fortsetzung)*

Substanz	Zahl der Patienten	Studiendesign	Dauer in Wochen	Dosierung in mg/d	Ergebnisse	Bemerkungen	Autoren
Desipramin und Nortriptylin	37	offen, retrospektiv	50	183 (Desipramin) 92 (Nortriptylin)	68 % Responder bei Desipramin) min, 42 % bei Nortriptylin	Komorbidität ohne Zusammenhang mit Response; in 60 % zusätzlich Stimulanzien	Wilens et al. (1995a)
Venlafaxin	16	offen	8	110	Besserung bei 10 von 12 Patienten	Studienabbruch bei 4 Patienten	Adler et al. (1995)
Venlafaxin	18	offen	8	96	Besserung bei 8 von 12 Patienten	Drop-out-Rate von 33 % wegen Nebenwirkungen	Hedges et al. (1995)
Nikotinpflaster	17	doppelblind, crossover	4,5 Stunden	21 bei Rauchern, 7 bei Nichtrauchern	50 % Responder, bei Placebo 6 %	auch bei Nichtrauchern signifikanter Effekt	Levin et al. (1996)
Desipramin	41	doppelblind, crossover	6	147	68 % Responder, bei Placebo 0 %	Dosis ohne Beziehung zur Wirksamkeit	Wilens et al. (1996)
Selegilin	24	doppelblind, parallel	6	20 und 60 mg	leichte Besserung, höhere Dosis besser als niedrige	hohe Responderrate unter Placebo	Ernst et al. (1998)
Atomoxetin	21	doppelblind, crossover	3	76	52 % Responder, bei Placebo 10 %	mehrfach Schlafstörungen	Spencer et al. (1998)
Nikotin-Rezeptor-Antagonist (ABT-418)	29	doppelblind, crossover	7	75	40 % Responder, bei Placebo 13 %	bessere Wirkung bei weniger betroffenen Patienten	Wilens et al. (1999a)

Tab. 7-3 Medikamentenstudien mit Nicht-Stimulanzien bei adulter ADHS in chronologischer Reihenfolge. (Fortsetzung)

Substanz	Zahl der Patienten	Studiendesign	Dauer in Wochen	Dosierung in mg/d	Ergebnisse	Bemerkungen	Autoren
Guanfacin	17	doppelblind, crossover gegen D-Amphetamin und Placebo	7	1,1	beide Substanzen Placebo überlegen	gute Verträglichkeit, Besserung der neuropsychologischen Funktionen	Taylor (2000)
Bupropion SR	40	doppelblind, parallel	6	386	52 % Responder	verzögerter Wirkungseintritt, gute Verträglichkeit	Wilens et al. (2001b)
Bupropion SR	30	doppelblind, parallel gegen Methylphenidat und Placebo	7	300	64 % Responder, 50 % bei Methylphenidat	Differenzen in Responderraten statistisch nicht signifikant	Kuperman et al. (2001)
Venlafaxin	10	offen	12		signifikante Besserung von ADHS und Alkoholabusus	begleitende Psychotherapie	Upadhyaya et al. (2001)
Bupropion SR	32	offen	6	385	41 % Responder	Komorbidität mit Substanzmissbrauch, leicht positiver Effekt auf Abusus	Wilens et al. (2001a)
Lithium	32	doppelblind, crossover gegen Methylphenidat	18	600–1173	37 % Responder bei Lithium, 48 % bei Methylphenidat	3 von 10 Patienten mit Nonresponse auf Lithium sprachen auf Methylphenidat an	Dorrego et al. (2002)
Venlafaxin	11	offen, parallel mit Stimulanzien	12	329	4 von 5 Patienten unter Venlafaxin, 2 von 6 Patienten unter Stimulanzien gebessert	alle Patienten mit komorbider Depression	Hornig-Rohan u. Amsterdam (2002)

Tab. 7-3 Medikamentenstudien mit Nicht-Stimulanzien bei adulter ADHS in chronologischer Reihenfolge. *(Fortsetzung)*

Substanz	Zahl der Patienten	Studiendesign	Dauer in Wochen	Dosierung in mg/d	Ergebnisse	Bemerkungen	Autoren
Bupropion	11	offen	6	400	47 % Responder in 1. Woche, 39 % letzte 2 Wochen	alle Patienten mit Kokainabusus, Abusus unter Bupropion reduziert	Levin et al. (2002)
Atomoxetin	536	doppelblind, parallel	10	< 120	56 % Responder	Kombination von 2 Studien, gute Verträglichkeit	Michelson et al. (2003)
Bupropion SR	36	offen	6	386	70 % Responder	ADHS mit komorbider bipolarer Störung, keine Provokation von manischen Phasen	Wilens et al. (2003c)
Bupropion XL	162	doppelblind, parallel	8	300–450	53 % Responder (Placebo 31 %)	häufigste Nebenwirkungen: Kopfschmerz 17 % (Placebo 14 %), Mundtrockenheit 12 % (Placebo 5 %) und Schlafstörung 12 % (Placebo 7 %)	Wilens et al. (2005a)
Galantamin	36	doppelblind, parallel	12	8–24, mean 20	unter Galantamin 22 % Responder (4/18), unter Placebo 11 % (2/18), kein signifikanter Unterschied	gute Verträglichkeit von Galantamin	Biederman et al. (2006c)
ABT-089 (Nikotinrezeptor-Agonist)	11	doppelblind, crossover	8	je 2 Wochen 2 mg, 4 mg, 20 mg und Placebo	im CAARS unter Verum in allen Dosisstufen positiver Effekt auf ADHS-Symptome im Vergleich zu Placebo	Kopfschmerz als häufigste Nebenwirkung	Wilens et al. (2006)

Selektive Serotonin-Wiederaufnahmehemmer

Zunächst wurde zwar über einen günstigen Einfluss selektiver Serotonin-Wieder-aufnahmehemmer (SSRI, selective serotonin reuptake inhibitors) auf die ADHS bei Erwachsenen berichtet (Fargason u. Ford 1994; Norden 1989); nach eigenen und amerikanischen Erfahrungen ist die Wirksamkeit aber der von Stimulanzien in kei-ner Weise vergleichbar. Popper (1997) weist darauf hin, dass nach seinen Beobach-tungen bei längerer Behandlung mit SSRI ein Motivationsmangel auftrat, der sich auch nach Dosisreduktion bei Langzeitbehandlung erneut einstellte. Bei Eltern be-troffener Kinder könnte dies zu der falsch positiven Einschätzung einer guten Wirk-samkeit führen, weil die zuvor rastlosen Kinder nun wegen ihres Antriebsmangels im Familienalltag nicht mehr so fordernd sind. Popper sah diesen Motivationsman-gel bei allen mit SSRI langzeittherapierten Patienten – auch bei Erwachsenen – un-abhängig von ihrer Diagnose. Wender (1998) empfiehlt SSRI nur bei komorbider Depression. Elia et al. (1999) resümieren, dass bisher kein positiver Effekt von SSRI auf die Symptome der ADHS dokumentiert werden konnte. Auch Wilens (2003) sieht keine Wirkung von SSRI auf die Kernsymptome der ADHS. Interessant sind in diesem Zusammenhang erste Resultate, wonach die Dopamintransporter-Dichte unter Gabe von Citalopram zunimmt (Kugaya et al. 2003), das somit den Dopamin-stoffwechsel in einer der Stimulanzienwirkung entgegengesetzten Richtung beein-flussen würde. In einer offenen Studie berichten Barrickman et al. (1991) von güns-tigen Effekten von Fluoxetin bei Kindern und Jugendlichen mit ADHS, die auf Be-handlungen mit Stimulanzien, Neuroleptika und anderen Antidepressiva unzurei-chend oder gar nicht angesprochen hatten; interessanterweise zeigte sich bei Pati-enten mit Borderline-Persönlichkeitsstörung, die – wie in Kapitel 6.9 erörtert – teil-weise erhebliche Überschneidungen mit ADHS aufweisen, gleichfalls ein positiver Effekt unter der Behandlung mit den Substanzen Sertralin und Fluoxetin (Schulz 2004). Bei komorbider Störung mit einer Zwangssymptomatik hat sich nach unserer Erfahrung der Einsatz von Sertralin in Kombination mit Stimulanzien bewährt (s. Kap. 6.6, S. 142). Weiss et al. (2006) verglichen in einer Doppelblindstudie bei Er-wachsenen mit ADHS die Wirkung von Paroxetin, D-Amphetamin und Placebo; sie konnten hierbei keinen positiven Effekt von Paroxetin auf die ADHS-Symptomatik nachweisen (s. Tab. 7-1, S. 189 und Abb. 7-1, S. 176).

Methionin, L-Dopa (Levodopa), Phenylalanin, Tyrosin

In einer offenen Studie wurde ein guter Effekt des dopaminerg und noradrenerg wirkenden Methyldonators S-Adenosyl-L-Methionin nachgewiesen (Shekim et al. 1990a). L-Dopa (Levodopa) zeigte keine dauerhafte positive Wirkung (Wood et al. 1982), ebenso wenig DL-Phenylalanin (Wood et al. 1985) und L-Tyrosin (Reimherr et al. 1987) – beide Substanzen sind Präkursoren von L-Dopa. Nach eigenen Beob-achtungen kann Methionin die Wirkung von Stimulanzien verstärken.

Bupropion

Bupropion, ein nicht trizyklisches Antidepressivum, hat wie die Stimulanzien einen Phenylethylamin-Kern und besitzt dementsprechend eine dopamin- und noradrenerge Potenz. Gemäß offenen und kontrollierten amerikanischen Studien hat die Substanz eine positive Wirksamkeit bei ADHS (Elia et al. 1999; Wender u. Reimherr 1990; Wilens et al. 2001a; Wilens et al. 2005a). Kuperman et al. (2001) fanden sogar eine tendenziell bessere Wirkung von Bupropion im Vergleich zu Methylphenidat, insgesamt ließen sich aber die positiven Therapieeffekte von Bupropion und Methylphenidat gegenüber Placebo statistisch nicht sichern, was an der kleinen Gruppengröße von jeweils nur 8 bzw. 11 Patienten im Paralleldesign liegen dürfte; bei Methylphenidat war möglicherweise auch die Dosis mit 0,9 mg/kg/d zu hoch (s. Tab. 7-3, S. 216). In einer offenen Studie bei Patienten mit Komorbidität von ADHS und Kokainabusus beschrieben Levin et al. (2002) eine Abnahme des Kokainabusus unter Bupropion.

In Deutschland erfolgte zunächst eine beschränkte Zulassung der retardierten Form von Bupropion mit dem Handelsnamen Zyban® ausschließlich mit der Indikation einer Nikotinentwöhnung. Interessant sind in diesem Zusammenhang eigene Befunde, wonach Nikotin, wie die Stimulanzien, eine direkte Wirkung auf die striatären Dopamintransporter zu haben scheint (Krause et al. 2002b). Vor diesem Hintergrund wird klar, warum Patienten mit ADHS wesentlich häufiger Nikotinabusus betreiben als ein Normalkollektiv und warum kontrollierte Doppelblindstudien mit Anwendung von Nikotinpflastern bei AHDS eine gute Wirksamkeit des Nikotins zeigten (s. Kap. 6.10, S. 158 ff.). Seit 2007 ist Bupropion als Retardzubereitung für eine Einmalgabe unter dem Namen Elontril® zur Behandlung von Depressionen zugelassen. Patienten mit Problemen im Sexualbereich unter antidepressiver Medikation profitieren von einem Wechsel von Escitalopram zu Bupropion (Clayton et al. 2006). Eigene Erfahrungen bei der Doppeldiagnose ADHS und Depression sind positiv, manche Patienten entwickelten jedoch schnell nach Behandlungsbeginn eine Angstsymptomatik, die zum Absetzen zwang.

Buspiron

Dieses Anxiolytikum führt bei ADHS-Patienten mit ausgeprägten Ängsten oder erheblicher Impulsivität zu einer deutlichen Reduktion der Symptomatik. Die Kombination mit Stimulanzien ist möglich, bei Behandlungsbeginn muss der Patient darauf hingewiesen werden, dass bei dieser Substanz der Wirkungseintritt erst nach Ablauf von zwei Wochen zu erwarten ist.

Noradrenalin-Wiederaufnahmehemmer

In einer placebokontrollierten Doppelblindstudie beschrieben Spencer et al. (1998) für den selektiven Noradrenalin-Wiederaufnahmehemmer Atomoxetin einen guten Effekt bei Erwachsenen mit ADHS (s. Tab. 7-3, S. 215). In zwei großen Doppelblindstudien im Paralleldesign über 10 Wochen bei insgesamt 536 Erwachsenen fand sich bei Dosierungen von unter 120 mg/d eine Responderrate von 56 % bei guter Verträglichkeit (Michelson et al. 2003). 2002 wurde die Substanz auch für die Behandlung Erwachsener mit ADHS in den USA zugelassen; in Deutschland werden die Kosten einer Behandlung mit Atomoxetin im Erwachsenenalter nur dann von den gesetzlichen Krankenkassen übernommen, wenn eine Therapie mit dieser Substanz bereits vor Vollendung des 18. Lebensjahres erfolgt ist.

Ein bis zwei Stunden nach oraler Aufnahme wird die maximale Plasmakonzentration erreicht, die Halbwertszeit liegt bei 4–5 Stunden. Der Abbau in der Leber erfolgt über das Zytochrom-P-450-2-D-6-Isoenzym (Becker u. Wehmeier 2003). Etwa 7 % der Bevölkerung verstoffwechseln Substanzen, die über das CYP 2 D 6 abgebaut werden, besonders langsam ("poor metabolizer"); bei dieser Gruppe können 5-fach erhöhte Plasmaspitzenkonzentrationen und eine verlängerte Halbwertszeit bis zu 24 Stunden auftreten. Interaktionen mit anderen Arzneimitteln, die ebenfalls über CYP 25 D 6 verstoffwechselt werden – z.B. Fluoxetin, Paroxetin und Chinidin – sind möglich; diese Substanzen erhöhen bei gleichzeitiger Gabe die Atomoxetin-Spiegel, so dass eine Dosisreduktion erforderlich sein kann. Die Gabe von Atomoxetin erfolgt als Einmaldosis am Vormittag oder in zwei Gaben morgens und abends. Nach eigener Erfahrung empfiehlt sich, einschleichend mit einer Anfangsdosis von 18 bis 25 mg pro Tag zu beginnen. Eine Steigerung soll frühestens eine Woche nach Beginn der Medikation erfolgen; es kann bis auf eine Maximaldosis von 120 mg gesteigert werden. Als häufigste Nebenwirkung wird Appetitmangel angegeben. Atomoxetin kann zu einer Erhöhung von Blutdruck und Herzfrequenz führen; bei Patienten mit zentralen autonomen Störungen besteht die Gefahr eines dramatischen Blutdruckanstiegs durch Atomoxetin (Shibao et al. 2007). In seltenen Fällen können allergische Reaktionen auftreten. Bei Männern sind Miktions- und Potenzprobleme möglich. Eine in suizidaler Absicht eingenommene Überdosis Atomoxetin führte zu einem generalisierten tonisch-klonischen Krampfanfall sowie einem verlängerten QRS-Intervall im EKG (Kashani u. Ruha 2007). Hepatotoxische Wirkungen von Atomoxetin sind bei Kindern mehrfach beschrieben (Lim et al. 2006; Stojanovski et al. 2007), so dass ein entsprechender Warnhinweis in die Medikamenteninformation aufgenommen wurde. Resultate einer offenen Studie über 21 Wochen mit 125 Patienten unterstützen die Annahme, dass Atomoxetin in der Langzeitanwendung effektiv, sicher und gut verträglich ist (Adler et al. 2008c). In einer doppelblinden Multicenterstudie über sechs Monate mit 410 Patienten mit ADHS im Alter von 18 bis 50 Jahren (58,5 % Männer) fanden sich sowohl für die mit Atomoxetin als auch für die mit Placebo behandelte Gruppe erstaunlich hohe Drop-out-Raten von 62 bzw. 51 % (Adler et al. 2008c); im verbliebenen Kollektiv hatte Atomoxetin einen positiven Einfluss auf die Adult ADHD Quality of Life (AAQoL)-Scores (p = 0,024), dagegen keinen gesicherten Effekt auf die Endicott Work Productivity Scale (EWPS), mit der Leistung und Ausfallzeiten am Arbeitsplatz dokumentiert werden. Eine Kombinationstherapie von Stimulanzien und Atomoxetin – Brown (2004) sah bei vier entsprechend behandelten Patienten einen guten klinischen Erfolg – kann aufgrund der unterschiedlichen biochemischen Wirkweise durchaus sinnvoll sein: Im Striatum wird die Dopaminkonzentration durch Atomoxetin nicht beeinflusst, da die Sub-

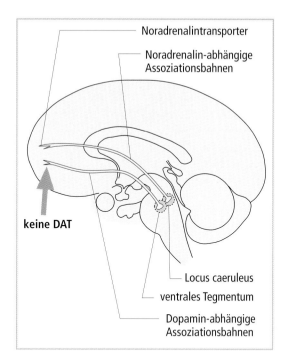

Abb. 7-13 Dopaminerge und noradrenerge mesokortikale Bahnen mit Fehlen von Dopamintransportern im Frontalhirn, wo nur Noradrenalintransporter existieren (s. auch Abb. 7-14a und b) (nach Stahl 2003b).

stanz nicht auf die Dopamintransporter einwirkt. Im Bereich des Frontalhirns, einer ebenfalls für die ADHS sehr wichtigen Region (s. Kap. 4, S. 23 ff.) existieren aber praktisch keine Dopamintransporter, sondern im Wesentlichen Noradrenalintransporter; diese werden in dieser Hirnregion vom Dopamin im Sinne eines „Hitchhiking" (Stahl 2003b) benutzt (s. Abb. 7-13), so dass bei einer durch Atomoxetin bedingten Hemmung des Noradrenalintransporters im Frontalhirn erhöhte Dopaminkonzentrationen im synaptischen Spalt resultieren (s. Abb. 7-14). Atomoxetin dürfte hier also die gleiche Wirkung auf den Dopaminstoffwechsel entfalten, wie sie für die Stimulanzien am Striatum nachgewiesen ist. Inwieweit die zusätzliche Beeinflussung des Noradrenalinstoffwechsels eine Rolle bei der Behandlung der ADHS mit Atomoxetin spielt, muss zunächst offen bleiben. Positive Auswirkungen einer Therapie mit Atomoxetin werden besonders auch für Symptome aus dem Bereich der Impulsivität berichtet (J. Newcorn, persönliche Mitteilung). In Abbildung 7-15 sind die Effekte von Methylphenidat und Atomoxetin auf die Symptome der adulten ADHS, wie sie Spencer (2004a) in zwei ähnlich angelegten placebokontrollierten Doppelblindstudien fand, im Vergleich dargestellt. In einer aktuellen repräsentativen Doppelblindstudie bei über 500 Kindern und Jugendlichen mit ADHS verglichen Newcorn et al. (2008) die Wirkung von Methylphenidat und Atomoxetin auf die ADHS-Symtomatik. Es fand sich ein Vorteil für Methylphenidat, das eine um 11 % höhere Responderrate als Atomoxetin zeigte. Von praktischer Bedeutung ist, dass in beiden Fällen über 40 % der Nicht-Responder auf die jeweils andere Substanz positiv ansprachen – eine Bestätigung der Erfahrungen in der täglichen Praxis.

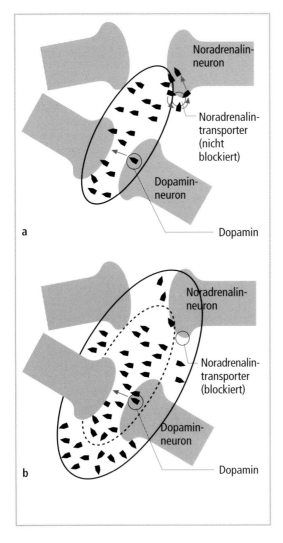

Abb. 7-14 Erhöhung von Dopamin im Frontalhirn durch die Blockade der Noradrenalintransporter infolge Gabe von Noradrenalinwiederaufnahmehemmern (NRI) (nach Stahl 2003b); **a)** normaler Dopaminstoffwechsel im präfrontalen Kortex mit Rücktransport von Dopamin durch Noradrenalintransporter; **b)** erhöhte Dopaminkonzentration im synaptischen Spalt bei Blockade der Noradrenalintransporter.

Nach eigenen klinischen Erfahrungen wirkt sich Atomoxetin günstig auf Impulsivität und Bereitschaft zur sozialen Integration aus. Tierexperimentelle Untersuchungen (Navarra et al. 2008) zeigten entsprechend eine spezielle Beeinflussung der Impulsivität durch Atomoxetin. Einen günstigen Einfluss von Atomoxetin bei Vorliegen einer ADHS mit komorbider oppositioneller Verhaltensstörung bei Kindern belegt eine Studie von Bangs et al. (2008). Positive eigene Erfahrungen bestehen auch bei Autismusspektrum-Störungen und komorbider ADHS (s. Fallbeispiel in Kap. 6.5, S. 138 ff.)

Die Gabe von Atomoxetin bietet sich speziell beim Vorliegen von ADHS und komorbiden dissozialen Verhaltensweisen und Suchtmittelabusus an. Interessant kann diese Substanz auch für betroffene Sportler sein, da eine Behandlung mit Stimulan-

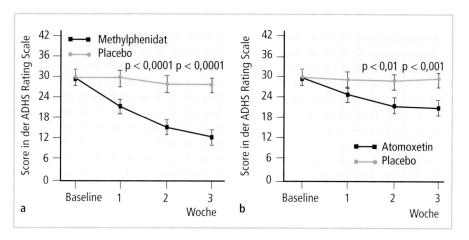

Abb. 7-15 Wirkung von Methylphenidat **(a)** und Atomoxetin **(b)** auf die Symptome der ADHS in zwei von den gleichen Untersuchern mit ähnlichem Design durchgeführten placebokontrollierten Studien (Spencer et al. 1995; Spencer et al. 1998).

zien, die zu den Dopingmitteln zählen, während eines Wettkampfes nicht erlaubt ist (s. Kap. 7.2.1, S. 206 f.).

Venlafaxin

Aufgrund des dualen noradrenergen und serotonergen Wirkprinzips ist Venlafaxin eine besonders interessante Substanz; zusätzlich wurde unter hohen Dosierungen eine Hemmung des Rücktransports von Dopamin beschrieben (Stahl 2000). Bei dieser Substanz ist zu beachten, dass mit niedrigen Dosierungen eine überwiegend serotonerge Wirkung erzielt wird; dies mag eine Erklärung dafür sein, dass gerade impulsive Patienten eine deutliche Entlastung von ihren Symptomen erfahren (Krause 2002a). Ein Patient beschreibt dies folgendermaßen: „Sie wissen, dass ich nicht gern Medikamente einnehme, aber da ist etwas in mir, das ich nicht mit dem Willen beherrschen kann, das gelingt mir nur, wenn ich mein Medikament nehme." Er ist schon viele Jahre in meiner Behandlung und hat wiederholt versucht, ohne Medikation auszukommen; um arbeitsfähig zu bleiben, nimmt er jetzt wieder regelmäßig 75 mg Trevilor® retard und in Zeiten großer Anspannung 1–2 mg D-L-Amphetamin zusätzlich (Fallbeschreibung in Kap. 5.1.5 auf S. 74). Viele Betroffene berichten jedoch, dass sie nach etwa einer Woche Behandlung mit Trevilor® retard zwar einen Rückgang der Depression spüren können, dass jedoch gleichzeitig eine zunehmende innere Unruhe ihr Wohlbefinden einschränkt; ein Wechsel zu unretardiertem Venlafaxin führt nach eigenen Erfahrungen in den meisten Fällen zu einer Verbesserung des Behandlungsergebnisses. Offenbar benötigen viele Patienten mit einer ADHS eine schnelle Anflutung in Form einer unretardierten Galenik, um einen besseren Effekt zu erzielen, wie es ja auch für die Wirkung von unretardiertem Methylphenidat bekannt ist.

Eine günstige Wirkung von Venlafaxin bei Erwachsenen mit ADHS wurde in offenen Studien beschrieben (Adler et al. 1995; Findling et al. 1996; Hedges et al. 1995). Adler et al. (1995) fanden in ihrem behandelten Kollektiv eine Abnahme der Symptome um 48 %, die eigenen Erfahrungen sprechen für eine Überlegenheit gegenüber anderen Antidepressiva bei der Behandlung von starker innerer Anspannung und Impulsivität verbunden mit ausgeprägter Depressivität (Krause et al. 2002a) (s. auch Kap. 6.3, S. 125). Hornig-Rohan und Amsterdam (2002) setzten Venlafaxin bei erwachsenen Patienten mit ADHS und komorbider Depression ein. Sie fanden bei vier von fünf mit im Mittel 329 ± 150 mg Venlafaxin pro Tag behandelten Patienten eine partielle oder komplette Remission sowohl der depressiven als auch der ADHS-Symptomatik, dagegen nur bei zwei von sechs Patienten, die mit Stimulanzien in Monotherapie behandelt wurden. Inzwischen wurde Venlafaxin in Deutschland auch für die Indikation „soziale Phobie" zugelassen; von einer Gabe dieser Substanz dürften also ganz besonders diejenigen Patienten mit ADHS profitieren, die unter Symptomen extremer Reizoffenheit leiden und deshalb das Bild einer sozialen Phobie bieten.

Betarezeptorenblocker

Betarezeptorenblocker wie Propranolol und Nadolol wurden in offenen Studien allein oder in Kombination mit Methylphenidat mit positivem Einfluss auf die Symptome der ADHS eingesetzt (Mattes 1986; Ratey et al. 1991). Der Einsatz von Betarezeptorenblockern als Monotherapie bei Erwachsenen mit ADHS wird bei den meist erforderlichen hohen Dosierungen – beim Propranolol bis zu 640 mg täglich (Mattes 1986) – durch Nebenwirkungen wie Hypotension und Sedation limitiert (Wilens et al. 1995c); eine Kombination in niedrigerer Dosierung mit Stimulanzien kann nützlich sein (Ratey et al. 1991).

Clonidin

Der als Antihypertensivum eingesetzte Alpha$_2$-Rezeptor-Agonist Clonidin zeigte positive Wirksamkeit beim Tourette-Syndrom, aber auch bei Kindern mit ADHS (Hunt et al. 1985; Hunt et al. 1986; Steingard et al. 1993). Bei Erwachsenen liegen nach unserem Wissen keine kontrollierten Studien vor, was an den erheblichen Nebenwirkungen der Substanz in Form von Sedation und Hypotension liegen dürfte. Bei Hypertonikern mit ADHS wäre demzufolge ein Einsatz möglicherweise sinnvoll. Ähnliches gilt für Guanfacin, gleichfalls ein Alpha$_2$-Rezeptor-Agonist, für den in einer Studie positive Effekte im Vergleich zu Placebo beschrieben wurden (Taylor 2000). Bei einem Patienten mit ADHS war der Hypertonus vor Therapiebeginn auf Clonidin eingestellt; wegen einer behandlungsresistenten Depression, die auch unter Clonidin selten beschrieben ist, wurde ein anderes Antihypertensivum gewählt.

Sehr schnell entwickelte er eine erhebliche Zunahme seiner schon ansonsten deutlich vorhandenen Impulsivität, die sich nach Rückkehr zur alten Medikation mit Clonidin wieder besserte.

Trizyklische Antidepressiva

Als Wirkmechanismus der trizyklischen Antidepressiva wird u.a. eine Hemmung der Wiederaufnahme von Noradrenalin und Serotonin angenommen, weniger dagegen Beeinflussungen des Dopaminstoffwechsels, so dass sich ein gänzlich anderes Wirkungsspektrum als bei Methylphenidat darstellt und diese Substanzen nicht als Mittel der ersten Wahl bei der ADHS anzusehen sind. Für die von einigen Autoren gesehene positive Wirkung auf ADHS-Symptome wird bei den trizyklischen Antidepressiva vor allem die Noradrenalin-Wiederaufnahmehemmung verantwortlich gemacht (Wilens et al. 1995b).

Im Gegensatz zu Wender (1998), der keinen Nutzen von trizyklischen Antidepressiva bei der Behandlung von Kindern und Erwachsenen mit ADHS sah, räumen Wilens et al. (1995a) diesen Substanzen einen wesentlichen Platz bei der Therapie der ADHS im Erwachsenenalter ein, wobei die Dosisempfehlungen für Imipramin bei 50–75 mg, für Desipramin bei 10–200 mg (hier zum Teil auch höher bis 5 mg/kg) und für Nortriptylin im Mittel bei 90 mg täglich liegen (Fargason u. Ford 1994; Wilens et al. 1995a). 1996 veröffentlichten Wilens et al. die Resultate einer doppelblinden placebokontrollierten Studie mit Desipramin bei Erwachsenen mit ADHS mit positivem Resultat (Wilens et al. 1996; s. Tab. 7-3, S. 215). In einigen Fällen wurde die Entwicklung einer Toleranz bezüglich der positiven Wirkungen der trizyklischen Antidepressiva nach 2–3 Monaten beschrieben (Wood et al. 1976). P. Quinn, die sich gemeinsam mit K. Nadeau besonders der Problematik betroffener Frauen widmet, teilte uns mündlich mit, dass sie wegen Zunahme von Antriebsstörungen bei Frauen unter Behandlung mit trizyklischen Antidepressiva nur noch neuere Antidepressiva einsetzt. Wegen des deutlich günstigeren Nebenwirkungsspektrums und der geringen kardiotoxischen Effekte sollte heute den modernen Antidepressiva mit ihrem selektiven Wirkungsprofil der Vorzug gegeben werden.

Cholinergika

Aufgrund der positiven Wirksamkeit von Nikotin auf Symptome der ADHS und des bekannten Risikos eines Niktotinabusus bei ADHS-Patienten führten Wilens et al. (1999a) eine kontrollierte Studie mit einer Substanz (ABT-418) durch, die selektiv cholinerg wirksam ist, aber ein günstigeres Nebenwirkungsspektrum als Nikotin hat. Diese Substanz bewirkte eine signifikante Besserung der ADHS-Symptomatik (s. Tab. 7-3, S. 215) besonders bei Patienten mit weniger schwerer Ausprägung der Störung und deutlich mehr bei den Symptomen der Unaufmerksamkeit als bei denen der Hyperaktivität/Impulsivität. Eine ähnlich wirkende Substanz (ABT-089) zeigte in einer Pilotstudie ebenfalls positive Wirkungen bei

Erwachsenen mit ADHS (Wilens et al. 2006). Die mögliche Bedeutung des zentralen nikotinabhängigen cholinergen Systems bei der ADHS betonen Potter et al. (2006) in ihrer Übersicht. Nikotinpflaster zeigte in einer Doppelblindstudie erwartungsgemäß eine positive Wirkung bei adulter ADHS (Levin et al. 1996). Poltavski und Petros (2006) verglichen den Effekt von transdermal appliziertem Nikotin bei zwei Gruppen erwachsener Nichtraucher mit guter und mit schlechterer Aufmerksamkeitsleistung; in der Gruppe mit verminderter Aufmerksamkeit war unter Nikotin eine Besserung der Konzentrationsfähigkeit festzustellen, in der Gruppe mit primär guter Leistungsfähigkeit eine teilweise Verschlechterung des Arbeitsgedächtnisses. Kontrollierte Studien zur möglichen Wirksamkeit von Cholinesterasehemmern bei Erwachsenen mit ADHS wurden bisher nicht publiziert; in einer offenen Studie bei sieben Kindern und sechs Erwachsenen mit ADHS fanden Wilens et al. (2005b) keinen positiven Effekt der Gabe von Donepezil zusätzlich zu Stimulanzien. Der Cholinesterasehemmer Galantamin zeigte im Vergleich zu Placebo keine Wirksamkeit auf die Symptomatik bei Erwachsenen mit ADHS (Biederman et al. 2006c) (s. Tab. 7-3, S. 217).

Aripiprazol

Aripiprazol ist ein atypisches Neuroleptikum, für das ein stabilisierender Einfluss auf das dopaminerge und serotonerge System als Wirkmechanismus postuliert wird (Burris et al. 2002). In einer ersten offenen Studie bei Kindern und Jugendlichen mit Komorbidität von bipolarer Störung und ADHS wirkte diese Substanz nicht nur auf die Symptome der bipolaren Störung, sondern auch auf die der ADHS positiv (Tramontina et al. 2007); kontrollierte Studien mit diesem Wirkstoff bei ADHS werden zur Zeit durchgeführt. Eigene Erfahrungen mit Aripiprazol bei Patienten mit ADHS und begleitenden bipolaren Störungen, posttraumatischer Belastungsstörung oder autistischen Zügen waren sehr positiv (s. Fallberichte in Kap. 6.3, S. 123 ff. und Kap. 6.5, S. 137).

Oxcarbazepin

Nachdem bereits 1996 in einer Metaanalyse ein günstiger Einfluss von Carbamazepin bei Kindern und Jugendlichen mit ADHS beschrieben worden war (Silva et al. 1996), fanden Davids et al. (2006) in einer offenen Pilotstudie bei acht Erwachsenen mit ADHS positive Effekte von Oxcarbazepin auf die Symptome. Weitere Therapiestudien mit dieser Substanz bei ADHS erscheinen somit interessant.

Zink

Nachdem niedrige Werte für Zink bei Kindern mit ADHS beschrieben worden waren (Bekaroglu et al. 1996; Toren et al. 1996), erfolgten zwei kontrollierte Studien mit Zinksulfat bei Kindern. In einer Studie gegen Placebo waren die Symptome der Hyperaktivität und Impulsivität gebessert, nicht dagegen die des Aufmerksamkeitsdefizits (Bilici et al. 2004). In einer anderen Studie wurde eine Gruppe mit Methylphenidat und Placebo mit einer Gruppe unter Methylphenidat und Zinksulfat verglichen; die Besserung der ADHS-Symptome unter gleichzeitiger Zinksubstitution war signifikant ausgeprägter als die unter Methylphenidat allein (Akhondzadeh et al. 2004). Diese Befunde sind auch unter dem Gesichtspunkt interessant, dass am Dopamintransporter hochaffine Zink-Bindungsstellen nachgewiesen wurden. Zink bindet extrazellulär an drei Stellen an den DAT (His 193, His 375, Glu 396) (Loland et al. 1999; Norregaard et al. 1998), während der Noradrenalintransporter keine Zinkbindungsstellen besitzt. Zink ist in mikromolaren Konzentrationen ein kompetenter Inhibitor der Dopaminwiederaufnahme am DAT. Gleichzeitig fördert Zink den Transport von Dopamin aus der Zelle in Kombination mit Amphetamin (Scholze et al. 2002). Es wird angenommen, dass bei Gabe von Amphetamin der Einstrom von extrazellulären Natrium-Ionen durch die Dopamintransporter den Transport von Dopamin aus der Zelle in den synaptischen Spalt triggert. Diesen Effekt verstärkt Zink durch seine direkte molekulare Interaktion mit dem DAT (Pifl et al. 2004). Zusammenfassend erscheint Zink als ein potenter Inhibitor der Dopaminaufnahme durch die Dopamintransporter (Gether et al. 2001) und könnte somit durchaus synergistisch mit Stimulanzien wirken. Studien zu Zinkgaben bei Erwachsenen mit ADHS wurden bisher nicht publiziert.

7.2.3 Medikamentöse Kombinationsbehandlung

Bei etwa 30–50 % der Erwachsenen mit ADHS ist die Wirkung einer alleinigen Gabe von Stimulanzien nicht ausreichend (zu geringes Ansprechen, Nebenwirkungen bei höherer Dosierung). Wegen der bei vielen Patienten vorhandenen Depression und der oft im Vordergrund stehenden Persönlichkeitsstörung ist es häufig empfehlenswert, neben der Gabe von Stimulanzien zusätzlich eine Therapie mit Antidepressiva zur Stabilisierung der Stimmungsschwankungen einzuleiten. Diese Begleitsymptome lassen sich – entsprechend den Mitteilungen aus den USA – auch nach unseren Erfahrungen mit Substanzen, die die Wiederaufnahme von Serotonin und Noradrenalin hemmen (SNRI) wie Venlafaxin (18,75–150 mg) oder Cymbalta® (30–60 mg), Noradrenalin-Wiederaufnahmehemmern wie Reboxetin (4–8 mg) und Atomoxetin (40–80 mg), speziellen Serotonin-Wiederaufnahmehemmern (SSRI) wie Sertralin (50–100 mg) und Fluoxetin (5–20 mg) oder Substanzen, die die Wiederaufnahme von Nordrenalin und Dopamin hemmen (NDRI) wie Bupropion (150–300 mg) positiv beeinflussen. Die Kombinationsbehandlung ist auch dann interessant, wenn Symptome wie Antriebsstörung oder kognitive Defizite unter Stimulanzien bestehen bleiben. Unter dem Aspekt, dass die Stimulanzien im Wesentlichen durch die Blockade der striatären Dopamintransporter eine Erhöhung des Dopamins bewirken, ist gerade eine Kombination mit überwiegend noradrenergen Substanzen sinnvoll, da durch diese auch das Dopamin im präfrontalen Kortex erhöht wird (s. S. 219 ff.). Neuere Untersuchungen scheinen bei einigen Patienten auch eine Beteiligung des serotonergen Systems nahezulegen, so dass auch der gute Behandlungseffekt von dual serotonerg-noradrenerg wirksamen Substanzen wie Venlafaxin verständlich wird. Generell muss die medikamentöse Einstellung von erwachsenen Patienten mit ADHS durch einen Facharzt erfolgen, der über die notwendigen Kenntnisse in der Anwendung von Stimulanzien und Antidepressiva verfügt.

Nach eigenen Erfahrungen haben sich beispielsweise folgende Kombinationen bei komorbiden Störungen bewährt:

- Leichte bis mittelschwere Depressionen und Angststörungen: Venlafaxin 18,75–150 mg/d, Cymbalta® 30 mg/d, Fluoxetin 10–20 mg/d
- Gereizte Depression bei komorbider bipolarer Störung: Aripiprazol 5–15 mg/d, Lamotrigin (Cave: langsam aufdosieren!)
- Depression kombiniert mit starker Reizoffenheit: Amisulprid 25–100 mg/d
- Zwangsstörung: Sertralin 50–100 mg/d
- Borderline-Persönlichkeitsstörung: Venlafaxin 18,75–150 mg
- Leichte autistische Züge: Fluoxetin 5–20 mg/d
- Bei leichten psychotischen Symptomen: Quetiapin, Aripiprazol, Amisulpirid; Patienten mit ADHS scheinen schnell extrapyramidale Symptome zu entwickeln.

7.3 Psychotherapie

Erwachsene mit der Störung ADHS haben meistens so viele negative Erfahrungen im Laufe ihres Lebens gemacht, dass im Vordergrund der Symptomatik zunächst eine ausgeprägte depressive Verstimmung steht. Manche Patienten berichten von vorausgehenden Psychotherapien, in denen der Therapeut die Erwägung, es könne sich um eine komorbide ADHS handeln – dies betrifft vor allem Eltern betroffener, schon diagnostizierter Kinder – kategorisch ablehnte, weil sein Kenntnisstand, wonach es sich bei der ADHS um eine Erkrankung ausschließlich des Kindesalters handele, zu einer falschen Einschätzung des klinischen Bildes führte. Stark schwankende Leistungsfähigkeit und ständig vorhandene Stimmungslabilität führen zu einer tief greifenden Verunsicherung der Patienten. Deshalb ist häufig bei stark betroffenen Erwachsenen eine kombinierte Therapie in Form von Medikamentengabe und Psychotherapie unerlässlich. Eine erfolgreiche medikamentöse Behandlung führt oft zu der Erkenntnis, sich ein Leben lang mit einer bisher unbekannten Erkrankung gequält zu haben, die bei Kenntnis der Störung eigentlich behandelbar gewesen wäre. Bei vielen Betroffenen setzt deshalb eine große Verzweiflung ein. Im hohen Lebensalter – beispielsweise bei Eltern betroffener erwachsener Patienten – wird zum Teil sogar eine Behandlung abgelehnt, weil sich alte Menschen nicht mehr zutrauen, diese Trauerarbeit auch bei psychotherapeutischer Begleitung leisten zu können.

> **Fallbeispiel**
>
> Der selbst betroffene Vater eines Patienten mit ADHS entschloss sich schließlich vier Jahre nach der Erstkonsultation im Alter von 71 Jahren zu einer Stimulanzientherapie (D-L-Amphetamin 1 mg/d). Überglücklich berichtete er bei der anschließenden Kontrolluntersuchung von einem deutlich veränderten Lebensgefühl: „Da, wo bisher das Lebensmotto existierte: ‚Alt werden bedeutet auf den Tod warten‘, heißt es jetzt: ‚das Leben genießen, bis der Tod kommt‘."

Die therapeutische Behandlung von ADHS-Patienten im Rahmen der Psychotherapievereinbarungen ermöglicht eine bessere Beurteilung der emotionalen Verfassung, als dies im Rahmen eines 20-minütigen psychiatrischen Gesprächs möglich ist. Die kognitiven Probleme dieser Patienten verhindern eine schnelle präzise Einstellung auf die therapeutische Situation. Die Antriebsstörungen sind oft so ausgeprägt, dass diesen Patienten eigentlich erst nach Ablauf des Zeitrahmens eines psychiatrischen Gesprächs die Einstimmung in den therapeutischen Prozess gelingt. Die Wirksamkeit einer niedrig dosierten Stimulanzientherapie ist ebenfalls besser zu beurteilen, weil die Patienten die zunächst diskreten Veränderungen nur beiläufig erwähnen. Oft dauert es drei bis fünf Monate, bis unter kombinierter Behandlung mit Medikamenten und Psychotherapie die Selbstregulationsprozesse einschließlich der kognitiven Fähigkeiten soweit gebessert sind, dass der Patient in der Lage ist, präzise Angaben auch zu seinen früheren Beeinträchtigungen zu machen. Ebenso werden die vielfältigen Probleme mit der Bewältigung des Alltags oft erst nach dieser Zeit offensichtlich; die Bereitschaft, sich einer Problembewältigung zu stellen, wächst mit zunehmender Vertrauensbildung.

Junge Erwachsene mit ADHS haben bis auf wenige Ausnahmen irgendwann Erfahrung mit THC gemacht. Psychotherapeutische Bemühungen können nur dann Erfolg haben, wenn der Patient seinen Leidensdruck nicht durch regelmäßigen Konsum von THC vermindert. Offensichtlich verleiten die zunehmende Spaßgesellschaft und eine große Experimentierlust bei relativer sozialer Stabilität junge Erwachsene zu übermäßigem Gebrauch von bewusstseinsverändernden Substanzen. Bei jungen Menschen mit ADHS kommen neben diesem Aspekt weitere, das psychische Befinden einschränkende Faktoren in Bezug auf die Zukunftsperspektiven dazu. Sie sind oft nicht in der Lage, ihre besonderen Begabungen ernst zu nehmen und zur Grundlage von Entscheidungen im Hinblick auf eine Ausbildung zu machen, da sie wegen lebenslanger Kritik an ihrem Verhalten und kognitiver Einbußen keine Wertung ihrer Anlagen und Leistungsfähigkeit vornehmen können. Aufgrund negativer Schulerfahrungen und der damit verbundenen Reduktion des Selbstwertgefühls ist der Appell von Eltern und Lehrern, sich um eine Ausbildung zu kümmern, schon zu negativ besetzt. Viele Erwachsene mit einer ADHS leiden lebenslang unter einem schlechten Zeitgefühl, Langzeitperspektiven können deshalb nicht entwickelt werden. Sie verbinden mit dem Anspruch, eine Ausbildung über einen längeren Zeitraum zu planen, nur den Anspruch der Erwachsenenwelt vernünftig zu werden und erleben deshalb entsprechende Aufforderungen als Einschränkung ihrer persönlichen Freiheit. Es fehlt ihnen daher jede Motivation, sich frühzeitig über Ausbildungsplätze oder Besonderheiten von Ausbildungsgängen zu informieren. Sie schauen verwundert und verständnislos zu, wenn gleichaltrige Freunde eine intensive Zukunftsplanung betreiben; lieber verzichten sie auf diese Freundschaften, als sich selbst zu einer Planung drängen zu lassen.

Viele junge Erwachsene mit ADHS haben die Erfahrung verinnerlicht, in ihrem Denken anders zu funktionieren. Häufig besteht die Unfähigkeit, durch einen kontinuierlichen Arbeitseinsatz im Rahmen der Ausbildung gute Noten zu erwerben. Während der Schulzeit haben sie meistens nur unter großem Terminstress einen enormen Zuwachs an Leistungsfähigkeit erlebt, die ihnen bei Routinearbeiten im Alltag jedoch nicht zur Verfügung stand. Das Verwirrende dieser Situation hält im Erwachsenenalter an. Die Bezeichnung Aufmerksamkeitsdefizit ist insofern nicht angemessen, weil nur im Rahmen von Routinearbeiten oder Aufgaben, die langweilig erscheinen, kein Konzentrationsaufbau möglich ist, bei spannenden Tätigkeiten häufig ganz im Gegensatz dazu kein Ende gefunden werden kann. Gerade die Eltern betroffener junger Erwachsener beklagen diesen unterschiedlichen Einsatz ihrer Kinder bei verschiedenen Arbeiten.

Die eben genannten Aspekte sind bei der Herstellung eines therapeutischen Bündnisses besonders zu berücksichtigen; junge Erwachsene sind keine Kinder mehr, denen man Vorschriften machen kann, die sie dann mehr oder weniger willig befolgen, sondern sie sind Menschen an der Schwelle zum Erwachsenwerden, die vor allen Dingen eigene Erfahrungen sammeln möchten und sich nur sehr widerwillig an denjenigen der Eltern oder anderer Erwachsener orientieren.

Der junge Erwachsene mit ADHS wird sich nur dann für eine Psychotherapie entscheiden können, wenn er sofort – und damit sind die ersten Minuten gemeint – Sympathie für den Therapeuten empfindet. In der Schule haben diese Patienten nur für die Lehrer gearbeitet, die ihnen trotz aller Andersartigkeit Wohlwollen entgegengebracht haben und ihnen somit gerecht geworden sind. In der Therapie muss also der Respekt den Patienten gegenüber absolut im Vordergrund stehen. Die übergeordnete Position des Therapeuten, die vom Patienten akzeptiert werden muss, kann nur dann angenommen werden, wenn Akzeptanz auf beiden Seiten vorhanden ist. Die Autorität des Therapeuten ist deshalb wichtig, weil der Patient aufgrund seiner emotionalen Labilität die haltgebende Funktion des Therapeuten benötigt, sie aber nur dann annehmen kann, wenn er sich akzeptiert fühlt.

Unter diesem Aspekt betrachtet, scheint die Art der Therapie sekundär. Bei schwer traumatisierten Patienten ist sicher einer tiefenpsychologisch orientierten Form der Vorzug zu geben, aber auch bei dieser Therapieform erscheint es wichtig, verhaltenstherapeutische Ansätze mit einzubeziehen.

7.3.1 Verhaltenstherapie

Ein verhaltenstherapeutischer Ansatz kann helfen, Strukturen bei chaotischer Lebensweise zu entwickeln – die meisten Patienten haben im Lauf ihres Lebens ausgefeilte Vermeidungsstrategien erlernt und reagieren nur noch auf massiven Druck hin. Besonders Patienten, die wenig Bezug zu ihren seelischen Konflikten haben, werden von dieser Form der Psychotherapie profitieren. Vorschläge zur Eigenstrukturierung in Form von Anleitung zum Selbstmanagement (s. Tab. 7-4) werden von den Betroffenen gern angenommen. Diese Patienten sind oft lebenslang mit ihrem unangepassten Verhalten konfrontiert worden – niemand akzeptierte, dass sie sich nicht willentlich zwischen gesellschaftlich normiertem Verhalten und beispielsweise massiven impulsiven Durchbrüchen entscheiden konnten. Sie haben nun die Hoffnung, dass eine Änderung ihres Verhaltens in einer verhaltenstherapeutisch orientierten Therapieform zu erzielen ist. Viele Menschen haben schon psychotherapeutische Vorerfahrungen, die Skepsis gegenüber tiefenpsychologischen Therapieverfahren ist stark ausgeprägt. Andererseits ist die ausschließlich verhaltenstherapeutisch orientierte Psychotherapie hinsichtlich der oft ausgeprägten Selbstwertproblematik nicht ausreichend. Triolo (1999) führt hierzu aus:

Tab. 7-4 Anregungen zum Selbstmanagement für Erwachsene mit ADHS.

Tricks:
In der ersten Reihe sitzen und den Vortragenden beobachten, statt hinten zu sitzen und die Umgebung zu studieren.

Oropax:
Die Geräusche durch andere lenken in Prüfungssituationen nicht so ab, hilft die Konzentration zu erhalten.

Marker benutzen:
Hilft den Lernstoff durch Farbreize attraktiver zu machen; Möglichkeit, einen Text zu strukturieren.

Ruhe suchen:
Lernen zu Zeiten, wenn alle anderen in der Umgebung schlafen, weil dann die Konzentration länger anhält.

Nie ein neues Projekt beginnen, bevor nicht die letzte Arbeit beendet ist, auch wenn es noch so spannend ist. Für mehrere Aufgaben gleichzeitig reichen selten Kraft und Ausdauer.

Für einige Betroffene gilt: Lieber fertig als perfekt! Die Belohnung liegt in der abschließenden Betrachtung, nicht alle Aufgaben können interessant sein!

Ruhepausen einplanen:
Es ist erlaubt, nichts zu tun, wenn vorher auch langweilige Tätigkeiten eingeplant worden sind.

Routine schaffen:
Sie ist zwar nicht spannend, aber sie hilft gegen Chaos, außerdem ist sie weniger anstrengend als tägliches Neustrukturieren übersprudelnder Ideen und neuer Lebensformen.

„... it is unlikely that strict behavioral strategies are helpful. Classical behavioral theorists are actually not interested in terms such as self esteem and tend to be more concrete" (S. 169).

Inzwischen liegen die Ergebnisse erster offener und kontrollierter Studien zum Einsatz verhaltenstherapeutischer Maßnahmen bei Erwachsenen mit ADHS vor, die einen günstigen Effekt zeigen (Bramham et al. 2009; Heßlinger et al. 2002a; Heßlinger et al. 2003a; Philipsen et al. 2007; Rostain u. Ramsay 2006; Safren et al. 2005a; Solanto et al. 2008; Stevenson et al. 2002; Wilens et al. 1999c). In ihrer Adaptation der Dialektisch-Behavioralen Therapie nach Linehan für die ADHS im Erwachsenenalter (Freiburger Konzept) schlagen Heßlinger et al. (2003a) 13 Trainingseinheiten vor; Details finden sich in Tabelle 7-5. Derzeit wird dieses Konzept in einer randomisierten kontrollierten doppelblinden Multicenterstudie über drei Jahre im Vergleich zu „clinical management" jeweils in Kombination mit Methylphenidat oder Placebo evaluiert (Matthies et al. 2008). Safren et al. (2005b) empfehlen eine kognitive Verhaltenstherapie, bestehend aus drei Modulen (Organisation und Planung; Ablenkbarkeit; Kognitive Therapie) mit insgesamt 11 Sitzungen.

7.3.2 Tiefenpsychologische und analytische Verfahren

Klassische Psychoanalyse

Manche Patienten mit ADHS bringen schon negative Erfahrungen mit einer klassischen Psychoanalyse im Liegen mit, die sie als eine Weiterführung der Probleme, die sie schon immer gehabt haben, erleben. Sie fühlen sich allein gelassen – „es ist ihnen kalt" – und abgelehnt, wenn der Analytiker nicht direkt zu ihnen spricht. Sie haben größte Probleme, ihre Not vor jemand auszubreiten, der ihnen entsprechend den Regeln des analytischen Settings als Mensch verborgen bleibt. Viele Patienten haben so bereits Therapien absolviert, von denen sie im Nachhinein sagen: „Es hat mir wenig gebracht." Es erscheint ihnen als vergeudete Zeit, weil sie sich nur bemühten, sich den Erwartungen des Therapeuten anzupassen; das freie Assoziieren gelang ihnen kaum und sie konnten gefühlsmäßig nicht zu sich selbst finden, weil die speziellen Schwierigkeiten durch die Defizite in der Selbstregulation nicht Gegenstand analytischer Arbeit waren.

Die therapeutische Beziehung bleibt dauerhaft fragil. Eine Patientin hatte den Eindruck, sie habe den Therapeuten zu einem gänzlich unanalytischen Verhalten verführt, weil sie offensichtlich mit impulsiver Vehemenz darauf bestanden hatte, die von ihm eingeführten Regeln zu verändern. Sie bestand auf einem Setting mit Gegenübersitzen, um sich eine bessere Fokussierung und damit bessere Konzentration auf die Person des Therapeuten zu ermöglichen. Ihre deutliche Reizoffenheit

Tab. 7-5 Inhalte einer strukturierten Psychotherapie bei Erwachsenen mit ADHS im Freiburger Konzept (Heßlinger et al. 2003a).

Sitzungen	Inhalte
1. Klärung	Vorstellung der Teilnehmer
	Terminabsprachen, Schweigepflicht, Entschuldigung bei Fehltermin, Nüchternheit als Voraussetzung zur Teilnahme
	Symptomatik und Diagnostik bei ADHS
	Allgemeine Zieldefinition: ADHS zu kontrollieren, statt von ADHS kontrolliert zu werden
2. Neurobiologie, Achtsamkeit I	Information über Neurobiologie bei ADHS und dynamische Prozesse im ZNS
	Einführung: Zen-buddhistisches Achtsamkeitstraining nach M. Linehan: 3 „Was-Fertigkeiten": Wahrnehmen, Beschreiben und Teilnehmen; 3 „Wie-Fertigkeiten": nicht wertend, fokussiert und effektiv
3. Achtsamkeit II	Achtsamkeitsübungen trainieren und in Alltag integrieren lernen
4. Chaos und Kontrolle	Definition: „Chaos ist, wenn ADHS mich kontrolliert; Kontrolle ist, wenn ich ADHS kontrolliere."
	Zeitplanung, Organisationsplanung, Merkhilfen, Hilfestellungen, Umgebung
5. Verhaltensanalyse I	Konzept: „Problemverhalten ist Verhalten, das ich ändern will"
	Teilnehmer erlernen Verhaltensanalysen: Beschreibung des Problemverhaltens im Detail, typische Situationen, vorausgehende Bedingungen, kurz- und langfristige Konsequenzen, alternative Problemlösestrategien, vorbeugende Maßnahmen, Wiedergutmachung
6. Verhaltensanalyse II	Ziel: Verhaltensanalysen in Eigenregie durchführen
7. Gefühlsregulation	Einführung in Theorie der Gefühle: Primäremotionen, Signal- und Kommunikationscharakter von Emotionen, Beziehung von Emotionen zu Kognitionen, Körperwahrnehmungen und Verhalten
	Übungen zur Emotionswahrnehmung und Emotionsregulation, häufigstes Problem bei ADHS: Kontrolle von Wut und Ärger
8. Depression, Medikamente bei ADHS	Depression als häufige Komorbidität bei ADHS, Information über Symptome und Behandlungsmöglichkeiten bei Depression
	Information über medikamentöse Behandlungsmöglichkeiten bei ADHS, Wirkungen und Nebenwirkungen, Erfahrungsaustausch
9. Impulskontrolle	Verhaltensanalysen bezüglich Impulskontrollstörungen, kurz- und langfristige Konsequenzen von Impulsivität, typische Situationen, zielorientiertes Verhalten erlernen, „Was macht die Zündschnur länger?"
10. Stressmanagement	Zusammenhang von desorganisiertem Verhalten mit subjektivem Erleben von Stress, „Jonglieren mit zu vielen Bällen gleichzeitig"
	Stress-Leistungs-Kurve, ressourcenorientiertes Stressmanagement, Sport

Tab. 7-5 Inhalte einer strukturierten Psychotherapie bei Erwachsenen mit ADHS im Freiburger Konzept (Heßlinger et al. 2003a). *(Fortsetzung)*

Sitzungen	Inhalte
11. Sucht	Süchtiges Verhalten als häufige Komorbidität bei ADHS/Drogenpsychosen
	„Wonach bin ich süchtig?" (Alkohol, Tabak, Koffein, andere Substanzen, Sex, Sport, Internet, Hochrisiko-Verhalten usw.), kurz- und langfristige Konsequenzen
	Indikationen für Alternativverhalten bzw. „Entzug oder Entwöhnung?"
12. Beziehungen	Selbstachtung
	Schriftliche Information der Angehörigen über ADHS und Therapie
	Individuelle Termine mit Angehörigen auf Wunsch
	Folgen von ADHS für Biografie, Beziehungen und das Selbstvertrauen
	Vorteile durch ADHS gegenüber Menschen ohne ADHS
13. Rückblick und Ausblick	Erfahrungsaustausch, Rückmeldung und Verbesserungsvorschläge
	Möglichst Überführung in Selbsthilfegruppe
	Abschied

ließ sie spüren, dass der Therapeut sich nach dieser Veränderung unwohl fühlte, sie beendete deshalb die Therapie.

Deutungen sind für stark betroffene Patienten mit ADHS nicht nachvollziehbar, weil sie bei sehr abstrakten Deutungsinhalten vermutlich Probleme mit der Wortverarbeitung haben. Eckstaedt (1998) stellt im Rahmen ihrer analytischen Untersuchung der Figur des Struwwelpeters Parallelen zur Biographie des Autors Heinrich Hoffmann her; so sei aus dem Gesichtsausdruck ablesbar, dass nicht der Trotz im Rahmen der Sauberkeitserziehung, sondern die Abwesenheit der Mutter (sie verstarb, als Heinrich Hoffmann neun Monate alt war) für das Äußere verantwortlich sei. In seiner Biografie äußert Hoffmann, „... die Mutter (Schwester der verstorbenen Mutter) und die ledigen Schwestern führten noch viele Jahre ein in Leid und Freud musterhaft einiges und glückliches Leben, und ich befand mich in dem stillen Frieden des bescheidenen Hauswesens sehr glücklich. Im ganzen habe ich eine sehr stille und einsame Kindheit durchlebt" (Hoffmann 1985b, S. 24).

Diese Einsamkeit wird in den weiteren Ausführungen Eckstaedts konsequent als Verlassenheit gedeutet, nicht als mangelnde Beziehungsfähigkeit infolge von Störungen der Aufmerksamkeit, Reizoffenheit und Ablenkbarkeit, wie sie von vielen Patienten berichtet werden, die keinen solchen Verlust wie Heinrich Hoffmann in der Kindheit erlitten haben. Vielmehr leiden sie unter mangelndem Zugang zu der unter Kindern üblichen Kommunikation, häufig entsteht schon zu diesem Zeitpunkt das nahezu immer berichtete Gefühl des Andersseins.

In einer Fußnote zu der Geschichte des Struwwelpeters führt Eckstaedt (1998) an, dass struwwelig oder strobelig rheinfränkisch sei und Strobel dem wirren Haarschopf entspreche. Da das Strobeln auch die Bedeutung von „Verkehr haben" besitze, habe der Name Struwwelpeter gleichzeitig einen sexuellen triebhaften Anteil. Einer solchen auf sexuelle Inhalte zurückführenden Deutung der Bezeichnung Struwwelpeter werden aufmerksamkeitsgestörte Patienten selten folgen können, weil sie aufgrund vieler weiterer Einfälle zum Thema Sexualität sich schon weit vom ursprünglichen Begriff entfernt haben – ihre Vorstellungswelt ist eher konkret; eine solche Deutung könnten die Patienten sogar als Verhöhnung ihrer Probleme erleben.

Fallbeispiel

Ein Patient, der bereits vorher in analytischer Behandlung war, erzählt von seiner schwierigen Beziehung zur Mutter. Dies wurde jedoch in der vorangegangenen Therapie nicht thematisiert. Auf meine erstaunte Nachfrage, warum nicht, beschrieb der Patient, wie er die Stunden gestaltet habe: „Ich habe eine große Macht verspürt, weil ich den Inhalt der Stunde selbst bestimmen konnte, die Analytikerin ist immer den von mir gewählten Themen gefolgt." Offensichtlich konnte er so eine Aufarbeitung ihm unangenehmer Themen vermeiden und seine Abwehrmechanismen wurden nicht bearbeitet. Der emotional eher verschlossene Patient konnte mit seinen teilweise sehr interessanten intellektuellen Ausführungen anscheinend die analytische Wachsamkeit seiner Behandlerin ausschalten. Viele ADHS-Patienten verfügen über verführerische Fähigkeiten, die sie im Lauf des Lebens zum Ausgleich ihrer Versäumnisse kultiviert haben.

John Ratey, einer der Autoren von „Zwanghaft zerstreut", beschreibt sehr schön, wie er seinen Wunsch, Analytiker zu werden, aufgeben musste, weil er die typischen Symptome der ADHS aufwies. Bei seiner eigenen Analyse, der sich jeder angehende Analytiker unterziehen muss, stellte er fest:

„Als Patient war ich jedoch ein Versager. Ich konnte gar nicht richtig frei assoziieren. (...) Es ist zwar schwierig, dies jemand zu erklären, der keine Analyseerfahrung hat, doch der Vorgang der freien Assoziation ist ein ziemlich passiver. Der Patient wird gebeten, seinen Geist frei schweben zu lassen, vom Gedanken zum Gefühl und zur Erinnerung und wieder zurück. Doch mein Gehirn war zu aktiv. Ich hatte nicht die Fähigkeit, es schweifen zu lassen – und ich habe sie bis heute nicht. Stattdessen ging mir irgendein Gedanke durch den Kopf, auf den ich mich stürzte: ich biss mich daran fest und verfolgte ihn bis in die letzten Winkel des Verstandes. Ich analysierte, bewertete und zerlegte – nur schweben lassen konnte ich nicht. (...) Mein Hauptproblem bei der freien Assoziation war, dass mein Geist viel zu aktiv war und ungestüm von einem Thema zum anderen sprang, (...) Entweder ließ ich einen Gedanken zu rasch fallen, oder ich klammerte mich zu sehr an ihn." (Auszug aus Ratey und Johnson 1999, S. 43).

In der Psychoanalyse wurde die Medikation bisher nur unter dem Aspekt eines Einflusses auf die Übertragungs-/Gegenübertragungssituation gesehen. Dabei wird nicht bedacht, dass intrapsychische Prozesse durch die Einnahme von Psychopharmaka verändert werden. Bei einer von Wright (2006) beschriebenen erwachsenen Patientin bewirkte die unter der Behandlung mit Psychostimulanzien gewonnene Stabilität eine tiefere Einsicht in psychische Prozesse, die zu einer Verbesserung der Selbstverantwortlichkeit führte (s. S. 244 ff.).

Psychoanalytisch-interaktionelle Methode

Im Gegensatz zu den klassischen Neurosen, die als Hauptindikation für Behandlungen mit psychoanalytischen Verfahren gelten, ist bei den basalen Störungen mit dyadischen Beziehungspathologien eine solche neurotische Konfliktpathologie sehr diskret. Die psychoanalytisch-interaktionelle Therapie mit
- der Technik des Antwortens,
- der Übernahme von Hilfs-Ich-Funktionen und
- dem therapeutischen Umgang mit den Affekten des Patienten

kommt den geringen Toleranzgrenzen des Patienten entgegen. Bei dieser Therapieform wird nicht die Fähigkeit zur Herstellung des Arbeitsbündnisses zwingend vorausgesetzt; erstes Ziel ist also die aktive Unterstützung zur Entwicklung eines Arbeitsbündnisses. Dieses kann nur erreicht werden, wenn der Therapeut für den Patienten in der Therapie präsent ist. Kommentar eines neuen Patienten: „Ich kann mich niemandem gegenüber äußern, für den ich kein Gefühl habe, ich möchte wissen, was für ein Mensch er selbst ist." Erst wenn der Patient signalisiert, dass er sich verstanden fühlt, beispielsweise nach gemeinsamem Durcharbeiten eines spezifischen Fragebogens, darf man strukturierend eingreifen, wenn das häufige Abschweifen die genauere Betrachtung einer Situation unmöglich macht. Bei der Erstkonsultation ist es oft schwierig, den Patienten wieder zum thematischen Ausgangspunkt zurückzuführen, an dem die Selbstreflexion schon einmal eingesetzt hatte.

Diese Patienten sind zu Beginn der Therapie extrem empfindlich und fühlen sich schnell abgelehnt – dies führt häufig zu der Fehldiagnose Borderline-Störung – sie sind auf Signale angewiesen, die ihnen zeigen, dass die therapeutische Beziehung belastbar ist. Das Misstrauen dieser Menschen ist groß; sie haben nahezu nie die Erfahrung gemacht, dass ihr Unvermögen, sich zu konzentrieren, verstanden wurde. Anekdotische Äußerung eines Betroffenen: „,Hans, konzentrier' dich!', schimpfte die Mutter; ich hätte es ja gemacht, wenn ich gewusst hätte, was das ist."

Der Denkprozess ist nicht kontinuierlich, sondern meist sprunghaft und von einschießenden Assoziationen geprägt. Für Therapeuten, die gern in sehr strukturierten Prozessen arbeiten, ist es schwer, diesen Menschen einfühlsam in ihren meist umständlichen, ungenauen und überaus weitschweifigen Ausführungen zu folgen. Da es sich häufig um früh traumatisierte Patienten handelt, kommt es in der Eingangsphase solcher Therapien schnell zur Reinszenierung der Beziehungspathologie; supportive Interventionen, die Respekt vor dem Schicksal des Patienten signalisieren, bilden die Grundlage eines Arbeitsbündnisses.

Bei ausgeprägter Störung der Ich-Strukturen ist deshalb ein therapeutisches Vorgehen in Form der psychoanalytisch-interaktionellen Methode nach Heigl-Evers und Ott (1997) sinnvoll, um den Patienten durch verständnisvolles Annehmen eine tragfähige Beziehung zum Therapeuten zu ermöglichen. Sie zweifeln lange am Sinn einer Therapie und haben oft große Schwierigkeiten, sich auf eine solche Beziehung einzulassen. Der Wunsch des Patienten nach einer erlebbaren Beziehung mit dem Therapeuten wird innerhalb dieses anderen Verständnisses von psychoanalytischem Arbeiten leichter möglich. Eine supportive Deutung ermöglicht dem Patienten einen weniger angstbesetzten Zugang zu Veränderungen im Rahmen der psychoanalytisch-interaktionellen Psychotherapie.

Fallbeispiel

Ein 47-jähriger Patient berichtet kurz nach Beginn der Therapie, wie verrückt er sich eigentlich fühle, weil er einfach nicht beziehungsfähig sei. Er breche alle Beziehungen ab, weil er sich nicht mit seinen Partnerinnen auseinandersetzen könne. Der deutende Ansatz war, ihm zu vermitteln, dass er in der Kindheit eine Abwehrstrategie entwickelt habe, um Konflikten aus dem Weg zu gehen; zu einem bestimmten Zeitpunkt seines Lebens sei dies wahrscheinlich eine psychische Notwendigkeit gewesen.

Diese Intervention führte zu der spontanen Erinnerung an Depersonalisationserlebnisse in der Kindheit, die er sehr genau beschreiben konnte. In qualvoll erlebten Bestrafungssituationen fühlte er sich wie in einem schnell kreisenden Strudel, völlig herausgehoben aus der Realität, bis er sich durch Umgebungsgeräusche wie erweckt fühlte und sich wieder in das umgebende Geschehen einfügen konnte. Beziehungen musste er immer dann abbrechen, wenn er zur Durchsetzung seiner eigenen Bedürfnisse eine Abgrenzung von der Partnerin hätte vollziehen müssen. Um Konflikte zu vermeiden, hatte er sich angewöhnt, sich selbst vollkommen in der Beziehung aufzugeben; wenn er jedoch diese Situation realisierte, musste er sich abrupt zurückziehen. Er wurde damit unvermittelt vom verständnisvollen Mann zum Partner, der die Frauen schroff zurückwies, weil er keine Möglichkeiten einer konstruktiven Auseinandersetzung kennengelernt hatte. Dieses Verhalten war für die betroffenen Frauen völlig unverständlich.

Er verbringt deshalb sein bisheriges Leben nach solchen Beziehungsabbrüchen lieber mit heftigen Schuldgefühlen, als es zu Auseinandersetzungen kommen zu lassen wie jenen, die in der Kindheit zu den Ausnahmezuständen geführt hatten.

Der Patient, der sich selbst zunächst als hochgradig gestört erlebt, kann durch die Interaktion mit dem Therapeuten mehr Wertschätzung erfahren und somit leichter ein stabileres Selbstwertgefühl aufbauen. Die Annahme durch den Therapeuten erlaubt dem Patienten, sich selbst nicht permanent in Frage stellen zu müssen, und ermöglicht es ihm, die Rolle des „wütenden Terriers – oder Angriff ist die beste Verteidigung" – aufgeben zu können und sich deshalb als weniger gestört zu erleben. Bezogen auf die Ähnlichkeit mit der Borderline-Persönlichkeit bedeutet dies aus analytischer Sicht (zitiert aus Gunderson und Pütterich 1990): „Die Borderlinepersönlichkeit benötigt eine Gegenkraft in einem anderen Menschen, gegen die sie sich stemmen muß, um ihr eigenes Selbst erleben zu können. Eine Trennung von solch einem Objekt bekommt dann eine lebensbedrohliche Qualität. ‚Das Ich ist zwischen dem Selbst und dem anderen in einer symbiotischen, sadomasochistischen Operation gespalten. [Rosner (1969)]‘ … Daraus resultiert, daß ein Identitätsgefühl ohne Widerstand im anderen nicht möglich ist.“

Mahler misst der Mutter-Kind-Interaktion eine größere Bedeutung zu als Kernberg, der konstitutionellen Faktoren einen bedeutenderen Einfluss zuschreibt. Insbesondere aggressive Anteile könnten gemäß den Theorien von Mahler (1975) und Masterson und Rinsley (1975) zumindest partiell auf intensive frühkindliche Erfahrungen zurückzuführen sein: Eine aggressive Objektbeziehung kann beim Kind entstehen, wenn die Mutter unempathisch kritisch und wütend auf das Verhalten des Kindes reagiert und ihm Zuwendung und Anerkennung in der Wiederannäherungsphase entzieht (entziehende oder aggressive Objektbeziehungs-Teileinheit [EOT] nach Masterson). Bei den bekannten Auffälligkeiten vieler Kinder mit ADHS bereits im Säuglings- und Kleinkindalter erscheinen solche Reaktionen nicht nur bei Borderline-Müttern durchaus häufiger möglich; dies bestätigte sich in einer Untersuchung der Interaktion zwischen hyperkinetischen Kindern und ihren Müttern von Trautmann-Villalba et al. (2001). Eine nicht unerhebliche Zahl von ADHS betroffener Mütter reagiert auf das impulsive Verhalten ihrer Kinder mit Aggression, da sie aufgrund ihres eigenen mangelnden Selbstwertgefühls fürchten, vom Kind nicht respektiert zu werden. Sie können sich in aktuelle Situationen nicht einfühlen, da sie viel zu sehr mit sich selbst beschäftigt sind und das fordernde Verhalten als Angriff auf die eigene Autonomie erleben (s. auch Kap. 5.1.5, S. 77 ff.).

Auf Dauer resultieren aus dem keine Individuation ermöglichenden Verhalten beim Patienten chronische Wut und Frustration, verbunden mit dem Gefühl, hintergangen worden zu sein. Diese Emotionen verdecken eine unbewusst vorhandene Verlassenheitsdepression und bedingen auf der bewussten Ebene eine negative Selbsteinschätzung (untauglich, schlecht, schuldig). Entwicklungsschritte, die zu einem autonomen Ich führen, werden nicht ausreichend vollzogen; der Erwachsene erlebt Versuche zur Verselbständigung und Unabhängigkeit als gefährlich, das Ich ist gefangen zwischen seinem Wunsch nach Eigenständigkeit und seiner unbewussten Angst vor der Verlassenheitsdepression. Der primäre Abwehrmechanismus dieser Patienten besteht in der Spaltung mit der Schaffung einer zwar ich-synton erlebten, aber nicht real belohnenden Objektbeziehungs-Teileinheit (BOT) in Form von Anerkennung, Unterstützung und Zuwendung für regressives und anklammerndes Verhalten durch das mütterliche Teilobjekt. Entwickeln sich beim Patienten mit ADHS Borderline-Persönlichkeitszüge (s. Kap. 6.9, S. 148 ff.), kommt es entsprechend zu Verdrängung mit Intellektualisierung und Rationalisierung. „Es ist, als ob die Borderlinepersönlichkeit nur zwei Alternativen hat: die Alternative, sich schlecht und verlassen zu fühlen [die entziehende Teileinheit] oder aber sich um den Preis der Verleugnung der Realität und des Auslebens selbstdestruktiven Verhaltens gut zu fühlen [die belohnende Teileinheit].“ (Gunderson u. Pütterich 1990). Aussage des oben beschriebenen Patienten: „Stark sein bedeutet für mich, mich über die vorhandenen Schuldgefühle hinwegzusetzen und mich durch Übergehen dieser Gefühle glücklich zu fühlen."

Ziel der Therapie ist es, die vorherrschenden Teilobjektbeziehungen in Richtung triadischer Ganzobjektbeziehungen zu verändern, wie es beispielsweise bei Überstimulierung ödipaler Phantasien zu beobachten ist. In vielen Familien kann keine triadische Beziehung zugelassen werden; stattdessen entwertet ein Partner den anderen in Gegenwart des Kindes, um sich so dem Kind als Idealpartner anzubieten. Das Borderline-Konzept von Masterson, das einen Entwicklungsstillstand postuliert, erklärt somit die bei einem Teil der betroffenen ADHS-Patienten zu beobachtende Spaltung, die sich aus dem Konflikt ergibt, dass eine Verselbstständigung unbedingt wünschenswert scheint, andererseits der Wunsch nach „mütterlicher" Versorgung das Verhalten ebenfalls bestimmt. Mit dieser Theorie ist auch das häufig zu beobachtende Phänomen, dass Erfolg als Anteil einer Autonomiebestrebung von diesen Menschen nicht in positiver Weise verarbeitet oder erinnert werden kann, gut erklärbar.

Wegen der oft chaotischen Lebensweise der ADHS-Patienten ist die Möglichkeit, im Rahmen dieser Therapieform auch gegenwärtige Probleme aktuell zu bearbeiten, besonders wichtig. Falls es Unterschiede in der Gewichtung der Störung gibt, kommen ausgeprägte selbstdestruktive Tendenzen häufiger bei Betroffenen mit ausschließlichen Symptomen der Unaufmerksamkeit vor. Eine nicht entwertende Formulierung der Gegenübertragungsgefühle kann dem Patienten helfen, seine Wirkung auf die Umwelt kennen zu lernen, gerade wenn die Selbstwahrnehmung aufgrund der Neurotransmitterstörung eingeschränkt ist. Insgesamt lässt sich unserer Erfahrung nach sagen, dass eine solche auf langfristige Behandlung angelegte Therapie zu überraschenden Entwicklungen führt, die die Kompetenzen im Alltagsleben enorm verbessern.

Die folgende Fallgeschichte demonstriert die Schwierigkeit, bei einem schwer depressiven Mann zu der richtigen Diagnose ADHS zu gelangen:

Fallbeispiel

Der Patient ist nur durch Zufall in meine Praxis gekommen, weil die bis dahin erfolgte Therapie keine Verbesserung der Symptomatik erbrachte. Die Kindheitsanamnese und die Ergebnisse aus den Selbstbefragungsinstrumenten (WURS 50 Punkte, Brown ADD Scales 75 Punkte) weisen eindeutig auf das Vorliegen einer ADHS hin. Der nach der Pubertät erfolgte Wechsel in der Befindlichkeit von einem frechen, wahrscheinlich auch dominanten Jungen, der trotz seiner Intelligenz an schulischen Leistungen desinteressiert war, zu einem ängstlichen jungen Mann mit nahezu kontinuierlich vorhandenen schweren Depressionen und nur gelegentlichen kurzen Hochphasen, der nur mit Hilfe vieler Ruhephasen in seiner Welt zurechtkam, verhinderte, dass die ADHS gesehen wurde. Als sich seine Lebenssituation wegen Heirat und Vaterschaft veränderte, waren seine wenigen psychischen Reserven schnell erschöpft, er sehnte sich in sein altes Leben zurück, das ihm Sicherheit zu bieten schien. Aus vielem, was der Patient in nahezu 160 Stunden psychoanalytisch-interaktioneller Therapie berichtet hat, spricht aber gleichzeitig sein großes Glück darüber, in seinem Leben einen Sinn gefunden zu haben, den es zuvor nicht gab. Er hat mittlerweile seine Beziehungsfähigkeit so entwickeln können, dass ihm das Zusammenleben mit Frau und Tochter so wichtig ist, dass er seine Interessen mit denen der Familie arrangieren kann.

Im Erstinterview sagt der Patient: „Wir sind alle Opfer in unserer Familie. Der Kleinste von den drei Brüdern hat nicht umsonst mit Drogen angefangen. Ich war ein guter Fußballer, ich habe alle spüren lassen, wenn sie nicht so gut waren wie ich. Fußball war meine Leidenschaft. Ich war unbeschwert, ich habe mich frei gefühlt, ich habe mich für nichts außer Fußball interessiert." Das Fußballspielen habe ihm Kraft gegeben, heute mache es ihn im Kopf frei, er gehe deshalb drei- bis viermal die Woche zum Training. In seiner Jugend habe er jeden Morgen mit der Mutter gestritten, es sei ein Start in Form eines Adrenalinkicks in den Tag gewesen. Der Vater habe ein cholerisches Gemüt, er solle ihm ähnlich sein. Auf einem Klassenfoto schaue der Vater als einziges Kind aus dem Fenster.

Der Patient hat den Qualifizierenden Hauptschulabschluss mit der Note 3 abgeschlossen, man habe ihm irgendwann nahe gelegt, auf die Realschule zu gehen: „aber da war nicht das gewohnte Umfeld, das war nicht mein Ding".

Er habe eine kaufmännische Lehre begonnen, mit 17 Jahren habe er dann den ersten Panikanfall bekommen, von da an habe er „sein Herz gehört". Seit seinem 16. Lebensjahr rauche er 20 Zigaretten täglich, Alkohol habe er nie besonders viel getrunken. Er habe die kaufmännische Lehre durchgehalten und anschließend noch eine Lehre im Beruf des Vaters absolviert, sei aber seit der ersten Panikattacke traumatisiert gewesen. Seit seinem 18. Lebensjahr gehe es ihm eigentlich schlecht. Er habe Zeiten krasser Depressionen durchlebt, da habe er die Welt nur ganz grau gesehen. „Nichts kann so schlimm werden wie die schwere Depression, ich habe bisher mit Scheuklappen gelebt." Er habe sich in dieser Zeit angewöhnt, alleine lange Fahrradtouren zu unternehmen und sei nicht mehr zum Fußballspielen gegangen. Obwohl diese Depressionen so tief gewesen seien, habe er nie über Selbstmord nachgedacht, er habe die Gefühle der Depression akzeptiert. Der Vater habe ihn damals ausgelacht anstatt ihm zu helfen. „Da ist etwas kaputtgegangen, da oben stimmten die Verbindungen nicht mehr; jetzt habe ich Lust, Dinge zu tun. Ich habe keine Lust mehr, allein Sport zu treiben." Die früher vorhandene Sehnsucht nach Einsamkeit sei heute nicht mehr da, die Steppenwolf-Mentalität verschwinde und auch das Angstgefühl sei weg.

Er habe nach wie vor starke Attacken von Unruhe, in seinem Leben gebe es keine Konstanten. Er werde depressiv, weil er nicht normal am Leben teilnehmen könne. Er brauche jeden Tag viel Abwechslung, das mache ihm seit seiner Heirat viele Probleme: „Wenn ich mit jemand rede, verliere ich den Draht zu mir und kann nicht mehr folgen; das macht es mir schwierig, für etwas Interesse zu entwickeln."

Schon in der ersten Phase der analytisch-interaktionellen Therapie unter einer Monotherapie mit zunächst 30 mg Methylphenidat sagt der Patient: „Ich habe jetzt nicht mehr so viele Probleme mit meinem anprangernden Über-Ich. Diese Art von Verrücktsein hat das ausgemacht, was meine Persönlichkeit war; es war auch vorwiegend die Depressivität. Ich habe das auch genossen, als ich allein gelebt habe. Es sind so hartnäckige Verkrustungen in mir, die zu lösen bedeutet kleinere Veränderungen, die dann größere Veränderungen bewirken." Der Vorgang sei vergleichbar der Defragmentierung einer Festplatte. „Weil ich neugierig geworden bin, kann ich die alten Pfade verlassen. Es ist so eine Bereicherung, mich entwickeln zu können, etwas zu erlernen, was mich ausfüllt, das kenne ich nicht."

Über seine „Ich-Werdung" sagt der Patient: „Ich habe ein wirkliches Problem, ich muss damit anfangen, selber dafür zu sorgen, Ich zu werden. Es ist ein allmählicher Perspektivenwechsel möglich, durch kognitive Kompetenz wirst du ein anderer Mensch. Ich bekomme mehr Abstand zu mir, früher war ich schon fast psychotisch, extrem narzisstisch, total daneben. In der Abgrenzung zu Anderen fühle ich mich jetzt stärker, ich kann nein sagen. Körper und Seele sind im Gleichklang. Früher hatte ich abgespaltene Gefühle, wir werden wieder eins, alles wird harmonischer. Im Berufsleben musste ich den zentralen Teil meiner Persönlichkeit wegsperren wegen der Depression, jetzt habe ich das Freche wieder, weil ich mich nicht mehr depressiv fühle. Ich habe kein Problem, mich als psychisch krank zu bezeichnen. Ich bin freier, ich kann jetzt darüber reden. Nähe-Distanz war ein großes Problem, ich kann sehr zurückhaltend sein, aber bei Vertrauten oft sehr distanzlos; auch Distanzlosigkeit kann verletzend sein."

Nach einem Jahr Therapie berichtet der Patient von einem Ausflug in sein Lieblingslokal: „Durch die Depression war ich immer ängstlich und dann bin ich in der Stadt angegriffen worden. Ich steh' im Bistro, da fragt mich einer: ‚Hast du eine Zigarette für mich?' Ich antworte ‚Hau ab!' und nach einer Weile haut der mir das Bier aus der Hand. Wir sind dann vor die Tür mit noch einem anderen Typen gegangen, da geht der voll auf mich los. Ich hätte davonlaufen können, aber ich wollte wissen, was jetzt los ist. Es ist meine Stammkneipe, sonst hätte ich dem immer ausweichen müssen. Der hat nach mir gehauen, hat mich nicht getroffen, aber als er wieder zuschlagen wollte, habe ich zurückgeschlagen, da ist der zusammengesackt; ein Meter neunzig, 20 Kilo schwerer als ich, ich war überrascht über meine Leistungsfähigkeit." Er berichtet über seine frühere Verfassung: „Ich habe mit 19 Jahren eine Ohrfeige vom Chef bekommen, das Schlimme daran: Es hat mich nicht gestört, es war kein Bedürfnis da, mich zu wehren, keine Reaktion, eher so eine masochistische Haltung. Jetzt stehe ich zu mir, auch wenn es mir nicht so gut geht, und das ohne Schuldgefühle."

Ein Jahr nach Beginn der zusätzlichen Therapie mit Trevilor berichtet der Patient von einer heftigen Auseinandersetzung mit dem Schwiegervater. „Ich vertrage mein Adrenalin jetzt besser, früher war es so anstrengend, da habe ich gezittert. Jetzt ängstigt mich das nicht mehr, ich habe keine Angst. Die haben sich immer in unsere Beziehung gedrängt, früher war ich nur bei mir innen, ich konnte mich nicht wehren. Die Bedrohung durch ihn habe ich schon vor der Hochzeit gespürt." In der darauf folgenden Stunde beschreibt er, dass er sehr gut geschlafen habe und sich sehr entspannt fühle.

Er frage sich, warum es ihm früher so wichtig war, dass Andere ihn gern hatten. Er habe immer die Gedanken der Mutter in sich getragen: „Mach mir keine Schande, sei anständig" – davon sei er heute frei. Als es ihm gelungen sei, sich von diesen Gefühlen zu befreien, habe es einen Schub gegeben, anfangs habe er ein Gefühl wie Blitze im Kopf gehabt; früher in der Kindheit habe er das bei starker Angst auch verspürt. Nach der Geschichte mit dem Schwiegervater habe er gemerkt, da passiert etwas im Hirn. Er könne es vergleichen mit dem Gefühl, wenn wieder Bewegung in ein eingeschlafenes Bein komme. „Es hat sich ein bisschen so angefühlt, als wenn die Angst einstürzt, wie bei Stromschlägen – Sum – Sum – Sum –, das war ganz krass." Er habe dann zwei bis drei Zigaretten geraucht, danach sei es ihm besser gegangen. Die große Anspannung habe nachgelassen; bei der Schlägerei zwei Monate zuvor sei es ähnlich gewesen: „Ich reiße große Tabus bei mir ein." Bei der Auseinandersetzung mit dem Schwiegervater habe er den Gedanken gehabt: „Ich werde Mensch und stehe zu mir, ich muss aufhören zu erwarten, dass der Schwiegervater mir hilft. Ich finde es an mir unerträglich, dass ich nach der Pfeife des Mächtigsten getanzt habe – wie widerlich, wie feige – ich habe Leute gehasst, die so sind wie ich. Es ärgert mich, dass ich mich deren Regeln angepasst habe."

Tiefenpsychologisch fundierte Therapie

Mit tiefenpsychologisch fundierte Therapie wird ein Verfahren bezeichnet, dass die Grundannahmen der Neurosenlehre aus der Psychoanalyse, wie Existenz und Wirkungsweise des Unbewussten, und die Forschungsergebnisse der Psychoanalyse über intrapsychische und interpersonale Prozesse voraussetzt. Allerdings erfolgt die Anwendung dieser Kenntnisse durch eine konfliktzentrierte Vorgehensweise. Trotz der komplexen Bedingungen des Einzelfalles wird die psychotherapeutische Behandlung auf Teilziele beschränkt. Die Indikation des Verfahrens wird von dem Nachweis aktueller neurotischer Konflikte und deren Symptombildung bestimmt; das psychotherapeutische Vorgehen ist auf die Bearbeitung dieser Konflikte beschränkt.

Bei Patienten mit einer leichteren Ausprägung der Defizite in der strukturellen Organisation kann mit der tiefenpsychologisch-fundierten Therapie eine aktuell durchaus schwerwiegende Krise im Rahmen einer zeitlich begrenzten Therapie unter Durcharbeitung der infantilen Hintergründe aufgelöst werden.

Der folgende Fallbericht zeigt die Mehrgenerationenproblematik und die Ausweglosigkeit, in die eine Familie geraten kann, wenn die Problematik nur auf „die Verhältnisse" zurückgeführt wird, wie es offenbar bei der ersten Familientherapie der Fall war.

Fallbeispiel

„Alleine wäre ich nicht auf die Idee gekommen, dass irgendetwas mit mir anders ist. Seit der Kindheit war ich schon in großen Gruppen, aber ich durfte nie mitmachen. Ich hatte keine Freunde in meiner Klasse, sondern immer in der Nachbarklasse. Ich war in Sport gut, aber andere Dinge konnte ich nicht besonders, im Rechnen war ich sehr schlecht. Im Schulsystem meines Heimatlandes wurden die Schüler entsprechend ihrer Leistung in Klassen eingeteilt, pro Jahrgangsstufe gab es die Klassen eins bis vier. In Mathematik und Englisch war ich grundsätzlich in der vierten, also schlechtesten Klasse, aber z. B. in Metallarbeiten oder Holzarbeiten war ich immer in der ersten Klasse. Sowohl in Klasse 1 als auch in Klasse 4 war ich der Klassenkasper, dreimal pro Woche musste ich zum Direktor, wo ich dann mit Bambusstöcken auf die Hände gehauen bekam."

Nach Angaben der Mutter habe der Lehrer zu ihr gesagt: „He acts like a complete idiot." Mit 16 Jahren beendete der Patient die Schule, seine Schulnoten bewegten sich beim Abschluss im mittleren Bereich. Er war in handwerklichen Fächern so ausgezeichnet, dass er die schlechten Noten in Mathematik und Englisch damit ausgleichen konnte. Nach Abschluss der Schule reiste er mehrere Jahre durch die ganze Welt, seinen Lebensunterhalt finanzierte er durch verschiedene Jobs. Diese drei Jahre Freiheit verbunden mit intensiver Lebenserfahrung waren „seine persönliche Therapie". Als er dann nach Deutschland kam, lernte er seine Frau kennen, die schon drei Monate später schwanger war. Sie beschlossen, die Schwangerschaft nicht unterbrechen zu lassen und abzuwarten, wie sie miteinander zurechtkommen würden. Später heirateten sie, um dem Sohn beim Schuleintritt Probleme wegen seines Namens zu ersparen. Zu dieser Zeit begann der Patient eine Lehre als Installateur, weil er keine Lust mehr hatte, „nur der Depp zu sein, der am Abend immer reinigen und aufräumen muss". Mit Unterstützung von Mitschülern schaffte er den Gesellenabschluss und die Meisterprüfung in diesem Fach; er sei jetzt zufrieden, dass ihm dies gelungen sei. Er lernte auch deshalb schnell Deutsch, weil er nicht nur mit seinen Kumpeln in der Kneipe sitzen wollte, um gelegentlich seinen Namen zu hören, ansonsten aber nicht zu verstehen, was gesprochen wurde. Vor etwa drei Jahren konnte er bei einem Klassentreffen in seinem Heimatland mit seinen Deutschkenntnissen den Lehrern beweisen, dass er nicht zu dumm war, eine Fremdsprache zu erlernen. Alle seien sehr erstaunt gewesen.

Als bei seinem Sohn im Alter von zweieinhalb Jahren zu erkennen war, dass er anders war, dass etwas mit ihm nicht stimmte, ging man gemeinsam in eine empfohlene Familientherapie. Die Psychologin versicherte der Mutter, der Sohn könne sich sehr wohl konzentrieren – aber nur, wenn er wolle; sie schuldigte die unklare Familiensituation – die Eltern waren zu diesem Zeitpunkt noch nicht verheiratet – als Ursache der Störung an. Im Kindergarten gab es dann weiterhin Probleme im Umgang mit anderen Kindern. Die Mutter suchte deshalb mit dem Sohn einen Kinder- und Jugendpsychiater auf, der die Diagnose einer ADHS stellte, zu diesem Zeitpunkt jedoch noch von einer Behandlung mit Medikamenten abriet. Nach der Einschulung traten innerhalb des ersten halben Jahres so große Probleme in der Klasse auf, dass schließlich der Sohn nach Hause kam und sagte: „Mama, ich bin ein Idiot, ich will nicht mehr leben." Ein erneuter Termin beim Kinder- und Jugendpsychiater ergab nun, dass das Kind nicht nur unter der ADHS sondern auch an einer Legasthenie litt; er bekam ab diesem Zeitpunkt eine Legastheniebehandlung und eine Medikation mit Methylphenidat, die seine Leistungen deutlich besserten.

Erst zu diesem Zeitpunkt wurden die Schwiegereltern befragt, wie der Patient sich in der Kindheit verhalten habe. Auch die Schwiegermutter war mit ihrem Sohn zum Arzt gegangen, weil sie mit ihm nicht fertig wurde. Der Arzt habe erkannt, dass er ein hyperaktiver Junge sei, aber eine Behandlung habe es damals nicht gegeben. Die Mutter des Ehemannes berichtete außerdem, dass er ein Schreibaby gewesen sei; sie dachte damals, sie müsse jetzt das Kind aus dem Fenster werfen, weil sie das tägliche Schreien nicht mehr glaubte aushalten zu können. Es scheint typisch zu sein, dass erst die Suizidalität des Kindes Anlass ist, helfend in die Situation dieser Familie einzugreifen und mit der Gabe von Stimulanzien eine Normalisierung der Entwicklung des Kindes zu ermöglichen. Erst nachdem die Ehefrau die Einschätzung, das Kind sei hyperaktiv, vom Arzt erhalten hat, spricht sie mit der Schwiegermutter über die Kindheit ihres Ehemannes; beiden wird klar, dass auch er an Hyperaktivität und Legasthenie leidet.

Unter der Therapie mit dreimal 10 mg Methylphenidat hat sich die motorische Unruhe weitgehend gebessert; der Patient kann gut konzentriert seiner Arbeit nachgehen; wegen einer saisonal wiederkehrenden depressiven Verstimmung nimmt er zusätzlich 450 mg Johanniskraut. Inzwischen hat der Patient eine zweijährige tiefenpsychologisch fundierte Therapie absolviert; die im Rahmen der Medikation geführten psychiatrischen Gespräche lassen eine deutlich verbesserte selbstkritische Haltung erkennen, die es ihm ermöglicht, seine familiären und geschäftlichen Interessen wahrzunehmen und zu vertreten.

Dieser Bericht soll verdeutlichen, unter welchen Schwierigkeiten Kinder aufwachsen, deren Eltern angesichts der großen Erziehungsprobleme überfordert sind. Auch die professionell beratenden Institutionen erkennen nicht immer die eigentliche Ursache eines auffälligen Verhaltens von Kindern.

Zusammenfassung und Ausblick

Es ist davon auszugehen, dass gerade bei schwerer betroffenen und intellektuell differenzierten Erwachsenen mit ADHS in vielen Fällen eine tiefenpsychologisch fundierte bzw. psychoanalytisch-interaktionelle Therapie von dauerhaft großem Nutzen sein kann, während die klassische Analyse bei diesem Krankheitsbild eher nicht indiziert erscheint (Krause 2008b). Leider gibt es bisher keine Vergleichsstudien zu den erwähnten Behandlungen, wobei neben den aktuellen Effekten auch die Langzeitwirkung erfasst werden sollte.

Gerade unter dem Gesichtspunkt, dass die ADHS unter neurobiologischen Aspekten zu einer erhöhten Vulnerabilität der psychischen Kondition beiträgt, sollte neben den leichter objektivierbaren Ergebnissen der Verhaltenstherapie auch das

Konzept der tiefenpsychologisch orientierten Psychotherapie mehr Beachtung finden. Die Auseinandersetzung zwischen verhaltenstherapeutisch und analytisch orientierten Psychotherapeuten führt zu einem Glaubenskrieg, in dem der einzelne Betroffene in seiner Not kaum noch Beachtung findet. Da international kein Zweifel an einer überwiegend genetischen Verursachung der ADHS besteht, wundert es sehr, dass im deutschen Sprachraum das Konzept der traumatischen Verursachung eine breitere Aufmerksamkeit genießt. Kinder aus Familien mit ADHS sind aufgrund der Betroffenheit ihrer Eltern einem deutlich höheren Risiko einer Traumatisierung durch Misshandlung und Missbrauch ausgesetzt (s. auch Kap. 5.1.5, S. 77 ff.). Es stellt also keinen Widerspruch dar, wenn bei Kindern mit ADHS auch schwere Traumatisierungen vorliegen. Nur die Interpretation, es handele sich um die Ursache der Verhaltensstörung, ist dann eben nicht zutreffend. Noch wissen wir nicht genau, welche Faktoren bei diesem Störungsbild zur Ausprägung bestimmter Phänomene beitragen, aber dass die Impulsivität bei den meisten Betroffenen in irgendeiner Form vorhanden ist, legt auch das noch gültige DSM-IV mit seiner Unterteilung in drei verschiedene Untergruppen nahe, wo sie bei zwei von drei Subtypen in der Skala der möglichen Symptome genannt wird. Die Impulsivität bei Kindern und Eltern ist Ursache der traumatischen Erfahrungen in der Kindheit, die häufig zu schweren neurotischen Entwicklungen führen und zu erheblichen Beeinträchtigungen von Selbstwert und Selbstvertrauen beitragen.

Hinzu kommt, dass oft auch die Kognition beeinträchtigt ist und die Betroffenen deshalb der eigenen Wahrnehmung kein Vertrauen schenken. Diesem Aspekt wird sicher im Rahmen der kognitiv-behavioral orientierten Psychotherapie Rechnung getragen, Möglichkeiten der weiteren assoziativen Auslotung von Erfahrungen werden im Rahmen der Verhaltenstherapie jedoch weniger verfolgt.

Bei Patienten mit ADHS funktioniert der interaktionelle Therapieansatz gut, wenn der Therapeut um die Neigung weiß, dass sie sich gern in ihren Assoziationen verlieren. Der wichtigste Aspekt ist das Angebot des Therapeuten, sich als Verständnispartner sichtbar zur Verfügung zu stellen. Nur so gelingt es dem Patienten, seine Konzentration mit dem Gegenüber aufrechtzuerhalten und sich nicht in seinen Gedanken zu verlieren. Es ist nicht verwunderlich, dass es gerade die psychoanalytisch orientierten Kinder- und Jugendlichentherapeuten sind, die diese Störung anders wahrnehmen und behandeln wollen, da ihre Therapien in einem anderen Setting als die der Erwachsenenanalytiker stattfinden. Sie können in der Therapiesituation präsent sein und deutend handeln, während bei Erwachsenen die Person des Analytikers im klassischen Setting unsichtbar bleibt, d. h. der Patient ist ganz auf sich gestellt und kann deshalb seine Gedankenflut nicht mehr kontrollieren und sich auf die Person des Therapeuten und ein Thema fokussieren.

Erwachsene Patienten mit einer ADHS sind aufgrund ihrer Reizoffenheit hochsensibel und benötigen viel Zuwendung und Unterstützung, um sich im Rahmen eines psychotherapeutischen Settings öffnen zu können. Ihre Impulsivität erschwert den Aufbau einer tragenden therapeutischen Beziehung. Der Therapeut muss also eine Gratwanderung zwischen zugewandter Verständnisbereitschaft und strukturierender direktiver Gesprächsführung beherrschen, damit der Patient ihn nicht mit in das Chaos einbezieht, das er selbst permanent erlebt. Dies bedeutet, dass ADHS-Patienten erfahrene Therapeuten brauchen, die wie Lotsen funktionieren müssen, um hilfreich sein zu können.

Die Ausbildungsausrichtung des Therapeuten ist somit sekundär; die Kenntnis der Besonderheiten im Kontakt mit dem Betroffenen und der Erwartungshaltung bezüglich der therapeutischen Hilfe, die die ADHS von anderen psychiatrischen Krankheitsbildern unterscheiden, ist dagegen für eine erfolgreiche Behandlung essenziell.

Die Unterversorgung entsteht sicher in erster Linie daraus, dass das Krankheitsbild in den Ausbildungsinstituten noch nicht richtig etabliert ist; zweitens gibt es nur eine kleine, leider noch sehr überschaubare Gruppe von Psychotherapeuten, die gezielt diese Patienten behandeln, weil sie die Störung in allen Facetten kennen. Diese Lücke wird inzwischen von Ergotherapeuten gefüllt, die sich mit Hilfe von Therapiemanualen zu Spezialisten ernennen und im Bereich der Gruppentherapie sehr aktiv sind.

Der bereits erwähnte Schulenstreit zwischen verhaltenstherapeutischem Ansatz und tiefenpsychologischer Sichtweise verhindert eine wertfreie Beurteilung der Notwendigkeit psychotherapeutischer Hilfe für diese Patienten. Die von analytisch geprägter Einschätzung getragene Vorstellung, es handele sich nicht um eine überwiegend biologisch determinierte Störung, führt zu der Auffassung, es bestehe eine traumatisch bedingte Verhaltensauffälligkeit und diese werde ausreichend gut mit analytischer Therapie behandelt. Diese Einschätzung wird vor allem im Rahmen der Behandlung von Kindern vorgetragen, bei Erwachsenen herrscht eher Ratlosigkeit. Eine gute Therapie von Erwachsenen mit ADHS bedeutet deshalb eben nicht ein Entweder-oder bezüglich medikamentöser und psychotherapeutischer Behandlung; gerade das Nebeneinander im Rahmen einer multimodalen Therapie ist für diese Menschen häufig essenziell. Sie müssen sich erst an eine Verbesserung, an die sie nicht mehr glauben konnten, gewöhnen und brauchen schon deshalb eine psychotherapeutische Begleitung.

Die Psychoanalytikerin Josephine Wright verfügt über jahrzehntelange Erfahrungen in der Behandlung von Kindern und Erwachsenen mit ADHS. Sie hat den Effekt von Medikamenten auf den psychoanalytischen Prozess mit besonderer Berücksichtigung der Gegenübertragung untersucht und dabei sehr unterschiedliche Reaktionen in den Sitzungen mit und ohne Medikation festgestellt.

Wright (2006) beschreibt eine 40-jährige Frau, die erst unter zusätzlicher Medikation mit Methylphenidat fähig wurde, sich in verbaler Form zu ihrer inneren Welt zu äußern. Sie entwickelte eine größere Toleranz und emotionale Bandbreite, sie konnte Zugang zu ihren aggressiven und libidinösen Phantasien finden (s. auch Kap. 5.1.5, S. 81 ff.). Ohne Medikamente regredierte sie zu einem „Baby an der Brust, das sich nur für Hunger oder Sättigung interessierte". Sie war in dieser Verfassung unfähig, einen Zugang zu ihren höheren kognitiven Fähigkeiten zu finden, der es ihr ermöglicht hätte, eine Beziehung zwischen ihren Gefühlen und ihrem Wunsch nach Anerkennung herzustellen.

7.3.3 **Paartherapie**

ADHS stellt für Partnerschaften eine große Herausforderung dar (Ryffel-Rawak 2007). Bei Einbindung der Partner in die Therapie können die bisherigen Bemühungen der Angehörigen gewürdigt werden; das Verständnis der Problematik führt zur Deeskalation bei Auseinandersetzungen und ermöglicht die Planung von strukturellen Veränderungen der Alltagsroutine. Von den Partnern wird diese Einbeziehung als Entlastung von der Verantwortung für den Patienten erlebt. Die Bereitschaft, auch in sehr belastenden Situationen zum Betroffenen zu stehen, wächst, so dass insgesamt weniger Beziehungen scheitern.

Paarbeziehungen sind durch viele unbewusst ablaufende Prozesse gekennzeichnet; schon bei der Partnerwahl kann dies dazu führen, dass nur jemand ausgewählt wird, der in der Lage ist, die bei Erwachsenen mit der Störung ADHS häufig vorhandene gedankliche Desorganisation zu ertragen oder – was nicht selten der Fall ist – sich ausgiebig an Assoziationsketten zu beteiligen. In vielen Beziehungen kommt es zu heftigen Auseinandersetzungen oder lange schwelenden Konflikten, weil beide Partner unfähig sind, ihre Wünsche – auch sich selbst gegenüber – klar zu definieren und anschließend dem Partner mitzuteilen.

Aus analytischer Sicht handelt es sich um einen Gefühlsaustausch im Sinne einer Kette ständiger Internalisierungs- und Externalisierungsprozesse. Mentzos (1997) führt hierzu aus: „Dieses Zusammenspiel ist nicht leer und sinnlos, sondern für die Selbstentwicklung und die Vertiefung der Begegnung eminent wichtig. Ich denke zum Beispiel an die Fälle mancher Patienten-Ehepartner, die eine vom Therapeuten angeregte Paartherapie zögernd und nur dem Ehegatten zuliebe beginnen, weil sie selbst ja, wie sie meinen, völlig von neurotischen Problemen und Erscheinungen frei seien. Sie entdecken aber bald, dass sie ihrem Partner in dieser Hinsicht gar nicht nachstehen oder sogar, dass sie ihre Neurose nur mit Hilfe der manifesten Störung des Partners verstecken konnten." In solchen Beziehungen fühlt sich jeder schnell missverstanden, übergangen oder nicht ausreichend beachtet. Während der Paargespräche ist oft ein konfuser Kommunikationsstil zu beobachten, der bei ADHS-Patienten zusätzlich von der Unfähigkeit, dem anderen längere Zeit aufmerksam zuzuhören, bestimmt wird. Der Therapeut kann durch seine Intervention mit sofortigem Bezug zu Missverständnissen ein generelles Kommunikationsmuster aufzeigen, das dadurch von den Partnern besser nachvollzogen werden kann. Es gelingt somit leichter, wieder Verständnis für einander im Rahmen der Partnerschaft herzustellen. Die Funktion von „Nebenkriegsschauplätzen" ist so ebenfalls besser zu verdeutlichen.

Fallbeispiel

Ein junges Paar hatte sich getrennt, weil die Partnerin die ständige Bevormundung durch den im Beruf ehrgeizigen und auch erfolgreichen Mann nicht ertrug. Da beide ihrem kleinen Sohn gute Eltern sein wollten, riss auch nach der Trennung der Kontakt nicht ab und dies war Anlass zu der Therapie, um eine Klärung der Schwierigkeiten zu erreichen. Im ersten Gespräch erweckten beide den Eindruck, sich in prinzipiellen Fragen unversöhnlich gegenüberzustehen, erstaunlicherweise konnten sie sich jedoch anschließend von ihren Standpunkten lösen und wieder die Gemeinsamkeiten finden. Im dritten Gespräch betonte sie die guten Eigenschaften ihres Partners, die er durch sein machohaftes Verhalten verdecke, das es ihr oft unmöglich mache, seine Wünsche an sie zu erfüllen. Als eine Klärung in Bezug auf den Umfang der Geschenke an den Sohn verdeutlichte, wie wichtig die jeweils eigene Biografie ist und das Verhalten gegenüber dem Partner prägt, war die Funktion dieses „Kriegsschauplatzes" geklärt; die Patientin konnte beim Verlassen des Therapieraumes ihr Erstaunen äußern: „Wir streiten uns ums Geld und meinen in Wirklichkeit etwas ganz anderes." Sie war sichtlich erleichtert, weil sie nun nicht mehr die Verschwenderische war, die ohne Überlegung das Kind verwöhnen möchte. Sie verstand andererseits auch die Motive ihres Partners, das Kind ohne diesen heute oft vorhandenen Überfluss groß werden zu lassen.

7.4 Alternative Behandlungsmethoden

Viele vor allen Dingen in den Medien propagierte alternative Behandlungsmethoden sind bisher nicht mit wissenschaftlichen Methoden untersucht worden. Arnold (2001) hat bei seiner Untersuchung 24 verschiedene Therapieformen berücksichtigt; sein Fazit ist, dass einige schon beschriebene und doppelblind kontrollierte Behandlungsmethoden jeweils nur für Subgruppen Betroffener geeignet sind.

Die meisten bisher gewonnenen Daten beziehen sich auf Untersuchungen an Kindern, es handelt sich meist um **spezielle Diäten** und **Nahrungsergänzungsmittel** in Form einer Substitution von

* Aminosäuren,
* essentiellen Fettsäuren,
* L-Carnitin,
* bestimmten Zuckerformen,
* Vitamingaben in Hochdosis,
* DMAE (Dimethylaminoethanol) und
* Mineralien.

Es liegen bisher keine gesicherten Daten zu **Phytotherapien** vor; wegen der häufig vorhandenen Depressionen ist ein Einsatz von hoch dosiertem Hypericin gelegentlich therapeutisch sinnvoll. Bis zur weiteren Klärung der lebertoxischen Effekte von Kava Kava sollte mit dieser von uns bei Angststörungen als hilfreich erlebten Zusatzmedikation zurückhaltend umgegangen werden.

Derzeit gibt es Versuche mit Biofeedback-Behandlungen, die das Konzept des mangelhaften Erregungsniveaus berücksichtigen; Behandlungserfolge in wissenschaftlich kontrollierten Studien müssen jedoch noch abgewartet werden (Ramirez et al. 2001). Heywood und Beale (2003) konnten in ihrer Studie keine Besserung der ADHS durch eine Biofeedback-Behandlung im Vergleich zu einem Placebo-Protokoll nachweisen.

Entspannungsübungen, Meditation und autogenes Training können begleitend zur übrigen Therapie bei manchen Patienten sinnvoll sein.

Arnold (2001) schlägt eine Kategorisierung vor, die vor allem die bisherigen Studien und Erfahrungen berücksichtigt; besonders spricht er auch die schädliche Wirkung durchaus beliebter Strategien an – in Deutschland ist das Beispiel der phosphatfreien Diät zu nennen, die Mitte der 1980er Jahre sehr beliebt war und bei konsequenter Umsetzung einen erheblichen Eingriff in körpereigene Regulationsmechanismen mit Folgeerkrankungen wie Entmineralisierung des Skelettsystems bedeutete.

7.5 Therapieunterstützende und rehabilitative Maßnahmen

7.5.1 Sportliche Aktivitäten

Viele Patienten berichten, dass sie sich nach der Ausübung von sportlichen Aktivitäten bedeutend entspannter fühlen, auch die Konzentration scheint gebessert zu sein. Betroffene, die in der Kindheit hyperaktiv gewesen sind, profitieren von regelmäßigem Jogging; bei Patienten mit begleitender Fibromyalgie scheint durch regelmäßiges maßvolles Training in medizinisch betreuten Fitnesscentern eine Reduktion der muskulären Schmerzen einzutreten. Unter den im Erwachsenenalter hyperaktiven Patienten sind auch Menschen mit extensivem Bedürfnis nach körperlicher Betätigung zu finden – diese übertriebenen Formen sportlichen Trainings haben schon teilweise Suchtcharakter und gehören somit in die Kategorie misslungener Selbstbehandlung.

7.5.2 Coaching

In Deutschland haben sich bisher keine Coaching-Programme etablieren können, wie sie beispielsweise in den USA von Quinn und Ratey (Quinn et al. 2000) propagiert werden. Coaching ist hier als Verfahren zur Steigerung der beruflichen Leistungsfähigkeit etabliert, häufig wird ausdrücklich darauf hingewiesen, dass es sich nicht um die Behebung von psychischen Problemen handeln soll. Beim Vergleich der Honorare, die für diese Tätigkeit in Rechnung gestellt werden, erscheinen die

Stundensätze, die die gesetzliche Krankenversicherung für Psychotherapeuten mit langjähriger Ausbildung zahlt, eher lächerlich. Ratey (2002) betont, dass Coaching niemals in Konkurrenz zu therapeutischen Verfahren wie Psychotherapie oder Medikamentengabe steht, sondern sich mit diesen ergänzen muss. Zwischen Coach und anderen Therapeuten sollten regelmäßige Rückmeldungen erfolgen. Eine Patientin formulierte den Wunsch nach einem Coach mit folgender Begründung: „Ich brauche jemand, der mir hilft, mit mir selbst zurechtzukommen, der mich in Ausnahmesituationen wieder behutsam zu meiner Arbeit zurückführen kann." Die in Deutschland schon bestehenden Erwachsenen-Selbsthilfegruppen organisieren gelegentlich selbst Partner, die sich in regelmäßigen vereinbarten Abständen anrufen und treffen, um zu überprüfen, ob der Betroffene die vorgesehenen Arbeiten geplant und umgesetzt hat (Beerwerth 2007). Es wäre wünschenswert, wenn im Rahmen eines multimodalen Therapiekonzepts diese Art von Begleitung im Alltagsleben zu einer festen Einrichtung werden könnte, da gerade Erwachsene sehr davon abhängig sind, bestimmte Arbeiten zuverlässig in einem vorgegebenen Zeitrahmen zu erledigen, und sehr von einer strukturgebenden Außenstimulierung profitieren. Die stärker Betroffenen neigen dazu, sich nicht um Versicherungen, Rechnungen und – bei Menschen in Ausbildung – um die Vorbereitung auf Prüfungen zu kümmern. Oft gelingt es gerade gleichfalls Betroffenen besonders gut, die Defizite der anderen zu verstehen. Als in dieser Situation Außenstehende ist es ihnen möglich, Verständnis für die Probleme aufgrund eigener Erfahrungen zu entwickeln und an die anderen Teilnehmer einer Selbsthilfegruppe weiterzugeben.

In Partnerschaften treffen erfahrungsgemäß häufig Menschen aufeinander, von denen der eine eher Probleme mit hyperaktivem Verhalten hat, während der andere eher die Symptome der Unaufmerksamkeit zeigt. Zunächst funktionieren diese Beziehungen im Sinne eines gegenseitigen Coachings gut, da sich ein gewisser Ausgleich zwischen den Partnern einstellt. In lang dauernden Beziehungen treten schließlich bei den eher hyperaktiven Partnern Ermüdungserscheinungen auf, sie fühlen sich übermäßig dadurch belastet, den antriebsarmen Partner stets aufmuntern zu müssen. Der Hypoaktive hingegen fühlt sich ständig gedrängt und gerät dadurch häufiger in eine depressive Versagenshaltung.

7.5.3 Ausbildungsberatung und rehabilitative Maßnahmen

Bei der Versorgung von Jugendlichen und jungen Erwachsenen mit ADHS ist es zwingend notwendig, dass bei schon bekannten Schul- und Ausbildungsproblemen eine eingehende Berufsberatung als Teil eines multimodalen Therapiekonzeptes ab der Pubertät angeboten wird. Eine nicht diagnostizierte ADHS kann – vor allem bei Mädchen, die vermehrt den unaufmerksamen Typ aufweisen – Ursache von mangelnder Konzentration auf Ausbildungsinhalte sein (s. Kap. 6.12, Fallbeispiel auf S. 169). Volkswirtschaftlich ist eine Begleitung während einer weiterführenden Ausbildung sinnvoll, weil die meisten Betroffenen nur sehr vage Vorstellungen davon haben, was sie in einem Beruf, den sie für geeignet halten, erwartet. Häufig trauen sie sich nicht, sich den Anforderungen weiterhin zu stellen und brechen Schulbesuch oder Ausbildung ab.

Die meisten von ADHS betroffenen Erwachsenen leiden unter einer schwankenden Leistungsfähigkeit, d. h. alle Berufsbilder, die mit einer erhöhten Stressbelastung verbunden sind, führen über kurz oder lang zu Stresssymptomen mit Beeinträchtigung der Arbeitsfähigkeit. Deutlich betroffene Erwachsene klagen vor allem über ein mangelndes Zeitgefühl und die Unfähigkeit, sich selbst eine Struktur zu geben. Über eine Aktivierung von außen muss die innere Strukturierung gefördert werden. Die Betroffenen sind häufig nicht in der Lage, zeitliche und organisatorische Arbeitsabläufe zu schaffen und dann umzusetzen. Berufe mit eintönigen Tätigkeitsmerkmalen können meist von dieser Personengruppe nicht über einen längeren Zeitraum ausgeübt werden, weil sie auf neue Stimuli in Form eines Außenreizes durch wechselnde Tätigkeitsbereiche angewiesen sind. Nur dann gelingt es ihnen, ihre Konzentration aufrechtzuerhalten. Die Ausbildungs- und Berufssituation der meisten Betroffenen ist von vielen Umwegen gekennzeichnet, eine frühzeitige Weichenstellung könnte die Selbstzufriedenheit fördern und die Leistungsfähigkeit erhöhen.

Die Arbeitsumgebung sollte arm an Störquellen sein, damit die Fokussierung auf eine Tätigkeit gelingt und die Motivation, eine Arbeit zu Ende zu führen, nicht unterbrochen wird. Andererseits berichten manche Betroffenen, dass sie durch eine Stimulation mit leiser Hintergrundmusik eine deutlich bessere Konzentration erreichen können. Treten im Rahmen des Arbeitsablaufs kleine Unterbrechungen oder Fehler auf, gelingt es den Betroffenen kaum, ihre Frustrationen darüber zu bewältigen; stattdessen lehnen sie die weitere Bearbeitung ihrer Aufgabe ab, da sie keinen Sinn darin sehen können, eine unperfekte Arbeitsleistung zu korrigieren und weiterzuführen. Wie Borderline-Patienten haben auch Erwachsene mit ADHS die Tendenz, impulsiv nur gut oder schlecht zu sehen, schon der kleinste Fehler führt dann zu der Einschätzung, alles falsch gemacht zu haben. Hier wäre ein Coaching im Rahmen eines Übungsprojektes während einer Reha-Maßnahme notwendig, das dem Patienten helfen kann, zu einer realitätsgerechten Einschätzung von Bearbeitungsfehlern zu gelangen und somit eine neue Motivation, ein Projekt weiterzuführen, zu entwickeln.

Eine erfolgreiche medikamentöse Therapie führt zu einer verbesserten Arbeitsfähigkeit und entlastet die Sozialsysteme, da diese Patienten anders als Patienten nach langjährigen Psychosen durchaus leistungsfähig sind, vorausgesetzt, sie treffen am Arbeitsplatz auf Verständnis für ihre Arbeitsweise und werden entsprechend eingesetzt. Es gibt bisher keine spezifisch wirksame Rehabilitation, die die Besonderheiten der ADHS des Erwachsenenalters berücksichtigt. Gerade vor dem Hintergrund dieser besonderen Leistungsfähigkeit bei entsprechender Begabung und möglicher spezieller Strukturierung des Arbeitsplatzes wäre dies – auf die Lebensarbeitszeit dieser Menschen gesehen – eine besonders kostensparende Investition.

Uns sind eine Reihe von Lebensläufen bekannt, wo erst nach 20 Jahren aufwendiger ambulanter und stationärer Therapie – die meist mit einer Berufsunfähigkeit oder Verlust des Arbeitsplatzes verbunden waren – die Diagnose ADHS gestellt wurde und mit der entsprechenden, vor allem medikamentösen Therapie eine Stabilisierung der Situation erreicht werden konnte. Als Beispiel soll eine Abiturientin mit ADHS angeführt werden:

Fallbeispiel

Bei der Vorstellung in der Praxis gab die junge Frau als Berufswunsch „Grundschullehrerin" an. Sie litt sehr ausgeprägt unter erhöhter Impulsivität, einer häufig gereizten Grundstimmung und war extrem reizoffen. Bei dem zu erwartenden Geräuschpegel in einer Grundschulklasse und der notwendigen Geduld für die unterschiedlichen Bedürfnisse der Kinder wäre diese Patientin voraussichtlich überfordert gewesen. Sie wählte stattdessen nach entsprechender Beratung eine Ausbildung zur Bibliothekarin und konnte diese auch erfolgreich abschließen. Während der Ausbildung suchte sie in regelmäßigen Abständen die Praxis auf, es waren immer wieder Anpassungen der medikamentösen Therapie notwendig. Diese Beratung, die Verschreibung von Langzeitpräparaten und die psychotherapeutische Begleitung haben es ihr ermöglicht, dass sie jetzt einer vollen Erwerbstätigkeit nachgehen kann und mit dem Tätigkeitsfeld keine Probleme hat.

Generell sollte die Kenntnis der Besonderheiten der ADHS bei Jugendlichen und Erwachsenen unbedingt Inhalt von Schulungsmaßnahmen für Mitarbeiter berufsberatender und rehabilitativer Einrichtungen sein; bei der ADHS handelt es sich nämlich um eine Störung mit dimensionalem Charakter mit Beeinträchtigungen in allen Lebensbereichen. Gerade im stationären Bereich der Rehabilitation dürften überwiegend schwere Verläufe anzutreffen sein, die jedoch wegen der gehäuften Komorbidität mit anderen psychischen Störungen (bis zu 80 %) nicht als solche diagnostiziert werden. In vielen psychosomatischen Kliniken und Reha-Einrichtungen sind kaum noch erfahrene Fachärzte für Psychiatrie tätig, die eine solche differenzialdiagnostische Abgrenzung vornehmen könnten.

Folgende Symptome werden in einem solchen Setting möglicherweise anders gewertet – zum Beispiel als Zeichen einer Borderline-Störung – und damit unzureichend behandelt:

* mangelhafte Fähigkeit zur Selbststrukturierung,
* niedrige Frustrationstoleranz,
* Schwierigkeiten mit dem Zeitmanagement,
* Abneigung gegen Routinearbeiten,
* widersprüchliches Verhalten in Bezug auf Perfektion und tatsächlich erbrachte Leistung,
* Unfähigkeit, die eigene Erwartungshaltung kritisch zu hinterfragen,
* mangelnde Leistungsbereitschaft bei als langweilig eingeschätzten Routinearbeiten und
* Unfähigkeit, die Leistungsfähigkeit auch bei reizintensiver Arbeitsumgebung aufrechtzuerhalten.

7.6 # Indikation zur Therapie

Als wesentliche Indikatoren für die Notwendigkeit einer Behandlung bei ADHS im Erwachsenenalter haben sich nach unseren Erfahrungen die in Tabelle 7-6 auf Seite 256 dargestellten Punkte herausgestellt. Die Therapie dieser Patienten verlangt vom Therapeuten ein hohes Maß an Flexibilität einerseits und eine gute Durchsetzungsfähigkeit andererseits. Die nicht immer einfache Arbeit wird jedoch vom Patienten honoriert, er entwickelt nach häufig vorhandenen Startschwierigkeiten eine hohe Therapiemotivation und die längerfristigen Ergebnisse der Betreuung sind auch für den Therapeuten sehr befriedigend. Ein entsprechendes erfreuliches Fazit ist dem Schreiben eines von ADHS betroffenen Kollegen zu entnehmen, der aus persönlichen Gründen einen weiten Anfahrtsweg gewählt hatte; die Wirkung der Medikation musste deshalb telefonisch überwacht werden.

„Ich schreibe Ihnen, um mich für Ihren Anruf neulich herzlich zu bedanken. Dass es noch Kollegen gibt, die nicht nur an die Rechnungsstellung denken, sondern auch daran, wie es ihren Patienten geht, habe ich als sehr wohltuend empfunden.

Sie sagten, ich hätte nachgewiesenes ADD und ich solle deshalb unbedingt Ritalin nehmen, ansonsten würde ich mich total erschöpfen, was im Zusammenbruch enden würde. Sie hatten recht und es hat auch nicht mehr lange gedauert. Ich bin anspannungsmäßig (und kräftemäßig) mal wieder bis an die Grenze gegangen oder darüber und dann völlig zusammengeklappt. Ich glaubte, auf ADD nicht verzichten zu können, und berief mich auf meine bisherige Lebenserfahrung, in Extremsituationen auf meine Intelligenz vertrauen zu können, mit der ich bislang fast alle Situationen habe meistern können. Ich hatte einfach Angst, diese zu verlieren. Ohne ADD wäre ich aber wahrscheinlich gar nicht ständig in diese Extremsituationen gekommen. Nun war ich so tief und so verzweifelt, dass es gar nicht mehr schlechter werden konnte, und ich begann mit der Therapie. Zunächst zweimal 1/4, dann zweimal 1/2, jetzt dreimal 1/2 (Tablette mit 10 mg Methylphenidat). Ich kann das gut steuern. Ich glaube, so komme ich zurecht. Außerdem habe ich mich ja sonst auch nicht vor Risiken und Experimenten gescheut, wieso gerade jetzt?

Eine Art Revolution war das schon. Ich wurde deutlich langsamer in allem, auch im motorischen Bereich.

Im psychischen Bereich trat eine neue Art von Distanz auf, aber nicht im Sinne von Ataraktika. Die Einflüsse von außen, aber auch ich selbst, kommen nicht mehr so nah, insbesondere nicht mehr so schnell so nah an mich heran.

Dadurch spielt sich das emotionale Leben nicht mehr an der obersten Oberfläche ab, bestimmt nicht mehr sofort und ultimativ mein Handeln. Alles wird wie durch einen Filter wahrgenommen, dadurch sind auch die Verletzungen nicht mehr so schlimm und so tief, ich habe einfach Zeit gewonnen zwischen Empfinden und Reaktion. Ich bin nicht mehr so hilfloses Opfer des schlagartig einsetzenden emotionalen Impulses, der mich lenkt und mein Handeln bestimmt, sondern gewinne wieder Kontrollmöglichkeiten über mich selbst. Ich fühle mich nicht mehr fremdgesteuert durch eine in mir wohnende, wahnsinnig kräftige Macht, die es mir wohl auch öfters unmöglich gemacht hat, meinen Intellekt überhaupt einzusetzen oder rechtzeitig einzusetzen.

Der Fuß ist vom Gaspedal, schon mit relativ geringen Dosen.

Die Konzentrationsfähigkeit ist deutlich besser, wenn auch noch nicht gut genug. Aber Nebengeräusche kann ich jetzt besser verkraften, an einem vollen Schreibtisch interessiert mich nur noch das oberste Papier, die anderen kann ich besser ausblenden. Die Gedanken selbst sind deutlich langsamer und auch weniger, dafür kann ich sie besser behalten und habe nicht immer Angst, sie gleich wieder zu vergessen. Seelisch fühle ich mich einerseits deutlich jünger, frischer, andererseits uralt. Damit komme ich noch nicht richtig klar. Ich habe das sichere Gefühl, schon drei Leben gelebt zu haben, und fühle mich entsprechend fertig und ausgelaugt. Der ständige Kampf gegen die Umwelt war es nicht nur, es war der Kampf gegen mich selbst, dem ich wohl nicht immer gewachsen war.

Wie sollen es Andere schaffen?

Ich muss endlich zur Ruhe kommen, ich kann doch nicht so tun, als würde ich ewig leben und hätte unendlich Zeit, irgendwann mal irgendetwas zu ändern.

Der innere Spannungszustand hat sich entschärft. Alkohol, den ich als Spannungslöser, als Sekundärmedikament benutzte, gebrauche ich nicht mehr. Nikotin benütze ich noch.

Es kommen so langsam wieder die alten Werte hervor, die in der Jugend und im frühen Erwachsenenalter mein Wesen im Wesentlichen bestimmten. Wahrheit, Gerechtigkeit und Ehrlichkeit. Die Triebfeder meines Seins zuletzt waren mehr Hass und Vergeltung, jedenfalls dann, wenn sie ungefiltert direkt von der Oberfläche auf die Umwelt transferiert wurden. Eine Chance zum Eingreifen hatte ich da nicht mehr.

Meine Reaktionen sind deutlich verlangsamt, dies stört beim Autofahren. Darauf kann man sich gut einstellen, ich fahre langsamer und bremse früher. Das kann man lernen. Der trockene Mund anfangs ist jetzt besser.

Ich weiß inzwischen, dass ich ein Kind mit massivsten frühen Mutterdefiziten bin und so mit einer grundsätzlichen narzisstischen Verwundbarkeit behaftet. Ich habe die Folgen dieser frühen Not kultiviert, um mit der grundsätzlichen Lebensunsicherheit klarzukommen, und da kam mir das ADD wie gelegen. Der Beruf, den ich mit soviel Engagement und Leidenschaft ausgeübt habe, dass es Anderen auf den Keks ging und sie erkennen mussten, diese Leistung nicht mitgehen zu können, beruhte auch darauf, auf irgendeine Weise doch noch die vorenthaltene Mutterliebe zu bekommen. Ich habe die Mutterliebe allenfalls nur sekundär, vielleicht bei Freundinnen oder bei meiner Frau gesucht, nein, es war viel schlimmer, nach vielen Jahren HNO wurde ich erfolgreich Schönheitschirurg – ich wollte von allen Frauen geliebt werden. Es konnten gar nicht genug sein, alle Frauen sollten mich lieben, denn Liebesmangel bedrohte mein Leben, so groß waren die Defizite der Kindheit. Darin habe ich mich völlig verausgabt. Ich habe mich genau in die Berufsgruppe begeben, die Gift für mich war. Ich hätte Pilot werden sollen, wie ich es früher immer wollte, was mir meine Mutter ausgeredet hat. Dort wären die vielen tausend freiwilligen Überstunden gar nicht möglich gewesen, da vom Gesetz verboten, was auch eingehalten werden muss. Vielleicht sollte ich mich um meine anderen Begabungen, z. B. im künstlerischen Bereich, kümmern. Wenn man den Beruf nicht mehr braucht, um seine Identität darin zu finden, sondern den Selbstwert aus sich selber schöpft, ergeben sich vielleicht Möglichkeiten. Ich weiß es nicht.

Das wirklich Schönste an der Therapie ist, soweit ich das bis jetzt beurteilen kann, dass man offenbar grundlegend als Mensch nicht verändert ist. Ich fühle gleich. Ich habe dieselben Interessen, dieselbe Einstellung, an der Grundstruktur hat sich nichts geändert. Es beruhigt und motiviert. Es ist eben alles gedämpfter. Und trotzdem sind mir die Dinge, die mir immer wichtig waren, noch genauso wichtig. Ich gehe aber nicht mehr so verbissen ans Werk, um sie zu erreichen, wie früher.

Ich glaube, ich bin ein kleines bisschen cooler geworden.

Meine Frau hat mir auf diesem Wege sehr geholfen. Auch sie hat eine andere Einstellung gewonnen. Ich hoffe, dass sie diese beibehält und weiterführt. Es ist kein Makel und keine Schande, wenn sie teilweise auch meine Therapeutin ist. Solange es nicht dazu führt, dass ich von ihr abhängig bin. Schließlich profitieren beide davon und beide können unabhängig voneinander leben, wenn es gut zu Ende gebracht werden kann. Aber so ein doch schweres Leben gemeinsam zu führen, ist eigentlich schon ein ungeheurer Wert an sich.

Ein paar letzte Worte. Ein Bedauern, dass ich nicht früher auf die Therapie aufgesprungen bin, verspüre ich bislang noch nicht, das ADD hat mir auch viel gegeben. Ich hatte wunderbare Abenteuer und Erlebnisse und einsame Höhenflüge. Diese Dinge möchte ich eigentlich nicht missen. Bitte entschuldigen Sie, wenn ich das so sage, Sie mögen mich nun als unverbesserlich sehen. Ich sage es, weil es die Wahrheit ist.

Nun wollen wir sehen, wie es weitergeht. Ich werde wieder berichten!

Sie haben mir sehr geholfen."

Tab. 7-6 Indikationen zur Therapie.

Drohender Verlust des Arbeitsplatzes (häufig wegen Unfähigkeit, kontinuierliche Leistungen zu erbringen)
Angst, wegen innerer Unruhe verrückt zu werden
Tiefe Depression, extreme Antriebslosigkeit (stellt sich, anders als bei reinen Depressionen, in kurzer Zeit ein, bessert sich aber auch rasch)
Ständige gespannte Ärgerlichkeit, die zu gesellschaftlicher Isolation führt (die es z.B. Müttern nicht erlaubt, geduldig mit ihren Kindern umzugehen)
Dauerhafte starke motorische Unruhe
Übermäßiger Alkohol- und/oder Nikotinkonsum (zur Entspannung)
Verlust der Fähigkeit, das Alltagsleben zu organisieren
Das Gefühl, allen Geräuschen ausgeliefert zu sein und keine Ruhe finden zu können
Extreme Sensationslust, die zur Selbstgefährdung führt
Permanente Angst, den Durchblick verloren zu haben oder unter abruptem Verlust der Konzentration zu leiden (z.B. Gelesenes nicht im Gedächtnis behalten und deshalb eine Aufgabe nicht bewältigen können)

Anhang 1

Semistrukturiertes Interview[1]

Die folgenden Fragen sollen dabei helfen, sich ein möglichst umfassendes Bild von dem Patienten zu machen, der entweder schon mit der Verdachtsdiagnose ADHS kommt oder wegen Symptomen einer anderen psychiatrischen Störung Behandlung sucht und dabei den Eindruck auf das mögliche Vorliegen einer ADHS erweckt.

Um der Vielschichtigkeit des Krankheitsbildes gerecht zu werden, wurde darauf verzichtet, eine quantitative Bewertung der Symptome vorzunehmen. Die Patienten weisen keineswegs immer Beeinträchtigungen in allen Symptomkategorien auf; sie unterscheiden sich teilweise sogar erheblich (Hyperaktivität oder Hypoaktivität).

Bezüglich der psychiatrischen Differenzialdiagnose bzw. Komorbidität erfolgte keine Ausformulierung von Fragen, da dies den Umfang des Interviews gesprengt hätte.

Interviewer: _____

Name: _____

Geburtsdatum: _____   Alter: _____

männlich   weiblich:
ledig   verheiratet   geschieden

Kinderzahl: _____ Alter der Kinder: _____

eigene Geschwister: _____

höchster Schulabschluss: _____

Berufsausbildung: _____

---

[1] Sie finden dieses Interview als PDF zum Ausdrucken unter www.schattauer.de/krause-2371.html.

A   Aktuelle Symptome und Beschwerden

Berichten Sie bitte, was Sie hierher geführt hat!

_____

_____

_____

_____

_____

_____

_____

_____

_____

Worin bestehen Ihre derzeitigen Beschwerden?

_____

_____

_____

_____

_____

_____

_____

_____

_____

Seit wann haben Sie diese Beschwerden?

_____

_____

_____

_____

_____

Nehmen Sie aktuell Medikamente?

_____

_____

_____

1 Haben Sie Probleme mit Aufmerksamkeit, Konzentration und Ablenkbarkeit?

Können Sie sich gut in Situationen konzentrieren, die für Sie wenig spannend sind?

_____

Lesen Sie gerne Bücher, die nichts mit Ihrem Beruf oder Hobby zu tun haben?

_____

Erinnern Sie sich noch an den Inhalt eben gelesener Texte, wenn Sie gezwungen sind, etwas zu lesen?

_____

Lesen Sie Gebrauchsanleitungen und halten sich an die dort gegebenen Anweisungen?

_____

Sind Sie bei großer Zeitnot leistungsfähiger?

_____

Fällt es Ihnen schwer, mehrere Fragen oder zu erledigende Aufgaben im Kopf zu behalten?

_____

Haben Sie Probleme, sich auf Gespräche einzulassen, wenn Sie das Thema langweilt?

_____

Müssen Sie immer auf Geräusche und Bewegungen in ihrer Umgebung reagieren?

Neigen Sie dazu, nachts zu arbeiten, weil Sie sich in der Stille besser konzentrieren können?

Fühlen Sie sich leicht von Geräuschen in Ihrer Umgebung gestört?

Sind Sie häufiger gern allein, um sich innerlich sortieren zu können?

Wenn Sie einen Einfall haben, müssen Sie dann sofort diesen Gedanken aussprechen, weil Sie sonst befürchten, Ihre Idee zu vergessen?

Fällt es Ihnen schwer, sich an gute Leistungen zu erinnern und sich damit für kommende Aufgaben zu motivieren?

Verlieren Sie unter Anspannung Ihr Ziel leicht aus den Augen?

Sind Sie in Stresssituationen besonders konzentriert?

Haben Sie immer mehr Zeit als Andere gebraucht, um sich auf eine Aufgabe vorzubereiten?

Nehmen Sie optische Reize im Vergleich zu Anderen vermehrt wahr?

Gilt das auch für Geruchsreize?

Sind Sie vermehrt berührungsempfindlich (z. B. raues Material, Etiketten, enge Kleidung)?

Vermeiden Sie intensive körperliche Nähe?

2   Haben Sie Probleme mit Organisation und Strukturierung Ihres Alltags?

Haben Sie Probleme, pünktlich zu sein?

Haben Sie ein Gefühl für den Arbeitsumfang, wenn Sie eine Aufgabe beginnen?

Können Sie vor Arbeitsbeginn einen Plan machen, wie die einzelnen Arbeitsschritte aufeinander folgen sollen?

Wenn Sie bei der Arbeit unterbrochen werden, können Sie dann sofort wieder zur aktuellen Aufgabe zurückkehren?

Können Sie nur dann eine Arbeit in Angriff nehmen, wenn es eigentlich schon zu spät ist?

Nehmen Sie stets die wichtigste Aufgabe zuerst in Bearbeitung?

Haben Sie oft das Gefühl, nie fertig zu werden?

Fangen Sie lieber eine neue Aufgabe an, bevor Sie die alte abgeschlossen haben?

Fällt es Ihnen schwer, mehrere Aufgaben gleichzeitig zu bearbeiten?

_____

Sieht es an Ihrem Arbeitsplatz (z. B. Schreibtisch, Werkstatt, Küche) chaotisch aus und haben Sie deshalb schon Probleme mit Partnern, Kollegen oder Arbeitgebern gehabt?

_____

Verlegen oder verlieren Sie öfters Dinge, wie z. B. den Schlüsselbund oder Ihr Handy?

_____

3   Sind Sie ein Mensch, der Bewegung liebt?

Unterbrechen Sie sitzende Tätigkeit häufiger, weil Sie sich in Ruhe unwohl fühlen?

_____

Können Sie generell schlecht entspannen?

_____

Ist es eine Qual für Sie, lange an einer Stelle sitzen zu müssen, z. B. bei Langstreckenflügen, im Kino oder in Konferenzen?

_____

Gehen Sie normalerweise zügig?

_____

Sind Sie häufig sportlich aktiv (z. B. Jogging, Fitnessübungen)?

_____

Fühlen Sie sich nach sportlicher Betätigung entspannter?

_____

Lieben Sie Risikosportarten wie Fallschirmspringen, Extremklettern, Paragliding, Bungee Jumping und Mountainbiking?

_____

Lieben Sie hohe Geschwindigkeiten beim Fahren?

_____

Fahren Sie gern Motorrad?

_____

Ist Ihnen aufgefallen, dass Sie oft mit den Füßen wippen oder die Beine um die Stühle wickeln?

_____

Trommeln Sie oft mit den Fingern auf dem Tisch oder der Stuhl- bzw. Sessellehne?

_____

Ist Ihre Schrift unleserlich?

_____

4   Suchen Sie die Ruhe und bewegen sich eher ungern?

Sind Sie ein Morgenmuffel?

_____

Brauchen Sie lange, um „in die Gänge" zu kommen?

_____

Neigen Sie dazu, sich in Stresssituationen zurückzuziehen?

_____

Würden Sie sich als bewegungsfaul bezeichnen?

_____

Waren Sie in der Schule immer bei den Letzten, die eine Aufgabe in Angriff genommen haben?

_____

Brauchen Sie mehr Ruhe als andere Menschen?

_____

Haben Sie häufig den Wunsch, sich auf das Sofa zu legen und zu träumen?

_____

**5   Wenn Sie sich selbst beurteilen, überwiegt bei Ihnen
        eine schlechte Selbsteinschätzung?**

Haben Sie das Gefühl, häufig versagt zu haben?

_____

Leiden Sie darunter, dass Ihre jetzige Tätigkeit nicht Ihrer eigentlichen Begabung entspricht?

_____

Haben Sie den Eindruck, dass Ihre Leistungen schlechter als die Anderer sind, obwohl dies möglicherweise gar nicht stimmt?

_____

Können Sie eine Aufgabe fertigstellen, wenn Sie feststellen, dass die bisherige Ausführung eigentlich nicht Ihren Ansprüchen genügt?

_____

Essen Sie aus Frust über sich zu viel?

_____

Machen Sie sich schnell Sorgen um Nebensächliches?

_____

Sind Sie häufig unmotiviert und können deshalb Ihrer Arbeit nicht nachgehen?

_____

Haben Sie sogar dann Selbstzweifel, wenn Sie zuvor gelobt worden sind?

_____

6   Gelten Sie als zu spontan?

Können Sie ruhig bleiben, wenn sie sich zu Unrecht angegriffen fühlen?

___

Verlieren sie ihre positive Arbeitseinstellung, wenn sie sich bevormundet fühlen?

___

Werden Sie – für Andere nicht nachvollziehbar – abrupt schnell wütend?

___

Fällt es ihnen schwer, Anderen nicht ins Wort zu fallen und nur zuzuhören?

___

Sind Sie sehr ungeduldig?

___

Haben Sie schon den gefüllten Einkaufswagen zur Seite gestellt, weil die Schlange an der Kasse zu lang war?

___

Neigen Sie im Zorn zu Handgreiflichkeiten?

___

Wurde gegen Sie wegen Tätlichkeiten polizeilich ermittelt?

___

Haben Sie öfters Probleme in der Partnerschaft oder am Arbeitsplatz, weil Sie die Kontrolle über sich verlieren?

___

Haben Sie öfters Verkehrsunfälle?

___

Wurden Sie öfters wegen Verkehrsdelikten polizeilich verwarnt?

___

Wurde Ihnen irgendwann schon einmal der Führerschein entzogen?

_____

Haben Sie häufiger Ihre Arbeitsstelle gewechselt, weil Sie auf Arbeitgeber oder Mitarbeiter wütend waren?

_____

Wurde Ihnen Ihre Arbeitsstelle wegen Ihres unkontrollierten Verhaltens schon einmal gekündigt?

_____

Reagieren Sie unter Druck mit heftigen Wutausbrüchen?

_____

7 Neigen Sie zu Schwankungen in Ihrem seelischen Befinden?

Leiden Sie häufig unter Stimmungsschwankungen im Verlauf des Tages?

_____

Ist Ihre Arbeitsfähigkeit hierdurch eingeschränkt?

_____

Wechseln sich bei Ihnen Phasen mit Hochgefühl und Phasen mit allgemeiner Unzufriedenheit und Lustlosigkeit sehr rasch ab?

_____

Hatten Sie schon einmal Gedanken an Selbstmord?

_____

B   Kindheitsanamnese

Gab es während der Schwangerschaft und/oder bei Ihrer Geburt Komplikationen?

_____

_____

Trank Ihre Mutter während der Schwangerschaft Alkohol?

_____

Rauchte Ihre Mutter während der Schwangerschaft mit Ihnen?

_____

Waren Sie ein „Schreibaby"?

_____

Haben Sie als Säugling unter so genannten Dreimonatskoliken gelitten?

_____

Welche Kinderkrankheiten hatten Sie?

_____

Wurden Sie in der Kindheit wegen einer neurologischen Krankheit behandelt?

_____

Waren Sie zunächst ein besonders lebhaftes Kind und hat sich dies irgendwann geändert?

_____

Haben Sie häufiger darunter gelitten, anders als andere Kinder zu sein, und haben Sie sich ausgeschlossen gefühlt?

_____

_____

Waren Sie ein „Unfallkind", das häufiger ärztlich versorgt werden musste?

_____

_____

Fühlten Sie sich in ihrem Elternhaus mit Ihren Problemen unverstanden?

_____

_____

Haben Sie längere Freundschaften mit gleichaltrigen Kindern aufrechterhalten können?

_____

Welche Rolle hatten Sie im Klassenverband (z. B. Klassenkasper)?

_____

_____

Mussten Sie die Schule wegen schlechter Leistungen wechseln?

_____

Hatten Sie Probleme, Anweisungen zu befolgen?

_____

Gab es öfters Eintragungen ins Klassenbuch?

_____

Haben sich Lehrer wegen Ihrer Probleme in der Schule an Ihre Eltern gewandt? Wenn ja, warum?

_____

_____

_____

Haben Sie öfter die Schule gewechselt? Wenn ja, warum?

_____

_____

_____

War in den Kopfnoten Ihrer Zeugnisse öfters davon die Rede, dass Sie sich besser zusammennehmen müssten, um den Unterricht nicht dauernd zu stören?

_____

Oder war es eher so, dass ein besseres Aufpassen und eine bessere Mitarbeit gefordert wurden?

Waren Sie ängstlich und zurückgezogen?

C   Ausbildungsweg und Beruf

Haben Sie weiterführende Schulen besucht?

In welchem Alter haben Sie Ihre Berufsausbildung begonnen?

Haben Sie die Ausbildung in der regulären Zeit abgeschlossen?

Haben Sie wegen einer Lese-Rechtschreib-Störung oder einer Rechenschwäche Probleme bei der Ausbildung gehabt?

Welche berufliche Tätigkeit üben Sie zur Zeit aus?

Konnten Sie sich in Ihrem Beruf weiterqualifizieren?

Erzielen Sie Ihr Einkommen mit Ihrem erlernten Beruf?

Haben Sie jemals finanzielle Schwierigkeiten gehabt?

Hatten Sie schon Kontakt mit Gerichtsvollzieher oder Inkassobüro?

Fehlen Sie wegen Ihrer Beschwerden häufiger am Arbeitsplatz?

_____

D   Familienanamnese

Haben Sie Kinder, bei denen die Diagnose einer ADHS gestellt wurde?

_____

Gibt es in Ihrer Familie Erfahrungen mit einer medikamentösen Behandlung der ADHS?

_____

Haben Sie Geschwister, die unter ähnlichen Problemen leiden?

_____

Gibt oder gab es bei Eltern, Großeltern und deren Geschwistern ähnliche Auffälligkeiten?

_____

Wird oder wurde jemand aus Ihrer Familie psychiatrisch behandelt?

_____

E   Familie, Freundeskreis, Partnerschaft (Sexualanamnese)

Wann hatten Sie die erste sexuelle Beziehung?

_____

Haben Sie mehrere Sexualpartner nebeneinander gehabt?

_____

Haben Sie häufige Sexualkontakte?

_____

Ist es zu frühen ungewollten Schwangerschaften gekommen?

Haben Sie häufig Beziehungen abgebrochen?

Haben Sie Probleme mit der Pünktlichkeit bei Verabredungen?

Haben Sie Schwierigkeiten, mit Anderen Vereinbarungen zu treffen?

Können Sie auf die Bedürfnisse des Partners Rücksicht nehmen?

Können Sie ruhig auf Kritik des Partners reagieren?

Engagieren Sie sich in Vereinen und verbringen dort viel Zeit?

F   Erfahrungen mit Medikamenten und Suchtmitteln

Wie hoch ist Ihr Alkoholkonsum pro Woche?

Rauchen Sie? Wenn ja, wie viele Zigaretten pro Tag?

Trinken Sie viel Kaffee, Tee oder Coca-Cola?

Essen Sie gern übermäßig viel Schokolade?

Nehmen Sie öfters Beruhigungs- oder Schlafmittel?

_____

Haben Sie Erfahrung mit illegalen Drogen (z. B. THC, Amphetamin, Ectasy, Kokain, LSD oder Heroin)?

_____

Neigen Sie zu übermäßiger Teilnahme an Glücksspielen?

_____

Verbringen Sie viel Zeit mit Computerspielen oder im Internet?

_____

Haben Sie Probleme bei Narkosen gehabt?

_____

G   Bisherige psychiatrische und psychotherapeutische Behandlungen

Waren Sie früher bereits in neurologischer, psychiatrischer oder psychotherapeutischer Behandlung (gegebenenfalls genaue Angaben)?

_____

_____

_____

H   Komorbide Störungen und Differenzialdiagnose

Leiden Sie unter Schlafstörungen?

_____

Wie ist Ihr Essverhalten?

_____

_____

_____

Leiden Sie unter Allergien?

_____

Ist bei Ihnen eine Störung der Schilddrüsenfunktion diagnostiziert worden?

_____

Sind sonstige internistische Erkrankungen bekannt?

_____

_____

Gibt es Hinweise auf:
Depression

_____

bipolare Störung

_____

Angststörung

_____

Zwangsstörung

_____

Borderline-Persönlichkeitsstörung

_____

Posttraumatische Belastungsstörung

_____

Störung aus dem Autismusspektrum

_____

Epilepsie

_____

Narkolepsie

Fibromyalgie

Chronic Fatigue Syndrom

Tourette-Störung?

Anhang 2

ADHS im Erwachsenenalter – Leitlinien auf der Basis eines Expertenkonsensus mit Unterstützung der DGPPN[1]

D. Ebert, J. Krause, C. Roth-Sackenheim (Hrsg.)[2]

I. Autoren der Leitlinie

Für die Leitlinienentwicklung sind die Mitglieder des Expertenkomitees verantwortlich. Es existieren keine finanziellen oder anderen Formen der Unterstützung durch Dritte.

II. Gründe für die Leitlinienentwicklung

Die Aufmerksamkeitsdefizit-/Hyperaktivitätsstörung (ADHS) beginnt im Kindesalter. Häufig, nach Verlaufsstudien in bis zu 80 %, persistieren einige oder alle Symp-

---

[1] Erschienen in: Nervenarzt 2003; 74: 939–946. Abdruck mit freundlicher Genehmigung des Springer Verlages, Heidelberg.

[2] Mitglieder des Expertenkomitees: M. Backmund (München), D. Ebert (Freiburg), R. Engel (München), B. Heßlinger (Freiburg), J. Krause (Ottobrunn), K.-H. Krause (München), R. Laufkötter (Regensburg), C. Neuhaus (Esslingen), M. Ohlmeier (Hannover), W. Paulus (Münster), W. Retz (Homburg/Saar), M. Rösler (Homburg/Saar), C. Roth-Sackenheim (Andernach), U. Schneider (Hannover), C. Schöchlin (München), G.-E. Trott (Aschaffenburg), M. Wey (Lauf)

tome ins Erwachsenenalter [8, 25]. Die Leitsymptome Aufmerksamkeitsstörung, Desorganisiertheit, Impulsivität, emotionale Instabilität, Hyperaktivität sind dann auch im Erwachsenenalter in altersspezifischer Form nachzuweisen und sind die Grundlage der Diagnose „ADHS im Erwachsenenalter" [7, 8, 25].

Eine adäquate Diagnose und Therapie der ADHS im Erwachsenenalter ist notwendiger Bestandteil der medizinischen Versorgung: Die Störung ist erstens häufig (im Kindesalter 4–5 %), und sie führt zweitens zu krankheitswertigen psychischen und sozialen (bis hin zu forensisch relevanten) Beeinträchtigungen. Sie ist drittens ein Risikofaktor für eine große Zahl von komorbiden anderen psychischen Störungen, v. a. Suchterkrankungen, affektiven Störungen, Angststörungen und Persönlichkeitsstörungen. Sie ist viertens suffizient therapierbar [8, 25].

Trotz dieser Bedeutung existieren keine Leitlinien für die Symptomerfassung, Diagnose und die Therapie der ADHS im Erwachsenenalter.

III.   Ziele der Leitlinie

Ziel dieser Leitlinie ist es, die Voraussetzungen für die Diagnose einer ADHS im Erwachsenenalter und die Mindestanforderungen für eine valide Diagnosestellung zu formulieren und die daraus abzuleitenden Therapien anzugeben.

Die Leitlinie richtet sich an alle Ärzte, die psychische Störungen kompetent diagnostizieren und behandeln können. Sie ist nicht gedacht als Screening-Instrument für eine Verdachtsdiagnose.

IV.   Diagnose der ADHS des Erwachsenenalters

1.   Grundlagen der Diagnostik

Die Diagnose einer ADHS im Erwachsenenalter ist eine „klinische Diagnose". Sie wird aufgrund eines Interviews mit dem Patienten und des darin erhobenen aktuellen psychopathologischen Befundes, der anamnestisch eruierbaren Symptome und des Verlaufs, gestellt.

Es wird empfohlen, ergänzend zum Interview zur strukturierten Erhebung und Erfassung der Symptome und zur Dokumentation Fragebögen einzusetzen.

Testpsychologische Untersuchungen können die diagnostische Sicherheit erhöhen.

Für die Diagnosestellung einer ADHS im Erwachsenenalter ist es notwendig, dass sowohl im Erwachsenenalter die Kriterien einer ADHS durchgehend erfüllt sind als auch in Kindheit und Jugend die Kriterien erfüllt waren [7, 8, 18].

Es gibt verschiedene Diagnosesysteme, in denen operationalisierte Diagnosekriterien einer ADHS angegeben sind. In den gängigen Diagnosesystemen DSM-IV [1] und ICD-10 [25] sind keine expliziten Kriterien für das Erwachsenenalter genannt. Explizit für das Erwachsenenalter formuliert sind die Wender-Utah-Kriterien [18]. In dieser Leitlinie wird kein Diagnosesystem präferiert. Es wird aber gefordert, dass bei der Diagnosestellung genannt wird, ob die Diagnose nach ICD-10- oder DSM-IV-Kriterien (s. S. 285 f., Anhang zu diesen Leitlinien) oder Wender-Utah-Kriterien (s. S. 288 ff., Anhang zu diesen Leitlinien) gestellt wurde.

2. Spezielle Inhalte des Interviews mit dem Patienten

A) Vollständige psychiatrische Untersuchung

Voraussetzung für die Diagnose ist eine komplette psychiatrische Untersuchung. Das bedeutet, der Untersucher muss seine Anamnese bezüglich anderen psychischen Störungen so erweitern, dass er auch zu allen anderen psychischen Störungen erklären kann, ob diese vorliegen, bzw. ob deren Kriterien erfüllt sind.

B) Erfassung von Differenzialdiagnosen und Komorbiditäten

Folgende differenzialdiagnostisch relevante oder komorbide Diagnosen müssen speziell berücksichtigt werden [7, 8, 18]:
* Substanzmissbrauch, -abhängigkeit
* Persönlichkeitsstörungen (v. a. dissozial, impulsiv bzw. emotional-instabil, ängstlich-selbstunsicher)
* Affektive Störungen (Depression oder Manie)
* Angststörungen
* Tic-Störungen, einschließlich Tourette-Störung
* Teilleistungsstörungen (z. B. Legasthenie, Dyskalkulie)
* Schlafstörungen

C) ADHS-spezifische Inhalte des Interviews

Zusätzlich sind folgende ADHS-spezifische Inhalte immer zu erfragen [7, 18]:
* Körperliche und intellektuelle Entwicklungsanamnese.
* Derzeitige und früher aufgetretene Symptome der ADHS (evtl. unter Benutzung einer Symptomcheckliste oder eines Selbstbeurteilungsbogens, siehe unten).
* Manifestation und Entwicklung der Symptome und hieraus resultierende frühere und aktuelle Beschwerden in den Bereichen Schule/Studium (Lernverhalten, Leistungsverhalten und Sozialverhalten, schulischer Werdegang mit psycholo-

gischen Beurteilungen aus der Schulzeit – falls verfügbar, Schulberichte über Lern- und Leistungsverhalten und Sozialverhalten, Testuntersuchungen, Abschlusszeugnisse und Beurteilungen), Ausbildungs- oder Arbeitsplatz, Familie, Freunde/Beziehungen/Freizeitverhalten.
- Familienanamnese bezüglich ADHS, Tic-Störungen, Substanzmissbrauch, Verhaltensstörungen, Persönlichkeitsstörungen, affektiven Störungen, Angststörungen, Entwicklungs- und Teilleistungsstörungen.

3. Ausschluss organischer psychischer Störungen

Die Symptome einer ADHS im Erwachsenenalter können durch internistische/neurologische Grunderkrankungen und psychotrope Substanzen verursacht werden. Der differenzialdiagnostische Ausschluss solcher Störungen ist deshalb notwendig.

A) Krankheitsanamnese hinsichtlich organischer Erkrankungen

Erfragt werden müssen:
- Internistische und neurologische Grunderkrankungen (v. a. Schilddrüsenerkrankungen, Anfallsleiden, Schädel-Hirntrauma, Schlaferkrankungen wie Narkolepsie, Schlafapnoe-Syndrom, Restless-legs-Syndrom).
- Medikamentöse Behandlungen, die als Ursache der Beschwerden angesehen werden können z. B.: Barbiturate, Antihistaminika, Theophyllin, Sympathikomimetika, Steroide, Neuroleptika, andere Psychopharmaka.
- Gebrauch psychotroper Substanzen.

B) Körperliche Untersuchung und somatische Zusatzdiagnostik

Ein internistischer und neurologischer Befund müssen erhoben werden.
Es wird als Zusatzdiagnostik eine Schilddrüsenuntersuchung und die Durchführung eines EEGs empfohlen. Bei Hinweisen auf eine organische Erkrankung sind weiterführende Zusatzuntersuchungen (z. B. ein Schädel-NMR) durchzuführen.

4. Interview mit wichtigen Vertrauenspersonen und/oder Eltern

Falls möglich sollen Interviews mit Partnern zur aktuellen Symptomatik und Eltern zur früheren Symptomatik durchgeführt werden. Es sollten die gleichen Inhalte wie beim Interview mit dem Patienten abgefragt werden. Es wird empfohlen, zusätzlich standardisierte Beurteilungsskalen von aktuellen Bezugspersonen ausfüllen zu lassen (z. B. Conners-Skala [3]).

5.   Standardisierte Untersuchungsinstrumente

Folgende Symptomchecklisten bzw. Selbstbeurteilungsfragebögen können angewandt werden:
* Für die Beurteilung der Symptome in der Kindheit: Wender-Utah-Rating-Skala [8, 15a, 15b, 18].
* Für die Beurteilung der aktuellen Symptomatik: Conners-Skala [3] und/oder Brown-Skala (2), modifizierte Symptomcheckliste nach DSM-IV [1].

6.   Testpsychologische Untersuchungen

Testpsychologische Untersuchungen können gegebenenfalls zur Sicherung der Diagnose beitragen, eine individuelle Diagnose ist aber aufgrund eines Testwertes nicht möglich. Testpsychologische Untersuchungen können auch zur Planung und Überprüfung der Therapie eingesetzt werden. Folgende testpsychologische Untersuchungsmethoden werden vorgeschlagen: IQ-Messung (z. B. HAWIE-R), neuropsychologische Tests zu Aufmerksamkeit und Exekutivfunktionen (z. B. Testbatterie zur Aufmerksamkeitsprüfung (TAP), Wisconsin Card Sorting Test, Category Test, Continuous Performance Task), sowie im Einzelfall Tests für spezielle Begabungen und Tests für Teilleistungsstörungen zur Komplettierung der Diagnostik.

V.   Therapie der ADHS im Erwachsenenalter

1.   Grundlagen der Therapieempfehlungen

Die Therapieempfehlungen gründen auf publizierten Therapiestudien [4, 5, 9–14, 17–24] (s. Tab. A-1) und der Expertenmeinung der Autoren. Studien wurden computerisiert in Medline 1985–2002 mit den Suchbegriffen „adult ADD/ADHD und Therapy/Pharmacotherapy/Psychotherapy" und in der Cochrane Library auf der Basis von Metaanalysen gesucht. Wenn für eine Therapieform randomisierte und/ oder doppelblinde Studien publiziert wurden, wurden nur diese weiter von den Ex-

Tab. A-1 Kontrollierte Doppelblindstudien zur medikamentösen Behandlung der ADHS im Erwachsenenalter in chronologischer Reihenfolge (PRS = Parents Rating Scale [s. 8], CAARS = Conners' Adult ADHD Rating Scales [3]), modifiziert nach Krause u. Krause [7]).

Studie	Studiendesign	Substanz	mittlere Tagesdosis	Pat. zahl	mittleres Alter	Dauer	Responder	Bemerkungen
Wood et al. [23]	Crossover	Methylphenidat	27 mg	11	28	4 Wochen	73 %	keine Angaben zu Placebo-Respondern, aber deutlicher statist. Unterschied (p < 0,001)
Wender et al. [16]	Parallel	Pemolin	65 mg	48	28	6 Wochen	47 % Placebo: 4 %	gute Wirkung nur bei PRS > 12
Mattes et al. [10]	Crossover	Methylphenidat	48 mg	26	32	6 Wochen	25 %, keine signifikanten Unterschiede zu Placebo	Patienten mit psychiatrischer Komorbidität
Wender et al. [17]	Crossover	Methylphenidat	43 mg	37	31	5 Wochen	57 % Placebo: 11 %	signif. gegen Placebo nur bei PRS > 12
Gualtieri et al. [5]	Crossover	Methylphenidat	42 mg	8	28	2 Wochen	Keine Angabe	alle Symptome gebessert, signifikant nur für Daueraufmerksamkeitstest
Wood et al. [24]	Crossover	Phenylalanin	587 mg	13	28	2–4 Wochen	46 % Placebo: 15 %	Effekt nur initial, Wirkungsverlust innerhalb von 3 Monaten
Spencer et al. [12]	Crossover	Methylphenidat	30–100 mg 0,5, 0,75, 1 mg/kg	23	40	7 Wochen	78 % Placebo: 4 %	Responderrate dosisabhängig

Tab. A-1 Kontrollierte Doppelblindstudien zur medikamentösen Behandlung der ADHS im Erwachsenenalter in chronologischer Reihenfolge (PRS = Parents Rating Scale [s. 8], CAARS = Conners' Adult ADHD Rating Scales [3]), modifiziert nach Krause u. Krause [7]). *(Fortsetzung)*

Studie	Studiendesign	Substanz	mittlere Tagesdosis	Pat. zahl	mittleres Alter	Dauer	Responder	Bemerkungen
Levin et al. [9]	Crossover	Nikotinpflaster	21 mg/d (Raucher), 7 mg/d (Nichtraucher)	6 Raucher, 11 Nicht-raucher	35	4,5 Stunden (mindestens 4 Tage Abstand)	50 % Placebo: 6 %	auch bei Nichtrauchern signifikanter Effekt
Wilens et al. [19]	Parallel	Desipramin	147 mg	41	37	6 Wochen	68 % Placebo: 0 %	Dosis ohne Beziehung zur Wirksamkeit
Spencer et al. [13]	Crossover	Tomoxetin	76 mg	21	34	3 Wochen	52 % Placebo: 10 %	mehrfach Schlafstörungen, sonst gute Verträglichkeit
Wilens et al. [21]	Crossover	Pemolin	148 mg	27	40	10 Wochen	50 % Placebo: 17 %	mäßige Wirkung, kein Effekt in Aufmerksamkeitstests
Wilens et al. [20]	Crossover	ABT-418 (Niko-tin-Rezeptor-Agonist)	75 mg	29	40	7 Wochen	40 % Placebo: 13 %	bessere Wirksamkeit bei weniger schwer betroffenen Pat.
Paterson et al. [11]	Parallel	d-Amphetamin	1–7 Tabl	45	36	6 Wochen	58 % Placebo: 10 %	Gewichtsverlust, Schlafstörun-gen und Mundtrockenheit als Nebenwirkungen
Wilens et al. [22]	Parallel	Bupropion	200 mg	40	38	6 Wochen	52 % Placebo: 11 %	gute Verträglichkeit
Spencer et al. [14]	Crossover	Amphetamin-Salze (Adderall®)	60 mg	27	38	7 Wochen	67 % Placebo: 4 %	gute Verträglichkeit bis auf Appetitminderung
Dorrego et al. [4]	Crossover	Lithium vs. Methylphenidat	Lithium bis 1200 mg/d Methylphenidat bis 40 mg/d	32	25	18 Wochen	Lithium 37 % Methylphenidat 48 %	Wirksamkeit definiert als Reduktion > 30 % in CAARS

perten beurteilt (dies galt für den Bereich der Pharmakotherapie in der Akutphase). Waren für eine Therapieform keine solchen Studien veröffentlicht, wurden nur die mit der höchsten Evidenzstufe (nach AZQ) beurteilt (dies galt für die Psychotherapie). Aus den so selektierten Studien wurden schließlich nur die empfohlen bzw. es wurden Therapien 1. Wahl ausgewählt, die nach Expertenkonsens wirksam sind. Waren zu Therapieformen bisher keine aussagekräftigen Studien publiziert, wurde nur die Expertenmeinung berücksichtigt und mit Evidenzstufe IV bewertet (dies galt für Kombinationstherapien und Langzeittherapien).

Einteilung der Evidenz-Stärken

Ia	Evidenz aufgrund von Metaanalysen randomisierter, kontrollierter Studien
Ib	Evidenz aufgrund mindestens einer randomisierten, kontrollierten Studie
IIa	Evidenz aufgrund mindestens einer gut angelegten, kontrollierten Studie ohne Randomisierung
IIb	Evidenz aufgrund mindestens einer gut angelegten, kontrollierten quasi experimentellen Studie
III	Evidenz aufgrund gut angelegter, nicht experimenteller deskriptiver Studien
IV	Evidenz aufgrund von Berichten/ Meinungen von Expertenkreisen, Konsensus-Konferenzen und/oder klinischer Erfahrung anerkannter Autoritäten

Einteilung der Empfehlungs-Stärken

A	direkt abgeleitet aus Evidenz der Kategorie I
B	direkt abgeleitet aus Evidenz der Kategorie II oder extrapoliert aus Evidenz der Kategorie I
C	direkt abgeleitet aus Evidenz der Kategorie III oder extrapoliert aus Evidenz der Kategorien I oder II
D	direkt abgeleitet aus Evidenz der Kategorie IV oder extrapoliert aus Evidenz der Kategorien I, II oder III

2.   Behandlungsplan

A)   Beginn einer Behandlung

Aus der Diagnose einer ADHS im Erwachsenenalter leitet sich noch keine Behandlungsnotwendigkeit bzw. eine bestimmte Art der Behandlung ab. Die Entscheidung für eine Behandlung bzw. die Wahl einer spezifischen Behandlung ist abhängig vom Ausprägungsgrad einer ADHS, von den psychischen und den sozialen Beeinträchtigungen sowie der Relevanz der Symptome im Kontext vorhandener Ressourcen. Die Frage, wann eine Behandlung begonnen werden soll, d.h. bei welchem Schwere- und/oder Beeinträchtigungsgrad, ist nicht wissenschaftlich untersucht. Es ist auch nicht wissenschaftlich untersucht, ob eine Behandlung der ADHS im Erwachsenenalter die Entwicklung komorbider psychischer Störungen verhindern und das Risiko einer Chronifizierung vermindern kann.

Es wird empfohlen (mit Evidenzstufe IV, Empfehlungsgrad D), eine Behandlung spätestens dann zu beginnen, wenn in einem Lebensbereich ausgeprägte Störungen oder in mehreren Lebensbereichen leichte Störungen oder krankheitswertige, beeinträchtigende psychische Symptome bestehen und diese eindeutig auf eine ADHS zurückgeführt werden können.

Hierzu sollte deswegen vor Behandlungsbeginn erfasst werden:

- Hauptsymptomatik und Grad der Beeinträchtigung durch diese.
- Überprüfung der verschiedenen Funktionsebenen „Ausbildung oder Beruf, Alltag, Emotionale Anpassungsfähigkeit, Familiäre Beziehungen, Sozialverhalten".

Bei komorbiden Störungen richtet sich die Therapie immer auch auf die komorbide Störung und nach den oben genannten Kriterien auf die ADHS. Studien zur differenzierten Therapie beim Vorliegen komorbider Störungen sind nötig.

Aufklärung des Patienten, seines Partners und/oder anderer wichtiger Bezugspersonen über das Krankheitsbild und Beratung zu beruflicher Situation und Verhaltensregeln sind unabhängig von der Entscheidung zu einer spezifischen Therapie immer notwendig [7, 8, 18].

B) Auswahl einer spezifischen Behandlung

Behandlungsoptionen sind pharmakologische Therapien (B1) und psychotherapeutische Therapien (B2).

zu B1:

Für folgende Therapien sind randomisierte und/oder placebokontrollierte doppelblinde Studien mit Wirksamkeitsnachweis publiziert (s. Tab. A-1): Stimulanzien [4, 5, 10 –12, 14, 16, 17, 21, 23], trizyklische Antidepressiva mit ausgeprägtem noradrenergen Wirkmechanismus [19], Lithium [4], andere Antidepressiva (Atomoxetin, Bupropion) [13, 22], Phenylalanin [24], Nikotinpflaster [9] und Nikotin-Rezeptor-Agonisten [20].

Die Stimulanzienbehandlung mit Methylphenidat wird von den Autoren bei den gegebenen Optionen mit der Evidenzstufe 1 B (Empfehlungsgrad A) als wirksam bewertet und als medikamentöse Therapie 1. Wahl empfohlen. Die anderen pharmakologischen Therapien sind nach Expertenkonsens aufgrund des Nebenwirkungsprofiles oder geringerer oder fehlender Wirksamkeit bzw. nicht ausreichender Datenlage in der klinischen Praxis 2. Wahl oder nicht empfehlenswert (Evidenzstufe IV, Empfehlungsgrad D).

zu B2:

Zur Psychotherapie sind keine kontrollierten Studien bei Erwachsenen publiziert. Es sind nur gut angelegte Vergleichsstudien publiziert, die die Wirksamkeit von solchen

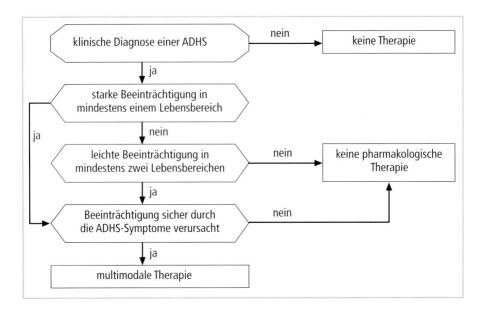

Einzel- und Gruppentherapien zeigen, die mit Elementen arbeiten, die störungsspezifisch auf die ADHS-Symptomatik ausgerichtet sind [6].

Es kann deswegen nur mit Evidenzstufe III (Empfehlungsgrad D) empfohlen
werden, störungsspezifisch für eine ADHS-Symptomatik entwickelte Elemente in
einer Psychotherapie anzuwenden, wie die Erfahrungen mit der Behandlung im
Kindesalter zeigen.

Es gibt keine wissenschaftlichen Erkenntnisse, wann Pharmakotherapien oder
Psychotherapien alleine oder in Kombination durchgeführt werden sollen. Obwohl
nur für die Pharmakotherapie eine Effizienz ausreichend (Evidenzstufen I oder II,
Empfehlungsgrad A) nachgewiesen wurde, der Nachweis einer höheren Effizienz einer Kombinationstherapie nicht publiziert ist, wird empfohlen (Evidenzstufe IV,
Empfehlungsgrad D), beide Therapieverfahren zu kombinieren: Manche Symptome
sind einer Pharmakotherapie (z.B. Organisationsverhalten, Verhalten in Beziehungen), andere sind einer Psychotherapie weniger zugänglich (z.B. Aufmerksamkeit, emotionale Instabilität).

Monotherapien sollten begründet werden durch eine erforderliche oder gewünschte Schwerpunktbildung in der therapeutischen Behandlung in Bezug auf
Hauptsymptomatik und beim Patienten vorhandene Ressourcen.

C)   Dauer und Beendigung einer Behandlung

Es existieren keine publizierten Daten zu Effekten und Nebenwirkungen einer medikamentösen oder psychotherapeutischen Langzeittherapie. Alle Untersuchungen
umfassen kurze Zeiträume von wenigen Wochen. Im untersuchten Zeitraum wurden keine kontrollierten Studien zur Frage publiziert, ob Methylphenidat das Risiko

einer Abhängigkeit von psychotropen Substanzen erhöht oder erniedrigt und als Substanz gehäuft missbraucht wird. Kontrollierte Studien sind erforderlich.

Nach klinischer Erfahrung sollte eine begonnene Therapie bis zum Eintritt einer Symptombesserung auf mehreren Ebenen durchgeführt und anschließend beibehalten werden. Die Notwendigkeit einer Pharmakotherapie kann nach Besserung oder Remission durch Absetzversuche, die Psychotherapie durch veränderte Therapieintervalle überprüft werden (Evidenzstufe IV, Empfehlungsgrad D).

Anhang zu den Leitlinien

Diagnostische Leitlinien der Hyperkinetischen Störungen nach ICD-10 (25)

Die Kardinalsymptome sind
* beeinträchtige Aufmerksamkeit und
* Überaktivität.

Für die Diagnose sind beide notwendig und beides sollte in mehr als einer Situation (z. B. zu Hause, im Klassenraum, in der Klinik) vorkommen.

Die beeinträchtigte Aufmerksamkeit zeigt sich darin, dass Aufgaben vorzeitig abgebrochen und Tätigkeiten nicht beendet werden. Die Kinder wechseln häufig von einer Aktivität zur anderen, wobei sie anscheinend das Interesse an einer Aufgabe verlieren, weil sie zu einer anderen hin abgelenkt werden (wenn auch Laboruntersuchungen nicht regelmäßig ein ungewöhnliches Ausmaß an sensorischer oder perzeptiver Ablenkbarkeit zeigen). Diese Defizite in Aufmerksamkeit und Ausdauer sollten nur dann diagnostiziert werden, wenn sie im Verhältnis zum Alter und Intelligenzniveau des Kindes sehr stark ausgeprägt sind.

Überaktivität bedeutet exzessive Ruhelosigkeit, besonders in Situationen, die relative Ruhe verlangen. Situationsabhängig kann sie sich im Herumlaufen oder Herumspringen äußern, im Aufstehen, wenn dazu aufgefordert wurde, sitzenzubleiben, in ausgeprägter Redseligkeit und Lärmen oder im Wackeln und Zappeln. Beurteilungsmaßstab sollte sein, dass die Aktivität im Verhältnis zu dem, was in der gleichen Situation von gleichaltrigen Kindern mit gleicher Intelligenz zu erwarten wäre, extrem ausgeprägt ist. Dieses Verhaltensmerkmal zeigt sich am deutlichsten in strukturierten und organisierten Situationen, die ein hohes Maß an eigener Verhaltenskontrolle fordern.

Die folgenden Begleitmerkmale sind für die Diagnose nicht notwendig, stützen sie jedoch:
* Distanzlosigkeit in sozialen Beziehungen
* Unbekümmertheit in gefährlichen Situationen

- impulsive Missachtung sozialer Regeln (sie äußern sich in Einmischung in oder Unterbrechung von Aktivitäten anderer oder vorschnellem Beantworten noch nicht vollständig gestellter Fragen oder in der Schwierigkeit zu warten, bis man an der Reihe ist).

Lernstörungen und motorische Ungeschicklichkeit treten mit großer Häufigkeit auf und sollten, wenn vorhanden, getrennt verschlüsselt werden. Bestandteil der eigentlichen Diagnose der hyperkinetischen Störung sollten sie jedoch nicht sein.

Symptome einer Störung des Sozialverhaltens sind weder Ein- noch Ausschlusskriterien für die Hauptdiagnose. Diese Störung bildet jedoch die Basis für die Hauptunterteilung der hyperkinetischen Störung.

Die charakteristischen Verhaltensprobleme sollen früh (vor dem 6. Lebensjahr) begonnen haben und von längerer Dauer sein. Wegen der breiten Variation der Norm ist Hyperaktivität vor dem Schulalter schwierig zu erkennen. Bei Vorschulkindern soll nur ein extremes Ausmaß zu dieser Diagnose führen.

Auch im Erwachsenenalter kann die Diagnose eines hyperkinetischen Syndroms gestellt werden. Die Kriterien sind dieselben, jedoch müssen Aufmerksamkeit und Aktivität anhand entwicklungsmäßig angemessener Normen beurteilt werden. Wenn eine hyperkinetische Störung in der Kindheit bestand, aber nicht mehr nachweisbar ist, ihr jedoch eine andere Störung, wie etwa eine dissoziale Persönlichkeitsstörung oder ein Substanzmissbrauch folgte, dann ist die augenblickliche Störung und nicht die anamnestisch bekannte zu verschlüsseln.

Diagnostische Kriterien der Aufmerksamkeitsdefizit-/ Hyperaktivitätsstörung nach DSM-IV (1)

A.   Entweder Punkt (1) oder Punkt (2) müssen zutreffen.

(1) sechs (oder mehr) der folgenden Symptome von Unaufmerksamkeit sind während der letzten sechs Monate beständig in einem mit dem Entwicklungsstand des Kindes nicht zu vereinbarenden und unangemessenen Ausmaß vorhanden gewesen:
- Unaufmerksamkeit
  (a) beachtet häufig Einzelheiten nicht oder macht Flüchtigkeitsfehler bei den Schularbeiten, bei der Arbeit oder bei anderen Tätigkeiten,
  (b) hat oft Schwierigkeiten, längere Zeit die Aufmerksamkeit bei Aufgaben oder beim Spielen aufrechtzuerhalten,
  (c) scheint häufig nicht zuzuhören, wenn andere ihn/sie ansprechen,
  (d) führt häufig Anweisungen anderer nicht vollständig durch und kann Schularbeiten, andere Arbeiten oder Pflichten am Arbeitsplatz nicht zu Ende brin-

gen (nicht aufgrund oppositionellen Verhaltens oder Verständnisschwierig-
keiten),

(e) hat häufig Schwierigkeiten, Aufgaben und Aktivitäten zu organisieren,

(f) vermeidet häufig, hat eine Abneigung gegen oder beschäftigt sich häufig nur
widerwillig mit Aufgaben, die längerandauernde geistige Anstrengungen er-
fordern (wie Mitarbeit im Unterricht oder Hausaufgaben),

(g) verliert häufig Gegenstände, die er/sie für Aufgaben oder Aktivitäten benötigt (z. B. Spielsachen, Hausaufgabenhefte, Stifte, Bücher oder Werkzeug),

(h) lässt sich öfter durch äußere Reize leicht ablenken,

(i) ist bei Alltagstätigkeiten häufig vergesslich;

(2) sechs (oder mehr) der folgenden Symptome der Hyperaktivität und Impulsivität
sind während der letzten sechs Monate beständig in einem mit dem Entwicklungsstand des Kindes nicht zu vereinbarenden und unangemessenen Ausmaß
vorhanden gewesen:

- Hyperaktivität

(a) zappelt häufig mit Händen oder Füßen oder rutscht auf dem Stuhl herum,

(b) steht in der Klasse oder in anderen Situationen, in denen Sitzenbleiben erwartet wird, häufig auf,

(c) läuft häufig herum oder klettert exzessiv in Situationen, in denen dies unpas-
send ist (bei Jugendlichen oder Erwachsenen kann dies auf ein subjektives
Unruhegefühl beschränkt bleiben),

(d) hat häufig Schwierigkeiten, ruhig zu spielen oder sich mit Freizeitaktivitäten
ruhig zu beschäftigen,

(e) ist häufig „auf Achse" oder handelt oftmals, als wäre er/sie „getrieben",

(f) redet häufig übermäßig viel;

- Impulsivität

(g) platzt häufig mit den Antworten heraus, bevor die Frage zu Ende gestellt
ist,

(h) kann nur schwer warten, bis er an der Reihe ist,

(i) unterbricht und stört andere häufig (platzt z. B. in Gespräche oder in Spiele
anderer hinein).

B.   Einige Symptome der Hyperaktivität/Impulsivität oder
Unaufmerksamkeit, die Beeinträchtigungen verursachen,
treten bereits vor dem Alter von sieben Jahren auf.

C.   Beeinträchtigungen durch diese Symptome zeigen sich
in zwei oder mehr Bereichen (z. B. in der Schule bzw.
am Arbeitsplatz und zu Hause).

D.   Es müssen deutliche Hinweise auf klinisch bedeutsame
       Beeinträchtigungen der sozialen, schulischen oder
       beruflichen Funktionsfähigkeit vorhanden sein.

E.   Die Symptome treten nicht ausschließlich im Verlauf einer
       tiefgreifenden Entwicklungsstörung, Schizophrenie oder
       einer anderen psychotischen Störung auf und können auch
       nicht durch eine andere psychische Störung besser erklärt
       werden (z. B. affektive Störung, Angststörung, dissoziative
       Störung oder eine Persönlichkeitsstörung).

Kodiere je nach Subtypus:
314.01 (F90.0) Aufmerksamkeitsdefizit-/Hyperaktivitätsstörung, Mischtypus: liegt
vor, wenn die Kriterien A1 und A2 während der letzten sechs Monate erfüllt waren.
314.00 (F98.8) Aufmerksamkeitsdefizit-/Hyperaktivitätsstörung, Vorwiegend Unaufmerksamer Typus: liegt vor, wenn Kriterium A1, nicht aber Kriterium A2 während der letzten sechs Monate erfüllt war.
       314.01 (F90.1) Aufmerksamkeitsdefizit-/Hyperaktivitätsstörung, Vorwiegend
Hyperaktiv-Impulsiver Typus: liegt vor, wenn Kriterium A2, nicht aber Kriterium
A1 während der letzten sechs Monate erfüllt war.
       Kodierhinweise: Bei Personen (besonders Jugendlichen und Erwachsenen), die
zum gegenwärtigen Zeitpunkt Symptome zeigen, aber nicht mehr alle Kriterien erfüllen, wird „Teilremittiert" spezifiziert.

Wender-Utah-Kriterien der Aufmerksamkeitsdefizit-/ Hyperaktivitätsstörung im Erwachsenenalter (18)

Verlangt für eine sichere Diagnose im Erwachsenenalter werden Aufmerksamkeitsschwäche und Hyperaktivität neben zwei der unter den Punkten 3–7 aufgeführten
Charakteristika.

1.   Aufmerksamkeitsstörung:
Gekennzeichnet durch das Unvermögen, Gesprächen aufmerksam zu folgen, erhöhte Ablenkbarkeit (andere Stimuli können nicht herausgefiltert werden), Schwierigkeiten, sich auf schriftliche Dinge oder Aufgaben zu konzentrieren, Vergesslichkeit, häufiges Verlieren oder Verlegen von Gegenständen wie Autoschlüssel, Geld-
beutel oder der Brieftasche.

2. Motorische Hyperaktivität:

Charakterisiert durch das Gefühl innerer Unruhe, Unfähigkeit, sich zu entspannen, „Nervosität" (i.S. eines Unvermögens, sich entspannen zu können – nicht antizipatorische Ängstlichkeit), Unfähigkeit, sitzende Tätigkeiten durchzuhalten, z.B. am Tisch still sitzen, Spielfilme im Fernsehen ansehen, Zeitung lesen, stets „auf dem Sprung" sein, dysphorische Stimmungslagen bei Inaktivität.

3. Affektlabilität:

Diese charakteristische Stimmungsstörung wird nicht in DSM-IV beschrieben. Sie bestand gewöhnlicherweise schon vor der Adoleszenz, gelegentlich schon so lange, wie sich der Patient erinnern kann. Gekennzeichnet ist sie durch Wechsel zwischen normaler und niedergeschlagener Stimmung sowie leichtgradiger Erregung. Die niedergeschlagene Stimmungslage wird vom Patienten häufig als Unzufriedenheit oder Langeweile beschrieben. Die Stimmungswechsel dauern Stunden bis maximal einige Tage (hat das Verhalten bereits zu ernsthaften oder anhaltenden Schwierigkeiten geführt, können sie sich ausdehnen). Im Gegensatz zur „major depression" (endogene Depression) finden sich kein ausgeprägter Interessenverlust oder somatische Begleiterscheinungen. Die Stimmungswechsel sind stets reaktiver Art, deren auslösende Ereignisse zurückverfolgt werden können. Gelegentlich treten sie aber auch spontan auf.

4. Desorganisiertes Verhalten:

Aktivitäten werden unzureichend geplant und organisiert. Gewöhnlich schildern die Patienten diese Desorganisation in Zusammenhang mit der Arbeit, der Haushaltsführung oder mit schulischen Aufgaben. Aufgaben werden häufig nicht zu Ende gebracht, die Patienten wechseln planlos von einer Aufgabe zur nächsten und lassen ein gewisses „Haftenbleiben" vermissen. Unsystematische Problemlösestrategien liegen vor, daneben finden sich Schwierigkeiten in der zeitlichen Organisation und Unfähigkeit, Zeitpläne oder Termine einzuhalten.

5. Affektkontrolle:

Der Patient (und sein Partner) berichten von andauernder Reizbarkeit, auch aus geringem Anlass, verminderter Frustrationstoleranz und Wutausbrüchen. Gewöhnlich sind die Wutanfälle nur von kurzer Dauer. Eine typische Situation ist die erhöhte Reizbarkeit im Straßenverkehr im Umgang mit anderen Verkehrsteilnehmern. Die mangelhafte Affektkontrolle wirkt sich nachteilig auf Beziehungen zu Mitmenschen aus.

6.   Impulsivität:

Einfache Formen hiervon sind Dazwischenreden, Unterbrechen anderer im Gespräch, Ungeduld, impulsiv ablaufende Einkäufe, und das Unvermögen, Handlungen im Verlauf zu protrahieren, ohne dabei Unwohlsein zu empfinden.

7.   Emotionale Überreagibilität:

Der Patient ist nicht in der Lage, adäquat mit alltäglichen Stressoren umzugehen, sondern reagiert überschießend oder ängstlich. Die Patienten beschreiben sich selbst häufig als schnell „belästigt" oder gestresst.

Literatur

[1]   American Psychiatric Association (1996) Diagnostisches und Statistisches Manual Psychischer Störungen. DSM-IV. Hogrefe, Göttingen-Bern-Toronto-Seattle

[2]   Brown TE (1996) Brown attention deficit disorder scales. The Psychological Corporation, San Antonio, TX

[3]   Conners CK, Erhardt D, Sparrow E (1999) Conners´ Adult ADHD Rating Scales (CAARS). Multi-Health Systems, North Tonawanda, NY

[4]   Dorrego MF, Canevaro L, Kuzis G, Sabe L, Starkstein SE (2002) A randomized, double-blind, crossover study of methylphenidate and lithium in adults with attentiondeficit/hyperactivity disorder: preliminary findings. J Neuropsychiatry Clin Neurosci 14: S. 289–295

[5]   Gualtieri CT, Ondrusek MG, Finley C (1985) Attention deficit disorders in adults. Clin Neuropharmacol 8: S. 343–356

[6]   Heßlinger B, Tebartz van Elst L, Nyberg E, Dykierek P, Richter H, Berner M, Ebert D (2002) Psychotherapy of ADHD in adults. Eur Arch Psychiatry Clin Neurosci 252: S. 177–184

[7]   Krause J, Krause KH (2003) ADHS im Erwachsenenalter. Die Aufmerksamkeitsdefizit-/Hyperaktivitätsstörung bei Erwachsenen. Schattauer, Stuttgart-New York

[8]   Krause KH, Krause J, Trott GE (1998) Das hyperkinetische Syndrom (Aufmerksamkeitsdefizit-/Hyperaktivitätsstörung) im Erwachsenenalter. Nervenarzt 69: S. 543–556

[9]   Levin ED, Conners CK, Sparrow E, Hinton SC, Erhardt D, Meck WH, Rose JE, March J (1996) Nicotine effects on adults with attention-deficit/hyperactivity disorder. Psychopharmacology (Berl) 123: S. 55–63

[10] Mattes JA, Boswell L, Oliver H (1984) Methylphenidate effects on symptoms of attention deficit disorder in adults. Arch Gen Psychiatry 41: S. 1059–1063

[11] Paterson R, Douglas C, Hallmayer J, Hagan M, Krupenia Z (1999) A randomised, double-blind, placebo-controlled trial of dexamphetamine in adults with attention deficit hyperactivity disorder. Aust N Z J Psychiatry 33: S. 494–502

[12] Spencer T, Wilens T, Biederman J, Faraone SV, Ablon JS, Lapey K (1995) A double-blind, crossover comparison of methylphenidate and placebo in adults with childhood-onset attention-deficit hyperactivity disorder. Arch Gen Psychiatry 52: S. 434–443

[13] Spencer T, Biederman J, Wilens T, Prince J, Hatch M, Jones J, Harding M, Faraone SV, Seidman L (1998) Effectiveness and tolerability of tomoxetine in adults with attention deficit hyperactivity disorder. Am J Psychiatry 155: S. 693–695

[14] Spencer T, Biederman J, Wilens T, Faraone S, Prince J, Gerard K, Doyle R, Parekh A, Kagan J, Bearman SK (2001) Efficacy of a mixed amphetamine salts compound in adults with attention-deficit/hyperactivity disorder. Arch Gen Psychiatry 58: S. 775–782

[15] Ward MF, Wender PH, Reimherr FW (1993) The Wender Utah Rating Scale: an aid in the retrospective diagnosis of childhood attention deficit hyperactivity disorder. Am J Psychiatry 150: S. 885–890

[16] Retz-Junginger P, Retz W, Blocher D, Weijers H-G, Trott GE, Wender PH, Rösler M (2002) Wender Utah Rating Scale (WURS-k). Die deutsche Kurzform zur retrospektiven Erfassung des hyperkinetischen Syndroms bei Erwachsenen. Nervenarzt 73: 830–833

[17] Wender PH, Reimherr FW, Wood DR (1981) Attention deficit disorder (,minimal brain dysfunction') in adults. A replication study of diagnosis and drug treatment. Arch Gen Psychiatry 38: S. 449–456

[18] Wender PH, Reimherr FW, Wood D, Ward M (1985) A controlled study of methylphenidate in the treatment of attention deficit disorder, residual type, in adults. Am J Psychiatry 142: S. 547–552

[19] Wender PH (1995) Attention-deficit hyperactivity disorder in adults. Oxford University Press, New York-Oxford

[20] Wilens TE, Biederman J, Prince J, Spencer TJ, Faraone SV, Warburton R, Schleifer D, Harding M, Linehan C, Geller D (1996) Six-week, double-blind, placebo-controlled study of desipramine for adult attention deficit hyperactivity disorder. Am J Psychiatry 153: S. 1147–1153

[21] Wilens TE, Biederman J, Spencer TJ, Bostic J, Prince J, Monuteaux MC, Soriano J, Fine C, Abrams A, Rater M, Polisner D (1999) A pilot controlled clinical trial of ABT-418, a cholinergic agonist, in the treatment of adults with attention deficit hyperactivity disorder. Am J Psychiatry 156: S. 1931–1937

[22] Wilens TE, Biederman J, Spencer TJ, Frazier J, Prince J, Bostic J, Rater M, Soriano J, Hatch M, Sienna M, Millstein RB, Abrantes A (1999) Controlled trial of high doses of pemoline for adults with attention-deficit/hyperactivity disorder. J Clin Psychopharmacol 19: S. 257–264

[23] Wilens TE, Spencer TJ, Biederman J, Girard K, Doyle R, Prince J, Polisner D, Solhkhah R, Comeau S, Monuteaux MC, Parekh A (2001) A controlled clinical trial of bupropion for attention deficit hyperactivity disorder in adults. Am J Psychiatry 158: S. 282–288

[24] Wood DR, Reimherr FW, Wender PH, Johnson GE (1976) Diagnosis and treatment of minimal brain dysfunction in adults: a preliminary report. Arch Gen Psychiatry 33: S. 1453–1460

[25] Wood DR, Reimherr FW, Wender PH (1985) Treatment of attention deficit disorder with DL-phenylalanine. Psychiatry Res 16: S. 21–26

[26] World Health Organization. Division of Mental Health (1990) ICD-10. World Health Organization, Geneva

Literatur

Accardo PJ, Blondis TA, Whitman BY, Stein MA. Attention deficits and hyperacitivity in children and adults. 2nd ed. New York, Basel: Marcel Decker 2000.

Adam C, Döpfner M, Lehmkuhl G. Pharmakotherapie hyperkinetischer Störungen im Erwachsenenalter. Fortschr Neurol Psychiatr 1999; 67: 359–366.

Adler LA, Resnick S, Kunz M, Devinsky O. Open-label trial of venlafaxine in adults with attention deficit disorder. Psychopharmacol Bull 1995; 31: 785–788.

Adler LA, Kunz M, Chua HC, Rotrosen J, Resnick SG. Attention-deficit/hyperactivity disorder in adult patients with posttraumatic stress disorder (PTSD): is ADHD a vulnerability factor? J Atten Disord 2004; 8: 11–16.

Adler LA, Faraone SV, Spencer TJ, Michelson D, Reimherr FW, Glatt SJ, Marchant BK, Biederman J. The reliability and validity of self- and investigator ratings of ADHD in adults. J Atten Disord 2008a; 11: 711–719.

Adler LA, Spencer TJ, Levine LR, Ramsey JL, Tamura R, Kelsey D, Ball SG, Allen AJ, Biederman J. Functional outcomes in the treatment of adults with ADHD. J Atten Disord 2008b; 11: 720–727.

Adler LA, Spencer TJ, Williams DW, Moore RJ, Michelson D. Long-Term, Open-label safety and efficacy of atomoxetine in adults with ADHD: final report of a 4-year study. J Atten Disord 2008c; 12: 254–263.

Afifi AK. Basal ganglia: Functional anatomy and physiology. Part 1. J Child Neurol 1994; 9: 249–260.

Agranat-Meged AN, Deitcher C, Goldzweig G, Leibenson L, Stein M, Galili-Weisstub E. Childhood obesity and attention deficit/hyperactivity disorder: a newly described comorbidity in obese hospitalized children. Int J Eat Disord 2005; 37: 357–359.

Akhondzadeh S, Mohammadi MR, Khademi M. Zinc sulfate as an adjunct to methylphenidate for the treatment of attention deficit hyperactivity disorder in children: a double blind and randomized trial [ISRCTN64132371]. BMC Psychiatry 2004; 4: 9.

Al Younis ICH. Attention deficit hyperactivity disorder: neuroimaging before and after treatment with methylphenidate in children (Abstr). J Nucl Med 2002; 43 (Suppl 5): 347.

Albayrak O, Friedel S, Schimmelmann BG, Hinney A, Hebebrand J. Genetic aspects in attention-deficit/hyperactivity disorder. J Neural Transm 2008; 115: 305–315.

Alberts-Corush J, Firestone P, Goodman JT. Attention and impulsivity characteristics of the biological and adoptive parents of hyperactive and normal control children. Am J Orthopsychiatry 1986; 56: 413–423.

Alm B. Psychotherapie der Aufmerksamkeitsdefizit-/Hyperaktivitätsstörung im Erwachsenenalter. Nervenheilkunde 2006; 25: 459–464.

Alpert JE, Maddocks A, Nierenberg AA, O'Sullivan R, Pava JA, Worthington JJ III., Biederman J, Rosenbaum JF, Fava M. Attention deficit hyperactivity disorder in childhood among adults with major depression. Psychiatry Res 1996; 62: 213–219.

Altfas JR. Prevalence of attention deficit/hyperactivity disorder among adults in obesity treatment. BMC Psychiatry 2002; 2 (1): 9.

Amen DG, Paldi F, Thisted RA. Brain SPECT imaging. J Am Acad Child Adolesc Psychiatry 1993; 32: 1080–1081.

American Psychiatric Association. Diagnostic and Statistical Manual of Mental Disorders. 3rd Edition. Washington D.C.: American Psychiatric Association 1980.

American Psychiatric Association. Diagnostic and Statistical Manual of Mental Disorders. 3rd, revised Edition. Washington D.C.: American Psychiatric Association 1987.

American Psychiatric Association. Diagnostic and Statistical Manual of Mental Disorders. 4th Edition. Washington D.C.: American Psychiatric Association 1994.

American Psychiatric Association. Diagnostisches und Statistisches Manual Psychischer Störungen. DSM-IV. Göttingen, Bern, Toronto, Seattle: Hogrefe 1996.

American Psychiatric Association. Diagnostic and Statistical Manual of Mental Disorders. 4th Edition. Text Revised. Washington D.C.: American Psychiatric Association 2000.

Andersen SL, Teicher MH. Sex differences in dopamine receptors and their relevance to ADHD. Neurosci Biobehav Rev 2000; 24: 137–141.

Andersen SL, Arvanitogiannis A, Pliakas AM, LeBlanc C, Carlezon WA, Jr. Altered responsiveness to cocaine in rats exposed to methylphenidate during development. Nat Neurosci 2002; 5: 13–14.

Anderson CM, Polcari A, Lowen SB, Renshaw PF, Teicher MH. Effects of methylphenidate on functional magnetic resonance relaxometry of the cerebellar vermis in boys with ADHD. Am J Psychiatry 2002; 159: 1322–1328.

Antrop I, Roeyers H, Van Oost P, Buysse A. Stimulation seeking and hyperactivity in children with ADHD. Attention deficit hyperactivity disorder. J Child Psychol Psychiatry 2000; 41: 225–231.

Arcos-Burgos M, Castellanos FX, Pineda D, Lopera F, Palacio JD, Palacio LG, Rapoport JL, Berg K, Bailey-Wilson JE, Muenke M. Attention-deficit/hyperactivity disorder in a population isolate: linkage to loci at 4q13.2, 5q33.3, 11q22, and 17p11. Am J Hum Genet 2004; 75: 998–1014.

Armstrong CL, Hayes KM, Martin R. Neurocognitive problems in attention deficit disorder. Alternative concepts and evidence for impairment in inhibition of selective attention. Ann N Y Acad Sci 2001; 931: 196–215.

Arnold LE. Alternative treatments for adults with attention-deficit hyperactivity disorder (ADHD). Ann N Y Acad Sci 2001; 931: 310–341.

Arnold LE, Strobl D, Weisenberg A. Hyperkinetic adult. Study of the „paradoxical" amphetamine response. JAMA 1972; 222: 693–694.

Arnold LE, Lindsay RL, López FA, Jacob SE, Biederman J, Findling RL, Ramadan Y. Treating attention-deficit/hyperactivity disorder with a stimulant transdermal patch: the clinical art. Pediatrics 2007; 120: 1100–1106.

Arnsten AF. Catecholamine regulation of the prefrontal cortex. J Psychopharmacol 1997; 11: 151–162.

Arnsten AF, Dudley AG. Methylphenidate improves prefrontal cortical cognitive function through alpha2 adrenoceptor and dopamine D1 receptor actions: Relevance to therapeutic effects in Attention Deficit Hyperactivity Disorder. Behav Brain Funct 2005; 1: 2.

Arnsten AF, Steere JC, Hunt RD. The contribution of alpha 2-noradrenergic mechanisms of prefrontal cortical cognitive function. Potential significance for attention-deficit hyperactivity disorder. Arch Gen Psychiatry 1996; 53: 448–455.

Asherson P. Clinical assessment and treatment of attention deficit hyperactivity disorder in adults. Expert Rev Neurother 2005; 5: 525–539.

Asherson P, Brookes K, Franke B, Chen W, Gill M, Ebstein RP, Buitelaar J, Banaschewski T, Sonuga-Barke E, Eisenberg J, Manor I, Miranda A, Oades RD, Roeyers H, Rothenberger A, Sergeant J, Steinhausen HC, Faraone SV. Confirmation that a specific haplotype of the dopamine transporter gene is associated with combined-type ADHD. Am J Psychiatry 2007; 164: 674–677.

Ashtari M, Kumra S, Bhaskar SL, Clarke T, Thaden E, Cervellione KL, Rhinewine J, Kane JM, Adesman A, Milanaik R, Maytal J, Diamond A, Szeszko P, Ardekani BA. Attention-deficit/hyperactivity disorder: a preliminary diffusion tensor imaging study. Biol Psychiatry 2005; 57: 448–455.

Auiler JF, Liu K, Lynch JM, Gelotte CK. Effect of food on early drug exposure from extended-release stimulants: results from the Concerta, Adderall XR Food Evaluation (CAFE) Study. Curr Med Res Opin 2002; 18: 311–316.

Bakker SC, van der Meulen EM, Buitelaar JK, Sandkuijl LA, Pauls DL, Monsuur AJ, van't Slot R, Minderaa RB, Gunning WB, Pearson PL, Sinke RJ. A whole-genome scan in 164 Dutch sib pairs with attention-deficit/hyperactivity disorder: suggestive evidence for linkage on chromosomes 7p and 15q. Am J Hum Genet 2003; 72: 1251–1260.

Ballon N, Leroy S, Roy C, Bourdel MC, Olie JP, Charles-Nicolas A, Krebs MO, Poirier MF. Polymorphisms TaqI A of the DRD2, ball of the DRD3, exon III repeat of the DRD4, and 3' UTR VNTR of the DAT: Association with childhood ADHD in male African-Caribbean cocaine dependents? Am J Med Genet B Neuropsychiatr Genet 2007; 144B: 1034–1041.

Banaschewski T, Coghill D, Santosh P, Zuddas A, Asherson P, Buitelaar J, Danckaerts M, Dopfner M, Faraone SV, Rothenberger A, Sergeant J, Steinhausen HC, Sonuga-Barke EJ, Taylor E. Long-acting medications for the hyperkinetic disorders. A systematic review and European treatment guideline. Eur Child Adolesc Psychiatry 2006; 15: 476–495.

Bangs ME, Hazell P, Danckaerts M, Hoare P, Coghill DR, Wehmeier PM, Williams DW, Moore RJ, Levine L. Atomoxetine ADHD/ODD Study Group. Atomoxetine for the treatment of attention-deficit/hyperactivity disorder and oppositional defiant disorder. Pediatrics 2008; 121: e314–20.

Barkley RA. Behavioral inhibition, sustained attention, and executive functions: constructing a unifying theory of ADHD. Psychol Bull 1997; 121: 65–94.

Barkley RA. Attention-deficit Hyperactivity Disorder. A Handbook for Diagnosis and Treatment. 2nd ed. New York: Guilford Press 1998.

Barkley RA, Gordon M. Research on comorbidity, adaptive functioning, and cognitive impairments in adults with ADHD: Implications for a clinical practice. In: Goldstein S, Teeter Ellison A (eds.). Clinicians' Guide to Adult ADHD. Assessment and Intervention. Amsterdam, Boston, London, New York, Oxford, Paris, San Diego, San Francisco, Singapore, Sydney, Tokyo: Academic Press 2002; 46–69.

Barkley RA, DuPaul GJ, McMurray MB. Comprehensive evaluation of attention deficit disorder with and without hyperactivity as defined by research criteria. J Consult Clin Psychol 1990a; 58: 775-789.

Barkley RA, Fischer M, Edelbrock CS, Smallish L. The adolescent outcome of hyperactive children diagnosed by research criteria: I. An 8-year prospective follow-up study. J Am Acad Child Adolesc Psychiatry 1990b; 29: 546–557.

Barkley RA, Guevremont DC, Anastopoulos AD, DuPaul GJ, Shelton TL. Driving-related risks and outcomes of attention deficit hyperactivity disorder in adolescents and young adults: A 3- to 5-year follow-up survey. Pediatrics 1993; 92: 212–218.

Barkley RA, Murphy KR, Kwasnik D. Motor vehicle driving competencies and risks in teens and young adults with attention deficit hyperactivity disorder. Pediatrics 1996; 98: 1089–1095.

Barkley RA, Fischer M, Smallish L, Fletcher K. The persistence of attention-deficit/hyperactivity disorder into young adulthood as a function of reporting source and definition of disorder. J Abnorm Psychol 2002a; 111: 279–289.

Barkley RA, Murphy KR, Dupaul GI, Bush T. Driving in young adults with attention deficit hyperactivity disorder: knowledge, performance, adverse outcomes, and the role of executive functioning. J Int Neuropsychol Soc 2002b; 8: 655–672.

Barkley RA, Fischer M, Smallish L, Fletcher K. Does the treatment of attention-deficit/hyperactivity disorder with stimulants contribute to drug use/abuse? A 13-year prospective study. Pediatrics 2003; 111: 97–109.

Barkley RA, Smith KM, Fischer M, Navia B. An examination of the behavioral and neuropsychological correlates of three ADHD candidate gene polymorphisms (DRD4 7+, DBH TaqI A2, and DAT1 40 bp VNTR) in hyperactive and normal children followed to adulthood. Am J Med Genet B Neuropsychiatr Genet 2006; 141: 487–498.

Barkley RA, Anderson DL, Kruesi M. A pilot study of the effects of atomoxetine on driving performance in adults with ADHD. J Atten Disord 2007; 10: 306–316.

Baron-Cohen S, Wheelwright S, Robinson J, Woodbury-Smith M. The Adult Asperger Assessment (AAA): a diagnostic method. J Autism Dev Disord 2005; 35: 807–819.

Barr CL, Feng Y, Wigg K, Bloom S, Roberts W, Malone M, Schachar R, Tannock R, Kennedy JL. Identification of DNA variants in the SNAP-25 gene and linkage study of these polymorphisms and attention-deficit hyperactivity disorder. Mol Psychiatry 2000a; 5: 405–409.

Barr CL, Wigg KG, Feng Y, Zai G, Malone M, Roberts W, Schachar R, Tannock R, Kennedy JL. Attention-deficit hyperactivity disorder and the gene for the dopamine D5 receptor. Mol Psychiatry 2000b; 5: 548–551.

Barr CL, Xu C, Kroft J, Feng Y, Wigg K, Zai G, Tannock R, Schachar R, Malone M, Roberts W, Nothen MM, Grunhage F, Vandenbergh DJ, Uhl G, Sunohara G, King N, Kennedy JL. Haplotype study of three polymorphisms at the dopamine transporter locus confirm linkage to attention-deficit/hyperactivity disorder. Biol Psychiatry 2001; 49: 333–339.

Barrickman L, Noyes R, Kuperman S, Schumacher E, Verda M. Treatment of ADHD with fluoxetine: A preliminary trial. J Am Acad Child Adolesc Psychiatry 1991; 30: 762–767.

Bartlik B, Harmon G. Use of methylphenidate in a patient with glaucoma and attention-deficit hyperactivity disorder: A clinical dilemma. Arch Gen Psychiatry 1997; 54: 188–189.

Bateman B, Warner JO, Hutchinson E, Dean T, Rowlandson P, Gant C, Grundy J, Fitzgerald C, Stevenson J. The effects of a double blind, placebo controlled, artificial food colourings and benzoate preservative challenge on hyperactivity in a general population sample of preschool children. Arch Dis Child 2004; 89: 506–511.

Baumgardner TL, Singer HS, Denckla MB, Rubin MA, Abrams MT, Colli MJ, Reiss AL. Corpus callosum morphology in children with Tourette syndrome and attention deficit hyperactivity disorder. Neurology 1996; 47: 477–482.

Bayliss DM, Roodenrys S. Executive processing and attention deficit hyperactivity disorder: an application of the supervisory attentional system. Dev Neuropsychol 2000; 17: 161–180.

Becker K, Wehmeier PM. Atomoxetin zur Behandlung der Aufmerksamkeitsdefizit-/Hyperaktivitätsstörungen (ADHS). Psychoneuro 2003; 29: 472–476.

Beerwerth C. Suche dir Menschen, die dir guttun. Coaching für Erwachsene mit ADS. Stuttgart: Kreuz-Verlag 2007.

Behar D, Schaller J, Spreat S. Extreme reduction of methylphenidate levels by carbamazepine. J Am Acad Child Adolesc Psychiatry 1998; 37: 1128–1129.

Bekaroglu M, Aslan Y, Gedik Y, Deger O, Mocan H, Erduran E, Karahan C. Relationships between serum free fatty acids and zinc, and attention deficit hyperactivity disorder: a research note. J Child Psychol Psychiatry 1996; 37: 225–227.

Bellanti JA, Sabra A, Castro HJ, Chavez JR, Malka-Rais J, de Inocencio JM. Are attention deficit hyperactivity disorder and chronic fatigue syndrome allergy related? What is fibromyalgia? Allergy Asthma Proc 2005; 26: 19–28.

Bellgrove MA, Hawi Z, Kirley A, Gill M, Robertson IH. Dissecting the attention deficit hyperactivity disorder (ADHD) phenotype: sustained attention, response variability and spatial attentional asymmetries in relation to dopamine transporter (DAT1) genotype. Neuropsychologia 2005; 43: 1847–1857.

Berquin PC, Giedd JN, Jacobsen LK, Hamburger SD, Krain AL, Rapoport JL, Castellanos FX. Cerebellum in attention-deficit hyperactivity disorder: a morphometric MRI study. Neurology 1998; 50: 1087–1093.

Berridge CW, Devilbiss DM, Andrzejewski ME, Arnsten AF, Kelley AE, Schmeichel B, Hamilton C, Spencer RC. Methylphenidate preferentially increases catecholamine neurotransmission within the prefrontal cortex at low doses that enhance cognitive function. Biol Psychiatry 2006; 60: 1111–1120.

Biederman J. Attention-deficit/hyperactivity disorder: a selective overview. Biol Psychiatry 2005; 57: 1215–1220.

Biederman J, Faraone SV, Keenan K, Benjamin J, Krifcher B, Moore C, Sprich-Buckminster S, Ugaglia K, Jellinek MS, Steingard R. Further evidence for family-genetic risk factors in attention deficit hyperactivity disorder. Patterns of comorbidity in probands and relatives psychiatrically and pediatrically referred samples. Arch Gen Psychiatry 1992; 49: 728–738.

Biederman J, Faraone SV, Spencer T, Wilens T, Norman D, Lapey KA, Mick E, Lehman BK, Doyle A. Patterns of psychiatric comorbidity, cognition, and psychosocial functioning in adults with attention deficit hyperactivity disorder. Am J Psychiatry 1993; 150: 1792–1798.

Biederman J, Wilens T, Mick E, Milberger S, Spencer TJ, Faraone SV. Psychoactive substance use disorders in adults with attention deficit hyperactivity disorder (ADHD): Effects of ADHD and psychiatric comorbidity. Am J Psychiatry 1995; 152: 1652–1658.

Biederman J, Faraone SV, Milberger S, Guite J, Mick E, Chen L, Mennin D, Marrs A, Ouellette C, Moore P, Spencer T, Norman D, Wilens T, Kraus I, Perrin J. A prospective 4-year follow-up study of attention-deficit hyperactivity and related disorders. Arch Gen Psychiatry 1996; 53: 437–446.

Biederman J, Wilens T, Mick E, Faraone SV, Weber W, Curtis S, Thornell A, Pfister K, Jetton JG, Soriano J. Is ADHD a risk factor for psychoactive substance use disorders? Findings from a four-year prospective follow-up study. J Am Acad Child Adolesc Psychiatry 1997; 36: 21–29.

Biederman J, Wilens T, Mick E, Faraone SV, Spencer T. Does attention-deficit hyperactivity disorder impact the developmental course of drug and alcohol abuse and dependence? Biol Psychiatry 1998; 44: 269–273.

Biederman J, Wilens T, Mick E, Spencer T, Faraone SV. Pharmacotherapy of attention-deficit/hyperactivity disorder reduces risk for substance use disorder. Pediatrics 1999; 104: e20.

Biederman J, Faraone SV, Monuteaux MC. Differential effect of environmental adversity by gender: Rutter's index of adversity in a group of boys and girls with and without ADHD. Am J Psychiatry 2002a; 159: 1556–1562.

Biederman J, Mick E, Faraone SV, Braaten E, Doyle A, Spencer T, Wilens TE, Frazier E, Johnson MA. Influence of gender on attention deficit hyperactivity disorder in children referred to a psychiatric clinic. Am J Psychiatry 2002b; 159: 36–42.

Biederman J, Swanson JM, Lopez FA. Modafinil improves ADHD symptoms in children in a randomized, double-blind, placebo-controlled study. 156th Annual Meeting, American Psychiatric Association, San Francisco 2003.

Biederman J, Spencer TJ, Wilens TE, Weisler RH, Read SC, Tulloch SJ. SLI381.304 study group. Long-term safety and effectiveness of mixed amphetamine salts extended release in adults with ADHD. CNS Spectr 2005; 10 (Suppl 20): 16–25.

Biederman J, Mick E, Surman C, Doyle R, Hammerness P, Harpold T, Dunkel S, Dougherty M, Aleardi M, Spencer T. A randomized, placebo-controlled trial of OROS methylphenidate in adults with attention-deficit/hyperactivity disorder. Biol Psychiatry 2006a; 59: 829–835.

Biederman J, Monuteaux MC, Mick E, Wilens TE, Fontanella JA, Poetzl KM, Kirk T, Masse J, Faraone SV. Is cigarette smoking a gateway to alcohol and illicit drug use disorders? A study of youths with and without attention deficit hyperactivity disorder. Biol Psychiatry 2006b; 59: 258-264.

Biederman J, Mick E, Faraone S, Hammerness P, Surman C, Harpold T, Dougherty M, Aleardi M, Spencer T. A double-blind comparison of galantamine hydrogen bromide and placebo in adults with attention-deficit/hyperactivity disorder: a pilot study. J Clin Psychopharmacol 2006c; 26: 163–166.

Biederman J, Ball SW, Monuteaux MC, Surman CB, Johnson JL, Zeitlin S. Are girls with ADHD at risk for eating disorders? Results from a controlled, five-year prospective study. J Dev Behav Pediatr 2007a; 28: 302–307.

Biederman J, Petty CR, Fried R, Doyle AE, Spencer T, Seidman LJ, Gross L, Poetzl K, Faraone SV. Stability of executive function deficits into young adult years: a prospective longitudinal follow-up study of grown up males with ADHD. Acta Psychiatr Scand 2007b; 116: 129–136.

Biederman J, Monuteaux MC, Spencer T, Wilens TE, Macpherson HA, Faraone SV. Stimulant therapy and risk for subsequent substance use disorders in male adults with ADHD: a naturalistic controlled 10-year follow-up study. Am J Psychiatry 2008; 165: 597–603.

Bilici M, Yildirim F, Kandil S, Bekaroglu M, Yildirmis S, Deger O, Ulgen M, Yildiran A, Aksu H. Double-blind, placebo-controlled study of zinc sulfate in the treatment of attention deficit hyperactivity disorder. Prog Neuropsychopharmacol Biol Psychiatry 2004; 28: 181–190.

Birnbaum HG, Kessler RC, Lowe SW, Secnik K, Greenberg PE, Leong SA, Swensen AR. Costs of attention deficit-hyperactivity disorder (ADHD) in the US: excess costs of persons with ADHD and their family members in 2000. Curr Med Res Opin 2005; 21: 195–206.

Blocher D, Henkel K, Retz W, Retz-Junginger P, Thome J, Rosler M. Symptome aus dem Spektrum des hyperkinetischen Syndroms bei Sexualdelinquenten. Fortschr Neurol Psychiatr 2001; 69: 453–459.

Blockmans D, Persoons P, Van Houdenhove B, Bobbaers H. Does methylphenidate reduce the symptoms of chronic fatigue syndrome? Am J Med 2006; 119: 167.e23–30.

Blum K, Sheridan PJ, Wood RC, Braverman ER, Chen TJ, Comings DE. Dopamine D2 receptor gene variants: Association and linkage studies in impulsive-addictive-compulsive behaviour. Pharmacogenetics 1995a; 5: 121–141.

Blum K, Wood RC, Braverman ER, Chen TJ, Sheridan PJ. The D2 dopamine receptor gene as a predictor of compulsive disease: Bayes' theorem. Funct Neurol 1995b; 10: 37–44.

Bobb AJ, Addington AM, Sidransky E, Gornick MC, Lerch JP, Greenstein DK, Clasen LS, Sharp WS, Inoff-Germain G, Wavrant-De Vrieze F, Arcos-Burgos M, Straub RE, Hardy JA, Castellanos FX, Rapoport JL. Support for association between ADHD and two candidate genes: NET1 and DRD1. Am J Med Genet B Neuropsychiatr Genet 2005; 134: 67–72.

Boerner RJ, Rupprecht R, Martinius J, Möller HJ. Aufmerksamkeitsdefizit-/Hyperaktivitätsstörung des Erwachsenenalters (ADHD), Alkoholabhängigkeit sowie kombinierte Persönlichkeitsstörung. Nervenheilkunde 2001; 20: 403–407.

Boonstra AM, Kooij JJ, Buitelaar JK, Oosterlaan J, Sergeant JA, Heister JG, Franke B. An exploratory study of the relationship between four candidate genes and neurocognitive performance in adult ADHD. Am J Med Genet B Neuropsychiatr Genet 2008; 147: 397–402.

Borland BL, Heckman HK. Hyperactive boys and their brothers. A 25-year follow-up study. Arch Gen Psychiatry 1976; 33: 669–675.

Bouffard R, Hechtman L, Minde K, Iaboni-Kassab F. The efficacy of 2 different dosages of methylphenidate in treating adults with attention-deficit hyperactivity disorder. Can J Psychiatry 2003; 48: 546–554.

Boycott KM, Parslow MI, Ross JL, Miller IP, Bech-Hansen NT, MacLeod PM. A familial contiguous gene deletion syndrome at Xp22.3 characterized by severe learning disabilities and ADHD. Am J Med Genet 2003; 122A: 139–147.

Bradley C. The behavior of children receiving Benzedrine. Am J Psychiatry 1937; 94: 577–585.

Bradshaw JL, Sheppard DM. The neurodevelopmental frontostriatal disorders: evolutionary adaptiveness and anomalous lateralization. Brain Lang 2000; 73: 297–320.

Bramham J, Young S, Bickerdike A, Spain D, McCartan D, Xenitidis K. Evaluation of group cognitive behavioral therapy for adults with ADHD. J Atten Disord 2009; im Druck.

Brandeis D, van Leeuwen TH, Rubia K, Vitacco D, Steger J, Pascual-Marqui RD, Steinhausen HC. Neuroelectric mapping reveals precursor of stop failures in children with attention deficits. Behav Brain Res 1998; 94: 111–125.

Brandon CL, Marinelli M, Baker LK, White FJ. Enhanced reactivity and vulnerability to cocaine following methylphenidate treatment in adolescent rats. Neuropsychopharmacology 2001; 25: 651–661.

Brody AL, Olmstead RE, London ED, Farahi J, Meyer JH, Grossman P, Lee GS, Huang J, Hahn EL, Mandelkern MA. Smoking-induced ventral striatum dopamine release. Am J Psychiatry 2004; 161: 1211–1218.

Bronisch T. Persönlichkeitsstörungen. In: Möller HJ, Laux G, Kapfhammer HP (Hrsg.). Psychiatrie und Psychotherapie. Berlin, Heidelberg, New York, Hongkong, London, Mailand, Paris, Tokyo: Springer 2003; 1595–1631.

Brookes K, Xu X, Chen W, Zhou K, Neale B, Lowe N, Anney R, Franke B, Gill M, Ebstein R, Buitelaar J, Sham P, Campbell D, Knight J, Andreou P, Altink M, Arnold R, Boer F, Buschgens C, Butler L, Christiansen H, Feldman L, Fleischman K, Fliers E, Howe-Forbes R, Goldfarb A, Heise A, Gabriels I, Korn-Lubetzki I, Johansson L, Marco R, Medad S, Minderaa R, Mulas F, Muller U, Mulligan A, Rabin K, Rommelse N, Sethna V, Sorohan J, Uebel H, Psychogiou L, Weeks A, Barrett R, Craig I, Banaschewski T, Sonuga-Barke E, Eisenberg J, Kuntsi J, Manor I, McGuffin P, Miranda A, Oades RD, Plomin R, Roeyers H, Rothenberger A, Sergeant J, Steinhausen HC, Taylor E, Thompson M, Faraone SV, Asherson P. The analysis of 51 genes in DSM-IV combined type attention deficit hyperactivity disorder: association signals in DRD4, DAT1 and 16 other genes. Mol Psychiatry 2006; 11: 934–953.

Brophy K, Hawi Z, Kirley A, Fitzgerald M, Gill M. Synaptosomal-associated protein 25 (SNAP-25) and attention deficit hyperactivity disorder (ADHD): evidence of linkage and association in the Irish population. Mol Psychiatry 2002; 7: 913–917.

Brown TE. Differential diagnosis of ADD versus ADHD in adults. In: Nadeau KG (ed.). A Comprehensive Guide to Attention Deficit Disorder in Adults. New York: Brunner/Mazel 1995; 93–108.

Brown TE. Brown Attention Deficit Disorder Scales. San Antonio: The Psychological Corporation 1996.

Brown TE. Attention-deficit Disorders and Comorbidities in Children, Adolescents, and Adults. Washington, London: American Psychiatric Press 2000.

Brown TE. Atomoxetine and stimulants in combination for treatment of attention deficit hyperactivity disorder: four case reports. J Child Adolesc Psychopharmacol 2004; 14: 129–136.

Brown TE, McMullen WJ Jr. Attention deficit disorders and sleep/arousal disturbance. Ann N Y Acad Sci 2001; 931: 271–286.

Bukstein OG. Therapeutic challenges of attention-deficit hyperactivity disorder with substance use disorders. Expert Rev Neurother 2006; 6: 541–549.

Burris KD, Molski TF, Xu C, Ryan E, Tottori K, Kikuchi T, Yocca FD, Molinoff PB. Aripiprazole, a novel antipsychotic, is a high-affinity partial antagonist at human dopamine D2 receptors. J Pharmacol Exp Ther 2002; 302: 381–389.

Bush G, Frazier JA, Rauch SL, Seidman LJ, Whalen PJ, Jenike MA, Rosen BR, Biederman J. Anterior cingulate cortex dysfunction in attention-deficit/hyperactivity disorder revealed by fMRI and the Counting Stroop. Biol Psychiatry 1999; 45: 1542–1552.

Bush G, Valera EM, Seidman LJ. Functional neuroimaging of attention-deficit/hyperactivity disorder: a review and suggested future directions. Biol Psychiatry 2005; 57: 1273–1284.

Bush G, Spencer TJ, Holmes J, Shin LM, Valera EM, Seidman LJ, Makris N, Surman C, Aleardi M, Mick E, Biederman J. Functional magnetic resonance imaging of methylphenidate and placebo in attention-deficit/hyperactivity disorder during the multi-source interference task. Arch Gen Psychiatry 2008; 65: 102–114.

Bussing R, Grudnik J, Mason D, Wasiak M, Leonard C. ADHD and conduct disorder: an MRI study in a community sample. World J Biol Psychiatry 2002; 3: 216–220.

Bymaster FP, Katner JS, Nelson DL, Hemrick-Luecke SK, Threlkeld PG, Heiligenstein JH, Morin SM, Gehlert DR, Perry KW. Atomoxetine increases extracellular levels of norepinephrine and dopamine in prefrontal cortex of rat: a potential mechanism for efficacy in attention deficit/hyperactivity disorder. Neuropsychopharmacology 2002; 27: 699–711.

Cadoret RJ, Stewart MA. An adoption study of attention deficit/hyperactivity/aggression and their relationship to adult antisocial personality. Compr Psychiatry 1991; 32: 73–82.

Cantwell DP. Attention deficit disorder: A review of the past 10 years. J Am Acad Child Adolesc Psychiatry 1996; 35: 978–987.

Carminati GG, Deriaz N, Bertschy G. Low-dose venlafaxine in three adolescents and young adults with autistic disorder improves self-injurious behavior and attention deficit/hyperactivity disorders (ADHD)-like symptoms. Prog Neuropsychopharmacol Biol Psychiatry 2006; 30: 312–315.

Carmona S, Vilarroya O, Bielsa A, Tremols V, Soliva JC, Rovira M, Tomas J, Raheb C, Gispert JD, Batlle S, Bulbena A. Global and regional gray matter reductions in ADHD: a voxel-based morphometric study. Neurosci Lett 2005; 389: 88–93.

Carroll KM, Rounsaville BJ. History and significance of childhood attention deficit disorder in treatment-seeking cocaine abusers. Compr Psychiatry 1993; 34: 75–82.

Carter CS, Krener P, Chaderjian M, Northcutt C, Wolfe V. Asymmetrical visual-spatial attentional performance in ADHD: Evidence for a right hemispheric deficit. Biol Psychiatry 1995; 37: 789–797.

Casey BJ, Durston S. From behavior to cognition to the brain and back: what have we learned from functional imaging studies of attention deficit hyperactivity disorder? Am J Psychiatry 2006; 163: 957–960.

Casey BJ, Castellanos FX, Giedd JN, Marsh WL, Hamburger SD, Schubert AB, Vauss YC, Vaituzis AC, Dickstein DP, Sarfatti SE, Rapoport JL. Implication of right frontostriatal circuitry in response inhibition and attention-deficit/hyperactivity disorder. J Am Acad Child Adolesc Psychiatry 1997; 36: 374–383.

Castellanos FX. Toward a pathophysiology of attention-deficit/hyperactivity disorder. Clin Pediatr (Phila) 1997; 36: 381–393.

Castellanos FX, Tannock R. Neuroscience of attention-deficit/hyperactivity disorder: the search for endophenotypes. Nat Rev Neurosci 2002; 3: 617–628.

Castellanos FX, Elia J, Kruesi MJ, Gulotta CS, Mefford IN, Potter WZ, Ritchie GF, Rapoport JL. Cerebrospinal fluid monoamine metabolites in boys with attention-deficit hyperactivity disorder. Psychiatry Res 1994; 52: 305–316.

Castellanos FX, Giedd JN, Marsh WL, Hamburger SD, Vaituzis AC, Dickstein DP, Sarfatti SE, Vauss YC, Snell JW, Lange N, Kaysen D, Krain AL, Ritchie GF, Rajapakse JC, Rapoport JL. Quantitative brain magnetic resonance imaging in attention-deficit hyperactivity disorder. Arch Gen Psychiatry 1996; 53: 607–616.

Castellanos FX, Giedd JN, Berquin PC, Walter JM, Sharp W, Tran T, Vaituzis AC, Blumenthal JD, Nelson J, Bastain TM, Zijdenbos A, Evans AC, Rapoport JL. Quantitative brain magnetic resonance imaging in girls with attention-deficit/hyperactivity disorder. Arch Gen Psychiatry 2001; 58: 289–295.

Castellanos FX, Lee PP, Sharp W, Jeffries NO, Greenstein DK, Clasen LS, Blumenthal JD, James RS, Ebens CL, Walter JM, Zijdenbos A, Evans AC, Giedd JN, Rapoport JL. Developmental trajectories of brain volume abnormalities in children and adolescents with attention-deficit/hyperactivity disorder. JAMA 2002; 288: 1740–1748.

Cephalon Inc. No benefit noted from Provigil (Modafinil) in adult attention deficit hyperactivity disorder (press release). West Chester (PA): Cephalon Inc. 2000: Jul 31.

Chabot RJ, Merkin H, Wood LM, Davenport TL, Serfontein G. Sensitivity and specificity of QEEG in children with attention deficit or specific developmental learning disorders. Clin Electroencephalogr 1996; 27: 26–34.

Chamorro L, Lopez I. Treatment of the attention deficit disorder (residual type) with moclobemide. Eur Psychiatry 1995; 10: 112.

Chen CK, Chen SL, Mill J, Huang YS, Lin SK, Curran S, Purcell S, Sham P, Asherson P. The dopamine transporter gene is associated with attention deficit hyperactivity disorder in a Taiwanese sample. Mol Psychiatry 2003; 8: 393–396.

Cheon KA, Ryu YH, Kim YK, Namkoong K, Kim CH, Lee JD. Dopamine transporter density in the basal ganglia assessed with [123I]IPT SPET in children with attention deficit hyperactivity disorder. Eur J Nucl Med Mol Imaging 2003; 30: 306–311.

Cheon KA, Ryu YH, Kim JW, Cho DY. The homozygosity for 10-repeat allele at dopamine transporter gene and dopamine transporter density in Korean children with attention deficit hyperactivity disorder: relating to treatment response to methylphenidate. Eur Neuropsychopharmacol 2005; 15: 95–101.

Chervin RD, Archbold KH, Dillon JE, Pituch KJ, Panahi P, Dahl RE, Guilleminault C. Associations between symptoms of inattention, hyperactivity, restless legs, and periodic leg movements. Sleep 2002; 25: 213–218.

Cheuk DK, Wong V. Meta-analysis of association between a catechol-O-methyltransferase gene polymorphism and attention deficit hyperactivity disorder. Behav Genet 2006; 36: 651–659.

Choi TK, Lee HS, Kim JW, Park TW, Song DH, Yook KW, Lee SH, Kim JI, Suh SY. Support for the MnlI polymorphism of SNAP25; a Korean ADHD case-control study. Mol Psychiatry 2007; 12: 224–226.

Chou YH, Huang WS, Su TP, Lu RB, Wan FJ, Fu YK. Dopamine transporters and cognitive function in methamphetamine abuser after a short abstinence: A SPECT study. Eur Neuropsychopharmacol 2007; 17: 46–52.

Clark CR, Geffen GM, Geffen LB. Catecholamines and attention. I: Animal and clinical studies. Neurosci Biobehav Rev 1987; 11: 341–352.

Clark T, Feehan C, Tinline C, Vostanis P. Autistic symptoms in children with attention deficit-hyperactivity disorder. Eur Child Adolesc Psychiatry 1999; 8: 50–55.

Clarke AR, Barry RJ, McCarthy R, Selikowitz M. EEG-defined subtypes of children with attention-deficit/hyperactivity disorder. Clin Neurophysiol 2001; 112: 2098–2105.

Clarke AR, Barry RJ, McCarthy R, Selikowitz M. Children with attention-deficit/hyperactivity disorder and comorbid oppositional defiant disorder: an EEG analysis. Psychiatry Res 2002; 111: 181–190.

Clarke AR, Barry RJ, McCarthy R, Selikowitz M, Clarke DC, Croft RJ. EEG activity in girls with attention-deficit/hyperactivity disorder. Clin Neurophysiol 2003; 114: 319–328.

Clure C, Brady KT, Saladin ME, Johnson D, Waid R, Rittenbury M. Attention-deficit/hyperactivity disorder and substance use: symptom pattern and drug choice. Am J Drug Alcohol Abuse 1999; 25: 441–448.

Comings DE. Genetic factors in substance abuse based on studies of Tourette syndrome and ADHD probands and relatives. II. Alcohol abuse. Drug Alcohol Depend 1994; 35: 17–24.

Comings DE. Clinical and molecular genetics of ADHD and Tourette syndrome. Two related polygenic disorders. Ann N Y Acad Sci 2001; 931: 50–83.

Comings DE, Gade-Andavolu R, Gonzalez N, Blake H, Wu S, MacMurray JP. Additive effect of three noradrenergic genes (ADRA2a, ADRA2C, DBH) on attention-deficit hyperactivity disorder and learning disabilities in Tourette syndrome subjects. Clin Genet 1999; 55: 160–172.

Comings DE, Gade-Andavolu R, Gonzalez N, Wu S, Muhleman D, Blake H, Dietz G, Saucier G, MacMurray JP. Comparison of the role of dopamine, serotonin, and noradrenaline genes in ADHD, ODD and conduct disorder: Multivariate regression analysis of 20 genes. Clin Genet 2000; 57: 178–196.

Commisiong JW. Monoamine metabolites: Their relationship and lack of relationship to monoaminergic neuronal activity. Biochem Pharmacol 1985; 34: 1127–1131.

Conners CK, Levin ED, Sparrow E, Hinton SC, Erhardt D, Meck WH, Rose JE, March J. Nicotine and attention in adult attention deficit hyperactivity disorder (ADHD). Psychopharmacol Bull 1996; 32: 67–73.

Conners CK, Erhardt D, Sparrow E. Conners' Adult ADHD Rating Scales (CAARS). North Tonawanda: Multi-Health Systems 1999.

Cook EH Jr., Stein MA, Krasowski MD, Cox NJ, Olkon DM, Kieffer JE, Leventhal BL. Association of attention-deficit disorder and the dopamine transporter gene. Am J Hum Genet 1995; 56: 993–998.

Coolidge FL, Thede LL, Young SE. Heritability and the comorbidity of attention deficit hyperactivity disorder with behavioral disorders and executive function deficits: a preliminary investigation. Dev Neuropsychol 2000; 17: 273–287.

Corrigan B. Attention deficit hyperactivity disorder in sport: a review. Int J Sports Med 2003; 24: 535–540.

Cortese S, Konofal E, Lecendreux M, Arnulf I, Mouren MC, Darra F, Dalla Bernardina B. Restless legs syndrome and attention-deficit/hyperactivity disorder: a review of the literature. Sleep 2005; 28: 1007–1013.

Cortese S, Angriman M, Maffeis C, Isnard P, Konofal E, Lecendreux M, Purper-Ouakil D, Vincenzi B, Bernardina BD, Mouren MC. Attention-Deficit/Hyperactivity Disorder (ADHD) and obesity: a systematic review of the literature. Crit Rev Food Sci Nutr 2008; 48: 524–537.

Courchesne E, Townsend J, Akshoomoff NA, Saitoh O, Yeung-Courchesne R, Lincoln AJ, James HE, Haas RH, Schreibman L, Lau L. Impairment in shifting attention in autistic and cerebellar patients. Behav Neurosci 1994; 108: 848–865.

Cox DJ, Merkel RL, Kovatchev B, Seward R. Effect of stimulant medication on driving performance of young adults with attention-deficit hyperactivity disorder: A preliminary double-blind placebo controlled trial. J Nerv Ment Dis 2000; 188: 230–234.

Cox DJ, Humphrey JW, Merkel RL, Penberthy JK, Kovatchev B. Controlled-release methylphenidate improves attention during on-road driving by adolescents with attention-deficit/hyperactivity disorder. J Am Board Fam Pract 2004; 17: 235–239.

Curran S, Mill J, Tahir E, Kent L, Richards S, Gould A, Huckett L, Sharp J, Batten C, Fernando S, Ozbay F, Yazgan Y, Simonoff E, Thompson M, Taylor E, Asherson P. Association study of a dopamine transporter polymorphism and attention deficit hyperactivity disorder in UK and Turkish samples. Mol Psychiatry 2001; 6: 425–428.

da Silva TL, Pianca TG, Roman T, Hutz MH, Faraone SV, Schmitz M, Rohde LA. Adrenergic alpha2A receptor gene and response to methylphenidate in attention-deficit/hyperactivity disorder-predominantly inattentive type. J Neural Transm 2008; 115: 341–345.

Daly G, Hawi Z, Fitzgerald M, Gill M. Mapping susceptibility loci in attention deficit hyperactivity disorder: Preferential transmission of parental alleles at DAT1, DBH and DRD5 to affected children. Mol Psychiatry 1999; 4: 192–196.

Daly JM, Fritsch SL. Case study: Maternal residual attention deficit disorder associated with failure to thrive in a two-month-old infant. J Am Acad Child Adolesc Psychiatry 1995; 34: 55–57.

Damm S. Christiane und Goethe. Frankfurt, Leipzig: Insel-Verlag 1998.

Das M, Bhowmik AD, Sinha S, Chattopadhyay A, Chaudhuri K, Singh M, Mukhopadhyay K. MAOA promoter polymorphism and attention deficit hyperactivity disorder (ADHD) in Indian children. Am J Med Genet B Neuropsychiatr Genet 2006; 141: 637–642.

Davids E, Kis B, Specka M, Gastpar M. A pilot clinical trial of oxcarbazepine in adults with attention-deficit hyperactivity disorder. Prog Neuropsychopharmacol Biol Psychiatry 2006; 30: 1033–1038.

de Graaf R, Kessler RC, Fayyad J, Ten Have M, Alonso J, Angermeyer M, Borges G, Demyttenaere K, Gasquet I, de Girolamo G, Haro JM, Jin R, Karam EG, Ormel J, Posada-Villa J. The prevalence and effects of adult attention-deficit/hyperactivity disorder (ADHD) on the performance of workers: Results from the WHO World Mental Health Survey Initiative. Occup Environ Med 2008: 65: 835–842.

de la Fuente JM, Lotstra F, Goldman S, Biver F, Luxen A, Bidaut L, Stanus E, Mendlewicz J. Temporal glucose metabolism in borderline personality disorder. Psychiatry Res 1994; 55: 237–245.

De Luca V, Muglia P, Vincent JB, Lanktree M, Jain U, Kennedy JL. Adrenergic alpha 2C receptor genomic organization: association study in adult ADHD. Am J Med Genet 2004a; 127B: 65–67.

De Luca V, Muglia P, Jain U, Kennedy JL. No evidence of linkage or association between the norepinephrine transporter (NET) gene MnlI polymorphism and adult ADHD. Am J Med Genet 2004b; 124B: 38–40.

Delis DC, Kramer J, Kaplan E. California Verbal Learning Test. New York: Psychological Corporation 1987.

Denckla MB. The child with developmental disabilities grown up: Adult residua of childhood disorders. Neurol Clin 1993; 11: 105–125.

Denckla MB. Biological correlates of learning and attention: What is relevant to learning disability and attention-deficit hyperactivity disorder? J Dev Behav Pediatr 1996; 17: 114–119.

Deutsch CK, Swanson JM, Bruell JH, Cantwell DP, Weinberg F, Baren M. Overrepresentation of adoptees in children with the attention deficit disorder. Behav Genet 1982; 12: 231–238.

Deutsches Institut für medizinische Dokumentation und Information. ICD-10. Internationale statistische Klassifikation der Krankheiten und verwandter Gesundheitsprobleme. 10. Revision. Band 1 – Systematisches Verzeichnis. Bern, Göttingen, Toronto, Seattle: Hans Huber 1994.

Dimoska A, Johnstone SJ, Barry RJ, Clarke AR. Inhibitory motor control in children with attention-deficit/hyperactivity disorder: event-related potentials in the stop-signal paradigm. Biol Psychiatry 2003; 54: 1345–1354.

Ding YC, Chi HC, Grady DL, Morishima A, Kidd JR, Kidd KK, Flodman P, Spence MA, Schuck S, Swanson JM, Zhang YP, Moyzis RK. Evidence of positive selection acting at the human dopamine receptor D4 gene locus. Proc Natl Acad Sci U S A 2002; 99: 309–314.

Disney ER, Elkins IJ, McGue M, Iacono WG. Effects of ADHD, conduct disorder, and gender on substance use and abuse in adolescence. Am J Psychiatry 1999; 156: 1515–1521.

Dixon EB. Impact of adult ADD on the family. In Nadeau KG (ed.). A Comprehensive Guide to Attention Deficit Disorder in Adults: Research, Diagnosis, Treatment. New York: Brunner/Mazel 1995; 236–259.

Domschke K, Sheehan K, Lowe N, Kirley A, Mullins C, O'Sullivan R, Freitag C, Becker T, Conroy J, Fitzgerald M, Gill M, Hawi Z. Association analysis of the monoamine oxidase A and B genes with attention deficit hyperactivity disorder (ADHD) in an Irish sample: preferential transmission of the MAO-A 941G allele to affected children. Am J Med Genet B Neuropsychiatr Genet 2005; 134: 110–114.

Dorrego MF, Canevaro L, Kuzis G, Sabe L, Starkstein SE. A randomized, double-blind, crossover study of methylphenidate and lithium in adults with attention-deficit/hyperactivity disorder: preliminary findings. J Neuropsychiatry Clin Neurosci 2002; 14: 289–295.

Doucette-Stamm LA, Blakely DJ, Tian J, Mockus S, Mao JI. Population genetic study of the human dopamine transporter gene (DAT1). Genet Epidemiol 1995; 12: 303–308.

Dougherty DD, Bonab AA, Spencer TJ, Rauch SL, Madras BK, Fischman AJ. Dopamine transporter density in patients with attention deficit hyperactivity disorder. Lancet 1999; 354: 2132–2133.

Downey KK, Pomerleau CS, Pomerleau OF. Personality differences related to smoking and adult attention deficit hyperactivity disorder. J Subst Abuse 1996; 8: 129–135.

Downey KK, Stelson FW, Pomerleau OF, Giordani B. Adult attention deficit hyperactivity disorder: Psychological test profiles in a clinical population. J Nerv Ment Dis 1997; 185: 32–38.

Dowson JH, McLean A, Bazanis E, Toone B, Young S, Robbins TW, Sahakian B. The specificity of clinical characteristics in adults with attention-deficit/hyperactivity disorder: a comparison with patients with borderline personality disorder. Eur Psychiatry 2004; 19: 72–78.

Doyle AE, Faraone SV, DuPre EP, Biederman J. Separating attention deficit hyperactivity disorder and learning disabilities in girls: A familial risks analysis. Am J Psychiatry 2001; 158: 1666–1672.

Dresel S, Krause J, Krause KH, la Fougere C, Brinkbaumer K, Kung HF, Hahn K, Tatsch K. Attention deficit hyperactivity disorder: Binding of [99mTc]TRODAT-1 to the dopamine transporter before and after methylphenidate treatment. Eur J Nucl Med 2000; 27: 1518–1524.

Dresel SH, Kung MP, Plossl K, Meegalla SK, Kung HF. Pharmacological effects of dopaminergic drugs on in vivo binding of [99mTc]TRODAT-1 to the central dopamine transporters in rats. Eur J Nucl Med 1998; 25: 31–39.

Dunn DW, Kronenberger WG. Childhood epilepsy, attention problems, and ADHD: review and practical considerations. Semin Pediatr Neurol 2005; 12: 222–228.

Dunn DW, Austin JK, Harezlak J, Ambrosius WT. ADHD and epilepsy in childhood. Dev Med Child Neurol 2003; 45: 50–54.

Durst R, Rebaudengo-Rosca P. Attention deficit hyperactivity disorder, facilitating alcohol and drug abuse in an adult. Harefuah 1997; 132: 618–622.

Durston S, Thomas KM, Worden MS, Yang Y, Casey BJ. The effect of preceding context on inhibition: an event-related fMRI study. Neuroimage 2002; 16: 449–453.

Durston S, Hulshoff Pol HE, Schnack HG, Buitelaar JK, Steenhuis MP, Minderaa RB, Kahn RS, van Engeland H. Magnetic resonance imaging of boys with attention-deficit/hyperactivity disorder and their unaffected siblings. J Am Acad Child Adolesc Psychiatry 2004; 43: 332–340.

Eaves LJ, Silberg JL, Meyer JM, Maes HH, Simonoff E, Pickles A, Rutter M, Neale MC, Reynolds CA, Erikson MT, Heath AC, Loeber R, Truett KR, Hewitt JK. Genetics and developmental psychopathology: 2. The main effects of genes and environment on behavioral problems in the Virginia Twin Study of Adolescent Behavioral Development. J Child Psychol Psychiatry 1997; 38: 965–980.

Ebert D. Das Asperger-Syndrom im Erwachsenenalter. Ein Blick zurück in die Kindheit löst das diagnostische Rätsel. Info Neurologie & Psychiatrie 2005; 7 (1): 46–49.

Ebert D. Diagnostik und Therapie von Impulskontrollstörungen. Das unwiderstehliche Verlangen nach sinnlosem Tun. Info Neurologie & Psychiatrie 2007; 9 (7–8): 33–39.

Ebert D, Heßlinger B. Forensische Beurteilung der ADS/ADHS des Erwachsenenalters. Psycho 2000; 26: 225–228.

Ebert D, Krause J, Roth-Sackenheim C. ADHS im Erwachsenenalter – Leitlinien auf der Basis eines Expertenkonsensus mit Unterstützung der DGPPN. Nervenarzt 2003; 74: 939–946.

Eckstaedt A. „Der Struwwelpeter". Dichtung und Deutung. Frankfurt: Suhrkamp 1998.

Edel MA, Schmidt K. Phobische, Angst- und Persönlichkeitsstörungen sowie soziale Beeinträchtigung ambulanter erwachsener Patienten mit Aufmerksamkeitsdefizit-/Hyperaktivitätsstörungen. Nervenheilkunde 2003; 22: 415–418.

Edelbrock C, Rende R, Plomin R, Thompson LA. A twin study of competence and problem behavior in childhood and early adolescence. J Child Psychol Psychiatry 1995; 36: 775–785.

Egger J, Carter CM, Graham PJ, Gumley D, Soothill JF. Controlled trial of oligoantigenic treatment in the hyperkinetic syndrome. Lancet 1985; 1: 540–545.

Egger J, Stolla A, McEwen LM. Controlled trial of hyposensitisation in children with foodinduced hyperkinetic syndrome. Lancet 1992; 339: 1150–1153.

Einfeld S, Hall W, Levy F. Hyperactivity and the fragile X syndrome. J Abnorm Child Psychol 1991; 19: 253–262.

El-Zein RA, Abdel-Rahman SZ, Hay MJ, Lopez MS, Bondy ML, Morris DL, Legator MS. Cytogenetic effects in children treated with methylphenidate. Cancer Lett 2005; 230: 284–291.

Elia J, Gulotta C, Rose SR, Marin G, Rapoport JL. Thyroid function and attention-deficit hyperactivity disorder. J Am Acad Child Adolesc Psychiatry 1994; 33: 169–172.

Elia J, Ambrosini PJ, Rapoport JL. Treatment of attention-deficit-hyperactivity disorder. N Engl J Med 1999; 340: 780–788.

Elkins IJ, McGue M, Iacono WG. Prospective effects of attention-deficit/hyperactivity disorder, conduct disorder, and sex on adolescent substance use and abuse. Arch Gen Psychiatry 2007; 64: 1145–1152.

Epstein JN, Conners CK, Erhardt D, Arnold LE, Hechtman L, Hinshaw SP, Hoza B, Newcorn JH, Swanson JM, Vitiello B. Familial aggregation of ADHD characteristics. J Abnorm Child Psychol 2000; 28: 585–594.

Ernst M, Liebenauer LL, Jons PH, Tebeka D, Cohen RM, Zametkin AJ. Selegiline in adults with attention deficit hyperactivity disorder: clinical efficacy and safety. Psychopharmacol Bull 1996; 32: 327–334.

Ernst M, Cohen RM, Liebenauer LL, Jons PH, Zametkin AJ. Cerebral glucose metabolism in adolescent girls with attention-deficit/hyperactivity disorder. J Am Acad Child Adolesc Psychiatry 1997; 36: 1399–1406.

Ernst M, Zametkin AJ, Matochik JA, Jons PH, Cohen RM. DOPA decarboxylase activity in attention deficit hyperactivity disorder adults. A [fluorine-18]fluorodopa positron emission tomographic study. J Neurosci 1998; 18: 5901–5907.

Ernst M, Kimes AS, London ED, Matochik JA, Eldreth D, Tata S, Contoreggi C, Leff M, Bolla K. Neural substrates of decision making in adults with attention deficit hyperactivity disorder. Am J Psychiatry 2003; 160: 1061–1070.

Evans SW, Vallano G, Pelham W. Treatment of parenting behavior with a psychostimulant: A case study of an adult with attention deficit-hyperactivity disorder. J Child Adolesc Psychopharmacol 1994; 4: 63–69.

Famularo R, Fenton T, Kinscherff R, Augustyn M. Psychiatric comorbidity in childhood post traumatic stress disorder. Child Abuse Negl 1996; 20: 953–961.

Faraone SV. Lisdexamfetamine dimesylate: the first long-acting prodrug stimulant treatment for attention deficit/hyperactivity disorder. Expert Opin Pharmacother 2008; 9: 1565–1574.

Faraone SV, Biederman J. Neurobiology of attention-deficit hyperactivity disorder. Biol Psychiatry 1998; 44: 951–958.

Faraone SV, Biederman J. A controlled study of functional impairments in 500 ADHD adults. 157th Annual Meeting, American Psychiatric Association, New York 2004a.

Faraone SV, Biederman J. Prevalence of adult ADHD in the United States. 157th Annual Meeting, American Psychiatric Association, New York 2004b.

Faraone SV, Khan SA. Candidate gene studies of attention-deficit/hyperactivity disorder. J Clin Psychiatry 2006; 67: 13–20.

Faraone SV, Biederman J, Lehman BK, Keenan K, Norman D, Seidman LJ, Kolodny R, Kraus I, Perrin J, Chen WJ. Evidence for the independent familial transmission of attention deficit hyperactivity disorder and learning disabilities: Results from a family genetic study. Am J Psychiatry 1993; 150: 891–895.

Faraone SV, Biederman J, Jetton JG, Tsuang MT. Attention deficit disorder and conduct disorder: Longitudinal evidence for a familial subtype. Psychol Med 1997a; 27: 291–300.

Faraone SV, Biederman J, Mennin D, Wozniak J, Spencer T. Attention-deficit hyperactivity disorder with bipolar disorder: a familial subtype? J Am Acad Child Adolesc Psychiatry 1997b; 36: 1378–1387.

Faraone SV, Biederman J, Weiffenbach B, Keith T, Chu MP, Weaver A, Spencer TJ, Wilens TE, Frazier J, Cleves M, Sakai J. Dopamine D4 gene 7-repeat allele and attention deficit hyperactivity disorder. Am J Psychiatry 1999; 156: 768–770.

Faraone SV, Biederman J, Mick E, Williamson S, Wilens T, Spencer T, Weber W, Jetton J, Kraus I, Pert J, Zallen B. Family study of girls with attention deficit hyperactivity disorder. Am J Psychiatry 2000; 157: 1077–1083.

Faraone SV, Doyle AE, Mick E, Biederman J. Meta-analysis of the association between the 7-repeat allele of the dopamine D(4) receptor gene and attention deficit hyperactivity disorder. Am J Psychiatry 2001; 158: 1052–1057.

Faraone SV, Sergeant J, Gillberg C, Biederman J. The worldwide prevalence of ADHD: is it an American condition? World Psychiatry 2003; 2: 104–113.

Faraone SV, Biederman J, Spencer TJ, Chrisman AK, Wilens TE, Tulloch SJ, Weisler RH. Long-term safety and efficacy of mixed amphetamine salts extended release for adult ADHD. 157th Annual Meeting, American Psychiatric Association, New York 2004a.

Faraone SV, Biederman J, Spencer TJ, Wilens TE, Weisler RH, Read SC, Zhang Y, Tulloch SJ. Dose-response efficacy of mixed amphetamine salts XR in adults with ADHD. 157th Annual Meeting, American Psychiatric Association, New York 2004b.

Faraone SV, Spencer T, Aleardi M, Pagano C, Biederman J. Meta-analysis of the efficacy of methylphenidate for treating adult attention-deficit/hyperactivity disorder. J Clin Psychopharmacol 2004c; 24: 24–29.

Faraone SV, Perlis RH, Doyle AE, Smoller JW, Goralnick JJ, Holmgren MA, Sklar P. Molecular genetics of attention-deficit/hyperactivity disorder. Biol Psychiatry 2005; 57: 1313–1323.

Faraone SV, Biederman J, Spencer T, Mick E, Murray K, Petty C, Adamson JJ, Monuteaux MC. Diagnosing adult attention deficit hyperactivity disorder: are late onset and subthreshold diagnoses valid? Am J Psychiatry 2006; 163: 1720–1729.

Fargason RE, Ford CV. Attention deficit hyperactivity disorder in adults: Diagnosis, treatment, and prognosis. South Med J 1994; 87: 302–309.

Fassbender C, Schweitzer JB. Is there evidence for neural compensation in attention deficit hyperactivity disorder? A review of the functional neuroimaging literature. Clin Psychol Rev 2006; 26: 445–465.

Fegert JM. ADHS – Führerschein und Medikation. Nervenheilkunde 2003; 22: 376–378.

Feingold BF. Why your child is hyperactive? New York: Random House Filser 1975.

Feng Y, Crosbie J, Wigg K, Pathare T, Ickowicz A, Schachar R, Tannock R, Roberts W, Malone M, Swanson J, Kennedy JL, Barr CL. The SNAP25 gene as a susceptibility gene contributing to attention-deficit hyperactivity disorder. Mol Psychiatry 2005; 10: 998–1005.

Feron FJ, Hendriksen JG, van Kroonenburgh MJ, Blom-Coenjaerts C, Kessels AG, Jolles J, Weber WE, Vles JS. Dopamine transporter in attention-deficit hyperactivity disorder normalizes after cessation of methylphenidate. Pediatr Neurol 2005; 33: 179–183.

Fiez JA. Cerebellar contributions to cognition. Neuron 1996; 16: 13–15.

Filipek PA, Semrud-Clikeman M, Steingard RJ, Renshaw PF, Kennedy DN, Biederman J. Volumetric MRI analysis comparing subjects having attention-deficit hyperactivity disorder with normal controls. Neurology 1997; 48: 589–601.

Findling RL, Schwartz MA, Flannery DJ, Manos MJ. Venlafaxine in adults with attention-deficit/hyperactivity disorder: An open clinical trial. J Clin Psychiatry 1996; 57: 184–189.

Fischer M, Barkley RA, Smallish L, Fletcher K. Young adult follow-up of hyperactive children: self-reported psychiatric disorders, comorbidity, and the role of childhood conduct problems and teen CD. J Abnorm Child Psychol 2002; 30: 463–475.

Fisher SE, Francks C, McCracken JT, McGough JJ, Marlow AJ, MacPhie IL, Newbury DF, Crawford LR, Palmer CG, Woodward JA, Del'Homme M, Cantwell DP, Nelson SF, Monaco AP, Smalley SL. A genomewide scan for loci involved in attention-deficit/hyperactivity disorder. Am J Hum Genet 2002; 70: 1183–1196.

Fleckenstein AE, Hanson GR. Impact of psychostimulants on vesicular monoamine transporter function. Eur J Pharmacol 2003; 479: 283–289.

Fone KC, Nutt DJ. Stimulants: use and abuse in the treatment of attention deficit hyperactivity disorder. Curr Opin Pharmacol 2005; 5: 87–93.

Ford JD, Racusin R, Ellis CG, Daviss WB, Reiser J, Fleischer A, Thomas J. Child maltreatment, other trauma exposure, and posttraumatic symptomatology among children with oppositional defiant and attention deficit hyperactivity disorders. Child Maltreat 2000; 5: 205–217.

Fossati A, Novella L, Donati D, Donini M, Maffei C. History of childhood attention deficit/hyperactivity disorder symptoms and borderline personality disorder: a controlled study. Compr Psychiatry 2002; 43: 369–377.

Frank MJ, Santamaria A, O'Reilly RC, Willcutt E. Testing computational models of dopamine and noradrenaline dysfunction in attention deficit/hyperactivity disorder. Neuropsychopharmacology 2007; 32: 1583–1599.

Freeman JL, Risser MR, Ware JC, Ball JD, Urbano M, Lagasca JM, Paul A, Fishback NF, Morewitz C, Asarias JR. The effects of modafinil on simulated driving performance in ADHD subjects compared to controls. Sleep 2002; 25 (Abstr Suppl): A46–A47.

Freitag CM. ADHS und autistische Störungen – Komorbidität oder Differentialdiagnose? In: Freitag CM, Retz W (eds.). ADHS und komorbide Erkrankungen. Stuttgart: Kohlhammer 2007; 73–86.

Freud S. Vorlesungen zur Einführung in die Psychoanalyse. Gesammelte Werke, Band XI. 7. Auflage. Frankfurt: S. Fischer 1978a.

Freud S. Zur Psychopathologie des Alltagslebens. Gesammelte Werke, Band IV. 7. Auflage. Frankfurt: S. Fischer 1978b.

Frick PJ, Kamphaus RW, Lahey BB, Loeber R, Christ MA, Hart EL, Tannenbaum LE. Academic underachievement and the disruptive behavior disorders. J Consult Clin Psychol 1991; 59: 289–294.

Friedel S, Saar K, Sauer S, Dempfle A, Walitza S, Renner T, Romanos M, Freitag C, Seitz C, Palmason H, Scherag A, Windemuth-Kieselbach C, Schimmelmann BG, Wewetzer C, Meyer J, Warnke A, Lesch KP, Reinhardt R, Herpertz-Dahlmann B, Linder M, Hinney A, Remschmidt H, Schafer H, Konrad K, Hubner N, Hebebrand J. Association and linkage of allelic variants of the dopamine transporter gene in ADHD. Mol Psychiatry 2007; 12: 923–933.

Fritze J, Schmauß M. Off-Label-Use: Der Fall Methylphenidat (Ritalin®). Nervenarzt 2002; 73: 1210–1212.

Fuemmeler BF, Kollins SH, McClernon FJ. Attention deficit hyperactivity disorder symptoms predict nicotine dependence and progression to regular smoking from adolescence to young adulthood. J Pediatr Psychol 2007; 32: 1203–1213.

Gadow KD, DeVincent CJ, Pomeroy J. ADHD symptom subtypes in children with pervasive developmental disorder. J Autism Dev Disord 2006; 36: 271–283.

Gainetdinov RR, Wetsel WC, Jones SR, Levin ED, Jaber M, Caron MG. Role of serotonin in the paradoxical calming effect of psychostimulants on hyperactivity. Science 1999; 283: 397–401.

Gallagher R, Blader J. The diagnosis and neuropsychological assessment of adult attention deficit/hyperactivity disorder. Scientific study and practical guidelines. Ann N Y Acad Sci 2001; 931: 148–171.

Garcia-Sanchez C, Estevez-Gonzalez A, Suarez-Romero E, Junque C. Right hemisphere dysfunction in subjects with attention-deficit disorder with and without hyperactivity. J Child Neurol 1997; 12: 107–115.

Gawin F, Kleber H. Pharmacologic treatments of cocaine abuse. Psychiatr Clin North Am 1986; 9: 573–583.

Gether U, Norregaard L, Loland CJ. Delineating structure-function relationships in the dopamine transporter from natural and engineered Zn2+ binding sites. Life Sci 2001; 68: 2187–2198.

Giedd JN, Castellanos FX, Casey BJ, Kozuch P, King AC, Hamburger SD, Rapoport JL. Quantitative morphology of the corpus callosum in attention deficit hyperactivity disorder. Am J Psychiatry 1994; 151: 665–669.

Gilger JW, Pennington BF, DeFries JC. A twin study of the etiology of comorbidity: attention-deficit hyperactivity disorder and dyslexia. J Am Acad Child Adolesc Psychiatry 1992; 31: 343–348.

Gill M, Daly G, Heron S, Hawi Z, Fitzgerald M. Confirmation of association between attention deficit hyperactivity disorder and a dopamine transporter polymorphism. Mol Psychiatry 1997; 2: 311–313.

Gillberg IC. Deficites in attention, motor control and perception: Follow-up from pre-school to early teens. Uppsala: University of Uppsala; 1987.

Gillberg IC, Gillberg C. Children with preschool minor neurodevelopmental disorders. IV: Behaviour and school achievement at age 13. Dev Med Child Neurol 1989; 31: 3–13.

Gillis JJ, Gilger JW, Pennington BF, DeFries JC. Attention deficit disorder in reading-disabled twins: evidence for a genetic etiology. J Abnorm Child Psychol 1992; 20: 303–315.

Girardi NL, Shaywitz SE, Shaywitz BA, Marchione K, Fleischman SJ, Jones TW, Tamborlane WV. Blunted catecholamine responses after glucose ingestion in children with attention deficit disorder. Pediatr Res 1995; 38: 539–542.

Gittelman R, Mannuzza S, Shenker R, Bonagura N. Hyperactive boys almost grown up. I. Psychiatric status. Arch Gen Psychiatry 1985; 42: 937–947.

Gjone H, Stevenson J, Sundet JM. Genetic influence on parent-reported attention-related problems in a Norwegian general population twin sample. J Am Acad Child Adolesc Psychiatry 1996; 35: 588–596.

Glod CA, Teicher MH. Relationship between early abuse, posttraumatic stress disorder, and activity levels in prepubertal children. J Am Acad Child Adolesc Psychiatry 1996; 35: 1384–1393.

Golden GS. Role of attention deficit hyperactivity disorder in learning disabilities. Semin Neurol 1991; 11: 35–41.

Goldman LS, Genel M, Bezman RJ, Slanetz PJ. Diagnosis and treatment of attention-deficit/hyperactivity disorder in children and adolescents. Council on Scientific Affairs, American Medical Association. JAMA 1998; 279: 1100–1107.

Goldstein S. Managing Attention and Learning Disorders in Late Adolescence & Adulthood. A Guide for Practitioners. New York, Chichester, Brisbane, Toronto, Singapore: John Wiley & Sons 1997.

Goldstein S, Schwebach AJ. The comorbidity of pervasive developmental disorder and attention deficit hyperactivity disorder: results of a retrospective chart review. J Autism Dev Disord 2004; 34: 329–339.

Goldstein S, Teeter Ellison A (eds.). Clinicians' Guide to Adult ADHD. Assessment and Intervention. Amsterdam, Boston, London, New York, Oxford, Paris, San Diego, San Francisco, Singapore, Sydney, Tokyo: Academic Press 2002.

Goodman R, Stevenson J. A twin study of hyperactivity – I. An examination of hyperactivity scores and categories derived from Rutter teacher and parent questionnaires. J Child Psychol Psychiatry 1989a; 30: 671–689.

Goodman R, Stevenson J. A twin study of hyperactivity – II. The aetiological role of genes, family relationships and perinatal adversity. J Child Psychol Psychiatry 1989b; 30: 691–709.

Gordon M. The Gordon Diagnostic System. DeWitt: Gordon Systems 1983.

Goyer PF, Andreason PJ, Semple WE, Clayton AH, King AC, Compton-Toth BA, Schulz SC, Cohen RM. Positron-emission tomography and personality disorders. Neuropsychopharmacology 1994; 10: 21–28.

Goyette GH, Connors CK, Petti TA, Curtis LE. Effects of artificial colors on hyperkinetic children: A double-blind challenge study [proceedings]. Psychopharmacol Bull 1978; 14: 39–40.

Grafman J, Litvan I, Massaquoi S, Stewart M, Sirigu A, Hallett M. Cognitive planning deficit in patients with cerebellar atrophy. Neurology 1992; 42: 1493–1496.

Graham J, Coghill D. Adverse effects of pharmacotherapies for attention-deficit hyperactivity disorder: epidemiology, prevention and management. CNS Drugs 2008; 22: 213–237.

Grandin T, Barron S. The Unwritten Rules of Social Relationships. Arlington, TX: Future Horizons 2005.

Gray JD, Punsoni M, Tabori NE, Melton JT, Fanslow V, Ward MJ, Zupan B, Menzer D, Rice J, Drake CT, Romeo RD, Brake WG, Torres-Reveron A, Milner TA. Methylphenidate administration to juvenile rats alters brain areas involved in cognition, motivated behaviors, appetite, and stress. J Neurosci 2007; 27: 7196–7207.

Greenbaum L, Kanyas K, Karni O, Merbl Y, Olender T, Horowitz A, Yakir A, Lancet D, Ben-Asher E, Lerer B. Why do young women smoke? I. Direct and interactive effects of environment, psychological characteristics and nicotinic cholinergic receptor genes. Mol Psychiatry 2006; 11: 312–322.

Greenberg LM, Dupuy TR. TOVA interpretation manual: Test of variable of attention continuous performance tests. Los Alamitos: Universal Attention Disorders 1993.

Grützmacher H. Unfallgefährdung bei Aufmerksamkeits- und Hyperaktivitätsstörung. Dtsch Ärztebl 2001; 98: B1898–1900.

Gualtieri CT, Ondrusek MG, Finley C. Attention deficit disorders in adults. Clin Neuropharmacol 1985; 8: 343–356.

Gunderson JG, Pütterich H. Diagnostisches Interview für das Borderlinesyndrom. Manual. Weinheim: Beltz 1990.

Hallowell EM, Ratey JJ. Driven to Distraction. Recognizing and Coping with Attention Deficit Disorder from Childhood through Adulthood. New York: Pantheon Books 1994.

Hallowell EM, Ratey JJ. Zwanghaft zerstreut. Reinbek: Rowohlt 1998.

Hanna GL, Ornitz EM, Hariharan M. Urinary epinephrine excretion during intelligence testing in attention-deficit hyperactivity disorder and normal boys. Biol Psychiatry 1996; 40: 553–555.

Häßler F, Reis O, Buchmann J, Bohne-Suraj S. HKS/ADHS und rechtliche Aspekte. Nervenarzt 2008; 79: 820–826.

Hauser P, Zametkin AJ, Martinez P, Vitiello B, Matochik JA, Mixson AJ, Weintraub BD. Attention deficit-hyperactivity disorder in people with generalized resistance to thyroid hormone. N Engl J Med 1993; 328: 997–1001.

Hawi Z, Foley D, Kirley A, McCarron M, Fitzgerald M, Gill M. Dopa decarboxylase gene polymorphisms and attention deficit hyperactivity disorder (ADHD): No evidence for association in the Irish population. Mol Psychiatry 2001; 6: 420–424.

Hawi Z, Dring M, Kirley A, Foley D, Kent L, Craddock N, Asherson P, Curran S, Gould A, Richards S, Lawson D, Pay H, Turic D, Langley K, Owen M, O'Donovan M, Thapar A, Fitzgerald M, Gill M. Serotonergic system and attention deficit hyperactivity disorder (ADHD): a potential susceptibility locus at the 5-HT(1B) receptor gene in 273 nuclear families from a multi-centre sample. Mol Psychiatry 2002; 7: 718–725.

Hawi Z, Lowe N, Kirley A, Gruenhage F, Nothen M, Greenwood T, Kelsoe J, Fitzgerald M, Gill M. Linkage disequilibrium mapping at DAT1, DRD5 and DBH narrows the search for ADHD susceptibility alleles at these loci. Mol Psychiatry 2003; 8: 299–308.

Hazell P. Drug therapy attention-deficit/hyperactivity disorder-like symptoms in autistic disorder. J Paediatr Child Health 2007; 43: 19–24.

Heath CT, Jr., Wright HH, Batey SR. Attention deficit hyperactivity disorder: Does it affect adults too? South Med J 1990; 83: 1396–1401.

Heaton RK. A Manual for the Wisconsin Card Sorting Test. Odessa: Psychological Assessment Ressources 1981.

Hebebrand J, Dempfle A, Saar K, Thiele H, Herpertz-Dahlmann B, Linder M, Kiefl H, Remschmidt H, Hemminger U, Warnke A, Knolker U, Heiser P, Friedel S, Hinney A, Schafer H, Nurnberg P, Konrad K. A genome-wide scan for attention-deficit/hyperactivity disorder in 155 German sib-pairs. Mol Psychiatry 2006; 11: 196–205.

Hechtman L. Adolescent outcome of hyperactive children treated with stimulants in childhood: A review. Psychopharmacol Bull 1985; 21: 178–191.

Hechtman L. Subgroups of adult outcome of attention-deficit/hyperactivity disorder. In: Brown TE (ed.). Attention-deficit Disorders and Comorbidities in Children, Adolescents, and Adults. Washington, London: American Psychiatric Press 2000; 437–452.

Hechtman L, Weiss G, Perlman T. Hyperactives as young adults: Past and current substance abuse and antisocial behavior. Am J Orthopsychiatry 1984; 54: 415–425.

Hedges D, Reimherr FW, Rogers A, Strong R, Wender PH. An open trial of venlafaxine in adult patients with attention deficit hyperactivity disorder. Psychopharmacol Bull 1995; 31: 779–783.

Heigl-Evers A, Ott J. Die psychoanalytisch-interaktionelle Methode: Theorie und Praxis. Göttingen, Zürich: Vandenhoek und Ruprecht 1997.

Heiligenstein E, Conyers LM, Berns AR, Miller MA, Smith MA. Preliminary normative data on DSM-IV attention deficit hyperactivity disorder in college students. J Am Coll Health 1998; 46: 185–188.

Heimer L. The Human Brain and Spinal Cord. Functional Anatomy and Dissection Guide. New York: Springer 1988.

Heiser P, Dempfle A, Friedel S, Konrad K, Hinney A, Kiefl H, Walitza S, Bettecken T, Saar K, Linder M, Warnke A, Herpertz-Dahlmann B, Schafer H, Remschmidt H, Hebebrand J. Family-based association study of serotonergic candidate genes and attention-deficit/hyperactivity disorder in a German sample. J Neural Transm 2007; 114: 513–521.

Hermens DF, Williams LM, Lazzaro I, Whitmont S, Melkonian D, Gordon E. Sex differences in adult ADHD: a double dissociation in brain activity and autonomic arousal. Biol Psychol 2004; 66: 221–233.

Herpertz-Dahlmann B, Herpertz SC. Persönlichkeitsstörungen. In: Herpertz-Dahlmann B, Resch F, Schulte-Markwort M, Warnke A (Hrsg.). Entwicklungspsychiatrie. Stuttgart, New York: Schattauer 2003; 791–812.

Hesdorffer DC, Ludvigsson P, Olafsson E, Gudmundsson G, Kjartansson O, Hauser WA. ADHD as a risk factor for incident unprovoked seizures and epilepsy in children. Arch Gen Psychiatry 2004; 61: 731–736.

Heßlinger B, Thiel T, Tebartz van Elst L, Hennig J, Ebert D. Attention-deficit disorder in adults with or without hyperactivity: where is the difference? A study in humans using short echo (1)H-magnetic resonance spectroscopy. Neurosci Lett 2001; 304: 117–119.

Heßlinger B, Tebartz van Elst L, Nyberg E, Dykierek P, Richter H, Berner M, Ebert D. Psychotherapy of attention deficit hyperactivity disorder in adults – a pilot study using a structured skills training program. Eur Arch Psychiatry Clin Neurosci 2002a; 252: 177–184.

Heßlinger B, Tebartz van Elst L, Thiel T, Haegele K, Hennig J, Ebert D. Frontoorbital volume reductions in adult patients with attention deficit hyperactivity disorder. Neurosci Lett 2002b; 328: 319–321.

Heßlinger B, Philipsen A, Richter H, Ebert D. Zur Psychotherapie der Aufmerksamkeitsdefizit-/Hyperaktivitätsstörung (ADHS) bei Erwachsenen. Verhaltenstherapie 2003a; 13: 276–282.

Heßlinger B, Tebartz van Elst L, Mochan F, Ebert D. A psychopathological study into the relationship between attention deficit hyperactivity disorder in adult patients and recurrent brief depression. Acta Psychiatr Scand 2003b; 107: 385–389.

Heßlinger B, Tebartz van Elst L, Mochan F, Ebert D. Attention deficit hyperactivity disorder in adults-early vs. late onset in a retrospective study. Psychiatry Res 2003c; 119: 217–223.

Hewitt JK, Silberg JL, Rutter M, Simonoff E, Meyer JM, Maes H, Pickles A, Neale MC, Loeber R, Erickson MT, Kendler KS, Heath AC, Truett KR, Reynolds CA, Eaves LJ. Genetics and developmental psychopathology: 1. Phenotypic assessment in the Virginia Twin Study of Adolescent Behavioral Development. J Child Psychol Psychiatry 1997; 38: 943–963.

Heywood C, Beale I. EEG biofeedback vs. placebo treatment for attention-deficit/hyperactivity disorder: a pilot study. J Attent Disord 2003; 7: 43–55.

Hicks AA, Johnson KJ, Barnard EA, Darlison MG. Dinucleotide repeat polymorphism in the human X-linked GABAA receptor alpha 3-subunit gene. Nucleic Acids Res 1991; 19: 4016.

Hill D. Amphetamine in psychopathic states. Br J Addiction 1947; 44: 50–54.

Hill DE, Yeo RA, Campbell RA, Hart B, Vigil J, Brooks W. Magnetic resonance imaging correlates of attention-deficit/hyperactivity disorder in children. Neuropsychology 2003; 17: 496–506.

Hoffmann H. Eduards-Brunnen: Besuch bei Frau Sonne; 6. Geschichte. Frankfurt: Insel 1985a.

Hoffmann H. Lebenserinnerungen. Frankfurt: Insel 1985b.

Hoffmann H. Gesammelte Gedichte – Zeichnungen und Karikaturen. Frankfurt: Insel 1987.

Hoffmann SO, Hochapfel G. Neurosenlehre, Psychotherapeutische und Psychosomatische Medizin. 6. Aufl. Stuttgart, New York: Schattauer 1999.

Holmes J, Payton A, Barrett JH, Hever T, Fitzpatrick H, Trumper AL, Harrington R, McGuffin P, Owen M, Ollier W, Worthington W, Thapar A. A family-based and case-control association study of the dopamine D4 receptor gene and dopamine transporter gene in attention deficit hyperactivity disorder. Mol Psychiatry 2000; 5: 523–530.

Holsboer-Trachsler E, Vanoni CH. Depression & Schlafstörung in der Praxis. Binningen: MCG 1998.

Hooberman D, Stern TA. Treatment of attention deficit and borderline personality disorders with psychostimulants: case report. J Clin Psychiatry 1984; 45: 441–442.

Hornig M. Addressing comorbidity in adults with attention-deficit/hyperactivity disorder. J Clin Psychiatry 1998; 59, Suppl. 7: 69–75.

Hornig-Rohan M, Amsterdam JD. Venlafaxine versus stimulant therapy in patients with dual diagnosis ADD and depression. Prog Neuropsychopharmacol Biol Psychiatry 2002; 26: 585–589.

Horrigan JP, Barnhill LJ. Low-dose amphetamine salts and adult attention-deficit/hyperactivity disorder. J Clin Psychiatry 2000; 61: 414–417.

Howlin P, Goode S, Hutton J, Rutter M. Adult outcome for children with autism. J Child Psychol Psychiatry 2004; 45: 212–229.

Huang YS, Lin SK, Wu YY, Chao CC, Chen CK. A family-based association study of attention-deficit hyperactivity disorder and dopamine D2 receptor TaqI A alleles. Chang Gung Med J 2003; 26: 897–903.

Hudziak JJ, Heath AC, Madden PF, Reich W, Bucholz KK, Slutske W, Bierut LJ, Neuman RJ, Todd RD. Latent class and factor analysis of DSM-IV ADHD: a twin study of female adolescents. J Am Acad Child Adolesc Psychiatry 1998; 37: 848–857.

Hudziak JJ, Derks EM, Althoff RR, Rettew DC, Boomsma DI. The genetic and environmental contributions to attention deficit hyperactivity disorder as measured by the Conners' Rating Scales – Revised. Am J Psychiatry 2005; 162: 1614–1620.

Huessy HR. Letter: The adult hyperkinetic. Am J Psychiatry 1974; 131: 724–725.

Hunt RD, Minderaa RB, Cohen DJ. Clonidine benefits children with attention deficit disorder and hyperactivity: Report of a double-blind placebo-crossover therapeutic trial. J Am Acad Child Psychiatry 1985; 24: 617–629.

Hunt RD, Minderaa RB, Cohen DJ. The therapeutic effect of clonidine in attention deficit disorder with hyperactivity: A comparison with placebo and methylphenidate. Psychopharmacol Bull 1986; 22: 229–236.

Huss M, Lehmkuhl U. Methylphenidate and substance abuse: a review of pharmacology, animal, and clinical studies. J Attent Disord 2002; 6 (Suppl 1): S65–S71.

Hynd GW, Semrud-Clikeman M, Lorys AR, Novey ES, Eliopulos D. Brain morphology in developmental dyslexia and attention deficit disorder/hyperactivity. Arch Neurol 1990; 47: 919–926.

Hynd GW, Semrud-Clikeman M, Lorys AR, Novey ES, Eliopulos D, Lyytinen H. Corpus callosum morphology in attention deficit-hyperactivity disorder: Morphometric analysis of MRI. J Learn Disabil 1991; 24: 141–146.

Hynd GW, Hern KL, Novey ES, Eliopulos D, Marshall R, Gonzalez JJ, Voeller KK. Attention deficit-hyperactivity disorder and asymmetry of the caudate nucleus. J Child Neurol 1993; 8: 339–347.

Iaboni F, Bouffard R, Minde K, Hechtman L. The efficacy of methylphenidate in treating adults with attention-deficit/hyperactivity disorder. Annual Meeting of the American Academy of Child and Adolescent Psychiatry. Philadelphia, PA 1996.

Jacob CP, Romanos J, Dempfle A, Heine M, Windemuth-Kieselbach C, Kruse A, Reif A, Walitza S, Romanos M, Strobel A, Brocke B, Schäfer H, Schmidtke A, Böning J, Lesch KP. Comorbidity of adult attention-deficit/hyperactivity disorder with focus on personality traits and related disorders in a tertiary referral center. Eur Arch Psychiatry Clin Neurosci 2007; 257: 309–317.

Jacob CP, Philipsen A, Ebert D, Deckert J. Multimodale Therapie der Aufmerksamkeitsdefizit-/Hyperaktivitätsstörung im Erwachsenenalter. Nervenarzt 2008; 79: 801–808.

Jain U, Hechtman L, Weiss M, Ahmed TS, Reiz JL, Donnelly GA, Harsanyi Z, Darke AC. Efficacy of a novel biphasic controlled-release methylphenidate formula in adults with attention-deficit/hyperactivity disorder: results of a double-blind, placebo-controlled crossover study. J Clin Psychiatry 2007; 68: 268-277.

James A, Lai FH, Dahl C. Attention deficit hyperactivity disorder and suicide: a review of possible associations. Acta Psychiatr Scand 2004; 110: 408–415.

Janz D, Christian W. Impulsiv-Petit mal. Dtsch Z Nervenheilk 1957; 176: 346–386.

Jensen PS, Garcia JA, Glied S, Crowe M, Foster M, Schlander M, Hinshaw S, Vitiello B, Arnold LE, Elliott G, Hechtman L, Newcorn JH, Pelham WE, Swanson J, Wells K. Cost-effectiveness of ADHD treatments: findings from the multimodal treatment study of children with ADHD. Am J Psychiatry 2005; 162: 1628–1636.

Jensen PS, Arnold LE, Swanson JM, Vitiello B, Abikoff HB, Greenhill LL, Hechtman L, Hinshaw SP, Pelham WE, Wells KC, Conners CK, Elliott GR, Epstein JN, Hoza B, March JS, Molina BS, Newcorn JH, Severe JB, Wigal T, Gibbons RD, Hur K. 3-year follow-up of the NIMH MTA study. J Am Acad Child Adolesc Psychiatry 2007; 46: 989–1002.

Jiang S, Xin R, Wu X, Lin S, Qian Y, Ren D, Tang G, Wang D. Association between attention deficit hyperactivity disorder and the DXS7 locus. Am J Med Genet 2000; 96: 289–292.

Jin Z, Zang YF, Zeng YW, Zhang L, Wang YF. Striatal neuronal loss or dysfunction and choline rise in children with attention-deficit hyperactivity disorder: a 1H-magnetic resonance spectroscopy study. Neurosci Lett 2001; 315: 45–48.

Johann M, Bobbe G, Putzhammer A, Wodarz N. Comorbidity of alcohol dependence with attention-deficit hyperactivity disorder: differences in phenotype with increased severity of the substance disorder, but not in genotype (serotonin transporter and 5-hydroxytryptamine-2c receptor). Alcohol Clin Exp Res 2003; 27: 1527–1534.

Johnson KA, Robertson IH, Kelly SP, Silk TJ, Barry E, Dáibhis A, Watchorn A, Keavey M, Fitzgerald M, Gallagher L, Gill M, Bellgrove MA. Dissociation in performance of children with ADHD and high-functioning autism on a task of sustained attention. Neuropsychologia 2007; 45: 2234–2245.

Jonkman LM, Kemner C, Verbaten MN, Koelega HS, Camffermann G, van der Gaag RJ, Buitelaar JK, van Engeland H. Event-related potentials and performance of attention-deficit hyperactivity disorder: Children and normal controls in auditory and visual selective attention tasks. Biol Psychiatry 1997; 41: 595–611.

Jucaite A, Fernell E, Halldin C, Forssberg H, Farde L. Reduced midbrain dopamine transporter binding in male adolescents with attention-deficit/hyperactivity disorder: association between striatal dopamine markers and motor hyperactivity. Biol Psychiatry 2005; 57: 229–238.

Kafka MP, Prentky RA. Attention-deficit/hyperactivity disorder in males with paraphilias and paraphilia-related disorders: a comorbidity study. J Clin Psychiatry 1998; 59: 388–396.

Kahn RS, Khoury J, Nichols WC, Lanphear BP. Role of dopamine transporter genotype and maternal prenatal smoking in childhood hyperactive-impulsive, inattentive, and oppositional behaviors. J Pediatr 2003; 143: 104–110.

Kaminer Y. Desipramine facilitation of cocaine abstinence in an adolescent. J Am Acad Child Adolesc Psychiatry 1992; 31: 312–317.

Kashani J, Ruha AM. Isolated atomoxetine overdose resulting in seizure. J Emerg Med 2007; 32: 175–178.

Kates WR, Frederikse M, Mostofsky SH, Folley BS, Cooper K, Mazur-Hopkins P, Kofman O, Singer HS, Denckla MB, Pearlson GD, Kaufmann WE. MRI parcellation of the frontal lobe in boys with attention deficit hyperactivity disorder or Tourette syndrome. Psychiatry Res 2002; 116: 63–81.

Katzenberg D, Young T, Finn L, Lin L, King DP, Takahashi JS, Mignot E. A CLOCK polymorphism associated with human diurnal preference. Sleep 1998; 21: 569–576.

Keage HA, Clark CR, Hermens DF, Kohn MR, Clarke S, Williams LM, Crewther D, Lamb C, Gordon E. Distractibility in AD/HD predominantly inattentive and combined subtypes: the P3a ERP component, heart rate and performance. J Integr Neurosci 2006; 5: 139–158.

Kelly TM, Cornelius JR, Clark DB. Psychiatric disorders and attempted suicide among adolescents with substance use disorders. Drug Alcohol Depend 2004; 73: 87–97.

Kent L, Doerry U, Hardy E, Parmar R, Gingell K, Hawi Z, Kirley A, Lowe N, Fitzgerald M, Gill M, Craddock N. Evidence that variation at the serotonin transporter gene influences susceptibility to attention deficit hyperactivity disorder (ADHD): analysis and pooled analysis. Mol Psychiatry 2002; 7: 908–912.

Kessler RC, Adler L, Ames M, Barkley RA, Birnbaum H, Greenberg P, Johnston JA, Spencer T, Ustun TB. The prevalence and effects of adult attention deficit/hyperactivity disorder on work performance in a nationally representative sample of workers. J Occup Environ Med 2005a; 47: 565–572.

Kessler RC, Adler L, Ames M, Demler O, Faraone S, Hiripi E, Howes MJ, Jin R, Secnik K, Spencer T, Ustun TB, Walters EE. The World Health Organization Adult ADHD Self-Report Scale (ASRS): a short screening scale for use in the general population. Psychol Med 2005b; 35: 245–256.

Kessler RC, Adler L, Barkley R, Biederman J, Conners CK, Demler O, Faraone SV, Greenhill LL, Howes MJ, Secnik K, Spencer T, Ustun TB, Walters EE, Zaslavsky AM. The prevalence and correlates of adult ADHD in the United States: results from the National Comorbidity Survey Replication. Am J Psychiatry 2006; 163: 716–723.

Kessler RC, Lane M, Stang PE, Van Brunt DL. The prevalence and workplace costs of adult attention deficit hyperactivity disorder in a large manufacturing firm. Psychol Med 2009; 39: 137–147.

Khantzian EJ. The self-medication hypothesis of addictive disorders: focus on heroin and cocaine dependence. Am J Psychiatry 1985; 142: 1259–1264.

Khantzian EJ. Self-regulation and self-medication factors in alcoholism and the addictions. Similarities and differences. Recent Dev Alcohol 1990; 8: 255–271.

Kim CH, Koo MS, Cheon KA, Ryu YH, Lee JD, Lee HS. Dopamine transporter density of basal ganglia assessed with [123I]IPT SPET in obsessive-compulsive disorder. Eur J Nucl Med Mol Imaging 2003; 30: 1637–1643.

Kim CH, Hahn MK, Joung Y, Anderson SL, Steele AH, Mazei-Robison MS, Gizer I, Teicher MH, Cohen BM, Robertson D, Waldman ID, Blakely RD, Kim KS. A polymorphism in the norepinephrine transporter gene alters promoter activity and is associated with attention-deficit hyperactivity disorder. Proc Natl Acad Sci U S A 2006; 103: 19164–19169.

King S, Griffin S, Hodges Z, Weatherly H, Asseburg C, Richardson G, Golder S, Taylor E, Drummond M, Riemsma R. A systematic review and economic model of the effectiveness and cost-effectiveness of methylphenidate, dexamfetamine and atomoxetine for the treatment of attention deficit hyperactivity disorder in children and adolescents. Health Technol Assess 2006; 10: iii–iv, xiii–146.

Kinsbourne M, De Quiros GB, Tocci RD. Adult ADHD. Controlled medication assessment. Ann N Y Acad Sci 2001; 931: 287–296.

Kirley A, Hawi Z, Daly G, McCarron M, Mullins C, Millar N, Waldman I, Fitzgerald M, Gill M. Dopaminergic system genes in ADHD: toward a biological hypothesis. Neuropsychopharmacology 2002; 27: 607–619.

Kirley A, Lowe N, Hawi Z, Mullins C, Daly G, Waldman I, McCarron M, O'Donnell D, Fitz-gerald M, Gill M. Association of the 480 bp DAT1 allele with methylphenidate response in a sample of Irish children with ADHD. Am J Med Genet 2003; 121B: 50–54.

Kirschner J, Moll GH, Fietzek UM, Heinrich H, Mall V, Berweck S, Heinen F, Rothenberger A. Methylphenidate enhances both intracortical inhibition and facilitation in healthy adults. Pharmacopsychiatry 2003; 36: 79–82.

Kissling C, Retz W, Wiemann S, Coogan AN, Clement RM, Hünnerkopf R, Conner AC, Frei-tag CM, Rösler M, Thome J. A polymorphism at the 3'-untranslated region of the CLOCK gene is associated with adult attention-deficit hyperactivity disorder. Am J Med Genet B Neuropsychiatr Genet 2008; 147: 333–338.

Klein E. Jack & Jackie. Die Kennedys – Traumpaar im Zentrum der Macht. Berlin: Aufbau Taschenbuch Verlag 2002.

Klein M. Unfallgefährdung bei Kindern und Jugendlichen mit ADHS. Psychoneuro 2006; 32: 386–391.

Klorman R. Cognitive event-related potentials in attention deficit disorder. J Learn Disabil 1991; 24: 130–140.

Klosinski G, Troje AE. Entwicklungsverlauf im 2. und 3. Lebensjahrzehnt bei 18 Patienten mit Kanner-Autismus. Ergebnisse einer qualitativen Retrospektivstudie unter besonderer Be-rücksichtigung des sozialadaptiven Verhaltens. Nervenarzt 2004; 75: 675–680.

Koesters M, Becker T, Kilian R, Fegert JM, Weinmann S. Limits of meta-analysis: methylphe-nidate in the treatment of adult attention-deficit hyperactivity disorder. J Psychopharma-col 2009: im Druck.

Kollins SH, McClernon FJ, Fuemmeler BF. Association between smoking and attention-defi-cit/hyperactivity disorder symptoms in a population-based sample of young adults. Arch Gen Psychiatry 2005; 62: 1142–1147.

Kooij JJ, Middelkoop HA, van Gils K, Buitelaar JK. The effect of stimulants on nocturnal mo-tor activity and sleep quality in adults with ADHD: an open-label case-control study. J Clin Psychiatry 2001; 62: 952–956.

Kooij JJ, Burger H, Boonstra AM, Van der Linden PD, Kalma LE, Buitelaar JK. Efficacy and safety of methylphenidate in 45 adults with attention-deficit/hyperactivity disorder. A randomized placebo-controlled double-blind cross-over trial. Psychol Med 2004; 34: 973–982.

Kopeckova M, Paclt I, Goetz P. Polymorphisms and low plasma activity of dopamine-beta-hydroxylase in ADHD children. Neuro Endocrinol Lett 2006; 27: 748–754.

Kordon A, Kahl KG. Aufmerksamkeitsdefizit-/Hyperaktivitätsstörung (ADHS) im Erwachse-nenalter. Psychother Psychosom Med 2004; 54: 124–136.

Kowalik S, Minami H, Silva R. Dexmethylphenidate extended-release capsules for the treat-ment of attention deficit hyperactivity disorder. Expert Opin Pharmacother 2006; 7: 2547–2557.

Krauel K, Duzel E, Hinrichs H, Santel S, Rellum T, Baving L. Impact of emotional salience on episodic memory in attention-deficit/hyperactivity disorder: a functional magnetic reso-nance imaging study. Biol Psychiatry 2007; 61: 1370–1379.

Krause J. Leben mit hyperaktiven Kindern. München, Weinheim: Piper, Chapman & Hall 1995.

Krause J. Harmonisierender Effekt einer Zusatzbehandlung mit Venlafaxin bei vier Patientinnen mit erhöhten striatären Dopamintransportern im Rahmen einer Aufmerksamkeitsdefizit-/Hyperaktivitätsstörung (Abstr). Nervenarzt 2002a; 73 (Suppl 1): S157.

Krause J. Überleben mit hyperaktiven Kindern. München, Forcheim: Bundesverband Aufmerksamkeitsstörung/Hyperaktivität 2002b.

Krause J. ADHS im Erwachsenenalter. Das muss bei der Behandlung von ADHS-Patienten beachtet werden. NeuroTransmitter 2003a; 14 (3): 66–69.

Krause J. ADHS im Erwachsenenalter. Methylphenidat Mittel der Wahl. Info Neurologie & Psychiatrie 2004, 6 (Sonderheft 1): 34–35.

Krause J. Die Aufmerksamkeitsdefizit-/Hyperaktivitätsstörung im Erwachsenenalter. Fortschr Neurol Psychiatr 2007; 75: 293–302.

Krause J. SPECT and PET of the dopamine transporter in attention-deficit/hyperactivity disorder. Expert Rev Neurother 2008a; 8: 611–625.

Krause J. Psychodynamische Therapieansätze bei Erwachsenen mit ADHS. Psychotherapie 2008b; 13: 213–219.

Krause J, Krause KH. Rauchen und hyperkinetisches Syndrom. Dtsch Med Wochenschr 1998a; 123: 373.

Krause J, Krause KH. Aufmerksamkeitsdefizit-/Hyperaktivitätsstörung und Sucht. In: Backmund M (Hrsg.). Sucht-Therapie. Landsberg: Ecomed 2003, XIII–3.2.

Krause J, Ryffel-Rawak D. Therapie der Aufmerksamkeits-/Hyperaktivitätsstörung im Erwachsenenalter. Psycho 2000; 26: 209–223.

Krause J, Biermann N, Krause KH. Aufmerksamkeitsdefizit-/Hyperaktivitätsstörung bei Alkoholikern. Ergebnisse einer Pilotstudie. Nervenheilkunde 2002a; 21: 156–159.

Krause J, la Fougere C, Krause KH, Ackenheil M, Dresel SH. Influence of striatal dopamine transporter availability on the response to methylphenidate in adult patients with ADHD. Eur Arch Psychiatry Clin Neurosci 2005; 255: 428–431.

Krause J, Dresel SH, Krause KH, la Fougere C, Zill P, Ackenheil M. Striatal dopamine transporter availability and DAT-1 gene in adults with ADHD: no higher DAT availability in patients with homozygosity for the 10-repeat allele. World J Biol Psychiatry 2006a; 7: 152–157.

Krause J, Krause KH, Dresel SH, la Fougere C, Ackenheil M. ADHD in adolescence and adulthood, with a special focus on the dopamine transporter and nicotine. Dialogues Clin Neurosci 2006b; 8: 29-36.

Krause KH. Anmerkungen zur deutschen Kurzform der Wender-Utah-Rating-Scale. Zum Beitrag „Wender-Utah-Rating-Scale (WURS-k)" von P. Retz-Junginger et al. in Nervenarzt (2002), 830–839. Nervenarzt 2003b; 74: 296.

Krause KH, Krause J. Der Autor des „Zappel-Philipp" – selbst ein Betroffener? Nervenheilkunde 1998b; 17: 318–321.

Krause KH, Krause J. Ist die Gabe von Methylphenidat bei Komorbidität von Epilepsie und Aufmerksamkeitsdefizit-/Hyperaktivitätsstörung kontraindiziert oder nicht? Akt Neurol 2000; 27: 72–76.

Krause KH, Krause J. Dopamintransporter – Struktur, Funktion und Bedeutung für die ADHS. Psychoneuro 2006a; 32: 209–214.

Krause KH, Krause J. Is akathisia a frequent side effect of neuroleptics in patients with attention deficit/hyperactivity disorder? Anesth Analg 2006b; 103: 507–508.

Krause KH, Krause J. Neurobiologische Grundlagen der Aufmerksamkeitsdefizit-/Hyperaktivitätsstörung. Ein Update. Psychoneuro 2007; 33: 404–410.

Krause KH, Krause J, Magyarosy I. Comorbidity of fibromyalgia syndrome and attention deficit hyperactivity disorder – possible implications for the therapy of fibromyalgia syndrome. Eur J Phys Med Rehab 1997; 7: 147.

Krause KH, Krause J, Magyarosy I, Ernst E, Pongratz D. Fibromyalgia syndrome and attention deficit hyperactivity disorder: Is there a comorbidity and are there consequences for the therapy of fibromyalgia syndrome? J Musculoske Pain 1998a; 6:111–116.

Krause KH, Krause J, Trott GE. Das hyperkinetische Syndrom (Aufmerksamkeitsdefizit-/Hyperaktivitätsstörung) im Erwachsenenalter. Nervenarzt 1998b; 69: 543–556.

Krause KH, Krause J, Trott GE. Diagnostik und Therapie der Aufmerksamkeitsdefizit-/Hyperaktivitätsstörung im Erwachsenenalter. Dtsch Med Wochenschr 1999; 124: 1309–1313.

Krause KH, Dresel S, Krause J. Neurobiologie der Aufmerksamkeitsdefizit-/Hyperaktivitätsstörung. Psycho 2000a; 26: 199–208.

Krause KH, Dresel SH, Krause J, Kung HF, Tatsch K. Increased striatal dopamine transporter in adult patients with attention deficit hyperactivity disorder: Effects of methylphenidate as measured by single photon emission computed tomography. Neurosci Lett 2000b; 285: 107–110.

Krause KH, Krause J, Trott GE. „Unordnung und frühes Leid" – Hyperkinetische Störungen in der Familie von Thomas Mann? Nervenheilkunde 2001; 20: 166–170.

Krause KH, Dresel SH, Krause J, Kung HF, Tatsch K, Ackenheil M. Stimulant-like action of nicotine on striatal dopamine transporter in the brain of adults with attention deficit hyperactivity disorder. Int J Neuropsychopharmacol 2002b; 5: 111–113.

Krause KH, Dresel S, Krause J, Kung HF, Tatsch K, Lochmüller H. Elevated striatal dopamine transporter in a drug naive patient with Tourette syndrome and attention deficit/hyperactivity disorder: Positive effect of methylphenidate. J Neurol 2002c; 249: 1116–1118.

Krause KH, Dresel SH, Krause J, la Fougere C, Ackenheil M. The dopamine transporter and neuroimaging in attention deficit hyperactivity disorder. Neurosci Biobehav Rev 2003; 27: 605–613.

Kruesi MJ, Hibbs ED, Zahn TP, Keysor CS, Hamburger SD, Bartko JJ, Rapoport JL. A 2-year prospective follow-up study of children and adolescents with disruptive behavior disorders. Prediction by cerebrospinal fluid 5-hydroxyindoleacetic acid, homovanillic acid, and autonomic measures? Arch Gen Psychiatry 1992; 49: 429–435.

Kuczenski R, Segal DS. Effects of methylphenidate on extracellular dopamine, serotonin, and norepinephrine: comparison with amphetamine. J Neurochem 1997; 68: 2032–2037.

Kugaya A, Seneca NM, Snyder PJ, Williams SA, Malison RT, Baldwin RM, Seibyl JP, Innis RB. Changes in human in vivo serotonin and dopamine transporter availabilities during chronic antidepressant administration. Neuropsychopharmacology 2003; 28: 413–420.

Kuperman S, Johnson B, Arndt S, Lindgren S, Wolraich M. Quantitative EEG differences in a nonclinical sample of children with ADHD and undifferentiated ADD. J Am Acad Child Adolesc Psychiatry 1996; 35: 1009–1017.

Kuperman S, Perry PJ, Gaffney GR, Lund BC, Bever-Stille KA, Arndt S, Holman TL, Moser DJ, Paulsen JS. Bupropion SR vs. methylphenidate vs. placebo for attention deficit hyperactivity disorder in adults. Ann Clin Psychiatry 2001; 13: 129–134.

Kustanovich V, Merriman B, McGough J, McCracken JT, Smalley SL, Nelson SF. Biased paternal transmission of SNAP-25 risk alleles in attention-deficit hyperactivity disorder. Mol Psychiatry 2003; 8: 309–315.

la Fougere C, Krause J, Krause KH, Josef Gildehaus F, Hacker M, Koch W, Hahn K, Tatsch K, Dresel S. Value of 99mTc-TRODAT-1 SPECT to predict clinical response to methylphenidate treatment in adults with attention deficit hyperactivity disorder. Nucl Med Commun 2006; 27: 733–737.

Lahat E, Avital E, Barr J, Berkovitch M, Arlazoroff A, Aladjem M. BAEP studies in children with attention deficit disorder. Dev Med Child Neurol 1995; 37: 119–123.

Lahey BB, Piacentini JC, McBurnett K, Stone P, Hartdagen S, Hynd G. Psychopathology in the parents of children with conduct disorder and hyperactivity. J Am Acad Child Adolesc Psychiatry 1988; 27: 163–170.

LaHoste GJ, Swanson JM, Wigal SB, Glabe C, Wigal T, King N, Kennedy JL. Dopamine D4 receptor gene polymorphism is associated with attention deficit hyperactivity disorder. Mol Psychiatry 1996; 1: 121–124.

Lamberg L. ADHD often undiagnosed in adults: appropriate treatment may benefit work, family, social life. JAMA 2003; 290: 1565–1567.

Larisch R, Sitte W, Antke C, Nikolaus S, Franz M, Tress W, Müller HW. Striatal dopamine transporter density in drug naive patients with attention-deficit/hyperactivity disorder. Nucl Med Commun 2006; 27: 267–270.

Lasky-Su J, Biederman J, Laird N, Tsuang M, Doyle AE, Smoller JW, Lange C, Faraone SV. Evidence for an association of the dopamine D5 receptor gene on age at onset of attention deficit hyperactivity disorder. Ann Hum Genet 2007; 71: 648–659.

Lavenstein B. Neurological comorbidity patterns/differential diagnosis in adult attention deficit disorder. In: Nadeau KG (ed.). A Comprehensive Guide to Attention Deficit Disorder in Adults. New York: Brunner/Mazel 1995; 74–92.

Lawson DC, Turic D, Langley K, Pay HM, Govan CF, Norton N, Hamshere ML, Owen MJ, O'Donovan MC, Thapar A. Association analysis of monoamine oxidase A and attention deficit hyperactivity disorder. Am J Med Genet 2003; 116B: 84–89.

Lecendreux M, Cortese S. Sleep problems associated with ADHD: a review of current therapeutic options and recommendations for the future. Expert Rev Neurother 2007; 7: 1799–1806.

Leckman JF, Zhang H, Vitale A, Lahnin F, Lynch K, Bondi C, Kim YS, Peterson BS. Course of tic severity in Tourette syndrome: The first two decades. Pediatrics 1998; 102: 14–19.

Lee DO, Ousley OY. Attention-deficit hyperactivity disorder symptoms in a clinic sample of children and adolescents with pervasive developmental disorders. J Child Adolesc Psychopharmacol 2006; 16: 737–746.

Lehn H, Derks EM, Hudziak JJ, Heutink P, van Beijsterveldt TC, Boomsma DI. Attention problems and attention-deficit/hyperactivity disorder in discordant and concordant monozygotic twins: evidence of environmental mediators. J Am Acad Child Adolesc Psychiatry 2007; 46: 83–91.

Leighton PW, Le Couteur DG, Pang CC, McCann SJ, Chan D, Law LK, Kay R, Pond SM, Woo J. The dopamine transporter gene and Parkinson's disease in a Chinese population. Neurology 1997; 49: 1577–1579.

Levin AC. Forum on hyperkinesis. Mod Med 1978; 46: 87.

Levin ED, Conners CK, Sparrow E, Hinton SC, Erhardt D, Meck WH, Rose JE, March J. Nicotine effects on adults with attention-deficit/hyperactivity disorder. Psychopharmacology 1996; 123: 55–63.

Levin FR, Evans SM, McDowell DM, Kleber HD. Methylphenidate treatment for cocaine abusers with adult attention-deficit/hyperactivity disorder: a pilot study. J Clin Psychiatry 1998; 59: 300–305.

Levin FR, Evans SM, McDowell DM, Brooks DJ, Nunes E. Bupropion treatment for cocaine abuse and adult attention-deficit/hyperactivity disorder. J Addict Dis 2002; 21: 1–16.

Levin FR, Evans SM, Brooks DJ, Garawi F. Treatment of cocaine dependent treatment seekers with adult ADHD: double-blind comparison of methylphenidate and placebo. Drug Alcohol Depend 2007; 87: 20–29.

Levy F, Hay DA, McStephen M, Wood C, Waldman I. Attention-deficit hyperactivity disorder: A category or a continuum? J Am Acad Child Adolesc Psychiatry 1997; 36: 737–744.

Lewis BR, Aoun SL, Bernstein GA, Crow SJ. Pharmacokinetic interactions between cyclosporine and bupropion or methylphenidate. J Child Adolesc Psychopharmacol 2001; 11: 193–198.

Li D, Sham PC, Owen MJ, He L. Meta-analysis shows significant association between dopamine system genes and attention deficit hyperactivity disorder (ADHD). Hum Mol Genet 2006; 15: 2276–2284.

Li J, Kang C, Zhang H, Wang Y, Zhou R, Wang B, Guan L, Yang L, Faraone SV. Monoamine oxidase A gene polymorphism predicts adolescent outcome of attention-deficit/hyperactivity disorder. Am J Med Genet B Neuropsychiatr Genet 2007a; 144: 430–433.

Li J, Wang Y, Hu S, Zhou R, Yu X, Wang B, Guan L, Yang L, Zhang F, Faraone SV. The monoamine oxidase B gene exhibits significant association to ADHD. Am J Med Genet B Neuropsychiatr Genet 2007b; 147: 370–374.

Lim DK, Kim HS. Changes in the glutamate release and uptake of cerebellar cells in perinatally nicotine-exposed rat pups. Neurochem Res 2001; 26: 1119–1125.

Lim JR, Faught PR, Chalasani NP, Molleston JP. Severe liver injury after initiating therapy with atomoxetine in two children. J Pediatr 2006; 148: 831–834.

Linnet KM, Dalsgaard S, Obel C, Wisborg K, Henriksen TB, Rodriguez A, Kotimaa A, Moilanen I, Thomsen PH, Olsen J, Jarvelin MR. Maternal lifestyle factors in pregnancy risk of attention deficit hyperactivity disorder and associated behaviors: review of the current evidence. Am J Psychiatry 2003; 160: 1028–1040.

Liu Y, Reichelt KL. A serotonin uptake-stimulating tetra-peptide found in urines from ADHD children. World J Biol Psychiatry 2001; 2: 144–148.

Llorente AM, Voigt RG, Jensen CL, Berretta MC, Kennard Fraley J, Heird WC. Performance on a visual sustained attention and discrimination task is associated with urinary excretion of norepinephrine metabolite in children with attention-deficit/hyperactivity disorder (AD/HD). Clin Neuropsychol 2006; 20: 133–144.

Loland CJ, Norregaard L, Gether U. Defining proximity relationships in the tertiary structure of the dopamine transporter. Identification of a conserved glutamic acid as a third coordinate in the endogenous Zn(2+)-binding site. J Biol Chem 1999; 274: 36928–36934.

Loo SK, Specter E, Smolen A, Hopfer C, Teale PD, Reite ML. Functional effects of the DAT1 polymorphism on EEG measures in ADHD. J Am Acad Child Adolesc Psychiatry 2003; 42: 986–993.

Loo SK, Fisher SE, Francks C, Ogdie MN, MacPhie IL, Yang M, McCracken JT, McGough JJ, Nelson SF, Monaco AP, Smalley SL. Genome-wide scan of reading ability in affected sibling pairs with attention-deficit/hyperactivity disorder: unique and shared genetic effects. Mol Psychiatry 2004; 9: 485–493.

Lopera F, Palacio LG, Jimenez I, Villegas P, Puerta IC, Pineda D, Jimenez M, Arcos-Burgos M. Genetic and environmental factors discrimination in attention deficit hyperactivity disorder. Rev Neurol 1999; 28: 660–664.

Lott DC, Kim SJ, Cook EH, de Wit H. Dopamine transporter gene associated with diminished subjective response to amphetamine. Neuropsychopharmacology 2005; 30: 602–609.

Lou HC, Henriksen L, Bruhn P. Focal cerebral hypoperfusion in children with dysphasia and/or attention deficit disorder. Arch Neurol 1984; 41: 825–829.

Lou HC, Henriksen L, Bruhn P, Borner H, Nielsen JB. Striatal dysfunction in attention deficit and hyperkinetic disorder. Arch Neurol 1989; 46: 48–52.

Lou HC, Henriksen L, Bruhn P. Focal cerebral dysfunction in developmental learning disabilities. Lancet 1990; 335: 8–11.

Lowe N, Hawi Z, Fitzgerald M, Gill M. No evidence of linkage or association between ADHD and DXS7 locus in Irish population. Am J Med Genet 2001; 105: 394–395.

Lowe N, Kirley A, Hawi Z, Sham P, Wickham H, Kratochvil CJ, Smith SD, Lee SY, Levy F, Kent L, Middle F, Rohde LA, Roman T, Tahir E, Yazgan Y, Asherson P, Mill J, Thapar A, Payton A, Todd RD, Stephens T, Ebstein RP, Manor I, Barr CL, Wigg KG, Sinke RJ, Buitelaar JK, Smalley SL, Nelson SF, Biederman J, Faraone SV, Gill M. Joint analysis of the DRD5 marker concludes association with attention-deficit/hyperactivity disorder confined to the predominantly inattentive and combined subtypes. Am J Hum Genet 2004; 74: 348–356.

Lyseng-Williamson KA, Keating GM. Extended-release methylphenidate (Ritalin LA). Drugs 2002; 62: 2251–2259.

Maher BS, Marazita ML, Ferrell RE, Vanyukov MM. Dopamine system genes and attention deficit hyperactivity disorder: a meta-analysis. Psychiatr Genet 2002; 12: 207–215.

Mahler MS. Die Bedeutung des Loslösungs- und Individuationsprozesses für die Beurteilung von Borderlinephänomenen. Psyche 1975; 29: 609–625.

Mann CA, Lubar JF, Zimmermann AW, Miller CA, Muenchen RA. Quantitative analysis of EEG in boys with attention-deficit-hyperactivity disorder: Controlled study with clinical implications. Pediatr Neurol 1992; 8: 30–36.

Mann HB, Greenspan SI. The identification and treatment of adult brain dysfunction. Am J Psychiatry 1976; 133: 1013–1017.

Mann K. Meine ungeschriebenen Memoiren. Frankfurt: Fischer 1976.

Mannuzza S, Klein RG, Bonagura N, Malloy P, Giampino TL, Addalli KA. Hyperactive boys almost grown up. V. Replication of psychiatric status. Arch Gen Psychiatry 1991; 48: 77–83.

Mannuzza S, Klein RG, Bessler RG, Malloy P, LaPadula M. Adult outcome of hyperactive boys. Educational achievement, occupational rank, and psychiatric status. Arch Gen Psychiatry 1993; 50: 565–576.

Mannuzza S, Klein RG, Bessler RG, Malloy P, LaPadula M. Adult psychiatric status of hyperactive boys grown up. Am J Psychiatry 1998; 155: 493–498.

Mannuzza S, Klein RG, Moulton JL 3rd. Does stimulant treatment place children at risk for adult substance abuse? A controlled, prospective follow-up study. J Child Adolesc Psychopharmacol 2003; 13: 273–282.

Mannuzza S, Klein RG, Truong NL, Moulton JL 3rd, Roizen ER, Howell KH, Castellanos FX. Age of methylphenidate treatment initiation in children with ADHD and later substance abuse: prospective follow-up into adulthood. Am J Psychiatry 2008; 165: 604–609.

Manor I, Tyano S, Mel E, Eisenberg J, Bachner-Melman R, Kotler M, Ebstein RP. Family-based and association studies of monoamine oxidase A and attention deficit hyperactivity disorder (ADHD): preferential transmission of the long promoter-region repeat and its association with impaired performance on a continuous performance test (TOVA). Mol Psychiatry 2002; 7; 626–632.

Manor I, Corbex M, Eisenberg J, Gritsenkso I, Bachner-Melman R, Tyano S, Ebstein RP. Association of the dopamine D5 receptor with attention deficit hyperactivity disorder (ADHD) and scores on a continuous performance test (TOVA). Am J Med Genet B Neuropsychiatr Genet 2004; 127: 73–77.

March JS, Amaya-Jackson L, Terry R, Costanzo P. Posttraumatic symptomatology in children and adolescents after an industrial fire. J Am Acad Child Adolesc Psychiatry 1997; 36: 1080–1088.

Markowitz JS, Patrick KS. Differential pharmacokinetics and pharmacodynamics of methylphenidate enantiomers: does chirality matter? J Clin Psychopharmacol 2008; 28 (Suppl 2): S54–61.

Markowitz JS, Morrison SD, DeVane CL. Drug interactions with psychostimulants. Int Clin Psychopharmacol 1999; 14: 1–18.

Markowitz JS, Straughn AB, Patrick KS. Advances in the pharmacotherapy of attention-deficit-hyperactivity disorder: focus on methylphenidate formulations. Pharmacotherapy 2003; 23: 1281–1299.

Martin N, Scourfield J, McGuffin P. Observer effects and heritability of childhood attention-deficit hyperactivity disorder symptoms. Br J Psychiatry 2002; 180: 260–265.

Masellis M, Basile VS, Muglia P, Ozdemir V, Macciardi FM, Kennedy JL. Psychiatric pharmacogenetics: personalizing psychostimulant therapy in attention-deficit/hyperactivity disorder. Behav Brain Res 2002; 130: 85–90.

Mason A, Banerjee S, Eapen V, Zeitlin H, Robertson MM. The prevalence of Tourette syndrome in a mainstream school population. Dev Med Child Neurol 1998; 40: 292–296.

Masterson JF, Rinsley DB. The borderline-syndrome: the role of the mother in the genesis and psychic structure of borderline personality. Int J Psychoanal 1975; 56: 163–177.

Mataro M, Garcia-Sanchez C, Junque C, Estevez-Gonzalez A, Pujol J. Magnetic resonance imaging measurement of the caudate nucleus in adolescents with attention-deficit hyperactivity disorder and its relationship with neuropsychological and behavioral measures. Arch Neurol 1997; 54: 963–968.

Matochik JA, Nordahl TE, Gross M, Semple WE, King AC, Cohen RM, Zametkin AJ. Effects of acute stimulant medication on cerebral metabolism in adults with hyperactivity. Neuropsychopharmacology 1993; 8: 377–386.

Matochik JA, Liebenauer LL, King AC, Szymanski HV, Cohen RM, Zametkin AJ. Cerebral glucose metabolism in adults with attention deficit hyperactivity disorder after chronic stimulant treatment. Am J Psychiatry 1994; 151: 658–664.

Matsuura M, Okubo Y, Toru M, Kojima T, He Y, Hou Y, Shen Y, Lee CK. A cross-national EEG study of children with emotional and behavioral problems: A WHO collaborative study in the Western Pacific Region. Biol Psychiatry 1993; 34: 59–65.

Mattay VS, Berman KF, Ostrem JL, Esposito G, van Horn JD, Bigelow LB, Weinberger DR. Dextroamphetamine enhances „neural network-specific" physiological signals: A positron-emission tomography rCBF study. J Neurosci 1996; 16: 4816–4822.

Mattes JA. Propranolol for adults with temper outbursts and residual attention deficit disorder. J Clin Psychopharmacol 1986; 6: 299–302.

Mattes JA, Boswell L, Oliver H. Methylphenidate effects on symptoms of attention deficit disorder in adults. Arch Gen Psychiatry 1984; 41: 1059–1063.

Matthies S, Hesslinger B, Philipsen A. Verhaltenstherapeutische Ansätze bei der Aufmerksamkeitsdefizit-Hyperaktivitätsstörung (ADHS) im Erwachsenenalter. Psychotherapie 2008; 13: 203–210.

Matza LS, Paramore C, Prasad M. A review of the economic burden of ADHD. Cost Eff Resour Alloc 2005; 3: 5.

Mautner VF, Kluwe L, Thakker SD, Leark RA. Treatment of ADHD in neurofibromatosis type 1. Dev Med Child Neurol 2002; 44: 164–170.

McAlonan GM, Cheung V, Cheung C, Chua SE, Murphy DG, Suckling J, Tai KS, Yip LK, Leung P, Ho TP. Mapping brain structure in attention deficit-hyperactivity disorder: a voxel-based MRI study of regional grey and white matter volume. Psychiatry Res 2007; 154: 171–180.

McCann D, Barrett A, Cooper A, Crumpler D, Dalen L, Grimshaw K, Kitchin E, Lok K, Porteous L, Prince E, Sonuga-Barke E, Warner JO, Stevenson J. Food additives and hyperactive behaviour in 3-year-old and 8/9-year-old children in the community: a randomised, double-blinded, placebo-controlled trial. Lancet 2007; 370: 1560–1567.

McCauley JL, Olson LM, Delahanty R, Amin T, Nurmi EL, Organ EL, Jacobs MM, Folstein SE, Haines JL, Sutcliffe JS. A linkage disequilibrium map of the 1-Mb 15q12 GABA(A) receptor subunit cluster and association to autism. Am J Med Genet B Neuropsychiatr Genet 2004; 131: 51–59.

McEvoy B, Hawi Z, Fitzgerald M, Gill M. No evidence of linkage or association between the norepinephrine transporter (NET) gene polymorphisms and ADHD in the Irish population. Am J Med Genet 2002; 114: 665–666.

McGee R, Share DL. Attention deficit disorder-hyperactivity and academic failure: Which comes first and what should be treated? J Am Acad Child Adolesc Psychiatry 1988; 27: 318–325.

McGough JJ, McCracken JT. Adult attention deficit hyperactivity disorder: moving beyond DSM-IV. Am J Psychiatry 2006; 163: 1673–1675.

McKay KE, Halperin JM. ADHD, aggression, and antisocial behavior across the lifespan. Interactions with neurochemical and cognitive function. Ann N Y Acad Sci 2001; 931: 84–96.

Medori R, Ramos-Quiroga JA, Casas M, Kooij JJ, Niemelä A, Trott GE, Lee E, Buitelaar JK. A randomized, placebo-controlled trial of three fixed dosages of prolonged-release OROS methylphenidate in adults with attention-deficit/hyperactivity disorder. Biol Psychiatry 2008; 63: 981–989.

Melville CA, Cooper SA, Morrison J, Smiley E, Allan L, Jackson A, Finlayson J, Mantry D. The prevalence and incidence of mental ill-health in adults with autism and intellectual disabilities. J Autism Dev Disord 2008; 38: 1676–1688.

Mentzos M. Neurotische Konfliktverarbeitung. Frankfurt: Fischer 1997.

Mercugliano M. Neurochemistry of ADHD. In: Accardo PJ, Blondis TA, Whitman BY, Stein MA (eds.). Attention Deficits and Hyperactivity in Children and Adults. New York, Basel: Marcel Decker 2000; 59–72.

Michelson D, Adler L, Spencer T, Reimherr FW, West SA, Allen AJ, Kelsey D, Wernicke J, Dietrich A, Milton D. Atomoxetine in adults with ADHD: two randomized, placebo-controlled studies. Biol Psychiatry 2003; 53: 112–120.

Mick E, Biederman J, Jetton J, Faraone SV. Sleep disturbances associated with attention deficit hyperactivity disorder: the impact of psychiatric comorbidity and pharmacotherapy. J Child Adolesc Psychopharmacol 2000; 10: 223–231.

Mick E, Biederman J, Faraone SV, Sayer J, Kleinman S. Case-control study of attention-deficit hyperactivity disorder and maternal smoking, alcohol use, and drug use during pregnancy. J Am Acad Child Adolesc Psychiatry 2002a; 41: 378–385.

Mick E, Biederman J, Prince J, Fischer MJ, Faraone SV. Impact of low birth weight on attention-deficit hyperactivity disorder. J Dev Behav Pediatr 2002b; 23: 16–22.

Mick E, Faraone SV, Spencer T, Zhang HF, Biederman J. Assessing the validity of the Quality of Life Enjoyment and Satisfaction Questionnaire Short Form in adults with ADHD. J Atten Disord 2008; 11: 504–509.

Middleton LS, Cass WA, Dwoskin LP. Nicotinic receptor modulation of dopamine transporter function in rat striatum and medial prefrontal cortex. J Pharmacol Exp Ther 2004; 308: 367–377.

Middleton LS, Crooks PA, Wedlund PJ, Cass WA, Dwoskin LP. Nornicotine inhibition of dopamine transporter function in striatum via nicotinic receptor activation. Synapse 2007; 61: 157–165.

Milberger S, Biederman J, Faraone SV, Chen L, Jones J. ADHD is associated with early initiation of cigarette smoking in children and adolescents. J Am Acad Child Adolesc Psychiatry 1997; 36: 37–44.

Mill J, Xu X, Ronald A, Curran S, Price T, Knight J, Craig I, Sham P, Plomin R, Asherson P. Quantitative trait locus analysis of candidate gene alleles associated with attention deficit hyperactivity disorder (ADHD) in five genes: DRD4, DAT1, DRD5, SNAP-25, and 5HT1B. Am J Med Genet B Neuropsychiatr Genet 2005; 133: 68–73.

Misener VL, Luca P, Azeke O, Crosbie J, Waldman I, Tannock R, Roberts W, Malone M, Schachar R, Ickowicz A, Kennedy JL, Barr CL. Linkage of the dopamine receptor D1 gene to attention-deficit/hyperactivity disorder. Mol Psychiatry 2004; 9: 500–509.

Modestin J, Matutat B, Wurmle O. Antecedents of opioid dependence and personality disorder: attention-deficit/hyperactivity disorder and conduct disorder. Eur Arch Psychiatry Clin Neurosci 2001; 251: 42–47.

Modi NB, Lindermulder B, Gupta SK. Single- and multiple-dose pharmacokinetics of an oral once-a-day osmotic controlled-release OROS (methylphenidate HCl) formulation. J Clin Pharmacol 2000a; 40: 379–388.

Modi NB, Wang B, Noveck RJ, Gupta SK. Dose-proportional and stereospecific pharmacokinetics of methylphenidate delivered using an osmotic, controlled-release oral delivery system. J Clin Pharmacol 2000b; 40: 1141–1149.

Moffitt TE. Juvenile delinquency and attention deficit disorder: Boys' developmental trajectories from age 3 to age 15. Child Dev 1990; 61: 893–910.

Molina BS, Pelham WE Jr. Childhood predictors of adolescent substance use in a longitudinal study of children with ADHD. J Abnorm Psychol 2003; 112: 497–507.

Molina BS, Pelham WE, Gnagy EM, Thompson AL, Marshal MP. Attention-deficit/hyperactivity disorder risk for heavy drinking and alcohol use disorder is age specific. Alcohol Clin Exp Res 2007; 31: 643–654.

Moll GH, Heinrich H, Trott GE, Wirth S, Rothenberger A. Deficient intracortical inhibition in drug-naive children with attention-deficit hyperactivity disorder is enhanced by methylphenidate. Neurosci Lett 2000; 284: 121–125.

Moll GH, Hause S, Ruther E, Rothenberger A, Huether G. Early methylphenidate administration to young rats causes a persistent reduction in the density of striatal dopamine transporters. J Child Adolesc Psychopharmacol 2001; 11: 15–24.

Moll GH, Heinrich H, Rothenberger A. Methylphenidate and intracortical excitability: opposite effects in healthy subjects and attention-deficit hyperactivity disorder. Acta Psychiatr Scand 2003; 107: 69–72.

Monastra VJ, Lubar JF, Linden M, VanDeusen P, Green G, Wing W, Philips A, Fenger TN. Assessing attention deficit hyperactivity disorder via quantitative electroencephalography: An initial validation study. Neuropsychology 1999; 13: 424–433.

Moore JL, McAuley JW, Long L, Bornstein R. An evaluation of the effects of methylphenidate on outcomes in adult epilepsy patients. Epilepsy Behav 2002; 3: 92–95.

Mostofsky SH, Cooper KL, Kates WR, Denckla MB, Kaufmann WE. Smaller prefrontal and premotor volumes in boys with attention-deficit/hyperactivity disorder. Biol Psychiatry 2002; 52: 785–794.

Mozley PD, Acton PD, Barraclough ED, Plossl K, Gur RC, Alavi A, Mathur A, Saffer J, Kung HF. Effects of age on dopamine transporters in healthy humans. J Nucl Med 1999; 40: 1812–1817.

Muhle R, Trentacoste SV, Rapin I. The genetics of autism. Pediatrics 2004; 113: e472–486.

Mulligan A, Gill M, Fitzgerald M. A case of ADHD and a major Y chromosome abnormality. J Atten Disord 2008; 12: 103–105.

Mulligan A, Anney RJ, O'Regan M, Chen W, Butler L, Fitzgerald M, Buitelaar J, Steinhausen HC, Rothenberger A, Minderaa R, Nijmeijer J, Hoekstra PJ, Oades RD, Roeyers H, Buschgens C, Christiansen H, Franke B, Gabriels I, Hartman C, Kuntsi J, Marco R, Meidad S, Mueller U, Psychogiou L, Rommelse N, Thompson M, Uebel H, Banaschewski T, Ebstein R, Eisenberg J, Manor I, Miranda A, Mulas F, Sergeant J, Sonuga-Barke E, Asherson P, Faraone SV, Gill M. Autism symptoms in attention-deficit/hyperactivity disorder: A familial trait which correlates with conduct, oppositional defiant, language and motor disorders. J Autism Dev Disord 2009; 39: 197–209.

Mulsow MH, O'Neal KK, McBride Murry V. Adult attention deficit hyperactivity disorder, the family, and child maltreatment. Trauma Violence Abuse 2001; 2: 36–50.

Murphy KR. Psychosocial treatments for ADHD in teens and adults: a practice-friendly review. J Clin Psychol 2005; 61: 607–619.

Murphy KR, Adler LA. Assessing attention-deficit/hyperactivity disorder in adults: focus on rating scales. J Clin Psychiatry 2004; 65 (Suppl 3): 12–17.

Murphy KR, Barkley RA. Prevalence of DSM-IV symptoms of ADHD in adult licensed drivers: Implications for clinical diagnosis. J Attention Disord 1996; 1: 147–161.

Murphy KR, Gordon M. Assessment of adults with ADHD. In: Barkley RA (ed.). Attention-Deficit Hyperactivity Disorder: A Handbook for Diagnosis and Treatment. New York, London: Guilford Press 1998; 345–369.

Murphy KR, Schachar R. Use of self-ratings in the assessment of symptoms of attention deficit hyperactivity disorder in adults. Am J Psychiatry 2000; 157: 1156–1159.

Mutirangura A, Ledbetter SA, Kuwano A, Chinault AC, Ledbetter DH. Dinucleotide repeat polymorphism at the GABAA receptor beta 3 (GABRB3) locus in the Angelman/Prader-Willi region (AS/PWS) of chromosome 15. Hum Mol Genet 1992; 1: 67.

Myronuk LD, Weiss M, Cotter L. Combined treatment with moclobemide and methylphenidate for comorbid major depression and adult attention-deficit/hyperactivity disorder. J Clin Psychopharmacol 1996; 16: 468–469.

Nada-Raja S, Langley JD, McGee R, Williams SM, Begg DJ, Reeder AI. Inattentive and hyperactive behaviors and driving offenses in adolescence. J Am Acad Child Adolesc Psychiatry 1997; 36: 515–522.

Nadder TS, Silberg JL, Eaves LJ, Maes HH, Meyer JM. Genetic effects on ADHD symptomatology in 7- to 13-year-old twins: results from a telephone survey. Behav Genet 1998; 28: 83–99.

Nadeau KG (ed.). A Comprehensive Guide to Attention Deficit Disorder in Adults. New York: Brunner/ Mazel 1995.

Nakatome M, Honda K, Tun Z, Kato Y, Harihara S, Omoto K, Misawa S, Gerelsaikhan T, Nyamkhishig S, Dashnyam B, Batsuuri J, Wakasugi C. Genetic polymorphism of the 3' VNTR region of the human dopaminergic function gene DAT1 (human dopamine transporter gene) in the Mongolian population. Hum Biol 1996; 68: 509–515.

Naseem S, Chaudhary B, Collop N. Attention deficit hyperactivity disorder in adults and obstructive sleep apnea. Chest 2001; 119: 294–296.

Navarra R, Graf R, Huang Y, Logue S, Comery T, Hughes Z, Day M. Effects of atomoxetine and methylphenidate on attention and impulsivity in the 5-choice serial reaction time test. Prog Neuropsychopharmacol Biol Psychiatry 2008; 32: 34–41.

Neuman RJ, Todd RD, Heath AC, Reich W, Hudziak JJ, Bucholz KK, Madden PA, Begleiter H, Porjesz B, Kuperman S, Hesselbrock V, Reich T. Evaluation of ADHD typology in three contrasting samples: a latent class approach. J Am Acad Child Adolesc Psychiatry 1999; 38: 25–33.

Newberg A, Lerman C, Wintering N, Ploessl K, Mozley PD. Dopamine transporter binding in smokers and nonsmokers. Clin Nucl Med 2007; 32: 452–455.

Newcorn JH, Kratochvil CJ, Allen AJ, Casat CD, Ruff DD, Moore RJ, Michelson D. Atomoxetine/methylphenidate comparative study group. Atomoxetine and osmotically released methylphenidate for the treatment of attention deficit hyperactivity disorder: acute comparison and differential response. Am J Psychiatry 2008; 165: 721–730.

Nigg JT. The ADHD response-inhibition deficit as measured by the stop task: replication with DSM-IV combined type, extension, and qualification. J Abnorm Child Psychol 1999; 27: 393–402.

Norden MJ. Fluoxetine in borderline personality disorder. Prog Neuropsychopharmacol Biol Psychiatry 1989; 13: 885–893.

Normann C, van Calker D, Voderholzer U, Fritze J, Lieb K. Off-label-Indikationen in der Psychopharmakotherapie. Nervenarzt 2003; 74: 815–823.

Norregaard L, Frederiksen D, Nielsen EO, Gether U. Delineation of an endogenous zinc-binding site in the human dopamine transporter. EMBO J 1998; 17: 4266–4273.

Norton J. Use of modafinil in attention-deficit/hyperactivity disorder. Primary Psychiatry 2002; 9 (9): 48–49.

Nutt DJ, Fone K, Asherson P, Bramble D, Hill P, Matthews K, Morris KA, Santosh P, Sonuga-Barke E, Taylor E, Weiss M, Young S. British Association for Psychopharmacology. Evidence-based guidelines for management of attention-deficit/hyperactivity disorder in adolescents in transition to adult services and in adults: recommendations from the British Association for Psychopharmacology. J Psychopharmacol 2007; 21: 10–41.

O'Malley KD, Nanson J. Clinical implications of a link between fetal alcohol spectrum disorder and attention-deficit hyperactivity disorder. Can J Psychiatry 2002; 47: 349–354.

Oades RD. Attention deficit disorder with hyperactivity (ADDH): The contribution of catecholaminergic activity. Prog Neurobiol 1987; 29: 365–391.

Oades RD, Slusarek M, Velling S, Bondy B. Serotonin platelet-transporter measures in childhood attention-deficit/hyperactivity disorder (ADHD): clinical versus experimental measures of impulsivity. World J Biol Psychiatry 2002; 3: 96–100.

Ogdie MN, Fisher SE, Yang M, Ishii J, Francks C, Loo SK, Cantor RM, McCracken JT, McGough JJ, Smalley SL, Nelson SF. Attention deficit hyperactivity disorder: fine mapping supports linkage to 5p13, 6q12, 16p13, and 17p11. Am J Hum Genet 2004; 75: 661–668.

Oh KS, Shin DW, Oh GT, Noh KS. Dopamine transporter genotype influences the attention deficit in Korean boys with ADHD. Yonsei Med J 2003; 44: 787–792.

Ohlmeier MD, Prox V, Zhang Y, Zedler M, Ziegenbein M, Emrich HM, Dietrich DE. Effects of methylphenidate in ADHD adults on target evaluation processing reflected by event-related potentials. Neurosci Lett 2007; 424: 149–154.

Ohlmeier MD, Peters K, Kordon A, Seifert J, Wildt BT, Wiese B, Ziegenbein M, Emrich HM, Schneider U. Nicotine and alcohol dependence in patients with comorbid attention-deficit/hyperactivity disorder (ADHD). Alcohol Alcohol 2008; 43: 300–304.

Okie S. ADHD in adults. N Engl J Med 2006; 354: 2637–2641.

Oosterlaan J, Logan GD, Sergeant JA. Response inhibition in AD/HD, CD, comorbid AD/HD + CD, anxious, and control children: a meta-analysis of studies with the stop task. J Child Psychol Psychiatry 1998; 39: 411–425.

Overmeyer S, Bullmore ET, Suckling J, Simmons A, Williams SC, Santosh PJ, Taylor E. Distributed grey and white matter deficits in hyperkinetic disorder: MRI evidence for anatomical abnormality in an attentional network. Psychol Med 2001; 31: 1425–1435.

Overtoom CC, Kenemans JL, Verbaten MN, Kemner C, van der Molen MW, van Engeland H, Buitelaar JK, Koelega HS. Inhibition in children with attention-deficit/hyperactivity disorder: a psychophysiological study of the stop task. Biol Psychiatry 2002; 51: 668–676.

Palmer CG, Bailey JN, Ramsey C, Cantwell D, Sinsheimer JS, Del'Homme M, McGough J, Woodward JA, Asarnow R, Asarnow J, Nelson S, Smalley SL. No evidence of linkage or linkage disequilibrium between DAT1 and attention deficit hyperactivity disorder in a large sample. Psychiatr Genet 1999; 9: 157–160.

Paterson R, Douglas C, Hallmayer J, Hagan M, Krupenia Z. A randomised, double-blind, placebo-controlled trial of dexamphetamine in adults with attention deficit hyperactivity disorder. Aust N Z J Psychiatry 1999; 33: 494–502.

Payton A, Holmes J, Barrett JH, Hever T, Fitzpatrick H, Trumper AL, Harrington R, McGuffin P, O'Donovan M, Owen M, Ollier W, Worthington J, Thapar A. Examining for association between candidate gene polymorphisms in the dopamine pathway and attention-deficit hyperactivity disorder: A family-based study. Am J Med Genet 2001; 105: 464–470.

Pearl PL, Weiss RE, Stein MA. Medical mimics. Medical and neurological conditions simulating ADHD. Ann N Y Acad Sci 2001; 931: 97–112.

Peterson BS, Leckman JF, Tucker D, Scahill L, Staib L, Zhang H, King R, Cohen DJ, Gore JC, Lombroso P. Preliminary findings of antistreptococcal antibody titers and basal ganglia volumes in tic, obsessive-compulsive, and attention deficit/hyperactivity disorders. Arch Gen Psychiatry 2000; 57: 364–372.

Philipsen A, Feige B, Hesslinger B, Ebert D, Carl C, Hornyak M, Lieb K, Voderholzer U, Riemann D. Sleep in adults with attention-deficit/hyperactivity disorder: a controlled polysomnographic study including spectral analysis of the sleep EEG. Sleep 2005; 28: 877–884.

Philipsen A, Hornyak M, Riemann D. Sleep and sleep disorders in adults with attention deficit/hyperactivity disorder. Sleep Med Rev 2006; 10: 399–405.

Philipsen A, Richter H, Peters J, Alm B, Sobanski E, Colla M, Münzebrock M, Scheel C, Jacob C, Perlov E, Tebartz van Elst L, Hesslinger B. Structured group psychotherapy in adults with attention deficit hyperactivity disorder: results of an open multicentre study. J Nerv Ment Dis 2007; 195: 1013–1019.

Picchietti DL, Underwood DJ, Farris WA, Walters AS, Shah MM, Dahl RE, Trubnick LJ, Bertocci MA, Wagner M, Hening WA. Further studies on periodic limb movement disorder and restless legs syndrome in children with attention-deficit hyperactivity disorder. Mov Disorder 1999; 14: 1000–1007.

Pifl C, Rebernik P, Kattinger A, Reither H. Zn2+ modulates currents generated by the dopamine transporter: parallel effects on amphetamine-induced charge transfer and release. Neuropharmacology 2004; 46: 223–231.

Plessen KJ, Bansal R, Zhu H, Whiteman R, Amat J, Quackenbush GA, Martin L, Durkin K, Blair C, Royal J, Hugdahl K, Peterson BS. Hippocampus and amygdala morphology in attention-deficit/hyperactivity disorder. Arch Gen Psychiatry 2006; 63: 795–807.

Pliszka SR. Pharmacologic treatment of attention-deficit/hyperactivity disorder: efficacy, safety and mechanisms of action. Neuropsychol Rev 2007; 17: 61–72.

Pliszka SR, McCracken JT, Maas JW. Catecholamines in attention-deficit hyperactivity disorder: Current perspectives. J Am Acad Child Adolesc Psychiatry 1996; 35: 264–272.

Pliszka SR, Glahn DC, Semrud-Clikeman M, Franklin C, Perez R 3rd, Xiong J, Liotti M. Neuroimaging of inhibitory control areas in children with attention deficit hyperactivity disorder who were treatment naive or in long-term treatment. Am J Psychiatry 2006; 163: 1052–1060.

Polanczyk G, de Lima MS, Horta BL, Biederman J, Rohde LA. The worldwide prevalence of ADHD: a systematic review and metaregression analysis. Am J Psychiatry 2007a; 164: 942–948.

Polanczyk G, Zeni C, Genro JP, Guimarães AP, Roman T, Hutz MH, Rohde LA. Association of the adrenergic alpha2A receptor gene with methylphenidate improvement of inattentive symptoms in children and adolescents with attention-deficit/hyperactivity disorder. Arch Gen Psychiatry 2007b; 64: 218–224.

Poltavski DV, Petros T. Effects of transdermal nicotine on attention in adult non-smokers with and without attentional deficits. Physiol Behav 2006; 87: 614–624.

Pomerleau OF, Downey KK, Stelson FW, Pomerleau CS. Cigarette smoking in adult patients diagnosed with attention deficit hyperactivity disorder. J Subst Abuse 1995; 7: 373–378.

Pomerleau CS, Downey KK, Snedecor SM, Mehringer AM, Marks JL, Pomerleau OF. Smoking patterns and abstinence effects in smokers with no ADHD, childhood ADHD, and adult ADHD symptomatology. Addict Behav 2003; 28: 1149–1157.

Pomerleau CS, Pomerleau OF, Snedecor SM, Gaulrapp S, Kardia SL. Heterogeneity in phenotypes based on smoking status in the Great Lakes Smoker Sibling Registry. Addict Behav 2004; 29: 1851–1855.

Pontieri FE, Tanda G, Orzi F, Di Chiara G. Effects of nicotine on the nucleus accumbens and similarity to those of addictive drugs. Nature 1996; 382: 255–257.

Popper CW. Antidepressants in the treatment of attention-deficit/hyperactivity disorder. J Clin Psychiatry 1997; 58 (Suppl 14): 14–29.

Posner MI, Dehaene S. Attentional networks. Trends Neurosci 1994; 17: 75–79.

Potter AS, Newhouse PA, Bucci DJ. Central nicotinic cholinergic systems: a role in the cognitive dysfunction in attention-deficit/hyperactivity disorder? Behav Brain Res 2006; 175: 201–211.

Priest RG, Gimbrett R, Roberts M, Steinert J. Reversible and selective inhibitors of monoamine oxidase A in mental and other disorders. Acta Psychiatr Scand 1995; Suppl. 386: 40–43.

Prince J. Catecholamine dysfunction in attention-deficit/hyperactivity disorder: an update. J Clin Psychopharmacol 2008; 28 (Suppl 2): S39–45.

Prince JB, Wilens T. Diagnosis and treatment of adults with ADHD. In: Accardo PJ, Blondis TA, Whitman BY, Stein MA (eds.). Attention Deficits and Hyperactivity in Children and Adults. New York, Basel: Marcel Decker 2000; 665–684.

Qian Q, Wang Y, Zhou R, Li J, Wang B, Glatt S, Faraone SV. Family-based and case-control association studies of catechol-O-methyltransferase in attention deficit hyperactivity disorder suggest genetic sexual dimorphism. Am J Med Genet 2003; 118B: 103–109.

Quinn P, Ratey N, Maitland T. Coaching College Students With AD/HD: Issues and Answers. Silver Spring: Advantage Books 2000.

Ralph N, Barr MA. Diagnosing attention-deficit hyperactivity disorder and learning disabilities with chemically dependent adolescents. J Psychoactive Drugs 1989; 21: 203–215.

Ramirez PM, Desantis D, Opler LA. EEG biofeedback treatment of ADD. A viable alternative to traditional medical intervention? Ann N Y Acad Sci 2001; 931: 342–358.

Ramsay JR. Current status of cognitive-behavioral therapy as a psychosocial treatment for adult attention-deficit/hyperactivity disorder. Curr Psychiatry Rep 2007; 9: 427–433.

Rapoport JL, Castellanos FX. Stimulant drug treatment in children with Tourette-syndrome and attention deficit hyperactivity disorder. In: XVIIth C.I.N.P. Congress 1992, Nice.

Rasmussen P, Gillberg C. Natural outcome of ADHD with developmental coordination disorder at age 22 years: A controlled, longitudinal, community-based study. J Am Acad Child Adolesc Psychiatry 2000; 39: 1424–1431.

Ratey N. Life coaching for adult ADHD. In: Goldstein S, Teeter Ellison A (eds.). Clinicians' Guide to Adult ADHD. Assessment and Intervention. Amsterdam, Boston, London, New York, Oxford, Paris, San Diego, San Francisco, Singapore, Sydney, Tokyo: Academic Press 2002; 261–277.

Ratey JJ, Johnson C. Das Schattensyndrom. Stuttgart: Klett-Cotta 1999.

Ratey JJ, Greenberg MS, Lindern KJ. Combination of treatments for attention deficit hyperactivity disorder in adults. J Nerv Ment Dis 1991; 179: 699–701.

Ratey JJ, Greenberg MS, Bemporad JR, Lindern KJ. Unrecognized attention-deficit hyperactivity disorder in adults presenting for outpatient psychotherapy. J Child Adolesc Psychopharmacol 1992; 2: 267–275.

Reiersen AM, Todd RD. Co-occurrence of ADHD and autism spectrum disorders: phenomenology and treatment. Expert Rev Neurother 2008; 8: 657–669.

Reiersen AM, Constantino JN, Volk HE, Todd RD. Autistic traits in a population-based ADHD twin sample. J Child Psychol Psychiatry 2007; 48: 464–472.

Reimherr FW, Wender PH, Wood DR, Ward M. An open trial of L-tyrosine in the treatment of attention deficit disorder, residual type. Am J Psychiatry 1987; 144: 1071–1073.

Reimherr FW, Williams ED, Strong RE, Mestas R, Soni P, Marchant BK. A double-blind, placebo-controlled, crossover study of osmotic release oral system methylphenidate in adults with ADHD with assessment of oppositional and emotional dimensions of the disorder. J Clin Psychiatry 2007; 68: 93–101.

Reinhardt MC, Benetti L, Victor MM, Grevet EH, Belmonte-de-Abreu P, Faraone SV, Rohde LA. Is age-at-onset criterion relevant for the response to methylphenidate in attention-deficit/hyperactivity disorder? J Clin Psychiatry 2007; 68: 1109–1116.

Renner TJ, Gerlach M, Romanos M, Herrmann M, Reif A, Fallgatter AJ, Lesch KP. Neurobiologie des Aufmerksamkeitsdefizit-/Hyperaktivitätssyndroms. Nervenarzt 2008; 79: 771–781.

Retz W, Thome J, Blocher D, Baader M, Rösler M. Association of attention deficit hyperactivity disorder-related psychopathology and personality traits with the serotonin transporter promoter region polymorphism. Neurosci Lett 2002; 319: 133–136.

Retz W, Retz-Junginger P, Hengesch G, Schneider M, Thome J, Pajonk FG, Salahi-Disfan A, Rees O, Wender PH, Rösler M. Psychometric and psychopathological characterization of young male prison inmates with and without attention deficit/hyperactivity disorder. Eur Arch Psychiatry Clin Neurosci 2004; 254: 201–208.

Retz W, Retz-Junginger P, Schneider M, Scherk H, Hengesch G, Rösler M. Suchtmittelgebrauch bei jungen erwachsenen Straftätern mit und ohne ADHS. Fortschr Neurol Psychiatr 2007; 75: 285–292.

Retz W, Rösler M, Kissling C, Wiemann S, Hünnerkopf R, Coogan A, Thome J, Freitag C. Norepinephrine transporter and catecholamine-O-methyltransferase gene variants and attention-deficit/hyperactivity disorder symptoms in adults. J Neural Transm 2008; 115: 323-329.

Retz-Junginger P, Retz W, Blocher D, Weijers HG, Trott GE, Wender PH, Rösler M. Wender Utah Rating Scale (WURS-k). Die deutsche Kurzform zur retrospektiven Erfassung des hyperkinetischen Syndroms bei Erwachsenen. Nervenarzt 2002; 73: 830–838.

Retz-Junginger P, Retz W, Blocher D, Stieglitz RD, Georg T, Supprian T, Wender PH, Rösler M. Reliabilität und Validität der Wender-Utah-Rating-Scale-Kurzform. Retrospektive Erfassung von Symptomen der Aufmerksamkeitsdefizit-/Hyperaktivitätsstörung. Nervenarzt 2003; 74: 987–993.

Ribases M, Ramos-Quiroga JA, Hervas A, Bosch R, Bielsa A, Gastaminza X, Artigas J, Rodriguez-Ben S, Estivill X, Casas M, Cormand B, Bayes M. Exploration of 19 serotoninergic candidate genes in adults and children with attention-deficit/hyperactivity disorder identifies association for 5HT2A, DDC and MAOB. Mol Psychiatry 2009: 14: 71–85.

Richards TL, Deffenbacher JL, Rosen LA, Barkley RA, Rodricks T. Driving anger and driving behavior in adults with ADHD. J Atten Disord 2006; 10: 54–64.

Robbins TW. Chemical neuromodulation of frontal-executive functions in humans and other animals. Exp Brain Res 2000; 133: 130–138.

Rohde LA, Biederman J, Zimmermann H, Schmitz M, Martins S, Tramontina S. Exploring ADHD age-of-onset criterion in Brazilian adolescents. Eur Child Adolesc Psychiatry 2000; 9: 212–218.

Rohde LA, Szobot C, Polanczyk G, Schmitz M, Martins S, Tramontina S. Attention-deficit/hyperactivity disorder in a diverse culture: do research and clinical findings support the notion of a cultural construct for the disorder? Biol Psychiatry 2005; 57: 1436–1441.

Rojo L, Ruiz E, Domínguez JA, Calaf M, Livianos L. Comorbidity between obesity and attention deficit/hyperactivity disorder: population study with 13–15-year-olds. Int J Eat Disord 2006; 39: 519–522.

Roman T, Schmitz M, Polanczyk GV, Eizirik M, Rohde LA, Hutz MH. Further evidence for the association between attention-deficit/hyperactivity disorder and the dopamine-beta-hydroxylase gene. Am J Med Genet 2002a; 114: 154–158.

Roman T, Szobot C, Martins S, Biederman J, Rohde LA, Hutz MH. Dopamine transporter gene and response to methylphenidate in attention-deficit/hyperactivity disorder. Pharmacogenetics 2002b; 12: 1–3.

Roman T, Schmitz M, Polanczyk GV, Eizirik M, Rohde LA, Hutz MH. Is the alpha-2A adrenergic receptor gene (ADRA2A) associated with attention-deficit/hyperactivity disorder? Am J Med Genet 2003; 120B: 116–120.

Rösler M. Eine Herausforderung für die forensische Psychiatrie: Das hyperkinetische Syndrom im Erwachsenenalter. Psycho 2001; 27: 380–384.

Rösler M, Retz W, Retz-Junginger P, Thome J, Supprian T, Nissen T, Stieglitz RD, Blocher D, Hengesch G, Trott GE. Instrumente zur Diagnostik der Aufmerksamkeitsdefizit-/Hyperaktivitätsstörung (ADHS) im Erwachsenenalter. Selbstbeurteilungsskala (ADHS-SB) und Diagnosecheckliste (ADHS-DC). Nervenarzt 2004a; 75: 888–895.

Rösler M, Retz W, Schneider M. ADHS und Delinquenz. Kinderärztliche Praxis, Sonderheft „ADHS" 2004b; 75: 25–26.

Rösler M, Retz W, Retz-Junginger P, Hengesch G, Schneider M, Supprian T, Schwitzgebel P, Pinhard K, Dovi-Akue N, Wender P, Thome J. Prevalence of attention deficit-/hyperactivity disorder (ADHD) and comorbid disorders in young male prison inmates. Eur Arch Psychiatry Clin Neurosci 2004c; 254: 365–371.

Rösler M, Retz-Junginger·P, Retz W, Stieglitz RD. HASE. Homburger ADHS-Skalen für Erwachsene. Göttingen: Hogrefe 2008.

Ross RG, Harris JG, Olincy A, Radant A. Eye movement task measures inhibition and spatial working memory in adults with schizophrenia, ADHD, and a normal comparison group. Psychiatry Res 2000; 95: 35–42.

Rostain AL, Ramsay JR. A combined treatment approach for adults with ADHD – results of an open study of 43 patients. J Atten Disord 2006; 10: 150–159.

Rothenberger A, Neumärker K-J. Wissenschaftsgeschichte der ADHS – Kramer-Pollnow im Spiegel der Zeit. Darmstadt: Steinkopff 2005.

Rowe DC, Stever C, Chase D, Sherman S, Abramowitz A, Waldman I. Two dopamine genes related to reports of childhood retrospective inattention and conduct disorder symptoms. Mol Psychiatry 2001; 6: 429–433.

Roy TS, Seidler FJ, Slotkin TA. Prenatal nicotine exposure evokes alterations of cell structure in hippocampus and somatosensory cortex. J Pharmacol Exp Ther 2002; 300: 124–133.

Rubia K, Overmeyer S, Taylor E, Brammer M, Williams SC, Simmons A, Bullmore ET. Hypofrontality in attention deficit hyperactivity disorder during higher-order motor control: A study with functional MRI. Am J Psychiatry 1999; 156: 891–896.

Rubia K, Smith AB, Brammer MJ, Taylor E. Temporal lobe dysfunction in medication-naive boys with attention-deficit/hyperactivity disorder during attention allocation and its relation to response variability. Biol Psychiatry 2007; 62: 999–1006.

Rucklidge JJ, Brown DL, Crawford S, Kaplan BJ. Retrospective reports of childhood trauma in adults with ADHD. J Atten Disord 2006; 9: 631–641.

Rugino TA, Samsock TC. Modafinil in children with attention-deficit hyperactivity disorder. Pediatr Neurol 2003; 29: 136–142.

Ryffel-Rawak D. ADS bei Erwachsenen. Betroffene berichten aus ihrem Leben. Bern, Göttingen, Toronto, Seattle: Hans Huber 2001.

Ryffel-Rawak D. Wir fühlen uns anders! Wie betroffene Erwachsene mit ADS/ADHS sich selbst und ihre Partnerschaft erleben. Bern, Göttingen, Toronto, Seattle: Huber 2003.

Ryffel-Rawak D. ADHS und Partnerschaft – eine Herausforderung. Bern, Göttingen, Toronto, Seattle: Huber 2007.

Sacks O. Eine Anthropologin auf dem Mars: Sieben paradoxe Geschichten. Hamburg: Rowohlt 1997.

Safren SA, Otto MW, Sprich S, Winett CL, Wilens TE, Biederman J. Cognitive-behavioral therapy for ADHD in medication-treated adults with continued symptoms. Behav Res Ther 2005a; 43: 831–842.

Safren SA, Perlman CA, Sprich S, Otto MW. Mastering your adult ADHD: A cognitive behavioral treatment program. Oxford, New York: Oxford University Press 2005b.

Santosh PJ, Mijovic A. Social impairment in Hyperkinetic Disorder – relationship to psychopathology and environmental stressors. Eur Child Adolesc Psychiatry 2004; 13: 141–150.

Santosh PJ, Baird G, Pityaratstian N, Tavare E, Gringras P. Impact of comorbid autism spectrum disorders on stimulant response in children with attention deficit hyperactivity disorder: a retrospective and prospective effectiveness study. Child Care Health Dev 2006; 32: 575–583.

Satterfield JH, Schell AM, Nicholas T. Preferential neural processing of attended stimuli in attention-deficit hyperactivity disorder and normal boys. Psychophysiology 1994; 31: 1–10.

Satterfield JH, Faller KJ, Crinella FM, Schell AM, Swanson JM, Homer LD. A 30-year prospective follow-up study of hyperactive boys with conduct problems: adult criminality. J Am Acad Child Adolesc Psychiatry 2007; 46: 601–610.

Saules KK, Pomerleau CS, Schubiner H. Patterns of inattentive and hyperactive symptomatology in cocaine-addicted and non-cocaine-addicted smokers diagnosed with adult attention deficit hyperactivity disorder. J Addict Dis 2003; 22: 71–78.

Schachar R, Wachsmuth R. Hyperactivity and parental psychopathology. J Child Psychol Psychiatry 1990; 31: 381–392.

Schachar R, Mota VL, Logan GD, Tannock R, Klim P. Confirmation of an inhibitory control deficit in attention-deficit/hyperactivity disorder. J Abnorm Child Psychol 2000; 28: 227–235.

Schimmelmann BG, Friedel S, Christiansen H, Dempfle A, Hinney A, Hebebrand J. Genetische Befunde bei der Aufmerksamkeitsdefizit- und Hyperaktivitätsstörung (ADHS). Z Kinder Jugendpsychiatr Psychother 2006; 34: 425–433.

Schlack R, Holling H, Kurth BM, Huss M. Die Prävalenz der Aufmerksamkeitsdefizit-/Hyperaktivitätsstörung (ADHS) bei Kindern und Jugendlichen in Deutschland. Erste Ergebnisse aus dem Kinder- und Jugendgesundheitssurvey (KiGGS). Bundesgesundheitsblatt Gesundheitsforschung Gesundheitsschutz 2007; 50: 827–835.

Schlander M. Long-acting medications for the hyperkinetic disorders : A note on cost-effectiveness. Eur Child Adolesc Psychiatry 2007; 16: 421–429.

Schlander M, Schwarz O, Trott GE, Viapiano M, Bonauer N. Who cares for patients with attention-deficit/hyperactivity disorder (ADHD)? Insights from Nordbaden (Germany) on administrative prevalence and physician involvement in health care provision. Eur Child Adolesc Psychiatry 2007; 16: 430–438.

Schmidt LG, Schlunder M, Reischies FM. Behandlung von Störungen mit Aufmerksamkeitsdefizit im Erwachsenenalter mit Hilfe von Psychostimulantien sowie niedrigdosierten Neuroleptika – Eine kritische Fallstudie. Psychiatr Prax 1988; 15: 62–65.

Schmidt MH, Esser G, Moll GH. Der Verlauf hyperkinetischer Syndrome in klinischen und Feldstichproben. Z Kinder Jugendpsychiatr 1991; 19: 240–247.

Schöchlin C, Engel RR. Neuropsychological performance in adult attention-deficit hyperactivity disorder: meta-analysis of empirical data. Arch Clin Neuropsychol 2005; 20: 727–744.

Scholze P, Norregaard L, Singer EA, Freissmuth M, Gether U, Sitte HH. The role of zinc ions in reverse transport mediated by monoamine transporters. J Biol Chem 2002; 277: 21505–21513.

Schredl M, Alm B, Sobanski E. Sleep quality in adult patients with attention deficit hyperactivity disorder (ADHD). Eur Arch Psychiatry Clin Neurosci 2007; 257: 164-168.

Schubert R. Attention deficit disorder and epilepsy. Pediatr Neurol 2005; 32: 1–10.

Schubiner H. Substance abuse in patients with attention-deficit hyperactivity disorder: therapeutic implications. CNS Drugs 2005; 19: 643–655.

Schubiner H, Tzelepis A, Isaacson JH, Warbasse LH III, Zacharek M, Musial J. The dual diagnosis of attention-deficit/hyperactivity disorder and substance abuse: Case reports and literature review. J Clin Psychiatry 1995; 56: 146–150.

Schubiner H, Tzelepis A, Milberger S, Lockhart N, Kruger M, Kelley BJ, Schoener EO. Prevalence of attention-deficit/hyperactivity disorder and conduct disorder among substance abusers. J Clin Psychiatry 2000; 61: 244–251.

Schubiner H, Saules KK, Arfken CL, Johanson CE, Schuster CR, Lockhart N, Edwards A, Donlin J, Pihlgren E. Double-blind placebo-controlled trial of methylphenidate in the treatment of adult ADHD patients with comorbid cocaine dependence. Exp Clin Psychopharmacol 2002; 10: 286–294.

Schulte-Markwort M, Düsterhus P. ADS/ADHS und Familie – die Bedeutung familiärer Faktoren für die Symptomgenese. Persönlichkeitsstörungen 2003; 7: 95–104.

Schulz KP, Fan J, Tang CY, Newcorn JH, Buchsbaum MS, Cheung AM, Halperin JM. Response inhibition in adolescents diagnosed with attention deficit hyperactivity disorder during childhood: an event-related FMRI study. Am J Psychiatry 2004; 161: 1650–1657.

Schulz SC. Atypicals in borderline personality disorders. 157th Annual Meeting, American Psychiatric Association, New York 2004.

Schulz SC, Cornelius J, Schulz PM, Soloff PH. The amphetamine challenge test in patients with borderline disorder. Am J Psychiatry 1988; 145: 809–814.

Schweitzer JB, Faber T, Kilts CD, Votaw J, Hoffmann JM, Tune L. Regional cerebral blood flow during repeated exposure to a vigilance task in adults with attention deficit hyperactivity disorder. Soc Neurosci 1995; 21: 1926.

Schweitzer JB, Lee DO, Hanford RB, Tagamets MA, Hoffman JM, Grafton ST, Kilts CD. A positron emission tomography study of methylphenidate in adults with ADHD: alterations in resting blood flow and predicting treatment response. Neuropsychopharmacology 2003; 28: 967–973.

Seeger G, Schloss P, Schmidt MH. Functional polymorphism within the promotor of the serotonin transporter gene is associated with severe hyperkinetic disorders. Mol Psychiatry 2001a; 6: 235–238.

Seeger G, Schloss P, Schmidt MH. Marker gene polymorphisms in hyperkinetic disorder – predictors of clinical response to treatment with methylphenidate? Neurosci Lett 2001b; 313: 45–48.

Seeman P, Bzowej NH, Guan HC, Bergeron C, Becker LE, Reynolds GP, Bird ED, Riederer P, Jellinger K, Watanabe S. Human brain dopamine receptors in children and aging adults. Synapse 1987; 1: 399–404.

Seidman LJ, Valera EM, Makris N. Structural brain imaging of attention-deficit/hyperactivity disorder. Biol Psychiatry 2005; 57: 1263–1272.

Seidman LJ, Valera EM, Makris N, Monuteaux MC, Boriel DL, Kelkar K, Kennedy DN, Caviness VS, Bush G, Aleardi M, Faraone SV, Biederman J. Dorsolateral prefrontal and anterior cingulate cortex volumetric abnormalities in adults with attention-deficit/hyperactivity disorder identified by magnetic resonance imaging. Biol Psychiatry 2006; 60: 1071–1080.

Semrud-Clikeman M, Filipek PA, Biederman J, Steingard R, Kennedy D, Renshaw P, Becken K. Attention-deficit hyperactivity disorder: Magnetic resonance imaging morphometric analysis of the corpus callosum. J Am Acad Child Adolesc Psychiatry 1994; 33: 875–881.

Serretti A, Benedetti F, Mandelli L, Lorenzi C, Pirovano A, Colombo C, Smeraldi E. Genetic dissection of psychopathological symptoms: insomnia in mood disorders and CLOCK gene polymorphism. Am J Med Genet B Neuropsychiatr Genet 2003; 121B: 35–38.

Sery O, Drtilkova I, Theiner P, Pitelova R, Staif R, Znojil V, Lochman J, Didden W. Polymorphism of DRD2 gene and ADHD. Neuro Endocrinol Lett 2006; 27: 236–240.

Shaffer D. Attention deficit hyperactivity disorder in adults. Am J Psychiatry 1994; 151: 633–638.

Shaw P, Eckstrand K, Sharp W, Blumenthal J, Lerch JP, Greenstein D, Clasen L, Evans A, Giedd J, Rapoport JL. Attention-deficit/hyperactivity disorder is characterized by a delay in cortical maturation. Proc Natl Acad Sci U S A 2007; 104: 19649–19654.

Shekim WO, Masterson A, Cantwell DP, Hanna GL, McCracken JT. Nomifensine maleate in adult attention deficit disorder. J Nerv Ment Dis 1989; 177: 296–299.

Shekim WO, Antun F, Hanna GL, McCracken JT, Hess EB. S-adenosyl-L-methionine (SAM) in adults with ADHD, RS: Preliminary results from an open trial. Psychopharmacol Bull 1990a; 26: 249–253.

Shekim WO, Asarnow RF, Hess EB, Zaucha K, Wheeler N. A clinical and demographic profile of a sample of adults with attention deficit hyperactivity disorder, residual state. Compr Psychiatry 1990b; 31: 416–425.

Sherman DK, Iacono WG, McGue MK. Attention-deficit hyperactivity disorder dimensions: a twin study of inattention and impulsivity-hyperactivity. J Am Acad Child Adolesc Psychiatry 1997a; 36: 745–753.

Sherman DK, McGue MK, Iacono WG. Twin concordance for attention deficit hyperactivity disorder: a comparison of teachers' and mothers' reports. Am J Psychiatry 1997b; 154: 532–535.

Shibao C, Raj SR, Gamboa A, Diedrich A, Choi L, Black BK, Robertson D, Biaggioni I. Norepinephrine transporter blockade with atomoxetine induces hypertension in patients with impaired autonomic function. Hypertension 2007; 50: 47–53.

Shytle RD, Silver AA, Wilkinson BJ, Sanberg PR. A pilot controlled trial of transdermal nicotine in the treatment of attention deficit hyperactivity disorder. World J Biol Psychiatry 2002; 3: 150–155.

Sieg KG. Neuroimaging and attention deficit hyperactivity disorder. In: Accardo PJ, Blondis TA, Whitman BY, Stein MA (eds.). Attention Deficits and Hyperactivity in Children and Adults. New York, Basel: Marcel Decker 2000; 73–118.

Sieg KG, Gaffney GR, Preston DF, Hellings JA. SPECT brain imaging abnormalities in attention deficit hyperactivity disorder. Clin Nucl Med 1995; 20: 55–60.

Silberg J, Rutter M, Meyer J, Maes H, Hewitt J, Simonoff E, Pickles A, Loeber R, Eaves L. Genetic and environmental influences on the covariation between hyperactivity and conduct disturbance in juvenile twins. J Child Psychol Psychiatry 1996; 37: 803–816.

Silk TJ, Vance A, Rinehart N, Egan G, O'Boyle M, Bradshaw JL, Cunnington R. Fronto-parietal activation in attention-deficit hyperactivity disorder, combined type: functional magnetic resonance imaging study. Br J Psychiatry 2005; 187: 282–283.

Silk TJ, Rinehart N, Bradshaw JL, Tonge B, Egan G, O'Boyle MW, Cunnington R. Visuospatial processing and the function of prefrontal-parietal networks in autism spectrum disorders: a functional MRI study. Am J Psychiatry 2006; 163: 1440–1443.

Silva RR, Munoz DM, Alpert M. Carbamazepine use in children and adolescents with features of attention-deficit hyperactivity disorder: a meta-analysis. J Am Acad Child Adolesc Psychiatry 1996; 35: 352–358.

Sinzig J, Lehmkuhl G. What do we know about the serotonergic genetic heterogeneity in attention-deficit/hyperactivity and autistic disorders? Psychopathology 2007a; 40: 329–337.

Sinzig JK, Lehmkuhl G. Autismus und ADHDS – Gibt es Gemeinsamkeiten? Fortschr Neurol Psychiatr 2007b; 75: 267–274.

Smalley SL, Bailey JN, Palmer CG, Cantwell DP, McGough JJ, Del'Homme MA, Asarnow J, Woodward JA, Ramsey C, Nelson J. Evidence that the dopamine D4 receptor is a susceptibility gene in attention deficit hyperactivity disorder. Mol Psychiatry 1998; 3: 427–430.

Smalley SL, McGough JJ, Del'Homme M, NewDelman J, Gordon E, Kim T, Liu A, McCracken JT. Familial clustering of symptoms and disruptive behaviors in multiplex families with attention-deficit/hyperactivity disorder. J Am Acad Child Adolesc Psychiatry 2000; 39: 1135–1143.

Smalley SL, McCracken J, McGough J. Refining the ADHD phenotype using affected sibling pair families. Am J Med Genet 2001; 105: 31–33.

Smidt J, Heiser P, Dempfle A, Konrad K, Hemminger U, Kathofer A, Halbach A, Strub J, Grabarkiewicz J, Kiefl H, Linder M, Knolker U, Warnke A, Remschmidt H, Herpertz-Dahlmann B, Hebebrand J. Formalgenetische Befunde zur Aufmerksamkeitsdefizit-/Hyperaktivitätsstörung. Fortschr Neurol Psychiatr 2003; 71: 366–377.

Smith AB, Taylor E, Brammer M, Toone B, Rubia K. Task-specific hypoactivation in prefrontal and temporoparietal brain regions during motor inhibition and task switching in medication-naive children and adolescents with attention deficit hyperactivity disorder. Am J Psychiatry 2006; 163: 1044–1051.

Smith KM, Daly M, Fischer M, Yiannoutsos CT, Bauer L, Barkley R, Navia BA. Association of the dopamine beta hydroxylase gene with attention deficit hyperactivity disorder: genetic analysis of the Milwaukee longitudinal study. Am J Med Genet 2003; 119B: 77–85.

Sobanski E, Alm B. ADHS im Erwachsenenalter. Das A und O ist die Exploration der Symptomatik. NeuroTransmitter 2003; 14 (3): 62–65.

Sobanski E, Alm B. Aufmerksamkeitsdefizit-/Hyperaktivitätsstörung bei Erwachsenen. Nervenarzt 2004; 75: 697–715.

Sobanski E, Alm B, Krumm B. Methylphenidatbehandlung bei Erwachsenen mit Aufmerksamkeitsdefizit-/Hyperaktivitätsstörung. Bedeutung von Störungstyp und aktueller psychiatrischer Komorbidität. Nervenarzt 2007a; 78: 328–337.

Sobanski E, Brüggemann D, Alm B, Kern S, Deschner M, Schubert T, Philipsen A, Rietschel M. Psychiatric comorbidity and functional impairment in a clinically referred sample of adults with attention-deficit/hyperactivity disorder (ADHD). Eur Arch Psychiatry Clin Neurosci 2007b; 257: 371–377.

Sobanski E, Sabljic D, Alm B, Skopp G, Kettler N, Mattern R, Strohbeck-Kühner P. Driving-related risks and impact of methylphenidate treatment on driving in adults with attention-deficit/hyperactivity disorder (ADHD). J Neural Transm 2008a; 115: 347–356.

Sobanski E, Schredl M, Kettler N, Alm B. Sleep in adults with attention deficit hyperactivity disorder (ADHD) before and during treatment with methylphenidate: a controlled polysomnographic study. Sleep 2008b; 31: 375–381.

Solanto MV. Dopamine dysfunction in AD/HD: integrating clinical and basic neuroscience research. Behav Brain Res 2002; 130: 65–71.

Solanto MV, Abikoff H, Sonuga-Barke E, Schachar R, Logan GD, Wigal T, Hechtman L, Hinshaw S, Turkel E. The ecological validity of delay aversion and response inhibition as measures of impulsivity in AD/HD: a supplement to the NIMH multimodal treatment study of AD/HD. J Abnorm Child Psychol 2001; 29: 215–228.

Solanto MV, Etefia K, Marks DJ. The utility of self-report measures and the continuous performance test in the diagnosis of ADHD in adults. CNS Spectr 2004; 9: 649–659.

Solanto MV, Marks DJ, Mitchell KJ, Wasserstein J, Kofman MD. Development of a new psychosocial treatment for adult ADHD. J Atten Disord 2008; 11: 728–736.

Solden S. Women With Attention Deficit Disorder. Embracing Disorganization at Home and in the Workplace. Grass Valley: Underwood Books 1995.

Solden S. Die Chaosprinzessin. München, Forchheim: BV-AH 1999.

Sonuga-Barke EJ. Psychological heterogeneity in AD/HD – a dual pathway model of behaviour and cognition. Behav Brain Res 2002; 130: 29–36.

Sonuga-Barke EJ. The dual pathway model of AD/HD: an elaboration of neuro-developmental characteristics. Neurosci Biobehav Rev 2003; 27: 593–604.

Sonuga-Barke EJ. Causal models of attention-deficit/hyperactivity disorder: from common simple deficits to multiple developmental pathways. Biol Psychiatry 2005; 57: 1231-1238.

Sonuga-Barke EJ, Taylor E, Sembi S, Smith J. Hyperactivity and delay aversion – I. The effect of delay on choice. J Child Psychol Psychiatry 1992; 33: 387–398.

Sonuga-Barke EJ, Williams E, Hall M, Saxton T. Hyperactivity and delay aversion. III: The effect on cognitive style of imposing delay after errors. J Child Psychol Psychiatry 1996; 37: 189–194.

Sowell ER, Thompson PM, Welcome SE, Henkenius AL, Toga AW, Peterson BS. Cortical abnormalities in children and adolescents with attention-deficit hyperactivity disorder. Lancet 2003; 362: 1699–1707.

Spencer TJ. A controlled, long-term trial of methylphenidate in the treatment of adults with ADHD: preliminary data. In: Annual meetings of the American Psychiatric Association 2002, May 18–23. Philadelphia (PA): American Psychiatric Association 2002.

Spencer TJ. ADHD treatment across the life cycle. J Clin Psychiatry 2004a; 65 (Suppl 3): 22–26.

Spencer TJ. Our new understanding of the prevalence, impairments, comorbidity, and treatment of adults with ADHD. 157th Annual Meeting, American Psychiatric Association, New York 2004b.

Spencer T, Wilens T, Biederman J, Faraone SV, Ablon JS, Lapey K. A double-blind, crossover comparison of methylphenidate and placebo in adults with childhood-onset attention-deficit hyperactivity disorder. Arch Gen Psychiatry 1995; 52: 434–443.

Spencer T, Biederman J, Wilens T, Prince J, Hatch M, Jones J, Harding M, Faraone SV, Seidman L. Effectiveness and tolerability of tomoxetine in adults with attention deficit hyperactivity disorder. Am J Psychiatry 1998; 155: 693–695.

Spencer T, Biederman J, Faraone S, Mick E, Coffey B, Geller D, Kagan J, Bearman SK, Wilens T. Impact of tic disorders on ADHD outcome across the life cycle: Findings from a large group of adults with and without ADHD. Am J Psychiatry 2001a; 158: 611–617.

Spencer T, Biederman J, Wilens T, Faraone SV, Prince J, Gerard K, Doyle R, Parekh A, Kagan J, Bearman SK. Efficacy of a mixed amphetamine salts compound in adults with attention-deficit/hyperactivity disorder. Arch Gen Psychiatry 2001b; 58: 775–782.

Spencer TJ, Biederman J, Madras BK, Faraone SV, Dougherty DD, Bonab AA, Fischman AJ. In vivo neuroreceptor imaging in attention-deficit/hyperactivity disorder: a focus on the dopamine transporter. Biol Psychiatry 2005a; 57: 1293–1300.

Spencer T, Biederman J, Wilens T, Doyle R, Surman C, Prince J, Mick E, Aleardi M, Herzig K, Faraone S. A large, double-blind, randomized clinical trial of methylphenidate in the treatment of adults with attention-deficit/hyperactivity disorder. Biol Psychiatry 2005b; 57: 456–463.

Spencer TJ, Adler LA, McGough JJ, Muniz R, Jiang H, Pestreich L. Adult ADHD Research Group. Efficacy and safety of dexmethylphenidate extended-release capsules in adults with attention-deficit/hyperactivity disorder. Biol Psychiatry 2007a; 61: 1380–1387.

Spencer TJ, Biederman J, Madras BK, Dougherty DD, Bonab AA, Livni E, Meltzer PC, Martin J, Rauch S, Fischman AJ. Further evidence of dopamine transporter dysregulation in ADHD: a controlled PET imaging study using altropane. Biol Psychiatry 2007b; 62: 1059–1061.

Spivak B, Vered Y, Yoran-Hegesh R, Averbuch E, Mester R, Graf E, Weizmann A. Circulatory levels of catecholamines, serotonin and lipids in attention deficit hyperactivity disorder. Acta Psychiatr Scand 1999; 99: 300–304.

Sprich S, Biederman J, Crawford MH, Mundy E, Faraone SV. Adoptive and biological families of children and adolescents with ADHD. J Am Acad Child Adolesc Psychiatry 2000; 39: 1432–1437.

St Sauver JL, Barbaresi WJ, Katusic SK, Colligan RC, Weaver AL, Jacobsen SJ. Early life risk factors for attention-deficit/hyperactivity disorder: a population-based cohort study. Mayo Clin Proc 2004; 79: 1124–1131.

Stahl SM. Essential Psychopharmacology. Cambridge, New York, Melbourne, Madrid: Cambridge University Press 2000.

Stahl SM. Deconstructing psychiatric disorders, Part 1. Genotypes, symptom phenotypes, and endophenotypes. J Clin Psychiatry 2003a; 64: 982–983.

Stahl SM. Neurotransmission of cognition, part 1. Dopamine is a hitchhiker in frontal cortex: norepinephrine transporters regulate dopamine. J Clin Psychiatry 2003b; 64: 4–5.

Stegemann T, Heimann M, Düsterhus P, Schulte-Markwort M. Diffusion tensor imaging (DTI) und seine entwicklungspsychiatrische Bedeutung. Fortschr Neurol Psychiatr 2006; 74: 136–148.

Stein MA, Sandoval R, Szumowski E, Roizen N, Reinecke MA, Blondis TA, Klein Z. Psychometric characteristics of the Wender Utah Rating Scale (WURS): Reliability and factor structure for men and women. Psychopharmacol Bull 1995; 31: 425–433.

Steingard R, Biederman J, Spencer T, Wilens T, Gonzalez A. Comparison of clonidine response in the treatment of attention-deficit hyperactivity disorder with and without comorbid tic disorders. J Am Acad Child Adolesc Psychiatry 1993; 32: 350–353.

Stevenson CS, Whitmont S, Bornholt L, Livesey D, Stevenson RJ. A cognitive remediation programme for adults with attention deficit hyperactivity disorder. Aust N Z J Psychiatry 2002; 36: 610–616.

Stevenson J. Evidence for a genetic etiology in hyperactivity in children. Behav Genet 1992; 22: 337–344.

Stevenson J. Hyperactivity, reading disability and schooling. In: Sandberg S (ed.). Hyperactivity Disorders of Childhood. Cambridge: Cambridge University Press 1996; 382–422.

Stigler KA, Posey DJ, McDougle CJ. Aripiprazole for maladaptive behavior in pervasive developmental disorders. J Child Adolesc Psychopharmacol 2004; 14: 455–463.

Still GF. The Culostian lectures on some abnormal psychical conditions in children. Lancet 1902; i: 1008–1012.

Stojanovski SD, Casavant MJ, Mousa HM, Baker P, Nahata MC. Atomoxetine-induced hepatitis in a child. Clin Toxicol (Phila) 2007; 45: 51–55.

Stovner AM, Wyller TB, Skulberg A, Os L, Korsmo G. Treatment of hyperactivity and attention deficit with amphetamine. Experience with five adult prisoners. Tidsskr Nor Laegeforen 1996; 116: 2002–2005.

Strandburg RJ, Marsh JT, Brown WS, Asarnow J, Higa J, Harper R, Guthrie D. Continuous-processing-related event-related potentials in children with attention deficit hyperactivity disorder. Biol Psychiatry 1996; 40: 964–980.

Sturm H, Fernell E, Gillberg C. Autism spectrum disorders in children with normal intellectual levels: associated impairments and subgroups. Dev Med Child Neurol 2004; 46: 444–447.

Sullivan MA, Rudnik-Levin F. Attention deficit/hyperactivity disorder and substance abuse. Diagnostic and therapeutic considerations. Ann N Y Acad Sci 2001; 931: 251–270.

Sun L, Jin Z, Zang YF, Zeng YW, Liu G, Li Y, Seidman LJ, Faraone SV, Wang YF. Differences between attention-deficit disorder with and without hyperactivity: a 1H-magnetic resonance spectroscopy study. Brain Dev 2005; 27: 340–344.

Suter W, Martus HJ, Elhajouji A. Methylphenidate is not clastogenic in cultured human lymphocytes and in the mouse bone-marrow micronucleus test. Mutat Res 2006; 607: 153–159.

Swanson JM, Castellanos FX, Murias M, LaHoste G, Kennedy J. Cognitive neuroscience of attention deficit hyperactivity disorder and hyperkinetic disorder. Curr Opin Neurobiol 1998a; 8: 263–271.

Swanson JM, Sergeant JA, Taylor E, Sonuga-Barke EJ, Jensen PS, Cantwell DP. Attention-deficit hyperactivity disorder and hyperkinetic disorder. Lancet 1998b; 351: 429–433.

Swanson JM, Sunohara GA, Kennedy JL, Regino R, Fineberg E, Wigal T, Lerner M, Williams L, LaHoste GJ, Wigal S. Association of the dopamine receptor D4 (DRD4) gene with a refined phenotype of attention deficit hyperactivity disorder (ADHD): A family-based approach. Mol Psychiatry 1998c; 3: 38–41.

Swanson JM, Flodman P, Kennedy J, Spence MA, Moyzis R, Schuck S, Murias M, Moriarity J, Barr C, Smith M, Posner M. Dopamine genes and ADHD. Neurosci Biobehav Rev 2000; 24: 21–25.

Swanson JM, Greenhill LL, Biederman J. Modafinil in children with ADHD: a randomized, placebo-controlled study. 155th Annual Meeting, American Psychiatric Association, San Francisco 2003.

Swanson JM, Elliott GR, Greenhill LL, Wigal T, Arnold LE, Vitiello B, Hechtman L, Epstein JN, Pelham WE, Abikoff HB, Newcorn JH, Molina BS, Hinshaw SP, Wells KC, Hoza B, Jensen PS, Gibbons RD, Hur K, Stehli A, Davies M, March JS, Conners CK, Caron M, Volkow ND. Effects of stimulant medication on growth rates across 3 years in the MTA follow-up. J Am Acad Child Adolesc Psychiatry 2007a; 46: 1015–1027.

Swanson JM, Kinsbourne M, Nigg J, Lanphear B, Stefanatos GA, Volkow N, Taylor E, Casey BJ, Castellanos FX, Wadhwa PD. Etiologic subtypes of attention-deficit/hyperactivity disorder: brain imaging, molecular genetic and environmental factors and the dopamine hypothesis. Neuropsychol Rev 2007b; 17: 39–59.

Swensen A, Birnbaum HG, Ben Hamadi R, Greenberg P, Cremieux PY, Secnik K. Incidence and costs of accidents among attention-deficit/hyperactivity disorder patients. J Adolesc Health 2004; 35: 346.e1–9.

Szobot CM, Shih MC, Schaefer T, Júnior N, Hoexter MQ, Fu YK, Pechansky F, Bressan RA, Rohde LA. Methylphenidate DAT binding in adolescents with Attention-Deficit/Hyperactivity Disorder comorbid with Substance Use Disorder – a single photon emission computed tomography with [Tc(99m)]TRODAT-1 study. Neuroimage 2008; 40: 1195–1201.

Tahir E, Yazgan Y, Cirakoglu B, Ozbay F, Waldman I, Asherson PJ. Association and linkage of DRD4 and DRD5 with attention deficit hyperactivity disorder (ADHD) in a sample of Turkish children. Mol Psychiatry 2000; 5: 396–404.

Tamam L, Karakus G, Ozpoyraz N. Comorbidity of adult attention-deficit hyperactivity disorder and bipolar disorder: prevalence and clinical correlates. Eur Arch Psychiatry Clin Neurosci 2008; 258: 385–393.

Tamm L, Menon V, Ringel J, Reiss AL. Event-related FMRI evidence of frontotemporal involvement in aberrant response inhibition and task switching in attention-deficit/hyperactivity disorder. J Am Acad Child Adolesc Psychiatry 2004; 43: 1430–1440.

Tannock R. Attention deficit hyperactivity disorder: Advances in cognitive, neurobiological, and genetic research. J Child Psychol Psychiatry 1998; 39: 65–99.

Taylor E, Sergeant J, Döpfner M, Gunning B, Overmeyer S, Mobius HJ, Eisert HG. Clinical guidelines for hyperkinetic disorder. European Society for Child and Adolescent Psychiatry. Eur Child Adolesc Psychiatry 1998; 7: 184–200.

Taylor FB. Comparing guanfacine and dextroamphetamine for adult ADHD. Efficacy and implications. 153rd Annual meeting of the American Psychiatric Association 2000, May 12–18. Chicago (IL): American Psychiatric Association 2000: NR658.

Taylor FB, Russo J. Efficacy of modafinil compared to dextroamphetamine for the treatment of attention deficit hyperactivity disorder in adults. J Child Adolesc Psychopharmacol 2000; 10: 311–320.

Taylor FB, Russo J. Comparing guanfacine and dextroamphetamine for the treatment of adult attention-deficit/hyperactivity disorder. J Clin Psychopharmacol 2001; 21: 223–228.

Teicher MH, Anderson CM, Polcari A, Glod CA, Maas LC, Renshaw PF. Functional deficits in basal ganglia of children with attention-deficit/hyperactivity disorder shown with functional magnetic resonance imaging relaxometry. Nat Med 2000; 6: 470–473.

Teplin LA, Abram KM, McClelland GM, Dulcan MK, Mericle AA. Psychiatric disorders in youth in juvenile detention. Arch Gen Psychiatry 2002; 59: 1133–1143.

Thapar A, Harrington R, Ross K, McGuffin P. Does the definition of ADHD affect heritability? J Am Acad Child Adolesc Psychiatry 2000; 39: 1528–1536.

Thapar A, Harrington R, McGuffin P. Examining the comorbidity of ADHD-related behaviours and conduct problems using a twin study design. Br J Psychiatry 2001; 179: 224–229.

Thapar A, Langley K, Owen MJ, O'Donovan MC. Advances in genetic findings on attention deficit hyperactivity disorder. Psychol Med 2007; 37: 1681–1692.

The MTA Cooperative Group. A 14-month randomized clinical trial of treatment strategies for attention-deficit/hyperactivity disorder. The MTA Cooperative Group. Multimodal Treatment Study of Children with ADHD. Arch Gen Psychiatry 1999; 56: 1073–1086.

The Tourette's Syndrome Study Group. Treatment of ADHD in children with tics: A randomized controlled trial. Neurology 2002; 58: 527–536.

Thompson AL, Molina BS, Pelham W Jr, Gnagy EM. Risky driving in adolescents and young adults with childhood ADHD. J Pediatr Psychol 2007; 32: 745–759.

Timberlake DS, Haberstick BC, Lessem JM, Smolen A, Ehringer M, Hewitt JK, Hopfer C. An association between the DAT1 polymorphism and smoking behavior in young adults from the National Longitudinal Study of Adolescent Health. Health Psychol 2006; 25: 190–197.

Time. Life in overdrive. 18. Juli 1994; 42–50.

Todd RD, Lobos EA. Mutation screening of the dopamine D2 receptor gene in attention-deficit hyperactivity disorder subtypes: Preliminary report of a research strategy. Am J Med Genet 2002; 114: 34–41.

Todd RD, Neuman RJ, Lobos EA, Jong YJ, Reich W, Heath AC. Lack of association of dopamine D4 receptor gene polymorphisms with ADHD subtypes in a population sample of twins. Am J Med Genet 2001; 105: 432–438.

Todd RD, Sitdhiraksa N, Reich W, Ji TH, Joyner CA, Heath AC, Neuman RJ. Discrimination of DSM-IV and latent class attention-deficit/hyperactivity disorder subtypes by educational and cognitive performance in a population-based sample of child and adolescent twins. J Am Acad Child Adolesc Psychiatry 2002; 41: 820–828.

Todd RD, Huang H, Henderson CA. Poor utility of the age of onset criterion for DSM-IV attention deficit/hyperactivity disorder: recommendations for DSM-V and ICD-11. J Child Psychol Psychiatry 2008; 49: 942–949.

Tonge BJ, Rinehart NJ. Autism and attention deficit/hyperactivity disorder. In: Schapira A (ed.). Neurology and Clinical Neuroscience. Philadelphia: Mosby Elsevier 2007; 129–139.

Toone B. Attention deficit hyperactivity disorder in adulthood. J Neurol Neurosurg Psychiatry 2004; 75: 523–525.

Toren P, Eldar S, Sela BA, Wolmer L, Weitz R, Inbar D, Koren S, Reiss A, Weizman R, Laor N. Zinc deficiency in attention-deficit hyperactivity disorder. Biol Psychiatry 1996; 40: 1308–1310.

Tourchette N. Biochemical factors in impulsive and violent behavior. J NIH Res 1994; 6: 27–29.

Tramontina S, Zeni CP, Pheula GF, de Souza CK, Rohde LA. Aripiprazole in juvenile bipolar disorder comorbid with attention-deficit/hyperactivity disorder: an open clinical trial. CNS Spectr. 2007; 12: 758–762.

Trautmann-Villalba P, Gerhold M, Polowczyk M, Dinter-Jorg M, Laucht M, Esser G, Schmidt MH. Mutter-Kind-Interaktion und externalisierende Störungen bei Kindern im Grundschulalter. Z Kinder Jugendpsychiatr Psychother 2001; 29: 263–273.

Tress W, Wöller W, Hartkamp W, Langenbach M, Ott J. Persönlichkeitsstörungen. Stuttgart, New York: Schattauer 2002.

Triolo SJ. Attention Deficit Hyperactivity Disorder in Adulthood: A Practitioner's Handbook. Philadelphia, London: Brunner/Mazel 1999.

Triolo SJ, Murphy KR. Attention-Deficit Scales for Adults (ADSA). Manual for Scoring and Interpretation. Brunner/Mazel: New York 1996.

Tripp G, Luk SL, Schaughency EA, Singh R. DSM-IV and ICD-10: A comparison of the correlates of ADHD and hyperkinetic disorder. J Am Acad Child Adolesc Psychiatry 1999; 38: 156–164.

Trott GE. Das hyperkinetische Syndrom und seine medikamentöse Behandlung. Leipzig, Berlin, Heidelberg: Johann Ambrosius Barth 1993.

Trott GE, Menzel M, Friese HJ, Nissen G. Wirksamkeit und Verträglichkeit des selektiven MAO-A-Inhibitors Moclobemid bei Kindern mit hyperkinetischem Syndrom. Z Kinder Jugendpsychiatr 1991; 19: 248–253.

Trott GE, Friese HJ, Menzel M, Nissen G. Use of moclobemide in children with attention deficit hyperactivity disorder. Psychopharmacology 1992; 106 (Suppl): S134–S136.

Trott GE, Wirth W, Warnke A. Hyperkinetische Störungen. In: Möller HJ, Laux G, Kapfhammer HP (Hrsg.) Psychiatrie und Psychotherapie. Heidelberg: Springer 2000; 1623–1632.

Tsatsanis KD. Outcome research in Asperger syndrome and autism. Child Adolesc Psychiatr Clin N Am 2003; 12: 47–63.

Tucha O, Mecklinger L, Laufkötter R, Klein HE, Walitza S, Lange KW. Methylphenidate-induced improvements of various measures of attention in adults with attention deficit hyperactivity disorder. J Neural Transm 2006; 113: 1575–1592.

Turner DC, Robbins TW, Dowson J, Sahukian BJ. Modafinil and adult ADHD: effects of a novel cognitive enhancer (Abstr.). Brit Association Psychopharmacology 2003; 17: A78.

Tzelepis A, Schubiner H, Warbasse LH, III. Differential diagnosis and psychiatric comorbidity patterns in adult attention deficit disorder. In: Nadeau KG (ed.). A Comprehensive Guide to Attention Deficit Disorder in Adults. New York: Brunner/Mazel 1995; 35–57.

Upadhyaya HP, Brady KT, Sethuraman G, Sonne SC, Malcolm R. Venlafaxine treatment of patients with comorbid alcohol/cocaine abuse and attention-deficit/hyperactivity disorder: a pilot study. J Clin Psychopharmacol 2001; 21: 116–118.

Vaidya CJ, Austin G, Kirkorian G, Ridlehuber HW, Desmond JE, Glover GH, Gabrieli JD. Selective effects of methylphenidate in attention deficit hyperactivity disorder: A functional magnetic resonance study. Proc Natl Acad Sci USA 1998; 95: 14494–14499.

Valdizán Usón JR, Idiazábal Alecha MA. Diagnostic and treatment challenges of chronic fatigue syndrome: role of immediate-release methylphenidate. Expert Rev Neurother 2008; 8: 917–927.

Valera EM, Faraone SV, Murray KE, Seidman LJ. Meta-analysis of structural imaging findings in attention-deficit/hyperactivity disorder. Biol Psychiatry 2007; 61: 1361–1369.

van der Feltz-Cornelis CM, Aldenkamp AP. Effectiveness and safety of methylphenidate in adult attention deficit hyperactivity disorder in patients with epilepsy: an open treatment trial. Epilepsy Behav 2006; 8: 659–662.

van der Meulen EM, Bakker SC, Pauls DL, Oteman N, Kruitwagen CL, Pearson PL, Sinke RJ, Buitelaar JK. High sibling correlation on methylphenidate response but no association with DAT1-10R homozygosity in Dutch sibpairs with ADHD. J Child Psychol Psychiatry 2005; 46: 1074–1080.

van Dyck CH, Quinlan DM, Cretella LM, Staley JK, Malison RT, Baldwin RM, Seibyl JP, Innis RB. Unaltered dopamine transporter availability in adult attention deficit hyperactivity disorder. Am J Psychiatry 2002; 159: 309–312.

van't Ent D, Lehn H, Derks EM, Hudziak JJ, Van Strien NM, Veltman DJ, De Geus EJ, Todd RD, Boomsma DI. A structural MRI study in monozygotic twins concordant or discordant for attention/hyperactivity problems: evidence for genetic and environmental heterogeneity in the developing brain. Neuroimage 2007; 35: 1004–1020.

Vance A, Silk TJ, Casey M, Rinehart NJ, Bradshaw JL, Bellgrove MA, Cunnington R. Right parietal dysfunction in children with attention deficit hyperactivity disorder, combined type: a functional MRI study. Mol Psychiatry 2007; 12: 826–832.

Vandenbergh DJ, Persico AM, Uhl GR. A human dopamine transporter cDNA predicts reduced glycosylation, displays a novel repetitive element and provides racially-dimorphic TaqI RFLPs. Brain Res Mol Brain Res 1992; 15: 161–166.

Vandenbergh DJ, Thompson MD, Cook EH, Bendahhou E, Nguyen T, Krasowski MD, Zarrabian D, Comings D, Sellers EM, Tyndale RF, George SR, O'Dowd BF, Uhl GR. Human dopamine transporter gene: Coding region conservation among normal, Tourette's disorder, alcohol dependence and attention-deficit hyperactivity disorder populations. Mol Psychiatry 2000; 5: 283–292.

Varley CK. A review of studies of drug treatment efficacy for attention deficit disorder with hyperactivity in adolescents. Psychopharmacol Bull 1985; 21: 216–221.

Vles JS, Feron FJ, Hendriksen JG, Jolles J, van Kroonenburgh MJ, Weber WE. Methylphenidate down-regulates the dopamine receptor and transporter system in children with attention deficit hyperkinetic disorder (ADHD). Neuropediatrics 2003; 34: 77–80.

Vogeley K, Lehnhardt FG. Hochfunktionaler Autismus des Erwachsenenalters. Nervenheilkunde 2008; 27: 61–69.

Volkow ND, Swanson JM. Variables that affect the clinical use and abuse of methylphenidate in the treatment of ADHD. Am J Psychiatry 2003; 160: 1909–1918.

Volkow ND, Ding YS, Fowler JS, Wang GJ, Logan J, Gatley SJ, Hitzemann R, Smith G, Fields SD, Gur R. Dopamine transporters decrease with age. J Nucl Med 1996; 37: 554–559.

Volkow ND, Wang GJ, Fowler JS, Logan J, Angrist B, Hitzemann R, Lieberman J, Pappas N. Effects of methylphenidate on regional brain glucose metabolism in humans: Relationship to dopamine D2 receptors. Am J Psychiatry 1997; 154: 50–55.

Volkow ND, Wang GJ, Fowler JS, Gatley SJ, Logan J, Ding YS, Hitzemann R, Pappas N. Dopamine transporter occupancies in the human brain induced by therapeutic doses of oral methylphenidate. Am J Psychiatry 1998; 155: 1325–1331.

Volkow ND, Wang GJ, Newcorn J, Fowler JS, Telang F, Solanto MV, Logan J, Wong C, Ma Y, Swanson JM, Schulz K, Pradhan K. Brain dopamine transporter levels in treatment and drug naive adults with ADHD. Neuroimage 2007a; 34: 1182–1190.

Volkow ND, Wang GJ, Newcorn J, Telang F, Solanto MV, Fowler JS, Logan J, Ma Y, Schulz K, Pradhan K, Wong C, Swanson JM. Depressed dopamine activity in caudate and preliminary evidence of limbic involvement in adults with attention-deficit/hyperactivity disorder. Arch Gen Psychiatry 2007b; 64: 932–940.

Waldman ID, Gizer IR. The genetics of attention deficit hyperactivity disorder. Clin Psychol Rev 2006; 26: 396–432.

Waldman ID, Rowe DC, Abramowitz A, Kozel ST, Mohr JH, Sherman SL, Cleveland HH, Sanders ML, Gard JM, Stever C. Association and linkage of the dopamine transporter gene and attention-deficit hyperactivity disorder in children: Heterogeneity owing to diagnostic subtype and severity. Am J Hum Genet 1998; 63: 1767–1776.

Walitza S, Renner TJ, Dempfle A, Konrad K, Wewetzer Ch, Halbach A, Herpertz-Dahlmann B, Remschmidt H, Smidt J, Linder M, Flierl L, Knölker U, Friedel S, Schäfer H, Gross C, Hebebrand J, Warnke A, Lesch KP. Transmission disequilibrium of polymorphic variants in the tryptophan hydroxylase-2 gene in attention-deficit/hyperactivity disorder. Mol Psychiatry 2005; 10: 1126–1132.

Walitza S, Werner B, Romanos M, Warnke A, Gerlach M, Stopper H. Does methylphenidate cause a cytogenetic effect in children with attention deficit hyperactivity disorder? Environ Health Perspect 2007; 115: 936–940.

Wang E, Ding YC, Flodman P, Kidd JR, Kidd KK, Grady DL, Ryder OA, Spence MA, Swanson JM, Moyzis RK. The genetic architecture of selection at the human dopamine receptor D4 (DRD4) gene locus. Am J Hum Genet 2004; 74: 931–944.

Ward MF, Wender PH, Reimherr FW. The Wender Utah Rating Scale: An aid in the retrospective diagnosis of childhood attention deficit hyperactivity disorder. Am J Psychiatry 1993; 150: 885–890.

Warren RP, Odell JD, Warren WL, Burger RA, Maciulis A, Daniels WW, Torres AR. Reading disability, attention-deficit hyperactivity disorder, and the immune system. Science 1995; 268: 786–788.

Weiss G, Hechtman L. Hyperactive children grown up: ADHD in children, adolescents, and adults. New York: Guilford Press 1993.

Weiss G, Hechtman L, Milroy T, Perlman T. Psychiatric status of hyperactives as adults: A controlled prospective 15-year follow-up of 63 hyperactive children. J Am Acad Child Psychiatry 1985; 24: 211–220.

Weiss M, Hechtman L. The Adult ADHD Research Group. A randomized double-blind trial of paroxetine and/or dextroamphetamine and problem-focused therapy for attention-deficit/hyperactivity disorder in adults. J Clin Psychiatry 2006; 67: 611–619.

Weiss M, Hechtman L, Weiss G. ADHD in Adulthood. A Guide to Current Theory, Diagnosis, and Treatment. Baltimore: The Johns Hopkins University Press 1999.

Weiss M, Safren SA, Solanto MV, Hechtman L, Rostain AL, Ramsay JR, Murray C. Research forum on psychological treatment of adults with ADHD. J Atten Disord 2008; 11: 642–651.

Weiss MD, Wasdell MB, Bomben MM, Rea KJ, Freeman RD. Sleep hygiene and melatonin treatment for children and adolescents with ADHD and initial insomnia. J Am Acad Child Adolesc Psychiatry. 2006; 45 (5): 512–519.

Wellington TM, Semrud-Clikeman M, Gregory AL, Murphy JM, Lancaster JL. Magnetic resonance imaging volumetric analysis of the putamen in children with ADHD: combined type versus control. J Atten Disord 2006; 10: 171–180.

Wender PH. Attention-Deficit Hyperactivity Disorder in Adults. New York, Oxford: Oxford University Press 1995.

Wender PH. Pharmacotherapy of attention-deficit/hyperactivity disorder in adults. J Clin Psychiatry 1998; 59 (Suppl 7): 76–79.

Wender PH. Die Aufmerksamkeitsdefizit-/Aktivitätsstörung (ADHD) im Erwachsenenalter. Psycho 2000; 26: 190–198.

Wender PH, Reimherr FW. Bupropion treatment of attention-deficit hyperactivity disorder in adults. Am J Psychiatry 1990; 147: 1018–1020.

Wender PH, Reimherr FW, Wood DR. Attention deficit disorder (‚minimal brain dysfunction‘) in adults. A replication study of diagnosis and drug treatment. Arch Gen Psychiatry 1981; 38: 449–456.

Wender PH, Wood DR, Reimherr FW, Ward M. An open trial of pargyline in the treatment of attention deficit disorder, residual type. Psychiatry Res 1983; 9: 329–336.

Wender PH, Reimherr FW, Wood D, Ward M. A controlled study of methylphenidate in the treatment of attention deficit disorder, residual type, in adults. Am J Psychiatry 1985a; 142: 547–552.

Wender PH, Wood DR, Reimherr FW. Pharmacological treatment of attention deficit disorder, residual type (ADD, RT, ,minimal brain dysfunction', ,hyperactivity') in adults. Psychopharmacol Bull 1985b; 21: 222–231.

Wender PH, Wolf LE, Wasserstein J. Adults with ADHD. An overview. Ann N Y Acad Sci 2001; 931: 1–16.

Wenwei Y. An investigation of adult outcome of hyperactive children in Shanghai. Chin Med J 1996; 109: 877–880.

West SA, McElroy SL, Strakowski SM, Keck PE Jr., McConville B. Attention deficit hyperactivity disorder in adolescent mania. Am J Psychiatry 1995; 152: 271–273.

Wilens TE. Drug therapy for adults with attention-deficit hyperactivity disorder. Drugs 2003; 63: 2395–2411.

Wilens TE. Attention-deficit/hyperactivity disorder and the substance use disorders: the nature of the relationship, subtypes at risk, and treatment issues. Psychiatr Clin North Am 2004; 27: 283–301.

Wilens TE. Effects of methylphenidate on the catecholaminergic system in attention-deficit/ hyperactivity disorder. J Clin Psychopharmacol 2008; 28 (Suppl 2): S46–53.

Wilens TE, Biederman J. The stimulants. Psychiatr Clin North Am 1992; 15: 191–222.

Wilens TE, Biederman J. Alcohol, drugs, and attention-deficit/ hyperactivity disorder: a model for the study of addictions in youth. J Psychopharmacol 2006; 20: 580–588.

Wilens TE, Biederman J, Spencer TJ, Frances RJ. Comorbidity of attention-deficit hyperactivity and psychoactive substance use disorders. Hosp Community Psychiatry 1994; 45: 421–423.

Wilens TE, Biederman J, Mick E, Spencer TJ. A systematic assessment of tricyclic antidepressants in the treatment of adult attention-deficit hyperactivity disorder. J Nerv Ment Dis 1995a; 183: 48–50.

Wilens TE, Biederman J, Spencer TJ, Prince J. Pharmacotherapy of adult attention deficit/hyperactivity disorder: a review. J Clin Psychopharmacol 1995b; 15: 270–279.

Wilens TE, Spencer T, Biederman J. Pharmacotherapy of adult ADHD. In: Nadeau KG (ed.). A Comprehensive Guide to Attention Deficit Disorder in Adults. New York: Brunner/Mazel 1995c; 168–190.

Wilens TE, Biederman J, Prince J, Spencer TJ, Faraone SV, Warburton R, Schleifer D, Harding M, Linehan C, Geller D. Six-week, double-blind, placebo-controlled study of desipramine for adult attention deficit hyperactivity disorder. Am J Psychiatry 1996; 153: 1147–1153.

Wilens TE, Biederman J, Mick E. Does ADHD affect the course of substance abuse? Findings from a sample of adults with and without ADHD. Am J Addict 1998; 7: 156–163.

Wilens TE, Biederman J, Spencer TJ, Bostic J, Prince J, Monuteaux MC, Soriano J, Fine C, Abrams A, Rater M, Polisner D. A pilot controlled clinical trial of ABT-418, a cholinergic agonist, in the treatment of adults with attention deficit hyperactivity disorder. Am J Psychiatry 1999a; 156: 1931–1937.

Wilens TE, Biederman J, Spencer TJ, Frazier J, Prince J, Bostic J, Rater M, Soriano J, Hatch M, Sienna M, Millstein RB, Abrantes A. Controlled trial of high doses of pemoline for adults with attention-deficit/hyperactivity disorder. J Clin Psychopharmacol 1999b; 19: 257–264.

Wilens TE, McDermott SP, Biederman J, Abrantes A, Hahesy A, Spencer TJ. Cognitive therapy in the treatment of adults with ADHD: A systematic chart review of 26 cases. J Cognitive Psychotherapy 1999c; 13: 215–226.

Wilens TE, Prince J, Biederman J. An open study of sustained-release bupropion in adults with ADHD and substance use disorders. Honolulu (HI): American Academy of Child and Adolescent Psychiatry 2001a.

Wilens TE, Spencer TJ, Biederman J, Girard K, Doyle R, Prince J, Polisner D, Solhkhah R, Comeau S, Monuteaux MC, Parekh A. A controlled clinical trial of bupropion for attention deficit hyperactivity disorder in adults. Am J Psychiatry 2001b; 158: 282–288.

Wilens TE, Biederman J, Wozniak J, Gunawardene S, Wong J, Monuteaux M. Can adults with attention-deficit/hyperactivity disorder be distinguished from those with comorbid bipolar disorder? Findings from a sample of clinically referred adults. Biol Psychiatry 2003a; 54: 1–8.

Wilens TE, Faraone SV, Biederman J, Gunawardene S. Does stimulant therapy of attention-deficit/hyperactivity disorder beget later substance abuse? A meta-analytic review of the literature. Pediatrics 2003b; 111: 179–185.

Wilens TE, Prince JB, Spencer T, Van Patten SL, Doyle R, Girard K, Hammerness P, Goldman S, Brown S, Biederman J. An open trial of bupropion for the treatment of adults with attention-deficit/hyperactivity disorder and bipolar disorder. Biol Psychiatry 2003c; 54: 9–16.

Wilens TE, Haight BR, Horrigan JP, Hudziak JJ, Rosenthal NE, Connor DF, Hampton KD, Richard NE, Modell JG. Bupropion XL in adults with attention-deficit/hyperactivity disorder: a randomized, placebo-controlled study. Biol Psychiatry 2005a; 57: 793–801.

Wilens TE, Waxmonsky J, Scott M, Swezey A, Kwon A, Spencer TJ, Biederman J. An open trial of adjunctive donepezil in attention-deficit/hyperactivity disorder. J Child Adolesc Psychopharmacol 2005b; 15: 947–955.

Wilens TE, Verlinden MH, Adler LA, Wozniak PJ, West SA. ABT-089, a neuronal nicotinic receptor partial agonist, for the treatment of attention-deficit/hyperactivity disorder in adults: results of a pilot study. Biol Psychiatry 2006; 59: 1065–1070.

Willcutt EG, Pennington BF, DeFries JC. Twin study of the etiology of comorbidity between reading disability and attention-deficit/hyperactivity disorder. Am J Med Genet 2000; 96: 293–301.

Willcutt EG, Pennington BF, Smith SD, Cardon LR, Gayan J, Knopik VS, Olson RK, DeFries JC. Quantitative trait locus for reading disability on chromosome 6p is pleiotropic for attention-deficit/hyperactivity disorder. Am J Med Genet 2002; 114: 260–268.

Willermann L. Activity level and hyperactivity in twins. Child Dev 1973; 44: 288–293.

Williams GV, Goldman-Rakic PS. Modulation of memory fields by dopamine D1 receptors in prefrontal cortex. Nature 1995; 376: 572–575.

Williams JM, Ziedonis D. Addressing tobacco among individuals with a mental illness or an addiction. Addict Behav 2004; 29: 1067–1083.

Wing L. Reflections on opening Pandora's box. J Autism Dev Disord 2005; 35: 197–203.

Winkler M, Rossi P. Borderline-Persönlichkeitsstörung und Aufmerksamkeitsdefizit-/Hyperaktivitätsstörung bei Erwachsenen. Persönlichkeitsstörungen 2001; 5: 39–48.

Winsberg BG, Comings DE. Association of the dopamine transporter gene (DAT 1) with poor methylphenidateresponse. J Am Acad Child Adolesc Psychiatry 1999; 38: 1474–1477.

Wolf I, Tost H, Ruf M, Schmidt MH, Ende G. Bildgebende Darstellung neurokognitiver Dysfunktionen bei der Aufmerksamkeitsdefizit-/Hyperaktivitätsstörung. Radiologe 2005; 45: 169–177.

Wolraich ML, Hannah JN, Pinnock TY, Baumgaertel A, Brown J. Comparison of diagnostic criteria for attention-deficit hyperactivity disorder in a county-wide sample. J Am Acad Child Adolesc Psychiatry 1996; 35: 319–324.

Wong DF, Broussolle EP, Wand G, Villemagne V, Dannals RF, Links JM, Zacur HA, Harris J, Naidu S, Braestrup C. In vivo measurement of dopamine receptors in human brain by positron emission tomography. Age and sex differences. Ann N Y Acad Sci 1988; 515: 203–214.

Wonnacott S, Sidhpura N, Balfour DJ. Nicotine: from molecular mechanisms to behaviour. Curr Opin Pharmacol 2005; 5: 53–59.

Wood DR, Reimherr FW, Wender PH, Johnson GE. Diagnosis and treatment of minimal brain dysfunction in adults: A preliminary report. Arch Gen Psychiatry 1976; 33: 1435–1460.

Wood DR, Reimherr F, Wender PH. Effects of levodopa on attention deficit disorder, residual type. Psychiatry Res 1982; 6: 13–20.

Wood DR, Reimherr FW, Wender PH. Treatment of attention deficit disorder with DL-phenylalanine. Psychiatry Res 1985; 16: 21–26.

Wood PB. Stress and dopamine: implications for the pathophysiology of chronic widespread pain. Med Hypotheses 2004; 62: 420–424.

Wood PB, Schweinhardt P, Jaeger E, Dagher A, Hakyemez H, Rabiner EA, Bushnell MC, Chizh BA. Fibromyalgia patients show an abnormal dopamine response to pain. Eur J Neurosci 2007; 25: 3576–3582.

Woods D. The diagnosis and treatment of attention deficit disorder, residual type. Psychiatr Ann 1986; 27: 414–417.

World Health Organization. ICD-9. Geneva: World Health Organization 1978.

World Health Organization. ICD-10. Geneva: World Health Organization 1990.

Wright JL. Psychoanalysis in conjunction with medication: a clinical research opportunity. J Am Psychoanal Assoc 2006; 54: 833–855.

Wu S, Muhleman D, Comings D. PCR amplification of the Taq I B1/B2 polymorphism at intron 5 of the dopamine beta-hydroxylase gene. Psychiatr Genet 1997; 7: 39–40.

Xu X, Brookes K, Chen CK, Huang YS, Wu YY, Asherson P. Association study between the monoamine oxidase A gene and attention deficit hyperactivity disorder in Taiwanese samples. BMC Psychiatry 2007; 7: 10.

Yakir A, Rigbi A, Kanyas K, Pollak Y, Kahana G, Karni O, Eitan R, Kertzman S, Lerer B. Why do young women smoke? III. Attention and impulsivity as neurocognitive predisposing factors. Eur Neuropsychopharmacol 2007; 17: 339–351.

Yan J, Feng J, Goldman D, Cook EH Jr, Craddock N, Jones IR, Heston LL, Sommer SS. Mutation scanning of the androgen receptor gene in patients with psychiatric disorders reveals highly conserved variants in alcoholic and phobia patients. Psychiatr Genet 2004; 14: 57–60.

Yan W. An investigation of adult outcome of hyperactive children in Shanghai. Chin Med J (Engl) 1996; 109: 877–880.

Yang L, Wang YF, Li J, Faraone SV. Association of norepinephrine transporter gene with methylphenidate response. J Am Acad Child Adolesc Psychiatry 2004; 43: 1154–1158.

Yang YK, Yao WJ, Yeh TL, Lee IH, Chen PS, Lu RB, Chiu NT. Decreased dopamine transporter availability in male smokers – A dual isotope SPECT study. Prog Neuropsychopharmacol Biol Psychiatry 2008; 32: 274–279.

Yoshida Y, Uchiyama T. The clinical necessity for assessing Attention Deficit/Hyperactivity Disorder (AD/HD) symptoms in children with high-functioning Pervasive Developmental Disorder (PDD). Eur Child Adolesc Psychiatry 2004; 13: 307–314.

Young JL, Redmond JC. Fibromylagia, chronic fatigue, and adult attention deficit hyperactivity disorder in the adult: a case study. Psychopharmacol Bull 2007; 40: 118–126.

Young S, Gudjonsson GH. Growing Out of ADHD: The Relationship Between Functioning and Symptoms. J Atten Disord 2008; 12: 162–169.

Zametkin AJ, Ernst M. Problems in the management of attention-deficit-hyperactivity disorder. N Engl J Med 1999; 340: 40–46.

Zametkin AJ, Rapoport JL. Neurobiology of attention deficit disorder with hyperactivity: Where have we come in 50 years? J Am Acad Child Adolesc Psychiatry 1987; 26: 676–686.

Zametkin AJ, Nordahl TE, Gross M, King AC, Semple WE, Rumsey J, Hamburger S, Cohen RM. Cerebral glucose metabolism in adults with hyperactivity of childhood onset. N Engl J Med 1990; 323: 1361–1366.

Zametkin AJ, Liebenauer LL, Fitzgerald GA, King AC, Minkunas DV, Herscovitch P, Yamada EM, Cohen RM. Brain metabolism in teenagers with attention-deficit hyperactivity disorder. Arch Gen Psychiatry 1993; 50: 333–340.

Sachverzeichnis